Dietz Berlin

Ishay Landa

Der Lehrling und sein Meister

Liberale Tradition und Faschismus

Aus dem Englischen von Raul Zelik

Dietz Berlin

Bibliografische Informationen der Deutschen Nationalbibliothek
Die Deutsche Nationalbibliothek verzeichnet diese Publikation in der Deutschen Nationalbibliografie; detaillierte bibliografische Daten sind im Internet über http://dnb.dnb.de abrufbar.

Gefördert von der Rosa-Luxemburg-Stiftung

Die englische Originalausgabe ist erschienen unter dem Titel »The Apprentice's Sorcerer. Liberal Tradition and Fascism«, © Koninklijke Brill NV 2010, Leiden/Boston.

3. Auflage 2024

Franz-Mehring-Platz 1, 10243 Berlin

Gestaltung: Andreas Homann
Lektorat: Aaron Bruckmiller
Druck und Bindung: Friedrich Pustet, Regensburg
Printed in Germany
ISBN 978-3-320-02383-6

Titelfoto: Olaf Kosinsky (CC BY-SA 3.0-de), Bearbeitung: Andreas Homann

ISHAY LANDA ist Historiker an der Israeli Open University. Im Zentrum seiner wissenschaftlichen Arbeit als Ideenhistoriker steht die Rekonstruktion der intellektuellen Genealogie des Faschismus und seine komplexe Beziehung zur Geistesgeschichte des Westens. Zuletzt erschien von ihm: »Fascism and the Masses. The Revolt Against the Last Humans, 1848–1945« (2018).

Inhalt

Und nun komm, du alter Besen!
Nimm die schlechten Lumpenhüllen;
Bist schon lange Knecht gewesen;
Nun erfülle meinen Willen!
Auf zwei Beinen stehe,
Oben sei ein Kopf,
Eile nun und gehe
Mit dem Wassertopf!
Walle! walle
Manche Strecke,
Dass, zum Zwecke,
Wasser fließe,
Und mit reichem, vollem Schwalle
Zu dem Bade sich ergieße [...].
Stehe! stehe!
Denn wir haben
Deiner Gaben
Vollgemessen! –
Ach, ich merk' es! Wehe! wehe!
Hab' ich doch das Wort vergessen!

Ach, das Wort, worauf am Ende
Er das wird, was er gewesen.
Ach, er läuft und bringt behände!
Wärst du doch der alte Besen!
Immer neue Güsse
Bringt er schnell herein,
Ach! und hundert Flüsse
Stürzen auf mich ein.
[...] Nass und nässer
Wird's im Saal und auf den Stufen.
Welch entsetzliches Gewässer!
Herr und Meister! hör' mich rufen! –
Ach, da kommt der Meister!
Herr, die Not ist groß!
Die ich rief, die Geister,
Werd' ich nun nicht los.

›In die Ecke,
Besen! Besen!
Seid's gewesen.
Denn als Geister
Ruft euch nur, zu seinem Zwecke,
Erst hervor der alte Meister.‹

JOHANN WOLFGANG GOETHE, DER ZAUBERLEHRLING

Einleitung
»Was kommt auf Worte an?« Einführende Überlegungen zu Faschismus, Sozialismus, Liberalismus und Semantik

Seltsamerweise müssen wir uns, bevor wir uns mit dem Wesen des Faschismus beschäftigen können, mit Semantik auseinandersetzen. Einige der wichtigsten Fragen hinsichtlich der Natur des Faschismus betreffen nämlich die Art und Weise, wie bestimmte Worte benutzt wurden und immer noch werden. Diese Auseinandersetzung ist umso notwendiger, als der Mainstream der zeitgenössischen Geschichtswissenschaften darauf besteht, dass wir, um den Faschismus verstehen zu können, die Faschisten *beim Wort nehmen müssen*. Jener Interpretation zufolge, die sich in den letzten 20 Jahren immer stärker durchgesetzt hat, sollte die faschistische Ideologie nicht länger als ein Sammelsurium halbgarer und obskurer Ideen oder als zynisches, propagandistisches Ablenkungsmanöver abgetan werden, mit dem ganz andere politische Absichten verfolgt werden. Der Ansatz von Zeev Sternhell ist mit seiner Forderung, den »Faschismus ernst zu nehmen« und die faschistische Ideologie in den Mittelpunkt der Debatte zu stellen, mittlerweile so etwas wie ein hegemoniales Paradigma geworden,[1] und zwar in einem Ausmaß, dass führende Historiker mit Verweis auf Sternhell von einem »neuen Konsens« in der Faschismusforschung sprechen, der der Ideologie zentrale Bedeutung beimisst.[2] In diesem Sinne »ist der Faschismus am treffendsten als eine Ideologie zu definieren«, wie Eatwell schreibt.[3]

Dieser Ansatz wird als längst überfälliges Korrektiv einer wissenschaftlichen Tradition propagiert, die die Faschisten eben *nicht beim Wort genommen*, den faschistischen Bekenntnissen keinen Glauben geschenkt und nach den eigentlichen Motiven und Interessen hinter der faschistischen Rhetorik gesucht habe. Das wichtigste Defizit dieser Tradition sei, so die Befürworter des »neuen Konsenses«, die materialistische Reduktion faschistischer Ideen auf ihren vermeintlichen Klassencharakter gewesen. Diese Methode wird nun als der problematische Versuch kritisiert, nach externen Erklärungen für den Faschismus zu suchen und auf diese Weise eine *versteckte* Logik hinter den faschistischen Regimen zu enthüllen. Dieser Skeptizismus, so wird uns erklärt, habe es uns unmöglich gemacht, den Faschismus ausgehend von seinen eigenen Begrifflichkeiten zu verstehen: »Indem sie sich auf ›gesellschaftliche Basis‹ und

›objektive Funktionen‹ konzentrieren, ignorieren die meisten Klassentheoretiker offensichtlich die eigenen Überzeugungen der Faschisten. Sie betrachten den Faschismus ›von außen‹ und nehmen damit eine Perspektive ein, die für die Faschisten, die die Klassentheorien und den ›Materialismus‹ ablehnten, wenig Sinn ergab.«[4] Durch die Anerkennung seiner eigentlichen Bedeutung rücke die Ideologie in den Vordergrund, nachdem sie jahrelang als Hilfsinstrument der Politik und vor allem der Ökonomie betrachtet worden sei. Befreit von den starren Vorurteilen könne die Geschichtsschreibung die faschistische Epoche nun mit viel subtileren Instrumenten analysieren. Das durch diesen neuen Ansatz ermöglichte Bild des Faschismus wird als reicher, komplexer und näher an der historischen Realität als die vereinfachenden Interpretationen der Vergangenheit gefeiert.[5]

Innerhalb dieses theoretischen Rahmens erlangen die Worte »Sozialismus« und »Liberalismus« zentrale Bedeutung für das Verständnis des faschistischen Phänomens, büßen gleichzeitig allerdings ihre ursprüngliche, wenn auch trügerische Eindeutigkeit ein, verlieren an Sinnhaftigkeit und werden schwieriger zu handhaben. Trotz dieser Mehrdeutigkeit kann kaum Zweifel daran bestehen, wer in diesem Zusammenhang zu den »Verlierern« und wer zu den »Gewinnern« gehört. Was auch immer die Vorteile der neuen »idealistischen« Geschichtsschreibung sein mögen, so steht doch fest, dass der »Liberalismus« unter den von ihr diktierten Bedingungen besser abschneidet als unter der alten, »materialistischen« Perspektive, während gleichzeitig der »Sozialismus« unvergleichlich viel schlechter dasteht (einmal vorausgesetzt, dass die ideologische Nähe zum Faschismus als unvorteilhaft erachtet wird). Wir haben es hier mit einer Theorie zu tun, die »die Faschisten beim Wort nimmt«. Haben sich die Faschisten nicht regelmäßig als Sozialisten bezeichnet und den Begriff dabei sogar in den Namen der bedeutendsten faschistischen Bewegung überhaupt, nämlich der deutschen, übernommen? Umgekehrt waren die Faschisten weit weniger geneigt, sich auf den Liberalismus zu beziehen, und mit Sicherheit hat keine faschistische Partei jemals das Adjektiv »liberal« im Namen geführt. Als Konsequenz dieser neuen Betonung des Primats der Ideologie fordern diese Theoretiker, dass wir aufhören, den Faschismus als eine im Wesentlichen rechte Bewegung zu begreifen, und uns stattdessen mit folgenden Aspekten beschäftigen: a) der kritischen Bedeutung radikaler, sogar sozialistischer Ideen bei der Herausbildung der faschistischen Ideologie; b) dem aufrichtigen Bestreben der Faschisten, einen »dritten Weg« zwischen Kapitalismus und Kommunismus einzuschlagen sowie eigene Formen des politischen Handelns zu entwickeln, die sich nicht unter den Gegensatz radikale Linke vs. konservative Rechte subsumieren lassen und deren Hauptzweck darin besteht, den Klassenkampf zu überwinden und für soziale Harmonie zu sorgen. Einige

Varianten dieser Theorie gehen sogar noch weiter; als Ergebnis ihrer theoretischen Neubewertung des Faschismus wird dieser immer weiter nach links verschoben oder sogar ganz dem Sozialismus zugeordnet. Er wird als ein antagonistisch-verwandter Geist verstanden, als eine dem Sozialismus in vielerlei Hinsicht ähnliche politische Kraft. Der deutsche Philosoph Peter Sloterdijk hat in diesem Sinne geschrieben, der Nationalsozialismus sei »ein Quasi-Sozialismus von rechts«.[6] Diese Definition zeigt, wie der Begriff »Sozialismus« seine begriffliche Schärfe verliert und im politischen Spektrum zu wandern beginnt, da man unterstellt, er könne nicht nur von links, sondern auch von rechts praktiziert werden.

Mit dem Verweis auf die Wahlverwandtschaft zwischen Sozialismus und Faschismus und trotz seines Anspruchs, eine grundlegend neue Interpretation zu bieten, knüpft der »neue Konsens« in Wirklichkeit an bestehende Traditionen an und variiert nur ein altbekanntes Motiv. Es gab nämlich immer schon Strömungen in den Geschichts- und Politikwissenschaften, die auf diese Wahlverwandtschaft hinwiesen und sie ausführlich debattierten. Das Argument geht, obwohl es Nuancen und unterschiedliche Betonungen gibt, in etwa so: Der Faschismus sei als gewaltsame Antwort auf die liberaldemokratische Politik des 19. Jahrhunderts, auf die Ausbreitung des Individualismus und auf die ökonomische Grundlage beider Phänomene, den Kapitalismus, entstanden. Diese liberale Verbindung habe auf beiden Polen des politischen Spektrums fanatische Feinde gefunden, die Liberalismus und Kapitalismus ein gewaltsames Ende bereiten wollten, um den eigenen eschatologischen Projekten den Weg zu ebnen: die linke Variante hiervon war die klassenlose Gesellschaft, die rechte Variante der harmonische korporatistische Staat bzw. die *Volksgemeinschaft**[7]. Obwohl sich diese beiden Projekte auf den ersten Blick unversöhnlich gegenüberstanden, zeige sich bei genauerer Betrachtung doch die Verwandtschaft der beiden antiliberalen Projekte, deren gemeinsamer Nenner in der scharfen Ablehnung dessen besteht, was Karl Popper bekanntermaßen als »offene Gesellschaft« bezeichnet hat. So stellte der Historiker Eugen Weber 1970 auf einer internationalen Konferenz in Moskau fest, dass »Faschismus und Kommunismus keine Gegensätze, sondern *frères ennemis*«[8] seien.[9]

Eine ähnliche These stand auch im Mittelpunkt jenes Ansatzes, der auf die Arbeiten Hannah Arendts (1962), Jacob Talmons (1952), Raymond Arons (1965), Carl Friedrichs und Zbigniew Brzezinskis (1956) zurückgeht,[10] der den Faschismus als eine Manifestation des »Totalitarismus« interpretierte und der die untergründigen Gemeinsamkeiten sowie das »dialektische Verhältnis zwischen Faschismus und Kommunismus« zu enthüllen beansprucht.[11] Ihm zufolge hatten beide politischen Bewegungen eine Revolution zum Ziel, verachteten die schwächliche, für parlamentarische Systeme charakteristische Kompromisspolitik und strebten eine ganzheitliche, totalitäre Lösung des ungelösten liberalen Dilemmas an. Diese revolutionären Lösungen wurden mit terroristischen Mitteln, ohne jede Rücksicht und Kompromisse erzwungen, wobei die Unterdrückung jeder politischen Dissidenz in den nationalsozialistischen Konzentrationslagern und stalinistischen Gulags ihre verdichtete Form fand. Die von Ernst Nolte Mitte der 1980er-Jahre aufgestellte Behauptung, Auschwitz sei eine Reaktion auf den Gulag gewesen, war vielleicht skandalös, aber keineswegs neu. Bereits 1951 hatte Ludwig von Mises genau dieselbe These vertreten, und zwar noch sehr viel vehementer:

> »Als die sowjetische Politik rücksichtsloser Gewalt und der Massenvernichtung aller Andersdenkenden die Hemmungen beseitigte, die einige Deutsche noch vom Massenmord abhielten, konnte nichts den Vormarsch des Nationalsozialismus mehr aufhalten. Im Handumdrehen machten sich die Nazis die sowjetischen Methoden zu eigen. Aus Russland importierten sie das Einparteiensystem [...], die Konzentrationslager [...]; die Propagandamethoden [...]; und viele andere Dinge. Nirgends gab es willigere Schüler Lenins, Trotzkis und Stalins als unter den Nazis.«[12]

Mises antizipierte auch die später erhobene Forderung, dass man die Faschisten – im Besonderen, wenn sie vom Sozialismus sprächen – beim Wort nehmen müsse: »Die Philosophie der Nazis, der Nationalsozialistischen Deutschen Arbeiterpartei, ist die reinste und konsequenteste Manifestation des antikapitalistischen und sozialistischen Geistes unserer Zeit.«[13] Die Sprache des österreichischen Liberalen mag extrem und die Formulierung schockierend sein, aber die Grundidee wird von ziemlich vielen geteilt: Auch wenn Linke und Rechte unterschiedliche Lösungen für die sozialen Konflikte vorschlugen, versuchten sie doch beide, den Individualismus durch eine Form des Kollektivismus zu ersetzen. Daher attestieren Historiker seit Jacob Talmon Faschismus und Kommunismus gemeinsame Wurzeln, die im »totalitär-demokratischen« Denken von Jean-Jacques Rousseau begründet seien. Bekräftigt wurde diese These beispielsweise in einer der letzten Veröffentlichungen George Mosses: »Die Französische Revolution«, schreibt der gefeierte Kulturhistoriker darin, »markierte den Beginn einer Demokratisierung der Politik, die schließlich im Faschismus des 20. Jahrhunderts kulminierte.«[14]

In den vergangenen Jahren wurden selbst jene Unterschiede zwischen rechtem und linkem »Totalitarismus« infrage gestellt, die man früher anerkannte, wenn auch nur, um theoretisch gewissermaßen über sie hinauszugehen. Tatsächlich beginnt man sich bei der Lektüre eines Großteils dieser Literatur zu fragen, ob es überhaupt jemals so etwas wie einen *rechten* Totalitarismus gegeben hat. Exemplarisch dafür stehen

Sternhells Theorien über den Faschismus in Italien und Frankreich, der »ni droite, ni gauche« gewesen sei, also weder rechts noch links, wie der Titel eines Schlüsselwerkes von ihm nahelegt.[15] Der Titel lässt vermuten, dass dieser Faschismus aus einem Amalgam radikaler und konservativer Elemente besteht, also tatsächlich »weder rechts noch links« ist. Aber Sternhells Argumentation ist eine andere. Der Buchtitel ist insofern irreführend, als in Wirklichkeit behauptet wird, die faschistische Ideologie sei in erster Linie ein Produkt sozialistischen Denkens, während traditionelle rechte Motive eine unvergleichlich kleinere Rolle spielten: »Es sollte darauf hingewiesen werden, dass die faschistische Bewegung und ihre Führer in Frankreich sowohl aus der Linken wie aus der Rechten des politischen Spektrums stammten – und aus der Linken sogar öfter. Das war anderswo in Europa ebenso der Fall.«[16] Sternhell betont in seinem umfangreichen Buch fast ausschließlich die sozialistischen Wurzeln des Faschismus:

> »Die sozialistische Linke war nicht die einzige Strömung, aus der faschistische oder quasifaschistische Gruppen ihre Mitglieder rekrutierten [...]. Dennoch war es die Überprüfung des Marxismus, die den bedeutendsten ideologischen Aspekt des Faschismus bereitstellte. In vielerlei Hinsicht kann die Geschichte des Faschismus als ein kontinuierlicher Versuch beschrieben werden, den Marxismus zu überarbeiten und eine nationale Form von Sozialismus zu kreieren.«[17]

Der Faschismus ist dieser einflussreichen Lesart zufolge also keine Verbindung rechter und linker Überzeugungen, sondern *in erster Linie* ein Produkt linker Politik, eine Abart des Sozialismus, »ein Sozialismus für die Gesamtnation«, wie der Titel eines Kapitels von »Ni droite, ni gauche« lautet, verwandelte sich mit der Zeit jedoch in eine neue und politisch eigenständige Strömung (hier würde Sternhell offensichtlich nicht mit Mises übereinstimmen, für den der Faschismus einfach eine Verlängerung des Sozialismus in seiner klassischen, »reinen« Form darstellte).

Im gleichen Maße, wie die Verantwortung für den Faschismus dem Sozialismus zugeschrieben wird, wird der Liberalismus in den meisten Mainstream-Theorien als die ultimative Antithese zum Faschismus konstruiert. Der Liberalismus und die zu ihm gehörende Demokratie, die mindestens ein halbes Jahrzehnt lang überall in der Defensive waren, seien von den »verbrüderten Feinden«, die infolge von Krieg und Wirtschaftskrise prosperierten und an die Macht gelangten, von zwei Seiten in die Zange genommen worden. Dementsprechend die allseits bekannte Erklärung des Faschismus als einer »Niederlage des Liberalismus«.[18] Fritz Stern argumentierte in seiner bahnbrechenden Studie über die Ursprünge der nationalsozialistischen Ideologie, dass diese auf dem Widerstand gegen

Bourgeoisie und Kapitalismus beruhe und von dem Bemühen bestimmt sei, einen neuen Sozialismus zu erschaffen:

> »Die nationalsozialistische Ideologie gleicht der völkischen in Motiv, Form und Inhalt. In ihren negativen Anschauungen sind sie nicht voneinander zu unterscheiden. Beide sahen im Liberalismus ihren Erzfeind, eine fremdländische und zersetzende Kraft [...]. Beide übten scharfe Kritik an der bürgerlichen Lebensweise, am Geist des Kapitalismus; wie später die Nationalsozialisten, glaubte Moeller an die Möglichkeit eines deutschen Sozialismus.«[19]

Dieser in der zeitgenössischen Literatur vorherrschende Diskurs verweist gewöhnlich voller Genugtuung auf den Sieg des Liberalismus, wie er sich nach dem fatalen Scheitern zunächst der faschistischen Bewegung am Ende des Zweiten Weltkriegs einstellte und dann mehr als vier Jahrzehnte später, nach der harmloseren Implosion der linken Variante, in Osteuropa wiederholte. Wie in einem Märchen erstrahlen die Kräfte des Guten nach ihrem Sieg über die Dunkelheit in umso hellerem Licht.

Dieser schnelle Überblick über frühere Traditionen erlaubt uns zu verstehen, inwiefern das Bemühen des »neuen Konsenses«, die rechte Genealogie des Faschismus zu hinterfragen, weniger den proklamierten Bruch mit der Vergangenheit darstellt als eine Rückkehr zu den Theorien zahlreicher früherer Autoren. Angegriffen und verworfen werden in Wahrheit nur solche älteren Ansätze, die den Klassencharakter des Faschismus und seine Unterordnung unter die kapitalistische und bürgerliche Agenda betonen. Unübersehbar, wenn auch meist nur stillschweigend, wird hingegen an jene Ansätze angeknüpft, die die linken Wurzeln des Faschismus hervorheben.

Ich möchte im Folgenden eine andere Geschichte erzählen. Ich werde die *idealistische* Trennung von Faschismus und Liberalismus nicht grundsätzlich infrage stellen. Die Faschisten äußerten sich in der Regel verächtlich über den Liberalismus und lehnten den Begriff entschieden, bisweilen vehement ab. Wir werden allerdings sehen, dass es in dieser Hinsicht bedeutende Ausnahmen gab. Diese Sonderfälle werden jedoch nicht im Mittelpunkt meiner Analyse stehen. Vielmehr werde ich die Schlussfolgerungen hinterfragen, die gewöhnlich daraus gezogen werden: a) dass die faschistische Ablehnung des Liberalismus eine, allerdings »dialektische«, Annäherung an den Sozialismus implizierte und b) dass diese Haltung mit einer Absage an den Kapitalismus und der bürgerlichen sozioökonomischen Ordnung einherging. Hinsichtlich des Problems, wie der Faschismus mit Sozialismus und Kapitalismus in Beziehung zu setzen ist, hilft der Begriff »Liberalismus« kaum weiter. Denn was bedeutet es, »antiliberal« zu sein? Natürlich kann man aus einer antikapitalistischen und antibürgerlichen Position heraus insofern antiliberal sein, als man den Liberalismus mit der Ideologie und Praxis des Kapitalismus mehr oder weniger gleichsetzt. Aber zugleich, und das wird oft unterschlagen, kann man auf Grundlage einer dezidiert *pro*kapitalistischen und *pro*bürgerlichen Position antiliberal sein, und zwar in dem Sinne, dass man den Liberalismus als eine Ideologie und Praxis versteht, die dem Kapitalismus zur Last wird und ihm im Weg steht. Worte an und für sich bedeuten also nicht viel, und die »Faschisten beim Wort zu nehmen« bedeutet noch weniger, wenn wir nicht gleichzeitig auch bereit sind zu hinterfragen, was Worte konkret umschreiben und welche politischen, sozialen oder wirtschaftlichen Kräfte, Institutionen und Projekte mit bestimmten Worten zurückgedrängt oder gefördert werden sollen. Aber ein solcher Ansatz erfordert keine idealistische, sondern eine historische Methode, mit der untersucht wird, wie und zu welchem Zweck Begriffe in der Geschichte verwendet wurden, anstatt diesen eine ahistorische, platonische Unveränderlichkeit zuzuschreiben.

Zu denjenigen, die sich darum bemühten, dem Sozialismus eine neue, für faschistische und konservative Zwecke offene Bedeutung zu verleihen, gehörte Oswald Spengler, dessen nach dem Ersten Weltkrieg veröffentliche Abhandlung »Preußentum und Sozialismus« in der deutschen Rechten große Beachtung fand. Idealistisch und formal betrachtet, aber auch nach eigenem Bekenntnis war Spengler ein Sozialist – wie so viele andere Faschisten, die den Begriff Sozialismus übernahmen und ihn mit Adjektiven wie »preußisch«, »deutsch«, »neu«, »national« oder »real« erweiterten. Mein Argument ist jedoch, dass sich Spengler und die meisten anderen Faschisten den Worten und Begriffen nicht mit besonderer Ehrfurcht näherten. Für sie handelte es sich nicht um Ideale, sondern um profane Werkzeuge. Im Folgenden werde ich das Wesen von Spenglers »Sozialismus« untersuchen und dabei bis zu einem gewissen Grad auf die heute so sehr aus der Mode geratene materialistische Dekonstruktion zurückgreifen müssen. An dieser Stelle sei nur auf den Umstand hingewiesen, dass Spengler selbst die Verwendung des Begriffs »Sozialismus« irritierend fand und deshalb eine Erklärung für angebracht hielt. So schrieb er einige Jahre später in seinem Buch »Jahre der Entscheidung« über seine frühere Verwendung des Wortes »Sozialismus«:

> »Der Farbige durchschaut den Weißen, wenn er von ›Menschheit‹ und ewigem Frieden redet. Er wittert die Unfähigkeit und den fehlenden Willen, sich zu verteidigen. Hier tut eine große Erziehung not, wie ich sie als preußisch bezeichnet habe und die man meinetwegen ›sozialistisch‹ nennen mag – was kommt auf Worte an!«[20]

Hier stellt sich die methodische Frage: Wie kann man jemanden wie Spengler »beim Wort nehmen«, wenn er uns sagt, dass es auf Worte nicht weiter ankomme? Selbstverständlich kommt es auf Worte an, vor allem bei einem Intellektuellen wie Spengler, der nichts anderes tut, als Worte zu produzieren. Und wir werden sehen, dass Spengler den Begriff Sozialismus nicht so zufällig wählte, wie er später nahelegte. Spengler war nicht der einzige deutsche Rechte, der solche semantischen Zweifel hegte. Adolf Hitler äußerte sich auf ähnliche Weise irritiert über die Gewohnheit, Begriffe wörtlich zu nehmen. Unter den vielen Worten der deutschen Sprache hob er denselben Begriff wie Spengler hervor, wie der folgende Dialog mit Otto Strasser zeigt:

> »›Wenn Sie das kapitalistische Regime erhalten wollen, Herr Hitler, haben Sie kein Recht, von Sozialismus zu sprechen. Denn unsere Unterstützer sind Sozialisten, und ihr Programm fordert die Vergesellschaftung der Privatwirtschaft.‹
> ›Dieses Wort ›Sozialismus‹ ist das Problem‹, sagte Hitler.«[21]

Diese Beispiele beweisen, dass wir Faschisten nicht einfach beim Wort nehmen können, wenn ihnen bestimmte Begriffe und im Besonderen »Sozialismus« selbst doch vage und lästig erscheinen. Der Historiker – und insbesondere derjenige, der behauptet, die Perspektive der Faschisten einzunehmen – darf Worte und Begriffe, die die Faschisten als problematisch erachteten, nicht *ent*problematisieren. Sozialismus ist dabei keineswegs das einzige Wort, das in einen historischen Kontext gestellt werden muss. Bei faschistischen Bekenntnissen zum »Liberalismus« sollte man ähnliche Vorsicht walten lassen. Tatsächlich war sich der Faschismus der Spannungen, Schwierigkeiten und Unklarheiten, die sich auf dem semantischen Feld stellen, sehr wohl bewusst. So veröffentlichte der führende, aus dem revolutionären Syndikalismus kommende, italienische Faschist Massimo Rocca im September 1921 einen kurzen Aufsatz mit dem Titel »Neo-Liberalismus?«, in dem er argumentierte, dass »die katastrophalen Erfahrungen mit der politischen Demokratie sowie sozialistischen und ›sozialistoiden‹ Idee das liberale Projekt rehabilitiert« hätten und eine Bewegung, die »gegen den kollektivistischen Wahn rebelliert, [...] letztlich in einen liberalen Neokonservatismus von rechts münden« werde.[22] Da er jedoch ahnte, dass diese Argumentation einige seiner faschistischen Mitstreiter irritieren könnte, fügte Rocca hinzu: »Unsere Schlussfolgerungen mögen vor allem die Jungen erstaunen, *die sich vor den alten Begriffen fürchten* – ganz ähnlich, wie sich einige der Alten vor den neuen fürchten. Aber es ist nicht Unehrenhaftes daran, die noble Energie so vieler junger Menschen mit jener alten Rechten zusammenzuführen, die als Schöpfer der politischen und wirtschaftlichen Einheit Italiens gelten kann.«[23] Dennoch ist bei dieser

Formulierung nicht ganz klar, was der Autor an seinen Schlussfolgerungen für »erstaunlich« hielt: Ist es der Vorschlag, dass die faschistische Politik die Tradition der historischen Rechten erneuern soll? Oder vielmehr die Tatsache, dass diese Politik mit dem »alten« und »Furcht einflößenden« Wort »Liberalismus« charakterisiert wird? Anders ausgedrückt: Befürchtete er, der politische Inhalt seiner Ansichten könnte auf Widerstand stoßen? Oder hielt er eher die von ihm gewählte Terminologie und die Bereitschaft, die Politik beim Namen zu nennen, für das Problem?

Wie dem auch sei, es steht fest, dass Roccas Rhetorik nicht die eines gewöhnlichen Faschisten ist. Wie bereits erwähnt, Faschisten vermieden es in der Regel, sich positiv auf den Liberalismus zu beziehen. Doch ungeachtet der faschistischen Rhetorik werde ich die These vertreten, dass der Faschismus keineswegs ein Außenseiter der liberalen, »offenen Gesellschaft« war, sondern vielmehr ein *echter Insider* dieser Gesellschaft, die sich im Übrigen nicht besonders offen zeigte. Weit davon entfernt, die Antithese des Faschismus, sein absolutes Anderes zu repräsentieren, trug die liberale Ordnung wesentlich zum Faschismus und seinen extremen Positionen bei. Ich werde versuchen, den Nachweis zu erbringen, dass viele jener schockierenden und extremistischen Positionen des Faschismus, die gewöhnlich als Angriffe auf den Liberalismus betrachtet werden – die Verachtung der Demokratie, die Diktatur, der Angriff auf den Rationalismus und die wissenschaftliche Objektivität, die Propaganda, der chauvinistische Nationalismus und der imperialistische und rassistische Krieg –, außerhalb des liberalen Settings historisch undenkbar sind. Der Faschismus war das organische Ergebnis von Entwicklungen, die *im Wesentlichen*, also *nicht vollständig*, innerhalb der liberalen Gesellschaft und Ideologie stattfanden. Er war ein extremer Versuch, die Krise des Liberalismus zu lösen, indem man seine inneren Widersprüche durchbricht, und die Bourgeoisie auf diese Weise vor sich selbst zu retten.

Mir ist bewusst, dass die These einer ideologischen, sozialen und historischen Verwandtschaft zwischen dem Liberalismus und dem Faschismus einige Leser verstören muss. Es ist klar, dass viele Liberale sie anstößig oder beleidigend finden werden. Mit der Entrüstung ist zu rechnen, obwohl sie, wie ich im Folgenden ausführen werde, durch meine Argumentation nicht unbedingt gerechtfertigt ist, die keine pauschale Kritik am Liberalismus darstellt. Das größere Problem für meine Argumentation scheint mir die Tatsache zu sein, dass erstaunlich wenige *nicht*liberale Kritiker, sowohl auf der Rechten wie auf der Linken, die liberale Tradition bisher überhaupt im Zusammenhang mit dem Faschismus untersucht haben oder es für lohnend hielten, klassische liberale Texte auf Wurzeln faschistischer Ideologie hin zu untersuchen. Es liegt unter anderem an dieser erstaunlichen Leerstelle, dass die allgegenwärtige Erzählung, wonach Faschismus und Liberalismus als Antithesen zu betrachten sind, hegemonial werden konnte. Wie lässt sich – einmal vorausgesetzt, dass meine Theorie nicht völlig abwegig ist – dieser blinde Fleck erklären? Wir sollten auf rechte und linke Kritik getrennt eingehen.

Ehrlicherweise muss man eingestehen, dass manche konservative Kritiker des Liberalismus durchaus und mit nicht zu übersehender Genugtuung auf die Verantwortung der Liberalen für den Faschismus hingewiesen haben. Leo Strauss, eine der wichtigsten konservativen Stimmen in den USA nach 1945, betrachtete den Aufstieg des Nationalsozialismus als Ausdruck eines durch den Liberalismus verursachten Verfalls, der mit der Ablehnung traditioneller Werte, allgemeiner Freizügigkeit und vor allem einem blinden Vertrauen in Volksbildung und Massendemokratie einherging. Die Politikwissenschaft, die für die liberale Demokratie eintritt, »indem sie die Gleichheit aller Werte lehrt, die qualitativen Unterschiede zwischen den Dingen, aber auch zwischen Menschen und Unmenschen leugnet, [...] trägt unwissentlich zum Sieg der Gosse bei«, schreibt Strauss.[24] Bei der Abschaffung der »Bevormundung durch den Adel« und der Übertragung der Macht an das Volk verschließe der Liberalismus vor folgendem Dilemma die Augen: »Wird das Volk vor seiner Aufklärung in den vollen Besitz der Freiheit gelangen, und wenn ja, was wird es dann mit seiner Freiheit und der erlangten unvollkommenen Aufklärung tun?«[25] Für Strauss, der von der klassischen Vorstellung irrationaler Massen ausgeht und dem die Erfahrungen des Faschismus noch frisch im Gedächtnis sind (der Text ist von 1962), ist die Antwort einfach: Im schlimmsten Fall wird das halbaufgeklärte Volk seine Freiheit missbrauchen, um Hitler an die Macht zu bringen. In England ging der konservative Querdenker Michael Oakeshott etwa zur gleichen Zeit sogar noch einen Schritt weiter. Seiner Ansicht nach machte sich der deutsche Faschismus nicht nur die vom Liberalismus ermöglichte Öffnung zunutze, sondern war, trotz seiner antiliberalen Rhetorik, selbst eine Folge des Liberalismus: »Die sogenannten ›liberalen‹ Überzeugungen, die [der Nationalsozialismus] ablehnte, sind genau jene, die *dem charakteristisch liberalen Projekt* einer Wissenschaft der Politik widersprechen, und in Wahrheit *überhaupt nicht liberal* – vielmehr sind sie einer weitaus älteren Linie der europäischen Politik zuzuordnen.«[26] Der Liberalismus wurde als eine Form von Planwirtschaft und verwalteter Gesellschaft verstanden, als ein gefährlicher Ausdruck des modernen »Rationalismus«, auf den der nationalsozialistische Kollektivismus problemlos aufgepfropft werden konnte. Doch Kritik dieser Art behindert die vorliegende Untersuchung eher, als dass sie ihr weiterhilft, denn bei ihr handelt es sich in Wirklichkeit um einen verschleierten Liberalismus. Tatsächlich bekräftigte Strauss dies selbst in fast identischen Worten, als er darauf hinwies, dass sein Konservativismus in Wirklichkeit eine Verteidigung des ursprünglichen – strengen, geheimnisvollen und elitären – Liberalismus darstelle, der sich vom laxen, egalitären Massenliberalismus der Moderne unterscheide. »Der Konservatismus unserer Zeit«, schrieb Strauss, »ist identisch mit dem, was der Liberalismus ursprünglich war.«[27]

Und sieht man von den Bekenntnissen zum Konservativismus einmal ab, hätten Oakeshotts sozioökonomische Positionen (neo-)liberaler kaum sein können: eine schlanke Regierung, Widerstand gegen den Wohlfahrtsstaat, maximale Eigeninitiative und die Empfehlung, all »das Geschwätz über den ›Kapitalismus‹ [zu verwerfen], das die politischen Diskussionen so lange entstellt hat«.[28] Mit diesen Theorien kann das liberale Erbe offensichtlich nicht hinterfragt werden.

Was aber ist mit der Kritik von links (die im Wesentlichen von Theoretikern formuliert wurde, die die Klassenverhältnisse in den Blick nehmen, wenn man vom Linksliberalismus einmal absieht)? Es ist verlockend, ihr Versäumnis – das sich darin äußert, faschistische und liberale Texte nicht gegenüberzustellen – auf die Neigung zurückzuführen, Ideologie als bloßen Bestandteil des »Überbaus« zu betrachten, und sich stattdessen auf die vermeintliche Hauptsache, nämlich die Analyse sozioökonomischer Faktoren und Prozesse zu konzentrieren. In diesem Sinne wurde zwar viel über die Beziehung zwischen Faschismus und *Kapitalismus* (als einer Produktionsweise) geschrieben, doch sehr viel weniger über die Rolle des *Liberalismus* (als politischer Ideologie). Auch wenn diese Erklärung teilweise richtig ist, liefert sie doch keine befriedigende Antwort. Es ist eindeutig falsch zu behaupten, die traditionelle »materialistische« oder »Klassen«-Analyse des Faschismus sei gegenüber der faschistischen Ideologie einfach indifferent gewesen oder habe sich nicht ernsthaft mit ihr auseinandergesetzt. Zahlreiche Klassentheoretiker schenkten der faschistischen Ideologie große Beachtung und machten sie teilweise zu ihrem wichtigsten Anliegen. Die Vorstellung, die marxistische Faschismusanalyse könne mit einem Verweis auf die Dritte Internationale abgehandelt werden, ohne sich zum Beispiel mit den spezifischen Positionen eines Antonio Gramsci, Amadeo Bordiga, Georg Lukács, Leo Trotzki, Walter Benjamin oder einer Clara Zetkin auseinanderzusetzen, ist bequem, aber offensichtlich ungenügend.[29]

Wie dem auch sei, es gibt meiner Meinung nach noch einen weitaus wichtigeren Grund, warum der Liberalismus bislang weitgehend ungeschoren davongekommen ist. Das hat nicht mit den vermeintlich blinden Flecken der Klassenanalyse zu tun, sondern mit den Grauzonen des Liberalismus selbst, seinen trügerischen Grenzen und den ihm innewohnenden Inkongruenzen. Man denke nur an die Zweideutigkeit des Begriffs »Liberalismus« selbst: Die meisten Kapitalismuskritiker interpretieren den Begriff des Liberalismus auf eine Weise, die sie von einer kritischen Auseinandersetzung mit diesem eher abhält. Nehmen Sie den amerikanischen Kontext: Für viele Marxisten ist der Liberalismus zweifelsohne die zweitbeste Option, obwohl er sich deutlich von ihrer eigenen Position unterscheidet und von ihnen als unterlegen betrachtet wird. Er wird mit der Verteidigung von Demokratie, Wohlfahrtsstaat, Bürgerrechten und Freiheiten sowie der Opposition gegen Kriegsabenteuer assoziiert. Es scheint absurd zu sein und *ist* es auch, derartige Positionen einer Nähe zum Faschismus zu verdächtigen. Und selbst in Europa, beispielsweise in England, wäre eine solche Einschätzung gelinde gesagt weit hergeholt: War der »Liberalismus« nicht der engste politische und gesellschaftliche Verbündete der Sozialisten? Man denke nur an das langjährige Bündnis aus Liberalen und Labour Party gegen »Reaktion« und »Privilegierte«. Vor diesem Hintergrund wird das heikle Thema des Liberalismus immer wieder und meistens stillschweigend ausgeblendet. Während dieses Vorgehen in politischer Hinsicht einigermaßen gerechtfertigt erscheinen mag, ist es für einen Historiker verhängnisvoll, weil es die zentralen Widersprüche des Liberalismus verschleiert. Außerdem lässt es uns vergessen, dass sich viele »Liberale« der Gegenwart in Wirklichkeit nicht nur von dem »Liberalismus« unterscheiden, wie er ursprünglich begriffen und politisch umgesetzt wurde, sondern sogar *in Opposition* zu ihm stehen, während gleichzeitig viele moderne Konservative klassische Liberale sind – eine Tatsache, zu der sie sich bisweilen voller Stolz bekennen.

Ich kann daher nicht genug betonen, dass der Liberalismus nicht als etwas zeitlos *Gegebenes*, sondern als historischer *Prozess* begriffen werden muss. Wenn wir die Überzeugungen eines Faschisten aus der Blütezeit seiner Bewegung mit den Ideen des klassischen Liberalismus vergleichen, werden wir selbstverständlich viele bedeutende Unterschiede feststellen. Und der Faschismus hat auch viele der für den klassischen Liberalismus zentralen Ideale und Institutionen untergraben und zerstört: die Herrschaft des Parlaments, die Rechtsordnung, die Gewissens- und Meinungsfreiheit und so weiter. Aus der dieser Studie zugrunde liegenden Perspektive ist der Liberalismus jedoch ein Ensemble aus Konzepten und Institutionen, die in einer bestimmten historischen Periode entwickelt wurden, um konkrete Bedürfnisse zu erfüllen. Daher sollten wir von einer Fähigkeit des Liberalismus ausgehen, sich an verändernde Umstände und Bedürfnisse anzupassen. Ich behaupte, dass der Faschismus möglich wurde, weil der Liberalismus in seiner klassischen Form nicht in der Lage war, mit den Herausforderungen jenes vielschichtigen Phänomens fertigzuwerden, das wir heute als »Massengesellschaft« bezeichnen. Wie der Zauberlehrling in Goethes berühmten Gedicht rief der Liberalismus Kräfte, die zunächst extrem nützlich waren, aber die er in der Folge nicht kontrollieren konnte, nämlich ungebändigte und sich schnell vermehrende Besen – die moderne Arbeiterschaft –, die sich weigerten, ihre Rolle als bloße Werkzeuge im Produktionsprozess zu akzeptieren, und einen eigenen Willen entwickelten. Vor diesem

Hintergrund wendet sich auch der liberale Lehrling an *einen Zauberer*, um die Ordnung wiederherzustellen und die belebten Besen in einfaches Holz zurückzuverwandeln. Der eigenen Rhetorik und Gesten zum Trotz trat der Faschismus nicht als Widersacher, sondern in erster Linie als ein tyrannischer, bevormundender Verbündeter des Liberalismus an, der den dringend benötigten Beistand leistete. Für seine Dienste forderte er allerdings einen Preis. Dieser Preis bestand für den Liberalismus darin, sich zu wandeln, ein anderes Verhalten an den Tag zu legen und sogar den Namen zu ändern (also sich manchmal sogar als »Sozialismus« zu bezeichnen). Der Liberalismus seinerseits war nicht zuletzt deshalb in exemplarischen Fällen bereit, den Preis zu zahlen und sich dieser Transformation zu unterwerfen, weil der Faschismus als ein Projekt zur Genesung und »Restrukturierung«, um einen modischen Begriff zu verwenden, verstanden wurde und der Liberalismus selbst viel mit dieser Weiterentwicklung zu tun hatte. Um den Kapitalismus zu retten, waren die Wirtschaftsliberalen nicht selten bereit, die überflüssige Last liberaler politischer Institutionen und Ideale über Bord zu werfen. Dies ist es, was ich als die folgenschwere »liberale Spaltung« bezeichne, durch die Wirtschafts- und politischer Liberalismus so weit auseinanderzudriften begannen, dass sie sich am Ende auf entgegengesetzten Seiten der sozioökonomischen Kluft befanden. Hören wir noch einmal, was Rocca zu sagen hat:

> »Wenn es wahr ist, dass ein Teil des italienischen Liberalismus dabei degenerierte, als er der Demokratie den Hof machte, die wiederum den Sozialismus hofierte, dann ist nicht minder richtig, dass Nationalisten und Rechtsliberale lange Zeit in spirituellen Positionen übereinstimmten. Wenn der größere und gesündere Teil des Faschismus heute an der idealen Position eines ursprünglichen Nationalismus festhält und wenn er nicht degeneriert, dann werden sein Programm und seine Praxis [...] in wirtschaftlichen Fragen eine Fortführung des alten, rechten Liberalismus sein, in politischer Hinsicht hingegen patriotischer und konservativer ausfallen.«[30]

Mein Interesse in dieser Untersuchung gilt daher fast ausschließlich den auf der ökonomischen Seite der Spaltung gelandeten Liberalen – und nicht ihren Namensvettern auf der politischen Seite. Wenn wir diesen Strömungen konkrete Namen zuordnen wollten, könnten wir sagen, dass es uns hier nicht um die liberalen Schüler eines Charles James Fox geht, jenes Whig,[31] der die Französische Revolution wärmstens begrüßte und unter König Georg III. zum Volkstribun wurde. Vielmehr interessiert uns das Vermächtnis seines langjährigen Freundes und Kollegen Edmund Burke, der eine andere Strömung der Whigs repräsentierte, als unerbittlicher Gegner des französischen Radikalismus und als gläubiger Verfechter des freien Marktes auftrat.[32] Fox und Burke hatten sich wegen solcher Differenzen politisch und persönlich überworfen. Burke stellte sich auf die Seite des Königs und dessen Schatzkanzlers William Pitt des Jüngeren und ging als ein Gründungsvater des modernen Konservatismus in die Geschichte ein, während Fox heute als eine Randfigur des georgianischen Englands gilt, obwohl er großen Einfluss auf die spätere Entwicklung des britischen Liberalismus nahm. Der Hinweis auf Burke sollte uns erneut daran erinnern, dass vieles von dem, was wir für »konservativ« halten, in Wirklichkeit und seinem ursprünglichen Impuls nach *liberal* ist. Wie sich am Beispiel Strauss' und Oakeshotts zeigen lässt (im Verlauf dieses Buches werde ich noch eine Reihe ähnlicher Fälle behandeln): Kratzt man an der Oberfläche des modernen Konservativen, tritt ein Liberaler zutage. Es ist ganz und gar kein Zufall, dass die Renaissance der klassisch liberalen Wirtschaftswissenschaften, die als »Neoliberalismus« bekannt geworden ist, in Großbritannien und den USA von sich selbst als *konservativ* bezeichnenden Parteien vorangetrieben wurde (in England von den Tories und in den USA von den Republikanern, den entschiedensten Gegnern des »Liberalismus«). Das ist eine historische Ironie und ein bemerkenswertes Resultat der liberalen Spaltung. Eines der Hauptziele dieser Untersuchung besteht darin, diese begriffliche Konfusion zu überwinden, indem man politische Kategorien historisch und nicht idealistisch betrachtet. Es ist ausgesprochen schwierig, die Dinge beim Namen zu nennen, wenn wir nicht wissen, was dieser Name konkret bezeichnet, und im Fall des »Liberalismus« kann ein Wort mindestens zwei Dinge bedeuten. Erneut stellen wir fest, wie es auf Worte ankommt und wie sie uns verwirren und auf eine falsche Fährte locken können.

Die in diesem Buch entwickelte Argumentation, die die Spaltung des Liberalismus herausarbeitet und daran erinnert, dass die Politik der modernen Welt auf zwei unterschiedlichen liberalen Traditionen beruht, ist keineswegs als »Anklage« des Liberalismus zu verstehen, sondern vielmehr ein Diskussionsbeitrag zum Zwecke einer *politischen* Ausdifferenzierung, die sich gegen die direkte oder indirekte Verleumdung durch seine Kritiker richtet: mehr oder weniger direkt im Falle von Strauss und Oakeshott, eher indirekt im Fall jener zahlreichen Autoren, die unter dem Vorwand, den Liberalismus vor demokratischen und sozialistischen Exzessen schützen zu müssen, in Wirklichkeit die politische Tradition des Liberalismus ins Herz treffen. Wenn Mosse die These aufstellt, der Faschismus sei die Kulmination jener »Demokratisierung der Politik«, die mit der Französischen Revolution ihren Anfang nahm, attackiert er damit nicht indirekt den englischen Liberalen Charles James Fox, der ein standhafter Verfechter eben dieser Revolution war? Und kritisierte Arendt, wenn sie bei der Analyse der Voraussetzungen totalitärer Herrschaft die

»Affinität zwischen Demokratie und Diktatur, zwischen Pöbelherrschaft und Tyrannis « unterstrich,[33] nicht auf schräge Weise einen tragenden Pfeiler des liberalen *politischen* Projekts, nämlich die Ausweitung der Demokratie? Griffen Ludwig von Mises und zahllose andere Wirtschaftsliberale nicht indirekt den gesamten politischen Liberalismus an, als dieser auf der Annahme beruht, der demokratischen Herrschaft sei Priorität gegenüber dem freien Markt einzuräumen, wenn sie argumentierten, der Nationalsozialismus sei wegen seiner mutmaßlichen Bemühungen zur Lenkung des Wirtschaftslebens lediglich eine logische Erweiterung des Sozialismus gewesen? Es ist bezeichnend, dass Wirtschaftsliberale das Schreckgespenst des »Kollektivismus« nicht nur in bolschewistischer und maoistischer Gestalt erkennen, sondern den Begriff regelmäßig auf *alle* Formen und Ausprägungen einer den liberalen politischen Normen verpflichteten Sozialdemokratie ausweiten – vom so genannten Austromarxismus[34] über die Politik der Weimarer Republik[35] bis hin zu Roosevelts New Deal.[36]

Bei genauerer Betrachtung geht es also nicht um Lob oder Tadel des Liberalismus. Die grundlegende Frage, die sich bei der Ausarbeitung meiner Thesen stellt, ist vielmehr folgende: War der Faschismus das Ergebnis eines im weitesten Sinne verstandenen *politischen* Liberalismus oder aber eines – ebenfalls weit gefassten – *Wirtschafts*liberalismus? Oder anders gefragt: War der Faschismus das Resultat eines vom politischen Liberalismus ausgelösten demokratischen Exzesses oder waren seine Hauptursachen der andauernde Kampf *gegen* die Demokratie und die Bemühungen, diese zu begrenzen, zu kontrollieren und zu eliminieren? Wenn Letzteres der Fall war, dann muss die Frage gestellt werden, ob dieser antidemokratische Kampf nicht wesentlich von dem wirtschaftsliberalen Anliegen bestimmt war, das kapitalistische System zu schützen und auszudehnen.

Hinsichtlich der methodologischen Vorgehensweise möchte ich zwei Einwände gegen die vom »neuen Konsens« eingeforderte Hervorhebung des Ideologischen vorbringen: Erstens werde ich, obwohl ich die Bedeutung der Ideologie absolut anerkenne, argumentieren, dass die *Reduzierung auf das Ideologische* genauso einengend ist wie jede andere Variante des analytischen Reduktionismus. Wenn die Aufforderung »die Ideologie ernst nehmen« bedeutet, das faschistische Denken als Bestandteil einer umfassenderen theoretischen Konstruktion zu betrachten, der mit anderen gesellschaftlichen, politischen und ökonomischen Faktoren interagiert, dann werde ich diesen Hinweis gern aufgreifen.[37] Nur allzu oft jedoch verwandelt die berechtigte Forderung, die Ideologie zu berücksichtigen, die faschistische Weltanschauung in eine Art Causa prima, eine sich selbst antreibende, in einem historischen Vakuum operierende Kraft. In diesem Fall läuft die Analyse der Ideologie Gefahr, nicht etwa zur Bereicherung der historischen Perspektive beizutragen, sondern wichtige Fragen nach der sozioökonomischen und politischen Funktion des Faschismus auszublenden. Meine eigene, an existierende Traditionen anknüpfende Ideologieanalyse wird im Gegensatz dazu bemüht sein, der idealistischen Falle zu entkommen, die Renton einmal treffend als »das Gefängnis der Ideen« bezeichnet hat.[38]

Bei der Auseinandersetzung mit dem »neuen Konsens« will ich allerdings nicht einfach die alten, »materialistischen« Argumente wiederholen, die dieser angeblich verdrängt hat. Stattdessen werde ich die Herausforderung akzeptieren und »die faschistische Ideologie ernst nehmen«. Der Fokus meiner Untersuchung liegt auf der Ideologie, also darauf, was Liberale und Faschisten gesagt und geschrieben haben. Ich werde nicht versuchen, die vorherrschende Interpretation dadurch zu widerlegen, dass ich »äußere«, nicht-ideologische Beweise wie Statistiken oder sozioökonomische Analysen vorbringe. Solche Aspekte fließen dort in die Diskussion ein, wo es notwendig ist, aber mein Hauptinteresse gilt den Texten und den dort formulierten Ideen und Argumenten, die ich ernst nehme. Ich hoffe, belegen zu können, dass der »neue Konsens« gerade dort Schwachstellen hat, wo er sich selbst für am stärksten hält, nämlich bei der Auseinandersetzung mit der Ideologie.

Indem ich faschistische und liberale Ideen in den Mittelpunkt meiner Untersuchung stelle, werde ich einige Grundannahmen dieses ideologiezentrierten Ansatzes hinterfragen. Zum Beispiel widersprechen seine Anhänger häufig der These, der Faschismus sei zur Zerschlagung egalitärer Massenbewegungen entstanden; dies wird als ökonomischer Reduktionismus abgetan, als eine Betrachtung des Faschismus von außen. Den Vertretern dieser Erzählung zufolge ging es den faschistischen Ideologen aufrichtig um eine Überwindung des Klassenkampfes. Doch müssen wir tatsächlich aus der faschistischen Ideologie heraustreten und eine externe Maßeinheit einführen, um den Zynismus und Elitismus zu erkennen, die dem Faschismus innewohnen? Nehmen wir, wenn wir den Faschismus als eine Ideologie der sozialen Versöhnung beschreiben, seine elitären Strömungen und seinen Glauben an die notwendige Kluft zwischen der Elite und den Massen nicht auf die leichte Schulter? Übersehen Interpretationen, die die »Aufrichtigkeit« betonen, nicht die Bedeutung einer regelrecht »machiavellistischen« und »nietzscheanischen« Seite des Faschismus, nämlich eines gezielten Einsatzes von Manipulation und Suggestion, wie er von vielen seiner Ideologen propagiert wurde? Aus rein praktischer Sicht lag einer der großen, von vielen Beobachtern konstatierten Vorteile des Faschismus darin, dass er sich nicht für ideologische Kohärenz interessierte und die Bedeutung von Ergebnissen betonte – ein Wesenszug, der bisweilen auch als »Pragmatismus« bezeichnet wird und sich im hemmungslosen Einsatz der Demagogie ausdrückte. Dem Argument, dass Faschisten »beim Wort genommen« werden müssen, wohnt deshalb ein eklatanter Widerspruch inne; es unterstellt, es gäbe ein »Wort«, auf das sich Bezug nehmen ließe, und nicht viele verschiedene Wörter, die häufig und mit Vorsatz zur Täuschung eingesetzt werden. Wer die faschistische Ideologie verstehen will, tut gut daran, sich den Umstand zu vergegenwärtigen, dass Lügen, Mythen und Demagogie zu ihren wesentlichen Bestandteilen zählen. Das bedeutet, dass jeder, der Faschisten als aufrichtig behandelt, bei dem Vorhaben, sie »*ernst* zu nehmen«, scheitern muss – ganz gleich, was er oder sie dabei sonst noch unternimmt.

Faschisten und im Besondern die Nazis bezeichneten sich selbst als eine Art »Sozialisten« höheren Typs. In einigen Fällen *fantasierten* sie sich vielleicht sogar als solche, obwohl dieser subjektive Aspekt schwerer zu bestimmen ist. Doch Faschisten sagten auch andere Dinge und verwendeten ganz andere Worte, was den Historiker vor die schwierige Wahl stellt, *wann* genau er sie beim Wort nehmen sollte und *wann nicht*. Wann können wir den Faschisten glauben und wann versuchen sie, lediglich Wählerstimmen zu werben und ihre »Massenbasis« zu erweitern? Die Historiker des »neuen Konsenses«, verstanden im weitesten Sinne, gingen bei dieser Fragestellung nicht sehr konsequent vor. Wann immer Faschisten Dinge vertreten, die nicht gut zu ihrer Theorie passen, tendiert der »neue Konsens« dazu, stillschweigend zu der alten und schlechten Gewohnheit des »Verdachts« zurückzukehren. So notiert Sternhell, dass der »faschistische Aktivismus, der sich mit seinem Elitismus schmückt, eine starke politische Herrschaft befürwortet, die frei von den Ketten der Demokratie ist«.[39] Der Elitismus wird hier also als ein oberflächlicher Aspekt des Faschismus, als bloßer »Schmuck«, verstanden. Aber die Faschisten selbst nahmen ihren Elitismus ziemlich ernst, zumindest haben sie nie angedeutet, dass es sich um reine Fassade handeln könnte. Man könnte argumentieren, genau das Gegenteil ist der Fall: Der Faschismus präsentierte sich volkstümlich, das Elitäre hingegen war sein eigentliches Wesen, das man aus taktischen Gründen zu verbergen suchte – so sind Hitlers Schriften und Privatgespräche von einer radikalen Verachtung der Massen geprägt, während er sich in seinen öffentlichen Reden in Liebe zum *Volk** und zu den einfachen Deutschen ergießt. Aber da der Historiker beweisen möchte, dass der Faschismus nicht die rechte Politik war, für die man ihn hält, gilt das Volkstümliche und Populistische als aufrichtig und essenziell, während das Elitäre als oberflächlich und untergeordnet erachtet wird. Michael Mann argumentiert gegen die Betrachtung des Faschismus »von außen« und betont gleich am Anfang seines Buchs die Notwendigkeit, »die Faschisten ernst zu nehmen«.[40] Dies tut er in der Tat dann auch, solange die Faschisten den Wunsch nach einem dritten Weg zwischen Kapitalismus und Sozialismus, nach einer Überwindung der Klassen oder nach etwas Vergleichbarem zum Ausdruck bringen.[41] Doch kehren die Vermutungen dort zurück, wo die abgrundtiefe Abneigung gegen den Kommunismus zum Ausdruck kommt, was sich nicht ganz ausblenden lässt, und die Faschisten werden *nicht länger* beim Wort genommen.

> »Glaubte Hitler mehr an die ›bolschewistische Gefahr‹ oder mehr an ihre Nützlichkeit bei Wahlen? Mussolini täuschte nur vor, an eine ›kommunistische Gefahr‹ zu glauben [...]. Metaxas nutzte die ›kommunistische Gefahr‹ als einen Vorwand für seinen Putsch in Griechenland. Aber die griechische Kommunistische Partei war klein und gespalten, und die britische Botschaft meldete nach London, dass Metaxas' Behauptung nur eine Nebelkerze für einen Putsch war, der seine Ursachen in Wirklichkeit in einem Fraktionskampf innerhalb der Rechten hatte.«[42]

Mit voller Wucht kehrt die Schule der Vermutungen zurück! Man beachte die Sprache: »in Wirklichkeit« und »Nebelkerze«. Die »bolschewistische Gefahr« ist dementsprechend in Anführungszeichen gesetzt; Michael Mann ist überzeugt, dass die Faschisten dieses Wort gar nicht meinten, sondern als bloßen »Vorwand« betrachteten. Wenn die britische Botschaft entsprechend berichtete, dann sollte man ihrer Einschätzung hinsichtlich der verborgenen Motive des Faschismus sicherlich vertrauen. Aber blickt dieser Bericht auf irgendeine Weise weniger »von außen« auf den Faschismus als beispielsweise die mit diskreditierten Komintern-Begriffen gespickten Berichte der sowjetischen Botschaft? Es geht nicht darum, ob man die Faschisten beim Wort nehmen sollte oder nicht, sondern *wann* man es tut und *wann nicht*. Dabei handelt es sich jedoch in erster Linie um eine *ideologische* Entscheidung, was der Forderung des »neuen Konsenses« nach einem »Primat der Ideologie« eine völlig neue und unbeabsichtigte Bedeutung verleiht.

Im Folgenden möchte ich die Aufmerksamkeit auf die Frage lenken, was der Faschismus vom Wirtschaftsliberalismus, verstanden als ideologischer Ausdruck des Kapitalismus, übernommen hat. Ich tue dies in der Überzeugung, dass diese Erinnerung heute dringend geboten ist, da der Antifaschismus in einem Sinne, der Mises gefallen hätte, als Vorwand benutzt wird, um die Demokratie, insbesondere die Sozialdemokratie, zu bekämpfen und den Kapitalismus zu festigen. Und ich tue dies auch aus der Überzeugung heraus, dass sich der Faschismus tatsächlich in vielerlei Hinsicht auf den Liberalismus bezieht. Gleichzeitig möchte ich klarstellen, dass meine historische Rekonstruktion den Liberalismus – auch in seiner marktliberalen Variante – nicht einfach mit dem Faschismus gleichsetzt und ich auch nicht von der Annahme ausgehe, das Weltbild des Faschismus leite sich nur aus sich historisch allerdings anpassenden

Quellen ab. Bei seinem Versuch, ein breites gesellschaftliches Bündnis zu schmieden, das oft als faschistische »Massenbasis« bezeichnet wird, griff der Faschismus auf extrem eklektische Weise auf die inkongruentesten ideologischen Argumente zurück, solange diese für die Mobilisierung einer bestimmten Anhängerschaft nützlich erschienen. Zu diesen Quellen gehörten ideologische Motive des Antiliberalismus aus dem 19. Jahrhundert, die Anrufung von Gefühlen, kulturellen Traditionen, Überzeugungen, Wünschen, Phobien und Vorurteilen sowie Interessen, die mehr oder weniger im Widerspruch zur sozioökonomischen Ordnung des Kapitalismus standen, auch wenn diese Motive und Gefühle, wie oft angemerkt, gewöhnlich eher einen »kleinbürgerlichen« als einen »proletarischen« Charakter besaßen. Diese Elemente hatten, nachdem sie einmal in die – eher lose – Struktur der faschistischen Ideologie integriert waren, durchaus praktische Auswirkungen. Doch meine These ist, dass der Wirtschaftsliberalismus dem Inhalt des faschistischen Experiments sehr viel näher stand als der politische Liberalismus und dass die antiliberalen Aspekte letztlich funktional waren, um politische Unterstützung zu mobilisieren und den Widerstand gegen eine aggressiv kapitalistische Agenda zu schwächen. Im Lauf der Jahre haben liberale und konservative Autoren auf der Suche nach »den Wurzeln des Faschismus« die unterschiedlichsten Texte herangezogen und sich dabei unter anderem mit Rousseau, Herder, Fichte, Hegel und Luther beschäftigt. Stattdessen hätten sie besser vor der eigenen Haustür kehren und die liberale Tradition, angefangen mit dem politischen Denken John Lockes, unter die Lupe nehmen sollen, um so auf die immanenten Widersprüche und tief verwurzelten Determinanten zu stoßen, die den Faschismus zwar nicht notwendig, aber doch zumindest möglich machten. Dies ist jedoch ein Argument, das ich nun im Weiteren entwickeln muss.

1 Die liberale Spaltung: Die Wirtschaft von der Politik trennen

Liberalismus und Demokratie in der *longue durée*

Eine notwendige historische Bedingung des Faschismus[1] stellte die Spannung zwischen der politischen und der ökonomischen Dimension der liberalen Ordnung dar. Der Liberalismus war die sozioökonomische Doktrin, mit der das aufstrebende europäische Bürgertum des späten 18. und frühen 19. Jahrhunderts den Adel herausforderte.[2] Er begann optimistisch als eine »fortschrittliche« Bewegung, die politische »Freiheiten« wie die Einrichtung einer konstitutionellen und repräsentativen Regierung einforderte, die wiederum als Unterbau einer von den Altlasten des feudalen und absolutistischen Protektionismus, des Merkantilismus und so weiter befreiten Marktgesellschaft betrachtet wurde. Im Verlauf des 19. Jahrhunderts wurde jedoch deutlich, dass die Forderung nach einer Repräsentation des Volkes ein zweischneidiges Schwert ist: In den Händen der Bourgeoisie konnte sie im Namen des Volkes gegen die Aristokratie eingesetzt werden und ermöglichte die Durchsetzung und Festigung der bürgerlichen Gesellschaft. Doch sobald »das Volk« auf seine bürgerlichen Stellvertreter verzichten wollte und in einem notwendigen ersten Schritt die Einführung des allgemeinen Wahlrechts forderte, drohte die Volksvertretung die bürgerlichen Privilegien und Interessen zu unterlaufen. Nachdem die Bourgeoisie dem Adel die Wirtschaft entrissen hatte, musste sie diese nun vor »den Massen« verteidigen. Zunehmend setzten sich Pessimismus und Ernüchterung in den zunächst so zuversichtlichen bürgerlichen Reihen durch. Die Zukunft der »Zivilisation« schien nun ungewiss und voller Gefahren.

Je weiter »die Massen« aufstiegen, desto lauter sannen bürgerliche Ideologen über »Niedergang« und »Degeneration« nach: in kultureller, ökonomischer, politischer und »rassischer« Hinsicht. Der Kapitalismus wurde grundsätzlich als im Widerspruch zur Demokratie stehend erachtet; die *wirtschaftsliberale Sphäre* wurde von der expansiven Dynamik des *politischen Liberalismus* unterschieden.

Das Eigentum hinter Schloss und Riegel: John Locke

Historisch betrachtet interessierten sich die Liberalen nie besonders für die Demokratie. Anfangs war mit der von den meisten Liberalen befürworteten Idee einer repräsentativen Regierung ein begrenztes Wahlrecht gemeint, das den besitzenden Klassen zugutekommen sollte.[3] Für einen konstitutionellen Liberalen wie John Locke stellte die Demokratie noch kein Problem dar, da die Masse der Arbeiter noch nicht oder vielmehr *nicht mehr* politisch organisiert war, nachdem die radikalen Strömungen der englischen Revolution unterworfen worden waren.[4] Für ihn stand fest, dass die von ihm befürwortete »Herrschaft der Mehrheit« nichts anderes als eine Herrschaft der Vermögensbesitzer sein würde. Ein auf die frühe englische Neuzeit spezialisierter Historiker fasste die Haltung folgendermaßen zusammen.

> »Locke argumentierte […], dass die Exekutive ihr Rechte verwirkt, wenn sie die Sicherheit des Eigentums gefährdet, dessen Verteidigung den Existenzgrund des Staates darstellt. […] Locke sprach zweideutig von einer Regierung, die sich ›vom Volk‹ herleitet und ihm gegenüber verantwortlich ist, aber es stand außer Frage, dass er damit die besitzende Klasse meinte. Ihre Macht über die Gesellschaft war gegen den Absolutismus [und] durch die Niederlage der Radikalen während des Interregnums auch gegen die niederen Stände errichtet worden […].«[5]

Nur die Angehörigen der besitzenden Klasse konstituierten also wirklich die Zivilgesellschaft und waren fähig und berechtigt, politische Verantwortung zu tragen. Die anderen hingegen gehörten nur insofern zu dieser Gesellschaft, als sie den Autoritäten, Gesetzen und Regeln unterworfen, aber der aktiven politischen Rechte beraubt waren.[6] Die Lohnarbeiter, also die große Mehrheit der englischen Bevölkerung, die von der Hand in den Mund lebten und auf dem Markt ihr einziges Eigentum, nämlich ihr Arbeitsvermögen »veräußerten«, galten als nicht »rational« genug für die Ausübung politischer Rechte, da sie nicht über die notwendige Zeit verfügten, um über Dinge nachzudenken, die über den täglichen Überlebenskampf hinausgingen (einmal ganz abgesehen von den verelendeten Massen, die man für moralisch verdorben hielt und daher ganz selbstverständlich von der politischen Verantwortung ausgeschlossen hatte). Es muss daran erinnert werden, dass der ganze Zweck der liberalen Zivilgesellschaft aus der Sicht Lockes darin bestand, das aufkommende kapitalistische Eigentum und die dazugehörige Produktionsweise zu stützen. Die politische Seite des Liberalismus, nämlich die parlamentarische Verfassungsherrschaft, stellte keineswegs eine von der Ökonomie unabhängige Sphäre dar, sondern wurde als eine dem Kapitalismus stets untergeordnete Funktion betrachtet. Die Zivilgesellschaft war im Wesentlichen ein Mechanismus, um das reibungslose Funktionieren des Kapitalismus zu gewährleisten und den einzelnen Kapitalisten zu einem Minimum an Klassenzusammenhalt und gemeinsamem Handeln zu zwingen, ohne die das System nicht aufrechtzuerhalten gewesen wäre, beispielsweise durch eine Besteuerung, die es dem Staat erlaubte, seiner Rolle als Verteidiger des Eigentums nachzukommen.[7]

Aber die dem Kapitalismus *von außen* auferlegte Besteuerung, die nicht von den Eigentümern durchgesetzt worden war und ihren Interessen widersprach, wurde verdammt. »Lockes primäres und übergeordnetes Interesse«, betont Peter Laslett, »galt der Besteuerung, der willkürlichen Besteuerung und ihren Ungerechtigkeiten«.[8] Unter diesen Voraussetzungen kann keine Rede davon sein, dass die Politik eigenständige Forderungen »sozialer« oder »moralischer« Natur an die Ökonomie zu formulieren hätte. Derartige Forderungen stellten, sofern sie nicht von der »Mehrheit« der Begüterten vereinbart wurden und dementsprechend deren Klasseninteressen dienten, nichts anderes als eine Enteignung dar. Für Locke waren Eigentum und kapitalistische Produktion keine Vereinbarungen, die man politisch modifizieren konnte, sondern sie waren dem Naturrecht eingeschrieben und gingen dem Politischen somit *voraus*.[9] Man kann nicht oft genug betonen, dass der eigentliche Zweck der politischen Zivilgesellschaft darin bestand, jede derartige Möglichkeit zu ächten, zu verhindern und als absurdes, moralisch empörendes Unterfangen zu brandmarken:

> »Drittens kann die *höchste Gewalt* keinem Menschen einen Teil seines *Eigentums* wegnehmen, ohne seine eigene Zustimmung; denn da die Erhaltung des Eigentums der Zweck der Regierung und derjenige [Grund] ist, um dessentwillen Menschen in die Gesellschaft eintreten, setzt es notwendigerweise voraus und erfordert, dass sie *Eigentum* haben; denn ohne dies müsste man annehmen, sie verlören dadurch, dass sie in die Gesellschaft eintreten, gerade das, was der Zweck ihres Eintretens war – eine zu große Widersinnigkeit, um es zugestehen zu können. [...] Daher ist es ein Irrtum zu glauben, die höchste oder *legislative Gewalt* eines Staates könne tun, was sie will, und *willkürlich* über das Vermögen des Untertanen verfügen oder einen Teil davon nach Belieben wegnehmen.«[10]

Im Naturrecht muss die Politik also dort enden, wo das Eigentum beginnt, und wenn eine Regierung sich über die eigene Rolle täuscht, haben die Begüterten das Recht, gegen das illegitime Recht Gebrauch von der Gewalt zu machen. Wie Domenico Losurdo in Bezug auf Lockes Position anmerkt: »Selbst wenn das Eindringen der Besitzlosen in die Eigentumssphäre durch die Legislative vermittelt wird, stellt sie einen

Akt von Willkür und Ausplünderung dar, eine Gewalthandlung, der daher vonseiten des Opfers auch legitimerweise mit Gewalt begegnet werden darf.«[11] Parlamentarismus und Rechtsstaatlichkeit waren also von Anfang an nicht das liberale Ziel selbst, mit dem politischer Pluralismus garantiert werden sollte, sondern lediglich Mittel zu einem Zweck, nämlich dem Schutz des Kapitalismus. Und Mittel sind von Natur aus nicht absolut, sie können aufgrund sich verändernder Umstände modifiziert werden. Deshalb war Locke weit davon entfernt, das Parlament zu überhöhen, und konnte sich in verschiedenen Momenten alternative politische Modelle vorstellen. Wie Macpherson anmerkt, war Locke »durchaus folgerichtig in seiner Forderung nach einer Staatsgewalt, die in der Lage wäre, die wichtigsten Institutionen einer Klassengesellschaft zu sichern. 1660 erforderte dies eine Rückkehr der Stuarts und die Lehre von der absoluten und unumschränkten Macht der Obrigkeit [...], 1689 [...] die Entlassung der Stuarts und die Lehre des *Second Treatise*.«[12] Liberale *Doktrinen* sind also offen für Veränderungen, solange die *Klassengesellschaft* Bestand hat.[13] Der liberale Kapitalismus wurde nicht durch einen politischen Rahmen begrenzt, sondern verfügte über eine eingebaute Option, die es ihm ermöglichte, aus der Verfassungsordnung auszusteigen und zur Gewaltherrschaft zurückzukehren, wenn er die ökonomischen Interessen für gefährdet hielt.

Wir sind es gewohnt, die liberale Tradition – in dem Maße, wie wir sie aus ihrer eigenen, hegemonialen, historiografischen und theoretischen Perspektive betrachten – als radikale *Öffnung* des politischen Horizonts, als Erweiterung der Freiheitsrechte, als Stärkung von »Toleranz« und Pluralismus und als Beschränkung von Unterdrückung und Absolutismus zu verstehen. Doch dabei gerät das irreduzible Moment der dem Liberalismus innewohnenden politischen *Einhegung* aus dem Blick. Denn die Begründer der liberalen Ordnung beschäftigten sich nicht nur damit, die Aufgaben der Politik zu umreißen, sondern verwandten mindestens ebenso viel Eifer darauf festzulegen, was Politik *nicht tun sollte*. Und wenn diese prohibitive Abgrenzung zunächst den Monarchen davon abhalten sollte, die Eigentumsgrenzen zu überschreiten, so gibt es keinen Anlass zu der Annahme, dass die Einmischung eines demokratischen Souveräns weniger Widerstand provoziert hätte. Vielmehr gibt es allen Grund, Locke wörtlich zu nehmen, wenn er darauf besteht, der »höchsten oder legislativen Gewalt eines Staates« den Zugriff auf das Eigentum zu verweigern. James Tully versteht Locke als »subversiv-populistisch«, als einen »Revolutionär«, der »eine 500-jährige Geschichte elitärer politischer Ganzheitlichkeit zurückweist [...] und die Ursprünge der politischen Macht auf radikal populistische Weise neu konzeptualisiert«.[14] Man könnte fast den Eindruck gewinnen, dass er von einem *Leveller* oder *Digger*[15] spricht. Doch Locke war kein Populist und schon gar kein Subversiver. Zunächst einmal ist es eher schwierig, jemanden mit dem Populismus in Verbindung zu bringen, der »für seine Dienste für die Regierung jährlich die fast schon astronomische Vergütung von etwa 1500 Pfund erhielt« und »nicht zögerte, das Vorhaben zu loben, dass die Armen ›einen Penny pro Tag‹ verdienen [...], das heißt, eine Summe, die etwa 1000 Mal niedriger war als sein eigenes Einkommen«.[16] Noch weniger lässt sich ein glühender Populismus erkennen, wenn man weiß, dass Locke Kinderarbeit ab dem Alter von drei Jahren befürwortete, sich bei aller »Toleranz« in religiösen Fragen die Kriminalisierung von Bettlern und Vagabunden wünschte und für diese ein Strafmaß befürwortete, das über das der absolutistischen Monarchien hinausging. Wie István Mészáros hervorhebt:

> »Während die brutale Gesetzgebung von Heinrich VIII. und Edward VI. [...] bei Wiederholungstätern vorsah, ›das halbe Ohr‹ abzuschneiden, befürwortete [Locke] eine Verschärfung und empfahl den Verlust beider Ohren, und zwar auch schon bei Ersttätern. In seinen Worten: ›Dass derjenige, der einen Ausweis fälscht, beim ersten Mal der Urkundenfälschung seine Ohren verliert, wenn er für schuldig befunden wird, und beim zweiten Mal in die Plantagen deportiert wird [...], wie es bei Kapitalverbrechen der Fall ist.‹«[17]

Man könnte an dieser Stelle einwenden, dass solche Positionen zwar im Widerspruch zu einer persönlichen oder praktischen Volksnähe Lockes stehen, aber noch nichts darüber aussagen, ob er in *theoretischer* Hinsicht einen umstürzlerischen Populismus vertrat, der ein Recht des Volkes zur Rebellion gegen den König proklamierte. Damit jedoch wird unterschlagen, dass Lockes Rechtfertigung der Rebellion[18] nicht dazu gedacht war, die Volkssouveränität zu begründen, sondern vielmehr dazu, sich auf diese zu berufen, um die Unantastbarkeit des Eigentums zu unterstreichen. Tully selbst scheint diesen Umstand seltsamerweise anzuerkennen, aber dessen Implikationen zu verkennen. Über Lockes Position schreibt er resümierend: »[S]obald die Regierung ein Eigentumssystem etabliert hat [...], eine Überschreitung dieser Rechte eine Verletzung des Naturrechts und damit, genau wie im Naturzustand, einen Grund für eine legitime Revolte darstellt.«[19] Doch genau aus dieser korrekten Beobachtung folgert, dass nicht die Volksnähe, sondern die Eigentumsrechte im Zentrum von Lockes System standen und Begriffe wie »revolutionär« oder »subversiv« hier außerordentlich irreführend sind.[20] Gewiss lässt sich, solange der »legitime Aufstand« gegen den Monarchen und zur Verteidigung des Eigentums geführt wird, mehr oder weniger begründet von einer »Revolution« sprechen. Was ist aber, wenn es sich bei dem Souverän, der dieses Recht überschreitet, um »das Volk« handelt und es die Mehrheit ist, die gemeinsam – auf legalem oder revolutionärem Weg

– einen *radikalen* und *subversiven* Anspruch auf das Eigentum erhebt? In diesem Fall wäre der passende Begriff zur Beschreibung von Lockes legitimer Revolte eher der der »Konterrevolution«. Doch Locke nahm nicht an, dass die im Namen »des Volkes« eingeführte politische Ordnung jemals von diesem infrage gestellt werden würde. Ebenso wenig hatte er die Absicht, der Bevölkerung die Möglichkeit zu geben, ihre Meinung in dieser Angelegenheit zu äußern oder sich auch nur eine Meinung zu bilden. Wissen und Denken mögen wichtig und lobenswert sein, wurden jedoch als ein Luxus der Eliten betrachtet, »der den wenigen vorbehalten ist, die über Muße und höhere Kenntnisse verfügen und mit logischem Denken vertraut sind«. Eigenschaften, die auf die große Mehrheit nicht zutrafen:

> »Und man kann genauso gut hoffen, alle Tagelöhner und Handwerker, Spinnerinnen und Mägde in Mathematiker zu verwandeln, wie sie zu vollkommener Moral bewegen. Unmissverständliche Befehle sind der sichere und einzige Weg, sie zu Gehorsam und Handeln anzuhalten. Der Großteil ist nicht in der Lage zu wissen und muss deshalb glauben.«[21]

Glauben und *gehorchen*. Zwei Prinzipien, die es zwei Jahrhunderte später immerhin schafften, in einer »der verbreitetsten faschistischen Parolen« aufgegriffen zu werden: »*Credere Obbedire Combattere* [Glauben, Gehorchen, Kämpfen]«.[22] Und man sollte sich nicht einbilden, dass es sich beim dritten und finstersten Teil des Mottos – dem Wort »kämpfen« – um eine perverse Ergänzung der Faschisten gehandelt habe. Die liberale Ordnung beruhte vielmehr auf einer klassenspezifischen Zuweisung von Freiheiten und Unfreiheiten, Eliterechten und Massenpflichten, wobei zu diesen Pflichten auch die zum Kampf gehörte.[23] Christopher Hill resümierte die umfassende und von Anfang an bestehende Verteilungsungleichheit dieser Ordnung auf eindringliche Weise:

> »Der Freiheitskampf war damals, im 17. Jahrhundert, eine komplexere Angelegenheit, als die Bücher heute suggerieren. Die Vermögenden gewannen an Freiheit – Freiheit von willkürlicher Besteuerung, Verhaftung und religiöser Verfolgung, die Freiheit, die Geschicke ihres Landes vermittels gewählter Vertreter zu lenken, die Freiheit, zu kaufen und zu verkaufen. Sie gewannen auch an Freiheit, Pächter zu vertreiben und Hütten räumen zu lassen, ihre Dörfer zu tyrannisieren und ungeschützte Arbeitskraft auf dem freien Markt unter Vertrag zu nehmen. Die ›Unfreien‹ waren immer zwangsrekrutiert worden, wenn sich die besseren Schichten zu einem Krieg entschlossen. Doch die reguläre Wehrpflicht stammt aus der Regentschaft von Königin Anne (1703–1714). Das Gesetz von 1708 besagte, dass nur Personen

> ›ohne rechtmäßige Berufung oder Beschäftigung‹ – und ohne parlamentarische Stimme – eingezogen werden durften. Vermittelt über die Friedensrichter setzten die Arbeitgeber die Drohung der Einberufung gegen widerspenstige Arbeiter ein. Die einfachen Leute scheiterten in allen Bereichen bei der Anerkennung ihrer Freiheiten, sie erlangten weder das Stimmrecht noch ökonomische Sicherheit.«[24]

Im darauffolgenden Jahrhundert *glaubten* (oder gaben es zumindest vor), *gehorchten* (allerdings mit sporadischen Unterbrechungen, da immer wieder Aufstände ausbrachen und andere Formen von Rebellion sichtbar wurden)[25] und *kämpften* die »einfachen Leute«, die die Mehrheit der Bevölkerung ausmachten – und das, wie sich bei genauerer Betrachtung herausstellt, sogar recht häufig: »zwischen 1689 und 1815 stand Großbritannien [...] etwa jedes zweite Jahr unter Waffen«.[26] Zugleich waren sie von der liberal umgrenzten Politik weitgehend ausgeschlossen: Ende des 18. und Anfang des 19. Jahrhunderts wurden die britischen Angelegenheiten, wie Hay und Rogers schreiben, von »einem Parlament gelenkt, in dem die reichsten Engländer extrem überrepräsentiert waren«, das geschäftig für eine Liberalisierung der Wirtschaft im Sinne des Freihandels sorgte und das die letzten Überbleibsel einer traditionellen »moralischen Ökonomie« beseitigte.[27] Das kapitalistische Eigentum war von Anfang an eine liberale Grundvoraussetzung, und die politische Form – ob nun Tyrannei, Monarchie, Aristokratie oder Demokratie – wurde in dem Maße als legitim erachtet, wie sie den ökonomischen Kern achtete und schützte, und in dem Maße als illegitim, wie sie sich gegen diesen wandte. Der englische Liberale Henry Maine, der etwa 200 Jahre nach Locke lebte und offen gegen die Demokratie polemisierte, macht unmissverständlich klar, dass die Kapitalisten das ökonomische Joch des Absolutismus nicht abgeschüttelt hatten, nur um danach vom Volk besteuert zu werden: »Aus Sicht des sparsamen und fleißigen Menschen macht es nicht den geringsten Unterschied, ob ihr fiskalischer Unterdrücker ein östlicher Despot, ein Feudalherr oder eine demokratische Legislative ist und ob sie zum Nutzen einer Vereinigung, die sich Gesellschaft nennt, oder zum Vorteil eines Individuums wie eines Königs oder Lords besteuert werden.«[28] Für Maine hängt die Kapitalbildung – »die Wiederbelebung des Wohlstands in zunehmender Größe« – von »dem anstrengenden und nicht enden wollenden Überlebenskampf ab, dem wohltuenden Privatkrieg, der einen Mann dazu bringt, auf die Schultern eines anderen zu steigen und dort dank des Rechts des Stärkeren zu bleiben«.[29] Eine zügellose Demokratie widerspricht seiner Meinung nach nicht nur dem Kapitalismus, sondern auch der Wissenschaft selbst: »Die Vorurteile des Volkes sind viel ausgeprägter als die der privilegierten Klassen; sie sind viel vulgärer und gefährlicher, weil sie dazu neigen, wissenschaftlichen

Erkenntnissen zu widersprechen.«[30] Die wichtigste dieser wissenschaftlichen Tatsachen betrifft die Notwendigkeit eines gnadenlosen kapitalistischen Wettbewerbs der rücksichtslosesten Art:

> »Eine zentrale Rolle in der Politischen Ökonomie hatte von Anfang an die Bevölkerungstheorie inne. Diese ist nun von Herrn Darwin und seinen Anhängern verallgemeinert worden und wurde, als Prinzip des *Survival-of-the-Fittest*, zur zentralen Wahrheit aller biologischen Wissenschaften. Zugleich wird sie offensichtlich von der Menge abgelehnt und von denjenigen zurückgewiesen, denen die Menge erlaubt, sie zu führen.«[31]

Da jeder Versuch, den wissenschaftlichen Kapitalismus zu leugnen, katastrophale Folgen hätte, müsse eine »Volksregierung«, falls sie überhaupt toleriert werden soll, dem in den USA entwickelten Modell nacheifern, wo die Demokratie im Gegensatz zu den vermeintlich gefährlichen Tendenzen im damaligen England strikt *politisch* sei und die *Wirtschaft* ganz sich selbst überlassen bleibe:

> »Die Regierung der Vereinigten Staaten [...] wird durch allgemeine Wahlen bestimmt, aber ist nur *eine politische Regierung*. Es ist eine Regierung, unter der Zwangsmaßnahmen, *von der Politik einmal abgesehen*, auf ein Minimum reduziert sind. Kaum jemals zuvor hat es eine Gemeinschaft gegeben, in der die Schwachen so erbarmungslos an die Wand gedrängt wurden, die Erfolgreichen so einheitlich die Starken waren und sich in so kurzer Zeit eine so große Ungleichheit von Privatvermögen und Luxus herausbildete. [...] Dies alles lässt sich auf die *Unantastbarkeit von Verträgen und Privateigentum* zurückführen, wobei Erstere das Werkzeug und Letzteres die Belohnung der im allgemeinen Wettbewerb Erfolgreichen darstellen.«[32]

Von Locke bis Maine sind diese Postulate die einzige Grundlage, auf der eine Demokratie rechtmäßig funktionieren kann. In diesem Sinne könnte man behaupten, dass der Liberalismus neben dem *politischen Absolutismus* auch die *Absolutheit der Politik* abzuschaffen versuchte.[33] Indem er die Politik durch seine Definition auf die Rolle einer Hüterin bürgerlicher Wirtschaftsinteressen reduzierte, installierte er im Inneren der liberalen Ordnung eine Art Zeitbombe. Doch solange die politische Emanzipation der Massen unvorstellbar war oder nur eine theoretische Bedrohung darstellte, konnte der Liberalismus, ungeachtet des lauter werdenden Tickens im Hintergrund, seinem ursprünglichen Konzept im Großen und Ganzen folgen. Erst später, insbesondere im Verlauf des 19. Jahrhunderts, begann die Politik dem Wirtschaftsliberalismus insofern entgegenzuwirken, als sie die antidemokratischen Implikationen der liberalen Ordnung enthüllte und manchmal auch deren totalitäres Potenzial weckte.[34]

Von Constant zu Donoso Cortés

Vor diesem Hintergrund darf nicht überraschen, dass sich so viele liberale Autoren unterschiedlicher Nationalität in Anbetracht einer zunehmend organisierten und nach politischer Repräsentation strebenden Arbeiterklasse im 19. Jahrhundert nicht etwa darum bemühten, die Volkssouveränität zu stärken oder Gründe für ihre Ausweitung vorzubringen, sondern auf die ihr angeblich innewohnenden Gefahren hinzuweisen. Henry Maine war keineswegs der Einzige. »In allen Ländern«, schrieb John Stuart Mill, »ist eine Mehrheit von Armen und eine Minderheit, die zur Unterscheidung die Reichen genannt werden können. [...] Aber ist nicht die große Gefahr, dass sie auf die Besitzer des sogenannten realisierten (Grund-)Eigentums und großer Einkommen einen unverhältnismäßigen Anteil, wo nicht das Ganze der Abgabenlast leget?«[35] Und Benjamin Constant, einer der führenden Denker des französischen Liberalismus im 19. Jahrhundert, wurde sogar noch expliziter, was die Notwendigkeit anging, das Eigentum vor demokratischen Interventionen der Mehrheit zu schützen, als er in seinen »Principes de politique applicables à tous les gouvernements représentatifs« zwischen einer legitimen, *wirtschaftlichen* Freiheit und einer illegitimen, *politischen* Freiheit unterschied:

> »Zu beachten ist, dass das notwendige Ziel der Nicht-Eigentümer darin besteht, Eigentum zu erlangen. Alle Mittel, die Ihr ihnen verleiht, werden sie zu diesem Zweck einsetzen. Wenn Ihr ihnen neben der ihnen zustehenden Freiheit, Talente und Gewerbe zu entwickeln, auch die ihnen nicht notwendigerweise zustehenden politischen Rechte gebt, werden diese Rechte in den Händen der großen Mehrzahl unfehlbar dazu verwendet werden, in das Eigentum einzugreifen. [...] In allen Ländern, die über repräsentative Versammlungen verfügen, muss dafür gesorgt werden, dass diese Versammlungen unabhängig davon, welche Organisationsform sie letztlich besitzen, aus Eigentümern bestehen. [...] Eine Nation erwartet stets, dass die versammelten Männer durch ihre Interessen geleitet werden. Sie hält es für sicher, dass es unter den Eigentümern eine Liebe zur Ordnung, zur Aufrechterhaltung derselben und zur Gerechtigkeit geben wird.«[36]

Während sich Constant kaum widersprechen lässt, dass den Eigentümern damals wie heute die Aufrechterhaltung der Ordnung sehr am Herzen liegt, muss sein Verständnis von »Gerechtigkeit« doch als einigermaßen eigenwillig, aber wohl charakteristisch für seine Klasse gelten. Er machte beispielsweise geltend, die politischen Rechte sollten denen, die arbeiten, verweigert und stattdessen als Privileg der Nichtarbeitenden betrachtet werden:

> »Diejenigen, die durch Armut in ewiger Abhängigkeit gehalten und zur täglichen Arbeit gezwungen werden, wissen über die öffentlichen Angelegenheiten nicht mehr als Kinder und interessieren sich nicht mehr als Ausländer für das Wohl der Nation [...]. Ich will der arbeitenden Klasse kein Unrecht tun. Diese Klasse ist nicht weniger patriotisch als andere Klassen. [...] Doch ich glaube, dass der Patriotismus, der den Mut verleiht, für das eigene Land zu sterben, ein anderer ist als der, der die Fähigkeit gibt, die Landesinteressen zu erkennen. Es bedarf daher neben der Geburt und dem gesetzlich vorgeschriebenen Alter einer weiteren Voraussetzung [für das Wahlrecht]. Diese Voraussetzung ist die zur Erlangung des Wissens und zur Bildung von Urteilsvermögen notwendige Muße. Allein das Eigentum befähigt die Männer zur Ausübung von politischen Rechten.«[37]

Constants frühe (1819) Unterstützung von Liberalismus und repräsentativer Regierung beruhte auf der unüberwindbaren Kluft zwischen Elite und Massen, wobei Erstere frei wählen, Letztere frei arbeiten – und für ihr Land sterben durften.[38] Es darf nicht überraschen, dass das Hauptanliegen führender liberaler Denker wie Constant, Mill oder Tocqueville darin bestand, Minderheiten gegen die »Tyrannei der *Mehrheit*« zu verteidigen, wobei sich die Mehrheit im Wesentlichen aus Armen, die Minderheit aus Begüterten zusammensetzte.

Etwa ein Jahrhundert später entwickelte der faschistische Intellektuelle und Politiker Alfredo Rocco eine auffallend ähnliche Argumentation. Bemerkenswerterweise tat er dies ausgerechnet, als er zu beweisen versuchte, dass der Faschismus einer eigenständigen politischen Doktrin folgt und einen scharfen Bruch mit der *liberalen Tradition des 18. und 19. Jahrhunderts* repräsentiert. Gegen das vermeintlich demokratische Konzept des Liberalismus, das die Souveränität in die Hände der Massen lege, vertrat Rocco stolz die folgende, auffallend originelle faschistische Konzeption:

> »Der Faschismus wünscht sich, dass die Regierung in den Händen von Männern liegt, die sich über die eigenen Interessen erheben und die Interessen des gesellschaftlichen Kollektivs erkennen können [...]. Der Faschismus lehnt nicht nur das Dogma der Volkssouveränität ab und ersetzt es durch das der Souveränität des Staates; er vertritt darüber hinaus, dass es die Volksmassen sind, die die Interessen der Gesellschaft am schlechtesten interpretieren können, da die Fähigkeit, sich

> über die eigenen Interessen zu erheben und die großen historischen Anliegen der Gesellschaft zu berücksichtigen, eine äußerst seltene Gabe und das Privileg weniger ist.«[39]

Ganz ähnlich wie Constant beeilt sich Rocco klarzustellen, dass sein politischer Elitismus nicht das Resultat einer allgemeinen Geringschätzung des einfachen Volkes ist. Auch er bekundete seinen Respekt für den patriotischen Instinkt der Massen, wie er sich in Zeiten des nationalen Notstands manifestierte – in Anbetracht der Tatsache, dass sein Text 1925 verfasst wurde, kann man wohl annehmen, dass er die enormen Opfer des Weltkrieges unmittelbar vor Augen hatte. Doch dieser Patriotismus könne in normalen Zeiten nicht als politisch lebensfähig gelten: »Unter den Nationen großer Geschichte und Tradition«, bekräftigte Rocco, »bildet sich selbst in den einfachsten Schichten ein Instinkt für die Bedürfnisse des Stammes, der sich in den großen historischen Momenten mit fast unfehlbarer Sicherheit manifestiert. Diesen Instinkt zuzulassen ist ebenso weise, wie die Führung öffentlicher Angelegenheiten auserwählteren Geistern anzuvertrauen.«[40] Anders ausgedrückt, sowohl Constant als auch Rocco schätzten den »Mut« der Massen, »für ihr Land zu sterben«, leugneten aber deren Verstand, wenn es ums Wählen ging. Rocco machte in diesem Zusammenhang immer wieder geltend, dass Faschismus und Liberalismus oberflächlich betrachtet zwar ähnlich vorgingen, eine genauere Betrachtung der ihnen zugrunde liegenden *Motivationen* aber einen radikalen Unterschied zwischen beiden offenbare: Während der Faschismus immer das Interesse von Staat und Nation vor Augen habe, gehe es dem Liberalismus ausschließlich um das private Wohlergehen von Einzelnen. Diese Argumentation war natürlich nur deshalb möglich, weil sie mit einer weitverbreiteten und bis heute allgemein akzeptierten Vorstellung liberaler Prioritäten übereinstimmte, die allerdings die tatsächliche Position vieler, möglicherweise der meisten klassischen Liberalen falsch wiedergibt. Ich werde auf diese Punkte in den letzten Kapiteln noch einmal gesondert eingehen, an dieser Stelle sollte uns der Hinweis genügen, dass es dem Liberalen Benjamin Constant keineswegs nur um »Individuen« ging. Wie Rocco sorgte er sich um die »öffentlichen Interessen«, »die Nation« und »das Land«.

Bereits an diesem Punkt lässt sich verstehen, inwiefern der antidemokratische Geist des Faschismus nicht einfach nur gegen liberale Werte aufbegehrte oder diese zurückwies. Der Faschismus musste den Liberalismus in dieser Hinsicht nicht »besiegen«, sondern kam ihm vielmehr auf halbem Weg entgegen. Was die verbreitete Vorstellung betrifft, eine moderne, liberale und kapitalistische Industrienation tendiere von Natur aus zur politischen Demokratie, ist anzumerken, dass demokratische Strukturen der kapitalistischen Ordnung insofern oft

Schwierigkeiten bereiten können, als sie dieser politische, soziale und moralische Grenzen auferlegen und gleichzeitig eine Umverteilung des Reichtums durch progressive Steuern fördern. Während liberale Historiker unserer Zeit dazu neigen, über diesen Umstand hinwegzusehen und verhängnisvolle Sedimente »vorindustrieller, vorkapitalistischer und vorbürgerlicher Traditionen«[41] für den faschistischen Angriff auf die Demokratie verantwortlich zu machen, hätten die Liberalen des 19. und frühen 20. Jahrhunderts überall in der westlichen Welt nicht an diese Zeit erinnert werden müssen. Die Ausweitung des Wahlrechts auf die besitzlosen Klassen musste nämlich fast immer gegen erbitterten liberalen Widerstand durchgesetzt werden. Bisweilen brauchte es dafür sogar eine überraschende Allianz jener gesellschaftlichen Gruppen, die der bürgerlichen Gesellschaft kritisch oder antagonistisch gegenüberstanden – der unteren Klassen und des konservativen Adels. Beispielsweise wurde in der österreichisch-ungarischen Monarchie die schrittweise Ausweitung des Wahlrechts durch Adlige wie Taaffe (1882), Badeni (1896) und Beck (1906/07) vorangetrieben und theoretisch von konservativen Denkern und Politikern wie Albert Schäffle and Karl von Vogelsang unterstützt, während sie vom liberalen Bürgertum abgelehnt wurde. Die *Neue Freie Presse*, das führende bürgerlich-liberale Organ Österreichs, schrieb 1868 in Bezug auf die Forderung nach einem allgemeinen Wahlrecht: »Solange ein liberales Ministerium die Zügel führt, solange ein den bürgerlichen Klassen entstammendes Abgeordnetenhaus dieses Bürgerministerium kontrolliert, solange politisch reife und dem Freiheitsgedanken innig zugewandte Männer Einfluss auf die Entwicklung der Dinge in Österreich ausüben, solange wird der wüste Ruf einer politisch ungeschulten Menge ohne Echo verhallen.«[42]

Der antiliberale Ökonom Schäffle, der während seiner kurzen Amtszeit als Wirtschaftsminister (1871) vergeblich versuchte, das allgemeine Wahlrecht in Österreich einzuführen, erinnerte sich in seinen Memoiren verärgert an die antidemokratische Politik der Liberalen: »Unverblümt legte ich das Verderbliche und Naturwidrige einer parlamentarischen Minoritätsherrschaft dar, von welcher ganze Nationen und Klassen ausgeschlossen sind. Die Minoritätsherrschaft ist tatsächlich Herrschaft des Großkapitals mit Unterstützung des doktrinären Liberalismus, eine Herrschaft des Geldes, dem die liberalen Beamten, Advokaten, Literaten und Professoren den geistigen Firnis geben.«[43] Es macht den Eindruck, als sei der antibürgerliche Bezug auf vorkapitalistische Traditionen zumindest in der Demokratiefrage eher förderlich als ein Hindernis gewesen. Umgekehrt widersetzte sich gerade der Laissez-faire-Liberalismus der Emanzipation der Massen entschieden. Als dieser Widerstand gebrochen und das allgemeine Wahlrecht eingeführt worden war, erhoben die Wirtschaftsliberalen in der Regel die Forderung, den Kapitalismus vor politischen Interventionen abzuschirmen. Die Demokratie wurde also, wenn überhaupt, nur bis zu dem Punkt akzeptiert, wie sie sich nicht in kapitalistische Belange einmischte. Der politische Liberalismus geriet auf diese Weise in ein dem Wirtschaftsliberalismus eindeutig untergeordnetes Verhältnis. Ludwig von Mises schrieb dazu 1922:

> »Die folgenschwerste Verkennung aber hat der Begriff der Demokratie dadurch erfahren, dass man sie, in Überspannung des naturrechtlichen Souveränitätsbegriffs, als schrankenlose Herrschaft der *volonté générale* aufgefasst hat. [...] Es ist nur eine kleine, aber folgenschwere Verwechslung, wenn er [der Gesetzgeber] seine formelle Freiheit für *materielle* nimmt und glaubt, auch über den *natürlichen Bedingungen des gesellschaftlichen Lebens* zu stehen. Die Konflikte, die daraus entstehen, zeigen, dass Demokratie nur im Liberalismus Sinn hat; nur in seinem Rahmen erfüllt sie eine gesellschaftliche Funktion. Demokratie ist ohne Liberalismus eine hohle Form.«[44]

Die Wirtschaft wird hier mit »den natürlichen Bedingungen des gesellschaftlichen Lebens« gleichgesetzt und verwandelt sich in ein Feld, auf das die Demokratie keinen Zugriff besitzt. Bemerkenswerterweise bekennt sich der liberale Kritiker der Demokratie nicht offen zu seiner Ablehnung, sondern legt einen demokratischen Mantel über seine Haltung. Denn selbst wenn Mises die Demokratie jeder Macht gegenüber dem Kapitalismus beraubt, gibt er vor, nicht den Kapitalismus, sondern »den Begriff der Demokratie« vor Missverständnissen zu verteidigen. Sich der Tatsache bewusst, dass es auf Worte ankommt, bemüht sich der liberale Autor, Antidemokratie als Demokratie zu bezeichnen. Die Demokratie muss zu ihrem eigenen Wohl formal bleiben und auf »*materielle* Freiheit« verzichten. Doch dies muss einigen Lesern als bittere Pille erscheinen. Vor diesem Hintergrund versucht Mises, seine Pille mit einem rhetorischen Taschenspielertrick zu versüßen: Die von ihm favorisierte rein formale Demokratie, die ihre natürlichen Grenzen akzeptiert und sich aus wirtschaftlichen Belangen heraushält, soll insofern materiell sein, als sie »eine gesellschaftliche Funktion zu erfüllen« hat (was immer man von einer derartigen Vorgabe hält, es ist klar, dass es der Demokratie leicht gemacht wird, sich als nützlich zu erweisen). Jene Demokratie hingegen, die sich über den Wirtschaftsliberalismus hinwegsetzt, eine »materielle Freiheit« in Anspruch nimmt und aktiv in die Wirtschaft eingreift, ist nicht fehlgeleitet oder schädlich, sondern einfach eine »hohle Form«. Wie ein leeres Verfahren die Macht besitzen kann, den »natürlichen Bedingungen des gesellschaftlichen Lebens« zuwiderzuhandeln, muss ein Rätsel bleiben.

Wenn wir zu den Lehren, die aus der faschistischen Erfahrung zu ziehen sind, die Anerkennung des demokratischen Prinzips zählen, so leitet sich diese Lektion nicht einfach von der bürgerlich-liberalen Tradition her, sondern steht sogar im Widerspruch zu dieser. Tatsächlich haben viele Liberale – und vor allem Wirtschaftsliberale – selbst nach der Erfahrung mit dem Faschismus Einwände gegen das demokratische Prinzip vorgebracht und sich für eine Begrenzung der demokratischen Herrschaft ausgesprochen. Unmittelbar nach dem Zweiten Weltkrieg wiederholte Wilhelm Röpke die für den Liberalismus des 19. Jahrhunderts charakteristische Position, wonach es notwendig sei, »den ehrlicherweise nicht zu leugnenden Gefahren des allgemeinen Wahlrechts entgegen[zu]wirken und eine wirkliche Regierung der Verantwortlichen [zu] ermöglichen«.[45] Ganz ähnlich betonte Friedrich August von Hayek, die wohl emblematischste Figur des Wirtschaftsliberalismus im 20. Jahrhundert, dass die »demokratischen Institutionen [...] in Zaum gehalten« werden müssen, um sich nicht in eine »totalitäre Demokratie« oder »plebiszitäre Diktatur« zu verwandeln.[46] Man muss es Hayek positiv anrechnen, dass er an dieser Stelle zumindest auf die gewundene Doppelzüngigkeit von Mises verzichtet. Er bekennt sich dazu, die Demokratie zu begrenzen, und spricht nicht wie Mises davon, sie mit realem Inhalt zu füllen. Doch Mises' entfaltete Demokratie ist selbstverständlich identisch mit Hayeks in Zaum gehaltener.

Doch obwohl Liberalismus und Demokratie von Anfang an eine schwierige Beziehung pflegten, ist es wichtig, zwischen einer optimistisch-liberalen Phase, in der ein vernünftiges Übereinkommen zwischen Kapitalismus und Demokratie möglich schien, und einer pessimistischen Phase zu unterscheiden, in der sich die Beziehung immer konfliktreicher gestaltete. Der Wendepunkt zwischen den beiden Phasen markierte die Revolution von 1848, in deren Verlauf sich das Bürgertum und das Proletariat, die der Kampf für größere politische Freiheiten zunächst zusammengeführt hatte, in verschiedenen europäischen Ländern auseinanderentwickelten. Die strukturellen Spannungen zwischen dem »dritten« und dem »vierten Stand« schlugen in offene, gewaltsame Konflikte um. Der bekannteste Arbeiteraufstand erfasste im Juni 1848 Paris, aber auch andere europäische Hauptstädte, wie zum Beispiel Wien:

> »Das Bürgertum der Stadt aber, organisiert in der Nationalgarde, befürchtete Plünderungen und marschierte den Arbeitern entgegen. Am Praterstern kam es zur sogenannten Praterschlacht, in der sehr viele Arbeiter getötet oder verletzt wurden. Die revolutionären Kräfte des März hatten sich nun endgültig gespalten. Das Bürgertum war mit dem Erreichten zufrieden und versuchte, Recht und Ordnung herzustellen, um sich gegen eine proletarische Revolution zu schüt-

> zen. Auch die Bauern, deren Befreiung beschlossen war, schieden als Träger der Revolution aus. So blieben nur noch Studenten und Arbeiter, die an der Revolution und ihrer Weiterentwicklung interessiert waren.«[47]

Benjamin Constant ist erneut sehr hilfreich, um diesen historischen Wandel zu illustrieren. Wie wir gesehen haben, war er sich der Unvereinbarkeit von Kapitalismus und allgemeinem Wahlrecht bewusst, konnte sich in zuversichtlicheren Momenten jedoch gelegentlich durchaus noch eine harmonische Gesellschaftsordnung vorstellen, in der alle Bevölkerungsschichten ein liberales Projekt unterstützen, eine auf *Freiheit* beruhende, aber von *Gleichheit* erfolgreich entledigte *Brüderlichkeit*:

> »Daher sehen Sie, wie ein Volk wächst, sobald ihm die regelmäßige Ausübung der politischen Freiheit übertragen wird! Sehen Sie, wie unsere Mitbürger aller Klassen, aller Berufe aus dem Umkreis ihrer gewohnten Arbeiten und ihres häuslichen Gewerbes heraustreten, wie sie plötzlich den wichtigen Aufgaben gewachsen sind, welche die Verfassung ihnen zuweise, wie sie mit Unterscheidungsvermögen auswählen, mit Kraft sich wehren, die List aus der Fassung bringen, der Drohung trotzen und der Verführung edel widerstehen! Sehen Sie, wie die reine, tiefe und aufrichtige Vaterlandsliebe in unseren Städten frohlockt, selbst unsere Dörfer belegt, unsere Werkstätten durchzieht, unsere Felder beseelt [...]. Der Bauer und der Kaufmann haben unzählige Nöte durchlitten, sie wissen genau, wie diesen Nöten abgeholfen werden kann, sie umfassen mit einem Blick ganz Frankreich, sie sprechen den Dank des Vaterlands aus und belohnen nach 30 Jahren das Festhalten an den Grundsätzen, indem sie ihre Stimme dem erlauchtesten Verteidiger der Freiheit geben.«[48]

Demokratie? Ja, in der Tat, aber unter der Voraussetzung, dass das Volk »mit Unterscheidungsvermögen auswählt«, sprich für die Erhaltung der bürgerlichen Ordnung sorgt, und »der Verführung edel widersteht«, wie sie selbstverständlich von den Radikalen repräsentiert wird. Voller Zuversicht vertraute Constant darauf, dass das Volk den Verteidigern der Freiheit folgen werde, zu denen er Gestalten wie Saint-Just, Marat oder Robespierre gewiss nicht zählte. Dies ist der Liberalismus vor seiner Spaltung. 1819, also zu einer Zeit, bevor die Massen als mächtiger politischer Akteur die Ereignisse prägten, konnte Constant noch optimistisch sein, dass sie »edel« und »patriotisch« genug sein würden, um sich dem anbrechenden Zeitalter des Handels zu verschreiben und sich der bürgerlichen Ordnung des individuellen Glücks und der persönlichen Besitztümer zu fügen. Bemerkenswert ist auch der folgende Abschnitt:

> »Während früher jedes Volk eine vereinzelte Familie, einen geborenen Feind der anderen Familie bildete, gibt es jetzt unzählig viele Menschen, die zwar unter verschiedenen Namen und unter verschiedenartigen Gesellschaftsformen leben, die sich jedoch ihrem Wesen nach gleichen. Sie sind so stark, dass sie sich vor barbarischen Horden nicht zu fürchten brauchen; sie sind so gebildet, dass sie den Krieg verabscheuen. [...] Krieg ist älter als Handel; denn Krieg und Handel sind nur zwei verschiedene Mittel, deren sich der Mensch bedient, um das gleiche Ziel zu erreichen, nämlich zu besitzen, was er begehrt. [...] Krieg ist Trieb, Handel ist Berechnung. Deshalb muss eine Zeit kommen, wo der Handel den Krieg ersetzt. Wir haben diese Zeit erreicht.«[49]

Es sticht ins Auge, dass Constant die ökonomische Rationalität der Massen – und zwar *homogener* Massen, wie sie späteren Liberalen als Gegensatz zu individueller und wirtschaftlicher Freiheit gelten und in unzähligen Schriften als Repräsentanten grauer Uniformität und unheilbarer Irrationalität geschildert werden – von einem streng liberalen und individualistischen Standpunkt aus preist. Woher rührt dieser Unterschied? Ist Constant demokratischer und progressiver als spätere Liberale, die sein Bekenntnis und das anderer früher Liberaler zum »Volk« verrieten? Ich vermute, dass die Ursache nicht in einer größeren moralischen Integrität Constants zu suchen ist. Die Antwort hat eher mit den unterschiedlichen historischen Bedingungen zu tun, die sich in einem optimistischen Liberalismus oder zumindest in dem oben beschriebenen Schwanken zwischen Zuversicht und nüchternem Pessimismus reflektierten. Nach 1848 neigte sich die Waage hin zu Letzterem.

Die bürgerliche Revolution entwickelte enorme Fliehkräfte, die nicht einfach den Wünschen des Bürgertums entsprechend abnahmen. Um die liberale sozioökonomische Ordnung vor Demokratie und/oder Revolution zu schützen, musste die Bourgeoisie den politischen Liberalismus mehr oder weniger zurechtstutzen. Im Laufe der Jahre erkannten Beobachter aller politischen Strömungen dieses Muster. Auf der Linken warfen Sozialisten und Kommunisten dem Bürgertum vor, politisch liberale Positionen aufgegeben zu haben und vor den Konsequenzen ihrer eigenen Revolution zurückzuschrecken. Besonders prominent war die Auseinandersetzung von Karl Marx mit den wechselnden Bündnissen der französischen Bourgeoisie während der Revolution von 1848, die schließlich von der – von vielen als Vorläufer des modernen Faschismus erachteten – bonapartistischen Diktatur beendet wurde. Für Marx war diese Diktatur oberflächlicher Natur und in letzter Instanz das Ergebnis subversiver Handlungen einer externen, antirepublikanischen Kraft, die die politischen Institutionen des Liberalismus angriff. Das Terrain für Louis-Napoléon Bonaparte hatten die bürgerlichen Liberalen selbst bestellt, die eine radikale Kehrtwende vollzogen, als sie erkannten, dass die Parlamentsherrschaft und alle anderen Aspekte des politischen Liberalismus nun ihren Interessen entgegenwirkten:

> »Die Bourgeoisie hatte die richtige Einsicht, dass alle Waffen, die sie gegen den Feudalismus geschmiedet, ihre Spitzen gegen sie selbst kehrten [...]. Wenn sie in jeder Lebensregung der Gesellschaft die ›Ruhe‹ gefährdet sah, wie konnte sie an der Spitze der Gesellschaft das Regime der Unruhe, ihr eignes Regime, das parlamentarische Regime behaupten wollen? [...] Das parlamentarische Regime überlässt alles der Entscheidung der Majoritäten, wie sollen die großen Majoritäten jenseits des Parlaments nicht entscheiden wollen?«[50]

Konservative Kritiker des Liberalismus sahen die soziale und historische Konstellation oft ganz ähnlich wie Marx, aber während er dem liberalen Bürgertum vorwarf, die Revolution verraten zu haben, griffen sie den Liberalismus an, weil dieser den revolutionären Kräften die Rebellion überhaupt erst ermöglicht hatte. Aus der Perspektive des 20. Jahrhunderts definierte Eric Voegelin das Dilemma der Liberalen und verwies auf ihre Verantwortung:

> »Man kann der Revolution nicht entkommen. Wer sich eine Zeit lang an ihr beteiligt, um sich mit einer sich selbst als Liberalismus bezeichnenden Pension friedlich in den Ruhestand zu begeben, wird früher oder später bemerken, dass die revolutionäre Erschütterung zur Zerstörung gesellschaftlich schädlicher, veralteter Institutionen keine gute Investition für einen Pensionär ist. [...] Die *politische* Seite des Liberalismus ist durch die liberale Opposition gegen bestimmte Missstände definiert [...]. [Die Liberalen] widersetzen sich der alten Gesellschaftsordnung, das heißt der privilegierten Stellung von Klerus und Adel. An diesem Punkt lässt sich die Schwäche einer an die Situation gebundenen politischen Haltung erkennen [...]. Sobald die aufstrebende Arbeiterklasse politisch in der Lage ist, den Angriff zu führen, wendet sich dieser gegen die Privilegien des liberalen Bürgertums selbst.«[51]

Dieser Hinweis auf die Widersprüche des Liberalismus wurde keineswegs nur von Feinden der liberalen Ordnung, also Radikalen oder Konservativen, vorgebracht. Oft stammte er von den Liberalen selbst. Man denke nur an den bedeutenden französischen Liberalen Alexis de Tocqueville, der irgendwo zwischen einer konservativ-aristokratischen und einer modernen Mittelklasseposition zu verorten ist. In einem Text über die Revolutionen von 1848 weist er besorgt auf den Umstand hin, dass die Zerstörung des aristokratischen Regimes, mit der das Bürgertum seine eigene – durch den »Bürgerkönig« Louis-Philippe und seine Juli-Monarchie verkörperte – Herrschaft errichten wollte, keineswegs dafür gesorgt habe, die Eigentumsrechte ein für alle Mal auf ein festes Fundament zu stellen, sondern im Gegenteil *das Eigentum selbst* erstmals in der Geschichte angreifbar gemacht hat. Durch den kurzsichtigen Angriff auf die Privilegien des Adels wurde das höchste, die bürgerliche Herrschaft begründende gesellschaftliche Privileg, nämlich das Eigentum, anfällig für sozialistische und demokratische Angriffe. Tocqueville zufolge stützte sich auch die aristokratische Ordnung letztlich auf das Eigentum. Doch eine Reihe sekundärer – extravagant erscheinender, aber keineswegs substanzieller – rechtlicher und politischer Probleme verschleierten diesen Umstand und lenkten von ihm ab. Unter der bürgerlichen Herrschaft hingegen zeigt sich das Eigentum in erschreckend nackter Form. Diesen gefährlichen neuen Zustand beschrieb der Autor treffend mit dem Bild einer belagerten Zivilisation und eines Kampfs um Nachschub:

> »Als noch das Eigentumsrecht nur den Ursprung und die Grundlage für viele andere Rechte bildete, war es leicht zu verteidigen oder vielmehr wurde es nicht angegriffen. Es bildete damals gleichsam einen Schutzwall für die Gesellschaft, deren andere Rechte mit vorgeschobenen Verteidigungsstellungen zu vergleichen waren. Damals drangen die Angriffe nicht bis zum Eigentumsrecht durch; man versuchte nicht einmal ernsthaft, es zu treffen. Aber heute ist das anders. Heute erscheint das Eigentumsrecht nur noch als letzter Rest einer untergegangenen aristokratischen Welt; es strebt allein noch aufrecht als ein isoliertes Privileg inmitten einer gleichgemachten Gesellschaft und nicht mehr gedeckt hinter vielen anderen, strittigeren und verhassteren Rechten. Es hat jetzt allein jeden Tag den unmittelbaren und unaufhörlichen Angriff der demokratischen Anschauungen auszuhalten. Bald wird der politische Kampf zwischen den Besitzenden und den Besitzlosen ausbrechen; das Eigentum wird das große Schlachtfeld bilden. [...] Glaubt man vielleicht, es sei nur ein Zufall [...], wenn man von allen Seiten diese merkwürdigen Doktrinen auftauchen sieht, die [...] alle den wesentlichen Charakterzug haben, dass sie das Eigentumsrecht verneinen [...]? Wer erkennt hierin nicht das letzte Symptom der alten aristokratischen Krankheit unserer Zeit, deren Krise vielleicht nahe ist?«[52]

Auf dialektische Weise signalisierte die bürgerliche Herrschaft einerseits den Triumph des Kapitalismus, repräsentierte andererseits aber auch den Moment ihrer größten Gefahr. Aufgrund ihres Materialismus sind die Bürgerlichen die ersten, die die Eigentumsfrage thematisieren; zugleich sind sie, ungeachtet ihrer selbst, schwache und unzuverlässige Hüter des Eigentums. Sie glauben von sich selbst, gut für diese Aufgabe gewappnet zu sein, ähneln aber eher einem Zauberlehrling. Der politische Liberalismus gefährdet, wenn seine Ansätze zu Ende gedacht werden, paradoxerweise das Eigentum und damit die Zukunft der kapitalistischen, bürgerlichen Ordnung.[53] Betrachten wir, wie ein ausländischer Korrespondent in Paris Louis-Napoléons Staatsstreiche rechtfertigte:

> »Vor allem wollte ich Ihnen beweisen, dass die Franzosen von Natur aus ungeeignet für eine ausschließlich und überwiegend parlamentarische Regierung sind; dass es hier so viele und so große Elemente der Erschütterung gibt, dass es notwendig ist – koste es, was es wolle –, eine starke und entschlossene Exekutive zu errichten, die sich der Macht der Straße entgegenstellt [...]. In anderen Worten, dass Aufstände und Revolutionen nach Möglichkeit beendet werden müssen und dass der französischen Nation nur ein solches Maß an Freiheit und Demokratie gewährt werden darf, das mit einer gefestigten Ordnung und jener Ruhe vereinbar ist, die für eine vernünftige Freiheit und eine zivilisierte Gesellschaft gleichermaßen Voraussetzung ist.«[54]

Dieser Korrespondent war kein russischer, österreichischer oder preußischer Journalist, der den Standpunkt eines autoritären, vorindustriellen und vorbürgerlichen Regimes zum Ausdruck brachte; es handelte sich auch nicht um einen erzkonservativen Gegner des Liberalismus. Der Autor dieser Zeile ist vielmehr der junge Walter Bagehot, der schon sehr bald zu einer der wichtigsten liberalen Stimmen in ökonomischen Fragen und einem der führenden Publizisten Englands, nämlich zum langjährigen Herausgeber des *Economist,* werden sollte.

In einer Reihe von im Januar und Februar 1852 veröffentlichten Berichten für *The Inquirer* verteidigte Bagehot alle Facetten der Militärdiktatur – von der Unterdrückung politischer Gegner bis zur Abschaffung der Pressefreiheit – und rechtfertigte sie mit Argumenten, die einem Schüler des Faschismus vertraut vorkommen dürften. Die politische Repression sei trotz einiger Vorbehalte hinsichtlich ihres Ausmaßes gerechtfertigt, weil »die Sozialisten, die aus dem Gefängnis in die Kolonien deportiert wurden, allgemein als ›üble Gestalten, die die Nation verderben‹, galten«.[55] Diejenigen, die die Grausamkeit der Maßnahmen lautstark kritisierten, hätten nicht erkannt, dass das Vorgehen dem Modus Operandi ähnelte, mit dem Octavius und Mark Anton »das alte Rom gründlich von seinen aufrührerischen und revolutionären Elementen reinigten«.[56] Unabhängig von der Frage, ob Louis-Napoléon als protofaschistischer Führer betrachtet werden kann oder nicht, erinnern die Begriffe, mit denen Bagehot und andere Anhänger Louis-Napoléons – Bagehot zitiert einen von ihnen zustimmend – ihren Herrscher feierten, an die Verherrlichung eines faschistischen Führers als standfesten, heroischen und von einer unerklärlichen Aura umgebenen Mann der Tat, der sich aus den Kleinlichkeiten der Politik erhebt:

> »Louis-Napoléon ist, wie ein renommierter Schriftsteller schreibt: ›[...] ein edler Mann, doch seine Überlegenheit ist von einer Art, die sich hinter einem zweifelhaften Äußeren verbirgt: [...] [E]r denkt und diskutiert nicht, er entscheidet, aber berät sich nicht, er handelt ruhig, er spricht, ohne seine Motive erkennen zu lassen; seine besten Freunde kennen ihn nicht, er gewinnt ihr Vertrauen, ohne sie je darum zu bitten‹.«[57]

Die Presse ihrerseits müsse streng überwacht werden, da »Zeitungsmacher die einzigen Händler sind, die von Erschütterungen leben«.[58] Dieses letzte Zitat steht exemplarisch für eine wichtige Eigenschaft von Bagehots Apologie der Diktatur, nämlich für den Umstand, dass er stets aus der Sicht der ökonomischen und Handelsinteressen schrieb und den »kommerziellen Sorgen« der »ruhigen Klassen« eine Stimme verlieh, die »sich um ihre Geschäfte sorgen und ein Geschäft haben, um sich darum zu sorgen«. Das materielle bürgerliche Interesse besitzt oberste Priorität; ihm gegenüber sind alle politischen Launen zweitrangig:

> »Sie werden nicht durch hochtrabende Spekulationen über Freiheit oder Gleichheit in die Irre geführt werden. Ich nehme an, Sie werden mir recht geben, dass die oberste Pflicht einer Regierung darin besteht, die Sicherheit jener Industrie zu gewährleisten, die die Grundlage für das gesellschaftliche Leben und eine zivilisierte Kultur darstellt [...]. Von diesem Zustand hat Louis-Napoléon, ob nun mit gerechten oder ungerechten Mitteln, Frankreich befreit. Die Wirkung war wundersam: [...] Dem Handel ging es sofort besser; der Neujahrstag, an dem alle Boulevards zu einer großen Messe werden, war (wie man mir sagt) seit einigen Jahren nicht mehr so fröhlich und prachtvoll; die Leute begannen zu kaufen und folglich zu verkaufen [...].«[59]

Bagehot, der gemeinhin als leidenschaftlicher, distanzierter und toleranter Beobachter gefeiert wird, kümmerte sich hier nicht weiter darum, seine Sympathie für die Bourgeoisie zu verschleiern oder seine sentimentalen Empfindungen für deren Nöte zu zügeln. Rhetorische Tricks erlaubten ihm, diese Parteilichkeit als Selbstverständlichkeit erscheinen zu lassen. Laut Bagehot standen den sozialistischen Juni-Aufständischen, die von »Schurken und energischen Mördern« angeführt wurden, »mehrheitlich solide Ladenbesitzer« gegenüber, von denen »ein Drittel durch die Februar-Ereignisse ruiniert worden war«:

> »Sie kämpften nicht unbedingt tapfer oder mutig, sondern eher wütend, verzweifelt und wild, wie es in alten Büchern über halbverhungerte Bürger heißt, die in belagerten Städten um das Essen ihrer Kinder kämpfen mussten. Möge sich jeder Skeptiker über die Gräueltaten der Ordnungsliebhaber und die Verbrechen der Verfechter der Unordnung informieren und er wird, wie ich vermute, doch in zwei Hinsichten keine Zweifel mehr hegen: Er wird hoffen, dass er, wenn er jemals kämpfen muss, es weder mit einem fanatischen Sozialisten noch mit einem halb-bankrotten, um ›seinen Laden‹ kämpfenden Bürger zu tun bekommen wird [...].«[60]

Der historische Verweis auf belagerte Stadtbewohner des Mittelalters erweckt beim Leser den Eindruck, dass die Bourgeoisie *hungerte*, während es der Arbeiterschaft nach Blut *dürstete*. Die wahre Situation, die sich dadurch auszeichnete, dass die Arbeiter von Paris nach der Schließung der Nationalwerkstätten[61] massenhaft ihre Beschäftigung verloren hatten und um das Brot für sich und ihre Kinder kämpfen mussten, wird dadurch auf geniale Weise umgekehrt. Der Rückblick auf umzingelten Burgen ist auch insofern irreführend, als es die Arbeiter waren, die sich im Juni 1848 in einer »belagerten Stadt« befanden, während die Bourgeoisie lebenswichtige Verstärkung in Form von Männern und Waffen erhielt, die aus dem ländlichen, konservativen Frankreich in die Hauptstadt strömten. Tocqueville, selbst kein »Skeptiker« und uneingeschränkt auf der Seite der Bourgeoisie stehend, stellte das Kräfteverhältnis, anders als der englische Liberale, realistisch dar:

> »Auf allen Straßen, die nicht von Aufständischen besetzt waren, kamen Tausende in die Stadt, die aus ganz Frankreich zu unserer Hilfe herbeigeeilt waren. Mit der Eisenbahn trafen sie, obwohl der Kampf erst am Abend zuvor begonnen hatte, bereits jetzt aus 50, in den folgenden Tagen aus 100 oder 200 Meilen Entfernung ein. *Sie gehörten unterschiedslos allen Gesellschaftsklassen an* [dies ist allerdings nicht ganz richtig, wie folgende Aufzählung zeigt; I. L.]; unter ihnen befanden sich viele Bauern, Bürger, Großgrundbesitzer und Adlige, die alle Seite an Seite ausgezogen waren. [...] Von diesem Augenblick an stand unser Sieg fest, denn die Aufrührer bekamen keinen Zuzug, wir aber hatten ganz Frankreich als Rückhalt.«[62]

Zum Abschluss seiner Korrespondentenberichte resümierte Bagehot den Konflikt zwischen politischem und wirtschaftlichem Liberalismus prägnant und gab auf die Frage, welcher der beiden wirklich bedeutsam sei, eine eindeutige Antwort:

> »Mazzini spottet über den Egoismus der Händler: Ich bin für die Händler und gegen ihn. [...] Parlamente, Leitartikel, essayistische Eloquenz, alles das ist gut, sehr gut; nützlich, sehr nützlich: doch es lässt sich auch ohne sie auskommen; wir können sie für wünschenswert halten. Das trifft aber nicht auf alle Dinge zu: Der Verkauf von Feigen, die Reparatur von Schuhen, die Herstellung von Nägeln – das ist die Essenz des Lebens [...].«[63]

Anders ausgedrückt: Der Kapitalismus ist lebensnotwendig, während die Demokratie »gut, sehr gut«, aber entbehrlich ist, und dies umso mehr, wenn sie sich gegen »die Essenz des Lebens« richtet. Angesichts der größer werdenden Kluft zwischen »Händlern« und »Parlamenten« waren die Liberalen gezwungen, ihre alten Überzeugungen zu überdenken und Positionen zu modifizieren oder manchmal sogar aufzugeben. Das lässt sich am Beispiel von Juan Donoso Cortés veranschaulichen, einem Konservativen des 19. Jahrhunderts, der großen Einfluss auf Carl Schmitt ausüben sollte, seines Zeichens wiederum ein berühmter Faschist des 20. Jahrhunderts. In seinen Polemiken gegen die liberale Weimarer Republik bezog sich der deutsche Jurist oft mit Bewunderung auf die Schriften des Spaniers, der ein Anhänger der Diktatur gewesen war. Allerdings war Donoso nicht immer ein entschiedener, konservativer Gegner des Liberalismus gewesen; vielmehr begann er seine Karriere als liberaler Politiker des bürgerlichen und prokapitalistischen Partido Moderado. Erst die Begegnung mit den eskalierenden sozialen Konflikten in Frankreich, die Donoso während seines Aufenthalts in diesem Land Anfang der 1840er-Jahre beobachtete, und vor allem die revolutionären Ereignisse von 1848 ließen ihn zu der gleichen Schlussfolgerung gelangen, die seine Zeitgenossen Marx und Tocqueville sowie mehr als ein Jahrhundert später Voegelin zogen – dass nämlich der Liberalismus für einen Rentier keine gute Investition darstellt. Laut Donoso bestand der entscheidende Irrtum des Liberalismus darin, eine soziale Revolution zu verkünden, die, einmal entfesselt, nicht mehr gestoppt werden kann. Nachdem der Liberalismus zunächst die politische Ordnung infrage gestellt hatte, radikalisierte der Sozialismus diese Haltung und hinterfragte die sozioökonomische Ordnung im Allgemeinen:

> »Die liberale Schule geht davon aus, dass es kein anderes Übel gibt als jenes der *politischen Institutionen*, die wir aus früheren Zeiten geerbt haben, und dass das höchste Gut darin besteht, diese Institutionen zu Fall zu bringen. Die radikalen Sozialisten sind sich sicher, dass es kein anderes Übel gibt als jenes, das der *Gesellschaft* innewohnt, und dass das große Heilmittel die vollständige Umwälzung der sozialen Institutionen ist. [...] Für die einen wie die anderen besteht das höchste Gut in der größten Umwälzung, die laut der liberalen Schule die *politischen* Bereiche, laut der *sozialistischen Schulen* das *soziale* Leben erfassen soll.«[64]

Der liberale Skeptizismus wird durch den demokratischen Sozialismus in der Folge, und zwar notwendigerweise, *gegen sich selbst* gewendet:

> »Der demokratische Sozialismus hat gegenüber dem Liberalismus recht, wenn er sagt: ›Welcher Gott ist das, der mir zur Verehrung angeboten wird und der geringer sein muss als du, weil er weder einen Willen besitzt noch eine Person ist? [...] Alles lässt mich glauben, dass du ihn nur deshalb ins Leben gerufen hast, damit Er dir die Legitimation verleiht, über die du nicht verfügst; deine Rechtmäßigkeit und seine Existenz sind eine Erfindung, die auf einer anderen Erfindung reitet, ein Schatten auf einem anderen Schatten. Ich bin auf die Welt gekommen, um jeden Schatten auszuräumen und allen Täuschungen ein Ende zu bereiten. [...] Was ist Rechtmäßigkeit und was ist recht haben? Und [...] woher weißt du, dass sie im Liberalismus und nicht im Sozialismus zu finden sind, bei dir und nicht bei mir, in den begüterten Klassen und nicht im Volk? Ich negiere deine Rechtmäßigkeit und du die meine, du leugnest meine Vernunft und ich die deine‹.«[65]

Hier artikuliert sich die Spaltung zwischen politischem und wirtschaftlichem Liberalismus erneut auf klassische Weise. Der politische Liberalismus schlägt in sozialen Radikalismus um, gerät außer Kontrolle der »begüterten Klassen« und erweckt »das Volk« zum Leben. Zu dieser Erbsünde kommt hinzu, dass der Liberalismus, nachdem er die Dämonen beschworen hat, ihnen wehrlos ausgeliefert ist: »Wenn es in der großen Konfrontation, die die Welt heute in Atem hält, außer Sozialisten und Liberalen keine anderen Kämpfer gäbe, wäre die Schlacht schnell entschieden und es bestünde kein Zweifel, wer als Sieger hervorginge.«[66] Daraus erklärt sich, warum eine andere, stärkere Macht eingreifen muss, nämlich die autoritären, protofaschistischen Kampfeinheiten des Katholizismus. Bezeichnenderweise interveniert diese höhere Macht bei all ihrer Verachtung für den schwächlichen Liberalismus letztlich *zu dessen Gunsten*, um ihn vor seinen eigenen Fehlern zu schützen. Auch wenn er ihn heftig schelten und zurechtweisen wird, kommt der wahre Zauberer, um seinen Lehrling von dem verhexten, jetzt rebellischen Besen zu befreien.

Der Liberalismus war gefangen zwischen Monarchem und Volk, Diktatur und Demokratie, Katholizismus und Atheismus, Elite und Masse, »Christus« und »Barabbas« – und konnte sich nicht zwischen beiden Seiten entscheiden (ich werde bei der Auseinandersetzung mit Carl Schmitt noch einmal auf Donoso Cortés zurückkommen). Anders als Constant hegte Donoso keine Hoffnungen mehr hinsichtlich der Fähigkeit des Volkes, weise zu entscheiden und Versuchungen zu widerstehen. Die »barbarischen Massen« folgen eindeutig dem sozialistischen Barabbas. Donoso, der in der zweiten Reihe hinter Schmitt steht, kann als Beleg für die liberale Genealogie des Faschismus gelten. Er zeigt, dass der antiliberale Impuls selbst in seiner entschiedensten und autoritärsten Ausprägung unmittelbar aus dem liberalen Lager hervorgehen kann. Die dramatische Transformation Donosos mag einen Extremfall darstellen, aber war in ihrer grundlegenden, skeptischen Neuorientierung gegenüber dem politischen Liberalismus für die Zeit nach 1848 keineswegs außergewöhnlich. Donoso verkörpert vielmehr die Metamorphose von einem optimistischen in einen pessimistischen Liberalismus, von dem der Faschismus eine Variante oder zumindest ein Derivat darstellt.

Pareto: Über Füchse und faschistische Löwen

Die katholische Diktatur, für die Donoso plädierte, war allerdings selbstverständlich noch keine faschistische und konnte dies noch gar nicht sein; beschrieben werden könnte sie höchstens als »protofaschistisch«. Da sich Donoso außerdem nicht weiter für ökonomische Belange interessierte, war seine Diktatur nur implizit kapitalistisch und zielte in erster Linie auf die Wiederherstellung der gesellschaftlichen Hierarchien ab (angesichts der sozialistischen Rebellion, die diesen Hierarchien ein Ende bereiten wollte, wäre es allerdings wenig sinnvoll, die grundsätzliche Verbindung mit dem Kapitalismus infrage zu stellen). Einen viel direkteren Hinweis auf die liberale Metamorphose, der wir in diesem Buch nachgehen, liefert die Person des italienischen Soziologen Vilfredo Pareto, der gemeinhin als einer der wichtigsten intellektuellen Stichwortgeber Mussolinis gilt.[67] Er wird bisweilen als früher Liberaler charakterisiert, der sich von den Prinzipien des Liberalismus abgewandt habe.[68] Dies ist insofern irreführend, als Pareto nur mit dem politischen, nicht aber mit dem ökonomischen Liberalismus brach. Wie Donoso verkörpern Pareto und sein ideologischer Werdegang die Entwicklung einer ganzen Klasse. Er begann als optimistischer Liberaler – davon überzeugt, dass die Demokratie den Interessen des Bürgertums dienen und den staatlichen Eingriffen in den Markt durch die obsolet gewordene und unaufrichtige Aristokratie entgegenwirken würde. Doch seine frühe Verteidigung der Demokratie in »Cours d'Économie Politique« (1896) stützte sich auf die Annahme, dass der Wirtschaftsliberalismus, den er als rechtmäßig und hilfreich betrachtete, nicht durch politische Interventionen behindert werden würde, die er als unrechtmäßige und zerstörerische Mittel des Klassenkampfes ablehnte und als »Ausplünderung« brandmarkte. In wirtschaftlicher Hinsicht vertrat er also den klassischen Liberalismus eines Adam Smith oder Bernard Mandeville: »Der Klassenkampf nimmt zu allen Zeiten zwei Formen an. Die eine ist schlicht und einfach der ökonomische Wettbewerb. Wenn dieser Wettbewerb frei ist, führt er, wie wir feststellen, zu maximaler Ophelimität [Bedürfnisbefriedigung; Anm. d. Übers.]. Wie die Einzelnen ist auch jede Klasse, obwohl ausschließlich auf den eigenen

Vorteil bedacht, für die anderen Klassen indirekt von Nutzen.«[69] Doch neben dieser gutartigen Variante des Klassenkampfes gebe es eine bösartige, politische: »Die andere Form, die der Klassenkampf annimmt, äußert sich in dem Versuch der jeweiligen Klasse, die Kontrolle über die Regierung zu erlangen, um diese in ein Instrument der Enteignung zu verwandeln.«[70] Dementsprechend zieht Pareto die klassisch liberalen Volkswirtschaften der Schweiz und Englands als Vorbilder heran, wo der Reichtum angeblich »nur durch Arbeit, Produktion und Handel« verdient wird – anders als in Spanien oder Italien, wo »der Reichtum zu beträchtlichem Teil die Frucht von Betrug und politischer Intrige« sei.[71] Wie Constant in seinen optimistischen Augenblicken konnte sich auch Pareto ein parlamentarisches System vorstellen, das vernünftig genug war, die ehernen Gesetze der Wirtschaft anzuerkennen und sich dem freien Wettbewerb zu verpflichten. Doch die politische Repräsentation konnte nur auf diesem soliden ökonomischen Fundament toleriert werden, da der Kapitalismus selbst aus der Natur hervorgehe. Oder wie in der folgenden Passage angedeutet wird: »Weit über den Vorurteilen und Leidenschaften der Menschen schweben die Naturgesetze. Ewig und unveränderlich sind sie Ausdruck der schöpferischen Kraft; sie repräsentieren das, was ist, was sein muss, was ansonsten nicht sein könnte.«[72]

Die naturalistischen Grundannahmen von Paretos sozioökonomischer Vision setzten Vernunft, Wissenschaft und Logik mit dem ungezügelten Kapitalismus gleich und betrachteten Letzteren als deren Voraussetzung. Ihm politische Hindernisse in den Weg zu legen kam aus Paretos Sicht einem Akt eklatanter, den Naturgesetzen widersprechender Irrationalität gleich. Zutiefst davon überzeugt, dass die Marktwirtschaft für das allgemeine Wohlergehen sorgt, verschwieg Pareto jedoch nicht, dass diese Wirtschaftsform ebenso rücksichtslos und brutal ist wie die Natur selbst. Vernünftiges Verhalten bedeutete also, sich dieser Ordnung anzupassen, den »Überlebenskampf« als erstrebenswert zu betrachten und vor dessen Gräueltaten nicht zurückzuschrecken. Alles andere war für ihn ein verachtenswerter Humanismus, der unweigerlich zu Schwäche und »Degeneration« führen würde:

> »Alle Arten von Lebewesen würden ohne die Operation der Selektion degenerieren. Die menschliche Rasse kann sich diesem Gesetz nicht entziehen. Humanisten können vielleicht ihre Augen vor dieser Wahrheit verschließen, indem sie sie bewusst ignorieren, aber dies ändert nichts an den Tatsachen. In jeder Rasse werden Ausschussexemplare produziert, die durch Selektion eliminiert werden müssen. Der dadurch verursachte Kummer ist der Preis, der für die Verbesserung der Rasse bezahlt werden muss. Dies ist einer der zahlreichen Fälle, in denen das Wohl des Einzelnen im Widerspruch zum Wohl der Art steht.«[73]

Jedoch musste Pareto schon bald eingestehen, dass der Mensch der kapitalistischen Logik unwürdig und nicht bereit ist, den Preis aufzubringen, der »bezahlt werden muss«. Diese Enttäuschung über die menschlichen, allzu menschlichen Schwächen veranlasste ihn dazu, sich in ein soziologisches Großvorhaben zu stürzen, mit dem er nachweisen wollte, dass das menschliche Sozialverhalten im Wesentlichen durch Gefühle und nicht durch Logik geleitet wird, wie er es in seiner Handlungstheorie über »Residuen« und »Derivationen« dargelegt hat. Zunächst galt Paretos Sorge dem Umstand, dass die Wirtschaft weder von oben, den herrschenden Klassen, noch von unten, den sozialistischen Massen, ausgeplündert werde. Seine Unterstützung der parlamentarischen Regierung war von der Hoffnung motiviert, dass jene dazu beitragen werde, die Destruktivkräfte auszubalancieren und zu neutralisieren. Doch schnell wurde der Sozialismus, dessen wissenschaftliche Trugschlüsse und Vorurteile er in »Les Systèmes Socialistes« von 1902 analysierte, zur größten Herausforderung. Bezeichnenderweise war Pareto zu diesem Zeitpunkt kein Demokrat mehr.[74] Als klar wurde, dass das parlamentarische System den Kapitalismus nicht bedingungslos unterstützt und mit einer noch verhängnisvolleren, nämlich den Massen verpflichteten, Staatlichkeit einherging (was im Italien der Jahrhundertwende, als Marxismus und Gewerkschaftsbewegung rasant zu wachsen schienen, immer deutlicher wurde), wich der optimistische Liberalismus, der bei Pareto freilich nie so ausgeprägt gewesen war wie bei den Liberalen des frühen 19. Jahrhunderts, endgültig einem verbitterten, pessimistischen Liberalismus. In diesem Sinne war Paretos Urteil über den politischen Liberalismus eindeutig und beruhte auf der Spaltung von Politik und Wirtschaft:

> »Die Tätigkeit der Liberalen in der ersten Hälfte des neunzehnten Jahrhunderts ebnete den Weg für die nun anbrechende Epoche demagogischer Unterdrückung. Diejenigen, die die Gleichheit der Bürger vor dem Gesetz forderten, hatten sicherlich keine Vorstellung von den Privilegien, die die Massen heute genießen. Die alten Sondergerichte wurden abgeschafft, aber etwas ganz Ähnliches in neuer Form eingeführt: ein Schlichtungssystem, das stets zugunsten der Arbeiter entscheidet. Diejenigen, die das Streikrecht einforderten, ahnten nicht, dass die Freiheit der Streikenden einmal darin bestehen würde, ungestraft Arbeitswillige zu verprügeln und Fabriken niederzubrennen. Diejenigen, die nach gleicher Besteuerung strebten, um den Armen helfen zu können, konnten sich nicht vorstellen, dass dies zu einer progressiven Besteuerung zulasten der Reichen und zu einem System führen würde, in dem die Steuern von denjenigen festgesetzt werden, die sie nicht zahlen [...].«[75]

Konfrontiert mit Gewerkschaftsmacht und progressiver Besteuerung, die er aus unversöhnlich wirtschaftsliberaler Sicht als Schmach wahrnahm, gab Pareto seine Unterstützung für Demokratie und politischen Liberalismus auf, die bei ihm immer nur halbherzig gewesen war. Er verwandelte sich nun in einen unermüdlichen Mahner gegen die »Dekadenz« der bürgerlichen Elite und drängte diese zu einem Gegenschlag, der das politische Kräfteverhältnis umdrehen und durch die Abschaffung der Volksdemokratie eine Rückeroberung der politischen Macht erlauben sollte: »Heute sehen wir, dass ein Teil der Bourgeoisie den Sozialismus, dessen Führer im Übrigen bürgerlichen Ursprungs sind, tatkräftig unterstützt. Eliten verschwinden gewöhnlich durch Selbstmord [...]. Macht ist die Grundlage jeder sozialen Organisation. Bemerkenswerterweise führt die Abneigung des zeitgenössischen Bürgertums gegen die Macht dazu, dass der Gewalt freie Hand gelassen wird.«[76] Oder in einer bildlichen Formulierung: »Wenn ein Lebewesen die Gefühle verliert [...], um sich im Existenzkampf zu behaupten, so ist das ein gewisses Zeichen der Degeneration [...]. Das Lebewesen, das Furcht davor hat, Schlag um Schlag zurückzugeben und das Blut seiner Feinde zu vergießen, liefert sich gerade dadurch diesem Feind aus. Das Schaf hat immer einen Wolf gefunden, der bereit war, es zu verschlingen.«[77] Selbstverständlich verbarg Pareto seinen Standpunkt nun hinter einem emphatischen Plädoyer für wissenschaftliche Unparteilichkeit und bekräftigte, sein Interesse gelte ausschließlich Fakten und Erkenntnissen und stehe somit im Widerspruch zu einer Politik oder einer Durchsetzung ethischer Urteile. Doch die seine Schriften durchziehenden Angriffe auf die Sozialisten und ihren Irrglauben sowie die ätzenden Kommentare über eine schwächliche Bourgeoisie, die es versäume, die Linke zu bekämpfen, strafen die Behauptung wissenschaftlicher Neutralität Lügen. Während der politische Liberalismus seine Aufmerksamkeit dem Konzept der Repräsentation schenkte, gehörte Pareto zu jenen Denkern, die die Möglichkeit einer echten Demokratie von vorneherein verwarfen und behaupteten, dass stets nur die Eliten herrschten: Er ist als derjenige bekannt, der den Begriff der »Elite« in den Jargon der Politikwissenschaften einführte. Dem demokratischen Projekt sollte nicht nur politisch, für eine bestimmte Zeit und unter konkreten Bedingungen, sondern für alle Zeiten und ganz allgemein ein Ende bereitet werden, indem man die Demokratie als etwas theoretisch Unmögliches definierte. Laut Pareto können nur Eliten regieren, doch seine Theorie des »Elitenkreislaufs« hielt außerdem fest, dass die Machtausübung beständig zwischen politisch liberalen »Füchsen« auf der einen Seite, die verschlagen, hinterlistig, manipulativ und mithilfe von Abkommen, Bündnissen und Kompromissen regieren, und konservativen »Löwen« auf der anderen Seite wechselt, die aufrecht, standhaft, langsam, aber mit harter Hand herrschen. Verärgert über die

»giolittiansche«[78] Elite seiner Zeit, die er als eine Herrschaft der Füchse betrachtete, durch die die Unaufrichtigkeit auf die Spitze getrieben wurde, hoffte Pareto auf die Rückkehr eines energischen Löwen an die Macht. Als Mussolini auf Rom marschierte, soll der alte Pareto sich vom Krankenbett erhoben und »ein triumphierendes: ›Ich hab's euch gesagt‹ ausgestoßen haben«.[79]

Pareto beharrte auf der objektiven Unmöglichkeit der Demokratie und beeinflusste damit eine ganze, den Faschismus prägende Literatur zu diesem Thema – insbesondere die Theorien Robert Michels', der die Unmöglichkeit einer echten Demokratie mit der Unmöglichkeit eines echten Sozialismus verband, als er das »eherne Gesetz der Oligarchie« formulierte.[80] Doch die Notwendigkeit, solche unantastbaren politischen Gesetze zu formulieren, verwies bereits auf den politischen Druck, der diesen zugrunde lag, nämlich die Angst vor den realen und konkreten politischen, wirtschaftlichen und sozialen Errungenschaften der organisierten italienischen Arbeiterschaft. Das grundlegende Paradox in Paretos Denken lässt sich in folgender Frage zusammenfassen: Wenn Demokratie tatsächlich ihrem Wesen nach unmöglich ist, warum sollte man dann für ihre Abschaffung kämpfen? Dieser Widerspruch durchzieht Paretos Kritik an der Demokratie. Er selbst räumte dies indirekt ein, als er zubilligte, dass die Demokratie, so fiktiv und undurchführbar sie auch sein mochte, der Arbeiterklasse ein mächtiges und greifbares Instrument zur Durchsetzung ihrer Interessen an die Hand geben kann. Wie sich in dieser Klage deutlich zeigt: »Ein Feld zu bestellen, um Getreide zu produzieren, ist eine mühsame Arbeit; an der Ecke auf einen Passanten zu lauern, um ihn auszurauben, ist ein gefährliches Unterfangen. Doch der Gang zum Wahllokal ist ein sehr einfaches Geschenk, und wenn man sich auf diese Weise Nahrung und Obdach beschaffen kann, dann werden alle – vor allem die Unfähigen und Faulenzer – sich beeilen, dies zu tun.«[81] Füchse mögen in diesem Sinne genauso elitär sein wie Löwen, aber die Demokratie übt offenbar einen unwiderstehlichen Druck auf sie aus, damit sie auf Kosten der Elite Nahrung und Unterkunft für die Nichtelite bereitstellen.[82] Daher das sehnsüchtige Warten auf ein Zeitalter der Löwen *(lions)*, der von den Massen befreiten Musso-*lions*; daher die Verachtung gegenüber einer sentimentalen Elite, die sich weigert, Gewalt anzuwenden.[83]

Bis zur italienischen Nachkriegskrise des sogenannten *biennio rosso* (1919/20), also den von Unruhen und Gewerkschaftskämpfen geprägten Jahren vor dem Aufstieg des italienischen Faschismus, blieben diese Motive ein fester Bestandteil in Paretos Schriften. Die Eliten, der echten Demokratie gegenüber distanziert und vor deren Auswirkungen durch eine Art Naturgesetz geschützt, seien von den Massen, die dasselbe Gesetz angeblich zu ewiger Knechtschaft verurteilte, zu Recht geschlagen worden. »Trasformazione della Democrazia« (1921), einer der letzten Texte, die Pareto zu Lebzeiten veröffentlichte, trug zu seinen Theorien zwar wenig Neues bei, war aber eine nützliche Zusammenfassung seines Denkens und beleuchtete dessen Konsequenzen, weil er direkt auf den Faschismus verwies. Der Aufsatz rekapituliert Paretos Nachruf auf den politischen Liberalismus, bringt erneut seine Verbundenheit mit dem Prinzip des Laissez-faire sowie seine Sehnsucht nach einer Zeit der Unschuld zum Ausdruck, wie sie vor der progressiven Besteuerung bestand. In diesem Sinne verkündet er die Obsoleszenz des klassischen politischen Liberalismus:

> »Wenn wir John Stuart Mills ›Betrachtungen über Repräsentativregierung‹ oder ›Über die Freiheit‹ lesen – Bücher, die einst ein enormes Ansehen genossen –, finden wir uns in einer intellektuellen Atmosphäre wieder, die in keinerlei Beziehung zur heutigen englischen Gesellschaft steht und die uns heute in der Tat völlig unwirklich erscheint. Wer kümmert sich noch um das ›Gleichgewicht der Kräfte‹ in der Gesellschaft oder um das ›gerechte‹ Gleichgewicht zwischen den ›Rechten‹ des Staates und den ›Rechten‹ des Individuums? Existiert der hochverehrte ethische Staat noch? [...] Die Arbeiter bevorzugen die greifbaren Vorteile von höheren Löhnen, progressiver Besteuerung und mehr Freizeit.«[84]

Dass hinter dem unparteiischen Beobachter der enttäuschte Verteidiger des Laissez-faire steht, der immer noch genau so überzeugt wie zuvor davon ist, dass der Kapitalismus die einzig mögliche Wirtschaftsordnung sei, liegt ebenfalls auf der Hand: »Es mag ›gerecht, lobenswert, wünschenswert, moralisch notwendig‹ sein, dass die Arbeiter nur wenige Stunden am Tag arbeiten und enorme Löhne erhalten; aber [...] ist dies in Wirklichkeit möglich, das heißt, in Hinblick auf Reallöhne und nicht nur Nominallöhne? Und was wird die Folge dieses Zustands sein?«[85] Desgleichen ist sich der Theoretiker, der beanspruchte, die Unmöglichkeit der Demokratie nachgewiesen zu haben, der gesellschaftlichen Machtverschiebung zugunsten der Massen und auf Kosten »der dummen Bourgeoisie, degeneriert wie alle dekadenten Eliten«,[86] ziemlich bewusst. »Allmählich«, bemerkt er, »geht die Ausübung der Macht von den oberen zu den unteren Klassen über«.[87] Oder: »Da die Kraft der Massen jetzt die stärkere der beiden Konfliktkräfte in unserer Gesellschaft ist, wanken die Fundamente des bürgerlichen Staats und seine Macht zerfällt. Unter Bedingungen der demagogischen Plutokratie wird die Plutokratie schwächer und die Demokratie immer stärker.«[88] Der Kapitalismus zieht immer den Kürzeren:

> »Die alte, dem parlamentarischen System zugrunde liegende Maxime, dass es denjenigen, die Steuern bezahlten, zustand, sie zu genehmigen, wird heute implizit oder explizit von der anderen ersetzt, dass es denen, die keine Steuern zahlen, zusteht, sie zu genehmigen und sie bei anderen zu erheben. Früher waren die Knechte ›auf Gnade und Barmherzigkeit‹ steuerpflichtig, heute sind dies die Wohlhabenden. [...] Früher war den Knechten die Auswanderung streng untersagt, heute ist es die des ›Kapitals‹.«[89]

Die von Constant ein Jahrhundert zuvor formulierte Warnung vor einem Zustand, in dem die Besitzlosen unbekümmert mithilfe des Parlaments herrschen, war Wirklichkeit geworden. Für die Bourgeoisie war der Tag der Abrechnung gekommen. Ihre politisch-liberalen Jugendsünden holten sie in hohem Alter wieder ein und zerstörten die letzten Überreste der liberalen sozioökonomischen Ordnung. Deshalb sollten wir Paretos Absage an die Demokratie eindeutig nicht für bare Münze nehmen. In dieser Hinsicht bin ich mit Richard Bellamy nicht einverstanden: »Der Reformsozialismus war in diesem Zusammenhang einfach eine Ideologie oder ›Ableitung‹, die von der herrschenden Klasse zum Machterhalt eingesetzt wurde. Wie die Demokratie, zu der er eine Affinität besaß, war er gut geeignet für Eliten, die die konsensuale Methode des ›Instinkts der Kombinationen‹ einsetzten, um ihrer Herrschaft einen Schein demokratischer Legitimation zu verleihen.«[90] Diese Bewertung unterschlägt Paretos Angst vor der realen Macht der unteren Klassen und den Errungenschaften, die diese Klassen mithilfe des »Reformsozialismus« durchsetzten. Das Argument, dass es sich dabei nur um ein geschickt inszeniertes populistisches Manöver einer selbstbewussten »herrschenden Klasse« handele, steht vielleicht mit dem Wortlaut von Paretos Text in Einklang, aber gewiss nicht mit seinen zugrunde liegenden Überzeugungen. Man muss begreifen, dass Paretos Theorien nicht auf der Enttäuschung über eine *fiktive* Demokratie beruhten, sondern auf der Todesangst vor einer *funktionierenden*, die sich eifrig um die Massen bemüht. Pareto war ein besorgter Anhänger der Eliten und kein verzweifelter Populist.

Es darf daher nicht überraschen, dass sich ein politischer Redner hinter der zynischen Resignation des objektiven Wissenschaftlers verbirgt. Die bildreiche Beschreibung der exzessiven Macht »der Massen«, ihrer Anmaßungen und fast absoluten Straflosigkeit, der immer wieder die grenzenlose Sanftmut der Bourgeoisie gegenübergestellt wird, können beim Leser nur Empörung wecken. Das Verhalten der Oberschicht ist einfach zu dumm, zu absurd und zu selbstmörderisch, als dass es Gegenstand soziologischer Untersuchungen sein könnte. In ihrer akkumulativen Wirkung lesen sich die Beobachtungen wie ein Waffenruf, der die oberen Klassen anstacheln und ihnen Mut einflößen will, damit sie sich endlich vereinigen, »den Feind« zerschlagen und die Klassenhierarchie wiederherstellen:

> »Auf der einen Seite ertönen die Trompeten und die Truppen bewegen sich zum Angriff; auf der anderen Seite werden die Köpfe unterwürfig gebeugt [...]. Die oberen Klassen sind feige und demoralisiert. Sie ertragen geduldig jede Beleidigung, Bedrohung und Unterdrückung; sie sind nur zu sehr darauf bedacht, ihre Feinde nicht zu irritieren, indem sie die Hand küssen, die sie schlägt [...]. Selbst wenn ein Schlag geführt wird, haben sie zu schwache Knie, um an ihren Sieg anzuknüpfen [...]. ›Ich werde dem gemeinen Volk kein Unrecht tun‹. Die Oberschicht hat diesen Rat während des ganzen neunzehnten Jahrhunderts und bis heute befolgt. [...] In der Vergangenheit war die Masse des Volkes weniger gegen das Prinzip der Steuerzahlung als gegen die Art und Weise, wie dieses Prinzip ausgeübt wurde. Heute stellen wir fest, dass es die ›Wohlhabenden‹ sind, die das Prinzip akzeptieren, ausgepresst zu werden [...]. Ohne sich zusammenzuschließen, um die Last abzuwerfen, strebt jeder von ihnen danach, sie auf den nächsten Menschen abzuwälzen; durch solche innere Zerrissenheit machen sie sich als soziale Gruppe noch schwächer.«[91]

Schließlich wird eine Reaktion in Form einer militärischen Intervention zur Unterwerfung der Massen fast explizit befürwortet:

> »Die Massen begreifen intuitiv, dass selbst Extremisten, die etwas tun wollen, was der Rest von ihnen, zumindest vorläufig, nicht wünscht, als Verbündete sehr nützlich sind. Daher stellen wir in allen Ländern fest, dass es eine allgemeine Zustimmung zu den Bolschewisten gibt. Die ›Wohlhabenden‹ sind nicht in der Lage, dem zu begegnen, indem sie das entgegengesetzte Extrem unterstützen; der Schrecken, den sie beim Wort ›Militarismus‹ empfinden, ist geradezu komisch. Cicero verkörperte in seiner Zeit die Haltung unserer wohlhabenden Mittelschicht perfekt. Das doppelte Dilemma, das sich aus der Gewalt des Pöbels und der Macht der Legionen ergibt, hat ihn zutiefst verwirrt. Edelmütig, aber vergeblich hoffte er auf eine Regierung der Optimaten, die auf der Gunst des Volkes beruhen sollte.«[92]

Die Unterstützung des Rechtsextremismus mag folglich eine weniger edle Option sein als die parlamentarische Herrschaft, doch sie ist unvergleichlich effektiver, wenn es darum geht, den Sieg der »Besten« über »den Pöbel« sicherzustellen. Paretos 1921 erhobene Anklage gegen die bürgerliche Sanftmut – wenn es sich denn tatsächlich um eine Kritik handelte und nicht um eine verschleierte Handlungsaufforderung – wird sich schon bald als unbegründet erweisen. Die Ober- und Mittelschichten waren nicht annähernd so orientierungslos und atomisiert, um zu verkennen, worin ihr gemeinsames Interesse als »soziale Gruppe« bestand; sie sollten schon bald aufhören, »jene Hand zu küssen, die sie schlägt« und nicht länger davor zurückschrecken, sich hinter jenen rechten paramilitärischen Kräften zu versammeln, die die streikenden Massen unterwerfen sollten.

Man muss an dieser Stelle anmerken, dass Paretos theoretische Rundumverteidigung der bürgerlichen Diktatur gänzlich auf wirtschaftsliberalen Prämissen beruht. Die Gefahr gehe von der politischen Intervention in die Wirtschaft, der Einschränkung des »freien Kapitalverkehrs« und dem Eingriff in das Privateigentum durch die Steuerprogression aus, der Paretos erbitterte Feindschaft gilt und die sein bevorzugtes Angriffsziel darstellt. Viel weniger beschäftigt ihn das revolutionäre Projekt einer durch und durch antiliberalen, »bolschewistischen« Alternative, das den Liberalismus in toto, sowohl in seiner *ökonomischen* wie in seiner *politischen* Form, beseitigt. Pareto ist sich der Tatsache bewusst, dass eine solche extreme Option nicht genug Unterstützung bei den Massen findet. Die Bedrohung durch den politischen Liberalismus und die Massendemokratie ist für einen Wirtschaftsliberalen wie Pareto ausreichend, um die Machtübernahme eines despotischen Löwen zu rechtfertigen. Der Faschismus wird als Mittel betrachtet, um sämtliche Errungenschaften der Arbeiterklasse zunichtezumachen – angefangen mit dem allgemeinen Wahlrecht und dem Achtstundentag über das Organisations- und Streikrecht bis hin zu Lohnzuwächsen und der Möglichkeit der Steuerprogression. Oder wie Pareto es ausdrückt: »Was dem Steuereintreiber vorenthalten wird, wird dem Feind vorenthalten.«[93] In dem Maße, wie sich der politische Liberalismus aus der Wirtschaft heraushält und sich auf seine ursprüngliche Aufgabe beschränkt, verschiedene bürgerliche Freiheiten zu gewährleisten, kann Pareto auch nach seiner vehementen Abkehr von der Demokratie noch als politischer Liberaler gelten. In einem posthum veröffentlichten Essay »Einige ›Punkte‹ bezüglich einer zukünftigen verfassungsmäßigen Ordnung«[94] billigt Pareto zwar im Allgemeinen die faschistischen Maßnahmen und bezeichnet Mussolini als genialen Führer *(capitano geniale)*, fordert ihn jedoch gleichzeitig auf, die bürgerlichen Freiheiten zu respektieren, keine korporatistischen Wirtschaftsmaßnahmen zu ergreifen und die Meinungsfreiheit nicht einzuschränken. Pareto wünschte sich also für die Arbeiterschaft einen konservativen Löwen, für den Umgang mit dem Bürgertum hingegen einen liberalen Fuchs – oder vielleicht sogar einen Hasen.

Wie Engels und Gumplowicz den Umsturz von oben skizzieren

Die strukturelle Krise des Liberalismus, seine enormen Schwierigkeiten mit der Massendemokratie und seine Tendenz, die Bedrohung durch den Sozialismus mit einem autoritären Projekt zu beantworten, wurden Ende des 19. Jahrhunderts von Beobachtern aus dem gesamten politischen Spektrum analysiert. Das Problem, 1848 erstmals eindeutig zu beobachten, bewegte sich nun sichtbar auf eine Lösung zu. Als der liberale Lehrling von seinen Arbeitsbesen überwältigt wurde, warf auch der faschistische Zauberer seinen Schatten – allerdings auf eine Weise, bei der die genauen Umrisse des Besitzers noch im Verborgenen blieben. Auf der Linken sah Friedrich Engels 1895 mit bemerkenswerter Weitsicht die Diktatur als eine Antwort der herrschenden Klassen auf den Umstand voraus, dass der liberale Rechtsstaat ihr nicht länger zu Diensten sein, sondern stattdessen seinen Widersachern, nämlich der Sozialdemokratie, in die Hände spielen werde:

> »Die Ironie der Weltgeschichte stellt alles auf den Kopf. Wir, die ›Revolutionäre‹, die ›Umstürzler‹, wir gedeihen weit besser bei den gesetzlichen Mitteln als bei den ungesetzlichen und dem Umsturz. *Die Ordnungsparteien*, wie sie sich nennen, *gehen zugrunde an dem von ihnen selbst geschaffenen gesetzlichen Zustand*. Sie rufen verzweifelt mit Odilon Barrot: *la légalité nous tue,* die Gesetzlichkeit ist unser Tod, während wir bei dieser Gesetzlichkeit pralle Muskeln und rote Backen bekommen und aussehen wie das ewige Leben. Und wenn *wir* nicht so wahnsinnig sind, ihnen zu Gefallen uns in den Straßenkampf treiben zu lassen, dann bleibt ihnen zuletzt nichts anderes, als selbst diese ihnen so fatale Gesetzlichkeit zu durchbrechen. [...] Dem sozialdemokratischen Umsturz, dem es gerade jetzt so gut bekommt, dass er die Gesetze hält, können sie nur beikommen *durch den ordnungsparteilichen Umsturz*, der nicht leben kann, ohne dass er die Gesetze bricht. Herr Rößler, der preußische Bürokrat, und Herr von Boguslawski, der preußische General, haben ihnen den einzigen Weg gezeigt, auf dem man den Arbeitern, die sich nun einmal nicht in den Straßenkampf locken lassen, vielleicht noch beikommen kann. Bruch der Verfassung, Diktatur, Rückkehr zum Absolutismus, *regis voluntas suprema lex!* [Des Königs Willen ist das oberste Gesetz!]«[95]

Der Umsturz von oben und die Eliminierung des Rechtsstaates nicht etwa durch seine Todfeinde, sondern durch seine politischen Väter, waren also nicht einfach das Ergebnis der vom Ersten Weltkrieg und der darauffolgenden Krise geschaffenen Bedingungen. Engels verwies auf die Wurzeln der faschistischen »Lösung« als einen »Umsturz durch die Ordnungsparteien«. Gewiss konnte er den Charakter dieses Umsturzes nicht exakt vorhersehen. Da er vor der Katastrophe des Großen Krieges – die Engels im Übrigen als Folge der eskalierenden imperialistischen Konflikte vorhersagte[96] – und unter einem Hohenzollernkönig lebte, konnte er nicht wissen, dass am Ende der »Wille des Führers« beziehungsweise »Duce« und nicht der des Königs zum obersten Gesetz werden würde. Aber er konnte die strukturelle Grundlage einer zukünftigen Diktatur erkennen, nämlich die Abkehr der selbst ernannten Ordnungskräfte vom politischen Liberalismus.

Die Gesetzgeber würden zu Gesetzesbrechern werden: Diese Erkenntnis war nicht der radikalen Linken vorbehalten. Auf konservativer Seite analysierte der österreichische Soziologe Ludwig Gumplowicz, ein wichtiger Wegbereiter des deutschen Sozialdarwinismus, die Grundkonstellation der gesellschaftlichen Kräfte in auffallend ähnlicher Weise wie Engels. Er begriff 1885, dass es sich bei dem Triumph der Bourgeoisie über die Aristokratie in gewisser Hinsicht um einen Pyrrhussieg handelte, da der Erfolg mit einer Kampfansage der Arbeiterklasse, des »vierten Standes«, einherging und sich die rechtlichen Waffen des politischen Liberalismus gegen das Bürgertum selbst wenden würden:

> »Der besitzende Mittelstand, die Bourgeoisie ist es, welche *zuerst* auf die Logik des Rechtes sich stützt, *die allgemeinen Menschenrechte,* die Gleichheit und Freiheit *anruft.* […] Sie siegt, *nicht ohne Unterstützung der Massen,* denen sie schmeichelt […]. Sie hat wohl momentan einen Vorteil erreicht, sie hat schier den gleichen Anteil an Macht und Herrschaft erlangt, zugleich aber hat sie sich die Schlinge der juristischen Logik um den Hals gelegt und sich in den Bann der Ideen begeben. Die Teilnahme an dem Kampfe war für die untersten Klassen eine gute Vorschule; auch die dabei gewonnene kleine Erleichterung des Drucks kam ihnen zustatten. Manches Lichtlein ist ihnen aufgegangen. Allerdings die materiellen Verhältnisse, die unerbittliche staatliche Ordnung, die auf dem Besitz materieller Güter fundamentiert ist und für die jetzt auch der Mittelstand mit all seinem Gewicht eintritt, dies alles macht es den Massen schwer, den sozialen Kampf, auf bloße Ideen gestützt, zu beginnen. Auch tritt mit der Zeit das Falsche und Unhaltbare dieser Ideen immer mehr zu Tage. Aber trotz alledem lassen sie sich nicht so leicht verleugnen, nicht so leicht aus der Welt schaffen. Der Emanzipationskampf des vierten Standes hat an ihnen eine mächtige Stütze. Denn trotz mancher Übertreibungen sind sie doch Konsequenzen aus jenen Rechtsprinzipien, welche die Herrschenden für sich geltend machen, welche der Mittelstand für sich auszubeuten wusste und welche er vor nicht lange als allgemein gültige und gelten sollende proklamierte.«[97]

Als Reaktion auf den daran anschließenden Radikalismus, fügt Gumplowicz mit einem Gestus wissenschaftlicher Bestimmtheit hinzu, müsse es notwendigerweise zur Diktatur kommen, die gegen die Dominanz des »Rechts« (das heißt des politischen Liberalismus und der Rechtsstaatlichkeit) wieder die Vorherrschaft der »Macht« durchsetzt:

> »Es erfolgt, was erfolgen muss, eine Korrektur jener sich als falsch erweisenden Konsequenzen der ›Rechtsideen‹ bis zurück zu jenem Punkte, wo die Macht aus ›eigenem Recht‹ als naturwüchsiger Faktor des öffentlichen Lebens die Herrschaft über die revolutionsmüde Gesellschaft übernimmt. So erfüllt sich auf dem Gebiet der sozialen Kämpfe der Kreislauf der Entwicklung, von Freiheit und Gleichheit der anarchischen Horde durch Macht und Ungleichheit, durch Recht und Gesetz zur Freiheit und Gleichheit der Revolution und zur staatsauflösenden Anarchie, und von diesem unhaltbaren Zustande wieder zurück zur Macht und Herrschaft der Reaktion und Restauration, von wo sodann wieder eine neue Entwicklung beginnt.«[98]

»La légalité nous tue« (Die Gesetzlichkeit ist unser Tod) und »die Schlinge der juristischen Logik« waren zwei Formulierungen für ein und dasselbe liberale Dilemma. Für das Bürgertum bestand die Notwendigkeit, politische Hindernisse und legale Einschränkungen beiseitewischen zu müssen, um das soziale und ökonomische Privileg (Gumplowicz' »Macht«) zu bewahren.[99]

Historiker haben viel über die Wende zum »Rechtspositivismus« debattiert, wie sie nach der Gründung des Deutschen Reichs im 19. Jahrhundert zu beobachten war, und hervorgehoben, dass Rechtsfragen immer rigider, enger und formalistischer und ohne Berücksichtigung der ethischen und sozialen Dimensionen des Rechts interpretiert wurden; dies wurde allerdings meist nur als ein weiteres Symptom des erstarkenden deutschen »Antiliberalismus« gedeutet. Der Rechtsformalismus reflektierte angeblich einen Prozess, in dessen Verlauf die autoritären und feudalen Teile der deutschen Gesellschaft, insbesondere die Junker, ihre Positionen einem Bürgertum aufzwangen, dem es am Elan und der notwendigen Vision fehlte, um sein emanzipatorisches und liberales Projekt zu verteidigen, und das sich deshalb am Ende dem Faschismus anschloss. David Blackbourn stellte die Plausibilität dieser Erklärung infrage und empfahl stattdessen, die Entwicklung aus den Widersprüchen der bürgerlichen Gesellschaft zu erklären, also aus der Spannung zwischen der vom Liberalismus propagierten formalen politischen Gleichheit und der dieser vorausgesetzten ökonomischen Ungleichheit. »Die Gleichheit vor dem Gesetz und die Unantastbarkeit der Eigentumsrechte«, betont er, »standen in einem potenziell ungünstigen Verhältnis zueinander. [...] Der Rückzug in eine enge Rechtsauffassung war eine Reaktion auf die Gefahr, dass sich das Recht in ein von sozialen Konflikten heimgesuchtes Terrain verwandeln könnte.«[100] Anders ausgedrückt: Nicht das Bürgertum versäumte es, das Gesetz zu verteidigen, sondern das Gesetz wurde zur Bedrohung für die Bourgeoisie. Als Ergebnis dieses Dilemmas entfernte sich laut Blackbourn die bürgerliche Rechtsauffassung »von der Idee des Rechts als einer Angriffswaffe gegen absolutistische Beschränkungen und ständische Privilegien und näherte sich einer konservativeren Position, wonach ein ›Rechtsempfinden‹ geschult werden müsse. Das Recht begann sozusagen zu einem Synonym für Ordnung zu werden.«[101] Man könnte auf Grundlage von Engels und Gumplowicz allerdings hinzufügen, dass nicht einmal dieser Wandel genügte, um den explosiven, legalen Aufstieg der Massen zu entschärfen. Die Bourgeoisie war also gezwungen, sich noch einen Schritt weiter von ihrer ursprünglichen Begeisterung für den Rechtsstaat zu entfernen und für einen Bruch mit der Rechtsordnung zu entscheiden. Dieses Drama entfaltete sich in drei Hauptakten:

1) Gesetz gegen Ordnung: In der ersten, *progressiven* Phase stellte sich das liberale Gesetz gegen die absolutistische Ordnung.
2) Recht und Ordnung: In einer *konservativen* Phase fielen das liberale Recht und die bürgerliche Ordnung zusammen – die Zeit des Rechtspositivismus.
3) Ordnung gegen Recht: Der defensive Positivismus wiederum wurde durch eine aggressiv-reaktionäre Phase abgelöst, in der die bürgerliche Ordnung gegen das liberale Recht aufbegehrte.

Im Folgenden werden wir die Gelegenheit haben, die Position eines Hauptverteidigers und Theoretikers dieser dritten und letzten Phase zu erörtern, nämlich die des Juristen Carl Schmitt, der die Nazi-Diktatur als eine Möglichkeit betrachtete, den Staat vor dem parlamentarischen Chaos zu retten.

Während sich die Wirtschaftsliberalen vom politischen Liberalismus abwandten, wurden dessen Grundsätze von den Erzfeinden des Wirtschaftsliberalismus, nämlich den Sozialisten, übernommen und verteidigt. Man kann kaum ein besseres Beispiel hierfür finden als Engels selbst, der im gleichen Text so weit ging, die Möglichkeit einer gewaltsamen Revolution infrage zu stellen. Er hielt den Barrikadenkampf für anachronistisch, die Entwicklung moderner Waffen, die den Ordnungskräften äußerst effiziente Repressionsinstrumente an die Hand gab, habe ihn unmöglich gemacht. Vor diesem Hintergrund warnte Engels die Sozialisten vor der Torheit des Straßenkampfs, da dieser der Reaktion nur einen Vorwand für die Errichtung einer Diktatur biete und damit den *demokratischen und legalen Aufstieg des Sozialismus* stoppe. Die Besen sind nicht mehr gewalttätig und revolutionär; sie lassen sich von der der Flutwelle des politischen Liberalismus treiben. Der Einsatz der Gewalt drängt sich hingegen dem liberalen Lehrling auf, der den legalen Zauber der Massen brechen muss, koste es, was es wolle. Diese Aufgabe jedoch kann nur »die despotische Macht« des Zauberers übernehmen.

2 Liberale Wirtschaft, faschistische Politik: Eine »wunderbare Vermählung«

Bei der Auseinandersetzung mit ihrem Untersuchungsgegenstand bedienen sich Faschismustheorien oft eines brechtschen *Verfremdungseffekts**; allerdings im umgekehrten Sinne als bei Brecht. Ziel des deutschen Dramatikers war es, den gesellschaftlichen Alltag unter Verdacht zu stellen, als peinlich und unangenehm erscheinen zu lassen, was wir normalerweise als natürlich und unveränderlich akzeptieren, und uns somit zu einer kritischen Auseinandersetzung mit den Verhältnissen zu bewegen. Im Gegensatz dazu beschreibt so manche historische Erzählung die faschistische *Vergangenheit* als bizarr, abwegig und so weit von unserer eigenen sozialen und politischen Realität entfernt, dass wir unserer *Gegenwart*, beabsichtigt oder nicht, selbstgefällig und *un*kritisch begegnen. Alastair Hamilton beispielsweise begründet seine Entscheidung, sich auf dem Faschismus nahestehende Intellektuelle zu konzentrieren, mit dem Wunsch, »mit ihrer Hilfe einige jener Illusionen zu untersuchen, die bis zum Zusammenbruch des »Dritten Reichs« in Europa verbreitet waren, einige jener Mythen, die uns heute, weniger als 30 Jahre nach dem Krieg, so unwirklich, absurd und zutiefst fremdartig erscheinen«.[1] Doch war der Faschismus dem, was wir heute für gesellschaftlich, politisch und ökonomisch normal halten, wirklich so fremd? Steht er tatsächlich im Widerspruch zu den Annahmen und Normen unserer eigenen, postfaschistischen, westlichen Ordnung? Am Beispiel Paretos habe ich gezeigt, dass die Unterstützung des Faschismus mit Grundsätzen vereinbar war, die unsere Realität bis heute prägen: »die freie Marktwirtschaft«, »die Vorzüge des Wettbewerbs« und so weiter. Heute werden solche Prinzipien eher noch entschiedener propagiert als in den frühen 70-Jahren des vergangenen Jahrhunderts, als Hamilton sein Buch schrieb. Vor diesem Hintergrund möchte ich mich mit einem bei Hamilton diskutierten Intellektuellen beschäftigen, nämlich mit Oswald Spengler, der dem deutschen Faschismus auf ähnliche Weise den Weg bereitete, wie es Pareto in Italien tat. Was lässt sich auf Grundlage von Spenglers Theorien über seine Haltung gegenüber der liberalen Gesellschaft sagen?

Spengler: Der »Wille zum Eigentum«

Zweifelsohne gibt sich Spengler selbst als entschiedener Kritiker des Liberalismus zu erkennen, wenn er die Nationalökonomie mit der Bemerkung charakterisiert, sie sei »als materialistische Wissenschaft um 1770 von A. Smith im Kreise von Hartley, Priestley, Mandeville und Bentham begründet« worden und »maß[e] sich an, die Menschen als Zubehör zur wirtschaftlichen Lage zu betrachten und die Geschichte von den Begriffen Preis, Markt und Ware aus zu ›erklären‹«.[2] Solche Aussagen und seine damit einhergehenden Anstrengungen, einen neuen, optimierten, nichtmarxistischen Sozialismus zu entwerfen, den Spengler als »preußischen Sozialismus« bezeichnete, wurden von denen aufgegriffen, die den deutschen Faschismus als einen Angriff auf den Liberalismus zu deuten versuchten. So zeichnet beispielsweise der liberale deutsche Historiker Heinrich August Winkler in seinem Buch »Der lange Weg nach Westen« nach, wie es Deutschland – nachdem es im 19. Jahrhundert jenen unheilvollen Umweg eingeschlagen hatte, der es in den Nationalsozialismus führte – in der zweiten Hälfte des 20. Jahrhunderts endlich gelang, Anschluss an den kapitalistischen und liberalen Westen zu finden. Spengler wird als typisches Beispiel für jenes antiliberale deutsche Elend präsentiert, das mühsam niedergerungen werden musste; Winkler ordnet den Philosophen und Kulturkritiker dem Sozialismus zu, auch wenn dieser entschieden antimarxistisch argumentiert und der Eigentumsfrage auf seltsame Weise gleichgültig gegenübersteht.[3] Er nimmt Spenglers Plädoyer für den Sozialismus sehr ernst und zitiert ihn: »Die große Weltfrage [... ist] die Wahl zwischen preußischer oder englischer Idee, Sozialismus oder Kapitalismus, Staat oder Parlament.«[4] Winkler zufolge war Spengler also ein – wenn auch idiosynkratischer – *Sozialist* und ein entschiedener *Gegner des Kapitalismus*. Woraus bestand, von diesen Zuschreibungen einmal abgesehen, Spenglers soziales und ökonomisches Programm? Wie stellte er sich als preußischer Sozialist und Antikapitalist die ideale Beziehung zwischen Unternehmern und Arbeitern vor? Wir haben bereits deutlich gemacht, dass dieser Sozialismus nicht mit dem Marxismus zu verwechseln ist und kein Interesse an einer Transformation der Eigentumsverhältnisse hatte. Worauf zielte er also ab? Zu welchen Zugeständnissen war er in der großen »Weltfrage« zwischen Sozialismus und Kapitalismus gegenüber ersterem bereit und welche Einwände besaß er gegenüber letzterem?

Wenn man sich die weitverbreitete Auffassung vom Faschismus als einen dritten Weg zwischen Kapitalismus und Kommunismus vergegenwärtigt, könnte man vermuten, dass der »preußische Sozialismus« das Konzept einer »gemischten Wirtschaft« bezeichnete, also eine *völkisch**-autoritäre Vorwegnahme der Nachkriegssozialdemokratie, mit der auf der Grundlage kapitalistischer Produktions- und Eigentumsverhältnisse eine Art Wohlfahrtsstaat errichtet und Arbeitsschutz sowie ein gewisser Lebensstandard der Arbeiterschaft garantiert werden sollten. In diesem Sinne bestünde Spenglers Vorhaben in einem paternalistischen Sozialismus von oben, der den Arbeitern zumindest einen Teil jener Errungenschaften bescheren würde, die sie möglicherweise erreicht hätten, wenn sie sich in der marxistisch-sozialistischen Bewegung am Klassenkampf beteiligen würden. Doch Spenglers Schriften zeigen, dass er sich diesem Modell entschieden und aus Prinzip *widersetzte*. Er befürwortete eine strikte Trennung zwischen der wirtschaftlichen und der politischen Sphäre, sofern unter »Politik« der außerökonomische Eingriff in die Wirtschaft zugunsten der Arbeiterklasse verstanden wird – und zwar unabhängig davon, ob diese Intervention nun auf die Eigeninitiative der Arbeiter zurückgeht oder in ihrem Namen von oben erfolgt. Spengler stellt fest, dass »der Arbeiterführer den Krieg gewonnen hat«, was zu der bedauerlichen Situation geführt habe, dass die Gewerkschaften ihre politische Macht missbrauchten, um die Wirtschaft durcheinanderzuwirbeln:

> »Alle Regierungen der Welt wurden seit 1916 in rasch steigendem Maße von ihnen abhängig und mussten ihre Befehle vollziehen, wenn sie nicht gestürzt werden wollten. Sie mussten die brutalen Eingriffe in die Struktur und den Sinn des Wirtschaftslebens zulassen oder selbst durchführen. [...] Der natürliche Schwerpunkt des Wirtschaftskörpers, das Wirtschaftsdenken der Kenner, wurde durch einen künstlichen, unsachlichen, parteipolitischen ersetzt. [...] Liegen nicht auf den Trümmern der Weltwirtschaft die schöpferischen Wirtschaftsbegabungen, die Träger des privaten Wirtschaftsstrebens als Opfer dieser Diktatur?«[5]

Bemerkenswert daran ist, dass Spengler ausdrücklich die Perspektive des »privaten Wirtschaftsstrebens« einnimmt. Gegenüber der Arbeiterschaft ist er ein klassischer Wirtschaftsliberaler. Der Eingriff »in die Struktur und den Sinn des Wirtschaftslebens« ist »brutal«, und es gibt keinen Hinweis darauf, dass derartige Maßnahmen weniger gewaltsam oder heimtückisch wären, wenn sie vom Staat ausgingen. Zudem schließt der preußische Sozialismus jede Form des gewerkschaftlichen Drucks auf die Ökonomie aus, weder die parlamentarische Aktion noch der Streik sind seiner Ansicht nach zu tolerieren. »Der Streik«, bekräftigt Spengler, »ist das *unsozialistische* Kennzeichen des Marxismus.« Indem er Streiks mit einer kapitalistischen Mentalität erklärt, kann er sie vom Standpunkt eines leidenschaftlichen Sozialisten aus attackieren:

> »[Der Streik] ist das klassische Merkmal seiner [Marx'; Anm. d. Übers.] Herkunft aus einer Händlerphilosophie, der Marx aus Instinkt und Gewöhnung angehörte. [...] Es war deswegen englisch gedacht, dass

in der deutschen Revolution der Handarbeiter das übrige Volk ausbeutete, indem er für möglichst wenig Arbeit möglichst viel Geld erpresste [...]. Der preußische Gedanke [...] schließt das Verbot des Streiks als eines antistaatlichen und händlerischen Privatmittels ein.«[6]

Spengler äußert sich auch verärgert über die Verkürzung des Arbeitstags. Nicht einmal diese elementarste Errungenschaft des traditionellen Sozialismus hat im Schema seines preußischen Namensvetters einen Platz. Spenglers sozialistisches Ideal stammt vielmehr aus dem 18. Jahrhundert, als »der Arbeitstag mehr als zwölf Stunden betrug«. Seit dieser Zeit sei die natürliche Länge des Arbeitstages immer weiter verkürzt und die Industrieproduktion gehemmt worden:

> »Von da an übernahmen es die Gewerkschaften aller Länder mit steigendem Nachdruck, sie weiter zu kürzen und auf alle Lohnempfänger auszudehnen. Gegen Ende des Jahrhunderts betrug sie neun, am Ende des Weltkrieges acht Stunden. Heute, wo wir uns der Mitte des 20. Jahrhunderts nähern, wird die 40-Stunden-Woche zum Minimum der revolutionären Forderung. Da gleichzeitig das Verbot der Sonntagsarbeit immer strenger durchgeführt wird, so liefert der Einzelne von seiner ›Ware Arbeit‹ nur noch die Hälfte des ursprünglichen, möglichen und natürlichen Quantums. [...] Welcher Beruf verträgt sich sonst mit einer so geringen Leistung?«[7]

In Spenglers preußischer Utopie können sich Arbeiter also darauf freuen, sogar am Sonntag zu arbeiten. Man muss kaum erwähnen, dass progressive Besteuerung und politischer Druck zur Steigerung der Löhne in Spenglers Augen verabscheuenswert sind. Er verwendet viel Energie darauf, die »Lohndiktatur« und den »Lohnbolschewismus« der Gewerkschaften anzuprangern; ganz ähnlich missbilligt er 1924 in einem Vortrag über Fiskalpolitik die Besteuerung von Reichen, die für ihn nicht weniger als eine »Frage von Leben und Tod« ist.[8] Er spricht dort davon, dass die »westeuropäische Steuerpolitik in einen trockenen Bolschewismus ausartet, der alles einzuebnen droht, was über die Massen hervorragt«.[9] In Begriffen, die von denen eines wirtschaftsliberalen Hardliners nur schwer zu unterscheiden sind, drängt er am Ende seines Vortrags darauf, die politisch-demokratische Steuerverwaltung abzuschaffen und – Organisationen wie die Welthandelsorganisation WTO oder den Internationalen Währungsfonds vor Augen? – alle diesbezüglichen Entscheidungen an Experten, an einen »Weltkongress von Kennern des Wirtschaftslebens« zu übertragen. »Je ›gerechter‹ eine Steuer ist«, schreibt er, »desto ungerechter ist sie heute. In der Beurteilung dieser Dinge hat die Wirtschaft das erste Wort, nicht der Jurist, der Berufspolitiker und nicht der Finanzbeamte.«[10]

Doch Spengler macht hier nicht halt. Aus seiner Sicht sind nicht nur Marx, Bebel oder Bernstein inakzeptabel, sondern auch die Sozialpolitik des großen preußischen Fürsten Bismarck, den Spengler ansonsten sehr bewundert, sei mit dem preußischen Sozialismus unvereinbar. Mit einer durch und durch sozialdarwinistischen Argumentation plädiert Spengler gegen jede Form der Sozialversicherung: »Jeder Mensch hat sich, wie jedes Tier, gegen das unberechenbare Schicksal zu wehren oder es zu tragen. Jeder hat seine *persönliche Sorge, die volle Verantwortung* für sich selbst, die Notwendigkeit, durch eigenen Entschluss in allen Gefahren für sich und seine Ziele einzustehen.« Wer, aus welchen Gründen auch immer, mit den Prüfungen und Unglücksfällen des Lebens nicht zurechtkomme, müsse »die Folgen tragen und betteln oder nach seinem Belieben in anderer Weise zugrunde gehen. So ist das Leben«. Daher die Dekadenz und »sinkende Lebenskraft«, wie sie in der »Sucht des Versichert-sein-Wollens – gegen Alter, Unfall, Krankheit, Erwerbslosigkeit« – verkörpert ist.[11]

Spenglers sozioökonomische Agenda stellt eine entschiedene Zurückweisung aller großen und kleinen Errungenschaften dar, die der Sozialismus in Deutschland und Europa im 19. und zu Beginn des 20. Jahrhunderts erreicht hatte. Jeder Sozialist im traditionellen Sinne würde dieses Programm als radikale Antithese der eigenen Position betrachten. Für den Arbeiter läuft der preußische Sozialismus darauf hinaus, viel zu arbeiten, das absolute Minimum dafür zu beziehen und – das ist der entscheidende Aspekt – glücklich darüber zu sein. Dieser Sozialismus verfolgt nicht das Ziel, den Arbeiter vom Joch harter Arbeit zu befreien, sondern vom Joch, sich wegen der harten Arbeit *zu schämen*. Denn genau das ist es, was den ehrfürchtig spirituellen, preußischen Arbeiter vom materialistisch korrumpierten, englischen unterscheidet:

> »Damit lehrt Marx die Verachtung der Arbeit. [...] Arbeit, harte, lange, ermüdende Arbeit ist ein Unglück, müheloser Erwerb ist ein Glück. [...] In England [ist] der Handarbeiter mehr Sklave als irgendwo: Er ist es moralisch; er fühlt, dass sein Erwerb ihn vom Namen eines Gentlemans ausschließt. [...] Und so erklärt sich die Geistesverfassung von Marx, aus der seine Gesellschaftskritik hervorgegangen ist und die ihn für den *echten* Sozialismus so verhängnisvoll gemacht hat. Er kannte das Wesen der Arbeit nur in englischer Auffassung [...]. Dem Engländer fehlt der Sinn für die Würde der strengen Arbeit. [...] Hätte Marx den Sinn der preußischen Arbeit verstanden, der Tätigkeit um ihrer selbst willen, als Dienst im Namen der Gesamtheit, für ›alle‹ und nicht für sich, als Pflicht, die adelt ohne Rücksicht auf die Art der Arbeit, so wäre sein Manifest vermutlich nie geschrieben worden.«[12]

Der »preußische Sozialismus« ist also letztlich nichts anderes als ein von der Unzufriedenheit der Arbeiter befreiter »englischer Kapitalismus«. Spengler folgt in dieser und in vielerlei anderer Hinsicht Friedrich Nietzsche, der ebenfalls von »glücklichen Sklaven« schwärmte: »arm, fröhlich und Sklave! – das ist auch möglich, – und ich wüsste den Arbeitern der Fabrik-Sklaverei nichts Besseres zu sagen«.[13] Hinsichtlich der Arbeiterschaft blieb Spenglers Programm eng bei einer »manchesterkapitalistischen« Agenda, die das Primat der Ökonomie über die Politik verteidigt und jede gesellschaftliche Regulation des Marktes ablehnt. Das ist der subtile, aber entscheidende Grund, warum die Einschätzung falsch ist, Spengler habe vielleicht keinen marxistischen, aber doch eine eigenwillige Variante von Sozialismus vertreten. Selbst wenn sie den atypischen Charakter von Spenglers »Sozialismus« eingestehen, verschleiern derartige Thesen die Tatsache, dass sich hinter diesem nichts anderes als Kapitalismus verbirgt. Oder wie es Spengler selbst formulierte: »Der Sozialismus, wie ich ihn verstehe, setzt eine Privatwirtschaft mit ihrer altgermanischen Freude an Macht und Beute voraus.«[14] Spengler verabscheute jeden Sozialismus und begrüßte, ja feierte kapitalistische Prinzipien wie Konkurrenz und Vermögensakkumulation:

> »Wenn der in führenden Schichten sich sammelnde Reichtum durch Pöbeleingriffe vernichtet, wenn er verdächtig, geächtet und den Besitzern gefährlich wird, hört der nordische Wille zum Erwerb von Besitz, zur Macht durch Besitz auf, welchen zu schaffen. Der wirtschaftliche – seelische – Ehrgeiz stirbt ab. Der Wettkampf lohnt sich nicht mehr. [...] ›Links‹ ist zuletzt und vor allem der Mangel an Achtung vor dem Eigentum, obwohl keine Rasse einen so starken Instinkt für Besitz hat wie die germanische, und zwar deshalb, weil sie die willensstärkste aller historischen Rassen gewesen ist. Der Wille zum Eigentum ist der nordische Sinn des Lebens. Er beherrscht und gestaltet unsere gesamte Geschichte von den Eroberungszügen halbmythischer Könige bis in die Form der Familie der Gegenwart hinein, die stirbt, wenn die Idee des Eigentums erlischt. Wer den Instinkt dafür nicht hat, der ist nicht ›von Rasse‹.«[15]

Spengler verteidigte sogar die extravagantesten Formen sozioökonomischer Ungleichheit. Während er gegen die »politischen Luxuslöhne der Arbeiterschaft« wettert, betrachtet er den »vornehmen Luxus« der Reichen als unverzichtbaren Ausdruck von Kultur:

> »Hohe Kultur ist mit Luxus und Reichtum untrennbar verbunden [...]. Und Reichtum, der sich in wenigen Händen und in führenden Schichten sammelt, ist unter anderem die Voraussetzung für die Erziehung

> von Generationen führender Köpfe durch das Vorbild einer hoch entwickelten Umgebung, ohne die es kein gesundes Wirtschaftsleben und keine Entwicklung politischer Fähigkeiten gibt.«[16]

Luxus für die Reichen, Genügsamkeit für die Armen; der Verzicht auf jede Marktintervention zugunsten einer florierenden Wirtschaft; der Hinweis auf die Schädlichkeit von Streiks und auf die Notwendigkeit niedriger Löhne; der Glaube an Selbstständigkeit, Wettbewerb und individuelles Unternehmertum – klingen diese Ansichten in modernen Ohren absurd und fremd? Oder gibt es vielmehr, zumindest in der nicht gerade nebensächlichen Wirtschafts- und Sozialpolitik, eine alarmierende Kontinuität zwischen diesem abstrusen Faschismus und unserem eigenen neoliberalen Alltag? Denn wenn Spenglers Ansichten »abstrus« sind, dann ist das die gesamte moderne Ökonomie. Und wenn Spengler ein plastisches Bild davon vermittelt, worum es der faschistischen Ideologie ging, dann scheint es, dass wir einen umgedrehten *Verfremdungseffekt** benötigen, der uns den Faschismus nicht unverständlicher, sondern vertrauter macht. Nur so können wir den tiefgreifenden Gemeinsamkeiten gerecht werden, die er mit unserer eigenen sozialen Realität teilt. Oder ist die Abstrusität des Faschismus nicht in seiner Ökonomie, sondern in den ihm zugrunde liegenden, inzwischen anrüchig gewordenen rassistischen Prämissen begründet? Doch wenn Spengler von der Bedrohung spricht, die die »farbigen Rassen« für die Weißen darstellen, erklärt er dies, von einigen sprachlichen Ausrutschern einmal abgesehen, in Begriffen, die modernen Ohren durchaus vertraut sind:

> »[Die Industrie] kann wandern und sie tut es, und zwar überall fort aus dem Bereich der weißen Gewerkschaftsdiktaturen zu Ländern mit niedrigen Löhnen. Die Zerstreuung der abendländischen Industrie ist seit 1900 in vollem Gang. Die Spinnereien in Indien sind als Filialen der englischen Fabriken gegründet worden, um ›dem Verbraucher näher zu sein‹. So war es ursprünglich gemeint, aber die Luxuslöhne Westeuropas haben eine ganz andere Wirkung hervorgebracht. In den Vereinigten Staaten wandert die Industrie mehr und mehr von Chicago und New York nach den Negergebieten im Süden und wird auch an der Grenze Mexikos nicht haltmachen. Es gibt wachsende Industriegebiete in China, Java, Südafrika, Südamerika. Die Flucht der hoch entwickelten Verfahren zu den Farbigen schreitet fort und die weißen Luxuslöhne beginnen Theorie zu werden, da die dafür angebotene Arbeit nicht mehr gebraucht wird.«[17]

Da »die Farbigen« für ein geringes Entgelt arbeiten, siedeln sich die Industrien in den »farbigen« Ländern (das heißt der Dritten Welt) an, was dazu führt, dass weiße Arbeiter ihre Beschäftigung verlieren oder drastische Lohnkürzungen hinnehmen müssen. Auch an dieser Argumentation ist nichts abwegig, es handelt sich um neoliberale Gemeinplätze des Globalisierungszeitalters. Viele Rechte, nicht zuletzt in Deutschland, stimmen in diesen Klagegesang ein. So zum Beispiel in einer aufwendig beworbenen TV-Dokumentation, der das Buch »Der Fall Deutschland – Abstieg eines Superstars«[18] zugrunde lag: In ihm wird der stete Bedeutungsverlust der deutschen Wirtschaft mit einer langjährigen Verschlechterung der Arbeitsmoral, dem Hedonismus der Beschäftigten und überhöhten Löhnen erklärt, die der deutschen Wirtschaft die Kraft nehmen, um im Wettbewerb mit anderen Volkswirtschaften zu bestehen, in denen die Löhne niedrig und die Arbeiter sparsam und unermüdlich sind. Der Abstieg Deutschlands, und des Abendlandes, wie man hinzufügen könnte, wird also ganz im Geiste Spenglers erklärt.

Angesichts von Spenglers erbitterter Opposition gegen den Sozialismus und seiner Nähe zum Wirtschaftsliberalismus mutet es seltsam an, dass er Ikonen der kapitalistischen Doktrin wie Adam Smith entschieden widerspricht und für die »englische Idee« immer nur Verachtung übrighat. Was sind die Gründe seiner Kritik? Es gibt zwei: Zunächst einmal hat Spenglers Groll – dem von uns nachgezeichneten Schema entsprechend – mit dem *politischen und kulturellen Überbau* des Liberalismus zu tun. Der bürgerliche Rationalismus ordnet sich keineswegs den Notwendigkeiten einer »florierenden Wirtschaft« unter, sondern produziert durch seine Abkehr von den Traditionen und seiner Anwendung der Vernunft eine andere politische Ökonomie, sie mündet letztlich in – Sozialismus:

> »Diese Revolution beginnt nicht mit dem materialistischen Sozialismus des 19. Jahrhunderts und noch viel weniger mit dem Bolschewismus von 1917. Sie ist seit Mitte des 18. Jahrhunderts ›in Permanenz‹ [...]. Damals begann die rationalistische Kritik, die sich stolz Philosophie der Aufklärung nannte, ihre zerstörende Tätigkeit von den theologischen Systemen des Christentums [...] den Tatsachen der Wirklichkeit, dem Staat, der Gesellschaft, zuletzt den gewachsenen Formen der Wirtschaft zuzuwenden. Sie begann die Begriffe Volk, Recht und Regierung ihres geschichtlichen Gehalts zu entleeren und gestaltete den Unterschied von Reich und Arm ganz materialistisch [...]. Hierher gehört die Nationalökonomie, die als materialistische Wissenschaft um 1770 von A. Smith im Kreise von Hartley, Priestley, Mandeville und Bentham begründet wurde und die sich anmaßte, die Menschen als Zubehör zur wirtschaftlichen Lage zu betrachten und die Geschichte von den Begriffen Preis, Markt und Ware aus zu ›erklären‹. Von ihm stammt die Auffassung der Arbeit nicht als Lebensinhalt und Beruf, sondern als Ware, mit welcher der Arbeitende Handel treibt.«[19]

Adam Smith wird auf diese Weise zum Gründervater des Kommunismus, statt des Kapitalismus. Auch John Stuart Mill und Herbert Spencer gehören in diesen Stammbaum: »Die englisch-liberale Literatur von Mill und Spencer [...] liefert die ›Weltanschauung‹ an den höheren Schulen Indiens. Den Weg von dort zu Marx finden dann die jungen Reform-Inder selbst.«[20] Das Problem mit dem Materialismus der Liberalen, die den Faschisten als bevorzugtes Angriffsziel dienten, hat nichts mit ihrem dekadenten Streben nach Verschwendung oder ihrer unersättlichen Gier zu tun – beides rechtfertigt Spengler engagiert, wie wir gerade gesehen haben. Er sträubt sich vielmehr gegen den liberalen Verzicht auf uralte Mythen, gegen die Offenlegung der materialistischen Dynamik der Marktkräfte und damit gegen den Umstand, diese Kräfte der Kritik auszusetzen. Obgleich die Liberalen im Sinne des Marktes argumentieren, stellen sie den Sozialisten die analytischen Werkzeuge zur Verfügung, um diesen *anzuprangern*. In Verbindung mit den politischen Reformen des Liberalismus, und darunter vor allem dem »allgemeinen Wahlrecht«, führt dieser rationale Impuls unerbittlich zum Sozialismus. Die Abfolge kann kaum eindeutiger festgehalten werden: »Dieser aktive Liberalismus schreitet folgerichtig vom Jakobinismus zum Bolschewismus fort. Das ist kein Gegensatz des Denkens und Wollens. Es ist die Früh- und die Spätform, Anfang und Ende einer einheitlichen Bewegung.«[21] Spengler beklagt sich darüber, dass der politische Liberalismus nicht etwa den Wirtschaftsliberalismus, sondern dessen Widersacher, den Sozialismus, hervorbringt und stärkt. Die historische Bedeutung der 1848er-Revolutionen wird ebenfalls bezeugt: »Erst um 1840 geht diese sozialpolitische Tendenz in eine ›wirtschaftspolitische‹ über.« Der Liberalismus stützt nicht etwa den Kapitalismus, sondern stachelt zum Angriff auf seine Produktivkräfte auf: »Statt gegen den Vornehmen wendet man sich gegen den Besitzenden, vom Bauern bis zum Unternehmer.« Spengler spottet über die Vorstellung, das sozialistische Aufbegehren sei, selbst in seiner radikalsten Form, eine den Westen von außen bedrohende Kraft: »In Wirklichkeit ist er [der Bolschewismus; Anm. d. Übers.] in Westeuropa entstanden, und zwar mit folgerichtiger Notwendigkeit als letzte Phase der liberalen Demokratie von 1770 und als letzter Triumph des politischen Rationalismus.«[22] Daher die Logik, den *Liberalismus von einem kapitalistischen Standpunkt aus anzugreifen*. Um dem politischen Liberalismus ein Ende zu bereiten, müsse man notwendigerweise zunächst den Sozialismus stoppen und den Kapitalismus schützen. Was Spengler sonst noch attackieren mag, wenn er gegen die »englische Idee« wettert, so geht es ihm doch sicher *nicht* darum, den englischen Kapitalismus durch eine »sozialistische«, preußische Idee zu ersetzen, wie liberale Autoren uns glauben machen wollen. Spengler schildert vielmehr, wie der demokratische Kleingeist den ehemals bewundernswerten englischen Expansions- und Besitzdrang auslöschte, während Deutschland und die USA in Spenglers Augen die Länder sind, die die Fackel des kapitalistischen Imperialismus übernommen haben:

> »Galsworthy hat diese Tragik des Erlöschens mit einem schmerzlichen Verstehen in seiner ›Forsyte Saga‹ geschildert. Damit siegt wirtschaftlich das Rentnerideal über den kapitalistischen Imperialismus. Man besitzt noch erhebliche Reste des einstigen Reichtums, aber der Antrieb fehlt, neuen zu erkämpfen, Industrie und Handel veralten langsam in ihren Methoden, ohne dass die schöpferische Energie da wäre, nach amerikanischem und deutschem Vorbilde neue Formen zu schaffen.«[23]

Ganz ähnlich wie vor ihm Donoso oder Pareto klagt Spengler über die »Blindheit und Feigheit des Liberalismus«, der dem Metzger das Messer in die Hand drückt und dann von selbst in den Schlachthof tritt:

> »Der Liberalismus gegenüber den Tendenzen der Demagogie ist die Form, in welcher die kranke Gesellschaft Selbstmord begeht. Mit dieser Perspektive gibt sie sich selbst auf. Der Klassenkampf, der gegen sie geführt wird, erbittert und erbarmungslos, findet sie zur politischen Kapitulation bereit, nachdem sie geistig die Waffen des Gegners schmieden half. Nur das konservative Element, so schwach es im 19. Jahrhundert war, kann und wird das Ende in Zukunft verhindern.«[24]

Was Spengler als »Konservatismus« bezeichnet, ist also lediglich ein Instrument, um die liberale Gesellschaft vor sich selbst zu schützen und die Wirtschaftsordnung vor den Selbstmordabsichten ihrer politisch-liberalen Anhänger zu bewahren. Wie Donoso zeigt auch Spengler anschaulich, wie »Konservatismus« und »Antiliberalismus« nicht unbedingt in einer ablehnenden Haltung gegenüber dem Kapitalismus oder in einer Sehnsucht nach der ihm vorausgehenden sozioökonomischen Ordnung begründet sein müssen, sondern auch einfach dazu dienen können, der liberalen Wirtschaftsordnung in größter Not beizustehen. In diesem Sinne sind Konservative dazu bereit, das Badewasser des politischen Liberalismus zur Rettung des kapitalistischen Kindes auszuschütten. Die These Michael Manns, wonach »der Blitzableiter« der faschistischen »Krise nicht der Liberalismus, sondern der Konservatismus« gewesen sei,[25] ist daher sehr fragwürdig. Wie der Fall Spengler und andere noch zu diskutierende Beispiele zeigen, verlaufen die Grenzen zwischen Liberalismus und Konservatismus sehr viel unschärfer, als Mann in Betracht zieht. Der moderne »Konservatismus« zielte in vielen Fällen gerade darauf ab, den Kapitalismus, das heißt die liberale Wirtschaftsordnung, vor Demokratie und Sozialismus zu bewahren. Der deutsch-amerikanische Konservative Leo Strauss schrieb in den Nachkriegs-USA: »Der Konservatismus unserer Zeit ist identisch mit dem, was ursprünglich den Liberalismus ausmachte«.[26] Auch Strauss erkannte, dass es einen »Liberalismus« vor und nach der Spaltung gab, und identifizierte sich selbst zumindest implizit mit dem klassischen Liberalismus, der in Widerspruch zum modernen stand: »Liberal im ursprünglichen Sinne sein unterscheidet sich so wenig von konservativ sein, dass es, allgemein gesprochen, mit einer konservativen Haltung einhergeht.«[27] Die Annahme, dass der Konservatismus eine wirklich unabhängige Agenda verfolgt, bei der es um die vorkapitalistische Vergangenheit geht, ist fragwürdig, obwohl es zweifelsohne solche Positionen gab. Noch problematischer ist es, den Rückgriff auf das Mittelalter oder das Römische Reich als zentrales Motiv und Leitprinzip der faschistischen Politik zu begreifen – und nicht als nostalgische Geste, die in erster Linie eine dekorative und liturgische Funktion ausübt.

Spengler bevorzugte jedoch, und dies ist seine zweite Differenz mit dem Liberalismus, nicht einfach die Wirtschaft gegenüber der Politik. Weit gefehlt. Er verachtete die liberale Vorstellung, wonach es sich bei der Ökonomie um eine separate Sphäre handele, der Vorrang eingeräumt werden müsse, und betonte häufig, dass vielmehr die Politik an erster Stelle stehen müsse. Er präzisierte außerdem, dass er, wenn er von Politik sprach, nicht das Parteiengezänk des kleingeistigen Parlamentarismus im Sinne hatte, das seiner Ansicht nach kaum als Politik gelten könne und als Teil der demokratischen Malaise gesehen werden müsse. »Politik« bedeutet für Spengler »große Politik«, Außenpolitik, in denen die Interessen der Nation im globalen Kampf um Vorherrschaft verfolgt werden. Diesem allumfassenden Ziel der Nation muss die Wirtschaft untergeordnet werden:

> »Denn, es muss immer wieder gesagt werden: Die Wirtschaft ist kein Reich für sich; sie ist mit der großen Politik unauflöslich verbunden; sie ist ohne starke Außenpolitik nicht denkbar und damit letzten Endes abhängig von der militärischen Macht des Landes, in dem sie lebt oder stirbt. Aber welchen Sinn hat die Verteidigung einer Festung, wenn der Feind sich darin befindet, der Verrat in Gestalt des Klassenkampfes, der es zweifelhaft erscheinen lässt, wen und was man eigentlich verteidigt.«[28]

Spenglers Ansichten über das richtige Verhältnis von Ökonomie und Politik kann folgendermaßen dargestellt werden:

kleine Politik (Sozialismus/Demokratie) < die Ökonomie (Kapitalismus) < große Politik (Imperialismus)

Stellt man die beiden Elemente von Spenglers Vision – einer auf *nationale Größe* ausgerichteten *Marktwirtschaft* – nebeneinander, so ergibt sich eine politische Verbindung, die objektiv als »nationaler Kapitalismus« oder möglicherweise auch als »preußischer Imperialismus« bezeichnet werden sollte. Der Begriff Sozialismus hingegen ergibt hier, egal mit welcher spezifischen Bedeutung, überhaupt keinen Sinn. Tatsächlich ist Sozialismus genau das, was *auf beiden Ebenen* ausgemerzt werden soll: auf der ökonomischen Sphäre, da er das Wachstum behindert, und in der Sphäre der »großen« Politik, da er eine friedliche internationale Koexistenz propagiert, durch die Spenglers Plädoyer für den Imperialismus unmöglich gemacht wird. Der Sozialismus ist schlicht und einfach der Verräter, der aus der Festung verjagt werden muss. Vor diesem Hintergrund erklärt sich, warum Spengler in seinen späten Lebensjahren den Begriff »Sozialismus« relativierte: »Hier tut eine große Erziehung not, wie ich sie als preußisch bezeichnet habe und die man meinetwegen ›sozialistisch‹ nennen mag – was kommt auf Worte an!«[29]

Aber warum verwendete Spengler, der in jeder praktischen Hinsicht den Kapitalismus befürwortete, dann überhaupt den Begriff des Sozialismus? Warum schwenkte er nicht lieber die Fahne des »Preußischen Imperialismus«, von der seine Ansichten unvergleichlich besser repräsentiert wären als vom Banner des »Preußischen Sozialismus«? Wenn man nicht in der Zwangsjacke einer Theorie steckt, die den Faschismus als aufrichtig und transparent versteht, lässt sich die Antwort leicht erraten. Der Kapitalismus übte nach dem Ersten Weltkrieg und während der lang anhaltenden Weltwirtschaftskrise nur wenig Anziehungskraft aus. Viel erfolgversprechender für die Anhänger des Kapitalismus war es, sich als Sozialisten auszugeben, um die Bevölkerung mithilfe eines trojanischen Pferdes ideologisch und politisch zu infiltrieren und von innen zu besiegen. Was hätte unter den bestehenden historischen Rahmenbedingungen klüger sein können als eine Verteidigung des Kapitalismus, bei der man sich nicht mit dessen unpopulärem Ruf belastet? Das ist die Logik, die sich *in der Regel* hinter dem faschistischen Kokettieren mit sozialistischen Parolen und Gesten versteckt und die seltsame Faszination des Faschismus für Sozialismus jeder Art und seine Abscheu für alle Arten des Liberalismus erklärt – wobei einige Faschisten transparent damit umgingen, während andere der eigenen Rhetorik auf den Leim gingen. Aber darauf werden wir ausführlicher zurückkommen, wenn wir die Wurzeln der faschistischen Propaganda und die ihr innewohnenden Widersprüche diskutieren.

Wäre es also richtig zu behaupten, dass Spengler – und im weiteren Sinne die Faschisten; Hitlers Ansichten über das Verhältnis von Ökonomie und Politik werden im nächsten Abschnitt untersucht – hinsichtlich der heimischen Wirtschaft liberal, hinsichtlich der Unterordnung des Kapitalismus unter das imperialistische Programm jedoch antiliberal war? Auf theoretischer Ebene, wenn man Faschismus und Liberalismus streng ideologisch betrachtet und eine nationalistische Abhandlung Spenglers beispielsweise mit einem Text von Adam Smith vergleicht, würde dies wohl zutreffen. Bei historischer und praktischer Betrachtung jedoch büßen diese theoretischen Unterscheidungen viel von ihrer Aussagekraft ein. Denn der Liberalismus war in der Praxis nie einfach die Eigenständigkeit einer von nationalen und politischen Zusammenhängen abgesonderten Wirtschaft. Dies gilt selbst für den angeblich besonders reinen Liberalismus des 19. Jahrhunderts, der von den Kompromissen und Verunreinigungen des sogenannten »späten«, »organisierten« oder »Monopolkapitalismus« noch unberührt war. Um die Verbindung zwischen Liberalismus und Imperialismus erkennen zu können, muss man nur an John Stuart Mill denken, einen Beamten der britischen Ostindienkompanie. Wäre der englische Kapitalismus des 19. Jahrhunderts ohne einen vitalen Staat, der seine militärische Macht unter anderem zur Verteidigung und Förderung des britischen Außenhandels einsetzte, denkbar gewesen? Auch hier muss man sich nur an Mills Zustimmung zu der Militärintervention erinnern, mit der während des Zweiten Opiumkriegs die englischen Handelshindernisse ausgeräumt wurden und die im Namen des Freihandels erfolgte. Der chinesische Widerstand gegen den Opiumhandel schränke, so argumentiert Mill, die Freiheit der chinesischen Kunden ein, selbst darüber zu entscheiden, welche Güter sie erwerben wollten:

> »[Es handelt sich] ganz wesentlich um Freiheitsfragen; so zum Beispiel bei [...] der Verhinderung der Einfuhr von Opium nach China, der Beschränkung des Verkaufs von Giften: kurz bei allen Fällen, wo die Einmischung den Zweck verfolgt, die Erlangung eines bestimmten Guts zu verhindern oder zu erschweren. Diesen Einmischungen sind verwerflich nicht als Eingriffe in die Freiheit des Verfertigers oder Verkäufers, sondern in die des Käufers.«[30]

Dies ist ein wunderbares Beispiel dafür, wie sich Laissez-faire mit Imperialismus verbindet. Und das ändert sich im Kapitalismus des 20. Jahrhunderts nicht – weder vor noch *nach* dem Faschismus. Stützte sich die Vorherrschaft der USA über die kapitalistisch-liberale Ordnung des Westens auf ein Primat der kapitalistischen Ökonomie, das von der Außenpolitik losgelöst war? Weit gefehlt. Die amerikanischen Sieger über den Faschismus prägten nach dem Zweiten Weltkrieg den Begriff des »militärisch-industriellen Komplexes« (Präsident Eisenhower 1961), um die Symbiose der Ökonomie mit politischen und militärischen Zielen zu beschreiben.[31] Wir sehen also, dass der Faschismus nicht beanspruchen kann, etwas bahnbrechend Neues oder eine häretische nationalkapitalistische Verbindung erfunden zu haben, die die Reinheit des Marktes infrage stellt. Der Liberalismus selbst war in der Praxis immer darum bemüht, *das Primat der Ökonomie* gegenüber der Arbeiterklasse mit *dem Primat der Politik* bei der Expansion und der Erschließung neuer Märkte zu verbinden – wenn nötig, mithilfe militärischer Gewalt, und auf jeden Fall mit politischer Unterstützung, Koordination und Regulation. In dieser Hinsicht kann dem italienischen und deutschen Faschismus also nicht vorgeworfen werden, den Liberalismus verfälscht oder zumindest etwas getan zu haben, wovon klassisch liberale Länder wie England oder die USA immer Abstand genommen hätten.

Im Allgemeinen sollte man sich vor jeder idealistischen Behandlung von Faschismus und Laissez-faire hüten. Unter liberalen und neoliberalen Kritikern ist es zu einem Gemeinplatz geworden, den Faschismus als ein Wirtschaftssystem zu definieren, in dem der Staat die umfassende Kontrolle über den Markt übernimmt, und somit als eine Form von Sozialismus darzustellen.[32] Ganz ähnlich priesen viele zeitgenössische Anhänger Mussolinis oder Hitlers den Korporativismus als eine Lösung der sozialen Probleme. Dies beweise in ihren Augen, dass der Faschismus sowohl den Kapitalismus als auch den Sozialismus überwunden habe. Sowohl Gegner als auch Parteigänger des Faschismus registrierten einfach dessen Abweichung von klassischen ökonomischen Doktrinen und verzichteten darauf, das Problem historisch und konkret zu betrachten – also die Frage zu stellen, *auf wessen Seite* und *zu wessen Nutzen* die Faschisten in die Wirtschaft eingriffen. Der Kommentar von John Weiss ist nach wie vor nützlich, um einem solchen Vorgehen zu widersprechen:

> »Obgleich beide Regime in die Ökonomie eingriffen und Unternehmenspolitik in großem Umfang betrieben, sollte dies nicht als Beweis für einen ›gemischten‹ oder links-rechten Charakter der faschistischen und nationalsozialistischen Herrschaft erachtet werden. Vielmehr verfolgten die Kontrollen in Deutschland beispielsweise das Ziel, den Militarismus in ein Mittel zur Lösung sozialer und wirtschaftlicher Probleme zu verwandeln, ohne auf liberale und radikale innenpolitische Reformen zurückgreifen zu müssen. Hitler nutzte beispielsweise die Politik der Steuererleichterung, um die Produktion der Schwerindustrie auf ein Maximum zu steigern, [...] und die Unternehmen wurden durch Kontrollen gezwungen, die explodierenden Gewinne in die Expansion der Industrie und in Staatspapiere zu reinvestieren.«[33]

Historisch betrachtet wurde also *von rechts* in den Markt interveniert, um die sozioökonomischen und politischen Interessen des Kapitalismus zu stärken. Auf diesen Aspekt wies mit dem ihm eigenen analytischen

Scharfsinn auch der große Historiker und antifaschistische Politiker Gaetano Salvemini in seiner Auseinandersetzung mit der Mussolini-Diktatur hin, die er wie wenige andere kannte und verstand. Als hellsichtiger und undogmatischer Beobachter ordnete er die hehren Marktideale zunächst in einen historischen Kontext ein und lenkte die Aufmerksamkeit dadurch auf ihre konkrete Funktion im profanen Hier und Jetzt, anstatt sich mit ihrer unbefleckten Reinheit in einer idealistischen Ewigkeit zu beschäftigen. Seine klaren Worte sind es wert, als Antidot gegen den (pseudo-)naiven Platonismus der Neoliberalen ausführlicher zitiert zu werden:

> »Die Politik der Einmischung in das Wirtschaftsleben ist weder für freie noch für despotische, weder für oligarchische noch für demokratische Regierungen charakteristisch. Alle Regierungen haben zu allen Zeiten mehr oder weniger intensiv in das Wirtschaftsleben ihrer Länder eingegriffen [...]. Ob Kapitalisten oder Proletarier, die Menschen befürworten weder eindeutig das Laissez-faire noch die Staatsintervention. Sie fordern staatliche Eingriffe, wenn sie hoffen, davon profitieren zu können, und sie lehnen sie ab, wenn sie sich davon keinen Vorteil erwarten oder eine Beeinträchtigung durch das Handeln befürchten [...]. Die Welt von heute [Salvemini schreibt in den 1930er-Jahren, I. L.] wimmelt von Menschen, die von Begeisterung ergriffen sind, wenn sie von staatlicher Intervention, Planwirtschaft, Fünfjahresplänen und dem Ende des Laissez-faire hören. Sie machen sich nicht die Mühe zu fragen, wer die gesellschaftlichen Gruppen sind, in deren Interesse der Staat, das heißt die Bürokratie und die Regierungspartei, eingreifen und planen soll. Ihnen ist es gleichgültig, ob das Laissez-faire des Großkapitals begrenzt wird, um den kleinen Mann und den Arbeiter zu schützen, oder ob das Laissez-faire des kleinen Mannes und des Arbeiters den Interessen des Großunternehmens geopfert wird [...]. Doch die erste Frage, die gestellt werden sollte, wenn man ein Ende des Laissez-faire beschwört, ist genau diese: In wessen Interesse soll es abgeschafft werden?«[34]

Nach einer soliden Formulierung der zentralen Frage charakterisierte Salvemini den italienischen Faschismus als eine begrenzte, dem Kapitalismus gegenüber rücksichtsvolle Planwirtschaft und arbeitete, über Weiss hinausgehend, die Tatsache heraus, dass sich die staatlichen Eingriffe in die Wirtschaft in Italien kaum von denen in anderen westlichen Volkswirtschaften unterschieden, deren kapitalistischer Charakter außer Frage stand:

> »Italien hat nie etwas Ähnliches gesehen wie die Planung in Sowjetrussland. Wenn ein wichtiger Teil des Bankenwesens oder eine

> Großindustrie, die man mit dem ›höheren Interesse der Nation‹ verwechseln könnte, vom Kollaps bedroht war, sprang die Regierung in die Bresche und verhinderte den Zusammenbruch durch Notmaßnahmen [...]. *Die Politik der italienischen Diktatur in den Jahren der Weltkrise unterschied sich in Zielen, Methoden und Ergebnissen nicht von der Politik, wie sie sämtliche Regierungen kapitalistischer Länder verfolgten.* Die [faschistische] *Carta di Lavoro* legt fest, dass die Privatwirtschaft sich dem Staat gegenüber zu verantworten hat. Doch tatsächlich ist es der Staat, das heißt der Steuerzahler, der für die Privatwirtschaft verantwortlich gemacht wurde. Solange die Geschäfte gut liefen, blieb der Gewinn der Privatinitiative vorbehalten. Als die Depression kam, übertrug die Regierung die Verluste an den Steuerzahler. Gewinne sind privat und individuell. Verluste öffentlich und gesellschaftlich [...] Die Intervention der Regierung [Mussolinis] hat ausnahmslos das Großkapital begünstigt.«[35]

Bei der Betrachtung der Wirtschaftspolitik unter Mussolini muss daran erinnert werden, dass sich diese in dem nicht zu vernachlässigenden Abschnitt zwischen 1922 und 1925, also in den ersten Jahren des Regimes, strikt an den Prinzipien des Laissez-faire orientierte. In dieser Zeit war Alberto De Stefani Finanzminister – ein überzeugter Wirtschaftsliberaler, der von Anfang an Mitglied in der faschistischen Bewegung gewesen war. De Stefani »reduzierte die Kontrolle über die Industrie und senkte Abgaben und Steuern [...], die Telefongesellschaften wurden wieder unter private Kontrolle gebracht, die Konzessionen der Elektrizitätsgesellschaften erneuert und das Staatsmonopol bei Lebensversicherungen aufgehoben«.[36] Dies war eine Periode, die ein Historiker als »Liberalfaschismus« bezeichnet hat und die von den klassischen Rezepten der Manchester-Schule geprägt war.[37] Im August 1922 wurde der Wirtschaftsliberalismus in das Programm des PNF (Partito Nazionale Fascista) aufgenommen, was auf die Zustimmung liberaler Ökonomen wie Luigi Einaudi stieß, die die faschistische Regierung damals mehrheitlich als »bestmögliche Option« betrachteten.[38] Nach der Zerschlagung der sozialistischen Arbeiter- und Bauernbewegung in den Städten und auf dem Land machten sich die Faschisten an die Liberalisierung der Wirtschaft und verwandelten sich in das »lang ersehnte Instrument der bürgerlichen Renaissance«.[39] Salvemini verwarf zwar die These, dass Mussolini von Pareto beeinflusst sei, bekräftigte jedoch, dass der italienische Soziologe sein Vorhaben endlich verwirklicht sah. Denn Pareto habe lediglich jener Mittelklasse eine Stimme verliehen, die ein Vierteljahrhundert lang unter den Erfolgen des Sozialismus gelitten hatte: »Von 1921 an sah Pareto in der faschistischen Bewegung jene antisozialistische bürgerliche Großoffensive, deren Beginn er sich 20 Jahre zuvor gewünscht hatte.

Pareto war nicht der Lehrmeister Mussolinis. Es war Mussolini, der Paretos Wünsche erfüllte.«[40] Wenn diese Periode des klassischen Laissez-faire schließlich zu Ende ging und während der langen Amtszeit des neuen Finanzministers Alberto Beneduce einer wachsenden Staatsintervention wich, so lag dies nicht daran, dass die liberalen Wirtschaftstheorien die »kollektivistische« Empfindung der Faschisten verletzt hätten, sondern an inneren Widersprüchen und dem Druck nicht zuletzt der Industriellen selbst, die sich (selbstverständlich als Konsequenz der Weltwirtschaftskrise) einen aktiveren Staat an ihrer Seite wünschten. Der Wirtschaftshistoriker Marcello De Cecco kommt zu der verblüffenden Einschätzung, dass der Übergang von De Stefanis Laissez-faire zu Beneduces Staatsdirigismus kaum als Übergang vom Kapitalismus zum Sozialismus verstanden werden kann; es habe sich vielmehr um innerkapitalistische Auseinandersetzungen gehandelt, wobei die veränderte Politik den Interessen des modernen Großkapitals auf Kosten der veralteten Kleinproduktion entsprach:

> »Um an die Macht zu gelangen, zögerte [Mussolini] nicht, als Apostel des freien Unternehmertums aufzutreten und für die sofortige und allumfassende Beendigung der während des Weltkriegs etablierten Wirtschaftsplanung einzutreten. Damit gewann er die Herzen der Kleinunternehmer, die traditionell arbeitsintensive Industriegüter herstellten; aber schon wenig später sollte er sie zugunsten der Großindustriellen, die kapitalintensive Produkte herstellten, und der Führungskräfte der öffentlichen Verwaltung verraten.«[41]

Ebenso wenig gab es im Faschismus eine eindeutige Abkehr von der Wirtschaftspolitik der vorfaschistischen Phase, die sich nie, und zwar seit den Zeiten der »Historischen Rechten« (Destra storica) im 19. Jahrhundert nicht, durch eine strikte Neutralität des Staates in Wirtschaftsfragen auszeichnete.[42]

War dies möglicherweise im deutschen Fall anders? Der Verweis auf den Wirtschaftsliberalismus Spenglers könnte insofern irreführend sein, als dieser heute nicht nur als ideologischer Vorläufer, sondern oft auch als ein *Kritiker* des Nationalsozialismus betrachtet wird, der sich von der Bewegung und ihrem Führer distanzierte. Nachdem wir uns mit den Vorläufern und Weggefährten des Nationalsozialismus beschäftigt haben, müssen wir uns nun also den Nazis selbst zuwenden. Ich werde dies tun, indem ich Aussagen von Hitler selbst diskutiere. Nach einer Analyse seiner wirtschaftspolitischen Ansichten werden wir auf die Unzufriedenheit Spenglers mit dem NS zurückkommen und ihre Gründe untersuchen.

Hitler und der Liberalismus: »eine wunderbare Übereinstimmung« zwischen Politik und Wirtschaft

Bei der Darstellung von Hitlers sozioökonomischen Ansichten haben Historiker oft sehr liberal – das Wortspiel ist beabsichtigt – auf die bereits beschriebene Verfremdungsstrategie zurückgegriffen, durch die diese Ansichten seltsam und radikal anders erscheinen als das, was heute als vernünftige Norm betrachtet wird. Ein gutes Beispiel für diese Tendenz ist Henry A. Turners 1985 erstveröffentlichte Studie über das Verhältnis von Nationalsozialismus und Großunternehmertum. Sie ist zu einem Standardwerk geworden, das vor allem durch sein Bemühen sehr großen Einfluss ausübte, die altbekannte These von der symbiotischen Beziehung zwischen deutschem Faschismus und Kapitalismus zu widerlegen. Zum Zeitpunkt der Veröffentlichung auf der revisionistischen Seite verortet, sind Turners Thesen mittlerweile in den Mainstream-Konsens eingegangen, dessen Tendenz eindeutig ist: Zwischen dem Kapitalismus und dem Aufstieg des Nationalsozialismus (und des Faschismus im Allgemeinen) wird nur eine zufällige und oberflächliche Komplizenschaft – ob nun finanzieller, politischer oder ideologischer Natur – erkannt. Ich beziehe mich daher bei der Auseinandersetzung mit den vorherrschenden Ansichten über die nationalsozialistische Wirtschaft in erster Linie auf Turners Argumentation.

In seiner Rekonstruktion der Beziehungen zwischen Nationalsozialismus und Kapitalismus schrieb Turner Hitler eine herausragende Rolle zu: »Vielmehr war die NSDAP im Grunde eine charismatische Bewegung, deren Zusammenhalt aus der Loyalität gegenüber einem einzigen Mann resultierte: Adolf Hitler [...]. [Er] hielt die Partei zusammen und bestimmte in oft widrigen und demoralisierenden Zeiten ihren Kurs [...]. Jeder Versuch, die Wirtschaftspolitik der NSDAP – oder deren Nichtvorhandensein – zu verstehen, muss sich deshalb Hitlers wirtschaftspolitischen Vorstellungen zuwenden.«[43] Auf dieses Statement folgt ein 14-seitiger Abschnitt mit dem Titel »Hitlers ›Nationalökonomie‹«, der uns den Kern der wirtschaftspolitischen Positionen des Nationalsozialismus deutlich machen soll. Diese Auseinandersetzung ist jedoch so angelegt, dass sie mit einer bereits feststehenden Schlussfolgerung beginnt, die sich auf drei Aussagen stützt: 1) Hitler sei in Wirtschaftsfragen ein Dilettant gewesen und habe abstruse, falsche und widersprüchliche Positionen vertreten. So werden Hitlers »Unkenntnis« in Wirtschaftsfragen und sein »eigenwilliges und verzerrtes Halbwissen« betont.[44] Turner behauptet, dass »er nie auch nur ein Grundverständnis der Nationalökonomie« erlangte und »praktisch keine Ahnung von Mikroökonomie hatte und von der Makroökonomie nur so viel, wie es Zeitungslektüre erlaubt«.[45] Hitlers Wirtschaftsdoktrin könne daher »bestenfalls als lose Ansammlung von manchmal widersprüchlichen sozioökonomischen Einstellungen bezeichnet werden«.[46] 2) Hitler habe die Privatwirtschaft verachtet, die er für ein materialistisches und kleingeistiges Tätigkeitsfeld hielt, und Politik und Staatsangelegenheiten als die entscheidenden Themen betrachtet. Hitler, so argumentiert Turner, benutzte »die deutsche Wirtschaft […]; er ordnete sie seinen Zwecken unter, anstatt seine Zwecke den wirtschaftlichen Zwängen anzupassen. Dies war ein wichtiger Faktor für sein späteres Scheitern. Es zeigte jedoch, dass Hitler gemeint hatte, was er sagte, als er verkündete, die Wirtschaft müsse die Rolle der Magd für die Politik spielen.«[47] Dem Nationalsozialismus gehe es also allein um das Primat der Politik, nicht der Wirtschaft. 3) In jedem Fall hätten sich die nebulösen Ideen Hitlers zur Wirtschaftspolitik grundlegend von der westlichen, kapitalistischen Orthodoxie unterschieden:

> »Für Hitlers Sicht der wirtschaftlichen Angelegenheiten war der Sozialdarwinismus ausschlaggebend. Als Hitler in die Politik eintrat, akzeptierte er unkritisch die kollektivistische österreichische Variante dieser Doktrin. Es sah das Leben nicht in erster Linie als Wettbewerb zwischen Individuen – wie die meisten englischen oder amerikanischen Sozialdarwinisten –, sondern war überzeugt, dass der für die Menschen entscheidende Kampf zwischen Staaten stattfinde.«[48]

Im Weiteren untermauert der Text diese drei Schlussfolgerungen mit Belegen. Offenbar ist die Struktur der Argumentation aber nicht zufällig gewählt: Es stellt sich nämlich heraus, dass ein Großteil der von Turner gesammelten Beweise die Schlussfolgerung nicht stützen, sondern gewichtige Einwände gegen diese darstellen. Umso wichtiger ist es daher, dass die Frage bereits im Vorhinein geklärt worden ist. Nehmen wir beispielsweise die oben zitierte Behauptung, Hitler sei kein westlicher, individualistischer, sondern eher ein kollektivistischer Sozialdarwinist mitteleuropäischer Prägung gewesen. Wenige Seiten später jedoch wird eingeräumt, dass der Kampf des Individuums in Hitlers sozialdarwinistischen Überzeugungen eine recht zentrale Stellung einnahm und Hitler daher »über kollektivistische Varianten dieser in Mitteleuropa vorherrschenden Doktrin« hinausging.[49] Hitler ließ, so bekräftigt Turner,

> »[…] auch dem Kampf zwischen Individuen einen Platz zukommen […]. Er ging davon aus, dass der Kampf zwischen Individuen innerhalb einer Nation eine hauptsächlich wirtschaftliche Form annahm. Aufgrund dieser Annahme war Hitler auch davon überzeugt, dass der Wirtschaftswettbewerb – ›das freie Spiel der Kräfte‹ – die entscheidende Grundlage für die Gesundheit einer Nation sei. Nur durch Wettbewerb konnte sich das ›aristokratische Prinzip der Natur‹ im Leben einer Nation durchsetzen; so werde sichergestellt, dass die

angepasstesten Menschen, die ›höheren Persönlichkeiten‹, wie er es formulierte, herrschten.«[50]

Die Argumentation beginnt also damit, entschlossen einen Keil zwischen Hitler und dem westlichen Sozialdarwinismus zu treiben, um ihn dann stillschweigend wieder zu entfernen und die Gemeinsamkeiten Hitlers mit den englischen und amerikanischen Repräsentanten dieser Strömung zu zeigen. Auf der einen Seite ist Turner ein zu aufrechter und akribischer Gelehrter, um die Fakten, auf die er stößt, unterschlagen oder ignorieren zu können. Zugleich ist er aber so darum bemüht, den Kapitalismus vom Nationalsozialismus zu trennen, dass er seine Argumentation auf besondere Weise strukturiert. Am Ende werden seine Thesen weniger von den dargelegten Fakten als vom formalen Vorgehen gestützt, mit dem diese geordnet, verknüpft und mit Bedeutung versehen werden.

Waren Hitlers wirtschaftspolitische Ansichten also tatsächlich kaum mehr als ein abstruses Sammelsurium, ein Ausdruck von Halbbildung und Dilettantismus? Und war er wirklich der Meinung, die Wirtschaft müsse politischen Zielen untergeordnet werden? Aufschlussreich ist in diesem Zusammenhang ein wichtiger und relativ kurzer Text, eine Rede, die Hitler am 27. Januar 1932, ziemlich genau ein Jahr vor seiner Ernennung zum Reichskanzler, vor dem Industrie-Club in Düsseldorf hielt. Ich bezeichne diese Rede nicht deshalb als wichtig, weil Hitler dort ganz andere Ideen als sonst zum Ausdruck gebracht hätte – diese oder sehr ähnliche Ideen finden sich überall in seinen Schriften, Reden und Proklamationen, aber auch in zahlreichen Aufzeichnungen aus zweiter Hand –, sondern weil sie die wirtschaftspolitischen Fragen sehr prägnant, dicht und systematisch abhandelt und eine sehr nützliche Darstellung des – aus Hitlers Sicht – idealen Verhältnisses zwischen Wirtschaft und Politik enthält.

Wie nicht anders zu erwarten, attackiert der zukünftige Führer die Weimarer Republik und skizziert sein eigenes Projekt, das in der Beseitigung der Republik und der Errichtung eines diktatorischen Regimes mit ihm selbst an der Spitze besteht. Nicht weniger vorhersehbar ist, dass er seine Unzufriedenheit über den Umgang der Republik mit den Wirtschaftsfragen zum Ausdruck bringt und eine umfangreiche Transformation vorschlägt. Doch was findet er an der Weimarer Wirtschaftspolitik verwerflich? Kritisiert er, wie Turners Darstellung nahelegt, dass die Wirtschaft gegenüber der Politik die Oberhand gewonnen hat? Tatsächlich beruht Hitlers Angriff auf die Weimarer Institutionen auf der völlig entgegengesetzten Annahme, dass die Republik eine unrechtmäßige und verhängnisvolle Einmischung der Politik in die Wirtschaft darstellt – und zwar in einer ganz bestimmten Form des politischen Handelns, nämlich in der Demokratie. Unter den bestehenden Bedingungen wird die Wirtschaftsführung aus den Händen schöpferischer und kompetenter »Persönlichkeiten« entführt und in die Hände der inkompetenten Menge gelegt. Denn die »Hochkultur«, die alle Bereiche menschlichen Handelns einschließlich der Wirtschaft umfasst, beruhe natürlicherweise auf der Leistung des Einzelnen: »Dieses ganze Kulturgebäude ist in den Fundamenten und in allen Steinen nichts anderes als das Ergebnis der schöpferischen Fähigkeit, der Leistung, der Intelligenz, des Fleißes einzelner Menschen, in den größten Ergebnissen auch die große Schlussleistung einzelner gottbegnadeter Genies«.[51] Die Probleme beginnen, wenn der natürliche Aufstieg der talentierten Minderheiten in Zeiten des Niedergangs durch die mittelmäßige Menge behindert wird: »Es ist daher auch erklärlich, dass Völker mit einer großen Vergangenheit, von dem Zeitpunkt an, da sie sich unbegrenzter demokratischer Massenherrschaft hingeben, langsam ihre frühere Stellung einbüßen; denn die vorhandenen und möglichen Spitzenleistungen Einzelner auf allen Gebieten des Lebens werden nunmehr dank der Vergewaltigung durch die Zahl praktisch unwirksam gemacht.«[52] Dies sollte vertraut klingen, denn es handelt sich um die verbreitete wirtschaftsliberale Klage über die Unterdrückung des unternehmerischen Individuums durch den demokratischen, politischen Liberalismus; über die Tyrannei einer sterilen Mehrheit, die sich über die Freiheit einer erfinderischen Minderheit hinwegsetzt. Es ist ausgesprochen bemerkenswert, dass sich Hitler bei der Rechtfertigung der Diktatur als umgekehrter Marxist darstellt: Sein Ausgangspunkt ist kein politisches, ethisches oder kulturelles Konzept, das er der Wirtschaft aufzuerlegen versucht, sondern er geht von der Basis der kapitalistischen Wirtschaft aus, um zu fragen: Welcher politische Überbau entspricht einer solchen Basis am besten? Welche politische Ordnung kann in Zeiten des gesellschaftlichen und politischen Aufruhrs den Fortbestand des Privateigentums und das Florieren des individuellen Unternehmertums, des *Leistungsprinzips**, am besten gewährleisten? Hitler erklärt:

> »Es ist daher nötig, derartige überlieferte Formen, die aufrechterhalten bleiben sollen, so zu begründen, dass sie als unbedingt notwendig, als logisch und richtig angesehen werden können. Und da muss ich sagen: Das Privateigentum ist nur dann moralisch und ethisch zu rechtfertigen, wenn ich annehme, dass die Leistungen der Menschen verschieden sind. Erst dann kann ich feststellen: Weil die Leistungen der Menschen verschieden sind, sind auch die Ergebnisse der Leistungen verschieden. Wenn aber die Ergebnisse der Leistungen der Menschen verschieden sind, ist es zweckmäßig, auch die Verwaltung dieser Ergebnisse ungefähr im entsprechenden Verhältnis den Menschen zu überlassen. Es würde unlogisch sein, die Verwaltung des Ergebnisses einer bestimmten an eine Persönlichkeit gebundenen Leistung dem nächstbesten Minderleistungsfähigen oder einer Gesamtheit zu

übertragen, die schon durch die Tatsache, dass sie die Leistung nicht vollbrachte, bewiesen hat, dass sie nicht fähig sein kann, das Ergebnis zu verwalten.«[53]

Unterschiedliche wirtschaftliche Leistungen sind somit die einzige kohärente Grundlage, auf der politische Verwaltung stattfinden darf. Der Kapitalismus kann nicht lange überleben, wenn die Verwaltung des Eigentums den Herstellern – den talentierten Einzelkapitalisten – entzogen und auf das Kollektiv übertragen wird. Hitler formuliert im Folgenden lehrbuchhaft die Unterscheidung zwischen Wirtschafts- und politischem Liberalismus, indem er darlegt, wie die Demokratie zunehmend in die Wirtschaft eingreift und damit eine Entscheidung entweder zugunsten der Demokratie oder des Kapitalismus notwendig wird:

> »Dies zugegeben, ist es jedoch Wahnsinn zu sagen: Auf wirtschaftlichem Gebiete sind unbedingt Wertunterschiede vorhanden, auf politischem Gebiete aber nicht! Es ist ein Widersinn, wirtschaftlich das Leben auf dem Gedanken der Leistung, des Persönlichkeitswertes, damit praktisch auf der Autorität der Persönlichkeit aufzubauen, politisch aber diese Autorität der Persönlichkeit zu leugnen und das Gesetz der größeren Zahl, die Demokratie, an dessen Stelle zu schieben.
>
> Es muss damit langsam *ein Zwiespalt* zwischen der wirtschaftlichen und der politischen Auffassung entstehen; den zu überbrücken man durch Angleichung der ersteren an die letztere versuchen wird – versucht hat, denn *dieser Zwiespalt* ist nur blanke, blasse Theorie geblieben. Der Gedanke der Gleichheit der Werte ist unterdessen nicht nur politisch, sondern auch schon wirtschaftlich zum System erhoben worden. Und nicht etwa bloß in einer abstrakten Theorie: Nein, dieses wirtschaftliche System lebt in gigantischen Organisationen – ja, es hat heute bereits ein Riesengebiet staatlich erfasst.«[54]

In der Demokratie ist die Wirtschaft also die »Magd« der Politik, und Hitlers Projekt zur Beseitigung der Weimarer Republik und zur Wiedereinführung einer streng hierarchischen Herrschaft soll genau diese unheilvolle Entwicklung umkehren und die Politik dem ökonomischen Primat unterordnen.[55] Der politische Liberalismus habe sich vom Wirtschaftsliberalismus abgespalten und ihn faktisch untergraben, da die logische ökonomische Konsequenz der Demokratie nicht der Kapitalismus, sondern seine Antithese, der Kommunismus ist. Daher rührt der seltsame Umstand, dass Hitler den politischen Liberalismus nicht als kapitalistisch bewertet, sondern ihn als abgeschwächte Variante des marxistischen Krankheitsbildes ablehnt. Die »bürgerliche Welt«, so heißt es in »Mein Kampf«, »[huldigt] einer Weltanschauung, die sich von der marxistischen im Allgemeinen nur mehr durch Grade und Personen unterscheidet. Die bürgerliche Welt ist marxistisch, glaubt aber an die Möglichkeit der Herrschaft bestimmter Menschengruppen (Bürgertum), während der Marxismus selbst die Welt planmäßig in die Hand des Judentums überzuführen trachtet.«[56] Dass der Liberalismus aus Hitlers Sicht nur eine Form des Marxismus war, die dessen schlechte Eigenschaften pflegte – Egalitarismus, Mitgefühl und das Vertrauen auf das Proletariat –, zeigt auch der folgende Wortwechsel mit Otto Strasser, dem Führer des sogenannten linken NSDAP-Flügels:

> »Aber Euer Sozialismus ist offensichtlicher Marxismus. Die Masse der Arbeiter fordert nichts Anderes als Brot und Lustbarkeiten. Sie wird niemals verstehen, was ein Ideal ist. Wir können nicht damit rechnen, diese Masse zu gewinnen. Was wir brauchen, ist die Auslese von Herrenmenschen, von Männern, die sich nicht wie Sie von der Moral und dem Mitleid leiten lassen. Diejenigen, die herrschen, müssen wissen, dass sie das Recht zu befehlen haben, weil sie zu einer auserlesenen Rasse gehören. [...] Liberalismus, Liberalismus, das ist alles, was Ihr predigt.«[57]

Diese Ideen bilden den Kern von Hitlers sozioökonomischer und politischer Ideologie. Es besteht ein grundlegender Gegensatz zwischen Kapitalismus und Kommunismus: Für ihn sind beide nicht nur Formen der Wirtschaft, sondern implizieren einen politischen Überbau (ebenso wie verschiedene kulturelle Erscheinungen, die wir hier nur erwähnen, nicht aber diskutieren können: Kapitalismus ist gleichbedeutend mit Hochkultur, Kommunismus mit Massenkultur plus *Kulturbolschewismus**). Kommunismus geht mit Demokratie, Kapitalismus mit einem autoritären politischen System einher. Der Wunsch, den Kapitalismus zusammen mit der Demokratie aufrechterhalten zu wollen, ist für ihn eine verhängnisvolle Illusion. Der Imperativ, den antikommunistischen Kampf in der politischen Arena zu führen, ergibt sich nicht daraus, dass die Politik wichtiger wäre als die Ökonomie, das heißt der Kapitalismus, sondern dass die kapitalistische Wirtschaft ohne die Abschaffung der Demokratie zumindest auf lange Sicht unmöglich ist. Bei der Beschäftigung mit Hitlers Äußerungen muss man den Kontext berücksichtigen und darf sich nicht auf einzelne Sätze stützen. Mit diesen ließe sich die These vom »Primat der Politik« leicht untermauern – zum Beispiel, wenn Hitler bei einer weiteren Rede vor führenden Industriellen bekräftigt, diesmal kurz nach der *Machtübernahme**: »Die politische Durchführung des Kampfes ist das primär Entscheidende.«[58] Doch im Zusammenhang der Rede wird deutlich, dass es dabei nicht darum geht, die Wirtschaft als zweitrangig abzutun, sondern vielmehr sichergestellt werden soll, dass sie überleben und florieren kann. Hitler hebt erneut den destruktiven Bruch zwischen Wirtschaftsliberalismus (Privateigentum, Wettbewerb, individuelle Leistung und so weiter) und dem politischen Liberalismus (Demokratie) hervor: »Das Wort Bismarcks: ›Der Liberalismus ist der Schrittmacher der Sozialdemokratie‹ ist jetzt bei uns wissenschaftlich begründet und bewiesen [...]. Privatwirtschaft im Zeitalter der Demokratie ist nicht aufrechtzuerhalten.«[59] Im Anschluss daran betont Hitler die Notwendigkeit, dieses Dilemma zugunsten des Wirtschaftsliberalismus zu lösen, indem man dem Kapitalismus einen passenden politischen Ausdruck verleiht:

> »Es ist auch nicht ein Spiel des Zufalls, dass der eine Mensch mehr leistet als der andere. In dieser Tatsache wurzelt der Begriff des Privateigentums, der langsam in den allgemeinen Rechtsbegriff übergegangen ist und zu einem komplizierten Vorgang des wirtschaftlichen Lebens geworden ist. Der Weg, den wir zu gehen haben, ist klar vorgezeichnet. Es genügt aber nicht zu sagen: Wir wollen keinen Kommunismus in der Wirtschaft. Gehen wir politisch den Weg weiter wie bisher, dann gehen wir zugrunde. Wirtschaft und Politik lassen sich, das haben wir in den vergangenen Jahren genügsam erfahren, nicht trennen. *Die politische Durchführung des Kampfes ist das primär Entscheidende.* Deshalb müssen auch politisch klare Verhältnisse geschaffen werden.«[60]

Hier lässt sich erkennen, dass für Hitler die Politik *nur* im Dienst des Kapitalismus entscheidend war und, wenn man so will, sogar »primär«, weil dieser unfähig war, sich ohne politische (faschistisch-autoritäre) Unterstützung vor der Demokratie zu schützen.

Es muss allerdings auch hinterfragt werden, ob Hitlers Äußerungen vor den Industriellen nicht allein opportunistischen Motiven geschuldet waren. Passte er seine Aussagen den Erwartungen des Publikums an und klammerte dabei einige »sozialistische« Aspekte seiner Ideologie aus? In dieser Hinsicht ist die Lektüre Turners hilfreich, da er zu Recht die Vorstellung zurückweist, Hitler sei in seiner Ablehnung des Sozialismus und in seiner Ergebenheit gegenüber dem Privateigentum unaufrichtig gewesen:

> »Seither wurde wiederholt behauptet, Hitler habe die sozialistischen Grundsätze der NSDAP während seines Kampfs um die Macht aufgegeben, um die großindustriellen Gönner zu beruhigen. Aber eine Prüfung seiner Schriften und Äußerungen zeigt, dass dies nicht der Fall war. Er war nie Sozialist, wenn unter Sozialismus die Verstaatlichung der Produktionsmittel verstanden wird. Seine Festlegung auf Wettbe-

> werb und Privateigentum entsprang nicht pragmatischen Überlegungen, sondern fanatischen sozialdarwinistischen Überzeugungen von der Natur des Menschen und der Gesellschaft.«[61]

Diese Zusammenfassung von Hitlers sozioökonomischen Überzeugungen ist umso bedeutender, als sie von einem der einflussreichsten Repräsentanten der These stammt, der zufolge der Nationalsozialismus antikapitalistisch sei. Hitlers »lose Ansammlung von manchmal widersprüchlichen sozioökonomischen Einstellungen«, von der Turner spricht, beruhte nach seiner eigenen Analyse auf dem festen Bekenntnis zu Privateigentum und Wettbewerb, also auf zwei Grundsätzen, die als Fundament des Kapitalismus gelten können. Hitler ist konsequent *wirtschaftsliberal* – wobei sein Anliegen nicht in der Verteidigung der Laissez-faire-Doktrin, sondern des Kapitalismus selbst besteht – und kämpft gegen die Befehlsverweigerung der Politik. Wie in der folgenden Passage aus »Mein Kampf« zu lesen ist:

> »Auf den Gebieten des Denkens, des künstlerischen Schaffens, ja selbst denen der Wirtschaft findet dieser Ausleseprozess auch heute noch statt, obwohl er besonders auf dem letzteren schon einer schweren Belastung ausgesetzt ist. [...] Überall dominiert hier noch die Idee der Persönlichkeit [...] *Nur das politische Leben hat sich heute bereits restlos von diesem natürlichsten Prinzip abgewendet.* [...] Der Marxismus aber stellt sich als den in Reinkultur gebrachten Versuch des Juden dar, auf allen Gebieten des menschlichen Lebens die überragende Bedeutung der Persönlichkeit auszuschalten und durch die Zahl der Masse zu ersetzen. Dem entspricht politisch die parlamentarische Regierungsform [...] und wirtschaftlich das System einer Gewerkschaftsbewegung [...]. In eben dem Maße, in welchem die Wirtschaft der Wirkung des Persönlichkeitsprinzips entzogen und anstelle dessen nur den Einflüssen und Einwirkungen der Masse ausgeliefert wird, muss sie die im Dienste aller stehende und für alle wertvolle Leistungsfähigkeit verlieren und allmählich einer sicheren Rückentwicklung verfallen.«[62]

Hitlers Antiliberalismus beruht im Wesentlichen auf der Überzeugung, der politische Liberalismus sei mit dem Kapitalismus unvereinbar. Dies gilt selbst für den wohl berüchtigtsten »antiliberalen« Aspekt der faschistischen Ideologie, nämlich ihrem Antiindividualismus. Dieser wird fast immer als ein Ausdruck der faschistischen Nostalgie für ein Zeitalter der sozialen Harmonie interpretiert, das der modernen Industriegesellschaft vorausging, in dem die Menschen vom organischen Kollektiv der *Gemeinschaft** behütet und geleitet wurden und das sich von der mechanischen, atomisierten Ordnung der modernen, westlichen *Gesellschaft* grundlegend unterschied. Die kollektivistische Vergangenheit weigert sich in diesem Sinne hartnäckig, der individualistischen Gegenwart zu weichen.

Es ist nicht zu leugnen, dass solche Motive in einigen faschistischen oder präfaschistischen Texten auftauchen und einen Teil der Anziehungskraft des Faschismus auf Menschen erklären, die wegen der Unsicherheit und Dynamik des Kapitalismus Angst hatten. Dies galt vor allem für Angehörige der Mittelschicht und des alten *Mittelstandes**, die sich in Zeiten der Krise davor fürchteten, in die Arbeiterklasse abzurutschen, und deshalb für das Projekt einer stabilen und hierarchischen Gesellschaft empfänglich waren, in der man ihr sowohl sozialen Status als auch eine Einkommensquelle garantierte (im Unterschied zu einer sozialistischen, egalitären Gesellschaft, die zwar ein sicheres Einkommen gewährleistete, dies aber auf Kosten des bisherigen Status). Diesen Interpretationen zufolge ist der faschistische Antiindividualismus eine Form des Widerstands gegen die westliche Industriegesellschaft, seine Anhänger erhoffen einen kollektivistischen Schutz vor den Ungewissheiten des Wettbewerbs, selbst wenn dafür der Verlust individueller Freiheiten in Kauf genommen werden muss. Doch bei einem so bedeutenden Faschisten wie Hitler können wir beobachten, dass der Antiindividualismus eine *Verteidigung* der modernen Industriegesellschaft darstellt. Die dramatische Beschränkung der Rechte und Freiheiten des Einzelnen könnte nicht der Feindseligkeit gegenüber dem Kapitalismus geschuldet sein, sondern umgekehrt der Notwendigkeit, *die Individuen dem Kapitalismus auszuliefern,* um so dessen Funktionieren zu erleichtern:

> »Kulturarbeit sei Zusammenarbeit, Zusammenarbeit aber erfordere Organisation. Was würde wohl aus einer Fabrik werden, wenn sie keine straffe Organisation habe, wenn jeder Arbeiter käme, wann es ihm passe, und sich mit der Arbeit beschäftige, die ihm Spaß mache. Ohne Organisation, das heißt ohne Zwang, und damit ohne Verzicht für den Einzelnen geht es nicht. Das ganze Leben sei ja ein fortgesetzter Verzicht auf individuelle Freiheit.«[63]

Bei genauerer Betrachtung entpuppt sich die warme Obhut des mittelalterlichen Kollektivs als kalte, moderne Fabrik. Die innere Logik des Kapitalismus macht die Unterwerfung des Einzelnen notwendig. Oder wie Hitlers Ansichten zusammengefasst werden:

> »Beim Abendessen führte der Chef aus, dass nicht die individuelle Freiheit ein Zeichen einer besonders hohen Kulturstufe sei, sondern die Beschränkung der individuellen Freiheit durch eine möglichst viele

> gleichrassige Individuen umfassende Organisation. Wenn man den Menschen ihre individuelle Freiheit lasse, so benähmen sie sich wie die Affen. Keiner wolle dulden, dass der andere mehr habe als er. [...] Über die ewige Rederei von Gemeinschaft könne er [Hitler, I. L.] nur lächeln, da die großen Schwätzer meinten, Gemeinschaft lasse sich zusammenreden. [...] Erst das Erscheinen des Gendarmen habe die ganze Gesellschaft zu einer einzigen großen Gemeinschaft zusammengeschweißt. Gemeinschaft lasse sich eben nur durch Gewalt schaffen und erhalten.«[64]

Sich selbst überlassen, werde der Einzelne nicht danach streben, andere zu übertreffen, und keine Wohlstandsunterschiede dulden, erst der Gendarm des (Fascho-)Kapitalismus zwinge ihn zum Fleiß und füge ihn in eine Hierarchie ein. Der Individualismus, eines der heiligen Prinzipien des Liberalismus, wird also genau deshalb geopfert, weil er mit dem *Egalitarismus* – und nicht mit Hierarchie und Ungleichheit – vereinbar ist und sich daher nicht gut mit industriellem Wachstum in Deckung bringen lässt. Wir werden auf diesen Aspekt im 5. Kapitel noch einmal zu sprechen kommen, wenn wir uns mit den inneren Widersprüchen des Liberalismus befassen.

Hitlers Verehrung für die Musik Wagners oder die Heldentaten Kaiser Barbarossas lässt eine von Archaik und Mystik getränkte Weltansicht vermuten. Häufig wird die nationalsozialistische Kultur im Allgemeinen mit dem Okkulten gleichgesetzt.[65] Auch hier wird ein *Verfremdungseffekt** eingesetzt. Denn hinter den mittelalterlichen Kostümen verbirgt sich ein ausgesprochen moderner politischer Inhalt. Hitler wollte nicht das geschlossene Kastensystems des Mittelalters reanimieren, sondern vielmehr die Gesellschaft nach den kapitalistisch-liberalen Prinzipien von Chancengleichheit, Wettbewerb und individueller Leistung neu aufbauen. Wie die große Mehrheit seiner rechten Zeitgenossen propagierte er einen *offenen* Elitismus, der neue Talente von unten in seinen Reihen akzeptiert und fördert.[66] Hitlers »aristokratisches Naturprinzip« war in Wirklichkeit zutiefst meritokratisch, das heißt bürgerlich. Das gesamte System beruht – zumindest theoretisch – auf dem »Leistungsprinzip«. Soziale Privilegien, die nicht ein Resultat von Begabung und Leistung sind, werden abgelehnt:

> »Vetternwirtschaft sei die gewaltigste Protektion, die sich denken lasse: die Protektion des eigenen Ichs. Überall, wo sie im staatlichen Leben auftrete – die Monarchien seien das beste Beispiel dafür –, seien Schwäche und Untergang ihre Folgen. Mit ihrem Erscheinen höre das Leistungsprinzip auf.«[67]

Bemerkenswert ist, und charakteristisch für eine wirtschaftsliberale Position, wie der produktiven Meritokratie hier ein verheerender, stagnierender *Protektionismus* gegenübergestellt wird. Die entscheidende Kritik an der deutschen Oberschicht bezieht sich auf ihre snobistische Selbstgefälligkeit und ihre mangelnde Bereitschaft, die Leistungen der einfachen Leute anzuerkennen. Dies hat einige Historiker dazu bewegt, die »revolutionäre« Wirkung des Nationalsozialismus hervorzukehren, nämlich dessen Angriff auf die alten Eliten.[68] Doch die Versorgung der herrschenden Eliten mit frischem Blut wurde in Wahrheit als eine Bedingung betrachtet, um soziale Umwälzungen zu *verhindern*. Auch in dieser Hinsicht ist Hitlers Position durchaus charakteristisch für den seit Mitte des 19. Jahrhunderts vorherrschenden Elitismus und weist beispielsweise viele Parallelen zu Pareto auf, für den der langjährige Verfall der Eliten Ausdruck eines verknöchernden Kastensystems und der daraus resultierenden Unfähigkeit war, die unteren Klassen ihrer besten Vertreter zu berauben. Auf diese Weise verwandelten sich die Talentiertesten in revolutionäre Volkstribunen, in Führer der neuen, aufstrebenden Elite. Hitlers folgende Darstellung eines Sozialdarwinismus, der sich *gegen* die gefügige Elite richtet, könnte von Pareto stammen (damit soll nicht behauptet werden, dass Hitler von Pareto beeinflusst worden sei; bereits die ideologischen Parallelen an sich sind erhellend): »Denn in den unteren Schichten des Volkes treibe das Leben selbst seine harte Auslese, sodass diese Schichten einer feigen Führerschaft gegenüber von steinharter Rücksichtslosigkeit sein könnten. Nur so sei es zu erklären, wenn die ›Bewegung von unten‹ das morsche Monarchen-Kartenhaus 1918 weggeschwemmt habe.«[69] Die Meritokratie der Nazis ist deshalb entschieden gegenrevolutionär. Die folgende Passage illustriert, wie Meritokratie mit der leidenschaftlichen Verteidigung der kapitalistischen Ordnung einherging:

> »Der Nationalsozialist sagt: Mit der bürgerlichen Wertung hat der Beruf nichts zu tun. Das ist das Versöhnliche an ihm. [...] Das Kind kann Fähigkeiten haben, welche die Eltern nicht hatten. [...] Die Strangulierung des dauernden Emporsteigens muss man verhindern. [...] Wer sich gegen die Gesellschaftsordnung an sich wendet, den schieße ich rücksichtslos nieder. Die Gesellschaftsordnung, die ich aufbaue, ist der breiten Masse nicht unterlegen. Da können die anderen gegen Granit anrennen. Jeder Versuch, diesen Staat mit Gewalt zu erschüttern, wird mit Blut ertränkt. Aber alles, was man nur tun kann, die anständigen Menschen zu fördern, wird vom Standpunkt einer hohen Verantwortlichkeit dem ganzen Volkskörper gegenüber getan.«[70]

In ähnlicher Weise verachtet Hitler die Bourgeoisie. Doch es ist die Verachtung eines Wissenden, der verärgert beobachtet, wie sich die Bourgeoisie kurzsichtig und feige ihr eigenes Grab schaufelt: »Feigheit, dein Name ist Bürgertum.«[71] Das wiederkehrende Motiv, das wie ein Echo von Paretos Elitetheorien klingt, ist die Hilflosigkeit des Bürgertums gegenüber den Kräften der Revolution, ihr schafsgleicher Marsch in den Schlachthof:

> »Obwohl das Judentum dadurch, dass es in Presse, Film, Rundfunk und Wirtschaft sich maßgebende Machtpositionen geschaffen habe und in den USA außerdem das Untermenschentum, vor allem die Neger, unter seine Organisationsgewalt bringe, dem Bürgertum sowohl in England als auch in den USA die Schlinge bereits um den Hals gelegt habe, zitterten die wackeren Bürger schon vor dem Gedanken, auch nur ein einziges ›hartes Wort‹ über die Juden zu sagen.«[72]

Es ist in diesem Sinne nur folgerichtig, dass sich Hitler den Industriellen als Vorkämpfer des Bürgertums empfiehlt:

> »Ich weiß sehr wohl, meine Herren, wenn Nationalsozialisten durch die Straßen marschieren, und es gibt plötzlich abends Tumult und Radau, dann zieht der Bürger den Vorhang zurück, sieht hinaus und sagt: ›Schon wieder bin ich in meiner Nachtruhe gestört und kann nicht schlafen. Warum müssen die Nazis denn auch immer provozieren und nachts herumlaufen?‹ Meine Herren, wenn alle so denken würden, dann wäre die Nachtruhe allerdings nicht gestört, aber dann würde auch der Bürger heute nicht mehr auf die Straße gehen können.«[73]

Gewiss sollte die Beseitigung politischer Hindernisse im Wirtschaftskreislauf durch den Faschismus nicht zu einer Ära des friedlichen Handels führen, wie es frühen Liberalen wie Constant vorgeschwebt hatte. Dieser war, wie wir gesehen haben, der Meinung, dass die zivilisierte Menschheit bereit sei, vom »Impuls« zum »Kalkül« überzugehen, nachdem eine Zeit gekommen ist, »in der der Handel den Krieg ersetzt«.[74] Die Faschisten teilten diese Vision offenkundig nicht. Die Abschaffung der »kleinen Politik« (Demokratie, Sozialismus, Sozialdemokratie) wurde als Bestandteil eines Feldzugs begriffen, mit dem der imperialistischen Expansion und dem Auftritt der »großen Politik« der Weg bereitet werden sollte, wie bei der Auseinandersetzung mit Spengler gezeigt wurde. Dabei handelte es sich jedoch nicht um eine Einschränkung oder Domestizierung der Wirtschaft, sondern um eine Erweiterung der ökonomischen Logik. Schließlich verfolgt der Imperialismus niemals allein »politische« Ziele, sondern ist immer auch ein Mittel, um vorrangig wirtschaftliche Ziele zu erreichen.[75] Aus diesem Grund tritt Hitler nicht wie ein achtbarer, zivil gekleideter Geschäftsmann vor die deutschen Industriellen; er macht kein Geheimnis um den nächsten Krieg, hält keine böse, »politische« Überraschung für sein habgieriges und vertrauensseliges »Wirtschafts-« publikum parat, das nur auf Profit aus ist. Er kann es sich leisten, ihnen gegenüber völlig offen zu sein:

> »Es ist ein Ding der Unmöglichkeit, dass ein Teil des Volkes sich zum Privateigentum bekennt, während ein anderer Teil das Privateigentum ableugnet. Solche ein Kampf zerreißt das Volk [...]. In solchen Kämpfen verzehrt sich [...] die Kraft eines Volkes vollkommen nach innen und kann infolgedessen auch nicht nach außen wirken. Die Frage der Herstellung der Wehrmacht wird nicht in Genf [auf der Abrüstungskonferenz], sondern in Deutschland entschieden werden, wenn wir durch innere Ruhe zur inneren Kraft gekommen sind. Innere Ruhe gibt es aber nicht eher, als bis der Marxismus erledigt ist.«[76]

Ruhe *im Inneren*, der Führer lässt keinen Zweifel daran aufkeimen, ist die Voraussetzung für *äußere* Unordnung. Das ganze Vorhaben, die kleine, demokratische Politik im eigenen Land abzuschaffen, zielt darauf ab, im Ausland große, imperialistische Politik betreiben zu können. Der militärisch-industrielle Komplex, auf dem Hitlers Weltanschauung beruht, wird wie folgt beschrieben:

> »Sie [die grundsätzliche Lösung; Anm. d. Übers.] beruht auf der Erkenntnis [...], dass es keine blühende Wirtschaft gibt, die nicht vor sich und hinter sich den blühenden mächtigen Staat als Schutz hat, dass es keine karthagische Wirtschaft gab ohne karthagische Flotte und keinen karthagischen Handel ohne karthagische Armee, und dass es selbstverständlich auch in der Neuzeit – wenn es hart auf hart geht und die Interessen der Völker aufeinanderprallen – keine Wirtschaft geben kann, ohne dass hinter dieser Wirtschaft der absolut schlagkräftige, entschlossene politische Wille der Nation steht.«[77]

Anders ausgedrückt ist Kapitalismus nicht nur die Antithese zur Demokratie, sondern auch zum Pazifismus: »Der Gedanke des Pazifismus in die praktische Wirklichkeit und auf alle Gebiete übersetzt, muss langsam zu einer Zerstörung des Konkurrenztriebes, des Ehrgeizes zur besonderen Leistung jeder Art führen. Ich kann nicht sagen: Politisch werden wir Pazifisten, verwerfen wir den Gedanken der Notwendigkeit, sich das Leben durch Kampf zu bewahren – wirtschaftlich aber wollen wir scharfe Konkurrenten bleiben.«[78] Hitler zwingt der deutschen Wirtschaft nicht einfach ein politisches Ziel auf, als wäre sie seine Bedienstete; er artikuliert vielmehr einen Wunsch, den wesentliche Teile der deutschen Industrie seit der Niederlage im letzten Krieg hegten. Der von Spengler gefeierte moderne »Cäsarismus« – der von so bedeutenden Repräsentanten der deutschen Industrie und des Bankenwesens wie Paul Reusch, Hjalmar Schacht, Wilhelm Cuno, Hugo Junker oder Albert Vögler begeistert aufgenommen wurde[79] – war eine Symbiose von Politik und Wirtschaft; und das war auch Hitlers Ideal:

> »Ich kann die wirtschaftlich bevorzugte Herrenstellung der weißen Rasse der übrigen Welt gegenüber aber gar nicht verstehen, wenn ich sie nicht in engsten Zusammenhang bringe mit einer politischen Herrenauffassung [...]. [Die] weiße Rasse [war] überzeugt, ein Recht zu besitzen, die übrige Welt zu organisieren. Ganz gleichgültig, wie sich im Einzelnen dieses Recht nach außen vertarnte – in der Praxis war es die Ausübung eines außerordentlich brutalen Herrenrechtes. [...] Ein berühmter Engländer schrieb einmal, das Charakteristische der englischen Politik sei diese *wunderbare Vermählung von wirtschaftlichen Erwerbungen* mit *politischer Machtbefestigung*, und umgekehrt der *politischen Machterweiterung* mit *sofortiger wirtschaftlicher Inbesitznahme.* [...] Wir stehen heute vor einer Weltlage, die für die weiße Rasse überhaupt nur dann verständlich ist, wenn man die Vermählung von Herrensinn im politischen Wollen und Herrensinn in der wirtschaftlichen Betätigung als unbedingt anerkennt, eine wunderbare Übereinstimmung, die dem ganzen vergangenen Jahrhundert ihren Stempel aufgedrückt hat.«[80]

Grundlage von Hitlers Ideologie war die von England inspirierte Verbindung von ökonomischer und militärischer Macht, worauf er in »Mein Kampf« auch hinwies:

> »Das Gerede der ›wirtschaftsfriedlichen‹ Eroberung der Welt war wohl der größte Unsinn, der jemals zum leitenden Prinzip einer Staatspolitik erhoben wurde. [...] Gerade in England hätte man die schlagende Widerlegung dieser Theorie erkennen müssen; hat doch kein Volk mit größerer Brutalität seine wirtschaftlichen Eroberungen mit dem Schwerte besser vorbereitet und später rücksichtsloser verteidigt als das englische. Ist es nicht geradezu das Merkmal britischer Staatskunst, aus politischer Kraft wirtschaftliche Erwerbungen zu ziehen und jede wirtschaftliche Stärkung sofort wieder in politische Macht umzugießen? [...] England besaß immer die Rüstung, die es eben nötig hatte. Es kämpfte immer mit den Waffen, die der Erfolg verlangt.«[81]

Wenn sich die englische und die preußische Idee jemals als Alternativen gegenüber standen oder es je einen Konflikt zwischen ihnen zu schlichten gab, dann stand dies sicher nicht auf der Agenda von Adolf Hitler.

Wenn wir Turners Analyse der Wirtschaftspolitik der Nazis (die er mit der Hitlers gleichsetzt) noch einmal heranziehen, stellen wir fest:

1) Hitler war sicher kein akademisch ausgebildeter Ökonom, doch dies traf und trifft auch auf die große Mehrheit der führenden westlichen Politiker zu. Waren Margaret Thatcher oder Ronald Reagan in der Mikroökonomie bewanderter als Hitler, verstanden sie mehr von Makroökonomie? Hitler interessierte sich keineswegs nur flüchtig oder oberflächlich für Wirtschaftspolitik, sondern beschäftigte sich häufig und recht ernsthaft mit ökonomischen Fragen; seine wirtschaftspolitischen Konzepte waren nicht nur ein Sammelsurium von Ideen, sondern eine recht kohärente Weltanschauung, die den deutschen Industriellen deshalb nicht als abstruses und laienhaftes Wirrwarr erschien, weil sie sich weitgehend mit ihren eigenen und den damals verbreiteten ökonomischen Ansichten deckte.[82] Um die Vorstellung zu widerlegen, Hitlers wirtschaftspolitische Vorstellungen seien abstrus und laienhaft gewesen, können wir sie mit denen Paretos vergleichen, eines der renommiertesten Ökonomen seiner Zeit, der viele grundlegende Annahmen Hitlers teilte – von der Bedeutung von Wettbewerb und Selektion bis hin zur unverzichtbaren Rolle militärischer Gewalt bei der Aufrechterhaltung sozioökonomischer Vorherrschaft. Tatsächlich entspräche die NS-Wirtschaft auch heute noch in vielerlei Hinsicht der kapitalistischen Norm, beispielsweise bei der Betonung privaten, nicht-staatlichen Unternehmer- und Eigentums, wie die deutschen Wirtschaftshistoriker Buchheim und Scherner in einem verblüffenden Aufsatz argumentierten: Bemerkenswert sei bereits der Umstand, so schreiben sie, dass dieser Grundsatz »im Einklang mit der modernen ökonomischen Vernunft« steht.[83] Dabei handelt es sich jedoch den Mannheimer Wissenschaftlern zufolge keineswegs um einen Einzelaspekt. Die nationalsozialistische Verwaltungselite war im Allgemeinem dem liberalen Wirtschaftskonzept und der liberalen Praxis verpflichtet, wie man sie von der Weimarer Republik geerbt hatte: »Diese aus der Weimarer Republik stammenden Dekrete wurden im Dritten Reich nie aufgehoben und versetzten die liberaler eingestellte Bürokratie des Reichsfinanzministeriums in eine starke Position.«[84] Es ist kein Zufall, dass dieser Aspekt des »Weimarer« Erbes nicht beseitigt wurde, während so viele andere Merkmale der Republik gewaltsam abgeschafft oder mit Füßen getreten wurden. Und natürlich war dies nicht einem Übermaß an Legalismus aufseiten der Nazis geschuldet. Vielmehr reflektierte der Umstand den grundlegenden und echten Glauben der Nationalsozialisten an den ökonomischen Nutzen des privaten Unternehmertums: »Man muss sich vergegenwärtigen, dass der Nationalsozialismus dem Unternehmertum hohe Wertschätzung entgegenbrachte. Das Privateigentum wurde als Voraussetzung betrachtet, damit Angehörige der deutschen

Rasse ihre schöpferische Kraft im Interesse des Volkes entfalten können.« Darüber hinaus war man selbst in den Führungsebenen der nationalsozialistischen Elite davon überzeugt, dass »das Privateigentum als solches wichtige Anreize für mehr Kostenbewusstsein, Effizienzgewinne und technischen Fortschritt schuf«.[85] Diese Überzeugung prägte die gesamte Führungsspitze und auch Hitler selbst:

> »Während des Krieges sagte Göring, es sei immer sein Ziel gewesen, Privatfirmen die Flugzeugindustrie so finanzieren zu lassen, dass die Privatwirtschaft am Ende gestärkt werde. Selbst Adolf Hitler brachte regelmäßig seine grundsätzliche Ablehnung jeder bürokratischen Verwaltung der Wirtschaft zum Ausdruck, weil dies ›die harten Gesetze der wirtschaftlichen Auslese der Besseren und der Vernichtung der Schwächeren aufhebt [...], zugunsten einer Garantierung der Erhaltung auch des minderwertigen Durchschnitts [sic!] auf Kosten der höheren Fähigkeit, des höheren Fleißes und Wertes und damit zu Lasten des allgemeinen Nutzens‹.«[86]

2) Die Ökonomie besaß in Hitlers Weltbild zentrale Bedeutung, war *mindestens* so wichtig wie die Politik, und davon zu sprechen, dass sie letzterer zu Diensten gewesen wäre, stellt seine Sicht falsch dar. Für ihn waren beide Felder untrennbar miteinander verbunden. Diese Auffassung war auch nicht besonders originell, sondern stand in der Tradition eines europäischen Denkens, das das kapitalistische Schiff in den stürmischen Gewässern von Sozialismus und Demokratie zu halten versuchte. Als Beispiel könnte man auf den renommierten französischen Gelehrten und selbsternannten Liberalen Ernest Renan verweisen, der etwa 60 Jahre vor den Nazis die Eroberung von Kolonien als unabdingbare Maßnahme zur Lösung der inneren sozialen Konflikte Frankreichs und zur Verhinderung von Sozialismus oder Revolution bezeichnete: »Die groß angelegte Kolonisierung ist eine politische Notwendigkeit ersten Ranges. Eine Nation, die nicht kolonisiert, ist unwiderruflich zum Sozialismus verdammt, zum Krieg zwischen Arm und Reich.«[87] Militärische Macht stellt eine ebenso unverzichtbare Bedingung dar und zwar sowohl dafür, um Eigentum zu erwerben, wie um diesem später eine dauerhafte Grundlage zu verschaffen: »Die Ökonomen liegen falsch, wenn sie die Arbeit für den Ursprung des Eigentums halten. Der Ursprung des Eigentums ist die Eroberung und die Sicherheit, die der Eroberer den Früchten der Arbeit um sich herum bietet.«[88] Das ganze Unterfangen beruhte darüber hinaus auf der rassischen Arbeitsteilung zwischen der kriegerischen, europäischen Herrenrasse, die dazu bestimmt war, »gerecht« zu herrschen, und den außereuropäischen Rassen, für die das Schicksal vorsah, glücklich die Drecksarbeit zu verrichten:

> »An der Eroberung des Landes einer niedrigen Rasse durch eine höhere Rasse, die sich dort etabliert, um zu regieren, ist nichts schockierend. England praktiziert diese Art der Kolonisierung in Indien zum Vorteil Indiens, der Menschheit im Allgemeinen und England selbst [...]. *Regere imperio populos,*[89] so lautet unsere Berufung. [...] Die Natur hat eine Rasse von Arbeitern geschaffen, die chinesische Rasse [...], eine Rasse der Landarbeiter, den Neger [...], eine Herren- und Soldatenrasse, die europäische Rasse [...]. So gut wie jeder Rebell bei uns ist ein Soldat, der seine Berufung verfehlt hat, zu einem heroischen Leben geschaffen, aber mit einer Aufgabe versehen, die seiner Rasse widerspricht – ein schlechter Arbeiter, ein zu guter Soldat. Denn das Leben, das unsere Arbeiter rebellieren lässt, würde einen Chinesen, einen *fellah*, Menschen ohne jedes militärische Wesen, glücklich machen. Jeder soll tun, wozu er geschaffen ist, und alles wird gut.«[90]

3) Wie das Beispiel Renan zeigt, war Hitlers Wirtschaftspolitik mit der westlichen Tradition, als deren entschiedener Verteidiger er sich sah, nicht nur vereinbar, sondern ohne diese sogar undenkbar. Was seine Unterstützung für das kapitalistische freie Spiel der Kräfte angeht, war er eher ein Anhänger des »Westens« als ein mitteleuropäischer Antiliberaler. Hinsichtlich des Laissez-faire stand er einem Franklin D. Roosevelt allerdings näher als den strikten Positionen Hayeks. Es wird immer wieder darauf hingewiesen, dass die Strategien Hitlers und Roosevelts insofern eine gemeinsame keynesianische Grundlage teilten, als sie auf Staatsinvestitionen in die Privatwirtschaft beruhten. Dies ist nicht völlig von der Hand zu weisen, da sowohl der »New Deal« als auch das »Dritte Reich« aus einer akuten Krise des Laissez-faire-Kapitalismus hervorgingen. Ihre Lösungen waren jedoch sehr unterschiedlich: Roosevelts Staatsintervention strebte eine gewisse demokratische Regulierung des Marktes an und wich damit vom Wirtschaftsliberalismus ab. Die Politik Hitlers hingegen zielte darauf ab, die demokratische Intervention in den Markt abzuschaffen und damit den Wirtschaftsliberalismus zu verteidigen. Zwar ging es ihm auch darum, Ressourcen für eine imperialistische Offensive zu mobilisieren, für die die Intervention des Staates Voraussetzung war. Doch dies resultierte nicht aus einer Ablehnung des Kapitalismus, sondern aus der Annahme, dass Kapitalismus und imperialistische Expansion unauflösbar miteinander verwoben sind. Wenn überhaupt einer der beiden als antiwestlicher Übeltäter gelten kann, der sich den strikten Regeln des Wirtschaftsliberalismus widersetzte, dann war dies eher der amerikanische Präsident als der deutsche Führer.

Statt Hitlers System für eine Abkehr vom Westen zu halten, sollte man den Nationalsozialismus eher als fanatischen Versuch verstehen, die Logik des westlichen Kapitalismus des 19. Jahrhunderts auf die Spitze zu treiben und die verachtenswerten Kompromisse des Bürgertums mit dem Sozialismus zurückzuweisen. Tatsächlich bemühte man sich zeitweise bewusst darum, den deutschen *Sonderweg** zu verlassen und den Anschluss an den Westen zu suchen. Das britische Empire galt als das nachzuahmende Modell, das ausdrücklich als den anachronistischen deutschen Eigenheiten überlegen betrachtet wurde:

> »Die verschiedenen Nationen [der weißen Rasse, I. L.] haben sich nun – entsprechend ihrer inneren Veranlagung – diese Vormachtstellung verschieden gesichert; vielleicht am genialsten England, das sich immer neue Märkte erschloss und sie sofort politisch verankerte [...]. Andere Völker haben dieses Ziel nicht erreicht, weil sie ihre geistigen Kräfte in inneren weltanschaulichen – früher religiösen – Kämpfen verzehrten. [...] Als Deutschland beispielsweise dazu überging, Kolonien zu begründen, da war der innere Gedankengang, dieser ganz kühle nüchterne englische Gedankengang der Kolonialgründung, zum Teil schon abgelöst von mehr oder weniger romantischen Vorstellungen: deutsche Kultur der Welt zu vermitteln, deutsche Zivilisation zu verbreiten – Dinge, die dem Engländer in der Kolonialzeit absolut fernlagen.«[91]

Der neue deutsche Imperialismus meinte nicht, etwas neu zu erfinden oder gegen westliche Grundsätze zu rebellieren, sondern sich diesen anzupassen und sich selbst nach dem westlichen Vorbild zu formen. Das britische Empire in Indien, die spanische Kolonisierung Mittelamerikas durch Pizarro und Cortez sowie die weiße Besiedlung Nordamerikas stellten das von Hitler immer wieder beschworene Paradigma dar; über Letztere sagt er, sie sei »ebenso wenig aus irgendwelchen, nach demokratischer oder internationaler Auffassung höheren Rechtsansprüchen erfolgt, sondern aus einem Rechtsgefühl, das seine Wurzel einzig in der Überzeugung von der Überlegenheit und damit vom Recht der weißen Rasse besaß«.[92]

Verdrehte Hitler an dieser Stelle durch eine groteske Fehlinterpretation lediglich das westliche Erbe – vergleichbar mit der Überzeugung Mark David Chapmans, er handele bei der Ermordung John Lennons im Geiste von Salingers »Der Fänger im Roggen«? Möglicherweise. Allerdings ist die historische Tatsache aufschlussreich, dass Hitlers Bewunderung des britischen Empires nicht unerwidert blieb. In den Führungskreisen des Empires genoss der Nationalsozialismus große Sympathien. Edward Wood beispielsweise, Erster Graf von Halifax und einer der Architekten der später als »Appeasement« bekannt gewordenen britischen Beschwichtigungspolitik, versicherte Hitler im November 1937, »er und andere Mitglieder der britischen Regierung seien sich voll und ganz bewusst, dass der Führer nicht nur in Deutschland selbst viel erreicht, sondern durch die Vernichtung des Kommunismus in seinem Land dessen Weg nach Westen versperrt habe und dass Deutschland daher zu Recht als Bollwerk des Westens gegen den Bolschewismus betrachtet werden könne«.[93] Tatsächlich können Lord Halifax' Worte als repräsentativ für jene Strömung gelten, die die abgeschlossenen Führungszirkel des Britischen Empires dominierten; einer der wichtigsten hiervon ist die sogenannte Milner-Gruppe und ihr 1910 erstveröffentlichtes Organ *The Round Table*.[94] Die britische Politik gegenüber dem Nationalsozialismus – die in Anbetracht der hartnäckigen Bemühungen der Chamberlain-Gruppe zwischen 1933 und 1939, Nazideutschland auf einen militärischen Konfrontationskurs mit der UdSSR zu bringen, besser als »Ansporn« denn als »Beschwichtigung« bezeichnet werden sollte[95] – kann nur vor dem Hintergrund einer weitreichenden ideologischen und praktischen Nähe der Positionen verstanden werden, was nicht gleichbedeutend mit Übereinstimmung ist.

Bei der Untersuchung des britischen Imperialismus lassen sich viele Ähnlichkeiten mit den Prinzipien der faschistischen und nationalsozialistischen Ideologie finden. Werfen wir einen Blick auf die hervorstechendsten Berührungspunkte. Zunächst einmal besaßen die britischen Imperialisten ein höchstens lauwarmes Verhältnis zur Demokratie: »Für Milner, Curtis und anscheinend auch die meisten anderen Mitglieder der Gruppe stellte die Demokratie kein höheres Gut beziehungsweise überhaupt kein Gut dar und war der Herrschaft der Besten deutlich unterlegen. Oder, wie es Curtis ausdrückt, der Herrschaft derjenigen, die ›eine bestimmte intellektuelle Fähigkeit zur Beurteilung des öffentlichen Interesses und, nicht minder wichtig, eine gewisse moralische Fähigkeit besitzen, dem allgemeinen Interesse Vorrang gegenüber dem eigenen einzuräumen‹.«[96] Auf ganz ähnliche Weise wird der Faschismus mit einem Staatsmodell assoziiert, bei dem der Staat als organische, überindividuelle Einheit auftritt und größere nationale Ziele verfolgt – im Unterschied zum liberalen Modell, in dem der Staat lediglich das konkurrenzförmige Streben nach individuellem Wohlstand zulasten der Gesamtheit gewährleisten soll. 1929 schrieb Giovanni Gentile in einer expliziten Polemik gegen den klassischen Liberalismus über »den faschistischen ethischen Staat«:

> »Denken Sie daran: Das menschliche Leben ist heilig. […] Und doch muss das Leben des Bürgers, wenn die Gesetze des Vaterlandes es verlangen, geopfert werden. […] Ein ethischer Staat? Liberale werden hier Einspruch erheben. […] Sie fallen in jenen Materialismus zurück, der für das Jahrhundert charakteristisch ist, in dem die Doktrin des klassischen Liberalismus formuliert wurde. Liberale behaupten, dass die Moral das Attribut empirischer Individuen ist, die allein Willen besitzen können – die einzigen Persönlichkeiten im eigentlichen Sinne des Wortes. Der

> Staat ist nichts anderes als die äußere Grenze, die dem Verhalten einer freien, unabhängigen Persönlichkeit gesetzt wird – um sicherzustellen, dass das Verhalten eines Einzelnen anderen keinen Schaden zufügt. Dieses negative und leere Konzept des Staates wird vom Faschismus scharf zurückgewiesen [...]. Wir glauben, dass der Staat die eigentliche Persönlichkeit des von nebensächlichen Unterschieden und abstrakten Sorgen partikularer Interessen befreiten Individuums ist [...]«[97]

... und so weiter.

Hier haben wir es zweifelsohne mit Faschismus in seiner Reinform zu tun. Doch in einem anonymen Essay, der im Juni unter dem vielsagenden Titel »Die Ethik des Empires« in *The Round Table* veröffentlicht wurde, findet sich eine auffallend ähnliche Beschreibung der »positiven und ethischen« Funktion des Staates. Diese Definition ist deutlich älter als der Text von Gentile und der Aufstieg des Faschismus:

> »Der Staat ist nicht nur, wie die Utilitaristen zu denken pflegten, eine künstliche Ansammlung von Individuen, die sich, um den Schutz von Leben und Eigentum zu sichern, zusammenschließen und dabei die Minderung der privaten Freiheit in Kauf nehmen. Sowohl die Lebenserfahrung als auch die Philosophie lehren uns, dass der Mensch erst durch die Zugehörigkeit zum Geschäftsleben der Gemeinschaft zu dem gemacht wird, was er ist. Seine Freiheiten, Rechte und Persönlichkeit haben ihr Leben und Dasein nur im Leben und Dasein des Staates. Das Wesen des Staates muss [...] im lebendigen Geist des Patriotismus gesucht werden, der die Begeisterung der Menschen für die Ehre ihres Landes und für Opfer zugunsten der nationalen Sache entfacht. Die Ausdrücke ›Nationalcharakter‹, ›nationaler Wille‹ und ›nationale Identität‹ sind keine leeren Schlagworte. Jeder weiß, dass der *Esprit de Corps* keine Fiktion, sondern eine Realität ist; dass die [...] Kooperation von Studenten oder Soldaten bei einem gemeinsamen Unterfangen die Möglichkeiten der Selbstentfaltung keineswegs einschränkt, sondern jeden Einzelnen mit Fähigkeiten des Handelns ausstattet, die er unter Bedingungen der Isolation niemals hätte entfalten können. Obgleich dem Untergang geweiht, hält sich die individualistische Staatstheorie hartnäckig. Sie ist in diesen Tagen der letzte Überlebende der utilitaristischen Abstraktion.«[98]

Könnte der Autor dieses anonym publizierten Textes Gentile gewesen sein? Eine absurde Vorstellung, und doch muss man zugeben, dass der Autor, um wen auch immer es sich gehandelt haben mag, ein Geistesverwandter Gentiles war. Die Ideen erinnern auf unheimliche Weise an die Thesen, die der Hofideologe des italienischen Faschismus formulierte.

Heinrich August Winkler, der wie viele andere deutsche Historiker an der Auffassung festhält, Deutschland habe sich unter dem Nationalsozialismus radikal von Westen entfernt, erklärte, wie bereits erwähnt, dass für Spengler »die große Weltfrage die Wahl zwischen preußischer oder englischer Idee, Sozialismus oder Kapitalismus, Staat oder Parlament« sei. Doch den im *Round Table* geäußerten Vorstellungen nach zu urteilen, war »die englische Idee« der »preußischen« deutlich näher, als Winkler eingesteht. Als sollte diese internationale Affinität bezeugt werden, macht der *Round Table* sogar eine symbolische Geste in Richtung der preußischen Idee:

> »Die Vorstellung einer *Realpolitik**, die nicht von Idealen inspiriert ist, verrät eine kindische Unkenntnis gegenüber der Lebensrealität. Das moderne Deutschland wurde nicht durch Blut und Eisen geformt. Es war die Charakterstärke eines großen Volkes, die bei Leuthen und Leipzig, bei Königgrätz und Sedan triumphierte. Was in der Geschichte zählt, ist der individuelle und rassische Charakter, und die Charakterstärke steht im direkten Verhältnis zur Kraft moralischer Überzeugungen. Der einzig sichere Weg für die nationale Staatsführung ist der eines praktischen Idealismus, der bei der Erfüllung der öffentlichen Pflicht und bei der Förderung des moralischen Wohlergehens der Gemeinschaft Höheres im Sinne hat als nur Zweckmäßigkeit. ›*Where there is no vision, the people perish.*‹[99].«[100]

Spengler hätte viele seiner Ideale im *Round Table* finden können – von der bleibenden Bedeutung imperialistischer Besitzungen bis hin zur Notwendigkeit, dass Arbeit und Pflichterfüllung an die Stelle von Massenvergnügungen treten sollten:

> »Sozialreformer schenken dem Ideal des materiellen Wohlstands für das Volk häufig zu viel Aufmerksamkeit. Dieses Vorurteil ist ein Vermächtnis Benthams. Ein gelungenes Leben hängt nicht von höheren Löhnen, niedrigeren Preisen oder von Muße und Freizeit ab, sondern von einer Arbeit, die die höheren Fähigkeiten der menschlichen Natur ins Spiel bringt. [...] Der Ruf der Massen sollte nicht Lohn, Komfort oder gar Freiheit gelten, sondern den Möglichkeiten von Unternehmertum und Verantwortung.«[101]

Umgekehrt hätten die Strategen des britischen Empire wenig Anlass gehabt, dem sozioökonomischen Ansatz des Faschismus zu widersprechen. Vom »*Geschäfts*leben der Gemeinschaft« war bereits die Rede, und hier handelt es sich nicht einfach um eine sprachliche Parallele. Die Politik verstärkter staatlicher Wirtschaftsleitung und die Befürwortung des Protektionismus, die als typisch faschistische Abweichungen von der ökonomischen Orthodoxie des Westens gelten, wurden von den politischen Entscheidungsträgern des britischen Imperiums vorgezeichnet. Dies zeigt sich in folgender Darstellung der Wirtschaftspolitik der Milner-Gruppe durch den amerikanischen Historiker Carroll Quigley:

> »Milner wollte die britische Wirtschaft durch Zölle und andere Hindernisse von der Weltwirtschaft isolieren und die wirtschaftliche Entwicklung Großbritanniens durch ein System der Staatsausgaben, sich selbst regulierender Beziehungen zwischen Kapital und Arbeit, Sozialprogrammen und so weiter fördern. Dieses Programm, das eher auf einen ›Monopolkapitalismus‹ oder sogar ›nationalen Sozialismus‹ als auf ›Finanzkapitalismus‹ hinauslief [...], wurde von den meisten in der Milner-Gruppe nach dem September 1931 begrüßt, als das Ende des Goldstandards in Großbritannien ein für alle Mal bewies, dass das finanzpolitische Programm Brands von 1919 ein Desaster und letztlich unrealisierbar war. Infolgedessen setzten die Geschäftsleute der Milner-Gruppe ab 1931 auf eine Politik der staatlichen Förderung des selbstregulierten Monopolkapitalismus.«[102]

Dabei handelte es sich nicht um eine Einzelmeinung, sondern eher um den Mainstream in der britischen Öffentlichkeit: Die »von der britischen Regierung 1919 bis 1945 verfolgte Finanz- und Wirtschaftspolitik verläuft parallel zur Politik der Milner-Gruppe«.[103] Das heißt, die britische Wirtschaftspolitik verfolgte ab 1931 eine »staatliche Förderung des selbstregulierten Monopolkapitalismus«. Man muss sich vergegenwärtigen, dass in Deutschland als Reaktion auf die Verwüstungen der Depression bereits *vor* der Machtübernahme der Nationalsozialisten ähnliche Maßnahmen ergriffen wurden. Ökonomisch betrachtet machte der deutsche Faschismus im Wesentlichen dort weiter, wo die führenden Ökonomen der Weimarer Republik aufgehört hatten – eine Kontinuität, die von Hjalmar Schacht repräsentiert wurde, der vor und nach der Machtübernahme der Nazis Präsident der Reichsbank war. Schachts Politik stand wiederum unter der Schirmherrschaft des Gouverneurs der Bank von England, Montagu Norman. Der Wirtschaftshistoriker Guido G. Preparata merkt an: »Die finanziellen Grundlagen der ›neue Ordnung‹ wurden im Sommer 1931 geschaffen. [...] Strenge Devisenkontrollen wurden eingeführt und spezielle Bankenkonsortien zur Rettung der gesündesten Teile der darbenden Wirtschaft geschaffen. Die staatliche Kontrolle über den Wirtschaftsapparat wurde erheblich ausgeweitet. Es war das System, das die Nazis erben würden.«[104] Noch bemerkenswerter ist die Tatsache, dass sich – Buchheim und Scherner zufolge – die von den Nazis während des Krieges ergriffenen Wirtschaftsmaßnahmen für sich genommen wenig von denen anderer Kriegsökonomien unterschieden. Die Differenz, so betonen sie, sei außerökonomisch gewesen und habe sich, um ein charakteristisches Beispiel zu nennen, unter anderem in der sich verschärfenden Diskriminierung jüdischer Eigentümer ausgedrückt. Ihr Aufsatz schließt in diesem Sinne mit folgendem kategorischen Fazit:

> »In der volkswirtschaftlichen Debatte geht es um Institutionen, die Anreize für ökonomische Akteure schaffen, deren Handeln wiederum die wirtschaftliche Entwicklung bestimmt. In diesem Zusammenhang sind die nichtökonomischen Merkmale der Akteure wie Nationalität, Rasse, Glaube und so weiter weitgehend irrelevant. Doch das war in der nationalsozialistischen Wirtschaft definitiv nicht der Fall. [...] So offenbart sich der Unterschied zwischen der nationalsozialistischen Kriegswirtschaft und den Kriegswirtschaften der westlichen Staaten jener Zeit nur durch eine Analyse, *die über die Ökonomie hinausgeht.*«[105]

Das heißt: Im *engen wirtschaftspolitischen Sinn* vertraten die Nationalsozialisten *Gemeinplätze*. Als Wirtschaftshistoriker scheinen sich die Autoren nicht bewusst zu sein, dass die Nazis auch in *außerökonomischer* Hinsicht nicht völlig heterodox waren und ihr biologischer Rassismus *insbesondere* im Westen – in Frankreich, den USA und England – Vorläufer besaß, auch wenn die Nazis aus diesen Prämissen schockierende, nie da gewesene Schlussfolgerungen zogen. Um nur ein hervorstechendes Beispiel zu nennen: Der englische Eugeniker Karl Pearson, der der Lieblingsschüler Francis Galtons[106] war und an den man sich heute vor allem als einen Gründungsvater der Statistik erinnert, entwickelte 1900 in einem Vortrag ein Programm zur nationalen Regeneration des britischen Volkes, genauer gesagt der »Rasse«, das frappierend an den Nationalsozialismus erinnert. Die in diesem Text zum Ausdruck gebrachten Ideen sind eine Kostprobe wert – vor allem wenn wir uns vergegenwärtigen, dass sie vor dem Ersten Weltkrieg, vor der bolschewistischen Revolution, der Weltwirtschaftskrise und der Entstehung und dem kometenhaften Aufstieg des europäischen Faschismus verfasst wurden. Pearson verstand die Geschichte als einen endlosen, unvermeidlichen Rassenkampf, in dem die arischen Rassen besonders erfolgreich waren:

> »Die Geschichte zeigt mir einen, und zwar nur einen einzigen Weg, auf dem ein hoher Zivilisationsstand erreicht wurde, nämlich den Kampf zwischen den Rassen und das Überleben der körperlich und geistig überlegenen Rasse. Wenn Sie wissen wollen, ob die niederen Menschenrassen eine höhere Entwicklungsstufe erlangen können, besteht die einzige Möglichkeit darin, so fürchte ich, sie dies unter sich ausfechten zu lassen, und selbst dann wird der Existenzkampf

> zwischen Individuum und Individuum, zwischen Stamm und Stamm möglicherweise nicht durch die klimabedingte physische Selektion unterstützt werden, von der der Erfolg der Arier wahrscheinlich zu einem beträchtlichen Teil abhing.«[107]

Der »Rassenkrieg«, beteuerte Pearson, führe nicht selten zur Eliminierung des Verlierers, der unterlegenen »Rasse«. Pearson stellte das nicht nur als eine Tatsache dar, sondern zog die rassische Vernichtung der Möglichkeit eines Nebeneinanderlebens von überlegenen und minderwertigen Rassen vor, selbst unter Ausbeutungsbedingungen, da ein derartiger Zustand bedauerlicherweise zu einer Rassenvermischung und zu einer Verschlechterung des »Bestandes« führe. So befürwortet Pearson die fast vollständige Ermordung der nordamerikanischen Indigenen, »so schmerzhaft und sogar schrecklich sie sich in ihren Einzelheiten darstellte« und trotz der »durch die Romane von Cooper und die Gedichte Longfellows geweckten«, sentimentalen Sympathie für die Not der Indigenen, weil sie »uns ein Gut beschert hat, das das unmittelbare Übel bei Weitem überwiegt. Anders als der rote Mann, der praktisch nichts zum Schaffen und Denken der Welt beiträgt, haben wir eine große Nation, die viele Künste meisterhaft beherrscht und mit ihrer jugendlichen Vorstellungskraft und ihren frischen, ungebremsten Impulsen viel zum Stammkapital des zivilisierten Menschen beitragen kann.«[108] Auf derselben Seite und mit der gleichen Logik rechtfertigt Pearson die fast vollständige Ermordung der australischen Aborigines, einer anderen »niederen Rasse, die nicht in der Lage ist, das Land und seine Ressourcen richtig zu bewirtschaften«. Rassenkrieg und -vernichtung, die grausamsten Aspekte des Nationalsozialismus, wurden von einem angesehenen britischen Akademiker zu einem Zeitpunkt wissenschaftlich begründet, als Adolf Hitler gerade einmal elf Jahre alt war.

Daher sollten wir allen Versuchen, die Geo-, Wirtschafts- oder Sozialpolitik des Faschismus als etwas Fremdes und Nichtwestliches darzustellen, mit Misstrauen begegnen. Der Faschismus hat ideologisch und praktisch nur wenig neu erfunden, sehr vieles hingegen übernommen und adaptiert. Zweifelsohne war der Faschismus ein Unkraut – allerdings eines, das im Treibhaus des westlichen Imperialismus gedieh.

Spengler und Hitler: Der Bücherwurm verkennt seinen Platz

Die Ansichten Adolf Hitlers über das Verhältnis von Wirtschaft und Politik standen denen von Oswald Spengler sehr nahe. Doch bekanntermaßen distanzierte sich Spengler insbesondere nach der *Machtübernahme** vom Nationalsozialismus. Seine mehr oder weniger unverhohlene Kritik kommt vor allem in dem 1933 erschienenen Buch »Jahre der Entscheidung« zum Ausdruck. Doch obgleich Spengler den Nationalsozialismus *persönlich* ablehnte, wäre es ausgesprochen schwierig, auf der Grundlage seiner Theorien eine kohärente Kritik am Nationalsozialismus zu entwickeln. Spenglers Einwände wirken immer in einem der beiden folgenden Sinne seltsam deformiert: Entweder wirken seine Beschwerden insofern »ungerecht«, als er die Politik der Nazis falsch darstellt und ihre »Verdienste« nicht anerkennt, oder widersprechen in den Punkten, in denen seine Kritik gerechtfertigt ist, seinen eigenen Theorien. Betrachten wir Spenglers Meinungsverschiedenheiten mit dem Nationalsozialismus an der Macht.

Spengler wirft Hitler mehrfach vor, dass dieser es versäumt habe, die inneren Angelegenheiten den Erfordernissen der Außenpolitik zu unterwerfen. Der Nationalsozialismus sei so sehr mit der Lösung interner Probleme beschäftigt, so sehr in die »kleine« Politik verstrickt, dass er die eigentliche Aufgabe, »große« Außenpolitik zu betreiben, aus den Augen verliere. Deutschland sei infolgedessen auf den kommenden Weltkrieg nicht vorbereitet. Im historischen Rückblick wirken solche Hinweise auf die Unausweichlichkeit des Krieges und die Notwendigkeit, sich auf ihn vorzubereiten, geradezu komisch – vor allem vor dem Hintergrund, dass sie sich ausgerechnet an Hitler richten: »Es ist eine Aufgabe voll ungeheurer Gefahren, und sie liegt nicht im Inneren Deutschlands, sondern draußen, in der Welt der Kriege und Katastrophen, wo nur die große Politik das Wort führt.«[109] Oder an anderer Stelle:

> »Deutschland ist in Gefahr. Meine Angst um Deutschland ist nicht kleiner geworden. [...] Wir stehen vielleicht schon dicht vor dem zweiten Weltkrieg mit unbekannter Verteilung der Mächte und nicht vorauszusehenden – militärischen, wirtschaftlichen, revolutionären – Mitteln und Zielen. Wir haben keine Zeit, uns auf innerpolitische Angelegenheiten zu beschränken.«[110]

Hitler ist für Spenglers Geschmack nicht kriegslüstern genug. Er benötigt die Führung des großen »Geschichtskenners«,[111] wie Spengler es in einer nur wenig verschleierten Anspielung auf sich selbst formuliert, um die Lage zu durchschauen: »Die Form der Welt wird heute aus dem Grunde umgeschaffen wie damals durch das beginnende Imperium Romanum, ohne dass das Wollen und Wünschen ›der meisten‹ beachtet und ohne dass die Opfer gezählt werden, die jede solche Entscheidung fordert. Aber wer versteht das?«[112] Spengler fragt: »Sollen wir als Träumer, Schwärmer und Zänker von den Ereignissen verschlungen werden und nichts hinterlassen, was unsere Geschichte in einiger Größe vollendet? Das Würfelspiel um die Weltherrschaft hat erst begonnen. Es wird zwischen starken Menschen zu Ende gespielt werden. Sollten nicht auch Deutsche darunter sein?«[113]

Als philosophischer Kriegshetzer par excellence sollte Spengler den Nazis eigentlich nichts vorzuwerfen haben. Denn wären dies die Anklagepunkte – zu niedrige Opferzahlen, das Einknicken vor den pazifistischen Sehnsüchten der Mehrheit, eine zaudernde Haltung gegenüber dem Krieg und das Versagen, Deutschland in den Kreis der kriegführenden Nationen zu führen –, dann würde die Geschichte die Nazis sicher nicht schuldig sprechen. In dieser Hinsicht erweist sich Spenglers Kritik als unbegründet.

Dem aus Spenglers Sicht ärgerlichen Mangel der Nazis an militärischer Gesinnung entspricht ihr übertriebenes Bekenntnis zur Demokratie. Dies ist ein wiederkehrendes, in der rechtsextremen Grundhaltung verankertes Motiv in Spenglers Kritik. Tatsächlich wirft er der nationalsozialistischen Partei vor, immer noch auf der politischen Linken zu stehen, und zwar allein schon deshalb, weil es sich um eine Partei handelt, die sich am demokratischen Werben um die Massen beteiligt:

> »Was heißt denn ›links‹? Schlagworte des vorigen Jahrhunderts wie Sozialismus, Marxismus, Kommunismus sind veraltet; sie sagen nichts mehr. [...] ›Links‹ ist, was Partei ist, was an Parteien glaubt, denn das ist eine liberale Form des Kampfes gegen die höhere Gesellschaft, des Klassenkampfs seit 1770, der Sehnsucht nach Mehrheiten, nach dem Mitlaufen ›aller‹, Quantität statt Qualität, die Herde statt des Herrn. Aber der echte Cäsarismus aller endenden Kulturen stützt sich auf kleine, starke Minderheiten [...]. ›Links‹ ist die lärmende Agitation auf dem Straßenpflaster und in Volksversammlungen, die Kunst, die städtische Masse durch starke Worte und mittelmäßige Gründe umzuwerfen [...]. Links ist die Schwärmerei für Massen überhaupt als Grundlage der eigenen Macht.[114]

Kurz bevor er die letzten Reste des Weimarer Parlamentarismus eliminiert, wird Hitler vorgeworfen, zu demokratisch zu sein – ein Vorwurf, der nicht nur völlig ungerechtfertigt, sondern aus dem Munde Spenglers, der Hitler und seine Partei selbst »demokratisch« unterstützte und ihm zweimal bei Wahlen die Stimmen gab (bei beiden Urnengängen in den letzten Jahren der Weimarer Republik), auch kapriziös anmutet. Spengler unterstützte wie andere selbsternannte »Aristokraten« auch das Regime, solange es damit beschäftigt war, die Massen zu umwerben. Paradoxerweise wendet er sich erst *hinterher*, als Hitler die Demokratie *abschafft*, von ihm ab. Es ist, als habe die Praxis der Nazis in dem Maße an Zuspruch durch Spengler verloren, wie sie sich objektiv den spenglerianischen Ideen annäherte. Dasselbe Paradox zeigt sich deutlich, wenn wir betrachten, wie Spengler die modernen und darunter auch die faschistischen Parteien dafür kritisierte, die Linke nicht konsequent genug eliminiert zu haben – was sich im Entstehen eines linken Flügels in der Partei selbst ausgedrückt habe:

> »Auch im Faschismus besteht die gracchische Tatsache zweier Fronten – die linke der unteren städtischen Masse und die rechte der gegliederten Nation vom Bauern bis zu den führenden Schichten der Gesellschaft –, aber sie ist durch die napoleonische Energie eines Einzelnen unterdrückt. Aufgehoben ist der Gegensatz nicht und kann es nicht sein, und er wird in schweren Diadochenkämpfen in dem Augenblick wieder zutage treten, wo diese eiserne Hand das Steuer verlässt. Auch der Faschismus ist ein Übergang. Er hat sich von der städtischen Masse her entwickelt, als Massenpartei mit lärmender Agitation und Massenreden.«[115]

1933, unmittelbar nach der Machtübernahme der Nazis geschrieben, bezog sich diese Analyse eindeutig auf die wachsende Bedeutung von Ernst Röhms SA und ihre Forderung nach einer »zweiten Revolution«, die für konservative Unterstützer des Regimes höchst beunruhigend klang.

Hier ist impliziert, dass der linke Flügel vom rechten diszipliniert werden muss, damit die Massen, die außerhalb der Partei gezähmt worden sind, nicht in deren *Inneren* die Vormachtstellung erlangen. Diese Schlussfolgerung wird sehr deutlich, wenn Spengler weiter bekräftigt, ein echter Führer wie Mussolini (den Spengler stets bewunderte) stelle im Gegensatz zu einem schwachen Pseudodiktator (wie der von Spengler gering geschätzte Hitler) seine Größe genau dadurch unter Beweis, dass er seine Autorität gegenüber den eigenen Anhängern behauptet:

> »Mussolini [...] regiert wirklich allein. [...] Die schwersten Siege und die notwendigsten, die ein Herrscher erficht, sind nicht die über Feinde, sondern über die eigene Anhängerschaft [...]. Damit beweist sich der geborene Herr. Wer das nicht weiß und kann und wagt, schwimmt wie ein Flaschenkork auf der Welle, oben und doch ohne Macht. Der vollendete Cäsarismus ist Diktatur, aber nicht die Diktatur einer Partei, sondern die eines Mannes gegen alle Parteien, vor allem die eigene. Jede revolutionäre Bewegung kommt mit einer Avantgarde von Prätorianern zum Sieg, die dann nicht mehr brauchbar und nur noch gefährlich sind. Der wirkliche Herr zeigt sich in der Art, wie er sie verabschiedet, rücksichtslos, undankbar, nur auf sein Ziel blickend.«[116]

Ideologisch gesehen hätte Spengler daher über Hitlers Manöver zur Ausschaltung der SA als unabhängige Kraft in der etwa ein Jahr später erfolgten »Nacht der langen Messer« (Mitte 1934) recht erfreut und beeindruckt sein müssen, denn die »Verabschiedung« von Röhm und der SA-Spitze hätte kaum »undankbarer« und »rücksichtsloser« ausfallen können und ließ den Duce im Vergleich dazu beinahe harmlos erscheinen. Doch Spengler war nicht beeindruckt, sondern angewidert von den Vorfällen, die ihn endgültig vom Nationalsozialismus entfremdeten und seine letzten Hoffnungen verlieren ließen.[117] Unter den Liquidierten war Gregor Strasser, der einst mächtige Führer des »sozialistischeren« Flügels der NSDAP, der »sich im Gegensatz zu Hitler nicht klar von sozialen Experimenten abgegrenzt hatte«.[118] Paradoxerweise sympathisierte Spengler lange Zeit ausgerechnet mit dem »linken« Strasser, während er den »rechten« Hitler verachtete. Noch einmal: Gemessen an Spenglers Ideen hatte Hitler mehr von einem Spenglerianer als Spengler selbst. Als er sich von Hitler abwandte, musste sich Spengler, objektiv betrachtet, von den eigenen Theorien distanzieren, über seine eigenen Überzeugungen hinwegsetzen und seine Ratschläge missachten.[119]

Betrachten wir ein weiteres Beispiel, das zeigt, wie Spengler gezwungen war, sich bei der Ablehnung des Nationalsozialismus selbst zu widersprechen: Eifrig darum bemüht, der Abschaffung der Demokratie und dem Übergang zum »Cäsarismus« den Weg zu bereiten, verherrlichte Spengler in seinen frühen Schriften immer wieder den »Tätigen« und »Schicksalsmenschen«, dem er untrügliche Intuition und die Fähigkeit zuschrieb, der Welt seinen Stempel aufzudrücken. Ihm wurde der Mann gegenübergestellt, den »die Gewalt seines Denkens oder den Mangel an Blut dazu bestimmt«, »Gelehrter« oder »Ideologe« zu sein, ein jämmerlicher »Tintenkleckser« und »Bücherwurm«. Die Verherrlichung tatkräftiger Männer war ausdrücklich als Rechtfertigung des Autoritarismus gedacht, wie sich im folgenden Abschnitt aus »Der Untergang des Abendlandes« zeigt:

> »Es ist ein gewaltiger Irrtum theoretischer Menschen, wenn sie glauben, ihr Platz sei an der Spitze und nicht im Nachtrab der großen Ereignisse. [...] Ein Staatsmann ›weiß‹ oft nicht, was er tut, aber das hindert ihn nicht, mit Sicherheit gerade das Erfolgreiche zu tun; der politische Doktrinär weiß immer, was getan werden muss; trotzdem ist seine Tätigkeit, wenn sie sich einmal nicht auf das Papier beschränkt, die erfolgloseste und damit die wertloseste in der Geschichte. Es ist eine nur zu häufige Anmaßung in unsicher gewordenen Zeiten [...], wenn der schreibende und redende Ideologe statt in Systemen in den wirklichen Geschicken der Völker tätig sein will. Er verkennt seinen Platz. Er gehört mit seinen Grundsätzen und Programmen in die Geschichte der Literatur. [...] Mögen Plato und Rousseau, um von kleinen Geistern ganz zu schweigen, abstrakte Staatsgebäude aufführen – das ist für Alexander, Scipio, Cäsar, Napoleon und ihre Entwürfe, Schlachten und

Anordnungen ganz ohne Bedeutung. Mögen jene über das Schicksal reden, ihnen genügt es, ein Schicksal zu sein.«[120]

Doch als ihm mit Hitler ein wirklicher Mann der Tat und des Schicksals gegenübertrat, konnte Spengler seinen eigenen Aufforderungen nicht Folge leisten und musste seine Theorien letztlich verwerfen – er musste sich aus der Literaturgeschichte in die reale Geschichte begeben. Bemerkenswerterweise war dies jedoch mit keinerlei Selbstkritik, keinerlei Revision der alten Doktrin verbunden. Spengler machte keine Anstalten, die eigene Verantwortung, die er als einer der führenden antidemokratischen Denker Deutschlands für den Aufstieg Hitlers trug, anzuerkennen oder zu bedauern. Im selben apodiktischen Ton, den er zuvor angeschlagen hatte, behauptete Spengler nun ganz einfach das Gegenteil von dem, was er zuvor vertreten hatte, nämlich dass der Mann der Tat *getrieben und kurzsichtig* sei und die *Weisheit und Einsicht* des Denkers benötige:

> »Der Handelnde sieht oft nicht weit. Er wird getrieben, ohne das wirkliche Ziel zu kennen. Er würde vielleicht Widerstand leisten, wenn er es sähe, denn die Logik des Schicksals hat nie von menschlichen Wünschen Kenntnis genommen. Aber viel häufiger ist es, dass er in die Irre geht, weil er ein falsches Bild der Dinge um sich und in sich entwickelt hat. Es ist die große Aufgabe des Geschichtskenners, die Tatsachen seiner Zeit zu verstehen und von ihnen aus die Zukunft zu ahnen, zu deuten, zu zeichnen, die kommen wird, ob wir sie wollen oder nicht. Ohne schöpferische, vorwegnehmende, warnende, leitende Kritik ist eine Epoche von solcher Bewusstheit wie die heutige nicht möglich.«[121]

So viel zur göttlichen Intuition des Führers und den Grenzen, die dem Theoretiker eigen sind. Diese theoretische Kehrtwende blieb im Übrigen eine bloße Laune. Spengler hing der antidemokratischen Vorstellung von der Unfehlbarkeit eines Führers viel zu sehr an, als dass er seine Lehren tatsächlich revidiert hätte. Er konnte sich deshalb im selben Buch, das eine lange Erörterung des Weltgeschehens beinhaltete und als politische Predigt daherkam, wie früher über die bemitleidenswerte Anmaßung anderer Intellektueller monieren und sich in die Angelegenheiten der Männer der Tat einmischen: »Der politische Dilettantismus führte das große Wort. Jeder schrieb seinem künftigen Diktator vor, was er zu wollen hatte. Jeder forderte Disziplin von den andern, weil er der Selbstdisziplin nicht fähig war.«[122]

Vielleicht der einzige Punkt, an dem sich eine bedeutsame ideologische Meinungsverschiedenheit zwischen Spenglers Lehren und der offiziellen nationalsozialistischen Linie feststellen lässt, betrifft den Rassismus. Gewöhnlich wird dem Umstand viel Beachtung beigemessen, dass Spengler kein biologischer Rassist war, sondern mit der weniger anrüchigen Rassedefinition Nietzsches operierte, die »Instinkt«, »starke Natur« und persönliche Tapferkeit anstelle von Genetik betonte. Tatsächlich verurteilte Spengler die Fixierung der Nazis auf Antisemitismus und Reinheit der »Rasse« ausdrücklich und achtete darauf, den Begriff »Rasse« anders zu verwenden als die Nazis.[123] Doch rückblickend sind dies die einzigen Meinungsverschiedenheiten, die Spenglers Standpunkt gewissermaßen rehabilitieren, während er den Nazis in vielen anderen Punkten völlig unbegründet widersprach, beispielsweise als er ihnen vorwarf, zu pazifistisch und zu demokratisch zu sein. Zudem sollte man den ethischen Gehalt von Spenglers Rassekonzept nicht überbewerten oder diesem größere praktische Bedeutung zuschreiben. Die Tatsache, dass Spengler den Begriff Rasse oft in Anführungszeichen setzt, um anzudeuten, es gehe nicht um ein essenzialistisches, sondern um ein kulturelles Attribut, bedeutet nicht, dass er den Rassismus aus der politischen Realität ausklammern würde. Im Gegenteil nutzt er die Rassenrhetorik, um Deutschland anzuspornen, einen militärisch-ökonomischen Kreuzzug zur Verteidigung der weißen gegen die »farbigen« Rassen zu führen:

> »Es wird Zeit, dass die ›weiße‹ Welt und Deutschland zuerst sich auf solche Tatsachen besinnen. Denn hinter den Weltkriegen und der noch unbeendeten proletarischen Weltrevolution taucht die größte aller Gefahren auf, die farbige, und alles, was in den weißen Völkern noch an ›Rasse‹ vorhanden ist, wird nötig sein, um ihr zu begegnen. Deutschland [...] hat allein das Preußentum als Tatsache in sich. Mit diesem Schatz von vorbildlichem Sein kann es der Erzieher der ›weißen‹ Welt, vielleicht ihr Retter werden.«[124]

Mit der »Erziehung« der »weißen« Welt durch Deutschland, meint Spengler nicht den kulturellen Auftrag, der Welt die Musik Mozarts und Beethovens nahe zu bringen oder die Verse des »Faust« unter Asiaten und Afrikanern zu verbreiten. Spenglers »faustischer Mann« ist vielmehr ein Krieger, der die bloße Kultur verachtet, eher ein römischer Imperialist als ein griechischer Betrachter. Seine Mission ist die Niederschlagung der beiden Weltrevolutionen, die der »Farbigen« und die der Arbeiterklasse: »Die eine kommt von unten, die andere von außen: Klassenkampf und Rassenkampf.«[125] Dieser Bedrohung soll mit Barbarentum begegnet werden: »Dies Barbarentum ist das, was ich starke Rasse nenne, das Ewig-Kriegerische im Typus des Raubtieres Mensch. Es scheint oft nicht mehr da zu sein, aber es liegt sprungbereit in der Seele.«[126] Und hierbei handelt es sich wiederum um ein überwiegend deutsches Verdienst:

> »Warum ist das deutsche Volk das unverbrauchteste der weißen Welt und also das, worauf man am stärksten hoffen darf? Weil seine politische Vergangenheit ihm keine Gelegenheit gab, sein wertvollstes Blut und seine großen Begabungen zu verschwenden. [...] Das tüchtige Blut, die Grundlage auch der geistigen Überlegenheit jeder Art, war da und blieb erhalten. [...] Die ›Rasse‹ im Volkstum schlief und wartete auf den Weckruf einer großen Zeit. Hier liegt, trotz der Verwüstungen der letzten Jahrzehnte, ein Schatz von tüchtigem Blut, wie ihn kein anderes Land besitzt. Er kann geweckt und muss durchgeistigt werden, um für die gewaltigen Aufgaben der Zukunft bereit und wirksam zu sein. Aber diese Aufgaben sind heute da. Der Kampf um den Planeten hat begonnen. Der Pazifismus des liberalen Jahrhunderts muss überwunden werden, wenn wir weiterleben wollen. Wie weit sind die weißen Völker schon in ihn hineingeschritten? Ist das Geschrei gegen den Krieg eine geistige Geste oder die ernsthafte Abdankung vor der Geschichte auf Kosten der Würde, der Ehre, der Freiheit? Aber das Leben ist Krieg. Kann man seinen Sinn verabschieden und es doch behalten?«[127]

Es ist daher sehr schwierig, die von Spengler den Deutschen zugedachten »Aufgaben der Zukunft« von denen der Nationalsozialisten zu unterscheiden. Angesichts einer solchen Übereinstimmung der Ziele wirkt die Frage, ob Begriffe wie »Rasse« oder »Blut« wörtlich oder metaphorisch gemeint sind, wie Haarspalterei.[128] Ungeachtet aller Formalitäten blieb Spenglers Denken dem Nationalsozialismus immer verbunden – von Imperialismus und Rassenkrieg bis hin zur Eugenik:

> »Die Medizin des 19. Jahrhunderts [...] verhindert die natürliche Auslese und steigert dadurch den Rasseverfall. Die Zahl der unheilbar Geisteskranken ist in England und Wales seit 20 Jahren von 4,6 auf 8,6 vom Tausend gestiegen. In Deutschland beträgt die Zahl der geistig Minderwertigen fast eine halbe, in den Vereinigten Staaten weit über eine Million. [...] Aber dazu kommt die ungeheure Menge der geistig, seelisch und leiblich Unnormalen jeder Art, der Hysterischen, Seelen- und Nervenkranken, die gesunde Kinder weder zeugen noch gebären können. [...] Aus solchem Nachwuchs entwickeln sich das revolutionäre Proletariat mit dem Hass der Schlechtweggekommenen und der Salonbolschewismus der Ästheten und Literaten, die den Reiz solcher Seelenverfassungen genießen und verkünden.«[129]

Keinen Widerspruch zu den Nazis hat Spengler auch hinsichtlich der gesellschaftlichen Stellung der Frau: »Das Weib von Rasse will nicht ›Gefährtin‹ oder ›Geliebte‹ sein, sondern Mutter, und nicht die Mutter eines Kindes als Spielzeug und Zeitvertreib, sondern vieler: Im Stolz auf den Kinderreichtum, im Gefühl, dass Unfruchtbarkeit der härteste Fluch ist, der ein Weib und durch sie das Geschlecht treffen kann, redet der Instinkt von starken Rassen.«[130]

Spenglers Begrifflichkeiten bringen keine substanziellen ideologischen Meinungsverschiedenheiten mit dem Nationalsozialismus bezüglich der Rassen zum Ausdruck, sondern reflektieren seinen Snobismus. Wie andere elitäre Möchtegern-Aristokraten, die zwischen Unterstützung und Kritik des Faschismus schwankten (wir könnten hier neben vielen anderen Julius Evola, Edgar Jung, Ernst Jünger und Gottfried Benn nennen), war sich Spengler der Notwendigkeit, die Massen zu nationalisieren/neutralisieren, völlig bewusst und daher dem Faschismus zugeneigt, gleichzeitig jedoch schlug ihm die Massenpolitik in ihren praktischen Ausdrucksformen schwer auf den Magen. Obwohl sie sich nach einer Überwindung des Klassenkampfs sehnten, wofür das Ethos einer den äußeren Feinden geeint gegenübertretenden und mit sich selbst versöhnten Nation propagiert werden musste, waren diese Menschen entsetzt über die Vorstellung, nun tatsächlich mit dem verachteten Pöbel zu einem neu vereinten *Volk** zu gehören. Es ging in erster Linie darum, was Domenico Losurdo hilfreicherweise als »vertikalen Rassismus« definierte, in dem die Gesellschaft in eine »Herren-« und eine »Sklavenrasse« differenziert ist und in der eine überlegene Elite der gemeinen Menge gegenübersteht. Doch der Nationalsozialismus operierte gleichzeitig mit einem »horizontalen Rassismus«, der alle Arier, unabhängig von ihrer sozialen Stellung, zu Angehörigen der *Volksgemeinschaft** macht und sie über andere Rassen stellt.[131] Dies war alternativlos unter den Bedingungen der Moderne, in der nicht einfach über die Massen hinweggegangen werden kann. Die Büchse der Pandora war bereits geöffnet, die Dämonen des Demos konnten nicht einfach auf ihren Platz verwiesen werden. Es musste also eine andere Gesinnung geschaffen werden, um das Volk zu sammeln und eine Alternative zu der Zugehörigkeit zu Massen und Klassen anzubieten. Dies war die objektive Grundlage der faschistischen Konzepte der Nation, ganz unabhängig von der subjektiven Rationalisierung durch zahlreiche – aufrichtige oder zynische – Verfechter und von der einfallsreichen Variation der Ideen, die von einem Fichte- oder Bourgeois-Sozialismus bis hin zum National- oder eben Spenglers »preußischen« Sozialismus reichten. Egal wie sehr diese Anhänger des Elitegedankens die Massen verachteten, sie alle hatten die Bevölkerung umworben. Sie alle nahmen an moderner, parlamentarischer Politik teil, und sei es nur, um die Wähler zur Zerstörung der Demokratie zu bewegen. Doch selbst diese Pseudo-Gleichheit war für Elitäre wie Spengler unerträglich. Wie Walter Struve in seiner wichtigen, frühen Untersuchung über den Elitismus der deutschen Zwischenkriegszeit feststellte: »Spengler war nicht bereit, die weitgehend fiktiven Zugeständnisse an die Linke zu akzeptieren, die, wie seine eigenen Werke nahelegten, unvermeidbar waren. Er scheute die Demagogie, die er selbst empfohlen hatte.«[132] Spenglers wahres Ideal war eine Politik, die die Massen allein mit Gewalt und Autorität zurückzudrängen vermochte, eine moderne Form dessen, was er selbst als Cäsarismus bezeichnete. Der Faschismus war ein notwendiger Kompromiss, aber als solcher nur die zweitbeste Lösung. Wie andere Anhänger des Elitegedankens steckte auch er in einem Dilemma, er wollte das *Ziel*, aber nicht die *Mittel*, den *faschistischen Diktator*, aber nicht die *Bewegung*:

> »Der schöpferische Gedanke Mussolinis war groß, und er hat eine internationale Wirkung gehabt: Man sah eine mögliche Form, den Bolschewismus zu bekämpfen. Aber diese Form ist in der Nachahmung des Feindes entstanden und deshalb voller Gefahren: Die Revolution von unten, zum Teil von Untermenschen gemacht [...]. Das alles gehört zur Vergangenheit. Was die Zukunft vorwegnimmt, ist nicht das Dasein des Faschismus als Partei, sondern einzig und allein die Gestalt ihres Schöpfers.«[133]

Die Voraussetzung des Diktators *ist* jedoch die Bewegung; ohne diese würde der Diktator keiner sein. Es ist, wie das Sprichwort sagt, unmöglich, ein Omelett zu machen, ohne Eier zu zerschlagen.[134] Das erklärt, warum Spengler Hitler und seine Partei unterstützen konnte, obwohl er ihn nie für den geeigneten Diktator hielt. Seiner Schwester gegenüber rechtfertigte er die Stimmabgabe für die NSDAP bei den Wahlen angeblich mit den Worten: »Hitler ist ein Dummkopf, aber die Bewegung muss man unterstützen.«[135] Die von Spengler idealisierte, reine Form des autoritären Liberalismus, der den Volksmassen nichts anderes gewährt als die Freude harter Arbeit und gefahrvoller Schlachten und den Spengler als Sozialismus vermarktete, musste ein Ideal bleiben. Der Faschismus kam diesem Ziel nahe, vielleicht so nahe, wie es überhaupt möglich ist. Nicht einmal Spenglers Vorbilder – die Cäsaren und Bismarcks – regierten mit dem Stock allein, und der gefeierte »Eiserne Kanzler« hatte selbst das Vergehen begangen, zur Bekämpfung der sozialistischen Gefahr weitreichende soziale Maßnahmen einzuführen. In diesem Sinne war Spengler unangemessen streng mit den Nazis, die in Wahrheit wirklich ihr Bestes gaben, um die im Drehbuch vorgesehene Rolle der »preußischen Sozialisten« zu spielen, und dabei ziemlich erfolgreich waren. Wenn Hitler sich dazu entschied, das Skript an einigen Stellen zu modifizieren, dann machte er gewiss nur von seinem Recht als Staatsmann Gebrauch, den »Bücherwurm« und »politischen Doktrinär« zu ignorieren und »Schicksal zu sein«. Dagegen lässt sich kaum etwas einwenden; jedenfalls nicht aus Spenglers Sicht.

Nach dem Faschismus: J. S. Schapiro und der Scheintod der düsteren Wissenschaft *(dismal science)*

Es war nicht Deutschland, das nach dem Zweiten Weltkrieg und nicht zuletzt als Konsequenz der faschistischen Katastrophe seine antiwestlichen Vorurteile aufgab, um sich dem kapitalistischen Westen anzuschließen, wie es zahlreiche liberale Historiker aus Deutschland gern hätten, sondern *der Westen*, der seine kapitalistischen Härten zumindest für einige Jahrzehnte beschränkte und ein gemäßigteres sozial- und wirtschaftspolitisches Programm verfolgte. Der Wohlfahrtsstaat, der auf einem beispiellosen Ausmaß an progressiver Besteuerung, öffentlichen Dienstleistungen und sozialen Sicherungssystemen beruhte, folgte zweifelsohne der Notwendigkeit, den Kommunismus in Schach zu halten. Er war aber auch ein Versuch, den Gefahren des kapitalistischen Fanatismus zu begegnen und eine »gemischte Wirtschaft« zu schaffen, in der das Recht der politischen Sphäre, also der Demokratie, auf Eingriffe in die Wirtschaft anerkannt wird. Kurt Schumacher, langjähriger KZ-Häftling und erster Vorsitzender der deutschen Sozialdemokratie nach dem Zweiten Weltkrieg, fasste sichtlich bewegt nach dem ersten SPD-Parteitag am 8. Mai 1946 in Hamburg die Lehren aus dem Nationalsozialismus zusammen:

> »Die deutsche Geistesgeschichte und die deutsche politische Geschichte und die deutschen ökonomischen Klasseninteressen des Großbesitzes haben zu dem unausweichlichen Punkt geführt, dass in Zukunft die Demokratie in Deutschland sozialistisch sein muss oder gar nicht sein wird. Die Demokratie verlangt den Sozialismus und der Sozialismus verlangt die Demokratie. Für diese Erkenntnis, Genossen, müssen wir kämpfen und werden wir kämpfen.«[136]

Obwohl weder Schumacher noch seine Partei Deutschland in den kommenden Jahren führen sollten, scheint diese »Erkenntnis« nach dem Krieg den wohlfahrtsstaatlichen Konsens in weiten Teilen Westeuropas entscheidend beeinflusst zu haben. Es war also nicht unbedingt Deutschland, das vom Westen lernte, sondern der Westen lernte eine wichtige Lektion aus den Ereignissen in Deutschland. Dabei handelte es sich jedoch um ein prekäres Kräfteverhältnis, wie der in den 1980er-Jahren einsetzende und bis heute anhaltende Triumphzug des Neoliberalismus beweist. Es ist kein Zufall, dass Henry Ashby Turners einflussreiche These, der Kapitalismus habe nichts mit dem Nationalsozialismus zu tun, Mitte der 1980er-Jahre formuliert wurde, also in der Hochphase der Regierungen Reagans und Thatchers. Die geschichtsrevisionistische Darstellung des Nationalsozialismus, die diesen als eine gegen den Kapitalismus gerichtete Kraft beschreibt, begleitete und begünstigte den Aufstieg eines

Kapitalismus, der nicht länger bereit war, sich zurückzuhalten und den bestehenden Kompromiss mit dem »Sozialismus« hinzunehmen, wie demokratisch dieser auch sein mochte.

Der wohlfahrtsstaatliche Konsens beruhte auf der zumindest impliziten Erkenntnis, dass der Faschismus das Produkt eines aus dem Ruder gelaufenen Kapitalismus war. Ich sage »implizit«, weil die Liberalen selbst unmittelbar nach dem Krieg aus offensichtlichen Gründen kaum eingestehen wollten, dass der soeben besiegte Weltfaschismus in mancher, struktureller Hinsicht eine Erweiterung kapitalistischer Politik und Ideologie gewesen war. In diesem Sinne machte man aus der Not eine Tugend und stellte den Übergang zum Wohlfahrtsstaat in der Regel nicht als eine Abkehr vom klassischen Liberalismus, sondern als eine Fortsetzung, ja logische Konsequenz der liberalen Tradition dar. Exemplarisch hierfür steht J. S. Schapiros 1949 veröffentlichtes Buch »Der Liberalismus und die Herausforderung des Faschismus«, das den ideologischen Schaden für den Liberalismus begrenzte, indem es den Liberalismus als eine grundsätzlich demokratische und sogar egalitäre Strömung beschrieb:

> »Während des 19. Jahrhunderts wurde der Liberalismus zum Hauptakteur der politischen Gleichheit oder Demokratie. Der Bewegung zur Einführung des allgemeinen, gleichen Wahlrechts war klar [...], dass die politische Demokratie nicht der letzte Schritt auf dem Weg zur Gleichheit sein würde. Einmal durchgesetzt, würde die politische Demokratie zu einer machtvollen Methode werden, um das Prinzip der Gleichheit im Interesse der Arbeiterklasse auf ökonomische Angelegenheiten anzuwenden.«[137]

Dies ließ die soziale Demokratie der Nachkriegszeit eher als unmittelbaren Ausdruck des Liberalismus denn als Gegenbewegung oder schmerzhaftes Zugeständnis erscheinen. Die erbitterten, das ganze 19. Jahrhundert über geführten Kämpfe zwischen Demokraten und Liberalen um die Ausweitung des Wahlrechts verschwanden aus dem Blickfeld, als hätte das, was wir als Spaltung des Liberalismus bezeichnet haben, nie existiert. In diesem Sinne konnten sozialistische, antiliberale Maßnahmen der Wirtschaftspolitik als Umsetzung ehrwürdiger liberaler Prinzipien dargestellt werden: »Darin liegt die Bedeutung des raschen Wachstums der sozialistischen und Arbeiterparteien, die die Erbschaft des zuerst vom Liberalismus verkündeten, egalitären Prinzips antraten. Die vielen anfangs moderaten und zögerlichen, heute jedoch umfassenden und weitreichenden Sozialreformen zugunsten der Arbeiterklasse waren Schritte auf dem Weg zur ökonomischen Gleichheit.«[138] Bei der Lektüre dieser Zeilen stellt sich allerdings die Frage, warum es einer sozialistischen Bewegung bedarf, wenn doch der Liberalismus sich demokratischen und egalitären Maßnahmen so verpflichtet fühlte. Vor diesem Hintergrund enthüllte Schapiro nach und nach die Tatsache, dass der Liberalismus in der Praxis nicht wirklich im Einklang mit Demokratie und wirtschaftlicher Gleichheit stand, sondern in Wahrheit in Konflikt mit diesen Zielen geriet. Schapiro räumte ein, dass sich »bald ein beunruhigender Widerspruch« zwischen der theoretischen »rechtlichen und moralischen« Gleichheit und der faktischen »sozialen und wirtschaftlichen« Ungleichheit abzeichnete,[139] und kritisierte das »seelenlose Konzept einer das Allgemeinwohl sicherstellenden ›unsichtbaren Hand‹, die den groben Egoismus des ›Homo oeconomicus‹ lenkt«.[140] Im Kern ging es ihm darum, den aufsteigenden Wohlfahrtsstaat als ein destilliertes, *höheres* Stadium des Liberalismus zu beschreiben, in dem die immanente Emanzipationslogik des Liberalismus weitergetrieben, seine unheilvollen, dogmatischen und anachronistischen Aspekte – wie etwa die kurzsichtige Ablehnung einer staatlichen Regulation der Wirtschaft zur Herstellung ökonomischer Gleichheit – hingegen verworfen werden. Diese implizite Schlussfolgerung wird im letzten Kapitel recht deutlich, in dem der Liberalismus als Höhepunkt des Staatssozialismus dargestellt wird. Vor »dem Entstehen des Liberalismus«, bekräftigt Schapiro, »hatte der Staat im Interesse der wirtschaftlich Starken gehandelt; nun handelte er im Interesse der wirtschaftlich Schwachen. [...] Es war der liberale Staat, dem es gelang, Regierung und Freiheit miteinander zu versöhnen.«[141] Und sehr emphatisch heißt es weiter: »Die Liberalen entwickelten die Methode des Kompromisses, der die besitzenden Klassen vor Enteignung und die besitzlosen Klassen vor Armut schützte. Die Funktionsweise des liberalen Staates in allen politischen und sozialen Phasen zeigt sich heute deutlich in den umfassenden, von der britischen Labour Party durchgesetzten Reformen.«[142] Vor allem aber sei diese Verbindung, wie auf der letzten Seite des Buches argumentiert wird, eine Konsequenz des Faschismus, der unwissentlich die Rolle des Heiratsvermittlers zwischen Liberalismus und Sozialismus gespielt habe. Die Mitgift, die der bürgerliche Liberalismus in diese Ehe einbrachte, sei der Verzicht auf seine Obsession für die ökonomische Hegemonie gewesen:

> »Sein Beitrag [des bürgerlichen Liberalismus] wurde angenommen – und vergessen. Diejenigen, die immer noch der Doktrin des Laissez-faire anhängen, gelten als Relikte einer Vergangenheit, die von der öffentlichen Meinung noch stärker überholt wurde als von der Zeit. Dennoch erfüllte der bürgerliche Liberalismus eine historische Funktion, deren Größe Anerkennung verdient. Die faschistische Bedrohung von parlamentarischer Demokratie und bürgerlicher Gesellschaft, beides Vermächtnisse des bürgerlichen Liberalismus, schweißte das englische Volk im kritischen Jahr 1940 zusammen. Und

> es war dasselbe Erbe, das in Frankreich die Widerstandsbewegung inspirierte und damit zur Gründung der Vierten Republik führte. Dem neuen Lebens- und Denkmodell, das heute entsteht und in dem die sozialisierte Demokratie im Vordergrund steht, liegt eindeutig der bürgerliche Liberalismus zugrunde.«[143]

Es ist nicht schwer zu verstehen, warum diese zur Ehrenrettung des Liberalismus vorgebrachten Erklärungen nur vorübergehend als Verteidigungslinie dienen konnten. Die Versöhnung des Liberalismus mit dem Sozialismus war zwar zunächst opportun, musste sich angesichts des strategischen Antagonismus zwischen den Strömungen auf lange Sicht aber als ideologisch ungenügend erweisen. Schapiros Zuversicht, als er das Laissez-faire für überkommen erklärte und den inhärenten Widerspruch zwischen wirtschaftlichem und politischem Liberalismus für endgültig gelöst hielt – und nicht nur für taktisch aufgeschoben –, war offensichtlich unbegründet. Schon bald fühlten sich kapitalistische Ideologen berufen, den wohlfahrtsstaatlichen Konsens aufzukündigen, die grundlegenden, unüberbrückbaren *Differenzen* zwischen Liberalismus und Sozialismus zu betonen und gegen jede politische, demokratische Intervention in die Wirtschaft Stellung zu beziehen. Es ist ernüchternd, Schapiros Darstellung des Laissez-faire im 19. Jahrhundert, einer angeblich endgültig überwundenen und düsteren historischen Epoche, in Anbetracht des neoliberalen Comebacks im späten 20. Jahrhundert zu lesen und die auffallenden Parallelen zwischen beiden Ideologien zu betrachten:

> »Die vom Kapitalismus etablierte Gesellschaftsordnung wurde von den klassischen Ökonomen vehement verteidigt, die die neue Ungleichheit als Teil der natürlichen Ordnung rechtfertigten. Darüber hinaus richteten sie die mächtige Waffe der ökonomischen Gesetze im Interesse der Kapitalisten sowohl gegen die neuen Armen als auch gegen die alten Reichen. Die Haltung der klassischen Ökonomen zum Armutsproblem stellt ein düsteres Kapitel in der Geistesgeschichte des modernen Europas dar. [...] Sie proklamierten die Existenz biologischer und ökonomischer Gesetze, die den Kapitalisten Wohlstand und den Arbeitern bloßes Überleben verordneten. Da es sich um Naturgesetze handelte, wurden sie von der Natur selbst durchgesetzt; sie konnten nicht abgeschafft werden, wie es bei menschengemachten Gesetzen durch von Menschen gewählten Parlamenten der Fall ist. [...] Die universellen, unpersönlichen und erbarmungslosen Gesetze der Wirtschaft wurden von den klassischen Ökonomen angeführt, um die wirtschaftliche Verdammnis der Arbeiterklasse zu rechtfertigen. [...] Die Gerechtigkeit des ökonomischen Gesetzes wurde nie durch Gnade

> gemildert und wurde mit einer Unpersönlichkeit gehandhabt, die so erbarmungslos war wie der calvinistische Gott selbst.«[144]

So luzide Schapiros Darstellung der »düsteren Wissenschaft« des 19. Jahrhunderts auch war, so unbegründet war seine Überzeugung, dass diese Wissenschaft zu einem Relikt der Vergangenheit verkümmert sein könnte.[145] Die sozioökonomische Lektion, die der Faschismus den westlichen Nationen erteilte, war nicht von Dauer, und der bürgerliche Liberalismus war überhaupt nicht zufrieden damit, als historischer Hintergrund einer vergesellschafteten Demokratie zu fungieren. Das neoliberale Comeback wurde daher mit der These begründet, der Faschismus sei ein egalitärer, kollektivistischer Angriff auf den Kapitalismus gewesen und dementsprechend dürfe kein Staat toleriert werden, der sich in die Belange des Kapitalismus einmische.[146] Deshalb der etwas verspätete ideologische Triumph von Figuren wie Mises und Hayek, die immer behauptet hatten, der Nationalismus müsse als kollektivistisches, ja sozialistisches Phänomen betrachtet werden. Während sie in den 1950er- und 1960er-Jahren eine relativ marginale Rolle spielten, wurde ihre »Geschichte« in den späten 1970er-Jahren und über die gesamten 1980er- und 1990er-Jahre zum zentralen Narrativ. Formal betrachtet war die Lektion des Faschismus so präsent wie eh und je, doch ihr Inhalt wurde fast vollständig umgedreht. Früher lautete der antifaschistische Imperativ: »Lasst den Kapitalismus nicht Amok laufen!« Nun mahnte der Antifaschismus: »Wagen Sie es nicht, sich in die Angelegenheit des Kapitalismus einzumischen, egal wie verrückt er sich benimmt!« Die Spaltung des Liberalismus, die eine Zeit lang überwunden schien, kehrte in einem Rachefeldzug zurück. Der Westen, so stellte sich heraus, wird der Westen sein.

Wir haben uns eine ganze Weile damit beschäftigt, die Schnittmengen von Faschismus und Liberalismus aufzuzeigen. Doch eine Reihe wichtiger Fragen und exemplarischer Muster müssen noch erörtert werden, um das Bild abzurunden. Mit dieser Aufgabe werden wir uns in den nächsten Kapiteln beschäftigen.

3 Antiliberale Liberale I (Moeller van den Bruck, Proudhon, Carlyle)

Die Fokussierung auf die faschistische Ideologie ist, wie wir gesehen haben, für Kritiker der Gegenwart oft das effizienteste Mittel, um den materialistischen Ansatz, der eine enge Verbindung zwischen Faschismus und Kapitalismus unterstellt, zu marginalisieren und durch eine idealistische Methode zu ersetzen, die den Faschismus tendenziell vom Kapitalismus trennt und in die Nähe des Sozialismus rückt. Und doch habe ich auf Grundlage ideologischer Konzepte nachzuweisen versucht, dass sich die Gedankengebäude von Faschismus und Liberalismus keineswegs antagonistisch gegenüberstehen und dass der Faschismus zudem *am liberalsten war*, wenn es um die Verteidigung des Kapitalismus ging. Umgekehrt hatten die Aspekte, in denen der Faschismus als *anti*liberal bezeichnet werden kann, vor allem mit jenen politischen Positionen des Liberalismus zu tun, die die kapitalistische Wirtschaft und die bürgerliche Gesellschaftsordnung zu beeinträchtigen begannen. In nicht zu unterschätzendem Maße dachten die Faschisten wie Wirtschaftsliberale, die sich an den Konsequenzen des politischen Liberalismus störten. Der Faschismus übernahm vom Liberalismus einige seiner wichtigsten ideologischen Anliegen, tief sitzenden Überzeugungen und Obsessionen. Zweifellos trieb er das liberale Erbe auch auf die Spitze, doch er entstellte es dabei nicht bis zur Unkenntlichkeit.

Der bürgerliche Geist der völkischen Ideologie

Nach dem Debakel des europäischen Faschismus bot seine liberale Herkunft Anlass zu Scham. Für die Intellektuellen, die die liberale Ordnung befürworteten, bestand deshalb die Notwendigkeit, den Liberalismus von jeder historischen Mittäterschaft freizusprechen und eine alternative Genealogie zu skizzieren, die den Faschismus als nichtliberale oder sogar antiliberale Kraft deutete. Eine erste Reaktion bestand darin – wie am Beispiel des Historikers J. Salwyn Schapiro und seines Buchs von 1949 gezeigt –, die Sozialdemokratie der Nachkriegszeit als eine natürliche Fortsetzung liberaler Ideologie und Politik zu präsentieren. Nach der Neuordnung ihrer Kräfte im Kampf gegen den Gegner des Kalten Krieges nahmen die liberalen Denker jedoch eine aggressivere Haltung ein. Immer verbreiteter war die theoretische Strategie, den Faschismus als das rechte Pendant der linken Liberalismuskritik darzustellen und Nationalsozialismus und Kommunismus als »totalitäre« Übel miteinander zu verschmelzen, die in ihrer Feindschaft zum liberalen Westen zwillingshaft vereint sind. Ein gutes Beispiel hierfür ist Fritz Sterns 1960 veröffentlichtes Standardwerk »Der Kulturpessimismus als politische Gefahr«. Sterns Hauptargument in seiner Analyse der »völkischen Ideologie« lautete, diese drücke sich in einem lang andauernden Kulturkampf gegen Liberalismus und Kapitalismus aus. Paul de Lagarde, Julius Langbehn sowie Arthur Moeller van den Bruck, die als paradigmatische Repräsentanten und Väter dieser Ideologie im 19. Jahrhundert beziehungsweise 20. Jahrhundert behandelt werden, hätten vor allem den Liberalismus attackiert: »Die konservativen Revolutionäre kritisierten jeden Aspekt der kapitalistischen Gesellschaft«, heißt es bei Stern, »der Liberalismus« war ihnen »der Hauptfeind«.[1] Oder fast identisch: »Wie wir bereits gesehen haben, war das Hauptangriffsziel die in der rationalen, liberalen und kapitalistischen Gesellschaft verkörperte Modernität.«[2] Diese These führte schließlich zu der folgenden, allgemeinen Bewertung der nationalsozialistischen Ideologie:

> »Die nationalsozialistische Ideologie gleicht der völkischen in Motiv, Form und Inhalt. In ihren negativen Anschauungen sind sie nicht voneinander zu unterscheiden. Beide sahen im Liberalismus ihren Erzfeind, eine fremdländische, zersetzende Kraft [...]. Beide übten scharfe Kritik an der bürgerlichen Lebensweise, am Geist des Kapitalismus; wie später die Nationalsozialisten, glaubte Moeller an die Möglichkeit eines deutschen Sozialismus.«[3]

Man will uns also glauben machen, dass beispielsweise in »Mein Kampf« nichts vom »Geist des Kapitalismus«[4] zu finden ist – kein Plädoyer für Wettbewerb, Individualismus, freies Unternehmertum und so weiter –, sondern nur entschiedene Kritik an ihnen. Entsprechend werden die Angriffe der Nazis gegen »liberale« Institutionen wie das parlamentarische System lediglich mit Kulturpessimismus und der Ablehnung »der bürgerlichen Lebensweise« erklärt. In einer sehr einflussreichen Analyse der NS-Ideologie wird die Möglichkeit somit nicht einmal in Betracht gezogen, dass es für die Nazis nur den geringsten sozioökonomischen Ansporn gegeben haben könnte, zum Schutz der Bourgeoisie und des kapitalistischen Geistes die Gewerkschaften zu zerschlagen und die Massen von der Politik auszuschließen. Kein Gedanke durfte den Leser davon abhalten, im Liberalismus das wehrlose Opfer der faschistischen Aggression zu erkennen. In seinem Vorwort zur Auflage von 1974 warnte Stern vor dem damals zu beobachteten Wiederaufstieg gefährlicher rechter, aber vor allem linker Utopien aus der studentischen Gegenkultur und merkte an, dass »wieder einmal im Angriff auf die Modernität auch die Ablehnung, der Hass auf den Westen impliziert« sei[5] – ganz so, als hätten sich die Nazis nicht regelmäßig selbst als letzte Festung der westlichen Zivilisation gegenüber der asiatisch-kommunistischen Barbarei gefeiert.[6] Selbst wenn Stern wie viele andere politische Theoretiker seinen Lesern versichert hätte, dass es sich beim Nationalsozialismus um ein politisches Phänomen sui generis handelte, das sich gleichermaßen gegen Kapitalismus und Sozialismus richtet, wäre dies völlig unzutreffend gewesen. Die Feindschaft gegenüber dem Marxismus dominierte sowohl die Theorie als auch die Praxis des Nationalsozialismus, während die Kritik am Kapitalismus sehr viel milder und meist auch oberflächlicher ausfiel. Dennoch stellte Stern die Behauptung auf, der Nationalsozialismus sei *in erster Linie* antikapitalistisch gewesen und könne als sozialistische, allerdings völkische Reaktion auf den Kapitalismus betrachtet werden. Tatsächlich bekräftigt Stern schon am Anfang des Buches, dass die Liberalen selbst »gegen Ende des 19. Jahrhunderts ihre politische Philosophie [änderten], indem sie allmählich dem Staat neue Funktionen zuwiesen«, was bedauerlicherweise dazu geführt habe, dass »heute im politischen Sprachgebrauch hinsichtlich der wahren Bedeutung des Begriffs ›Liberalismus‹ eine große Verwirrung [herrscht], und manche Kritiker noch in unserer Zeit dem Liberalismus die Schuld an allem zu[schieben], was sie an der der modernen Welt für unerwünscht halten«. [7] Doch Sterns »wahre Bedeutung des Liberalismus« entpuppte sich als platonisches Ideal, das von realen historischen Ereignissen unberührt bleibt. Es war daher möglich, zu diesem erhabenen Paradigma zurückzukehren, ohne sich damit auseinandersetzen zu müssen, warum die Liberalen sich verpflichtet fühlten, ihre politische Philosophie zu verändern und auf den Paternalismus zurückzugreifen.

Darüber hinaus wurde die völkische Ideologie im Geiste Nietzsches als eine Welle der *Ressentiments* gegen die liberal-kapitalistische Ordnung interpretiert. Stern spricht von einer »Ideologie des Ressentiments«: »Das stete Absinken des Liberalismus begünstigte immer neue politisch-organisatorische Ausbrüche des Ressentiments.«[8] Oder ganz ähnlich: »Die Nationalsozialisten brachten die Millionen Unzufriedenen zusammen, von deren Existenz die konservativen Revolutionäre schon seit so Langem gesprochen und für die sie so gefährliche und verschwommene Ideale aufgestellt hatten.«[9] Der Faschismus wird auf diese Weise als eine Sklavenrevolte erklärt, eine Bewegung der Abgehängten und Außenseiter, die an der Industriegesellschaft verzweifelte. Kein Wort darüber, dass sich unter den »Millionen Unzufriedenen« und verbitterten Außenseitern, die sich dem Nationalsozialismus anschlossen, Personen wie Alfred und Gustav Krupp, Kurt Schröder, Fritz Thyssen und Albert Vögler befanden, das heißt einige der bekanntesten deutschen Industriellen. Sie beteiligten sich offenbar ebenso am verzweifelten Kulturkampf gegen die Industriegesellschaft. Die ideologischen Zwänge der Nachkriegszeit geboten es, Kapitalismus und Faschismus zu dichotomisieren und den Faschismus als antikapitalistischen Sklavenaufstand zu interpretieren, und Stern erwies diesen Gefallen.

Doch was ist mit Sterns Vordenkern des völkischen Denkens: Lagarde, Langbehn und Moeller? Handelt es sich bei ihnen nicht, wie er behauptet, um verbitterte Kritiker des »Geistes des Kapitalismus«? Was die ersten beiden angeht, die typische Vertreter des Kleinbürgertums oder des von der rasanten Industrialisierung bedrohten alten *Mittelstandes** des 19. Jahrhunderts waren, hatte Stern gute Argumente. Vor allem in Lagardes »Deutschen Schriften« findet sich eine scharfe Kritik am zweifelhaften »Wert der Industrie«, der er die gesunde Lebensweise von Handwerk und Landwirtschaft gegenüberstellt. Nur Landwirtschaft, Viehzucht und Handel, so betont Lagarde, könnten Deutschland reich machen, nicht die Industrie.[10] Er prangert die Rolle der Maschinen an, die den Arbeiter entmenschlichen, und bringt die Sehnsucht nach einem schöpferischen und erfüllten Leben zum Ausdruck: »Es ist von niemandem zu verlangen, dass er Jahr aus Jahr ein nichts tue, als die Maschine stellen und beaufsichtigen, welche Briefumschläge faltet und leimt oder Nadelöhre bohrt. An dergleichen wird das Herz nicht satt: der Mensch will Ganzes haben.«[11] In dem etwa 25 Jahre zuvor verfassten »Kommunistischen Manifest« formulieren Engels und Marx bei ihrer Auseinandersetzung mit dem kleinbürgerlichen Sozialismus und dem »deutschen oder ›wahren‹ Sozialismus« eine prägnante Analyse von dessen ideologischen Positionen und den sich hinter ihm verbergenden gesellschaftlichen Interessen. Einige relevante Sätze lauten:

> »In den Ländern, wo sich die moderne Zivilisation entwickelt hat, hat sich eine neue Kleinbürgerschaft gebildet, die zwischen dem Proletariat und der Bourgeoisie schwebt [...], deren Mitglieder [...] einen Zeitpunkt herannahen sehen, wo sie als selbstständiger Teil der modernen Gesellschaft gänzlich verschwinden und im Handel, in der Manufaktur, in der Agrikultur durch Arbeitsaufseher und Domestiken ersetzt werden. [...] In Deutschland bildet das vom 16. Jahrhundert her überlieferte [...] Kleinbürgertum die eigentliche Grundlage der bestehenden Zustände. [...] Von der industriellen und politischen Herrschaft der Bourgeoisie fürchtet es den sichern Untergang, einerseits infolge der Konzentration des Kapitals, andrerseits durch das Aufkommen eines revolutionären Proletariats. Der ›wahre‹ Sozialismus schien ihm beide Fliegen mit einer Klappe zu schlagen. Er verbreitete sich wie eine Epidemie.«[12]

Es ist richtig, dass diese Sichtweise Teile des Nationalsozialismus beeinflusste, zum Beispiel über den frühen Ökonomen der nationalsozialistischen Bewegung Gottfried Feder, und dass sie zur Unterstützung durch Teile des Bürgertums beitrug. Es ist jedoch eine ganz andere Frage, ob diese anachronistischen, antiindustriellen Positionen für die Politik der Nazis zentrale Bedeutung besaßen oder in den Hintergrund traten (wie die Marginalisierung Feders vermuten lässt). Die von Stern aufgestellte Behauptung, dieses Denken habe ideologisch und praktisch eine zentrale Säule des Nationalsozialismus dargestellt, ist ebenso übertrieben wie unbegründet. Man könnte an dieser Stelle auf die umfangreiche Literatur über die NS-Wirtschaft und ihr Verhältnis zu Kapitalismus, Industrialismus und Moderne verweisen. Damit jedoch würden wir das Vorhaben aufgeben, uns auf die Ideologieanalyse zu konzentrieren und zu untersuchen, was Faschisten und Protofaschisten selbst schrieben und sagten. Und wie es scheint, brauchen wir zur Widerlegung von Sterns Theorie nicht mehr zu tun, als den jüngsten unter den völkischen Ideologen zu konsultieren: Moeller van den Bruck, über den Stern schrieb, er habe »wie später die Nationalsozialisten an die Möglichkeit eines deutschen Sozialismus« geglaubt.[13] Untersuchen wir also Moellers Standpunkt anhand seiner 1923 veröffentlichten Abhandlung »Das dritte Reich«, die allgemein als wichtiger Text des deutschen Faschismus betrachtet wird. Was waren Moellers Ansichten über Liberalismus, Kapitalismus und Sozialismus?

Moeller van den Bruck: Ein sozialistischer Verfechter des Kapitalismus

Moeller ist ein Paradebeispiel dafür, wie der Faschismus mit Begriffen jongliert und Konzepten dabei eine völlig neue, mystische Bedeutung verleiht, um seine Gegner ideologisch zu entwaffnen und neue Unterstützer zu werben. Hier haben wir es mit dem im vorhergehenden Kapitel bereits erörterten semantischen Durcheinander zu tun, in dem die Karten von Sozialismus, Liberalismus, Konservatismus und so weiter neu gemischt werden, bis man einen »sozialistischen« Joker in der Hand hält, der eigentlich für den Kapitalismus steht. Warum ist das notwendig? Warum sollte sich eine prokapitalistische Schrift in der Frühphase der Weimarer Republik zum Sozialismus bekennen, während der Begriff Kapitalismus, wenn überhaupt, nur mit großer Zurückhaltung verwendet wird?

Weil es in der politischen Auseinandersetzung unerlässlich ist, den Marktpreis zu berücksichtigen, zu dem ein bestimmtes Konzept gerade gehandelt wird. Wenn zu einer bestimmten Zeit und an einem bestimmten Ort ein Begriff wie »Sozialismus« extrem unpopulär ist, wären die Anhänger einer sozialistischen Agenda gut beraten, diesen Begriff nur maßvoll zu verwenden. Upton Sinclair, der große sozialistische Schriftsteller und Aktivist in den USA, wurde sich dieses Zusammenhangs bewusst, als er 1934 für das Amt des Gouverneurs von Kalifornien kandidierte. Über diese Erfahrung schrieb er 17 Jahre später in einem Brief an seinen sozialistischen Kollegen Norman Thomas:

> »Das amerikanische Volk wird den Sozialismus akzeptieren, aber nicht unter diesem Namen. Ich habe das bei meinem Programm gegen die Armut erfahren müssen. Als sozialistischer Kandidat bekam ich 60 000 Stimmen. Aber als ich mit dem Slogan ›Beendet die Armut in Kalifornien‹ antrat, waren es 879 000. Ich denke, wir sollten anerkennen, dass es unseren Feinden gelungen ist, die Große Lüge zu verbreiten. Es hat keinen Sinn, sich ihr mit einem Frontalangriff zu widersetzen, es ist viel besser, über die Flanke zu kommen.«[14]

Hingegen genoss der Sozialismus in vielen europäischen Ländern vor allem unmittelbar nach dem Ersten Weltkrieg bei großen Teilen der Bevölkerung hohes Ansehen, während die Glaubensbekenntnisse ihrer politischen Rivalen so stark an Wert verloren hatten, dass diese, da sie den Sozialismus nicht *frontal* angreifen konnten, versuchen mussten, *über die Flanke zu kommen*. Um den Sturm zu überstehen, mussten sie defensiv vorgehen und dem Sozialismus politisch, wirtschaftlich und *begrifflich* Zugeständnisse machen. Vilfredo Pareto stellte das Dilemma, in dem sich die Oberschicht befand, in einem zwei Jahre vor dem Erscheinen von Moellers Buch verfassten Text scharfsinnig dar. Da die Werte der politischen Linken eine Art Hegemonie erlangt hätten, seien die Rechten gezwungen, Übereinstimmung mit ihnen vorzutäuschen:

> »[D]ie Tatsache, dass eine Religion heuchlerische Anhänger hat, ist ein Indiz für die Macht des Glaubens, denn die Menschen täuschen den Glauben an etwas nur vor, wenn er von einer großen Zahl ihrer Mitmenschen akzeptiert wird. [...] Es ist heute ein sicheres Indiz für die Macht des Glaubens an die Demokratie, so viele Menschen zu sehen, die vorgeben, den Glauben zu teilen, während es ein sicheres Zeichen für den Niedergang des Glaubens an die Aristokratie ist, dass es unter den Anhängern dieses Glaubens keinen einzigen Heuchler mehr gibt.«[15]

Wenn man den Begriff Sozialismus in diesem Zitat durch den der Demokratie ersetzt, lassen sich die strukturellen Bedürfnisse klar erkennen, die der doppelzüngigen faschistischen Rhetorik zugrunde liegen und die Ursache dafür sind, warum so viele Faschisten den Sozialismus befürworteten, obwohl sie gleichzeitig alles dafür taten, um ihn zu zerstören. Wer diese historische Konstellation erkennt, wird auch die Defizite der Theorie wahrnehmen, wonach Faschisten beim Wort genommen werden müssen und eine unbefangene Auseinandersetzung mit ihrer Ideologie das Geheimnis der faschistischen Politik lüften kann.

Anfang der 1920er-Jahre, unmittelbar nach dem Zusammenbruch des alten Systems und in der schwersten ökonomischen und sozialen Krise in Deutschland, eine Verteidigungsschrift für den Kapitalismus, den Liberalismus oder die Monarchie zu verfassen wäre so aussichtsreich gewesen, als hätte man sich bemüht, Regenschirme an Wüstenbewohner zu verkaufen. Prokapitalistische und liberale Glaubensbekenntnisse verschwanden deshalb damals fast vollständig aus dem politischen Diskurs. Doch ihre Anhänger lösten sich nicht in Luft auf; sie waren lediglich gezwungen, vorübergehend unterzutauchen und eine doppelte Identität, vorzugsweise die des Feindes, anzunehmen. Auf diese Weise hofften sie, vom besseren Ruf der Konzepte des Rivalen zu profitieren, insbesondere vom Sozialismus, der nach der Oktoberrevolution im Guten wie im Schlechten, für seine Anhänger ebenso wie für seine Feinde die Kraft der Zukunft zu repräsentieren schien. Um es noch einmal in Sinclairs Worten auszudrücken: Die Befürworter des Kapitalismus hofften, ihn in der Praxis propagieren zu können, ohne die unpopuläre *Bezeichnung* verwenden zu müssen. Gleichzeitig setzte dieses strategische Manöver mehr oder weniger taktisch bewusst auf die Möglichkeit, an die existierenden Traditionen jenes »deutschen oder ›wahren‹ Sozialismus« anzuknüpfen, wie er von Engels und Marx analysiert worden war. Mit dem Attribut »strategisch« ist kein völliger Zynismus gemeint, bei dem sich die Akteure ihrer Täuschung jederzeit bewusst sind. Wir können davon ausgehen, dass die Übernahme einer Rolle wie bei der Schauspielerei ein gewisses Maß an Identifikation mit der Figur impliziert – selbst dann, wenn es sich bei dieser Rolle um den Bösewicht handelt. Wie weit diese Identifikation geht und wie schnell man die Bühnenidentifikation danach wieder ablegen kann, variiert von Schauspieler zu Schauspieler erheblich. Bei Spengler war zum Beispiel die Identifikation mit seiner sozialistischen Rolle nur oberflächlich. Solange das Täuschungsmanöver objektiv notwendig und nützlich erschien, gab Spengler wie in seinem »Preußentum und Sozialismus« eifrig den Sozialisten, obwohl er sich den Begriff radikal kapitalistisch zurechtbog. Nachdem der Feind besiegt war und die Nazis die Macht ergriffen hatten, waren diese Defensivmanöver nicht länger notwendig, sondern behinderten sogar den eigenen Fortschritt. Dieselbe Zweideutigkeit, die vorher ein Segen gewesen war, stiftete nun Verwirrung. In Angriffslaune konnte Spengler auf jede Verstellung verzichten und den Sozialismus unerschrocken attackieren, was er in »Die Jahre der Entscheidung« dann auch tat.

Unter den vielen, die einen Glauben an den Sozialismus simulierten, war auch Moeller. Untersuchen wir, wie er diese Rolle in »Das dritte Reich« spielt. Moeller hat viel Gutes über den Sozialismus zu sagen, während er den Liberalismus konsequent und in den kompromisslosesten Tönen angreift. Was Moellers Rhetorik angeht, hatte Stern sicherlich recht, als er ihn als antiliberal bezeichnete. Moeller ermuntert die Arbeiter nicht nur, deutsche Sozialisten zu sein, er erzählt ihnen auch, dass der »deutsche Sozialismus« dazu »berufen ist, in der Geistesgeschichte der Menschheit allen Liberalismus abzulösen«,[16] und erklärt einen »Kampf gegen den Liberalismus auf der ganzen Linie«.[17] Doch war diese unermüdliche Gegnerschaft gegen den Liberalismus tatsächlich allumfassend? Gehörte zum Beispiel der Kampf gegen Grundpfeiler des Liberalismus wie das Privateigentum, den Unternehmergeist, die Einkommensunterschiede oder die Hierarchie der Arbeitsbeziehungen dazu? Meint der Begriff Liberalismus bei Moeller also auch die kapitalistische Wirtschaft? Ist er in dem Sinne Sozialist, dass er diese Ökonomie infrage stellt? Stern beantwortet beide Fragen mit Ja. Moellers Antiliberalismus impliziere eine scharfe Ablehnung von Kapitalismus und Bürgertum, so Stern. Und Friedrich August von Hayek, für den der Liberalismus zwangsläufig kapitalistisch sein muss, interpretierte Moeller ebenfalls als erbitterten Gegner der liberalen Ordnung: »Wie für Spengler ist [...] für ihn der Liberalismus der Erzfeind. [...] Nach Moeller van den Bruck sollte das ›dritte Reich‹ den Deutschen einen Sozialismus geben, der ihrer Natur angepasst und von den liberalen Ideen des Westens nicht verunreinigt war. Und das tat es auch.«[18] Das ist natürlich der entscheidende Punkt: Wenn Moeller in einem Sinne antiliberal war, der Kapitalismus und Bürgertum bejahte, dann muss auch das Bemühen ins Leere laufen, einen Keil zwischen seine »völkische Ideologie« und den liberal-kapitalistischen Westen zu treiben. Dasselbe würde gelten, wenn Moellers »deutscher Sozialismus«, ähnlich wie Spenglers preußischer, nur ein Euphemismus für den imperialistischen Kapitalismus wäre. Und genau das war der Fall. In keinerlei Hinsicht kommt Moellers Konzept dem Sozialismus im traditionellen – das heißt antikapitalistischen Sinne – näher als Spenglers Visionen. Ich werde nicht auf die Einzelheiten von Moellers Sozialismus eingehen, da dies letztlich nur eine Wiederholung dessen wäre, was ich weiter oben über Spenglers Ideen geschrieben habe. Sozialismus bedeutete für Moeller: 1) Die Überwindung des Klassenkampfes. Der deutsche Sozialismus müsse daher vom Marxismus entwöhnt werden: »Jedes Volk hat seinen eigenen Sozialismus. Marx hat den deutschen Sozialismus in der Wurzel zerstört. [...] Er war der Heimatlose, der ohne Teilhaftigkeit an Gewordenem das Werden zu bestimmen suchte und es so verdarb, dass wir ihm nun erst wieder den Boden zurückgewinnen müssen.«[19] Oder einige Seiten weiter: »Wo Marxismus endet, dort beginnt Sozialismus.«[20] 2) Die Herstellung der nationalen Einheit zum Zweck der imperialistischen Expansion. Dieses imperialistische Konzept wurde damit legitimiert, dass es den Arbeitern zugutekommen würde und in diesem Sinne als sozialistisch gelten könnte:

> »Der deutsche Sozialismus [die Sozialdemokratie, I. L.] [...] hat sich nicht gesagt, dass es auf einen Ausgleich nicht so sehr zwischen Klassen als zwischen den Nationen ankommt. Er hat nicht gesehen, dass hier die Voraussetzung für jeden Sozialismus liegt, die zunächst einmal sichergestellt werden muss. Er hat sich nicht gefragt, was diese zusammengesetzten Nationen, die nicht den Spielraum der gesättigten haben, mit dem wachsenden Ertrage ihrer Industrie anfangen sollten. Er hat nicht wahrhaben wollen, dass es vielleicht ein sozialisierter Imperialismus gewesen wäre, der ihnen neue Absatzgebiete schaffen konnte, und damit den Arbeitern Arbeit.«[21]

Doch auch unter der Annahme, dass deutsche Arbeiter tatsächlich materiell vom deutschen Imperialismus profitieren würden, wäre dies nicht sozialistischer als beispielsweise ein den englischen Arbeitern zugutekommendes britisches Empire. Tatsächlich wurde das Britische Imperium ebenso ausdrücklich als ein Modell für ein zukünftiges deutsches Imperium bezeichnet, wie die britische Arbeiterklasse als Vorbild für ihr deutsches Pendant herangezogen wurde.

> »Dieselbe deutsche Sozialdemokratie, die fertigbrachte, den Darwinismus pazifistisch zu verstehen, und nicht stutzig vor der Erkenntnis wurde, dass es in der Natur einen Kampf um das Dasein gibt, bei dem der Sieger im Recht bleibt, kam niemals auf den Gedanken, dass es auch einen Kampf der Nationen geben könnte [... und] die Lösung [des Überbevölkerungsproblems; Anm. d. Übers.] eben Sozialismus ist. [...] Die deutschen Sozialdemokraten fragten sich niemals und verstanden die Fragestellung gar nicht, ob der Imperialismus nicht etwa das gegebene System für ein übervölkerndes Land war, durch das sich Produktion und Konsumtion im Austausche regeln lassen werden: ob er, dem der Sozialismus nachsagte, dass er ein System der Ausbeutung fremder Länder sei und genauso wie der Kapitalismus um des Profites willen arbeitete, nicht in Wirklichkeit eine Arbeit zum Vorteile des eigenen Volkes war: und ob er nicht den Menschen, die er im eigenen Lande in Überzahl vorfand, die Arbeitsmöglichkeit sicherte und dadurch die Lebensmöglichkeit schuf? Und doch wäre vom Imperialismus aus eine Theorie zu denken gewesen, die über den Marxismus hinaus das Proletariat mit der Überzeugung durchdrang, dass die Beherrschung der Erde die gegebene Möglichkeit sei, dem Volke eines übervölkernden Landes das Leben zu ermöglichen: eine praktische, eine sehr lebendige, eine politisch-wirkliche Theorie, die in einem verhängnisvollen Widersinne immer nur den Arbeitern der entvölkernden Länder, Frankreichs und Englands, zugänglich gewesen ist, während sie den deutschen Arbeitern, dem Proletariat eines übervölkernden Landes, vorenthalten blieb.«[22]

Moellers antiwestlicher, antikapitalistischer und deutscher Sozialismus entpuppt sich als westlicher, kapitalistischer Imperialismus. England und Frankreich – obwohl sie zweifelsohne als verhasste Feinde und erbitterte Konkurrenten im imperialistischen »Kampf ums Dasein« und um »die Inbesitznahme« betrachtet werden – werden nicht etwa als Antithese des deutschen Wesens, sondern als nachahmenswerte Vorbilder betrachtet. Das Problem Deutschlands sei laut Moeller nicht, dass man bislang den Westen imitiert und seine eigene Berufung vernachlässigt habe, sondern im Gegenteil, dass man naiv einen *Sonderweg** abseits des westlichen Hauptpfades verfolgt habe:

> »In England namentlich fühlte man im Volke: Macht geht vor Wirtschaft her. Und aus Macht folgt erst Wirtschaft. Macht kann Wirtschaft, aber Wirtschaft allein kann noch nicht Macht hervorbringen. Doch dies waren Gedankengänge, zu denen der deutsche Sozialismus sich immer ablehnend verhielt. An dem tragischen Tage eines deutschen ›Zu spät‹ wird das Proletariat in Deutschland erkennen, dass der deutsche Imperialismus diejenige Lebensform hätte werden können, die eine natürliche und nationale Antwort auf jene ›soziale Frage‹ gab, von der wir immer nur redeten. Statt im wirklichen die Möglichkeiten zu erfassen, glaubte das von der Sozialdemokratie geführte deutsche Proletariat treuherzig an einen weltgeschichtlichen Augenblick, in dem in allen Ländern der Staat, der Völkergegensatz, ja, jeder wesentlich geschichtliche Vorgang verschwinden und überall auf der Erde nur die Gemeinschaft, die sie versorgende Wirtschaft und die versorgte Masse übrig bleiben werde.«[23]

Der einzige potenziell sozialistische Aspekt in Moellers Programm ist sein Begriff einer imperialistisch orientierten Planwirtschaft.

Aber stellt das wirklich einen Bruch mit dem westlichen, liberalen Kapitalismus dar? Für liberale Interpretationen war das unmissverständlich der Fall. George Mosse nutzt den Punkt, um ganz ähnlich wie Stern das faschistische Bemühen zu illustrieren, sich als »dritte Kraft« zwischen Kapitalismus und Kommunismus zu etablieren und dabei letzterem faktisch näher zu stehen:

> »Moeller van den Bruck, dessen Buch ›Das dritte Reich‹ (1923) ursprünglich den Titel ›Der dritte Weg‹ trug, aktualisierte diese Tradition für eine besiegte Nation: Die völkische Mission würde alle dem modernen Leben innewohnenden Widersprüche überwinden [...]. Moeller war pragmatisch in seiner Forderung nach politischem Handeln, seinem Eintreten für den Ständestaat und seinem Wunsch, eine Planwirtschaft aufzubauen (daher sein Lob für die Neue Ökonomische Politik Lenins).«[24]

Dies klingt in der Tat auf düstere Weise antikapitalistisch und bringt Moellers Projekt mit dem Lenins in Verbindung. Mosse zitierte Moeller nicht, sondern findet es bequemer, ihn zu paraphrasieren. Und das tat er mit Bedacht, denn Moellers Idee der koordinierten Wirtschaft hatte in Wirklichkeit weniger mit dem Sozialismus als mit dem *Monopolkapitalismus* zu tun, den Moeller als eine triumphale Antwort auf die Untergangsprophezeiungen der Marxisten betrachtete. Die Zusammenbruchstheorien von Marx seien unhaltbar, denn

> »in Wirklichkeit hat der unternehmerisch verstandene, sich selbst als Unternehmung begreifende Kapitalismus die Richtung nicht auf Zusammenbruch, sondern durchaus auf Zusammenfassung genommen. Er hat schon vor dem Weltkrieg seine Festigung in Trusten und Kartellen und Konzernen gesucht. Und er nahm nach dem Weltkrieg den Gedanken der Wirtschaftsgebiete und Wirtschaftsprovinzen auf, um sich mit ihm eine nunmehr planmäßige Wirtschaftsgrundlage zu schaffen.«[25]

In Anbetracht dieser Aussagen über die anhaltende Vitalität des Kapitalismus ist es nicht überraschend, dass Moeller Lenins Neue Ökonomische Politik lobte, dieses Lob aber in Wirklichkeit auf die Demontage des revolutionären Projekts abzielte. Der neu eingeschlagene Kurs in der Sowjetunion schien *politisch konservativ* und in *ökonomischer* Hinsicht *kapitalistisch* zu sein:

> »Russland, von wo die revolutionäre Erschütterung ausging, machte zuerst seine konservativen Zugeständnisse und ließ sich von seinen utopischen Großforderungen eine Doktrin nach der andern abhandeln. [...] Neben den außenpolitischen Wirtschaftskompromissen ging der innenpolitische her, der in Russland wieder den freien Handel gestattete, das Leben der Märkte aufleben ließ und dasjenige der berühmten Messen erneuerte. Es waren Ausgleiche mit dem internationalen Kapitalismus, die sich nicht umgehen ließen, und übrigens auch, was noch wichtiger ist, weil es so überaus volkspsychologisch ist, mit den konservativen Lebensgewohnheiten der tatarisch-großrussischen Kaufmannsnatur, die niemals auf den Handel verzichten wird – Ausgleiche durchweg, die dem Bolschewismus schwer genug gefallen sein mögen, weil sie an seine kommunistischen Prinzipien rührten und das Geständnis einschlossen, dass das marxistische Experiment nicht durchhaltbar gewesen war.«[26]

»Freier Handel« und »das Leben der Märkte«: Ist dies die Sprache eines eingefleischten Gegners der liberal-kapitalistischen Ordnung, den Hayek als »Schutzpatron des Nationalsozialismus« bezeichnet? Die Historiker – wie Stern oder Mosse (ganz zu schweigen vom Apologeten der Marktwirtschaft Hayek) – können für schuldig befunden werden, den historischen Kontext zu vernachlässigen und ihre Argumentation idealistisch allein auf die Verwendung des Begriffs »planmäßige Wirtschaftsgrundlage« zu stützen (zudem halten sie auch abstrakte Begriffe wie Sozialismus und Liberalismus für gegeben, ohne nach ihrer konkreten historischen Bedeutung zu fragen).[27] Auf dieser Grundlage ziehen sie irreführende, wenn auch ideologisch opportune Schlussfolgerungen: Da wir wissen, dass der Liberalismus kapitalistisch ist, muss ein Antiliberaler antikapitalistisch sein, auch wenn sein Text von prokapitalistischen Statements durchzogen ist; da es sich bei der »Planwirtschaft« um einen sozialistischen Grundsatz handelt, können wir davon ausgehen, dass ein dritter Weg zwischen Kapitalismus und Kommunismus oder gar ein leninistischer Weg eingeschlagen werden soll – selbst dann, wenn dieses Projekt ausdrücklich auf zwei Phänomenen beruht, die ebendieser Lenin als Hauptmerkmale des zeitgenössischen *Kapitalismus* ausmachte: Monopole und Imperialismus.[28]

Moellers Text ist dem bürgerlichen Geist nicht feindlich gesonnen, sondern von diesem *durchdrungen*. Hayek kritisierte Moeller unangemessen harsch, als er ihn in die antiliberale Ödnis verbannte. Hätte er sich weniger mit der Rhetorik und mehr mit dem eigentlichen Inhalt von Moellers Denken beschäftigt, hätte er möglicherweise einige Berührungspunkte zwischen sich und »dem Schutzpatron des Nationalsozialismus« entdeckt. In seinem Buch »Die verhängnisvolle Anmaßung. Irrtümer des Sozialismus« beispielsweise weist Hayek die Idee zurück, der Kapitalismus sei ausbeuterisch, und bekräftigt, dass Proletarier nicht missbraucht würden, sondern dem Kapitalismus vielmehr für ihre Existenz danken sollten:

> »Wenn wir fragen, was die Menschen der Moral der sogenannten Kapitalisten am meisten verdanken, so lautet die Antwort: nicht weniger als ihr Leben. […] Die meisten Einzelpersonen, aus denen sich heute das Proletariat zusammensetzt, hätten nicht existieren können, bevor Dritte sie mit Subsistenzmitteln versahen. Obwohl diese Menschen sich ausgebeutet *fühlen* mögen und Politiker in ihrem Machtstreben diese Gefühle vielleicht schüren und manipulieren, verdankt der größte Teil des Proletariats der westlichen Welt [… seine] Existenz den wirtschaftlichen Möglichkeiten, welche fortgeschrittene Länder für sie schufen.«[29]

Auch wenn diese These bei einigen Lesern auf Widerspruch stoßen könnte, hätte Moeller ihr eindeutig zugestimmt: Karl Marx, so argumentiert Moeller, »sah nicht, dass die Fabrikanten ihre Fabriken in dem Augenblicke einer höchsten bevölkerungspolitischen Gefahr gründeten, da das Proletariat nun wirklich als Proletariat aus dem Volksganzen ausscheiden sollte und seine Rettung in der Auswanderung suchen oder untergehen musste«.[30] Dementsprechend würde der Imperialismus, wenn er im Interesse der Arbeiter sozialistisch gestaltet werde, aus Moellers Sicht jenen Grundantrieb des Kapitalismus beibehalten, der ja ebenfalls auf die Beschwichtigung des Proletariats abzielte. Eine seltsame Übereinstimmung offenbaren Hayek und Moeller darin, dass sie die sozialistische Überzeugung, Wirklichkeit und menschliche Natur auf der Grundlage von Gerechtigkeits- und Gleichheitsidealen gestalten zu können, als übertrieben ambitioniert kritisieren. Die Vorstellung, dass der Mensch »die Welt um sich nach seinen Wünschen formen kann«, bezeichnete Hayek als »verhängnisvolle Anmaßung«.[31] Moeller findet diesen verstockten Utopismus nicht weniger ärgerlich: »Der revolutionäre Mensch lebt in dem Wahn, dass mit diesem Zusammenbruch der Augenblick gekommen sei, von dem ab das Dasein nach einer völlig neuen Bewertung eingerichtet werden könne, nach Gesetzen, die in seinem Kopfe entstanden sind, die sich schon der Gegenwart aufzwingen lassen.«[32] Eine verhängnisvolle Vorstellung, in der Tat.[33] Aber jenseits dieser Übereinstimmungen zwischen dem orthodoxen Liberalen und dem deutsch-völkischen Sozialisten wimmelt es in »Das dritte Reich« von Aussagen, die die Bedeutung des Unternehmertums betonen, es gegen Ressentiments der Massen verteidigen und das gesamte kapitalistische System rechtfertigen. In Anbetracht der radikalen Angriffe auf die Kapitalisten bekräftigt Moeller den schöpferischen Wert des Unternehmers: »Marx, der die Dynamik der Unternehmung immer nur vom Proletariat aus beurteilte, hat sich an der Psychologie des Unternehmers gar nicht erst versucht. Er ließ sich nicht darauf ein, das Phänomen der Unternehmung [...] aus einer Psychologie der Initiative, der Energie, der wirtschaftlichen Fantasie zu erklären. Er begnügte sich stattdessen mit einer Schablone, die sich in der Vorstellung vom Sklavenhalter hielt, mit einer groben und höhnischen Karikatur des Unternehmers, die so brutal wie banal ausfiel, aber des Beifalls der Menge sicher war.«[34] Moeller klingt hier nicht wie jemand, der die »bürgerliche Lebensweise« verbittert verunglimpfen will, und die folgende Aussage liest sich eher wie eine Hymne auf das Unternehmertum:

> »Die kapitalistisch geführte Wirtschaft hatte nicht nur das Kapital für sich, sondern die Intelligenz, die technische Beherrschung, die organisatorische Begabung und schließlich auch die kaufmännische Befähigung. Sie hatte, in der Summe, die Macht ihrer Erfahrung für sich, die auf sich selbst beruhte, während das Proletariat, das gegen sie aufstand, nur die Wucht seiner Massen für sich hatte. [...] Das Proletariat rüstete sich vergeblich für eine Übernahme von Betrieben,

> die zwar auf seine Arbeit eingerichtet, aber nicht seiner Initiative verdankt waren, von Betrieben, an denen es einen leiblichen und wirtschaftlichen Anteil hatte, der stark und gerecht war, und doch keinen geistigen Anteil, der Besitz wie Leitung dieser Betriebe hatte rechtfertigen können. [... Wir] stoßen vielmehr auf den natürlichen Abstand zweier gegebener Menschengruppen, des Unternehmers und des Arbeiters, die aufeinander angewiesen sind, die sich in ihren materiellen Ansprüchen und deren Zubilligung auseinandersetzen müssen, von denen aber die eine nicht in die Tätigkeit der anderen übertreten kann. Und wir stoßen auf eine politische Revolution, aus der keine sozialistische Revolution hervorgehen konnte, weil [...] das Proletariat, wie sich zeigte, geistig unbereit für sie war, und weil, wie es scheint, proletarisch ist, geistig unbereit zu sein.«[35]

Stern begriff, wie wir uns erinnern, das »völkische« Denken von Moeller und Co. als »Ideologie des Ressentiments«, die »die Millionen Unzufriedener« versammelte, »von deren Existenz die konservativen Revolutionäre schon seit so Langem gesprochen und für die sie so gefährliche und verschwommene Ideale aufgestellt hatten«.[36] Doch damit tat er der völkischen Ideologie Unrecht – zumindest wenn wir Moeller als ihr Sprachrohr betrachten –, denn sie kämpfte mit ihm Schulter an Schulter, um der gefährlichen Ideologie des Ressentiments Einhalt zu gebieten. Dies führt zu dem merkwürdigen Umstand, dass sich zahlreiche Passagen aus »Das dritte Reich« finden lassen, die Sterns historische These *widerlegen*, seine politische Position hingegen *stützen*. Beispielsweise ist Moeller weit davon entfernt, Groll unter den Millionen zu verbreiten oder sie zur Rebellion gegen die Industriegesellschaft anzustacheln. Stattdessen bekräftigt er, dass es absolut keinen Grund für Unzufriedenheit mit dem Kapitalismus gebe, da soziale Unterschiede nicht ungerecht oder künstlich seien. Arbeiter würden nicht gezwungen, Proletarier zu sein, sondern *wählten* ihre Beschäftigung freiwillig und hätten daher nur sich selbst die Schuld zu geben:

> »Proletarier ist, wer Proletarier sein will.
> Nicht die Maschine, nicht die Mechanisierung der Arbeit, nicht die Lohnabhängigkeit von der kapitalistischen Produktionsweise macht den Menschen zum Proletarier, sondern das proletarische Bewusstsein.«[37]

Doch Moeller verteidigt nicht nur die Legitimität der bürgerlichen Ordnung, indem er versichert, dass diese auf Leistung, Verdiensten und dem Wunsch des Einzelnen, Gutes zu tun, beruht. Er widerspricht darüber hinaus der Vorstellung, Proletarier würden von der Gesellschaft ungerecht behandelt. Der Arbeiter werde als solcher geboren und nicht dazu *gemacht*:

> »Der Bann, der über ihm liegt, ist ein Bann von Geburt. Wir alle sind ursprünglich als Menschen, als Urmenschen, wenn man will, Proletarier, die auf der rohen Erde nackt saßen. Aber früh setzte eine Gliederung ein, durch die sich innere Vorrechte durchsetzten und als äußere Vorrechte vererbten. Wer nicht entwickelt genug war, um sich in diese Gliederung einzufügen, der blieb unten, der stieg nicht, sondern sank. Er war das Proletariat.«[38]

Das alles ist zweifellos nicht sehr stichhaltig, aber hier gibt es nichts, was Ressentiments schüren würde – nur Worte, die die Unzufriedenheit besänftigen sollen. In dieser Passage wird man vergeblich nach Antiliberalismus suchen. Moellers Darstellung der natürlichen Arbeitsteilung im Kapitalismus erlaubt einen Vergleich der faschistischen Position mit der des klassischen Liberalismus, wie er von dessen Ikone Adam Smith formuliert wurde. Bemerkenswerterweise geht es Moeller selbst dort, wo er mit dem klassischen Liberalismus nicht einverstanden ist, nicht etwa um Angriffe auf die kapitalistische Struktur, sondern darum, wie diese unter radikal anderen historischen Umständen *besser verteidigt werden kann*. In seiner berühmten Schrift über die Vorteile der modernen, industriellen Arbeitsteilung argumentierte Smith, der Vater des Wirtschaftsliberalismus, dass diese Arbeitsteilung nicht natürlich, sondern künstlich sei und dass sie zudem nicht die ungleichen Fähigkeiten der Menschen reflektiere, sondern vielmehr diese Ungleichheiten hervorbringe:

> »Der Unterschied in den Begabungen der einzelnen Menschen ist in Wirklichkeit weit geringer, als uns bewusst ist, und die verschiedensten Talente, welche erwachsene Menschen unterschiedlicher Berufe auszuzeichnen scheinen, sind meist mehr Folge als Ursache der Arbeitsteilung. So scheint zum Beispiel die Verschiedenheit zwischen zwei auffallend unähnlichen Berufen, einem Philosophen und einem gewöhnlichen Lastträger, weniger aus Veranlagung als aus Lebensweise, Gewohnheit und Erziehung entstanden. Bei ihrer Geburt und in den ersten sechs oder acht Lebensjahren waren sie sich vielleicht ziemlich ähnlich, und weder Eltern noch Spielgefährten dürften einen auffallenden Unterschied bemerkt haben. In diesem Alter etwa oder bald danach hat man begonnen, sie sehr verschieden auszubilden und zu beschäftigen. Nunmehr kommen die unterschiedlichen Talente zum Vorschein, prägen sich nach und nach aus, bis schließlich der Philosoph in seiner Überheblichkeit kaum noch eine Ähnlichkeit mit dem Lastenträger zugeben wird.«[39]

Sowohl Smith als auch Moeller versuchen, die kapitalistische Arbeitsteilung zu verteidigen. Beide rechtfertigen und billigen ihre Arbeitsabläufe, aber sie tun dies auf diametral entgegengesetzte Weise: Smith hebt die künstliche und mechanische Funktionsweise der Arbeitsteilung hervor, Moeller leitet sie aus natürlichen Unterschieden ab. Was erklärt diese Diskrepanz zwischen Smiths Egalitarismus und Moellers Elitismus? Die Antwort ergibt sich daraus, in welchem historischen Kontext die Autoren jeweils debattierten und gegen welche gesellschaftlichen Ziele sich ihre Polemiken richteten. Für Smith, den Vertreter eines aufstrebenden Bürgertums, das ihr neu erobertes Terrain gegen den Landadel verteidigte, ging es darum, die naturalistischen Mythen von der hohen oder niedrigen Geburt zu widerlegen, die die Eigenschaften des Menschen als angeboren und unveränderlich deklarieren. Die Aristokratie stützte sich auf diese Mythen, um ihre Privilegien von einer natürlichen, gottgegebenen Ordnung abzuleiten und sich selbst von der Arbeit zu befreien. Kein Arbeitsaufwand und keine Leistung können einen Plebejer einem Adligen gleichstellen. Ganz im Gegenteil, die Arbeit des letzteren unterscheidet ihn zu seinem *Nachteil* und bezeugt seinen unedlen Stand. Smith, der aufzeigen möchte, dass es Arbeit und Fleiß sind, die einen Menschen zu dem machen, was er ist, will nichts davon wissen. Selbstbewusst und eloquent erläutert er, wie die Arbeitsteilung Unterschiede zwischen den Menschen schafft und den wahren Wert eines Menschen begründet. Auf diese Weise verteidigt er das bürgerliche Ethos des Fleißes gegen das aristokratische Ethos des Geburtsrechts. Doch diese Argumentation birgt später eine große Gefahr, als der Kapitalismus nicht gegen den Adel, sondern gegen die Industriearbeiterschaft verteidigt werden muss. Was früher ein nützliches Plädoyer für die schöpferische Kraft der Arbeit bei der Transformation von Mensch und Gesellschaft war, wird nun zu einer Anklage gegen das System. Jetzt können die Arbeiter die Willkür des Kapitalismus anprangern, der einer Person einen Platz in der Arbeitsteilung zuweist und damit festlegt, ob jemand Philosoph oder Portier, ein wohlhabender und kultivierter Bourgeois oder ein dem »Urmenschen« gleichender Proletarier wird.

Was einst zur Verteidigung gedacht war, verwandelt sich in einen Angriff. Daher verwirft das Bürgertum des 19. Jahrhunderts den theoretischen Egalitarismus von Smith und verhilft dem aristokratischen Geburtsrecht zu einer Renaissance. Das kapitalistische System musste als natürlich und als Ausdruck angeborener Fähigkeiten charakterisiert werden, um argumentieren zu können, dass Genie und Talent die *Ursache* und nicht die *Wirkung* der Arbeitsteilung sind. Genau dies machte Moeller – so wie die meisten Liberalen des 19. Jahrhunderts, die Sozialdarwinisten und später die Faschisten. Daher der neue Genie-Kult um die großen Männer in Geschichte und Gesellschaft, der in der bürgerlichen

Literatur nach 1848 von Mill bis Nietzsche und darüber hinaus allgegenwärtig ist. In den Schriften Heinrich von Treitschkes, eines führenden Vertreters des deutschen Nationalliberalismus im 19. Jahrhundert, finden wir beide Herleitungen der Arbeitsteilung nebeneinander: die künstliche und die natürliche. Einerseits räumt Treitschke ein, dass die Unterwerfung der werktätigen Massen unter die kulturelle Elite das Ergebnis einer künstlichen und doch unabdingbaren Konstellation ist:

> »Und so gebrechlich und bedürftig ist von Natur unser Geschlecht, dass auch auf höheren Kulturstufen die ungeheure Mehrheit der Menschen immer und überall der Sorge um das Leben, der materiellen Arbeit ihr Dasein widmen muss, oder um es trivial auszudrücken: Die Masse wird immer die Masse bleiben müssen. Keine Kultur ohne Dienstboten. Es versteht sich doch von selbst, wenn nicht Menschen da wären, welche die niedrigen Arbeiten verrichten, so könnte die höhere Kultur nicht gedeihen. Wir kommen zu der Erkenntnis, dass die Millionen ackern, schmieden und hobeln müssen, damit einige Tausend forschen, malen und dichten können.«[40]

Der Proletarier ist hier *gemacht* und muss durch seine Arbeit das Gedeihen der Kultur in den höheren Klassen ermöglichen. Die gesellschaftliche Arbeit ist so zwischen »den Millionen« und »den Tausenden« aufgeteilt, um die Kultur aufrechtzuerhalten. Zumindest implizit muss kein natürlicher Unterschied zwischen den Massen und der Elite existieren, denn selbst unter der Annahme, dass alle Menschen vollkommen gleich sind, wäre die Zivilisation nicht ohne die harte Arbeit der großen Mehrheit möglich. Doch dieser zynische Verweis auf die strukturelle Notwendigkeit moderner Sklaverei ist eine sehr schlechte politische Erklärung gegenüber denjenigen, die als Sklaven (oder Dienstboten) die niedrige Arbeit verrichten. Wie zahlreiche andere bürgerliche Wortführer muss Treitschke daher seine Rechtfertigung der Klassenhierarchie durch eine naturalistische Erklärung ergänzen, die – ganz ähnlich wie bei Moeller – den *geborenen* Proletarier voraussetzt, der nur seine angeborene Minderwertigkeit für seine oder ihre sozioökonomische Unterwerfung verantwortlich machen kann. Eine Minderwertigkeit, die zufälligerweise zudem rassisch bedingt ist:

> »Noch bedeutsamer wird das Wachstum der Kopfzahl bei einem Zusammentreffen verschiedener Völkerstämme auf demselben Boden. In Österreich hat die kaninchenhafte Fruchtbarkeit der Slowaken und Walachen bewirkt, dass die edleren Nationalitäten der Deutschen und Magyaren große Mühe haben, sich gegen die proletarische Überflutung zu halten. Man sieht mit Erstaunen, dass es gerade die

> unedleren Völker sind, welche man proletarische im buchstäblichen Sinne nennen kann. [...] Unsere Landsleute, die Sachsen in Siebenbürgen, unter denen selbst gar keine Proletarier sind, haben für das Gesinde den Namen: Gesindel. Den brauchen sie unbefangen, ohne etwas Beschimpfendes damit sagen zu wollen. Das Gesinde sind eben Zigeuner und Walachen, die tief unter ihnen stehen.«[41]

Kultur und Natur arbeiten auf diese Weise wundersam zusammen, wobei erstere eine große Zahl an Proletariern benötigt und letztere diese pflichtbewusst und in Massen zur Verfügung stellt. Diese Rechtfertigung der gesellschaftlichen Arbeitsteilung als eine Folge natürlicher, rassischer Über- beziehungsweise Unterlegenheit stellt den Kern der meisten sozialdarwinistischen Theorien dar, wie man sie etwa bei dem amerikanischen Liberalen und Eugeniker Lothrop Stoddard zu Beginn des 20. Jahrhunderts nachlesen kann:

> »[I]n der höheren Gruppe selbst gibt es eine relativ große Zahl sehr überlegener Individuen, die sich durch ungewöhnliche Energie, Fähigkeiten, Talent oder Genialität auszeichnen. Es ist diese Elite, die in der Gruppe wie Hefe wirkt und Fortschritt in Gang setzt. Auch hier sehen wir wieder die überragende Bedeutung von Qualität. In keiner menschlichen Gesellschaft war der Prozentsatz der wirklich überlegenen Individuen jemals sehr hoch – tatsächlich war ihr Anteil statistisch zu vernachlässigen. Ihr Einfluss hingegen war unschätzbar. Athen bestand nicht allein aus Platons oder Xenophons: Es hatte seinen Anteil an Dummköpfen, Gaunern und Narren [...]. Doch die dynamische Kraft seiner Elite verlieh Athen Weltruhm, und erst als die Athener keine herausragenden Männer mehr hervorbrachten, versank Athen in der Bedeutungslosigkeit. Wir sehen also, dass die Zivilisation absolut von der Qualität abhängt, während die Qualität wiederum vererbt wird.«[42]

Beweist uns die Doktrin des angeborenen Elitismus, dass Autoren wie Treitschke, Moeller oder Stoddard einem Adam Smith intellektuell und/oder moralisch unterlegen sind? Ich würde weder das eine noch das andere infrage stellen. Dennoch ist wichtig zu erkennen, dass wir es hier nicht mit einer faschistischen oder sozialdarwinistischen Verzerrung des Liberalismus zu tun haben. Ganz im Gegenteil handelt es sich um ein aussagekräftiges historisches Paradox, dass Treitschke, Moeller und Stoddard in der Frage der kapitalistischen Arbeitsteilung weitaus repräsentativer für die heute vorherrschende bürgerlich-liberale Konzeption sind als Smith. Der Egalitarismus des klassischen Nationalökonomen liest sich heute als kontraintuitiv, ketzerisch, ja radikal antibourgeois. Seine

Vorstellung, dass Genies mehr oder weniger mechanisch entstehen, der Philosoph dem Portier gleichwertig ist, aber ein bisschen mehr Glück im Leben hatte, und dass nur die Eitelkeit des ersteren ihn dazu bewegt, diese Verwandtschaft zu leugnen, liest sich heute wie eine sozialistische Blasphemie, während Stoddards Beharren auf der natürlichen Kluft, die Platon von der Vielzahl der ihn umgebenden Dummköpfe trennt, möglicherweise taktlos formuliert klingt, sich aber mit unserem gesellschaftlichen Alltagsverstand deckt. Smiths Konzept widerspricht selbst dem heiligsten Grundsatz des modernen Liberalismus, nämlich der Chancengleichheit. Denn er zeigt uns, dass die Realität die imaginäre Vorstellung von einer angeblich durch Verdienst, Talent und Anstrengung genutzten Chance auf den Kopf stellt: Es ist nämlich nicht die qualifizierte Person, die eine Chance nutzt. Im Gegenteil ist es die Chance, die eine durchschnittliche Person erhält, die diese nolens volens in eine höherqualifizierte Person verwandelt oder zu einem Angehörigen der Massen macht. Der Portier ist beim Ausnutzen der ihm gegebenen Chancen nicht weniger erfolgreich als der Philosoph, und dass er sie in der Tat voll nutzt, zeigt sich in der Tatsache, dass er – Portier wird. Das heilige Feuer des Individualismus brennt in Smith' Darstellung der modernen Industrie nur sehr schwach. Individualität ist allenfalls das Endprodukt der Arbeitsteilung, ihr Resultat, nicht ihr Ausgangspunkt. Kleider machen Leute, sagt das Sprichwort; mit Smith sollten wir hinzufügen: Das gilt auch für Maschinen. Moeller hingegen bekennt sich voll und ganz zum Prinzip der Chancengleichheit. Wer ist derjenige, der den Kapitalismus besser, systematischer und effektiver verteidigt: der berühmte liberale Schotte oder der antiliberale, faschistische Deutsche? »Nicht die Maschine«, behauptet Moeller, »nicht die Mechanisierung der Arbeit, nicht die Lohnabhängigkeit von der kapitalistischen Produktionsweise macht den Menschen zum Proletarier, sondern das proletarische Bewusstsein.« Der Proletarier, so bekennt er, ist der Mann, der (aufgrund natürlicher Unzulänglichkeit oder geistigen Neigung) die vielfältigen Möglichkeiten des Kapitalismus nicht nutzen kann oder will, »der Mann, der nicht entwickelt genug war, um sich in die [gesellschaftliche; Anm. d. Übers.] Gliederung einzufügen«. Heutzutage stehen wir dem Naturalismus von Moeller ideologisch (und praktisch) viel näher als der materialistischen, nüchternen Vision von Smith. Wenn Kapitalismuskritik das entscheidende Kriterium ist, um als Antiliberaler zu gelten, dann trifft die Bezeichnung auf Moeller nicht im Geringsten zu. Seine apologetischen Bemühungen zur Verteidigung des Kapitalismus verdienen vielmehr schon längst liberale Anerkennung. Wenn es darum geht, den Kapitalismus vor der Rebellion der unteren Klassen zu schützen, kann man Moellers Einsatz für dieses Anliegen gar nicht inbrünstig genug preisen:

> »Marx hat die proletarische Revolution ›die selbstständige Bewegung der ungeheuren Mehrzahl‹ genannt. Lenin hat von der ›Massen-Vorwärts-Bewegung‹ gesprochen, in der sich das europäische Proletariat nunmehr befinden solle. [... D]ie proletarische Masse bedeutet eine sich heranwalzende Massivität. [...] Einem deutschen Proletariat, das bei der klassenkämpferischen Einstellung verharrt, scheint nur übrig zu bleiben, ohne eine andere Führung als die, welche in der Selbstständigkeit seiner parteimäßigen Organisation liegt, immer wieder gegen den Kapitalismus anzurennen: in der naivsten Erwartung, im deutschen Kapitalismus denjenigen der Welt, des Westens, der großen Weltwirtschaftsentente mitzutreffen – und dass sich alsdann überall Kommunismus einstellen werde.«[43]

Auch das Lob für Nietzsche, den Erzfeind aller Sklavenaufstände – den Fritz Stern von jeder Mitschuld an der völkischen Ideologie und damit an der ideologischen Entwicklung des Nationalsozialismus freispricht –, fehlt nicht. Nietzsche wird als Antithese zur marxistischen Fixierung auf die Massen[44] und als wichtiger Vorläufer des Imperialismus beschworen: »Und schließlich ist es wieder Nietzsche gewesen, der zuerst das Wort von der ›Weltwirtschaft‹ ausgesprochen und die ›Perspektive‹ jener ›unvermeidlich bevorstehenden Wirtschaftsgesamtverwaltung der Erde‹ aufgetan hat.«[45] Der freie, über den Ressentiments stehende und gegen sie ankämpfende Geiste Nietzsches zeichnet das Buch aus und verleiht seinen Angriffen auf die Demokratie eine übermenschliche Aura: »Neid auf Macht erklärt diesen Hass gegen das Genie, gegen jeden nur irgendwie großen Mann, der als Einzelner diejenigen Dinge tut, die von den Vielen oder auch nur von Mehreren gemeinhin nicht getan werden können. [... So] erklärt sich diese Vorliebe für Verfassungen, die durch Wahlen zur Macht gelangen lassen.«[46]

Angesichts dessen, was bisher über Moellers tiefe Verbundenheit mit dem Geist des bürgerlichen Wirtschaftsliberalismus gesagt wurde, sollte nicht weiter überraschen, dass sein »Kampf gegen den Liberalismus auf der ganzen Linie« in Wirklichkeit auf die liberale *Politik* beschränkt blieb. Seine Position unterscheidet sich in dieser Hinsicht so wenig von der, die wir bei Autoren wie Donoso oder Spengler bereits diskutiert haben, daher sollten einige kurze Beispiele genügen. Bei aller Abscheu für die Liberalen ist es Moellers objektive Mission, den Liberalismus vor seinen eigenen Fehlern zu schützen. Da die Demokratie und die damit verbundene Volksmacht die eigentlichen Probleme sind, hat der entschlossene Kampf gegen den Liberalismus nichts mit einer konkreten *liberalen Partei* oder dem Kampf gegen spezifische *liberale Maßnahmen* zu tun. Vielmehr kann er sich auf *alle* Parteien beziehen: »Wir dürfen uns diesen Liberalismus freilich nicht so vorstellen, als ob er an eine bestimmte

Partei gebunden sei. Er hat nur seinen Ausgang von derjenigen gemeineuropäischen Partei genommen, die ihm den Namen gegeben hat. Aber er hat in der Folge auf alle Parteien hinübergewirkt.«[47] Antiliberalismus und Demokratiefeindlichkeit werden auf diese Weise zu Synonymen – ganz so, als habe die Massendemokratie den Liberalismus nicht mindestens 50 Jahre leiden lassen. Und da sich der Liberalismus in Form des Sozialismus gegen sich selbst wendet, *verbündet* sich der konservative Antiliberalismus in der Tat mit den Liberalen, so verächtlich diese ihm auch erscheinen mögen, um gegen diejenigen zu kämpfen, die beide von unten bedrohen: gegen die proletarischen Parteien, die den Kapitalismus zerstören wollen. Moeller ist der grimmige Hexenmeister, der den liberalen Lehrling vor dem Ansturm der vom törichten Knecht entfesselten Massen retten will:

> »Das Problem der Massen rückt an. [...] Hier befindet sich die liberale Gesellschaft, die von dem Ertrage der menschlichen Arbeit lebt, dem Umsatzertrage oder Rentenertrage, in vollem Rückzuge von dem proletarischen Menschen, der ihr, wie er behauptet, diese Arbeit tut. Und hier sucht nun der liberale Mensch *den Ansturm aufzuhalten* und die Massen, die *seine Aufklärung rief*, noch einmal zu beschwichtigen.«[48]

Bei genauerer Prüfung offenbart diese Passage ein seltsames und höchst erhellendes Paradoxon. Das eigentliche Ziel von Moellers ideologischem Kampf steigt aus einer Schwade dichten rhetorischen Nebels empor: Der Liberalismus, den Moeller heroisch »auf der ganzen Linie« zu bekämpfen vorgibt, ist *bereits besiegt*! Er ist bereits »in vollem Rückzug« vor den »proletarischen Menschen«! Welchen Sinn könnte ein zum Äußersten entschlossener Kampf gegen einen Feind haben, der, wie der Liberalismus, sowieso bereits tot im Wasser liegt? Es sei denn, der eigentliche Kampf wird gegen jenen anderen und überlegenen Feind geführt, der den Liberalismus besiegt hat: gegen die triumphierenden, emanzipierten Massen. Wenn das Ziel wirklich darin bestanden hätte, den Liberalismus niederzuringen, hätte es eines Moellers gar nicht erst bedurft, und sein »Das dritte Reich« wäre überflüssig gewesen; man hätte sich einfach in die Massen einreihen und sich ihres Sieges erfreuen können.[49] Stattdessen erklärt uns Moeller, »das Problem der Massen rücke an«. Hier drückt also der Schuh. Das Problem am – verachtenswerten, niederträchtigen, gefährlichen – Liberalismus ist nicht, dass er eine Bedrohung darstellt, sondern dass er hinweggefegt wurde. Anders ausgedrückt, der Liberalismus ist durchaus gefährlich, allerdings nicht aufgrund seiner Stärke, sondern wegen seiner Schwäche. Aus Moellers Sicht steht er nicht deshalb zur Disposition, weil er (ökonomisch) ausbeuterisch wäre und auf Privateigentum oder einer ungerechten Reichtumsverteilung beruht, sondern weil er (politisch) töricht, humanistisch, selbstmörderisch ist: »So war der deutsche Liberalismus. Sein größtes Verbrechen war seine große Dummheit.«[50] Wie seine kapitalistischen Mitstreiter ärgert sich Moeller über die Art und Weise, wie die dekadente liberale Elite ihren eigenen Untergang herbeiführt, die Emanzipation der Massen trifft sie wie ein Bumerang. Auch für ihn ist die Französische Revolution das paradigmatische historische Beispiel:

> »Selten hat die Vernunft im Gehirn einer Klasse eine größere Verwüstung angerichtet, als es hier in der aufgeklärten Gesellschaft des französischen Volkes geschah. Was sie tat, das tat sie gegen sich selbst. Aber sie tat es, weil es liberal war – bis sie im Namen der Menschenrechte und unter der schrankenlosen Herrschaft eines liberalen Staatsideals, das zum revolutionären Staatsideale geworden war, von demselben dritten Stande verjagt, enteignet und ausgemordet wurde, dem sie erst gesagt hatte, dass er überhaupt eine Berechtigung zu besonderen Menschenrechten besaß.«[51]

Auch hier muss man sich fragen, warum ein eingefleischter Antiliberaler wie Moeller die Französische Revolution dafür attackiert, die Liberalen angeblich so hart abgestraft zu haben? Ebenso versäumt es Moeller, das zu registrieren, was ich »die liberale Spaltung« genannt habe. Er beklagt die Art und Weise, in der sich die Wirtschaft von der Politik entfernt hat, und unterstreicht die Notwendigkeit, diesen Riss zu heilen. Entscheidend ist jedoch, dass diese Synchronisation nicht als Disziplinierung der Kapitalisten gedacht ist, die in ihrer autonomen Sphäre zu mächtig geworden sind und nun wieder unter politische Kontrolle gebracht werden sollen. Ganz im Gegenteil, das Problem ist, dass die *Politik* zu unabhängig geworden ist und die kapitalistische Wirtschaft infrage stellt, und daraus leitet sich wiederum die Notwendigkeit ab, *Geschäftsleute* wieder in führende politische Positionen zu bringen, wie die folgende Passage über die Krise des deutschen parlamentarischen Systems nahelegt:

> »Die geistigen Vertreter der Nation dagegen, die großen Unternehmer, jeder irgendwie schöpferisch-tätige Mensch, sie alle, die wussten, dass die Geschichte einer Nation sich nicht in Diskussionen erfüllt, zogen sich aus den Parlamenten mehr und mehr zurück. Und da infolgedessen der Parlamentarismus als System geistig ungewertet [sic!] blieb, wurde er auch für das Volk [...] ein Verächtliches, an dem man ohne Beachtung vorüber und zu seinem Tagewerke gehen konnte.«[52]

Das faschistische Versagen, den Westen zu kopieren

Abschließend noch einige Anmerkungen zur widersprüchlichen Argumentation Moellers gegen die westlichen Nationen: Hier zeigt sich ebenfalls eine Diskrepanz zwischen Form und Inhalt. Formal beschwert sich Moeller bitter über die Unterwerfung Deutschlands unter die westlichen Siegernationen, die Deutschland eine Reihe erniedrigender und schwächender Maßnahmen auferlegt haben. Er will die Deutschen aus ihrer Unterwürfigkeit befreien und dazu bewegen, sich ihrer parasitären Unterdrücker zu entledigen, damit sie wieder den ihnen als Nation angemessenen Platz einnehmen können. Diese grundsätzliche politische Feindschaft gegenüber der durch den Versailler Vertrag auferlegten Nachkriegsordnung und Moellers lebhaftes Interesse an der russischen Kultur (er gab die erste deutschsprachige Sammlung von Dostojewskis Werken heraus) können als Beweis für Moellers Ablehnung des Westens dienen; so wie ähnlich formale Aspekte als Hinweise auf Moellers Antiliberalismus oder auf sein Bekenntnis zum Sozialismus gelten. Doch diese Argumentation blendet den konkreten Inhalt von Moellers Kritik aus, die alles andere als antiwestlich ist. Seine Feindschaft gegenüber den von den Westmächten diktierten Bedingungen mündet nicht in einen Generalangriff auf westliche Werte und Modelle, sondern bewegt ihn paradoxerweise zu der Forderung, das Land müsse den Westen *imitieren*. Er sieht das Problem Deutschlands nicht darin, einen fremden, westlich orientierten Weg zu verfolgen, sondern dies nicht *richtig* zu tun. Genauer gesagt, folgte Deutschland zwar dem Beispiel des Westens, aber täuschte sich bei der Umsetzung, da man nicht verstand, wie das Modell tatsächlich funktionierte. Die Folge dieses Missverständnisses war, dass Deutschland nicht im eigentlichen Sinne westlich, sondern *übermäßig* westlich wurde, indem es Maßnahmen und Ideologien, die sich in geringerem Ausmaß positiv ausgewirkt hätten, auf die Spitze trieb. Deutschland, beklagt Moeller an verschiedenen Stellen, habe den Westen beim Wort genommen, sich vom Liberalismus tiefgreifend verändern lassen und dabei die Begrenztheit und Verlogenheit des westlichen Liberalismus nicht durchschaut. Dort sei der Liberalismus intelligent als Mittel zur Verhinderung der Revolution eingesetzt worden, indem man die revolutionären Kräfte der Massen auf das Feld einer Scheindemokratie gelenkt und auf diese Weise neutralisiert habe:

> »Ein anderes ist Liberalismus in Europa. Ein anderes ist Liberalismus in Deutschland. Wenn im Westen zwei Auguren einander begegnen, dann wissen sie, was Liberalismus ist: ein politischer Trick, mit dem die emporgekommene Gesellschaft des dritten Standes das immer noch verbleibende ärgerliche, lästige Volk um die Versprechen von 1789 zu betrügen lernte und jedenfalls zu benutzen. Die Auguren wis-

> sen, was Freiheit ist: das Stichwort, das von den drei Schlagworten der Menschenrechtler die stärkste Zugkraft behielt und mit dem sich die geängstigten Massen statt auf die gefährlichen Barrikaden an die ungefährlichen Urnen bringen ließen.«[53]

Doch während die westlichen Mächte den Liberalismus einsetzten, um eine Revolution zu vermeiden, führte er in Deutschland direkt *zu* ihr. Was Moellers mit der deutschen Abweichung vom Westen, also dem gefährlichen *Sonderweg** des Landes meint, wird in folgender Passage sehr deutlich:

> »Das deutsche Volk hat den umgekehrten Weg gemacht, wie die Völker des Westens. Frankreich und England traten als Nationalstaaten in ihre Geschichte ein, setzten sich in ihr als Monarchie durch und hingen am Ende, nachdem sie durch ihre Revolutionen die Monarchie abgeschafft und eingeschränkt hatten, dem Parlamentarismus an, den sie für Demokratie ausgaben und hinter dem sich Nationalismus auswirkte. Wir dagegen, die wir ein ursprünglich demokratisches Volk waren und uns in der Folge durch die Monarchie behaupteten, brachen unsere Geschichte durch eine Revolution vorläufig ab, die nicht so sehr eine nationale Revolution, als eine internationale, auf Völkerverbrüderung und ewigen Frieden gerichtete Revolution sein sollte.«[54]

Demokratie wurde in Deutschland zum Ziel, anstatt ein Mittel zu sein. Ein parlamentarisches System, das nach westlichem Beispiel die Massen unter Kontrolle hielt, wäre sehr nützlich gewesen, doch Deutschland verfolgte sein eigenes, fehlgeleitetes und allzu wörtlich verstandenes Modell von Demokratie:

> »Aber die Engländer und Franzosen erfanden gleich die notwendige Schutzvorrichtung hinzu, eine jede Nation auf ihre Weise, die Engländer das Kabinett und den Premierminister, die sie ihrem Unterhause voranstellten und mit einem fast souveränen Gewohnheitsrecht ausstatteten, und die Franzosen den Klüngel, der sich der Kammer zu seinen Privatzwecken, aber auch denjenigen Frankreichs, zu bedienen wusste. Den Deutschen dagegen war es vorbehalten, den Parlamentarismus wörtlich zu nehmen, ihn als Kontrolle zu verwenden, also lediglich verneinend und hemmend.«[55]

Das Problem mit Deutschland besteht letztlich also darin, dass es *nicht* demokratisch und liberal im westlichen Sinne ist, sondern das Konzept auf deutsche Weise falsch und naiv anwendet. Daher die Antwort Moellers auf das eigenartige Dilemma: »An Liberalismus gehen die Völker zugrunde. Aber wie – sind es nicht die Völker des Liberalismus, die den

Weltkrieg gewannen?«[56] Die westlichen Nationen siegten, weil sie es verstanden auf raffinierte, gemäßigte und vorsichtige Weise liberal zu sein, dabei aber immer die nationalen Interessen im Blick behielten – ein Weg, den Deutschland nicht einzuschlagen verstand. Moellers Denken ist hier nicht besonders originell. Die Klage über Deutschlands späten und unklugen Sonderweg, die Kritik daran, wie das Land eigentlich funktionsfähige und solide politische Modelle übernahm, dann aber pervertierte, weil man sie wörtlich nahm und ohne Einschränkung anwandte – dies alles war unter deutschen Rechten sehr verbreitet, wie sich am Beispiel Edgar Julius Jungs, eines anderen wichtigen Publizisten der »konservativen Revolutionäre«, zeigen lässt:

> »War die Demokratie des Westens durch die konservativen Bastionen einer unverrückbaren Gesellschaftsordnung aristokratisch gehemmt, so wurde sie bei uns, dem Volke des technischen Heißhungers, der kapitalistischen Spätentwicklung, der rasenden Verstädterung und der ungeheuren Vermehrung des Proletariats, uferlos.«[57]

Wie erwähnt stellte Hitler selbst ähnliche Überlegungen über die unzulängliche Entwicklung Deutschlands im Vergleich zum Westen an.[58] Auch in Italien wurde häufig argumentiert, der Liberalismus müsse nicht wegen seiner westlichen und daher illegitimen Wurzeln zurückgedrängt werden, sondern weil er den lokalen Gegebenheiten widerspreche. So behauptete Alfredo Rocco, ein prominenter Führer der faschistischen Bewegung, das Problem des italienischen liberalen Staates sei weniger eine Konsequenz der Defizite des liberalen Staates *an sich* als vielmehr ein spezifisch einheimisches Symptom. In den westlichen Ländern, so der Justizminister Mussolinis der Jahre 1925 bis 1932, wirke sich der Liberalismus produktiv aus, weil er den nationalen Zielen untergeordnet sei: »Außerhalb Italiens, und insbesondere in den angelsächsischen Ländern, konnte der liberaldemokratische Staat gedeihen und große Leistungen vollbringen, weil er in den sozialen und politischen Voraussetzungen dieser Völker Korrektive fand, die wir nicht besitzen. In den angelsächsischen Ländern, aber auch in Frankreich, gibt es eine große nationale Tradition.«[59] Ähnlich wie Moeller, Jung oder Hitler beklagt Rocco, in diesem Fall für Italien, das Fehlen von Gegengewichten zur Macht der Massen: »In England wird dem individualistischen und zersetzenden Geist des Germanismus durch eine strenge moralische Erziehung entgegengewirkt, sodass der Einzelne zwar theoretisch vollkommene Freiheit gegenüber dem Staat bewahrt, aber sich doch selbst zu beschränken weiß.«[60] Im anarchistischen Italien hingegen sei der Individualismus grenzenlos. Um die aufständischen Massen zu zähmen, habe der Staat keine andere Wahl, als vom Liberalismus zum Faschismus überzugehen:

> »All diese Voraussetzungen fehlen in Italien. [...] Vor allem die Fremdherrschaft [...] ließ den Staat jahrhundertelang als Instrument der Unterdrückung durch Fremde erscheinen und weckte in der Masse der Italiener ein tiefes Misstrauen und einen Geist der Rebellion gegen die Autoritäten. [...] Selbst nach der Gründung eines vereinten unabhängigen Italiens bewahrten sich die Massen diese misstrauische und feindselige Haltung gegenüber dem Nationalstaat [...]. Unter diesen Umständen konnte der liberale Staat in Italien seine Position nur schwer aufrechterhalten [...]. [N]ach dem Krieg setzte eine Periode völliger Anarchie ein, in der der Staat zum Schatten seiner selbst wurde [...]. Die schmerzliche Phase der Anarchie wurde durch den Aufstieg des Faschismus gestoppt, der zur Wiederherstellung von Ordnung und Disziplin im Land eine Transformation des Staates herbeiführen musste.«[61]

In einem typisch faschistischen Zirkelschluss verwendete Rocco die Begriffe »Individualismus« und »Anarchie« als Euphemismen für *Massenagitation* und *-organisation*, also für Phänomene, die ziemlich genau das Gegenteil von Individualismus und Anarchie sind. Das eigentliche Problem war dementsprechend eben *nicht* die Auflösung des Staates in atomisierte Individuen und nicht die Tatsache, dass er angelsächsisch oder französisch geworden wäre, sondern der Umstand, dass ihm genau dies nicht gelang und er stattdessen zunehmend unter die Herrschaft des organisierten Klassenfeindes geriet. Oder wie Rocco selbst es formuliert: »Dieses Fehlen einer Einheit, eines Ideals, eines eigenen Willens war daher das Merkmal des liberalen und negativen Staates, der unfähig war, *die realen*, in der Nation existierenden *Kräfte* zu kontrollieren; diese Kräfte *organisierten sich daher selbst* und *lebten und gediehen außerhalb des Staates* und *beherrschten* ihn schließlich.«[62] Mit anderen Worten: Wären die italienischen Bürger atomisiert geblieben und hätten im Rahmen des Nationalstaates lediglich ihre privaten Interessen im anarchischen Spiel der Marktkräfte verfolgt, dann wäre der Faschismus unnötig gewesen, und Italien hätte wie seine westlichen Gegenspieler »gedeihen und große Leistungen vollbringen können«. Aber da genau das Gegenteil geschah, da sich die Individuen weigerten, atomisiert zu bleiben und sich stattdessen gezielt zu »realen« und »organisierten« »Kräften« zusammenschlossen, »musste« der Faschismus eingreifen und den liberalen Staat transformieren. Zusammenfassend lässt sich also sagen, dass die Faschisten, wie sie selbst bekennen, häufig lieber den westlichen Weg eingeschlagen hätten, aber dass der Organisationsgrad und die Kampfbereitschaft der Arbeiterklasse in ihren Ländern ihnen dies nicht erlaubte und sie zu einem nationalen *Sonderweg** zwang.

Außenseiter-Insider: Proudhon und Carlyle

Jene Historiker, die nach 1945 versuchten, die Entwicklungslinie des Faschismus von der des Liberalismus und der kapitalistischen Gesellschaft abzugrenzen und sogar als entgegengesetzt zu konstruieren, lenkten ihr Interesse häufig auf zwei Intellektuelle des 19. Jahrhunderts: Thomas Carlyle, den leidenschaftlichen Propheten der viktorianischen Epoche, der über Laissez-faire, den »Geldnexus« *(cash nexus)* und die »düstere Wissenschaft« *(dismal science)* der klassischen Nationalökonomie spottete, und Pierre-Joseph Proudhon, der das Eigentum bekannterweise und sehr prägnant mit dem Diebstahl gleichsetzte. So wurde Proudhon beispielsweise von Zeev Sternhell herangezogen, um auf die anarchistisch-sozialistischen Wurzeln des französischen Faschismus zu verweisen – mit Blick auf Proudhons Schriften und auf das von ihm hinterlassene Vermächtnis, insbesondere den aggressiv-nationalistischen Cercle Proudhon, der 1911 gegründet wurde und sich schnell in ein Sammelbecken wortgewandter Feinde der französischen Demokratie verwandelte. Ständig und in unzähligen Variationen zitiert Sternhell Proudhon als wichtige Quelle des Sozialismus: »gallischer Sozialismus«, »nationaler« oder »nationalistischer Sozialismus«, »wahrer Sozialismus«, »bäuerlicher, kriegerischer Sozialismus«, »Neosozialismus«, »prämarxistischer Sozialismus«, »authentischer Sozialismus« und so weiter. [63] All diese Sozialismen, so wird behauptet, seien den Lehren und dem Geist von Proudhon zutiefst verpflichtet gewesen. Umgekehrt wird Proudhon, wie seinem »treuesten Schüler« Georges Sorel, eine »Verachtung der bürgerlich-liberalen Werte« nachgesagt.[64]

Das Attribut »protofaschistisch« trifft meines Erachtens sowohl hinsichtlich der sozialen Perspektive, aus der Proudhon und Carlyle schrieben, als auch in Bezug auf das von ihnen propagierte politische und wirtschaftliche Programm durchaus zu. Oberflächlich betrachtet waren beide Autoren zudem leidenschaftliche Antikapitalisten. Bei näherer Betrachtung zeigt sich jedoch, dass Proudhon und Carlyle in Wirklichkeit seltsame Außenseiter der bürgerlichen Gesellschaft und Ideologie waren, ihre Kritik war tief im kapitalistischen Denken verankert. Keiner von beiden hatte die Absicht, den Kapitalismus als Produktionsweise zu überwinden; ihr Ziel war vielmehr, den Kapitalismus zu reinigen, also als Produktionsweise zu erhalten und von einigen als ungesund erachteten – politischen, kulturellen und sozioökonomischen – Eigenschaften zu befreien. Während Proudhon für den Versuch steht, den Kapitalismus nach dem Bild der Mittelschichten umzuformen und den Interessen der *classe moyenne* anzupassen, strebte Carlyle danach, den Kapitalismus zu veredeln und den Heiratsvermittler bei einer glorreichen Verbindung zu spielen, durch die die beiden historisch verfeindeten Klassen, das Bürgertum und die Aristokratie, zu einer zukünftigen Elite der Zukunft verschmelzen würden und für die Entscheidungsschlacht mit dem »millionenköpfigen« Drachen von Sozialismus und Demokratie gewappnet wären. Wenn ich für meine Auseinandersetzung mit der »völkischen Ideologie« die einflussreiche Studie von Fritz Stern als historiografischen Bezugspunkt herangezogen habe, so werde ich nun auf Jacob Salwyn Schapiros Buch »Liberalism and the Challenge of Fascism« (1949) rekurrieren, das in zwei Kapiteln systematisch zu begründen versucht, warum es sich bei Proudhon und Carlyle um »Vorboten des Faschismus« handelt.

Proudhon: Ein Marktanarchist

Schapiro argumentiert überzeugend, dass Proudhons Schriften den Faschismus des 20. Jahrhunderts ankündigen; als »unharmonisches Genie« gehörte Proudhon zu keiner ideologischen Strömung seiner Zeit – Sozialismus, Konservatismus, Monarchismus, Liberalismus – und war, anders als oft behauptet, auch kein echter Vorläufer des Anarchismus. Auffallend ist hingegen, dass er den faschistischen Standpunkt in mehrerlei Hinsicht antizipierte. In diesem Zusammenhang wären unter anderem zu nennen: seine Verteidigung von ausgeprägt kleinbürgerlichen Interessen gegen die von Kapital und Arbeit; sein Eintreten für eine Diktatur, die den Klassenkampf überwindet; die wachsende Verherrlichung von Krieg und militärischen Werten; die Artikulation konservativ-traditionalistischer Werte, wie der Unantastbarkeit der Familie, und sein erbitterter Widerstand gegen den aufkeimenden Feminismus; sein Rassismus und Antisemitismus; die Anklage des Finanzwesens und des geldverleihenden Kapitals, das er für überwiegend jüdisch hielt. Dieser Cocktail von Ideen wurde zwar von seinen Zeitgenossen missverstanden, erscheint vor dem Hintergrund der faschistischen Erfahrung aber klar und benennbar.

Schapiros Darstellung leidet jedoch an zwei entscheidenden, miteinander zusammenhängenden Einschränkungen. Erstens unter der Tatsache, dass sich der Autor bei seinem Bemühen, den Faschismus als Innovation unter den politischen Ideologien und zudem als eine (wie es im Titel des Buches angedeutet wird) den Liberalismus *herausfordernde* Neuerung darzustellen, nicht damit begnügte, lediglich die an sich bereits bedeutende »kleinbürgerliche« Dimension des Faschismus aufzuzeigen. Er ging stattdessen noch einen Schritt weiter und *reduzierte* den Faschismus auf diesen einzigen Aspekt, ja definierte ihn mit diesem Begriff. So formulierte Schapiro folgende Kurzdefinition des Faschismus – die der ähnelt, die heute, fast sechs Jahrzehnte später, viele Historiker, insbesondere des »neuen Konsenses« vertreten würden:

> »Es wäre ein großer Fehler, den Faschismus als eine gegen die Kommunisten gerichtete konterrevolutionäre Bewegung zu betrachten, wie

> sie sich gegen die Liberalen in der ersten Hälfte des 19. Jahrhunderts formierte. Der Faschismus ist insofern einzigartig in der modernen Geschichte, als es sich um eine revolutionäre Bewegung des Bürgertums handelt, die sich einerseits gegen die großen Banken und das Großkapital und andererseits gegen die revolutionären Forderungen der Arbeiterklasse richtet.«[65]

Im Widerspruch zu den von ihm selbst gut recherchierten und schlüssig organisierten Indizien beharrte Schapiro daher darauf, den Faschismus in eine kleinbürgerliche Nische zu stellen und dadurch den potenziellen Schaden für die bürgerliche Ideologie in ihrer Gesamtheit zu begrenzen. Teil dieser Reduktion war das zweite zentrale Problem an Schapiros Erklärung, nämlich die Weigerung, die grundlegende Bedeutung liberaler Motive in Proudhons Weltanschauung zur Kenntnis zu nehmen, obwohl diese von Schapiro selbst ausführlich dokumentiert wurden. Paradoxerweise war Proudhons Vorhaben der Beseitigung des Kapitalismus nämlich von liberalen Ideen durchtränkt. So erkannte Proudhon die Verwandtschaft seiner sozioökonomischen Vorstellungen mit dem klassischen Liberalismus bereitwillig an, wie sich etwa an folgenden, von Schapiro zitierten Sätzen zeigen lässt: »Gewiss habe ich Fourier gelesen und in meinen Werken mehr als einmal von ihm gesprochen; doch im Großen und Ganzen denke ich nicht, dass ich ihm etwas schuldig bin. Meine wahren Meister, welche in mir fruchtbare Ideen geweckt haben, sind ihrer drei: fürs Erste die Bibel, dann Adam Smith und endlich Hegel.«[66]

Ist es nicht eigenartig, dass ein Feind des Kapitalismus Adam Smith als zweitwichtigste Referenz nennt (in ökonomischen Fragen ist es wohl eher die *wichtigste*, wenn man berücksichtigt, dass die Bibel keine den Kapitalismus betreffenden Fragen verhandelt)? Doch die Anrufung des wichtigsten Wirtschaftsliberalen ist weder zufällig noch inkongruent mit Proudhons Lehren. Aus der Bibel entleiht Proudhon die moralische Entrüstung über die Übel und Ungerechtigkeiten der Moderne, seine Neigung zu unerschütterlichen ethischen Wahrheiten sowie den aufgesetzt prophetisch-predigenden Stil. Von Hegel übernahm er die Methode, antagonistische Kräfte versöhnen und eine höhere »Synthese« herstellen zu wollen (einmal abgesehen von der Frage, ob er die hegelsche Dialektik verstand oder nicht; Marx war überzeugt, dass Proudhon dies nicht tat). Dem schottischen Nationalökonomen jedoch verdankte Proudhon einen Großteil seiner konkreten Überlegungen zu sozioökonomischen Zusammenhängen wie der Produktion, dem Eigentum, der Besteuerung oder dem ökonomischen Individualismus. Proudhon sah seine Aufgabe darin, die Transformation der Gesellschaft entlang der von Adam Smith skizzierten Linien zu vollenden, »dessen Genie alles ahnte und uns alles zu bestimmen übrig ließ«.[67]

Wenn man sich heute erneut mit Proudhons Anarchismus beschäftigt, entdeckt man in vielerlei Hinsicht Ähnlichkeiten zur puristischen, liberal-libertären Kritik des 20. Jahrhunderts, die dem modernen Konzern-Kapitalismus vorwirft, den unverfälschten Wettbewerbsgeist des Kleineigentümer-Kapitalismus im 19. Jahrhundert erdrückt und deformiert zu haben. Im Unterschied zu den späteren Libertären, die die angeblich unbeeinträchtigte Kreativität der frühen Industriegesellschaft idealisierten, richtete sich Proudhons Kritik gegen den damaligen Kapitalismus selbst. Deshalb die grundlegende Unterscheidung, die Proudhon bereits in seinem ersten und berühmtesten Buch »Was ist das Eigentum?« zwischen dem heimtückischen, abzuschaffenden »Eigentum« und dem gutartigen »Besitz« macht, jenem Kleineigentum und jener Kleinproduktion, die das Fundament einer Zivilisation bilden:

> »Der persönliche *Besitz* ist die Bedingung für das gesellschaftliche Leben [...]. Das *Eigentum* ist der Selbstmord der Gesellschaft. Der Besitz ist im Recht verankert, das Eigentum ist wider das Recht. Schaffen Sie das Eigentum ab, jedoch nicht den Besitz, und allein durch diese Änderung am Prinzip werden Sie alles ändern in Bezug auf die Gesetze, Regierung, Ökonomie und Institutionen – Sie werden damit das Übel von der Erde verbannen.«[68]

Es ging also von Anfang an nicht darum, den Kapitalismus zu beseitigen, sondern ihn auf einer soliden, »gerechten« Grundlage neu zu erschaffen. So versichert Proudhon dem bürgerlichen Ökonomen Adolphe Blanqui, der ihn zu Recht gegen den Vorwurf verteidigte, zur Zerstörung der bestehenden Gesellschaftsordnung aufgerufen zu haben, dass das von ihm vorgeschlagene System nicht das Kapital abschaffen werde. Vielmehr werde der Besitz es auf eine solidere Grundlage stellen, als es das Eigentum tue:

> »Ein System absoluter Gleichheit finden, in dem alle bestehenden Institutionen, mit Ausnahme des Eigentums oder des Eigentumsmissbrauchs, nicht nur einen Platz finden, sondern selbst Mittel der Gleichheit sind: die individuelle Freiheit, die Gewaltenteilung, das öffentliche Amt, das Geschworenensystem, Verwaltung und Justiz, allgemeine Bildung, die Ehe, die Familie, das Erbe in direkter und indirekter Erbfolge, das Kauf- und Tauschrecht, das Recht, ein Testament zu machen, und sogar das Recht des Erstgeboren – ein System, das *besser als das Eigentum die Bildung von Kapital sichert* und den Eifer aller aufrechterhält.«[69]

Wie wir sehen können, will Proudhon mit seiner großen, von ihm immer wieder betonten Leidenschaft für die Gleichheit nicht etwa der Gesellschaftsordnung der Ungleichheit ein Ende bereiten. Worauf er abzielt, ist keine *echte* Gleichheit von Einkommen und Besitz oder das gemeinsame Eigentum an Produktionsmitteln, sondern auf das Ideal gleicher Bedingungen, was weitgehend identisch ist mit dem liberalen Grundsatz der Chancengleichheit: »Die *Gleichheit*«, so stellte er klar, besteht »nur in der *Gleichheit der Bedingungen*, also der *Mittel*, und nicht in der *Gleichheit des Wohlstands*, der bei gleichen Mitteln das Werk des Arbeiters sein soll.«[70] Dies entspricht weitgehend dem liberalen Begriff der Leistung des Einzelnen: »Die Freiheit begünstigt den Wettbewerb und zerstört ihn nicht. Bei gesellschaftlicher Gleichheit besteht der Wettbewerb darin, unter gleichen Bedingungen zu handeln.«[71] Zudem fehlt dem ominösen Konzept der »Anarchie« bei Proudhon jede aufständische Konnotation. Anarchie à la Proudhon läuft auf ein Ideal hinaus, das mit klassisch liberalen Freiheitsvorstellungen recht gut vereinbar ist, nämlich der Selbstbestimmung, der individuellen Freiheit und der Beschränkung der Staatsintervention (die unabhängig davon, ob der Forderungen an das Individuum stellende Souverän ein König oder die Mehrheit des Volkes ist, als illegitim erachtet wird). Proudhons Begriff des »Gesellschaftsvertrags« hatte in Wirklichkeit sehr wenig mit Rousseau zu tun, sondern wiederholte stattdessen die bekannten liberal-kapitalistischen Vorstellungen eines Arbeitsvertrags, der zwischen interessierten Parteien geschlossen, freiwillig eingegangen und ohne Zwang unterzeichnet wird und somit, wie die liberale Argumentation bekräftigte, für die absolute Freiheit aller Beteiligten bürgt:

> »Zwischen den Vertragsparteien gibt es notwendigerweise für jede ein echtes persönliches Interesse; es impliziert, dass ein Mann mit dem Ziel handelt, seine Freiheit und sein Einkommen ohne jeden möglichen Verlust zu sichern. [...] Der Gesellschaftsvertrag ist also im Wesentlichen wechselseitig [...]. Der Gesellschaftsvertrag sollte von allen Beteiligten frei diskutiert, individuell akzeptiert und eigenhändig unterzeichnet werden.«[72]

Angesichts der liberalen Logik, die Proudhons Ansatz zugrunde liegt, ist es nicht überraschend, dass er wie die meisten anderen klassischen Liberalen – oder »Liberalen der alten Schule«, wie Hayek es ausdrücken würde – die Unvereinbarkeit seines Ideals mit der Demokratie bald erkannte und scharf artikulierte. Auch Proudhon landete auf der ökonomischen Seite der liberalen Spaltung und lehnte in der Folge jede politische Intervention in die freien Vertragsbeziehungen ab. Die *»ökonomische Kritik«* habe festgestellt, schreibt er, dass »die *politische Institution* in der *industriellen Organisation verloren* gehen müsse«. Daraus schloss er, dass eine demokratische Einmischung in industriell-ökonomische Angelegenheiten ebenso wenig gerechtfertigt sei wie jede andere politische Einmischung: »Weder die Monarchie noch die Aristokratie noch die Demokratie selbst, [...] obwohl sie im Namen des Volkes handelt und sich Volk nennt. Keine Autorität, keine Regierung, nicht einmal eine des Volkes: Das ist die Revolution.« »Das Gesetz der Mehrheit«, stellt Proudhon klar, »ist nicht mein Gesetz, es ist das Gesetz der Gewalt; daher ist die Regierung, die darauf basiert, nicht meine Regierung; es ist eine Regierung der Gewalt.« Daraus folgt der Gedanke, dass »auf die Autorität des Wahlrechts verzichtet werden muss, wir müssen uns von der Wahl ebenso verabschieden wie von der Repräsentation und der Monarchien. Alles in der Regierung der Gesellschaft, was auf dem Göttlichen beruht, muss unterdrückt werden, und das Gebäude auf der menschlichen Idee des Vertrages neu aufgebaut werden.« In Anbetracht von Proudhons Ideal einer sozioökonomischen Ordnung – »freier Vertrag anstelle des absolutistischen Rechts; freiwillige Transaktion anstelle staatlicher Gerichtsbarkeit; [...] wirtschaftliche Einheit anstelle *politischer Zentralisierung*«[73] – darf es uns nicht verwundern, dass einige sogenannte »Anarchokapitalisten« sich ihrer Nähe zu Proudhon rühmen.[74] Und ebenso wenig sollte es überraschen, dass sich Hayek in einem Buch, das laut Untertitel »die Fehler des Sozialismus« entlarven will, affirmativ auf unseren »gallischen Sozialisten« bezieht.[75] Proudhon wird *zur Unterstützung* von Hayeks Plädoyer für eine Beschränkung staatlicher Interventionen auf das absolute Minimum angeführt, von dem Hayek glaubt, es eröffne »Raum für die außergewöhnlichste Freiheit und Vielfalt«.

Proudhon schnitt den Kapitalismus mit seinen wirtschaftlichen und politischen Folgen auf die Interessen der kleinen Handwerker und Grundbesitzer zu. In wirtschaftlicher Hinsicht schlug er eine individuelle Kleinproduktion vor, bei der weder Gewinn erzielt noch Arbeit ausgebeutet wird, da die Produkte auf dem eigenen Hof oder in der eigenen Werkstatt selbst hergestellt und dann nur gegen ihre Äquivalente getauscht werden, also gegen andere Produkte, in die die gleiche Menge an Arbeit investiert wurde. Wie Marx in seinen vielen scharfsinnigen Analysen von Proudhons Texten feststellte, klammerte sich letzterer hartnäckig an das wichtigste Merkmal des Kapitalismus – die Warenproduktion –, wollte sich gleichzeitig aber ihrer unangenehmen Begleiterscheinungen entledigen, indem er diese als zufällig und einfach zu beseitigend definierte.[76] Die ökonomische Basis sollte einerseits vor dem Missbrauch einer unter dem Joch der großen Kartelle stehenden Regierung, andererseits aber auch vor den demokratischen Vertragsverletzungen der Massen geschützt werden, die ihre Macht nutzen könnten, um durch progressive Besteuerung in das Eigentum – oder, wenn man auf der Unterscheidung bestehen möchte, in den Besitz – einzugreifen, was Proudhon immer wieder als eine Form des Diebstahls anprangerte.

Die Schlussfolgerung, Proudhon sei als Protofaschist »einerseits gegen die großen Banken und das Großkapital, andererseits gegen die revolutionären Forderungen der Arbeiterklasse« aufgetreten,[77] ist zwar richtig, aber oberflächlich. Und in ihren Implikationen ist die Aussage schlichtweg falsch. Sie unterstellt eine Art bürgerlichen Mittelweg, der genau zwischen den beiden großen modernen Akteuren verläuft, dem Kapitalismus der Konzerne und dem Sozialismus der Arbeiterklasse. Doch in Wirklichkeit neigte der kleinbürgerliche Faschismus – das Beispiel von Proudhon als dessen Vorläufer zeigt dies sehr gut – sehr entschieden der kapitalistischen Seite zu, während er den Sozialismus sowohl in seiner evolutionären als auch in der revolutionären Variante entschlossen ablehnte. Proudhon machte keinen Hehl daraus, dass er sich vor die Wahl zwischen kapitalistischer Pest und sozialistischer Cholera gestellt für erstere entscheiden würde.[78] So erklärte er in einer Polemik gegen den Sozialismus Louis Blancs: »Ich leugne Ihren Gott, Ihre Autorität, Ihre Souveränität, Ihren Rechtszustand, und alle Ihre Repräsentativ-Mystifikationen; [...] ehe ich mannweibliche Demokratie ertrage, unterstütze ich den Status quo.« Sogar verglichen mit der verhassten Wirklichkeit des Systems Guizot, das der Großbourgeoisie diente, hielt Proudhon das Projekt des Sozialismus für das größere Übel. Er erklärte sich »unerschütterlich überzeugt [...], dass der Kommunismus, der Republikanismus und alle sozialen, politischen und religiösen Utopien, welche die Fakten und Kritik verachten, *das größte Hindernis* sind, das gegenwärtig der Fortschritt zu besiegen hat«.[79]

Sicherlich sollte der Kapitalismus im Sinne des Kleinbürgertums korrigiert und verbessert werden; doch mit seinen grundlegenden Prämissen – Wettbewerb, Besitz, Unternehmertum – blieb er stets der ultimative Horizont der menschlichen Gesellschaft, der der Moral, der Wissenschaft und der Natur entsprach. Während sich Proudhons Zukunftsprojekt auf einen reformierten Kapitalismus stützte, hatte der Sozialismus bei ihm überhaupt keinen Platz. Proudhon war ein leidenschaftlicher, schwärmerischer Anhänger des Wettbewerbs, für den er regelmäßig Loblieder anstimmte und den er – durchaus als Polemik gegen das sozialistische Projekt der Abschaffung des Wettbewerbs gedacht – als »ein Prinzip sozialer Ökonomie, ein Beschluss des Geschicks, eine Notwendigkeit des menschlichen Wesens« feierte.[80] Bei der Verteidigung des Wettbewerbsprinzips gegen den Kommunismus und die quasisozialistische Demokratie zögerte er nicht, sich auf die bürgerliche politische Ökonomie und das Erbe Adam Smiths zu berufen. Während er das sozialistische Projekt als »eine Leugnung der sichersten Gesetze der ökonomischen Wissenschaft« bezeichnete, wurde diese Wissenschaft bei jeder Gelegenheit verteidigt:

> »Überall musste man die Arbeit emanzipieren, das Genie anspornen, den Industriellen verantwortlich machen, indem man ihm 1000 Mitbewerber gegenüberstellte und die Folgen seiner Trägheit, Unwissenheit und Unredlichkeit ihn allein tragen ließ. […] Die Freiheit der Industrie und des Handels steht in unseren Konstitutionen auf demselben Rang wie die politische Freiheit. Kurz, dieser Freiheit verdankt Frankreich seit 60 Jahren die Fortschritte seines Reichtums.«[81]

Proudhon formuliert die Frage: »Kann die Konkurrenz in der Arbeit abgeschafft werden?« Und gibt die typisch liberale Antwort: »Man könnte ebenso gut fragen, ob die Persönlichkeit, die Freiheit, die Verantwortlichkeit des Menschen unterdrückt werden kann.«[82] Er äußert auch die klassische Sorge der Wirtschaftsliberalen, dass der politische Liberalismus die Dynamik des Kapitalismus beeinträchtigen könnte. »Die konstitutive Einheit der Gesellschaft ist die Werkstatt«,[83] schreibt er und betont die Notwendigkeit, jede politisch-demokratische Einmischung in diese Einheit zu verhindern:

> »Sind nicht Arbeiter, die ihr Reglement votieren und ihre Chefs ernennen, frei? Es könnte sich leicht ereignen, dass diese abstimmenden Arbeiter unter sich weder Befehl noch Lohnunterschied mehr dulden wollten: Da nun keine Vorsorge getroffen ist, die industriellen Fähigkeiten bei politischer Gleichheit zufriedenzustellen, so würde alsdann die Auflösung in die Werkstatt dringen und, sofern nicht die Polizei einschritte, jeder zu seinen eigenen Geschäften zurückkehren.«[84]

Wie diese Sätze zeigen, ist es oft schwierig, Proudhons »revolutionäre« Vision der Kleinproduktion vom existierenden Kapitalismus mit seinen Hierarchien, Befehlsketten und Ungleichheiten zu unterscheiden. Die Grenzen zwischen Besitz und Eigentum erscheinen recht verschwommen. In ähnlichem Sinne manifestiert sich Proudhons kleinbürgerliche Sichtweise unter anderem in seinem Widerstand gegen die Monopole; allerdings werden diese aus liberaler Perspektive kritisiert, also nicht, weil sie die natürliche Folge des kapitalistischen Wettbewerbs darstellen und daher als struktureller Einwand gegen den Kapitalismus zu verstehen sind, wie Sozialisten argumentieren würden, sondern im Gegenteil, weil sie den kapitalistischen Wettbewerb behindern: »Das Monopol ist der natürliche Gegensatz der Konkurrenz […]. Die Konkurrenz ist die Lebenskraft, welche das Kollektivwesen beseelt: sie zerstören, wenn es möglich wäre, hieße, die Gesellschaft töten.«[85] Dies führt zu einem seltsamen Paradoxon. Als Verteidiger der Interessen der Kleineigentümer verurteilt Proudhon die Auswirkungen der Kapitalkonzentration auf Kleinproduzenten und beklagt die Tatsache, dass die großen Fische die kleineren schlucken und aus dem Wettbewerb verdrängen. Dennoch *müssen* sie faktisch miteinander *konkurrieren*, da Proudhons Einwände gegen die Monopole klar von einem kapitalistischen Standpunkt her formuliert sind und er nicht eine Sekunde lang in Erwägung zieht, die Ursache des Monopols, nämlich den Wettbewerb, zu beseitigen. Dabei ist er sich des Umstands bewusst, dass eine klare Verurteilung des Monopols auch die Verurteilung des Wettbewerbs darstellt: »Das Monopol ist der notwendige Ausgang der Konkurrenz, die es beständig durch eine Negation ihrer selbst erzeugt: diese Abstammung des Monopols ist schon seine Rechtfertigung.«[86] Diese Rechtfertigung des *schlechten* Monopols als Folge *guten* Wettbewerbs kann jedoch ebenso leicht zur Verurteilung des *guten* Wettbewerbs herangezogen werden wie zur Erklärung des *schlechten* Monopols. Daher sieht sich Proudhon komischerweise dazu bemüßigt, eine Begründung des Monopols an und für sich zu entwickeln: »Also ist das Monopol schon allein durch seine logische Ableitung gerechtfertigt. Doch würde diese Rechtfertigung als geringfügig erscheinen und endlich nur die Konkurrenz noch energischer verurteilen, wenn sich das Monopol nicht seinerseits selbst und als Prinzip setzen könnte.«[87] Egal wie kleinbürgerlich Proudhon auch sein mag, er erkennt den legitimen Aspekt des Monopols doch ohne Einschränkungen an und verfügt, es handele sich um einen notwendigen Bestandteil der menschlichen, sprich kapitalistischen Natur:

> »Das Monopol nun ist der Ausdruck der siegreichen Freiheit [...], der stärkste Stachel zu allen seit Anfang der Welt zurückgelegten Fortschritten [...]. Das Monopol ist im Grunde nur die Selbstherrschaft des Menschen über sich: Es ist das diktatorische Recht, von der Natur jedem Produzenten erteilt, seine Fähigkeiten zu verwenden, wie es ihm gefällt, seinen Gedanken nach der Richtung hin ergehen, die er vorzieht [...]. Dieses Recht gehört so wesentlich zur Freiheit, dass, wer es leugnet, den Menschen an Leib, Seele und in der Ausübung seiner Fähigkeiten verstümmelt und dass die Gesellschaft, die nur durch die freie Gestaltung der Individuen vorwärtskommt, sobald ihr die Kundschafter fehlen, auf ihrem Marsche stille steht.«[88]

In dieser Passage werden die liberal-kapitalistischen Grundlagen von Proudhons ökonomischer Position besonders deutlich. Es gilt, das Monopol zu bewahren, seine negativen Folgen für die Kleinproduzenten jedoch abzuschwächen und eine versöhnende Synthese von Wettbewerb und Monopol zu formulieren: »Deshalb kann zwischen diesen Tieren [Bienen, Ameisen und so weiter] kein Privileg und Monopol stattfinden [...]. Da aber die Menschheit in ihrer Mehrheit vereinzelt ist, so wird der Mensch notwendig Monopolist, weil, wenn er das nicht ist, er nichts ist; und das soziale Problem besteht in der Frage, nicht, wie man alle Monopole abschaffen, sondern wie man sie vereinbaren soll.«[89] Für den Gegner des Großkapitals besteht das eigentliche Wesen des Menschen erstaunlicherweise im Monopol. Diese Passagen sollten genügen, um der Einschätzung zu widersprechen, wonach Proudhon – und im weiteren Sinne der Faschismus – eine Zwischenposition zwischen »Großkapital« und »Sozialismus« eingenommen habe.

Für Schapiro manifestierte sich der Protofaschismus Proudhons in dessen 1861 publiziertem Buch »La Guerre et la Paix«, das von einer lang anhaltenden Kriegserregung geprägt war. Schapiro hatte in dieser Hinsicht sicherlich recht, übersah jedoch, wie sehr die Kriegsbegeisterung nicht in irgendeiner neuen protofaschistischen Ideologie verwurzelt war, sondern in einem Wirtschaftsliberalismus, der Proudhons Sichtweise zugrunde lag, und in seinem Bekenntnis zum *bellum omnium contra omnes*[90] des Wettbewerbs zum Ausdruck kam. Der folgende Auszug aus »Die Philosophie des Elends« illustriert das in schillernden Farben:

> »Das gerade ist die Einwirkung der Konkurrenz auf die Industrie. Der Mensch verlässt seine Faulheit nur, wenn ihn das Bedürfnis treibt, und das sicherste Mittel, das Genie in ihm zu vernichten, ist, ihn von jeder Sorge zu befreien, ihm den Reiz des Gewinnes und der sozialen Auszeichnung, die ihn begleitet, zu nehmen, indem man um ihn her den Frieden überall, den Frieden immer erschafft, und dem Staat die Verantwortlichkeit für seine Trägheit aufbürdet.
>
> Ja, man muss es dem modernen Quietismus zum Trotz sagen: Das Leben des Menschen ist ein fortwährender Krieg mit dem Bedürfnis, ein Krieg mit der Natur, ein Krieg mit seinesgleichen, folglich ein Krieg mit sich selbst.«[91]

Proudhons Sozialutopie bestand darin, die individualistische, unternehmerische Mittelschicht so zu verallgemeinern, dass der Wettbewerb nicht mehr das Privileg einiger weniger ist, sondern zum Allheilmittel der Menschheit wird: »Vermöge der Verfassung der Gesellschaft, sagte ich vorhin, ist die Konkurrenz eine Ausnahme, ein Privileg; jetzt frage ich, wie bei der Gleichheit der Rechte, dies Privileg noch möglich ist?«[92] Bemerkenswerterweise lief Proudhons Anarchismus, ob nun mit oder ohne Anführungszeichen, ganz ähnlich wie der seines deutschen Zeitgenossen Max Stirner darauf hinaus, das Marktprinzip so zu verallgemeinern, dass es alle Bereiche des menschlichen Handelns und der zwischenmenschlichen Beziehungen erfasst. In »Der Einzige und sein Eigentum«, einem für den Anarchismus grundlegenden Text, beschreibt Stirner, der im Übrigen ein Übersetzer Adam Smiths war, Handel und Warentausch als höchsten Ausdruck der Selbstverwirklichung und interpretiert die

Gesellschaft als einen riesigen Markt, auf dem alle menschlichen Gefühle wie gewöhnliche Waren den Gesetzen von Angebot und Nachfrage unterliegen: »Aber die Liebe ist kein Gebot, sondern, wie jedes meiner Gefühle, *mein Eigentum*. *Erwerbt*, das heißt erkauft mein Eigentum, dann lass ich's euch ab. Eine Kirche, ein Volk, ein Vaterland, eine Familie und so weiter, die sich meiner Liebe nicht zu erwerben wissen, brauche ich nicht zu lieben, und ich stelle den Kaufpreis meiner Liebe ganz nach meinem Gefallen.«[93] Vergleichen Sie dies mit Proudhons Überlegungen, die wiederum den Atheismus Nietzsches vorwegnehmen:

> »Barmherzigkeit! Ich leugne die Barmherzigkeit, das ist Mystizismus. [...] Ich verlange alles, was mir zukommt, nichts, was mir nicht zukommt; warum schlagt ihr das ab? [...] Sprecht mir von Soll und Haben, in meinen Augen dem einzigen Kriterium der Gerechtigkeit und Ungerechtigkeit, des Guten und des Übels in der Gesellschaft. [...] Gott! Ich kenne keinen Gott; das ist wieder Mystizismus. Fangt damit an, dies Wort aus euren Reden zu streichen, wenn ihr wollt, dass ich euch zuhöre; denn 3000 Jahre Erfahrung haben mich gelehrt, wer mir von Gott spricht, will entweder an meine Freiheit oder meinen Beutel [Geldbeutel; Anm. d. Übers.]. Wie viel bist du mir schuldig? Wie viel bin ich dir schuldig? Das ist meine Religion und mein Gott.«[94]

Der anarchistische Bildersturm dieser Autoren war also nur ein eigenartiges Echo der Marktanarchie, die alle menschlichen Interaktionen regulieren sollte, nachdem der Missbrauch durch Monopol und Großkapital unterbunden und unter der Ägide von Proudhons *Banque du Peuple* die allgemeine »Chancengleichheit« hergestellt worden war. Weit entfernt von antikapitalistischen Positionen, versuchten solche Persönlichkeiten einen Kapitalismus in Reinform zu schaffen und seine Logik auf die Spitze zu treiben.

Wenn man sich vor Augen führt, wie wenig Proudhon am Kapitalismus auszusetzen hat und dass er die Marktgesellschaft sogar offen feiert – er bringt nur einige taktische und ethische Bedenken vor, die allerdings durch das Prinzip »Chancengleichheit« ausgeräumt werden können –, fallen seine resoluten, grundsätzlichen und energischen Einwände gegen den Sozialismus umso deutlicher auf. Meiner Ansicht nach gibt es keinen einzigen Punkt, an dem Proudhons Theorie mit einer Variante von Sozialismus, egal ob revolutionär oder reformistisch-evolutionär, in den Dialog treten könnte. Die Aussicht einer kommunistischen Revolution, die Eigentum, Wettbewerb und Monopole abschaffen würde, weckte bei Proudhon schärfste Ablehnung. Als Wirtschaftsliberaler, der er im Grunde war, negierte er die ökonomische Umsetzbarkeit dieser Ordnung, da der Motor des Wettbewerbs und des individuellen Besitzes abgewürgt werden würde. Doch er lehnte den Kommunismus auch aus moralischen Gründen ab, nämlich als organisierte Ausbeutung der Starken durch die Schwachen, und griff dabei auf die bekannte liberale Argumentation zurück, in der wirtschaftliche Freiheit mit Individualität, Persönlichkeit und Spitzenleistungen gleichgesetzt wird. Im Kommunismus, behauptete Proudhon, muss »der Starke die Aufgabe des Schwachen leisten, [...] der Fleißige die des Faulen liefern, [...] der Geschickte die des Idioten, [...] kurz, der Mensch muss sein Ich, seinen freien Willen, seine Anlagen, seine Neigungen aufgeben und sich demütig der Majestät und Unbeugsamkeit der Gemeinschaft opfern«.[95] Den evolutionären Sozialismus ließ der gallische Sozialist nicht besser wegkommen. Alle seine Grundlagen wurden von Proudhon systematisch angegriffen, vom allgemeinen Wahlrecht über die Gewerkschaften und kollektive Tarifverhandlungen bis hin zur Hoffnung, das Los der Arbeiter durch eine gerechtere Verteilung des Reichtums zu verbessern. Wie Schapiro hervorhob, trieb der Hass auf den Sozialismus, den er »für das schlimmste aller gesellschaftlichen Gifte hielt«, Proudhon dazu, »die Anarchie als ihr Gegenteil zu befürworten.[96] In der Anarchie sah er nicht die Lösung der sozialen Probleme, sondern das Antidot zum Sozialismus.« Proudhons Mittelschichtsutopie sollte durch eine verantwortungsbewusste und weitsichtige Elite von »Gelehrten« – natürlich unter Führung Proudhons und mithilfe seiner Reformpläne – umgesetzt werden; unabhängig von und, wenn nötig, gegen die Wünsche der Massen, die unreif waren, das Projekt zu verstehen, und seines letztlich gar nicht würdig waren. Da die Demokratie, wie erwähnt, den von ihm idealisierten allgemeinen Wettbewerb eher behinderte, bestritt Proudhon auch die Ansicht, dass der Wille der Mehrheit mehr Bedeutung besitze als der eines Monarchen. Beide stellten eher eine willkürliche Gewalt dar als jene wissenschaftliche Implementation der Gerechtigkeitsgebote, die Proudhon, wie er voller Eigenlob verkündete, entdeckt und dargelegt haben wollte.[97]

Bei seinem unerschütterlichen Widerstand gegen die progressive Besteuerung berief sich Proudhon ausdrücklich auf Adam Smith. An dem folgenden Abschnitt lässt sich beobachten, wie seine anarchistische Weigerung, sich an gesellschaftliche Normen und Konventionen zu halten, Bestandteil seiner Bemühungen war, die Mächtigen vor den vermeintlich Schwachen zu schützen. Der Staat – die bevorzugte Zielscheibe anarchistischer Kritik – wurde häufig nicht aus sozialistischer Perspektive als ein Instrument im Dienste des Kapitals angegriffen, sondern vielmehr als ein Mechanismus, um die starken Mitglieder der Gesellschaft unter die Kontrolle der unproduktiven zu stellen. Hier manifestierte sich erneut ein Anarchismus, der mit der wirtschaftsliberalen Ablehnung des sozialistischen Wohlfahrtsstaates als ein Mittel zur Untergrabung des Wettbewerbs- und Leistungsprinzip vereinbar war: »Die Steuer gehört zu der großen Familie von Vorbeugungs-, Zwangs-, Straf- und Racheeinrichtungen an, die Adam Smith unter dem allgemeinen Namen der Polizei bezeichnete und die, wie ich schon sagte, in ihrem ursprünglichen Begriffe nur die Reaktion der Schwäche wider die Gewalt ist.«[98]

Wenn Schapiros Argumentation stimmt, wonach Proudhons Schriften den Prototyp eines völlig neuen politischen Phänomens darstellen, nämlich eines kleinbürgerlichen Antikapitalismus, dann ist gleichzeitig nicht minder wahr, dass wir hier einen wichtigen Einblick in die *liberalen Fundamente* eben dieser kleinbürgerlichen Sichtweise und damit in einem zweiten Schritt der liberalen Wurzeln des Faschismus erhalten, es sich also gerade nicht um einen faschistischen Angriff auf den Liberalismus handelt. Doch auch wenn Schapiros Darstellung irreführend war, so ist sie doch um einiges zuverlässiger als die Sternhells, der gute 40 Jahre nach Schapiro Proudhon benutzte, um den vermeintlich sozialistischen Ursprüngen des französischen Faschismus auf die Spur zu kommen. Denn selbst wenn er sich bemühte, Liberalismus und Faschismus voneinander zu trennen, verlor Schapiro nie die Tatsache aus den Augen, dass der Faschismus – und sein Vorläufer Proudhon – entschieden antisozialistisch war. Für Sternhell, der es sich zur Aufgabe gemacht hatte, den Faschismus neu einzuordnen und als dissidente Strömung des Sozialismus zu präsentieren, war dies bei Weitem nicht genug. Deshalb überbot er frühere Interpretationen und betonte immer wieder den sozialistischen Charakter Proudhons und seiner nationalistischen und schließlich faschistischen Jünger (ein Vorgehen, das wir im nächsten Kapitel näher erörtern werden, wenn wir Georges Sorel, einen der wichtigsten Jünger Proudhons, diskutieren). Ungeachtet dieser wichtigen Unterschiede ignorierten beide Historiker, in welchem Ausmaß Proudhon, der sich selbst für einen Vollstrecker Adam Smiths hielt, als Vertreter des Liberalismus gelten muss – Proudhon wollte das System nicht zerstören, sondern dessen Missstände beheben und reformieren. Letztlich werfen seine Schriften ein Licht auf das wichtige Thema des Anarchismus und Anarchosyndikalismus und deren Verhältnis zum Faschismus, das wir im Folgenden noch erörtern werden. Denn überraschenderweise liefert die Einordnung Proudhons als zentraler Figur bei der Entwicklung des Anarchismus konkrete Hinweise auf die *liberalen* Wurzeln des Anarchismus, die der weitverbreiteten Annahme widersprechen, wonach es sich beim Anarchismus einfach um eine Variante des linken Sozialradikalismus gehandelt habe, die andere Ziele und Annahmen als der Sozialismus formuliere, aber genauso *antiliberal* sei.

Carlyles Kapitalismuskritik: Vom Geldnexus *(cash nexus)* zur Peitsche *(lash nexus)*

Thomas Carlyle[99] konnte stets leidenschaftlich und bisweilen scharfsinnig gegen die Anbetung des »Mammons« predigen und den allgemeinen

Verfall menschlicher Beziehungen in der Industriegesellschaft in einer Weise anprangern, die an Kapitalismuskritiker wie den Humanisten Charles Dickens und den Kommunisten Friedrich Engels erinnerte. Doch in Wirklichkeit kreiste ein Großteil von Carlyles Kritik um die Frage, wie der Kapitalismus seine eigene Zerstörung herbeiführt, indem er seine finsteren Scharfrichter erst heranzüchtet und dann ausbildet: Demokratie, Sozialismus und Revolution. Damit ging Carlyle zweifelsohne über die übliche Kritik des Wirtschaftsliberalismus hinaus, die, wie wir gesehen haben, dem politischen Liberalismus vorwirft, den Kapitalismus zu behindern und zu gefährden. Carlyles Ansicht nach stellte auch der *Wirtschaftsliberalismus* eine Gefahr für den *Wirtschaftsliberalismus* dar; der ungezügelte Kapitalismus entfesselt nämlich Kräfte, die letztlich die kapitalistische Produktion und das Klassensystem, auf dem diese beruht, unmöglich machen. In dieser Hinsicht erweist sich Carlyle als ein weitsichtigerer und raffinierterer Verteidiger des kapitalistischen Systems als die dogmatischen Anhänger des Laissez-faire, die jede Verwässerung des Kapitalismus ablehnen, und zwar selbst dann, wenn dadurch seine Zukunft auf Spiel gesetzt wird. Carlyle prangert weniger die Unmenschlichkeit oder Grausamkeit der kapitalistischen Ausbeutung an als deren *Dummheit*. Dies ähnelt der Verzweiflung der Wirtschaftsliberalen gegenüber dem politischen Liberalismus, der der Sozialdemokratie »törichterweise« die Schleusen geöffnet habe; nur mit dem Unterschied, dass Carlyle die gleiche Unvorsichtigkeit in der klassischen Wirtschaft entdeckt. »Der Weise von Chelsea«, wie Carlyle auch genannt wurde, findet die Praxis des Laissez-faire zugleich zu *nachsichtig* und zu *hart*.

Zu nachsichtig, weil der Kapitalismus die Arbeiter politisch emanzipiere, ihre Arbeit zu einer freien Vertragsangelegenheit mache und sich der Illusion hingebe, dass das Prinzip eines freien, allein auf wirtschaftlichen Interessen beruhenden Willens als dauerhafte Grundlage zur Mobilisierung von Arbeitskräften dienen kann. Carlyles Denken war auf militante Weise elitär und antiegalitär, nicht in erster Linie im kulturellen Sinne, sondern vor allem im Hinblick auf die Arbeitsteilung.[100] In der Sklaverei sah er das ideale Verhältnis zwischen Arbeitgeber und Beschäftigten, da der unbefristete Vertrag zwischen den beiden Seiten der Gefahr eines – ob nun revolutionären oder evolutionären – Bruchs zuvorkommt. Carlyle lobte die Sklaverei als eine überaus natürliche Regelung, bei der der Sklave gezwungen wird, die seinen Fähigkeiten entsprechende Arbeit zu verrichten:

> »[Es] mag, was Westindien betrifft [...], als Grundsatz aufgestellt werden, den keine Beredsamkeit in Exeter Hall oder in Westminster Hall noch sonst wo entkräften oder verheimlichen kann [...], dass nämlich kein Schwarzer, der, gemäß der Fähigkeit zum Arbeiten, welche die

> Götter ihm verliehen haben, nicht arbeiten will, auch das geringste Recht darauf hat, Kürbis zu essen oder ein Stück Land zu besitzen, welches Kürbis hervorbringen wird [...]. Wohl aber hat er ein unstreitiges und dauerndes *Recht*, von den faktischen Besitzern besagten Landes dazu gezwungen zu werden, genügende Arbeit für seinen Lebensunterhalt zu leisten. Dies ist die ewige Pflicht aller Menschen, ob schwarz oder weiß, die in diese Welt hineingeboren werden.«[101]

Wie man erkennen kann, lehnte Carlyle den Geldnexus *(cash nexus)* nur deshalb entschieden ab, um die soziale Beziehung der Peitsche *(lash nexus)* umso leidenschaftlicher zu verteidigen. Angesichts der Nachsicht des politischen Liberalismus brachte Carlyle die bekannte Furcht zum Ausdruck, die Gesellschaftsordnung könne zerfallen. Das Problem der kapitalistischen Arbeitsbeziehungen – die Carlyle als »nomadische Knechtschaft« bezeichnete – besteht weniger in ihrer Existenz als in dem Umstand, dass sie nicht überlebensfähig sind. Diejenigen, die töricht genug waren, die Sklaven der Karibik zu emanzipieren, sollten sich nicht darüber wundern, dass ihre eigenen Arbeiter zu Hause außer Kontrolle gerieten. Die Abschaffung der Sklaverei, der politischen Unterwerfung der Arbeit, führe unweigerlich zu Demokratie und Sozialismus, da die Sklaverei die »Pfahlwurzel« der Zivilisation sei:

> »Man hat ja den Neger immer ziemlich gern [...]. Der allmächtige Schöpfer hat ihn bestimmt, dienstbar zu sein. [...] Alle Welt erhebt sich mit Geschrei gegen euch, wenn sie dergleichen hört [...]! Die närrische Welt hört jahraus, jahrein, seit mehr als ein Menschenalter lang, von ›unheilvollen Streiks‹, ›unbarmherziger Arbeiteraussperrung‹ und anderen Einzelheiten des Nomadenwesens der Dienstbarkeit; ja, diese Welt gerät in gründliche Beunruhigung über ihre eigenen hochmütigen Bedientenwichte [sic!], meuterischen Dienstmädchen [...] und über die gleichartigen Erscheinungen auf allen Seiten; aber es wird lange dauern, bis die närrische Welt ihre Augen öffnet und die Wurzel all dessen sieht – mit einem Worte, bis sie die Vorstellung als töricht einsieht, dass Herrschaft und Dienstbarkeit nach dem nomadischen Prinzipe jemals unter menschlichen Wesen möglich war oder jemals möglich sein werden, außer auf kurze Perioden.«[102]

Die Medizin, die Carlyle im Sinn hatte, war die Wiedereinführung sklavereiähnlicher, dauerhafter Knechtschaft. Seiner Meinung nach war dies eine der dringendsten Aufgaben des heldenhaften Kapitalisten der Zukunft, des Industriekapitäns: »Im Parlament und außerhalb desselben wird unser tatliebender Held endlose Arbeit für sich vorhanden finden. Ihm fällt die Aufgabe zu, die Menschheit der Industrie aus ihrer gegenwärtigen gänzlichen Verwilderung wieder zu Gesittung zu bringen [...], den *nomadischen* Arbeitskontrakt wieder in einen *dauernden* zu verwandeln.«[103]

Andererseits ist der Kapitalismus insofern zu hart, als er den Arbeiter überausbeutet, entfremdet und damit zur Rebellion aufstachelt. Dies ist die eher unspektakuläre Ursache dafür, warum sich Carlyle um das Wohlergehen der Arbeiter sorgt. Hinter dem jähzornigen, donnernden Ton seiner Rhetorik, der sich so sehr von dem trockenen und leidenschaftslosen Diskurs der klassischen Ökonomen unterscheidet, verbirgt sich in Wirklichkeit oft eine größere *Mäßigung*. Dem Kapitalismus wäre mit einer Beschränkung des Laissez-faire besser gedient:

> »In Rom und Athen [...] werden wir entdecken, dass nicht durch lärmende Abstimmung und Beratung der Menge, sondern durch weise Einsicht und Leitung Weniger die Obliegenheiten geführt worden sind. So ist es immer gewesen, so wird es stets sein. [...] Die Demokratie [...] ist der Gipfelpunkt der Regierungslosigkeit und des Laissez-faire. Sie mag für unser gegenwärtiges Europa natürlich, kann aber nicht die Endbedingung desselben sein. Nicht nach der Unmöglichkeit der ›Selbstregierung einer Menge durch eine Menge‹, sondern nach etwas Möglichem, nach der Beherrschung durch den Weisesten, ringt in Wirklichkeit das irregeführte Europa. Die segensvollste Möglichkeit heißt: nicht Missregierung, nicht Laissez-faire, sondern wirklich wahrhafte Regierung!«[104]

Ironischerweise verurteilt Carlyle am Wirtschaftsliberalismus nicht die politische Entmachtung der Massen, sondern das genaue Gegenteil, nämlich ihre politische *Ermächtigung*, er kritisiert, dass die Laissez-faire-Politik fahrlässig und letztlich gegen sich selbst zur Demokratie und zur Herrschaft der Menge führt und damit den Elitismus zerstört. Statt eines einfachen Antiliberalismus haben wir es hier also erneut mit einem mächtigen Beispiel der liberalen Spaltung *(liberal split)* zu tun. Diejenigen, die den Arbeiter ökonomisch ausbeuten und sich gegen jede politische Regulation durch eine Regierung wehren, versäumen es, die langfristigen Folgen dieser Beseitigung des Politischen zu bedenken. Sie begreifen nicht, dass sie die politische Bühne durch ihren egoistischen Rückzug aufgeben und damit der Arbeiterklasse überlassen. Dieser Rücktritt von ihren politischen Pflichten werde zu einer verhassten Demokratie oder, noch schlimmer, zu einer Revolution führen. »Es mag kosten, was es will, auf einem oder anderen Wege«, stellte Carlyle fest, »müssen die mühebeladenen Volksmassen unseres ratlosen und übervölkerten Europas Führer finden und werden sie finden. ›Laissez-faire – das heißt, ihr Tun ihnen überlassen‹? Das, was sie tun werden, wenn es ihnen überlassen bleibt, ist zu fürchterlich, daran zu denken! Es ist getan worden im Angesicht der ganzen Welt, bei unseren Zeitgenossen: kann die Notwendigkeit eintreten, dass es ein zweites Mal geschehen wird?«[105] Es geht also um das Überleben der kapitalistischen Gesellschaft selbst, um das sich die auf unmittelbare Gewinne fixierten Kapitalisten nicht kümmern. Carlyle hingegen erhebt sich zum wahren Wächter der bestehenden Gesellschaftsordnung: »Überhaupt möchten wir der Gesellschaft raten, doch ja nicht über das zu reden, wozu sie da ist; sondern lieber mit Aufwand allen Eifers fortzubestehen und zu versuchen, wie sie ihren Fortbestand behaupten kann. Das ist der beste Vorsatz!« Die Abkehr vom Laissez-faire ist aus Carlyles Sicht also eine Überlebensfrage für die Klassengesellschaft, die er bewahren möchte. Denn wenn die Gesellschaft »durch einen grausamen Zufall dahin kommen sollte, nur zum Schutze des Hosentaschen-Eigentums zu existieren, so würde sie sehr bald die Fähigkeiten verlieren, selbst das zu beschützen und die Entdeckung machen, dass ihre Laufbahn in unserer Welt [...] am Endpunkt angekommen sei!«[106] Nietzsche, der trotz seiner erklärten Verachtung für den schottischen Schriftsteller von diesem enorm – insbesondere, aber nicht ausschließlich in sozialen und politischen Fragen – beeinflusst war und ihn sogar plagiierte,[107] dachte über dasselbe Dilemma nach und kam zu ähnlichen Schlussfolgerungen. Es sei entscheidend, schrieb Nietzsche, »auch das Wohl des Arbeiters, seine leibliche und seelische Zufriedenheit ins Auge [zu fassen] – *damit* er und seine Nachkommen gut auch für unsere Nachkommen arbeiten [...]. Die *Ausbeutung* des Arbeiters war, wie man jetzt begreift, eine Dummheit, ein Raubbau auf Kosten der Zukunft, eine Gefährdung der Gesellschaft.«[108] Bei der Auseinandersetzung mit Carlyles Zielen war die Darstellung Schapiros, an dieser wie an anderen Stellen, weitaus zuverlässiger als hinsichtlich der am Ende von ihm gezogenen Schlussfolgerungen:

> »Wie die Faschisten glaubte auch Carlyle, dass diese Übel durch die staatliche Überwachung des Wirtschaftslebens überwunden werden könnten, was dazu führen werde, die Arbeiter produktiver und zugleich zufriedener zu machen. Ein Arbeiter, der abgesichert ist, ein gutes Einkommen bezieht und in einem komfortablen Heim wohnt, wird härter für seinen Arbeitgeber arbeiten, engagierter für den Staat kämpfen und den ›noblen Wenigen‹, die ihn regieren, treu dienen.«[109]

Und genau dies ist die Ursache für die Bereitschaft des Faschismus, sich über die Anordnungen des Laissez-faire hinwegzusetzen: Er tut dies nicht aus revolutionärer Begeisterung, sondern um der Revolution zuvorzukommen; nicht um den Kapitalismus herauszufordern, sondern um ihn in ruhigere Gewässer zu lenken; nicht um eine klassenlose Gesellschaft zu ermöglichen, sondern um Klassenunterschiede zu vertiefen; nicht um die Ausbeutung zu beseitigen, sondern um ihr Fortbestehen zu sichern. Kurzum, man sorgt sich um das Wohlergehen des Arbeiters, »*damit* er und seine Nachkommen gut auch für unsere Nachkommen arbeiten«. Das war für Carlyle, Nietzsche und die Faschisten, die ihnen objektiv betrachtet und unabhängig von der Existenz eines direkten Einflusses folgten, der Kern der Sache. Letztlich belegt das Bündnis von Industriekapitänen und aristokratischen Helden in einer gegen die Massen gerichteten Diktatur, wie sehr Carlyles Positionen innerhalb des kapitalistischen Lagers verortet waren. Der ultimative Feind dieser Antikapitalisten war der Antikapitalismus. Carlyle wurde von Schapiro als der einzige berühmte viktorianische Brite beschrieben, »der in keinerlei Wortsinn Liberaler war«.[110] Wie merkwürdig und lehrreich ist es da, dass der antiliberale Carlyle, dieser präfaschistische Außenseiter, das kapitalistische System davor bewahren will, an der den Kapitalisten eigenen Verbindung aus politischer Naivität und ökonomischer Selbstsucht unterzugehen, an jener »unheilvollen Vermählung von philanthropischem Liberalismus und der ›düsteren Wissenschaft‹ *(dismal science)*«, die »unermessliches Leid für uns und die arme zivilisierte Welt« gebracht hat.[111] Schapiros Prophet des »revolutionären« Faschismus tritt also in Wahrheit an, die Ordnung zu zementieren und die Kräfte der Anarchie zu zerstreuen. Er versichert den heroischen Wenigen, die gegen die Anarchie kämpfen, dass der endgültige Sieg ihnen gehören wird:

> »Denn überall in diesem Weltall [...] ist im Stillen der Kampf gegen die Anarchie alle Augenblicke im Wachsen begriffen: nicht aber die Anarchie, sondern ganz im Gegenteil; denn das ganze Weltall liegt immerfort im Widerstreit mit ihr und treibt sie langsam und unausgesetzt zum Selbstmord und zur Vernichtung. Für die Anarchie, wenngleich millionenköpfig, ist an keinen Sieg zu denken. – Also Geduld, seid still und eifrig, Ihr Auserwählten in dieser Welt!«[112]

Doch laut Schapiro war der Faschismus, wie man sich erinnern wird, eben *nicht* konterrevolutionär, stand nicht auf der Seite der etablierten Ordnung, sondern richtete sich gegen diese, er war »insofern etwas Einzigartiges in der modernen Geschichte, als es sich um eine revolutionäre Bewegung der Mittelschichten handelte«.[113] Entweder definierte Schapiro also den Faschismus falsch oder er fehlinterpretierte Carlyle. Ich würde behaupten, dass ersteres der Fall ist. Carlyles Schriften lassen zweifelsohne den Faschismus erahnen, aber zeigen uns, dass der Faschismus in Wirklichkeit ursprünglich *konter*revolutionär war und darüber hinaus nicht auf eine Mittelschichtsbewegung reduziert werden kann, die vom Kapitalismus losgelöst war oder ihn auf eine spezifische, beschränktkleinbürgerliche Weise interpretierte. Tatsächlich ist Carlyles Diskurs unverkennbar aristokratisch, obwohl die größere, »von Natur aus aristokratische« Mittelschicht seiner Meinung nach die Bemühungen der winzigen Elite unterstützen sollte:

> »Wenn wir unsere Aristokratie des Titels, des Vermögens und der Stellung betrachten, wer will da zweifeln, dass unter den Auserwählten dieser Klasse noch kostbare Hoffnungen für uns vorhanden sind. Und wenn jene uns im Stich lassen sollte, so gibt es, wie wir erhoffen, anstatt der Aristokratie des Standes noch die der Natur, welche an Zahl nicht unbeträchtlich und überlegen an Begabung, Weisheit, menschlichem Talent, Edelsinn und Mut, ›ihr Adelspatent direkt vom allmächtigen Gotte herleitet‹.«[114]

Carlyles Lavastrom allgemeiner Sozialkritik erstarrt an den traditionellen Pfeilern der Gesellschaftsordnung und stützt sie ab. Carlyle will nicht revolutionieren, sondern konservieren. Angesichts der Massendemokratie, »inmitten des dichtesten Gewühles der uns umgebenden Völlerei und Gemeinheit«, während Millionen »lärmend ein bloßes Leben wie Biber oder Hunde führen wollen« und überall »bodenlose Anarchie von einem Ufer zum anderen« herrscht, sollten die in der Vergangenheit ausgetragenen Fehden der Oberschicht in den Hintergrund treten.[115] Er propagiert einen Zusammenschluss historisch antagonistischer Klassen, nämlich von Kapitalisten und Adel, und drängt diese zum Schulterschluss, ja zur ehelichen Verschmelzung:

> »Dieser Industrieheros [...] ist fast schon Aristokrat von Stande. [... Er] kommt doch schon durch Wechselheirat und auf andere Weise in Berührung mit der Aristokratie des Titels [...]. Er kann nichts besser tun, als sich mit dem von Natur edlen Aristokraten der Geburt zu verbinden; der Edelmann der Industrie und dieser sind Brüder von Geburt; beide dazu berufen und genötigt, zusammen zu wirken und miteinander zu gehen. Der Erfolg ihrer Vereinigung ist das, was wir von ihnen beiden wünschen. Und der Edelmann der Zukunft [...] wird aus beiden entstanden sein.«[116]

Wenn Carlyle – und mit ihm Proudhon – etwas zeigt, dann dass der Faschismus ein Bündnis konterrevolutionärer Kräfte ist, eine breite Koalition besitzender Klassen. Carlyle sehnt sich nach der »edelmütigen« Verbindung »des Aristokraten des Ranges [...] mit seinen beiden Brüdern: den Aristokraten von Geburt«, nämlich den »lehrenden« Aristokraten (worunter Carlyle eine Art heroischen Intellektuellen versteht und als dessen Prototyp er sich selbst betrachtet) und den »industriellen«, »praktischen Helden«.[117] Von ihrem Zusammenschluss erhofft sich Carlyle eine wundersame Umkehr der demokratischen Flut: »Wenn es auch nur drei Aristokraten von jeder Art im ganzen Reich von Britannien gäbe, was für segensreiche ›Parlamentaria‹ ohne Zeitungstratsch, wirkliche menschenwürdige Verhandlungen und ernsthafte Erwägungen würde es geben, für die man keinem ›Zungendrescher‹ verantwortlich wäre, bei denen von keinem Pfennigblattschreiber Verwirrung in das gebracht würde, was [... alle] ernstlich ausgeführt sehen möchten!«[118] Weder hier noch anderswo wird eine privilegierte Rolle der Mittelschicht in diesem Parlament angedeutet; es gibt kein besonderes, beispielsweise dem einfachen Handwerker gegenüber dem Industriekapitän vorbehaltenes Recht. Zweifelsohne ist dieses Programm durch und durch antiliberal, aber es ist in jeder Hinsicht dem Kapitalismus verpflichtet (wobei »Kapitalismus« – an dieser und anderer Stelle – als eine Produktionsweise im marxistischen Sinne verstanden wird, also umfassender und grundsätzlicher gemeint ist als das Laissez-faire, das nur *eine* mögliche Variante von Kapitalismus darstellt). Tatsächlich widersprach Schapiro selbst seiner eigenen These von der Mittelklasse als Trägerin des Faschismus, als er die vielfältige Anhängerschaft des seiner Ansicht nach wichtigsten präfaschistischen Staatsmannes, nämlich Louis-Napoléon, beschrieb und auf den einen Punkt verwies, in dem sie sich alle einig waren – der Verteidigung des Eigentums vor der Revolution:

> »Die Ausstrahlung Louis-Napoléons war umso größer, als die besitzenden Klassen in ihm eine mächtige Kraft erkannten, die in der Lage und willens war, sie mithilfe der Diktatur vor einer sozialen Revolution zu retten. Er gewann die feste Unterstützung aller, die eine soziale Revolution fürchteten: große und kleine Vermögensbesitzer, Adlige, Kapitalisten, Bauern mit eigenem Land, Händler und Geschäftsleute; Katholiken, die im Fall einer sozialistischen Schreckensherrschaft mit neuerlichen Angriffen auf die Kirche rechneten, und ganz allgemein Menschen, die vor dem Ausbruch eines Klassenkriegs zurückschreckten.«[119]

Der Präfaschismus, den Schapiro in der realen Welt vorfand und den er völlig zutreffend beschrieb, wies die Verwandtschaft mit seinem theoretisch definierten Faschismus jedoch zurück. Schapiros eigene Darstellung verweist nicht auf eine Vorherrschaft des Kleinbürgertums, sondern vielmehr auf das Zusammenströmen »großer und kleiner Vermögensbesitzer«; sie bestätigt nicht die These einer »revolutionären Bewegung«, die sich sowohl gegen »das Großkapital und die Banken« als auch gegen »die Forderungen der Arbeiterklasse« richtete, sondern beschreibt vielmehr eine »Diktatur« zur Rettung »aller, die eine soziale

Revolution fürchteten«. Schapiro hegte auch keine Illusionen über den Bonapartismus an der Macht, also darüber, dass dieser die kleinbürgerlichen Proudhonisten in irgendeiner Weise gegenüber der aristokratisch-industriellen Klientel im Sinne Carlyles vorgezogen hätte. Ganz im Gegenteil zeigt Schapiro, dass Louis-Napoléon sich von Anfang an mit den Interessen des Kapitals verbündete, die großen, von Proudhon gehegten Hoffnungen bitter enttäuschte und eine Phase beispiellosen Wachstums der französischen Industrie einleitete. Der Populismus und der saint-simonistische Paternalismus Bonapartes waren rhetorischer, nicht substanzieller Natur; sie schufen den Anschein einer »neuen« Macht über den Klassen, aber keine neue Politik über den Klassen. Innerhalb der präfaschistischen Koalition war es gewissermaßen die Linie Carlyles, die sich in der Praxis rasch durchsetzte und die Bestrebungen des *Mittelstandes** in den Hintergrund rücken ließ. So konstatiert Schapiro, dass »die Klasse, die am stärksten vom Zweiten Kaiserreich profitierte, die Bourgeoisie war«, und dass »Napoleon alles in seiner Macht Stehende tat, um Handel und Industrie zu fördern, was ihm die mächtige Unterstützung der neuen begüterten Klasse für seine Regierung einbrachte«.[120] Die prokapitalistische Politik war so ausgeprägt, dass die Spätphase das Zweites Kaiserreichs, die von 1867 bis zu seinem Ende andauerte, als *l'Empire libéral* bezeichnet wurde. Schapiros Erzählung war wahrheitsgetreuer als der Erzähler; zwischen seinen vorher feststehenden Schlussfolgerungen und seinen tatsächlichen und zuverlässig dokumentierten Beobachtungen bestand eine Diskrepanz. Obwohl die Existenz eines breiten, gegen die Massen gerichteten Bündnisses zur Verteidigung des Eigentums auf der Hand liegt, eines Bündnisses, das aus der Mitte der westlichen Gesellschaft und Kultur hervorgeht, kam Schapiro zu dem Schluss, der Faschismus sei eine häretische, absolut neue und vor allem *antiliberale* Bewegung. Extrem belesen und mit einem kunstfertigen erzählerischen Stil wies er nach, dass Liberalismus und Demokratie das gesamte 19. Jahrhundert über zerstritten waren; er zeigte, dass die Praxis des bürgerlichen Liberalismus diktatorisch und zynisch war (siehe seine ausgezeichnete Darstellung des Systems Guizot und der pseudowissenschaftlich und mit philanthropischen Phrasen verschleierten Klassentyrannei der britischen Liberalen); auch die autoritäre Option, die in die bürgerlich-liberale Herrschaft eingebaut war, legte Schapiro offen. Dennoch schreckte er davor zurück, die unvermeidbaren Schlussfolgerungen aus all dem zu ziehen, nämlich dass die Diktatur zumindest eine *potenzielle* Linie liberaler Entwicklung, eine mögliche Auflösung des liberalen Widerspruchs darstellt. Stattdessen pries er im Nachwort »die historische Bedeutung des bürgerlichen Liberalismus«, der den friedlichen Übergang zu jenem »sozialistischen Liberalismus« ermöglicht habe, wie er unmittelbar nach dem Krieg Gestalt annahm. Den Faschismus hingegen erachtete er als bloße »Kampfansage an den Liberalismus«, als ein äußeres Phänomen und als Entgleisung.

Diese apologetische Matrix zeigt sich am deutlichsten hinsichtlich der beiden paradigmatischen Protagonisten in Schapiros Erzählung, nämlich Carlyle und John Stuart Mill. Ersterer wird als antiliberaler Sonderling und als schwarzes Schaf des viktorianischen Englands, letzterer als »Pionier des demokratischen Liberalismus« beschrieben, und damit eine reibungslose und zufriedenstellende Lösung der liberalen Widersprüche aufgezeigt.[121] Doch meiner Ansicht nach macht der Werdegang dieser beiden Figuren eine andere Interpretation notwendig, die grundlegende Konsequenzen für unser historisches Verständnis der Beziehung zwischen Liberalismus und Faschismus besitzt. Sowohl Mill als auch Carlyle beschritten anfangs denselben gewundenen Weg, als sie sich mit der liberalen Fragestellung beschäftigten, wie die bürgerliche Klasse, wenn überhaupt, ihre Freiheiten und ihre Hegemonie in der Massendemokratie bewahren könnte. Beide skizzierten das Dilemma mit dem Verweis auf ungewöhnliche, überlegene Individuen, die in Gefahr liefen, von den gleichgültigen Vielen verschlungen zu werden. Die sprachlichen Parallelen bei der Formulierung des Gedankens sind frappierend. Bei Carlyle heißt es: »Und alle Augen sollen noch besser erschauen und die wenigen Helden, die das Salz der Erde sind, sollen sie am Ende deutlich sehen. Und die Ergebnisse werden für alle sein. Ein großes ›Werk‹, das in der Tat; seine Größe macht alle anderen zu Bettlern!«[122] Auch für Mill sind »diese wenigen« herausragenden Persönlichkeiten »das Salz der Erde; ohne sie würde das menschliche Leben zu einem faulen Sumpf. [...] Geniale Menschen haben, *ex vi termini,* eine stärker ausgeprägte Persönlichkeit.«[123] Dies ist der objektive, elitäre Ausgangspunkt, das grundsätzliche Problem der Demokratie, das sowohl Carlyle als auch Mill auf die eine oder andere Weise lösen mussten. Wenn Mill, vor allem der spätere, sich für die Demokratie entschied, während Carlyle eine protofaschistische Lösung skizzierte, so lag dies nicht daran, dass sich Carlyle auf eigentümliche Weise der Logik des Liberalismus widersetzt hätte, während Mill sie bis zum Ende weiterverfolgte. Ganz im Gegenteil. Es ist der erbauliche Umstand, dass Mill den Widerspruch zwischen politischem und ökonomischem Liberalismus schließlich löste, indem er sich vom Wirtschaftsliberalismus *verabschiedete,* die von ihm zunächst verteidigten Grundsätze des Laissez-faire aufgab und nicht weniger als eine *Alternative zum Kapitalismus* anstrebte. Auch in dieser Hinsicht sollten wir Schapiros *Erzählung* vertrauen:

> »Mill erkannte, zugegebenermaßen eher diffus, dass die politische Demokratie unzulänglich war, solange nicht ein neues, im Einklang mit seinen egalitären Idealen stehendes Wirtschaftssystem errichtet

wurde. […] Mill begann, über die Möglichkeiten einer Abschaffung des kapitalistischen Systems zu spekulieren und konvertierte zum Sozialismus.«[124]

Carlyle hingegen blieb der konsequentere Befürworter des Kapitalismus. Trotz aller Kritik am kapitalistischen System stieg er nie aus diesem System aus, sondern blieb dessen unbeirrbarer und erbitterter Verteidiger (damit meine ich auch seine Reformvorschläge, die das System retten, nicht aber über es hinausgehen sollten). Daher rührt das Paradox, dass Carlyle, der konsequente und erbarmungslose *Gegner* des Laissez-faire, ein alternatives, protofaschistisches Programm verfasste, das in vielerlei Hinsicht dem ähnelte, das Pareto, ein konsequenter und erbarmungsloser *Verfechter* des Laissez-faire, propagierte. Diese objektive Übereinstimmung war letztlich möglich, weil Carlyle und Pareto ungeachtet der Meinungsverschiedenheit über die genaue Doktrin, nach der dieses System verwaltet werden sollte, dasselbe kapitalistische System und die damit verbundenen Eigentumsbeziehungen verteidigten. Mill hingegen, früher ein Vertreter der »düsteren Wissenschaft«, löste sich vom Wirtschaftsliberalismus und zog diesem einen politischen Liberalismus vor. Er war es, der gezwungen war, die eingetretenen Pfade zu verlassen und neue, unbekannte Lösungen zu suchen, was ihm den Zorn und die Verachtung seiner liberalen intellektuellen Ahnen (und seines biologischen Vaters James) einbringen sollte. Letztlich war also Mill ebenso wie Carlyle, ein Außenseiter-Insider des Liberalismus.

Im 20. Jahrhundert schließlich wurde – bemerkenswerterweise der späte – Mill als Wegbereiter des sogenannten Sozialliberalismus begriffen, einer politischen Strömung der englischen Politik, die sich zwar zum Liberalismus bekannte, dem Sozialismus aber näher stand als dem Kapitalismus. Anhand der Einschätzung Leonard Trelawney Hobhouses, eines seiner führenden Vertreter, lässt sich das veranschaulichen:

> »Im Laufe seines Lebens wurde [Mill] jedoch immer unzufriedener mit der Grundstruktur eines Systems, das die Masse der Bevölkerung zu Lohnempfängern macht, während die Minderheit von Rente, Gewinn und Zinsen auf das eingesetzte Kapital lebt. Er strebte schließlich eine genossenschaftliche Organisation der Gesellschaft an […], in der die überschüssige Produktion unter den Produzenten verteilt werden sollte. In der Mitte seines Lebens erschien ihm die freiwillige Kooperation als das beste Mittel zu diesem Zweck, aber gegen Ende erkannte er, dass sein Meinungsumschwung ihn in die sozialistischen Reihen geführt hatte, und die kurze Darstellung des sozialistischen Ideals in seiner Autobiografie ist möglicherweise die beste zur Verfügung stehende Zusammenfassung des liberalen Sozialismus.«[125]

Die »sozialen« oder »neuen« Liberalen landeten also häufig auf der *politischen Seite* der liberalen Spaltung, nachdem sie den klassischen Wirtschaftsliberalismus ganz aufgegeben oder ihn auf eine untergeordnete Ebene zurückgestuft hatten, auf der er stets politischen und sozialen Zielen untergeordnet war. Diese Interpretation des Liberalismus als ein politischer Komplex von Rechten und Freiheiten sowie der Verteidigung der Demokratie führte dazu, dass sich der Liberalismus ideologisch oder sogar politisch mit dem Widersacher des Kapitalismus, nämlich dem Sozialismus verbünden konnte. Im Jahr 1900 zum Beispiel, mitten im Zweiten Burenkrieg, erkannte John Lawrence Hammond, ein bedeutender liberaler Journalist, im Sozialismus einen wichtigen Verbündeten im Kampf gegen den Imperialismus der Regierung von Lord Salisbury, in der Joseph Chamberlain, der Liberale Unionist,[126] als Kolonialsekretär diente: »Der couragierte und konsequente Widerstand der Labour-Mitglieder gegen den Krieg ist wichtig und ermutigend.«[127] Sehr aufschlussreich ist auch, wie die linksliberale Zeitung *The Manchester Guardian* 1927 in einer nicht namentlich unterzeichneten Kolumne, die sich scharf gegen George Bernard Shaws Verteidigung Mussolinis als eines angeblich antioligarchischen Mannes des Volkes richtete, den irischen Dramatiker daran erinnerte, dass Mussolini ein »Kapitalist und kein Sozialist« sei.[128] Darüber hinaus insistierte der Autor, dass der Liberalismus, den Shaw zu seinem ewigen Feind erklärte, nicht mehr der Diener des Kapitalismus sei, der er im 19. Jahrhundert gewesen war. Der Text beschied knapp, dass jemand, der heute noch an unbegrenztes Laissez-faire glaube, »kein Liberaler, sondern ein Rip Van Winkle[129] ist«.[130] Gaetano Salveminis auch gegen Shaw gerichtete Definition des Liberalismus vermittelt vielleicht am deutlichsten, wie sehr Mills Vermächtnis für einen *politischen* und eben nicht *ökonomischen* Liberalismus stand:

> »*Demokratie*, oder wie man in England sagt: *Liberalismus*, ist jene Doktrin, die bekräftigt, dass alle Bürger ein Recht auf dieselben Freiheiten haben: Meinungs-, Presse-, Organisations-, Versammlungs- und Religionsfreiheit; die Freiheit zu arbeiten, zu streiken und zu reisen; *Habeas Corpus*; das Recht, die öffentliche Verwaltung durch zu diesem Zweck gewählte Vertreter zu kontrollieren.«[131]

Ein derartiger Liberalismus war natürlich nicht nur mit der Demokratie vereinbar, sondern mit ihr *identisch*, er stand dem Sozialismus nahe und konnte nicht anders, als sich dem Faschismus entschieden zu widersetzen. Doch dies sollte nicht den Blick auf die folgenschwere historische Realität der liberalen Spaltung verstellen, die Salvemini bei seiner Erörterung ignorierte und die der *Manchester Guardian* als Fait accompli, als vollendete Tatsache betrachtete, von der es kein Zurück mehr gab. Dass dieser Riss nicht gekittet wurde, zeigt sich heute – in einer Zeit, in der Demokratie und Liberalismus alles andere als identisch sind, das Recht der gewählten Repräsentanten, öffentliche und insbesondere wirtschaftliche Angelegenheit zu kontrollieren, faktisch oder sogar rechtlich eingeschränkt ist und der Laissez-faire-Kapitalismus die vorherrschende Ideologie ist (zumindest war er dies bis zum Wirtschaftscrash 2008, dessen langfristige praktische und ideologische Folgen noch nicht klar abzuschätzen sind). Ein neoliberaler Vordenker wie Hayek, der sich selbst als einen alten Whig in der Tradition Tocquevilles und Lord Actons sah, achtete darauf, nicht nur gegenüber »praktisch all jenen Amerikanern, die sich heutzutage selbst als ›Liberale‹ bezeichnen« Abstand zu halten, sondern auch gegenüber der »benthamschen Tradition, die von John Stuart Mill und der nachmaligen Partei der englischen Liberalen repräsentiert und gepflegt wurde«.[132] Hayek assoziierte sie allesamt mit einer eher sozialistischen Denkweise. Würden sie heute wiederauferstehen, würden sich Salvemini und die Kolumnisten des *Manchester Guardian* wahrscheinlich selbst wie Rip Van Winkles fühlen und einer unbekannten Welt gegenüberstehen; oder aber wie Zeitreisende, die die Rückkehr einer Epoche erleben, die sie für beendet hielten und in welcher der Liberalismus viel von einer »düsteren Wissenschaft« besessen, sich hingegen kaum für »Demokratie« interessiert hätte.

4 Antiliberale Liberale II (Schmitt, Sorel)

Carl Schmitt: Ein demokratischer Antiliberaler?

Was das Problem des faschistischen Antiliberalismus angeht, stellt Carl Schmitt einen emblematischen Fall dar. Als einer der klügsten Intellektuellen, die sich dem Faschismus anschlossen, wird er gelegentlich neben (der liberalen) Hannah Arendt und (dem Kommunisten) Antonio Gramsci als einer der drei großen politischen Denker des 20. Jahrhunderts bezeichnet. Aus diesem Grund müssen Schmitts Ideen für unsere Zwecke erörtert werden. Die Standardinterpretation von Schmitt hebt seine unnachgiebige Feindschaft gegenüber dem Liberalismus hervor; diese Analyse ist mit so großem Nachdruck vertreten worden, dass Schmitts Denken in der Nachkriegszeit sogar unter nicht wenigen linken Kritikern des Liberalismus eine unwahrscheinliche Renaissance erfahren konnte. Sie glaubten, in dem deutschen Rechtstheoretiker und politischen Denker eine Art Waffenbruder gefunden zu haben, der zwar ein Feind ist, wie der Titel einer linken Biografie Schmitts besagt,[1] aus dessen Schriften sich aber eine unverzichtbare Kritik am Liberalismus destillieren lässt, um die eigenen Angriffe auf den Liberalismus kritisch und selektiv zu ergänzen. Auch von liberaler Seite wird Schmitt stets als durch und durch antiliberal und darüber hinaus oft als eigenwilliger *Demokrat* geschildert. Es sei hier nur auf zwei Beispiele verwiesen:

> »Die Kritik am Liberalismus hat eine lange Tradition. Doch diejenigen, die den Liberalismus kritisch attackieren, entpuppen sich häufig selbst als Liberale. [...] Carl Schmitts Kritik am Liberalismus ist anders. Seine Polemik reiht sich nicht in die Tradition der liberalen Selbstkritik ein. [...] Schmitt untergräbt systematisch das liberale Prinzip der Rechtsstaatlichkeit. Er will, dass es durch eine autoritäre Version der Demokratie ersetzt wird, durch eine Demokratie, die auf der substanziellen ›Homogenität‹ des Volkskollektivs statt auf den Prinzipien eines partizipatorischen Republikanismus beruht. Obwohl Schmitt die Nazis bis 1933 ablehnte, birgt sein leidenschaftlicher Antiliberalismus von Anfang an das faschistische Potenzial.«[2]

Ähnlich argumentierte Shadia B. Drury, der zufolge Schmitt »die Idee vertrat, dass Liberalismus und Demokratie unvereinbar sind und dass letztere ersterem vorzuziehen ist«.[3] Dieser breit getragene Konsens hinsichtlich eines zentralen Denkers wie Schmitt konstatiert also eine solide, außer Frage stehende antiliberale Grundhaltung des faschistischen Denkens. Und doch ist die Standardinterpretation meines Erachtens falsch und muss grundsätzlich überprüft werden. Schmitts Kritik des Liberalismus ist der liberalen Tradition keineswegs völlig fremd, sondern sollte als eine »liberale Selbstkritik« verstanden werden, die allerdings von einer rechtsextremen Position aus formuliert wird. Schmitt liefert ein paradigmatisches Exempel für die von mir skizzierte liberale Spaltung, bei der der politische Liberalismus scharf kritisiert, ja völlig verworfen wird, weil er sich gegen Kapitalismus und Imperialismus richtet, Demokratie und Sozialismus hingegen stärkt. Meiner Ansicht nach liegen Bielefeldt und Drury in ihrer Darstellung von Schmitts Position in Sachen Liberalismus und Demokratie grundlegend falsch: Ich stimme Drury zu, dass Schmitt Liberalismus und Demokratie für unvereinbar hielt, doch ich halte es für offensichtlich, dass er den Liberalismus der Demokratie vorzog. Was er unter Diktatur verstand und was ihm den Schulterschluss mit dem Nationalsozialismus erleichterte, war ein Werkzeug, die Demokratie – ob nun homogen oder nicht – zu verwerfen und den kapitalistischen und imperialistischen Kern des Liberalismus zu bewahren. Sicherlich hat Schmitt selbst viel zu der späteren Verwirrung beigetragen, da er seine Ziele nicht offen darlegen konnte und Umwege suchen musste, um sein Manöver zu rechtfertigen und seine wahren Motive zu verbergen. Damit war er nicht allein, sondern reflektierte vielmehr die dem Faschismus innewohnende Notwendigkeit, doppelzüngig zu sprechen und verschiedene Mittel der Täuschung einzusetzen.

Schmitts Adaption des klassischen Liberalismus

Viele Analysen von Schmitts Arbeiten werden dadurch beeinträchtigt, dass sie die historische Spezifität der Texte unzureichend berücksichtigen. So wird Schmitt oft nicht als jemand behandelt, der sich mit einem akuten historischen Problem auseinandersetzt, nämlich der Bedrohung, die aus Sicht der Oberschicht zu einem konkreten Zeitpunkt und an einem bestimmten Ort von der Massendemokratie ausgeht, sondern als ein freischwebender Politikwissenschaftler, der abstrakte Fragen von Politik, Liberalismus, Demokratie, Volkswillen und so weiter virtuos diskutiert. Diese zeitlich gebundenen Begriffe werden dann aus ihrem historischen Kontext gelöst und auf unsere heutige Zeit projiziert. Diese heute dominante, idealistische Haltung wurde bereits von Paul Hirst formuliert, als *Telos* sich noch fröhlich als »nette linke Zeitschrift«[4] bezeichnete: »Weil [Schmitts] Denken über konkrete politische Situationen nicht von einer dogmatischen politischen Alternative bestimmt wird, birgt es eine *eigenartige Objektivität.«*[5] Zu diesem Idealismus gesellt sich ein damit zusammenhängender Mangel an Bewusstsein für die Esoterik in Schmitts Sprache; es gibt wenig Bereitschaft, auch nur in Betracht zu ziehen, dass Schmitt etwas verbergen könnte. Stattdessen nehmen die Interpreten seine Aussagen ständig für bare Münze, eine unkluge Vorgehensweise, wenn man es mit jemandem zu tun hat, der zwei Gruppen von Menschen angehörte, die nicht gerade für ihre Transparenz bekannt sind: Schmitt war nicht nur ein *Faschist*, sondern auch noch ein faschistischer *Anwalt*. Wir müssen Schmitt, der nicht in der heutigen sozialen und politischen Situation agierte, sondern in einer radikal anderen, in seinen Kontext einordnen.

Schmitt hob die Ohnmacht des politischen Liberalismus gegenüber der Demokratie und insbesondere der Massendemokratie hervor und betonte daran anschließend die Notwendigkeit, sich aus dieser Sackgasse durch die Einführung der Diktatur zu befreien, die ein für alle Mal festlegen sollte, wer der Souverän ist, wer über den *Ausnahmezustand** entscheiden und die damit zusammenhängende »Freund-Feind-Unterscheidung« definieren kann. Alle diese von Schmitt aufgeworfenen Grundsatzfragen und die von ihm gegebenen bekannten Antworten leiten sich aus dieser historischen Zwangslage ab. Da Schmitt sich diesem Dilemma als Jurist nähert und sich mit den rechtlichen Implikationen des Übergangs zur Diktatur auseinandersetzt, wird er zur Verkörperung des von Engels und Gumplowicz dargelegten Dilemmas einer Oberschicht, die sich in der von ihr selbst angefertigten – politisch-liberalen – Zwangsjacke gefangen sieht. »Die Ordnungsparteien«, so Engels, »gehen zugrunde an dem von ihnen selbst geschaffenen gesetzlichen Zustand [...]. [Ihnen bleibt] zuletzt nichts anderes, als selbst diese ihnen so fatale Gesetzlichkeit zu durchbrechen. [...] Bruch der Verfassung, Diktatur [...]!«[6] Und bei Gumplowicz hat sich die Bourgeoisie »die Schlinge der juristischen Logik um den Hals gelegt und sich in den Bann der Ideen begeben«, bis sie schließlich »aus diesem unhaltbaren Zustand wieder zurück zur Macht und Herrschaft der Reaktion und Restauration« drängt.[7] Die Zwangsjacke wird also zerrissen, und Schmitt erteilt aus der Mitte des Systems, ja aus dessen Hauptquartier heraus einen gelehrten und anspruchsvollen juristischen Rat, wie dies erfolgen kann. Schmitt war nicht der Außenseiter, als den ihn Liberale dargestellt haben, weder ein eingeschworener Feind des Liberalismus noch ein »eigenartig objektiver« Beobachter, sondern einer jener Reisenden aus der Oberschicht, die sich an Bord des liberalen Schiffs Sorgen über den stürmischen Seegang der Massendemokratie machen und deshalb Vorschläge entwickeln, welcher Fracht man sich am besten entledigen kann, um das Schiff zu stabilisieren. Über Bord geht schließlich der politische Liberalismus.

Schmitt war keineswegs ein *demokratischer Kritiker der liberalen Politik;* vielmehr weisen seine Überlegungen zur »Krise des Parlamentarismus« auffällige Parallelen zu der im 19. Jahrhundert üblichen *liberalen Kritik an der demokratischen Politik* auf. Schmitt stellt nicht den Wert des politischen Liberalismus als solchen infrage, sondern behauptet, dass dieser historisch obsolet geworden sei und daher ersetzt werden müsse. Und warum ist er nach Schmitt historisch überholt? Liegt es daran, wie eine andere verbreitete Lesart von Schmitt besagt, dass der Liberalismus auf Debatten und rationaler Entscheidungsfindung beruht, während ein aufbrausender Faschist und Totalitärer wie Schmitt eindeutige Entscheidungen und tatkräftiges Handeln bevorzugt, die der Vernunft trotzen? In Wahrheit warf Schmitt dem politischen Liberalismus, sprich dem Parlamentarismus, vor, ein irrationales Herrschaftssystem zu sein oder, präziser ausgedrückt, es zu werden. *Einst*, in seiner Blütezeit im 19. Jahrhundert, sei der Parlamentarismus mit vernünftigen Diskussionen und dem Dialog gegensätzlicher Ideen einhergegangen, was dazu führte, dass ein Argument über ein anderes triumphierte. Dies war die Zeit, in der er sowohl *nützlich* als auch *bedeutsam* war und seinem Namen alle Ehre machte, der selbstverständlich auf das *Reden*, Überzeugen und Argumentieren verweist. Das Problem für Schmitt besteht nun allerdings darin, dass dies nicht mehr der Fall sei, weil das Parlament bedauerlicherweise nicht mehr als Ort rationaler Deliberation fungiere. Bezeichnenderweise führt Schmitt diesen Riss auf den Vormarsch der Massendemokratie zurück. Mit dem Eintritt der Massen in die politische Arena sei die vernünftige Diskussion zu einem Ende gelangt. Nun sei das Parlament nur noch ein Schauplatz von Machtkämpfen, eine Bühne für vulgären Krawall egoistischer und sektiererischer Interessen:

> »Diskussion bedeutet einen Meinungsaustausch, der von dem Zweck beherrscht ist, den Gegner mit *rationalen Argumenten* von einer Wahrheit oder Richtigkeit zu überzeugen [...]. Zur Diskussion gehören gemeinsame Überzeugungen als Prämissen, Bereitwilligkeit, sich überzeugen zu lassen, Unabhängigkeit von parteimäßiger Bindung, Unbefangenheit von egoistischen Interessen. *Heute* werden die meisten eine solche Uninteressiertheit kaum für möglich halten. [...] Die Lage des Parlamentarismus ist *heute* so kritisch, weil die *Entwicklung der modernen Massendemokratie* die argumentierende öffentliche Diskussion zu einer leeren Formalität gemacht hat. [...] Die Parteien [...] treten heute nicht mehr als diskutierende Meinungen, sondern als soziale oder wirtschaftliche Machtgruppen einander gegenüber, berechnen die beiderseitigen Interessen und Machtmöglichkeiten und schließen auf dieser faktischen Grundlage Kompromisse und Koalitionen.«[8]

Schmitt dachte wehmütig an die Tage des klassischen Liberalismus zurück, als eine Elite weiser Männer den Staat regierte und Argumente mit Gegenargumenten abwog, bis die beste Entscheidung getroffen war, und beklagte den Umstand, dass die Massen dies in ein kaum verschleiertes Machtspiel pervertiert hätten. Der Klassenstandpunkt dieser Position ist offenkundig. Ein demokratischer Gegner des Liberalismus hätte eingewandt, dass das Bürgertum in der liberalen Demokratie hinter ihrer pluralistischen Fassade und unter dem Deckmantel der »Volksherrschaft« weiterhin in der Lage sei, den Staatsapparat zum eigenen Vorteil einzusetzen. Dies ist ein linkes, den modernen Ohren vertrautes Argument, und solche Einwände waren auch zu Schmitts Zeiten zu hören – wenn auch seltener, da die liberale Demokratie im Vergleich zu unserer heutigen, eher blassen politischen Ära damals lebhafter und im eigentlichen Wortsinn *republikanischer* war. Umgekehrt begründeten jene – nicht allzu zahlreichen – zeitgenössischen deutschen Liberalen, die die Weimarer Republik unterstützten, ihre Haltung oft damit, dass die Republik *nicht wirklich* demokratisch sei und eine liberale Elite die Fäden verborgen in der Hand halte. So argumentierten sogenannte *Vernunftrepublikaner** wie Max Weber, Hugo Preuss und Friedrich Naumann. Doch Schmitt, der sich ausdrücklich auf ihre elitäre Begründung der Demokratie bezog, war weniger optimistisch:

> »Ob das Parlament tatsächlich die Fähigkeit besitzt, eine politische Elite zu bilden, ist sehr zweifelhaft geworden. *Heute* wird man wohl nicht mehr so hoffnungsvoll über dieses Auslese-Instrument denken; viele werden derartige Hoffnungen schon als veraltet ansehen [...]. Aber noch schlimmer und für jene Hoffnung fast vernichtend: In manchen Staaten hat es der Parlamentarismus schon dahin gebracht, dass sich alle öffentlichen Angelegenheiten in Beute- und Kompromissobjekte von Parteien und Gefolgschaften verwandeln und die Politik, weit davon entfernt, die Angelegenheit einer Elite zu sein, zu dem ziemlich verachteten Geschäft einer ziemlich verachteten Klasse von Menschen geworden ist«[9]

Schmitt lehnte die Weimarer Republik also nicht ab, weil sie verborgen vor den Massen immer noch von einer liberalen Elite geführt wurde, sondern weil sie sich der Kontrolle der Eliten entzogen hatte. Mit Weber und den liberalen Demokraten teilte er das Ideal der Elitenherrschaft; in dieser Hinsicht war er so liberal wie sie, aber im Unterschied zu ihnen glaubte er nicht, dass der politische Liberalismus weiterhin zum Vorteil der Eliten manipuliert werden könne. In dieser Hinsicht sei, so bekräftigte er, fast alle Hoffnung verloren. Dennoch war ihre Hoffnung auch seine. Während Weber und die liberalen Demokraten die Republik als *pseudodemokratisch* akzeptierten, lehnte er diese als *wirklich* demokratisch ab.

> »Gut. Wenn man dann immer noch an den Parlamentarismus glaubt, wird man wenigstens neue Argumente angeben müssen. Ein Hinweis auf Friedrich Naumann, Hugo Preuß und Max Weber genügt dann *nicht mehr.* Bei allem Respekt vor diesen Männern wird *heute* niemand ihre Hoffnung teilen, durch das Parlament sei die Bildung einer politischen Elite ohne Weiteres garantiert.«[10]

Wenn dem Parlament »heute« nicht mehr vertraut werden konnte, wann war es dann Quelle der »Hoffnung« und des »Optimismus«? Schmitts antidemokratische und proliberale Ideale werden am deutlichsten erkennbar, wenn man sie seinen beiden historischen Bezugspunkten gegenüberstellt: Während die Massendemokratie, wie sie im Zwischenkriegsdeutschland existierte, das Negativbeispiel parlamentarischer Herrschaft repräsentiert, stehen die Kabinette aus der Zeit vor der Ausweitung des Wahlrechts, als die bürgerlichen Eliten die politische Macht noch unangefochten ausübten, für einen guten Parlamentarismus.

> »Wer glaubt noch an diese Art von Öffentlichkeit? Und an das Parlament als die große ›Tribüne‹?
>
> Die Beweisgründe von Burke, Bentham, Guizot und John Stuart Mill sind also heute veraltet. Auch die zahlreichen Definitionen des Parlamentarismus, [...] in denen der Parlamentarismus wesentlich als *government by discussion* erscheint, müssten danach als ›verschimmelt‹ gelten.«[11]

Man beachte auch hier den historischen Charakter des Arguments: Die vom klassischen Liberalismus des 19. Jahrhunderts vorgebrachten Argumente sind »heute veraltet«. Das heißt, sie sind nicht als solche unzulänglich und beschrieben die parlamentarische Herrschaft ihrer eigenen Zeit durchaus treffend. Aber *heute* haben sie, angesichts des historischen Phänomens der Massendemokratie, ihre Gültigkeit verloren und sind »verschimmelt«. Schmitts Erzählung ist durchzogen von einer tieferliegenden Nostalgie für den Liberalismus, wie er einst existierte und leider nicht mehr besteht: Er spricht von »dem Glauben an das Parlament, den es *tatsächlich einmal gegeben hat* und den man *heute nicht mehr* findet«. Und: »*heute* [handelt es sich] nicht mehr darum [...], den Gegner von der Richtigkeit oder Wahrheit zu überzeugen, sondern die Mehrheit zu gewinnen, um mit ihr zu herrschen«.[12] Der gesamte Text kommt als historische Analyse daher, die auf ein spezifisches Dilemma der Moderne im 20. Jahrhundert angewandt wird, wie bereits der Titel deutlich macht: »Die geistesgeschichtliche Lage des heutigen Parlamentarismus«. Die wiederkehrenden »Das-war-damals/dies-gilt-jetzt«-Konstruktionen unterstreichen Schmitts Überzeugung, wonach der politische Liberalismus, der in der

Vergangenheit gerechtfertigt war, sein Verfallsdatum überschritten habe. Die Aussage, dass »Schmitt das liberale Prinzip der Rechtsstaatlichkeit systematisch untergräbt«, ist insofern irreführend, als der »gute« politische Liberalismus für Schmitt aufgrund einer grotesken Entstellung durch die Massendemokratie bereits untergraben und zur Karikatur gemacht worden ist. Das positive historische Gegenbeispiel – welch seltsame Schwäche eines eingeschworenen Antiliberalen – ist der klassische Liberalismus, wie er vor seiner Deformation durch die Massen existiert und in dem Diskussionen angeblich noch ihren Namen verdienten:

> »Die vielerörterte Krisis des Parlamentarismus beruht [...] darauf, dass man heute, infolge der Entwicklung der modernen Massendemokratie, den Glauben an jene Prinzipien verliert. Die Klassiker des politischen Liberalismus und Vorkämpfer des kontinentalen Parlamentarismus sahen noch mit voller Überzeugung in der öffentlichen Diskussion nicht nur ein Heilmittel gegen politische Korruption, sondern auch den moralischen Wert und die Überlegenheit des Parlaments. Der typische Vertreter dieses Glaubens ist Guizot, ein typischer Liberaler der Louis-Philippe-Zeit. Das Parlament ist für ihn der Platz, wo in öffentlicher Diskussion durch Argument und Gegenargument die Wahrheit und Richtigkeit am sichersten gefunden wird.«[13]

Schmitts positives – wenn auch »verschimmeltes« und »veraltetes« – Modell parlamentarischer Herrschaft ist das von Guizot, jenes französischen Liberalen, der dem berüchtigten System Guizot seinen Namen gab: Bei diesem handelte es sich um die entschlossene, selbstsüchtige und heuchlerische Herrschaft einer kleinen bürgerlichen Minderheit (das Wahlrecht blieb auf etwa 200 000 Wähler beschränkt). Schmitt sah darüber hinweg, dass der Parlamentarismus Mitte des 19. Jahrhunderts von genauso eigennützigen Interessen dominiert wurde und parteipolitisch voreingenommen war wie der zu Beginn des 20. Jahrhunderts. Der Unterschied bestand allein darin, dass es damals nur *eine* Gruppe gab, deren Standpunkte vertreten wurden, und nur eine Partei ihren »eigennützigen Interessen« eine Stimme verlieh. Natürlich machte der Umstand, dass die Bourgeoisie eine Alleinherrschaft ausüben konnte, ohne auf die Mehrheit der Bevölkerung Rücksicht nehmen zu müssen, den Entscheidungsprozess reibungsloser und die Debatten homogener. Es ist gewiss sehr viel einfacher, seinen Gesprächspartner von der Richtigkeit der eigenen Position zu überzeugen, wenn die am Dialog Beteiligten dieselben sozialen und ökonomischen Interessen verfolgen und diejenigen, die dies nicht tun, von der Debatte ausgeschlossen sind. Aber das bedeutet kaum, dass ihre Diskussion ernster und echter wäre als der viel heiklere Austausch zwischen gesellschaftlichen Kräften oder sogar Parteien, die gegensätzliche Interessen vertreten. Von einem *demokratischen Antiliberalen*, wie Schmitt angeblich einer war, wäre der Übergang von der ersten zur zweiten Stufe des Parlamentarismus zweifelsohne als Fortschritt begrüßt und nicht als Rückschritt bewertet worden. Tatsächlich wollten sämtliche Demokraten, unabhängig von ihren Bedenken gegenüber der liberalen Demokratie, nicht in die Zeiten von Burke, Guizot oder Bentham zurück. Es ist aufschlussreich, Schmitts Meinung über Guizot mit der Tocquevilles zu vergleichen, der zwar eher als Kritiker denn als begeisterter Anhänger der Massendemokratie berühmt wurde, aber die exklusiven Praktiken der Guizot-Clique als Antithese wahrer Politik und Diskussion erachtete:

> »In der so zusammengesetzten und geführten Welt der Politik fehlte [...] das eigentliche politische Leben. Es konnte sich nicht bilden und erhalten in dem gesetzlichen Umkreis, den die Verfassung vorgeschrieben hatte; die alte Aristokratie war besiegt, das Volk ausgeschlossen. Da alle Angelegenheiten zwischen den Angehörigen einer einzigen Klasse, in ihrem Interesse und in ihrem Geiste, behandelt wurden, gab es kein Schlachtfeld, auf dem große Parteien sich hätten bekriegen können. Die eigenartige Einheitlichkeit der Stellung, des Interesses und infolgedessen auch der Anschauung, die in dem von Guizot so genannten ›gesetzlichen Lande‹ herrschte, nahm den parlamentarischen Debatten jede Originalität, jede Wirklichkeit und daher auch jede wahre Leidenschaft. Ich habe zehn Jahre meines Lebens in der Gesellschaft sehr bedeutender Männer verbracht, die dauernd in Bewegung waren, ohne sich erwärmen zu können, und ihren ganzen Scharfblick darauf verwandten, einen Gegenstand ernster Meinungsverschiedenheiten zu finden.«[14]

Es ist, als wären Tocquevilles Sätze als vorweggenommene Erwiderung auf Schmitts Thesen geschrieben worden, und zwar sogar bis zu dem Punkt, dass sie den politischen Wert dekonstruieren, den Schmitt der Homogenität klassisch liberaler Politik im Unterschied zur lähmenden Heterogenität der Massenpolitik zuschreibt. Für Tocqueville liegt gerade in dieser Heterogenität, im Zusammenprall realer »Interessen« und »großer Parteien«, das Wesen der echten Politik, während die Homogenität von Guizots Konstellation ein Merkmal der Politiksimulation, der Scheindebatte, ja eines regelrechten Schwindel-Parlaments ist. Dass Tocqueville im Vergleich mit Schmitt als *radikaler Demokrat* und scharfer *Kritiker des klassischen politischen Liberalismus* erscheint, sagt viel über den *klassischen politischen Liberalismus*, der Schmitts Position zugrunde liegt, und über dessen vehemente Ablehnung der Demokratie aus. Wo Tocqueville »das Fehlen der Politik« sieht, erkennt Schmitt wahrhaften Parlamentarismus; und wo Tocqueville die Möglichkeit eines echten politischen »Schlachtfelds« ausmacht, auf dem sich kraftvolle Interessenkonflikte entfalten können, beklagt Schmitt, dass die Massen aus der »öffentlichen Diskussion« eine »leere Formalität« gemacht haben.

Die Überpolitisierung Weimars

Diese Analyse widerlegt im Übrigen die unter Linken merkwürdigerweise weitverbreitete Vorstellung, Schmitt habe eine nützliche Kritik am liberalen »Ende der Politik« vorweggenommen:

> »Schmitts Überlegungen stellen eine Warnung vor den Gefahren jener Selbstgefälligkeit dar, die ein siegreicher Liberalismus mit sich bringt. [...] Sie sollten die Illusionen all derer erschüttern, die meinen, dass die Verwischung der Grenzen zwischen links und rechts [...] einen Fortschritt bei dem aufgeklärten Marsch der Menschheit in Richtung einer [...] kosmopolitischen Demokratie darstellt. [...] Wenn wir den bestehenden Zustand der demokratischen Politik durch eine schmittianische Brille betrachten, stellen wir fest, wie weit der bereits von Schmitt erkannte Prozess der Neutralisierung und Entpolitisierung fortgeschritten ist. Verkündet nicht einer der modischsten Diskurse der Gegenwart das ›Ende der Politik‹?«[15]

Tatsächlich jedoch kritisierte Schmitt eher den liberalen *Anbruch der Politik*. Für problematisch hielt er den Liberalismus nicht deshalb, weil dieser die Politik entschärft und ihr einen Maulkorb angelegt hätte, sondern weil er die politische Büchse der Pandora öffnete. Die verhasste Weimarer Republik war für Schmitt, wie für die meisten Liberalen und Konservativen, überpolitisiert und durch den Zusammenprall politischer Gruppen und Interessen überdehnt. Das Problem war nicht die Aufhebung der Freund-Feind-Unterscheidung, sondern die unerträgliche Vervielfachung solcher Unterscheidungen und, was noch wichtiger war, eine Spaltung entlang der falschen Linie, nämlich des *Klassen*widerspruchs (in Kapitel 6 werde ich ausführlicher auf die Klassenlogik hinter Schmitts berühmter Freund-Feind-Unterscheidung eingehen. Kurz gesagt: Es ging nicht darum, die Würde des Politischen wiederherzustellen, sondern darum, sozialistische Politik zu delegitimieren und einer nationalen unterzuordnen.[16]). Als Beispiel für diese Ablehnung des politischen Pluralismus können wir folgende Passage heranziehen, in der Schmitt die demokratische Vorgehensweise kritisiert. Der Anfang erinnert zugegebenermaßen an moderne linke Kritik, in der die liberale Demokratie als hohler Prozess dargestellt wird, durch den die Wähler geschickt auf fünf von oben vorgegebene Bahnen gelenkt werden: »Fünf Parteilisten, auf eine höchst geheime, okkulte Weise entstanden, von fünf Organisationen diktiert, erscheinen. Die Massen begeben sich sozusagen in fünf bereitstehende Hürden, und die statistische Aufnahme dieses Vorganges nennt man ›Wahl‹. Was ist das in der Sache?«[17] Und doch ging es Schmitt, wie die weitere Entwicklung des Arguments verdeutlicht, nicht etwa darum, dass dieser Prozess zu einem politischen Vakuum führt oder die Massen dazu zwingt, sich zwischen falschen Alternativen zu entscheiden, sondern ganz im Gegenteil darum, dass sich Wahlmöglichkeiten zwischen sehr realen und scharf umrissenen Alternativen vervielfachen:

> »Es ist in der Sache eine geradezu fantastische Option zwischen fünf *untereinander völlig unvereinbaren*, [...] *entgegengesetzten Weltanschauungen, Staatsformen und Wirtschaftssystemen* [...]. [Z]um Beispiel zwischen Atheismus oder Christentum, gleichzeitig zwischen Sozialismus oder Kapitalismus, gleichzeitig etwa zwischen Monarchie oder Republik, zwischen Moskau, Rom, Wittenberg, Genf und Braunem Haus [das Gebäude, in dem die NSDAP-Parteizentrale in München untergebracht war] und ähnlich *inkompatiblen Freund-Feind-Alternativen* [...]!«[18]

Dieser politische Pluralismus *verhindert* also eine Vereinheitlichung und Homogenisierung der Massen: »Ein solcher Vorgang bedeutet nur, dass der Volkswille sofort an seiner Quelle in fünf Kanäle und nach fünf verschiedenen Richtungen abgeleitet wird, sodass er *niemals zu einem Strom zusammenfließen* kann.«[19] Das Ergebnis des politischen Liberalismus ist also nicht die Entpolitisierung, sondern die soziale Implosion, eine verhängnisvolle Ausbreitung von Antagonismen aller Art. Es war Schmitt, der – verärgert über diesen Interessenpluralismus, das heißt über eine echte und funktionierende Demokratie – die Neutralisierung und »Verwischung der Grenzen zwischen links und rechts« predigte. In Schmitts Grundlagentext »Das Zeitalter der Neutralisierungen und Entpolitisierungen«, den er 1929 als Vorlesung hielt und der 1932 in einer Edition von »Der Begriff des Politischen« veröffentlicht wurde, wird als grundlegender Makel des modernen, liberalen Staates ausgemacht, dass dieser *nicht in der Lage* und *nicht willens* gewesen sei, die Spaltung zwischen rechts und links zu überwinden:

> »In ein und demselben Staat kann es nicht zwei widersprechende Wirtschaftssysteme geben; kapitalistische und kommunistische Wirtschaftsordnung schließen einander aus. Der Sowjetstaat hat den Satz: *cujus regio eius oeconomia* [wer über ein Territorium herrscht, entscheidet über seine Ökonomie[20]] [...]. Das Wesentliche dieser Erscheinung liegt darin, dass ein homogener Wirtschaftsstaat dem ökonomischen Denken entspricht. [...] Ein Staat, der in einem ökonomischen

> Zeitalter darauf verzichtet, die ökonomischen Verhältnisse von sich aus richtig zu erkennen und zu leiten, muss sich gegenüber den politischen Fragen und Entscheidungen für neutral erklären und verzichtet damit auf seinen Anspruch zu herrschen.
>
> Es ist nun ein merkwürdiges Phänomen, dass der europäische liberale Staat des 19. Jahrhunderts sich selbst als *stato neutrale ed agnostico* hinstellen und seine Existenzberechtigung gerade in seiner Neutralität erblicken konnte.«[21]

Der liberale Staat muss also seinen Herrschaftsanspruch aufgeben, da er die Politik und, noch gravierender, die Ökonomie nicht homogenisiert; er lässt den alles entscheidenden Konflikt der Moderne zwischen Kapitalismus und Kommunismus unentschieden. Und wenn sich Schmitt von einer Diktatur in Deutschland wünschte, sie folge dem sowjetischen Beispiel und radiere eine der beiden Seiten des ökonomischen Schismas mit Gewalt aus, dann wollte er damit nicht den *Kapitalismus* beseitigen.

Die Politik der Gegenwart durch »die Brille Schmitts« zu sehen bedeutet deshalb, sie nach der Herstellung der Interesseneinheit und eines gemeinsamen Standpunkts, auf dem eine Elite fruchtbar abwägen und debattieren kann, insgesamt als befriedigend homogen zu betrachten. In anderen Worten: Was man vorfindet, ist ein Zustand, der demjenigen unter dem selbstgefälligen und siegreichen liberalen System Guizot nicht unähnlich ist und dessen durch die Massendemokratie verursachten Verfall Schmitt beklagte. Gemeinsam mit der Massendemokratie wurde auch die parlamentarische Krise eingedämmt. Der Liberalismus hat sich in Gestalt des Neoliberalismus von seinem demokratischem Trübsal befreit, um seine einstige, elitäre Kraft zurückzuerhalten. Die anhaltende neoliberale Entpolitisierung, die wir in den letzten 30 Jahren erlebt haben, ist nicht etwas, das sich *mit* Schmitt kritisieren ließe, sondern muss gewissermaßen als Ausdruck einer erfolgreichen Schmittianisierung der Politik gewertet werden. Dies zeigt sich in vielerlei Hinsicht, von der umfassenden Neutralisierung sozialer Kämpfe in der westlichen, liberalen Welt bis hin zur Übertragung politischer und ökonomischer Entscheidungsgewalt an kleine Eliten sogenannter Experten, die nicht gewählt und den Massen gegenüber nicht rechenschaftspflichtig sind. Nicht zuletzt zeigt sich dies in der Art und Weise, wie die großen westlichen Mächte heute Außenpolitik betreiben und dabei auf unheimliche Weise das schmittianische Muster einer Radikalisierung des Kampfes zwischen Staaten und Völkern, der Wir-gegen-sie-Kriegsführung reproduzieren, wie es sich in den Konzepten »Kampf der Kulturen« und »Achse des Bösen« vielleicht am besten resümieren lässt. Dies ist der grundlegende Fehler bei der Extrapolation von Schmitts Kritik am Liberalismus *seiner Zeit* auf unser eigenes neoliberales Zeitalter.[22] Man meint, Schmitt formuliere eine Kritik an der liberalen Praxis, politische Antagonismen in einen faden, lauwarmen, hegemonialen Brei zu verwandeln. Doch der Liberalismus, den er bekämpfte, war nicht lauwarm, sondern *glühend heiß* (und zwar rot, in mehr als einer Hinsicht).

Von Donoso zu Schmitt: Die Einführung der Demagogie

Bisher habe ich den ideologischen Kern von Schmitts Position analysiert, die elitär und auf extreme Weise antidemokratisch ist, sich gleichzeitig aber auf den Liberalismus vor dem Hereinbrechen des allgemeinen Wahlrechts bezieht. Dieser Kern ist zwar nicht besonders schwer zu erkennen, wurde aber von Schmitt nicht offen eingestanden, sondern im Gegenteil achtsam mit Phrasen verhüllt. Nach außen plädierte Schmitt *für die Demokratie* und *gegen den Liberalismus*. Wer also, wie liberale Kritiker und linke Bewunderer, Schmitts Aussagen für bare Münze nehmen will, kann sich dieser Äußerlichkeiten bedienen, um ihn als demokratischen Antiliberalen zu porträtieren, den man dann verurteilen oder preisen kann. Aber warum machte sich Schmitt die Mühe, seine Position zu verschlüsseln, und wie lässt sich ihre Essenz von der Erscheinung unterscheiden?

Diese Doppelzüngigkeit können wir zunächst erörtern, indem wir Schmitt mit einem seiner wichtigsten Einflüsse vergleichen, nämlich mit Juan Donoso Cortés, einem Verfechter der Diktatur im Spanien des 19. Jahrhunderts. Beide politischen Denker streben, mit der revolutionären Unruhe ihrer Zeit konfrontiert, dieselbe Lösung an und plädieren für eine entschlossene Wende vom politischen Liberalismus zum Autoritarismus, da es dem in unnützen, endlosen Debatten verfangenen politischen Liberalismus für die Auseinandersetzung mit dem Sozialismus an Entschlossenheit mangelt. Beide sind der Ansicht, dass der politische Liberalismus eliminiert werden müsse, weil er in Gestalt des Sozialismus den Todfeind des hierarchischen Staates nähre. Und beide befürworten die Diktatur, wobei Donoso völlig offen mit seinen antidemokratischen Überzeugungen umgeht; so geht es ihm bei der Beseitigung des politischen Liberalismus letztlich darum, die sozialistisch-demokratische Volksherrschaft zu verhindern. Schmitt hingegen führt, ohne sich von den Positionen Donosos zu distanzieren, ein Element ein, das bei Donoso völlig fehlt: Er begründet seine Apologie der Diktatur mit der seltsamen Behauptung, sie werde demokratisch sein. Die Herrschaft des Liberalismus sei nur eine Scheindemokratie, behauptete Schmitt, sodass ihre Abschaffung und der Übergang zur Diktatur durchaus mit der Demokratie vereinbar sein könnten; in diesem Sinne werde die Diktatur nur die wahre »Volksherrschaft« einführen. In einem Aufsatz über Donoso argumentierte Schmitt dementsprechend, »die Diktatur ist nicht das Gegenteil zu Demokratie, sondern zu Diskussion«.[23] Doch das entpricht definitiv nicht der Sichtweise Donosos. Für ihn bestand das Problem der liberalen »Diskussion« darin, dass sie 1) die Schleusen von Autorität und Tradition öffne und damit 2) eine Flut von Argumenten und Debatten in Gang setze, die 3) letztlich zu Demokratie und Sozialismus führe. Die Gründe für Donosos Wunsch, die liberale Diskussion zu unterbinden, die er dem mit dem »Liberalismus« debattierenden »demokratischen Sozialismus« in den Mund legt, werden im folgenden Abschnitt anschaulich erläutert:

> »Wenn Du mich zur Diskussion anstachelst, vergebe ich dir, denn Du weißt nicht, was Du tust; die Diskussion, dieses universelle Lösungsmittel, [...] hat bereits deine Gegner und wird nun dich eliminieren [...]. [G]egen sie helfen weder Industrie noch Zäune; die Diskussion ist der Name, unter dem der Tod reist, wenn er nicht erkannt werden will.«[24]

Donoso war weniger gegen liberale politische Freiheit an sich – tatsächlich war er wie erwähnt selbst ein Liberaler, solange diese Freiheit ein Privileg der oberen Klassen blieb. Er lehnte sie nur deshalb ab, weil sie, wie die Revolutionen von 1848 auf traumatische Weise deutlich machten, dem demokratischen Sozialismus zum Aufstieg verhalfen. Wie Nietzsche es einige Jahrzehnte später formulieren würde, sollten bestimmte Tabus besser nicht gebrochen, bestimmte Fragen unangeschnitten bleiben: »Die Dummheit, im Grunde die Instinkt-Entartung, welche heute die Ursache *aller* Dummheiten ist, liegt darin, dass es eine Arbeiter-Frage gibt. Über gewisse Dinge *fragt man nicht:* erster Imperativ des Instinkts.«[25] Donosos antiliberale Bedenken betrafen auf jeden Fall ausschließlich den politischen Liberalismus, den er metonymisch »Diskussion« nennt. Man beachte die bemerkenswerte Formulierung, wonach die »Diskussion« die »Industrie« überwältige! Und wenn der Hinweis Schmitts auch stimmt, dass Donoso den Liberalismus maßlos verachtete und sich gegenüber dem Sozialismus sehr viel respektvoller zeigte, so geschah dies nur, weil er den Sozialismus für den wahren Todfeind hielt, während der Liberalismus für ihn lediglich ein dummer Handlanger und unentschlossener Schwächling war, der dem Feind in die Hände spielte. Die Entscheidungsschlacht wird zwischen Volk und Sozialismus auf der einen Seite und der Elite und Gott auf der anderen Seite ausgefochten werden:

> »Die liberale Schule, gleichermaßen Feind der Finsternis und des Lichts, hat sich für eine, ich weiß nicht welche, ungewisse Dämmerung zwischen den Regionen des Lichts und der Dunkelheit, zwischen ewigem Schatten und göttlicher Morgenröte entschieden. In diesen namenlosen Gefilden hat sie sich dem Unterfangen verpflichtet, ohne Volk und ohne Gott zu regieren; ein extravagantes und unmögliches Unterfangen: Ihre Tage sind gezählt, denn auf der einen Seite des Horizonts zeigt sich Gott, auf der anderen das Volk. Niemand kann

> sagen, wo sie am furchtbaren Tag der Schlacht stehen wird, wenn das Feld voll mit katholischen und sozialistischen Phalangen ist.«[26]

Der Liberalismus ist unvergleichlich schwächer und widersprüchlicher als der Sozialismus, aber gerade deshalb auch unvergleichlich *weniger böse*. Er ist zwar zwischen Gott und Satan gefangen, was ein unangenehmer Aufenthaltsort ist, doch der demokratische Sozialismus ist eine unmittelbare Emanation Satans: »Die sozialistischen Schulen, eine Abstraktion der ihnen folgenden barbarischen Massen und anerkannt in ihren Doktoren und Lehrern, stehen viel besser da als die liberale Schule [...]. Der Sozialismus ist nur deshalb stark, weil er eine satanische Theologie ist.«[27] Es steht daher außer Frage, dass Donoso bei aller Verachtung für den Liberalismus in erster Linie antidemokratisch und antisozialistisch war; antiliberal war er nur, weil der Liberalismus das Vorzimmer für den demokratischen Sozialismus repräsentierte. Aus diesem Grund schloss Donoso ein politisches Bündnis mit dem Liberalismus nicht aus; ja, er schalt die Konservativen seiner Zeit sogar, weil es ihnen *nicht gelang*, gemeinsam mit den Liberalen eine solide Schutzmauer gegen die Demokratie zu errichten, und die Reihen Satans dadurch anschwollen. Schmitt war sich dieses Umstands im Übrigen durchaus bewusst:

> »Bemerkenswert und für die Betrachtungsweise von Donoso typisch ist sein Urteil über den preußischen Konservativismus. Diese politische Richtung, die ihm wegen ihrer monarchischen und gegenrevolutionären Überzeugungen doch am meisten sympathisch sein musste, beurteilt er sehr kühl. Er sieht sie in einer gefährlichen Lage: als reaktionäre Partei entfernt sie sich von der liberalen Bourgeoisie, welche dadurch in eine Verbindung mit den Demokraten getrieben wird; wäre sie weniger reaktionär und etwas toleranter, so könnte sie in Preußen eine mehr oder weniger dauerhafte, jedenfalls geordnete Regierung begründen.«[28]

Nach der Zusammenfassung von Donosos Position zeigt sich, wie willkürlich es von Schmitt war, Donosos Autoritarismus als antiliberal, aber nicht als antidemokratisch zu bezeichnen. Doch was ist der Grund für diese Divergenz? Wie konnte ein »homogener« Demokrat wie Schmitt, der darauf bedacht war, die »kollektive Einheit des Volkes« an die Spitze des Staates zu stellen, sich so sehr und voller Bewunderung auf einen extremen Antidemokraten wie Donoso berufen, der nichts mehr fürchtete als genau diese Volksherrschaft? Die Wahrheit ist, dass Schmitt ein genauso überzeugter Antidemokrat wie sein spanisches Vorbild war und dass der Unterschied zwischen den beiden lediglich darin besteht, dass Schmitt auf eine soziale Demagogie zurückgriff, die durch die anderen historischen Umstände, unter denen er schrieb, notwendig wurde. Tatsächlich legte Schmitt Wert darauf, den politischen Realismus seines Tutors zu würdigen, der frei von idealistischen Fixierungen blieb:

> »Bei Donoso hat die wechselnde Lage der außenpolitischen Verhältnisse sein Urteil beständig verändert, denn er war alles andere als der Don Quijote eines abstrakten Prinzips. Sein Sinn für die Realitäten der Außenpolitik ist außerordentlich, seine Anpassungsfähigkeit trotz aller rhetorischen Thesen erstaunlich.«[29]

Es wäre eindeutig falsch, Donosos deutschem Schüler einen derartigen Quijotismus zuzuschreiben oder Schmitts »Anpassungsfähigkeit« und sein Geschick bei der Ausbeutung »rhetorischer Thesen« zu unterschätzen. Donoso, der zu einer Zeit lebte, die noch nicht von der entwickelten Herausforderung durch die Massendemokratie geprägt war, sah keine Notwendigkeit, seine volksfeindliche Gesinnung zu verbergen, und zögerte daher auch nicht, die Volksherrschaft mit Satanismus gleichzusetzen. Schmitt hingegen schrieb zu einer Zeit, als die Aussicht auf eine offene, volksfeindliche Diktatur eher gering war. Demokratie war kein Ideal, das man unterschätzen oder gar offen verspotten durfte. Wie die meisten Faschisten war er daher gezwungen, um die Unterstützung des Volkes für seine Diktatur zu werben und sie als legitimen Ausdruck des »Volkswillens« zu präsentieren, der viel organischer und kohärenterer sei als die zersplitterte Politik des Liberalismus.

Leo Strauss, der über den Unterschied zwischen *Gesagtem* und *Gemeintem* Bescheid wusste, erkannte trotz aller Angriffe auf den Liberalismus Schmitts eigentliche Sorge, die dem demokratischen Aufstieg der Massen galt. Sie stellten den wahren Feind dar. In einer frühen Rezension (1932) von Schmitts »Der Begriff des Politischen« argumentierte Strauss daher scharfsinnig, dass »das, was für Schmitt letztlich zählt, nicht der Kampf gegen den Liberalismus ist«. Strauss versteht Schmitts

> »Polemik gegen den Liberalismus als eine ›Begleit- oder Vorbereitungsaktion‹. Sie soll das Feld freimachen für den Entscheidungskampf, der sich allein zwischen Todfeinden vollzieht, zwischen dem ›Geist der Technizität‹, dem ›Massenglauben eines antireligiösen Diesseits-Aktivismus‹ und – dem entgegengesetzten Geist und Glauben, der, wie es scheint, noch keinen Namen hat.«[30]

Es sei auch angemerkt, dass sich Schmitt in Strauss' Interpretation eindeutig wiedererkannte. So soll er seinem Vertrauten Günther Krauss, der 1932/33 für ihn arbeitete, Strauss' Rezension empfohlen haben: »Das müssen Sie lesen. Er hat mich wie kein anderer durchschaut und durchleuchtet.«[31]

Faschismus: Cui bono?

Ähnlich wie Leo Strauss war sich Schmitt der langen exoterischen Tradition »politischer Geheimrituale« *(arcana)* sehr bewusst, die sich darin äußerte, dem Volk gegenüber beruhigende Unwahrheiten zu verbreiten, während man esoterisch die Karten auf den Tisch legte. Eine Tradition, die Schmitt in allen politischen Systemen von Monarchie und Aristokratie bis hin zu *Demokratie und Diktatur* erkannte. Wie er in seinem Buch »Die Diktatur« unsentimental feststellte, war diese Esoterik keine Fehlentwicklung, die es zu beklagen und zu bekämpfen galt, sondern stellte aus Sicht der Staatenlenker eine objektive und zeitlose Notwendigkeit dar:

> »Im Staat aber sind immer gewisse Veranstaltungen, die einen Schein von Freiheit erwecken, notwendig, schon um das Volk zu beruhigen, *simulacra*, dekorative Einrichtungen. *Arcana Reipublicae* sind im Gegensatz zu den nach außen hervortretenden augenscheinlichen Motiven die inneren Triebkräfte des Staates.«[32]

Die Frage war also nur, wie sich das Volk am besten manipulieren lässt. Shadia B. Drury unterstrich, dass Schmitt es für eine politische Notwendigkeit der Moderne hielt, Loyalität gegenüber der Demokratie zu fingieren: »Auch wenn die Demokratie sich selbst widerspricht, ist sie die unwiderstehlichste politische Kraft in der europäischen Geschichte geblieben. Jede politische Bewegung, die auf Erfolg hofft, muss sich in demokratischem Gewand präsentieren – der Liberalismus, der Marxismus und der Sozialismus haben genau dies getan.«[33] Aus dieser richtigen Beobachtung folgt die – von Schmitt offenbar wahrgenommene – Notwendigkeit für Faschismus und Diktatur, es diesem Beispiel nachzutun und die Fahne der »Demokratie« zu schwenken. Angesichts dessen ist es umso bemerkenswerter, dass Drury – die gewöhnlich eine umsichtige Beobachterin ist und, wie sie in der sehr nützlichen Analyse von Strauss gezeigt hat, Esoterik bestens zu identifizieren versteht – die Möglichkeit nicht einmal in Betracht zog, es könnte sich bei Schmitts »Demokratie« um ein bloßes »Gewand« handeln. Stattdessen nahm sie ihn beim Wort und folgerte daraus, er bevorzuge die Demokratie eindeutig gegenüber dem Liberalismus.[34] Von solchen strategischen Überlegungen geleitet, stellte Schmitt den Übergang zur Diktatur, ja sogar zu einer faschistischen, als eine Entwicklung dar, von der das Volk *nur profitieren könne*:

> »Dass der Faschismus auf Wahlen verzichtet und den ganzen ›*elezionismo*‹ hasst und verachtet, ist nicht etwa undemokratisch, sondern antiliberal und entspringt der richtigen Erkenntnis, dass die heutigen Methoden geheimer Einzelwahl alles Staatliche und Politische durch

> eine völlige Privatisierung gefährden, das Volk als Einheit ganz aus der Öffentlichkeit verdrängen (der Souverän verschwindet in der Wahlzelle) und die staatliche Willensbildung zu einer Summierung geheimer und privater Einzelwillen, das heißt in Wahrheit unkontrollierbarer Massenwünsche und -ressentiments herabwürdigen. [...] Jene Gleichsetzung von Demokratie und geheimer Einzelwahl ist Liberalismus des 19. Jahrhunderts und nicht Demokratie.«[35]

Schmitt tat alles, um den faschistischen Wolf in ein demokratisches Schafsfell zu kleiden, während er gleichzeitig den Antiliberalismus des Faschismus bekräftigte. Aber die historische und zeitgenössische Wahrheit war, wie er nur allzu gut wusste, diametral entgegengesetzt: Der Liberalismus des 19. Jahrhunderts, den Schmitt im Wesentlichen billigte, aber verwarf, da dieser nicht länger praktikabel war, beruhte auf eben dieser »Homogenität«, die durch eine exklusive Elitenherrschaft garantiert wurde. In dieser Hinsicht ähnlich dem Faschismus hielt sich diese Elitenherrschaft für identisch mit dem Wohlergehen »der Nation«, »des Volkes« oder »des Staates« und verkaufte sich auch so. Aus ebendiesem Grund wollte der bürgerliche Liberalismus des 19. Jahrhunderts keineswegs das Wahlrecht ausweiten und den Souverän (das heißt die liberale Elite) in den Wahlkabinen untergehen sehen. Doch Schmitt begnügte sich damit, den zähen, weitgehend *gegen* das liberale Bürgertum geführten Kampf des Volkes um das allgemeine Wahlrecht zu ignorieren, und krönte dies mit der Darstellung des Wahlrechts als undemokratisch und liberal. Entsprechend war sich Schmitt schmerzlich der Tatsache bewusst, dass die »geheime und individuelle Wahl« nicht zu einer Privatisierung des Politischen und einer bloßen Ansammlung atomisierter Individuen führte. Er erkannte, dass dieser Prozess vielmehr zur Bildung mächtiger *Kollektive* führte, die große Gruppen und Klassen vereinten, wie von ihm selbst beispielsweise in der oben zitierten Passage beschrieben. Genau das jedoch machte das Wählen aus elitärer Sicht so gefährlich. Eine homogene Demokratie, die den Willen »des Volkes als Einheit« destilliert, ist zumindest in einer Klassengesellschaft ein Widerspruch in sich. Gerade deshalb kann jeder Versuch einer derartigen Homogenisierung ohne Überwindung der Klassen nur über politischen Ausschluss erfolgen, den der klassische Liberalismus durch die strikte Beschränkung des Wahlrechts und der Faschismus durch seine völlige Abschaffung erzielte (sowie durch den liberalen Rückgriff auf die Instrumente der *Arcana Reipublicae*). Schmitt wahrte in der Regel Schweigen über den Klassencharakter der liberalen Demokratie und bemühte sich, diese als eine bloße mathematische Formel ohne sozialen Inhalt darzustellen.

> »Der heutige Sprachgebrauch beruht in Wahrheit darauf, dass seit dem 19. Jahrhundert das ›Volk‹ immer größer wurde und die von der klassischen Demokratie ganz selbstverständlich aufgeschlossene *Masse* aufnahm. *Quantitativ* dehnte sich die Beteiligung am politischen Leben immer mehr aus; das war der demokratische Fortschritt. Die Forderung des Wahlrechts der Frauen, die Forderung einer Herabsetzung des Wahlalters, alles, was die *Zahl der Wahlberechtigten vermehrte,* hieß infolgedessen ›demokratisch‹.«[36]

Bemerkenswert ist, wie Schmitt hier versuchte, »den demokratischen Fortschritt« auf eine bloße Frage der Quantität zu reduzieren und damit implizit von der Qualität zu unterscheiden. Dabei ließ er bequemerweise die offensichtliche und entscheidende Tatsache außer Acht, dass mit dem allmählichen Einzug der »Massen« in die Politik neue soziale Akteure und Klassen – von der unteren Mittelschicht bis hinunter zur Arbeiterklasse – die Bühne betraten, was mehr als nur eine Vergrößerung der Wählerschaft nach sich zog. Besonders symptomatisch ist, wie Schmitt bei der Darstellung der unterschiedlichen Phasen der demokratischen Expansion den wichtigsten Kampf unterschlug, nämlich den für die Absenkung und schließlich die Abschaffung von Vermögensgrenzen, während er gleichzeitig die unendlich viel weniger entscheidende Frage des Wahlalters erwähnte: eine Frage, die nicht unmittelbar mit der Verteilung der gesellschaftlichen Macht zwischen den Klassen zu tun hat; möglicherweise eine freudsche Fehlleistung, aber vermutlich eher eine machiavellistische Auslassung. Dieses kleine Versäumnis erlaubte es Schmitt, ein weiteres Argument gegen die liberale Demokratie zu entfalten, nämlich dass ihre Abschaffung keinen qualitativen Verlust für das Volk, keinen wirklichen demokratischen Rückschlag bedeuten und lediglich dem liberalen Beharren auf Zahlen entgegenwirken würde; eine Behauptung, wie sie in vielen faschistischen Erzählungen auftaucht. Man denke zum Beispiel an die Behauptung Moeller van den Brucks: »Nicht die Staatsreform macht eine Demokratie aus, sondern die Anteilnahme des Volkes am Staate.«[37]

In seiner Kritik am Liberalismus und seinem Eintreten für die Diktatur reproduzierte Schmitt, wie andere Faschisten, unwissentlich die Argumente der deutschen Revolutionsgegner von 1848, deren Anspruch, die Interessen des Volkes gegen die liberale Revolution zu repräsentieren, Engels und Marx im »Kommunistischen Manifest« vernichtend auseinandergenommen hatten:

> »Der Kampf der deutschen, namentlich der preußischen Bourgeoisie gegen die Feudalen und das absolute Königtum, mit einem Wort, die liberale Bewegung wurde ernsthafter. Dem ›wahren‹ Sozialismus war

> so erwünschte Gelegenheit geboten, der politischen Bewegung die sozialistische Forderung gegenüberzustellen, die überlieferten Anatheme gegen den Liberalismus, gegen den Repräsentativstaat, gegen die bürgerliche Konkurrenz, bürgerliche Pressefreiheit, bürgerliches Recht, bürgerliche Freiheit und Gleichheit zu schleudern und der Volksmasse vorzupredigen, wie sie bei dieser bürgerlichen Bewegung nichts zu gewinnen, vielmehr alles zu verlieren habe.«[38]

Tatsächlich war die Quintessenz von Schmitts antiliberaler Polemik dieser Haltung sehr ähnlich. Der wesentliche Unterschied bestand darin, dass sie aus dem bürgerlichen Lager heraus formuliert wurde und nicht den »wahren Sozialismus« (andere Faschisten, von Spengler und Jünger bis Reventlow, verwendeten dieses Ideologem eifrig), sondern die »wahre Demokratie« zu repräsentieren beanspruchte. In einem Text von 1929, der sich mit »Wesen und Werden des faschistischen Staates« befasste, ging Schmitt sogar so weit zu behaupten, dass die Diktatur zwangsläufig die Schwachen vor den Kapitalisten verteidigen werde: »Nur ein schwacher Staat ist kapitalistischer Diener des Privateigentums. Jeder starke Staat – wenn er wirklich höherer Dritter ist und nicht einfach identisch mit den wirtschaftlich Starken – zeigt seine eigentliche Stärke nicht gegen den Schwachen, sondern gegenüber den sozial und wirtschaftlich Starken.«[39] Das erinnert einmal mehr an eine Kritik von links, die dem Liberalismus eine auf Kosten des Volkes gehende ökonomische Unterwürfigkeit gegenüber dem Kapitalismus vorwirft. Aber das sind nur die exoterischen Fallen von Schmitts Argument, eine demagogische Fassade, hinter der sich ein leidenschaftlicher Einsatz für die kapitalistische Ordnung verbirgt. Diese esoterische Wahrheit zeigt sich in der fadenscheinigen Natur von Schmitts Vergewisserungen über die Wohltaten des Faschismus gegenüber der Arbeiterklasse. Schmitt bekräftigt zwar, wie jeder linke Kritiker des Liberalismus auch, dass der politische Liberalismus das Kapital gegenüber der Arbeiterklasse begünstigt. Doch daraus folgt sicherlich nicht, dass eine Diktatur das Los der Arbeiter verbessern oder ihre Macht erweitern würde. Unter dem bürgerlichen politischen Liberalismus stehen den Arbeitern eine Vielzahl von Instrumenten zur Verfügung – Parteien, Gewerkschaften, Organisations- und Meinungsfreiheit und so weiter –, die in ihrer Macht zwar begrenzt, aber bei der Auseinandersetzung mit der kapitalistischen Klasse immer noch extrem wertvoll sind und einen Stachel im Fleisch der »wirtschaftlich Starken« darstellen. Letztere drängen den Staat deshalb dazu, die Wirksamkeit der Werkzeuge zu begrenzen oder diese ganz einzubehalten. Wie Schmitt im selben Text indirekt eingestand:

> »In hoch entwickelten Industriestaaten [...] ist die innerpolitische Lage ganz beherrscht von dem Phänomen der ›sozialen Gleichgewichtsstruktur‹ zwischen Kapital und Arbeit, Arbeitgebern und Arbeitnehmern. [...] Wenn es heute zum hoch entwickelten modernen Industriestaat gehört, dass Arbeitgeber und Arbeitnehmer einander mit ungefähr gleicher sozialer Macht gegenüberstehen und jedenfalls keine dieser Gruppen ohne einen furchtbaren Bürgerkrieg der anderen eine radikale Entscheidung aufdrängen kann, so sind auf legalem Wege soziale Entscheidungen und fundamentale Verfassungsänderungen nicht möglich.«[40]

Der Begriff des »sozialen Gleichgewichts« – den Schmitt Otto Bauer zuschreibt, einem führenden Vertreter des sogenannten Austromarxismus – meint, dass unter einer Diktatur ein Ausgleich in *beide* Richtungen angestrebt würde. Ein starker Staat könnte dazu dienen, die Arbeiter auf Kosten der Kapitalisten zu stärken, oder umgekehrt den Ausschlag zugunsten der Kapitalisten geben. Doch es wäre gewiss sehr zynisch, eine Diktatur wie die Mussolinis, deren erster Schritt, eigentlich deren Voraussetzung, darin bestand, die Arbeiterklasse als unabhängigen gesellschaftspolitischen Akteur zu eliminieren, als eine Herrschaftsform der Beschäftigten anzupreisen; noch deutlicher ist dies im Fall Deutschlands, wo sich die organisierte Macht der Arbeiter vor der Diktatur vermutlich auf einem historischen Höhepunkt befand. Auch in Österreich ermöglichte es der »schwache«, das heißt liberaldemokratische Staat (der von Otto Bauer unterstützt wurde) den Sozialisten mittels ihrer demokratischen Mehrheiten, dem Kapitalismus beispiellose Errungenschaften abzuringen und mit dem sogenannten Roten Wien ein bahnbrechendes System von öffentlichem Wohnungsbau, Gesundheitsversorgung, Bildung, Freizeitgestaltung und so weiter zu errichten. Diese mit starker progressiver Besteuerung finanzierten Errungenschaften veranschaulichen, wie sehr Schmitt den »wirtschaftlich Mächtigen« verpflichtet war, die sehnsüchtig darauf warteten, dass sich das »Gleichgewicht« in ihrem Sinne verschob. Tatsächlich war es das Ende des politischen Liberalismus unter Dollfuss und der Übergang zum austrofaschistischen *starken Staat*, der es den Unternehmern erlaubte, zu einer klassisch liberalen Wirtschaftspolitik mit Ausgabenkürzungen, ausgeglichenem Haushalt und der Unterstützung der Unternehmen zurückzukehren, bei der kein Geringerer als Ludwig von Mises als Berater mitwirkte. Diese beiden historischen Beispiele beweisen eindringlich, was bei der Wahl zwischen einem »schwachen«, liberaldemokratischen Staat und einem »starken«, faschistischen Staat wirklich auf dem Spiel stand und wer die jeweiligen Nutznießer waren.

Die Abwehr des demokratischen Taschendiebs

Es besteht allerdings immer noch die Möglichkeit, dass man der Argumentation Schmitts insofern Unrecht tut, als man seinen politischen und sozialen Verstand überschätzt. War der berühmte Jurist in Wirklichkeit möglicherweise unendlich viel naiver und weniger scharfsinnig als gemeinhin angenommen und glaubte tatsächlich, der Faschismus werde die Stellung der Arbeiter verbessern und sie mit größerer gesellschaftlicher Macht ausstatten? Doch es gibt keinen Grund, an Schmitts wohlverdientem Ruf zu zweifeln, denn er war tatsächlich ein gerissener Jurist. Ihm war sehr wohl bewusst, dass der politische Liberalismus in der Massendemokratie nicht einfach dem Kapital und den besitzenden Klassen in die Hände spielt. Ebenso wie die Wirtschaftsliberalen erkannte er die Herausforderung von unten, die dieses System nach sich zieht. Tatsächlich identifizierte er diese Gefahren nicht nur, sondern analysierte und konzeptualisierte sie auch in dem kurzen Aufsatz »Demokratie und Finanzen«, der 1927 geschrieben wurde, also zwei Jahre vor der eben zitierten Darstellung des faschistischen Staates. In diesem Text setzte sich Schmitt auf für ihn ganz untypische Weise direkt mit der ökonomischen Frage auseinander und beleuchtete die Spannung, die zwischen moderner Massendemokratie und Finanzwesen, das heißt einem wichtigen Teil der liberalen Ökonomie, besteht. Gleich zu Beginn des Aufsatzes konstatiert er: »Das Gebiet, auf welchem der *folgenreiche Zwiespalt* zwischen Liberalismus und Demokratie sich am stärksten offenbart, ist das der Finanz.«[41] Worin erkannte Schmitt diesen Zwiespalt? Verwies er darauf, dass der politische Liberalismus die Interessen der wirtschaftlich Starken zulasten der Schwachen befriedigte, wie es ein demokratischer Kritiker des schwachen, pseudodemokratischen Staates getan hätte? Keineswegs. Wie ein Wirtschaftsliberaler schildert Schmitt, wie die Massendemokratie des 20. Jahrhunderts – anders als der Parlamentarismus des 19. Jahrhunderts, in dem das Wahlrecht durch Eigentumsschranken begrenzt gewesen war – mithilfe des von der Mehrheit der Armen auferlegten progressiven Steuersystems substanzielle Eingriffe in das Eigentum der Reichen vornimmt:

> »Sobald an die Stelle politischer Begriffe wirtschaftliche Kategorien treten und ökonomische Gegensätze in Verbindung mit einem marxistischen Klassenbegriff die demokratische Homogenität gefährden, ändern sich nämlich auch alle Vorstellungen über die ›Finanz‹ [...] Es entspricht der hergebrachten, in ihren historischen Wurzeln teils ständischen, teils liberal-bürgerlichen Überzeugungen, dass derjenige, der die Abgaben zahlt, sie auch bewilligen und ihre Verwendung kontrollieren muss. [...] Der berühmte liberale Satz *›no taxation without representation‹* hat nur dann einen Sinn, wenn er auch umgekehrt gilt.«[42]

Dies ist aus klassisch liberaler Sicht nämlich der Idealfall. »Keine Besteuerung ohne Repräsentation; keine Repräsentation ohne Besteuerung« ist ein Grundsatz, dem sich jedes Mitglied des Kabinetts Guizot begeistert angeschlossen hätte. Aber diese »demokratische Homogenität« wird durch wirtschaftliche Konflikte und einen marxistischen Klassenbegriff gestört. Schmitts Ideal der demokratischen Homogenität läuft auf eine *Klassengesellschaft* hinaus, wie sie *vor der Durchsetzung des allgemeinen und gleichen Wahlrechts* bestand. Doch in der »Massendemokratie moderner Industriestaaten«, bekräftigt Schmitt, »lassen sich solche einfachen Zusammenhänge und Zurechnungen nicht mehr aufrechterhalten«. Sobald den Massen der Zutritt in die Wahlkabine gewährt wird, ist es mit dieser Homogenität zu Ende, und der Souverän geht in der Menge verloren:

> »Das ›Volk‹, das heißt die Abgabengesetze beschließende Mehrheit, schreibt auch der überstimmten Minderheit Abgaben und soziale Lasten vor. Das ist jedenfalls etwas wesentlich anderes als der alte Gedanke, dass Abgaben selbstverständlich nur, banal gesprochen, ›aus der eigenen Tasche‹ bewilligt werden können. [... Heute hat] der Begriff der ›eigenen Tasche‹ seine ständische oder individualistische Einfachheit verloren. [...] Denn auch hier sind das ›Volk‹, das heißt die abstimmende Mehrheit, welche die Steuern und Abgaben bewilligt‹, und das ›Volk‹, das heißt die Steuerzahler, die sie in der ökonomischen Wirklichkeit tatsächlich leisten, nicht mehr eindeutig dieselben Größen.«[43]

Diese Klagen sind charakteristisch für die klassisch liberale Nationalökonomie des 19. Jahrhunderts, die ihre Sorge darüber zum Ausdruck brachte, die Massendemokratie könnte ihre vielen Finger in die Taschen des Bürgertums stecken. Sie waren die Grundlage ihres entschiedenen Widerstands gegen das allgemeine Wahlrecht und könnten aus jedem beliebigen liberalen Text stammen. Hier offenbart sich ohne jede Umschweife der demagogische Charakter von Schmitts Beteuerungen, wonach eine faschistische Diktatur den »wirtschaftlich Schwachen« den Rücken stärker werde. Schmitt war sich völlig bewusst, dass ein schwacher Staat den Kapitalisten *eben nicht* zur freien Verfügung steht und dass umgekehrt ein starker Staat, vor allem ein faschistischer, den lästigen Zwiespalt zwischen Massendemokratie und Finanz im Sinne der letzteren aufheben würde. Die demokratische Homogenität der Vergangenheit lief schlicht und einfach darauf hinaus, dass die Mehrheit von der Politik ausgeschlossen und die Klassengegensätze – an denen es unter feudalen und liberalbürgerlichen Bedingungen sicherlich nicht mangelte – aus dem Blickfeld verschwanden. Unter einer schmittianischen Diktatur wird

»das Volk« dementsprechend wieder vereint sein, das heißt wieder aus ebenjenen Steuerzahlern bestehen, die sich die Repräsentation heute mit der Mehrheit teilen müssen. Man beachte, wie Schmitt das Wort »bewilligen« in Anführungszeichen setzt und damit die Illegitimität der Steuererhebung durch die Massen suggeriert.

Abschließend lässt sich erkennen, dass Schmitts Ablehnung der Weimarer Republik, im Widerspruch zur oben zitierten Interpretation Heiner Bielefeldts, nicht von einem »glühenden Antiliberalismus« herrührt und von dem Wunsch getragen ist, eine Demokratie zu errichten, »die auf der substanziellen ›Homogenität‹ der kollektiven Einheit des Volkes beruht«. In Wirklichkeit speist sie sich vielmehr aus dem Wunsch, zu dem liberalen Status quo zurückzukehren, wie er bestanden hatte, bevor sich »das Volk« auf unerträgliche Weise aufgeplustert hatte. Auch Chantal Mouffe stellt Schmitt auf den Kopf, wenn sie behauptet, er habe »nichts als Verachtung für die Zwänge« übrig gehabt, die die liberalen Institutionen »dem demokratischen Willen des Volkes auferlegten«.[44] Wie ich zu zeigen versucht habe, war genau das Gegenteil der Fall: Schmitts gesamtes Manöver zielte darauf ab, die Ketten zu sprengen, die *der demokratische Volkswille* den liberalen Institutionen auferlegte. Doch als gerissener Jurist verstand er es, diese esoterischen Absichten zu verschleiern und – auf exoterische Weise – die frohe Botschaft zu verbreiten, wonach der Faschismus der Demokratie viel eher entspreche als der politische Liberalismus. Wie sein Vorbild Donoso und viele Vollblut-Liberale hatte Schmitt kein Problem mit dem Liberalismus als sozioökonomischem System, sondern war nur im politischen Sinne antiliberal – und auch das nur, wenn wir über die autoritäre Hintertür hinwegsehen, die sich die liberale Idee seit Locke offenhielt. Schmitt war also tatsächlich antiliberal, aber dies auf eine sehr liberale Weise. Er befürwortete die Diktatur, um den Triumph der Volksdemokratie abzuwenden und deren politische und ökonomische Errungenschaften rückgängig zu machen.[45]

Der seltsame Fall des Georges Sorel

Der letzte antiliberale Liberale, dessen Ideen ich untersuchen möchte, ist Georges Sorel, dem gewöhnlich ein wichtiger Platz in der Genealogie des Faschismus zugeschrieben wird. Mein Bezugspunkt in diesem Zusammenhang ist der israelische Historiker Zeev Sternhell, für den der französische politische Denker des Fin de Siècle so etwas wie der ideologische Vater des Faschismus ist, nämlich derjenige, der die alles entscheidende »antimaterialistische Revision des Marxismus« in Gang setzte und damit die »faschistische Synthese« überhaupt erst ermöglichte. Die Auseinandersetzung mit Sorels Ideen soll uns in diesem Sinne Anlass zu einer kritischen Erörterung von Sternhells höchst einflussreicher Theorie über Faschismus und Protofaschismus bieten, die vielleicht mehr als jede andere akademische Einzelposition für eine Wandlung des Faschismusbegriffs im Mainstream der Geschichtswissenschaften gesorgt hat.

Ungeachtet der unbestreitbaren Verdienste von Sternhells Studien – und vor allem der Tatsache, dass er dazu beitrug, die wissenschaftliche Perspektive auf die intellektuelle und politische Tradition Frankreichs auszudehnen und damit zu beweisen, dass es sich beim Faschismus eher um ein gesamteuropäisches Phänomen als um einen lokal begrenzten Unfall handelte – hat sich der von ihm vorgeschlagene theoretische Rahmen als problematisch erwiesen. Der Faschismus sei, so argumentierte Sternhell, nicht die rechte Strömung, für die man ihn hielt, sondern »weder rechts noch links« und sei *der Linken* in seinem ursprünglichen Impuls in Wirklichkeit *viel stärker verbunden*. Diese These inspirierte eine neue Schule der ideologiezentrierten Interpretation, die den Klassencharakter leugnete, der dem Faschismus zuvor zugeschrieben worden war. Ohne die notwendigen Beweise für eine solch umfassende Revision zu liefern, ging sie davon aus, dass die Ideologie und nicht irgendein gesellschaftliches oder materielles Anliegen das zentrale Element der faschistischen Politik sei. Meine Einwände gegen diesen Ansatz haben im Allgemeinen wenig mit den dargestellten Fakten, sondern eher mit deren Anordnung und Interpretation zu tun. Sternhell gehört – ebenso wie Schapiro, dessen Theorien unsere Diskussion über Proudhon und Carlyle begleiteten – zu den Historikern, von denen man sehr viel lernen kann, solange man ihre grundlegende Interpretation des Materials hinterfragt.

Krise des Sozialismus?

Wie beschrieb Sternhell also die »Entstehung der faschistischen Ideologie« (1999), wie der Titel eines seiner Bücher lautet, und welche Rolle spielte Sorel dabei? Um die Quintessenz von Sternhells Erzählung zu begreifen, könnte man vielleicht sagen, dass sie der von mir hier entfalteten in ihren Grundzügen diametral widerspricht: In meiner Version der Geschichte war der Faschismus vor allem das Ergebnis einer lang andauernden Krise des Liberalismus und eine Antwort auf den Aufstieg des Sozialismus – sowohl in seiner revolutionären als auch in seiner demokratischen Form (dies ist, wie wir schon bald sehen werden, insbesondere im Hinblick auf Sternhells Theorien ein sehr wichtiger Punkt). Der Faschismus war verstrickt in die Logik und die Widersprüche des Liberalismus, bahnte sich seinen Weg, als das liberale Dilemma seinen Höhepunkt erreichte, und sollte einen Ausweg aus eben dieser Zwangslage eröffnen (was eben *nicht* bedeutet, dass er determiniert oder unvermeidlich gewesen wäre). Im Widerspruch hierzu behauptet Sternhell, dass der Faschismus[46] als Folge des liberalen Triumphs und der Krise des Sozialismus entstanden sei. Warum hat der Liberalismus gesiegt und der Sozialismus verloren? Aufgrund der Demokratie. Die Demokratie, die Sternhell gewöhnlich mit dem Liberalismus in eins setzt, sei immer weiter expandiert, habe einen umfassenden politischen Konsens geschaffen, die ehemals scharfen Linien des Klassenantagonismus verwischt und damit die vorrevolutionäre Stimmung beendet, von der sich der klassische Sozialismus nährte und die seine Hoffnung auf eine radikale Transformation der Gesellschaft begründete. Anstatt sich dem bürgerlichen Establishment zu widersetzen, seien die marxistischen Parteien unter dem revisionistischen Einfluss von Eduard Bernstein in Deutschland, Saverio Merlino in Italien und Jean Jaurès in Frankreich vom Establishment absorbiert worden und hätten sich in einen ganz normalen, nur etwas linkeren Akteur der parlamentarischen Bühne verwandelt. Dies begründe, kurz gesagt, die Krise des Sozialismus/Marxismus. »Zu Beginn des [20.] Jahrhunderts«, behauptet Sternhell, »hatte sich die liberale Demokratie in einen Wächter der etablierten Ordnung, eine wahre Zitadelle des Konservatismus verwandelt.«[47] Oder etwas ausführlicher:

> »Die Revision des Marxismus [...] bedeutete in Wirklichkeit die Anerkennung der kapitalistischen und bürgerlichen Ordnung. [...] Die revolutionär-marxistischen Grundsätze erodierten immer weiter, und die sozialistischen Parteien akzeptierten ausnahmslos die Regeln der liberalen Demokratie. [...] Auf diese Weise entstand eine liberale politische Kultur, die auf den Prinzipien der liberalen Revolutionen des 17. und 18. Jahrhunderts beruhte.«[48]

Und wie entstand aus dieser sozialistischen Krise und dem bürgerlich-liberalen Triumph der Faschismus? Am Rande der sozialistischen Parteien blieben die Ultralinken zurück, langweilige Revolutionäre, die mit dem Kapitalismus und der Herrschaft des Bürgertums absolut nichts zu tun haben wollten. Diese Minderheit, »die sich weigert, die kapitalistische Ordnung zu akzeptieren«, sollte sich ihrerseits in zwei dissidente Linien spalten: die Leninisten, die an der gewalttätigen, nun im Namen des Proletariats und von einer kleinen Avantgarde von Berufsrevolutionären durchzuführenden Revolution festhalten sollten, und die Sorelianer, die »eine neue revolutionäre Strömung« begründeten.[49] Aus letzterer sollte, so Sternhell, der Faschismus hervorgehen. Sorel wurde zu ihrer Schlüsselfigur. Da er zunächst an die Macht des Proletariats glaubte, plädierte er für die trügerische Option eines revolutionären Syndikalismus. Doch schon bald sollten er und seine Anhänger begreifen, dass diese Hoffnungen unbegründet waren, und einen »neuen Sozialismus marxistischen Ursprungs« entwickeln, der »sich immer weiter vom proletarischen Sozialismus entfernt und in einen Sozialismus der ganzen Gesellschaft verwandelt«.[50] Da Sorel nicht nur links vom Reformsozialismus, sondern auch vom bequemen Proletariat selbst stand, waren er und dementsprechend auch die Protofaschisten letztlich dazu gezwungen, sich von der Arbeiterklasse abzuwenden und sie als Trägerin der Revolution durch die Nation zu ersetzen. »Die Sorelianer«, schreibt Sternhell, »bleiben ihren revolutionären Positionen treu, nachdem das Proletariat diese aufgegeben hat: Vor die Wahl zwischen einer Revolution ohne Proletariat und einem Proletariat ohne Revolution gestellt, wählten sie die Revolution. Deshalb wird dies bereits eine nationale Revolution sein.«[51] Diese Strömung und der ethnische Nationalismus, der sich ungefähr zur gleichen Zeit Ende des 19. und Anfang des 20. Jahrhunderts entwickelt und der in den Schriften von Intellektuellen wie Maurice Barrès oder Enrico Corradini seinen wesentlichen Ausdruck findet, sollten die beiden Hauptbestandteile der »nationalsozialistischen« Synthese, das heißt des Faschismus, bilden: »So entwickelt sich in Frankreich des späten 19. Jahrhunderts eine Synthese aus einem tribalen, darwinistischen Nationalismus mit einem sozialen Radikalismus, der zu einer Art antimarxistischem Sozialismus wird und in vielerlei Hinsicht bereits postmarxistisch ist: Diese Synthese nimmt den Namen Nationalsozialismus an.«[52] Diese vereinigte nationalsozialistische Front habe den eingefleischten Revolutionären eine neue und effiziente Plattform geboten, von der aus sie ihren »Sturmangriff« auf die bürgerliche, liberale, kapitalistische Ordnung starten konnten, nachdem der Marxismus dazu nicht in der Lage gewesen war: »Wer an der Beseitigung der bürgerlichen Ordnung festhalten will, [...] ist gezwungen, eine neue Waffe zu entwickeln [...], da [...] die Waffe des Marxismus [...] für den jetzigen Feldzug [...] nicht länger geeignet ist [...]. Dies ist der Kern von Sorels Marxismus-Revision.«[53]

Sternhells These von der bürgerlich-liberalen Hegemonie, die die revolutionären Sorelianer verärgerte und sie neue Ausdrucksformen für ihren radikalen Eifer suchen ließ, ist identisch mit der früheren Argumentation Eugen Webers. Auch Weber meint, Sorel habe »die konventionelle marxistische Analyse anpassen« müssen: »Es war naiv, dachte Sorel, auf die schleichende Proletarisierung einer Gesellschaft zu vertrauen, die im Widerspruch zu den Prognosen des Kommunistischen Manifests von 1848 immer bürgerlicher wurde und immer weniger einer aussichtslosen Revolution zugeneigt war.«[54]

Aber wurde die Gesellschaft tatsächlich »immer bürgerlicher«? Weber und in seinem Kielwasser Sternhell[55] übertrieben das Ausmaß der Krise des orthodoxen Marxismus und die Erfolge der bürgerlich-liberalen Kräfte dramatisch. Was den Marxismus angeht, so haben wir bereits gesehen, dass ein so orthodoxer Marxist wie Engels noch 1895 angesichts der marxistischen Zukunft unter parlamentarischen, bürgerlichen und »legalen« Bedingungen vor Optimismus troff. Er war keineswegs bestürzt darüber, dass der Tag des revolutionären Jüngsten Gerichts auf sich warten ließ, sondern machte sich vielmehr darüber Sorgen, dass die Sozialisten sich in einen bewaffneten Straßenkampf stürzen könnten, der angesichts der modernen Kriegstechniken nicht zu gewinnen war, und dadurch die tagtäglich durch die Demokratie erlangte politische Macht gefährdeten. Zur Erinnerung:

> »Die Ordnungsparteien, wie sie sich nennen, gehen zugrunde an dem von ihnen selbst geschaffenen gesetzlichen Zustand [...], während wir bei dieser Gesetzlichkeit pralle Muskeln und rote Backen bekommen und aussehen wie das ewige Leben. Und wenn *wir* nicht so wahnsinnig sind, ihnen zu Gefallen uns in den Straßenkampf treiben zu lassen, dann bleibt ihnen zuletzt nichts anderes, als selbst diese ihnen so fatale Gesetzlichkeit zu durchbrechen.«[56]

Engels war an dieser Stelle möglicherweise insofern übertrieben zuversichtlich, als er die Schwierigkeiten und Grenzen einer legalen Strategie aus radikal-sozialistischer Perspektive nicht vorhersah, und gewiss hätte er viele der Konzessionen und die Anpassungsprozesse von Bernstein und dessen Mitstreitern scharf missbilligt. Doch hieraus einen fatalen Niedergang der marxistischen Wirkungsmacht in Politik und Theorie abzuleiten ist völlig unangemessen. Marx selbst war zwar nie so optimistisch wie Engels, was die Möglichkeiten einer Transformation des Kapitalismus durch den politischen Apparat der bürgerlichen Demokratie anging, hielt die Arbeit in den Parlamenten – und wann immer nötig auch *an der Seite* des Bürgertums – aber von Anfang an, das heißt schon im »Kommunistischen Manifest«, für einen entscheidenden Aspekt der sozialistischen Strategie. »In Deutschland«, versicherten Engels und Marx, kämpfen die Kommunisten, »sobald die Bourgeoisie revolutionär auftritt, gemeinsam mit der Bourgeoisie gegen die absolute Monarchie, das feudale Grundeigentum und die Kleinbürgerei«.[57] In diesem Sinne erklärten sie auch, dass »der erste Schritt in der Arbeiterrevolution die Erhebung des Proletariats zur herrschenden Klasse, *die Erkämpfung der Demokratie* ist. Das Proletariat wird seine politische Herrschaft dazu benutzen, der Bourgeoisie *nach und nach* alles Kapital zu entreißen, alle Produktionsinstrumente in den Händen des Staats, das heißt des als herrschende Klasse organisierten Proletariats, zu zentralisieren und die Masse der Produktionskräfte möglichst rasch zu vermehren.«[58] Marx änderte dieses ursprüngliche Konzept nie grundlegend, und wenn er mit der Praxis der deutschen Sozialisten nicht einverstanden war, wie es in der berühmten »Kritik des Gothaer Programms« von 1875 zum Ausdruck kam, dann betraf dies konkrete Meinungsverschiedenheiten hinsichtlich der von den Lassalleanern formulierten Taktiken und Ziele und ihrer Anpassung an den bismarckschen Staat, nicht aber das parteipolitische Handeln an sich.[59]

Dies war die Sichtweise vieler, wenn auch nicht aller Sozialisten. Und sie waren mit dieser Einschätzung der Demokratie nicht allein. Wir haben gesehen, dass zahlreiche bürgerliche Liberale und Konservative über die demokratische Ermächtigung des Sozialismus und die hinderlichen Eingriffe in den Wirtschaftsliberalismus verärgert waren. Wir haben gesehen, dass für diese Menschen der Widerstand gegen den politischen Liberalismus eine Form der Verteidigung des Kapitalismus darstellte. Das Narrativ eines siegreichen Liberalismus, der von sozialistisch-faschistischen Desperados attackiert wurde, blendet also den Umstand aus, dass die demokratische Macht der sozialistischen Parteien und die »nichtrevolutionären« Forderungen der organisierten Arbeiterschaft aus kapitalistischer Sicht fast ebenso bedrohlich waren wie die Möglichkeit einer Revolution.[60] Hierin äußerte sich die Krise des Liberalismus, die der Faschismus löste, indem er, objektiv betrachtet, eine *neue Variante von Liberalismus* (und eben nicht des Sozialismus) schuf. Denn der Faschismus (und der Nationalsozialismus) wollte den Sozialismus nicht allein als *revolutionären Feind* bezwingen; er richtete sich ebenso gegen den Sozialismus als *demokratischen Partner.*

Zu den von der Demokratie enttäuschten Liberalen gehörten Pareto – der im Übrigen Sorel bewunderte und umgekehrt von diesem geschätzt wurde – und Gaetano Mosca. Die Position Paretos habe ich weiter oben ausführlich analysiert und möchte mich nun mit Mosca beschäftigen, um an das Dilemma zu erinnern, zu dem die Demokratie für den Liberalismus wird, wenn sie sich in eine sozialistische Richtung bewegt – und zwar keineswegs nur im strikt revolutionären Sinne. »Die Bourgeoisie«, bekräftigt Mosca, »war in gewisser Weise nicht nur Gefangener ihrer demokratischen, sondern auch ihrer liberalen Prinzipien.«[61] Und an anderer Stelle führt er aus: »Sklave ihrer eigenen Vorurteile hat das europäische Bürgertum den Sozialismus die ganze Zeit über mit einer gefesselten rechten und einer keineswegs freien linken Hand bekämpft. Anstatt den Sozialismus offen zu bekämpfen, [akzeptierte] sie Kompromisse, die manchmal, nein fast immer, würdelos und schädlich waren.«[62] Die wichtigste Folge einer Argumentation, die Sorel eine zentrale Rolle als Wegbereiter des Faschismus beimisst, ist der vermeintliche Nachweis eines *linken, radikalen* Ursprungs des Faschismus. Denn tatsächlich ist Sorel unter den wichtigen Denkern, die mit dem Faschismus in Verbindung gebracht werden, praktisch der einzige, der gewöhnlich als Linker betrachtet wird. Doch dieser Versuch, die Entstehung des Faschismus auf einen sorelianischen Geistesblitz zurückzuführen, ist mehr als zweifelhaft. Mussolini mag seine Bewunderung für Sorel nicht verheimlicht haben, doch er machte auch kein Geheimnis daraus, wie viel er Pareto verdankte. Es ist ebenso willkürlich wie funktional, das Augenmerk fast ausschließlich auf Sorel zu lenken. Denn bei

Pareto und Mosca – zwei Denkern, die früher oft mit dem Faschismus in Verbindung gebracht wurden, heute aber nur noch am Rande erwähnt werden – würde der linke Hintergrund des Faschismus verblassen; statt einer über Sorel vermittelten Verbindung zum radikalen Anarchosyndikalismus würde man eine zum Laissez-faire-Kapitalismus entdecken. Und dieser Stammbaum ist ganz offenkundig nicht das, was der Mainstream der Wissenschaft aufzeigen möchte. In diesem Sinne wurde die Rolle Paretos und Moscas sowohl von Eugen Weber als auch von Zeev Sternhell dramatisch heruntergespielt: Ersterer ignorierte die beiden völlig, und Letzterer erwähnte sie beiläufig und distanziert, als handele es sich um vage Einflüsse auf das Denken der »neuen«, »postmarxistischen Sozialisten« und ohne ihre Lehren im Detail zu erläutern. Daraus ergibt sich ein unscharfes Bild, das die eigentlichen, größtenteils liberalen und prokapitalistischen Konturen ihres »antidemokratischen« Denkens verschwimmen lässt. Pareto und Mosca werden stattdessen mit der Entwicklung eines »revolutionären Syndikalismus« in Verbindung gebracht.[63]

Die Rosen rot anmalen: Sorels Postliberalismus

Hier zeigt sich eine seltsame Eigenschaft von Sternhells Analyse, die wie die Gärtnerinnen in »Alices Abenteuer im Wunderland« mit einem Pinsel arbeitet, mit dem weiße Rosen rot angemalt werden. Was der Pinsel auch berührt, es neigt dazu, »sozialistisch« zu werden: Nicht nur Proudhon, der gelegentlich als Sozialist bezeichnet worden ist, sondern auch Nietzsche, Le Bon und Pareto haben, wie man uns erklärt, die Geburt von »Sorels ethischem Sozialismus« beeinflusst.[64] Sorels Lehren bilden somit a priori einen höchst profitablen Knotenpunkt, der den Linksradikalismus mit dem Faschismus verbindet und die Geburt eines neuen Sozialismus bezeugt. Aber sind sie auch eine verlässliche Grundlage? Wie bei vielen anderen Denkern, die bisweilen als Protofaschisten betrachtet werden – von Carlyle und Nietzsche bis hin zu Pareto und Mosca –, gibt es auch bei Sorel heftige Debatten darüber, inwieweit er, wenn überhaupt, so bezeichnet werden kann. Die Gegenposition zu Sternhell vertreten Autoren wie Michel Charzat (1983),[65] die jede Verbindung, ob nun persönlicher oder ideologischer Natur, zurückweisen. Wieder andere haben weniger Einwände gegen den protofaschistischen Beitrag, den Sternhell Sorel zuschreibt (obwohl sie an Eindeutigkeit und Bedeutung des Beitrags zweifeln), sondern stellen die Zuordnung Sorels zum französischen revolutionären Syndikalismus infrage. Zum Beispiel argumentierte Jacques Julliard überzeugend, dass Sorel nicht nur in Bezug auf den orthodoxen Marxismus und den Sozialismus, sondern auch in den Reihen der Syndikalisten selbst ein Dissident gewesen sei. Sorel, der nie mehr als ein intellektueller Außenseiter der syndikalistischen Bewegung, »ein Einzelgänger«, gewesen sei, könne nicht mit der syndikalistischen Strömung oder Doktrin in eins gesetzt werden. Daher sei der Versuch fragwürdig, über die Figur Sorels und seiner Anhänger eine eindeutige Verbindung zum Syndikalismus nachzuweisen.[66] Obwohl ich mich Julliards Einwand, dass eine große soziale Bewegung nicht auf eine Handvoll Intellektueller reduziert werden sollte, voll und ganz anschließe, kann allerdings auch nicht bestritten werden, dass Sorels Denken für die Faschisten sehr nützlich war. Unabhängig davon, ob man die Ideen einfach übernahm oder zweckentfremdete, erwiesen sie sich als wegweisend für das faschistische Projekt. In dieser Hinsicht steht Sternhell auf sicherem Grund. Ich würde deshalb von den von ihm vorgeschlagenen Begriffen ausgehen und akzeptieren, dass Sorel objektiv eine protofaschistische Position vertrat. Dennoch will ich versuchen, die Ursachen für die faschistische Begeisterung für Sorel zu verstehen: Was genau in seinen Lehren war es, das Mussolini und seine Weggefährten so stark ansprach?

Anders ausgedrückt: Mein Ziel besteht darin herauszufinden, ob der unbestreitbare Beitrag Sorels zur faschistischen Ideologie tatsächlich als eine revolutionäre Gegenposition zu Bourgeoisie, Liberalismus und Kapitalismus verstanden werden kann. Belegt er tatsächlich eine ursprünglich linke Grundausrichtung des Faschismus und kann »das Wachstum der faschistischen Ideologie«, wie es bei Sternhell heißt, als »wichtigster Ausdruck der ungeheuren Schwierigkeiten des Sozialismus« interpretiert werden, »die Herausforderung durch den Kapitalismus zu beantworten«?[67]

Betrachten wir zunächst das Phänomen der Demokratisierung des Sozialismus, das angeblich einen einschneidenden Triumph der bürgerlichen Ordnung und der konservativen Kräfte markierte. Sternhell macht diesen Punkt nicht nur zu einem Eckpfeiler seiner Theorie und verweist immer wieder auf den Sieg, den das Bürgertum *mithilfe* der Demokratie *über* den Sozialismus erlangt habe; er tut dies darüber hinaus ausdrücklich im Namen Sorels. Für Letzteren, behauptet Sternhell, habe die Dreyfus-Affäre einen »großen Schwindel« dargestellt; das Proletariat sei wieder einmal von seinen politischen Führern getäuscht worden und habe sich in einen »Kettenhund des Bürgertums« verwandelt, der unwissentlich »seine eigenen Ausbeuter, seine eigenen Unterdrücker« rettete. Angesichts dieser schamlosen Manipulation sei Sorel zu einer »einfachen« Schlussfolgerung gelangt: »Da die Demokratie und das Bürgertum untrennbar sind und da die Demokratie die wirksamste Offensivwaffe ist, die das Bürgertum erfunden hat, muss die Demokratie gestürzt werden, um die bürgerliche Gesellschaft zu zerstören.«[68] Das ist die von Sternhell paraphrasierte Argumentation Sorels. Doch lassen wir Sorel selbst zu Wort kommen:

> »Die Konservativen täuschen sich nicht, wenn sie in den Kompromissen, die zu Kollektivverträgen führen, und im korporativen Partikularismus Mittel zur Vermeidung der marxistischen Revolution sehen; aber sie fallen nur von einer Gefahr in die nächste und riskieren, vom parlamentarischen Sozialismus verschlungen zu werden.«[69]

Wie eigenartig, dass ausgerechnet Sorel, von der revisionistischen Staatsanwaltschaft als Hauptbelastungszeuge gegen den Sozialismus geladen, entscheidende Beweismittel zu seiner Entlastung liefert! Sorel war keineswegs davon überzeugt, dass sich »die liberale Demokratie [...] in eine wahre Zitadelle des Konservatismus« verwandelt habe[70] und dass »die Demokratie der Sumpf war, in dem der Sozialismus versank«,[71] sondern pochte darauf, dass es der Sozialismus sei, der seine konservativen Widersacher »verschlingt«, und dass die Parlamente der Ort dieses unbarmherzigen Banketts seien. Die Demokratie sah er nicht als tödliche Waffe in den Händen der Bourgeoisie, sondern prangerte wiederholt die Schwäche und Dummheit des Bürgertums an, das sich aus Angst vor einer Revolution und vot gewaltsamen Zusammenstößen von den demokratischen Sozialisten einschüchtern und erpressen ließ. Jaurès' üble Methoden des demokratischen Sozialismus, so Sorel, setzen »eine völlig zerfallene bürgerliche Gesellschaft und wohlhabende Klassen« voraus, »die jedes Gespür für ihre Klasseninteressen verloren haben«.[72] Wie sehr unterscheidet sich dies doch von der siegreichen, gerissenen und das Proletariat nach Belieben manipulierenden Bourgeoisie, die *Sternhells Sorel* so sehr verabscheute? Es stimmt, dass Sorel die Dreyfus-Affäre für einen »großen Schwindel« hielt, aber seiner Ansicht nach richtete sich dieser *gegen* die leichtgläubige Bourgeoisie. Aus diesem Grund spekulierte Sorel über »ein großes Maß an proletarischer Gewalt, die den Bürgerlichen die revolutionäre Realität vor Augen führen und ihren Abscheu gegen die humanitären Plattitüden, mit denen Jaurès sie in den Schlaf wiegt, wecken« würde.[73] Sorel hält Jaurès also eindeutig nicht für den »Kettenhund der Bourgeoisie«, wie Sternhell es tut; in Sorels Augen wirkt der sozialistische Führer viel eher wie ein Wolf im Schafspelz oder wie eine Schlange, die ihre Beute hypnotisiert, »einlullt« und schließlich »verschlingt«.

Weiterhin behauptet Sternhell, dass die liberale Ordnung nach der Zähmung der sozialistischen Opposition nicht nur politisch, sondern auch ökonomisch erfolgreich gewesen sei, da der Kapitalismus in beispielloser Weise floriert habe. Er betont dies, um seine Behauptung zu stützen, die revolutionären Sorelianer seien ob der Stabilität des Kapitalismus frustriert gewesen und hätten angesichts des marxistischen Versagens, den ersehnten Zusammenbruch des Kapitalismus herbeizuführen, nach Alternativen gesucht. In »Die Entstehung der faschistischen

Ideologie« wird zum Beispiel argumentiert, dass »die kapitalistische Wirtschaft [...] florierte« und es verstand, »sich an alle Produktionsbedingungen anzupassen«, weshalb die Dissidenten, die die »Zerstörung der bürgerlichen Gesellschaft« anstrebten, eine neue, »antimaterialistische« Form des Sozialismus erschaffen mussten. Der Klassenkampf sollte unter Rückgriff auf die irrationale Macht der Mythen künstlich entzünden: »Dies war die große Neuerung Sorels, um die Krise des Marxismus zu überwinden.«[74] Doch Sorel selbst teilte diese Einschätzung von ökonomischer Prosperität und kapitalistischem Aufstieg nicht im Geringsten. Eher trifft das Gegenteil zu: Er beklagte sich unermüdlich darüber, dass der Kapitalismus, zu Kompromissen mit dem Sozialismus gezwungen, an Schwung verloren und einen Zustand bestürzender Stagnation erreicht habe. Sorel geht von der Annahme aus, dass der Westen unter dem Einfluss eines demokratischen Sozialismus und einer geschwächten, kraftlosen Mittelschicht, die den Kapitalismus nicht verteidigen könnte, in eine Phase des »ökonomischen Niedergangs« eingetreten sei – ein Begriff, den er bei verschiedenen Gelegenheiten wiederholt. Unter diesen Bedingungen werde das kapitalistische Wachstum stark behindert, die Regeln der liberalen Wirtschaft würden systematisch verletzt: »Der parlamentarische Sozialismus würde sich gern mit den Moralisten, der Kirche und der Demokratie mit dem Ziel zusammenschließen, die kapitalistische Bewegung einzudämmen; und das wäre, angesichts der bürgerlichen Feigheit, vielleicht nicht unmöglich.«[75]

Sorel zufolge erkannte Jaurès, »dass diese Großbourgeoisie von erschreckender Ignoranz, glückseliger Naivität und politisch absolut machtlos war; er erkannte, dass sich mit Menschen, die nichts von den Prinzipien der kapitalistischen Wirtschaft verstehen, leicht eine Politik der Verständigung auf der Grundlage eines sehr breiten Sozialismus verfolgen lässt«.[76]

In ökonomischen Fragen spricht Sorel durchgängig wie ein Verfechter des Laissez-faire, der sich gegen die Bourgeoisie erhebt, weil diese ihre wirtschaftsliberalen Pflichten vernachlässigt und sich fatalistisch mit der Verwässerung des Kapitalismus abgefunden hat.[77] Sorel war also weniger ein Feind des Kapitalismus als vielmehr der Feind eines *schwachen Kapitalismus*, der Kompromisse mit dem parlamentarischen Sozialismus sucht und damit so etwas wie eine im Niedergang befindliche, gemischte Wirtschaft hervorbringt. Den klassischen Kapitalismus des 19. Jahrhunderts, wie er vor dem Hereinbrechen der Demokratie bestanden hatte, bewunderte er hingegen vorbehaltlos von einem erklärtermaßen »marxistischen« Standpunkt:

> »Die Bourgeoisie, die Marx in England kennengelernt hatte, war noch [...] beseelt von jenem unersättlichen und erbarmungslosen Erobe-

> rungsgeist, der zu Beginn der Neuzeit die Schöpfer der neuen Industrien charakterisiert hatte [...]. Bei der Untersuchung der modernen Ökonomie sollte man sich die Parallelen zwischen Kapitalisten und Kriegergestalt immer vor Augen halten; aus gutem Grunde wurden Männer, die gigantische Unternehmen leiteten, als *Industriekapitänen* bezeichnet. Dieser Typus findet sich in seiner ganzen Reinheit noch heute in den Vereinigten Staaten: Dort trifft man auf unzähmbare Energie, eine auf der zutreffenden Einschätzung der Kräfte beruhende Kühnheit und das kühle Kalkül der Interessen, also auf Eigenschaften, wie sie für große Generäle und große Kapitalisten kennzeichnend sind.«[78]

Dies zeigt, wie falsch die These Eugen Webers war, wonach der Faschismus mit dem Sozialismus »die feindliche Haltung gegenüber dem Liberalismus teilte, der in wirtschaftlicher Hinsicht durch das wettbewerbsorientierte Laissez-faire definiert ist«.[79] Was Sorel betrifft, der für Weber eine zentrale Figur darstellt, ist dies völlig falsch, da er das Laissez-faire dem verwässerten Kapitalismus des 20. Jahrhunderts uneingeschränkt vorzog. Tatsächlich war Sorels Bekenntnis zu einem kämpferischen, alle Kompromisse mit der Bourgeoisie ablehnenden Klassenstandpunkt eng verknüpft mit seiner – für einen selbsterklärten »Sozialisten« seltsamen – Faible für die freie Wirtschaft. Eine der Aufgaben proletarischer Gewalt bestand darin, die Bourgeoisie aus ihrem Tiefschlaf zu reißen, sie zur Abwehr aller ökonomischen Errungenschaften des demokratischen Sozialismus zu ermutigen und es dem Kapitalismus so zu ermöglichen, die ihm früher eigene, »unzähmbare Energie« zurückzuerlangen. Dies weist der Arbeiterklasse die überraschende Aufgabe zu, die Blüte des Kapitalismus wiederherzustellen. Sorel fragt: Wie kann man »der Bourgeoisie eine verbrauchte Leidenschaft zurückgeben«? Und er antwortet: »Hier erscheint uns die Rolle der Gewalt in der Geschichte einzigartig groß, denn sie kann auf indirekte Weise auf die Bourgeoisie einwirken, um sie an ihr Klassenempfinden zu erinnern.«[80]

Angesichts der Allgegenwärtigkeit dieses Konzepts muss man die Frage stellen, ob dies nicht die *eigentliche* Funktion der Militanz der Arbeiterklasse bei Sorel ist – viel wichtiger als jeder mutmaßliche Anstoß für die Revolution. Einige weitere Beispiele: »Eine erstarkte und gut organisierte Arbeiterklasse kann die Kapitalistenklasse dazu zwingen, ihre Leidenschaft im Industriekrieg zu wahren; wenn sich gegen eine eroberungshungrige und reiche Bourgeoisie ein vereintes und revolutionäres Proletariat formiert, wird die kapitalistische Gesellschaft ihre historische Perfektion erreichen.«[81]

Wenn die Arbeitgeber begriffen, dass sie »durch Werke des sozialen Friedens oder der Demokratie nichts gewinnen können«, mutmaßt Sorel, dann bestünde »eine gewisse Chance, dass sie einen Teil ihrer Energie zurückerlangen und ihnen die gemäßigte oder konservative Wirtschaft ebenso absurd erscheint, wie sie Marx erschien«.[82]

Marx? Hätte Sorel nicht besser auf Smith, Burke, Malthus oder irgendeinen anderen Denker der klassischen Nationalökonomie verwiesen? Indem sie den Kapitalismus wieder auf die Beine bringt, wird die Arbeiterklasse nicht nur die Produktion wiederbeleben und für die Gültigkeit der marxschen Theorien sorgen, sondern auch die Zukunft der Zivilisation sicherstellen und sie vor dem Untergang in die Barbarei bewahren:

> »Alles kann gerettet werden, wenn es dem Proletariat durch seine Gewalt gelingt, [...] der Bourgeoisie wieder etwas von ihrer früheren Energie zurückzugeben. [...] Die proletarische Gewalt [...] erscheint also als eine sehr schöne und sehr heroische Sache; sie dient den grundlegenden Interessen der Zivilisation; sie ist vielleicht nicht die geeignetste Methode, um unmittelbare materielle Vorteile zu erlangen, aber sie kann die Welt vor der Barbarei retten.«[83]

Die Sorge um die Wiederherstellung der Mittelschicht und um die unverfälschte Kraft des Kapitalismus ist kein flüchtiges Argument bei Sorel, sondern durchzieht sein Denken – so antibürgerlich, antiliberal und antikapitalistisch es auch sein mag – wie ein roter Faden. Sie ist daher nicht schwer auszumachen, und viele Kommentatoren haben sie auch nicht übersehen. Jeremy Jennings beispielsweise hat richtigerweise angemerkt, dass sich »die ökonomische Argumentation in ›Réflexions sur la violence‹ zum großen Teil auf die These stützt, der Marxismus sei eine Form des ›Manchesterianismus‹ (d. h. der klassischen liberalen Ökonomie)«.[84] Für Historiker jedoch, deren Argumentation wie im Fall Eugen Webers oder später Zeev Sternhells davon ausgeht, dass Sorel ein eingefleischter revolutionärer Gegner der Bourgeoisie und des Kapitalismus gewesen sei, wird dieser Zusammenhang unsichtbar. Alles, was Weber sieht, ist ein unnachgiebiger, wenn auch eigenbrötlerischer Sozialismus. So kehrt er die Position Sorels um, als er behauptet, dieser habe auf »eine immer bürgerlicher werdende Gesellschaft« reagiert. Sternhell hingegen ignoriert diesen Aspekt nicht. Doch er ist gezwungen, ihn auf eigentlich unmögliche Weise seiner These vom »Antikapitalismus« Sorels unterzuordnen; ein kompliziertes Manöver, das die bizarrsten Paradoxien und Ausflüchte in der Erzähllogik nach sich zieht. In diesem Sinne führt Sternhell – nachdem er den Linksradikalismus Sorels und dessen Widerstand gegen die Bourgeoisie zur Ausgangsthese seiner Studie gemacht hat (mit der er die bahnbrechende Bedeutung seiner Arbeiten gegenüber den alten und angeblich fehlgeleiteten materialistischen Konzepten begründen wollte) – Argumente an, die sein theoretisches Gebäude grundsätzlich infrage stellen. In Sternhells früheren Werken, insbesondere in »Neither Right nor Left«, taucht das Plädoyer Sorels und seiner Anhänger für den Kapitalismus fast nirgends auf. Ich betone das Wort »fast«, weil Sternhell in einigen seltenen Fällen zu erkennen gibt, dass er sich der prokapitalistischen Positionen der Sorelianer bewusst ist, aber wenig geneigt scheint, theoretische und ideologische Schlussfolgerungen daraus zu ziehen. Betrachten wir folgende Passage aus der Einleitung der hebräischen Ausgabe von »Neither Right nor Left« aus dem Jahre 1988. Hier wird der Antikapitalismus faschistischer und protofaschistischer Ideologien mit großem Nachdruck betont und als ideologischer Kern der verschiedenen Varianten definiert.

> »Antimarxismus, *Antikapitalismus* und Antiliberalismus sind der gemeinsame Nenner aller *Varianten* dieser Rebellion und bringen ihre Quintessenz zum Ausdruck: die Negation des »Materialismus«. So kam es dazu, dass verschiedene Denkschulen, die in mancher Hinsicht weit voneinander entfernt waren, aber durch die *Ablehnung der liberalen Ordnung* vereint wurden, eine Art Krone um den harten Kern des faschistischen Denkens herum bildeten.«[85]

Damit wird dem Leser eingeschärft, dass »alle« Formen des Faschismus sowohl antiliberal als auch antikapitalistisch sind, eine Annahme, die fortan jeder Diskussion zugrunde liegt. Und doch eröffnen sich immer wieder bemerkenswerte Leerstellen, die diese Prämisse infrage stellen. So hält es Sternhell beispielsweise auf Seite 261 derselben Ausgabe für angebracht, auf einen Fakt hinzuweisen, der mit seinen eigenen theoretischen Grundannahmen kaum vereinbar ist. Er schreibt: »An dieser Stelle ist es notwendig, einen Kernpunkt für das Verständnis des sozialen und ökonomischen Systems des europäischen Faschismus zu klären: Die Faschisten hatten nie etwas gegen das Privateigentum oder [...] gegen die Idee des Profits als Motor der wirtschaftlichen Aktivität einzuwenden.«[86] Die Frage drängt sich auf, warum diese Klarstellung gerade »an dieser Stelle«, also weit hinten im Buch, vorgenommen wird und nicht etwa schon in der Einleitung. Ist die Zustimmung zu Eigentum und Profit eine bloße Nuance, ein Nebenaspekt, der willkürlich erwähnt werden kann? Und wenig später wird diese »Klärung« noch deutlicher; plötzlich wird der Leser darüber informiert, dass das faschistische Regime in Wirklichkeit »nicht nur auf einem Kompromiss mit dem Kapitalismus beruht und seine Prinzipien akzeptiert, sondern dass es auch die Perpetuierung des Systems bedeutet«.[87] Was jetzt? Wenn Faschisten ausnahmslos »antikapitalistisch« sind, wie können sie dann gleichzeitig an nichts Geringerem als der »Perpetuierung« des Kapitalismus beteiligt sein? Und ist es sinnvoll, diejenigen als Gegner der liberalen Ordnung einzuführen, die ein starkes Interesse an der Aufrechterhaltung des Kapitalismus besaßen? Gehört der Kapitalismus – und zwar in beträchtlichem Ausmaß – nicht zu dieser liberalen Ordnung dazu?

Während diese Eingeständnisse des prokapitalistischen Charakters des Faschismus in »Neither Right nor Left« eher zufällig und zaghaft sind und in den hinteren Teil des Buchs verbannt werden, beanspruchen sie in der nächsten großen Studie von Sternhell, nämlich »Die Entstehung der faschistischen Ideologie«, einen zentralen Platz. Bereits in der Einleitung und dann immer wieder im Text wird die Tatsache hervorgehoben, dass Sorelianismus und Protofaschismus eigentlich *nur* im politischen Sinne antiliberal waren und den Kapitalismus nicht – ich wiederhole: nicht – infrage stellten. Ich zitiere einige Beispiele: Es wird konstatiert, Sorel habe zu denjenigen gehört, die den »Fortbestand des Kapitalismus verkündeten« und »eine Theorie der moralischen und spirituellen Revolution« bereitstellten, die »nicht an die Grundlagen des Kapitalismus« rühren sollte.[88] Die Sorelianer werden uneingeschränkt mit der »freien Marktwirtschaft«, der »liberalen Ökonomie« und dem »Manchestertum«[89] in Verbindung gesetzt, Sternhell schreibt, »sie erachteten die Gesetze der kapitalistischen Wirtschaft für allgemein verbindlich«.[90] Außerdem wird festgestellt, dass »sich Sorelianer und ›Liberisten‹« (der italienische Begriff für Marktliberale) »über die Prinzipien des ungezügeltsten Wirtschaftsliberalismus [...] vollkommen einig« gewesen seien.[91] Und der Autor fährt fort: »Diesen Grundgedanken Sorels muss man sich vergegenwärtigen: Der revolutionäre Kampf hängt von der Marktwirtschaft ab, er wird von einem absoluten Wirtschaftsliberalismus bestimmt. [...] Gleichzeitig forderte Sorel jedoch die Vernichtung des *politischen* Liberalismus.«[92] Dies sind in der Tat bemerkenswerte Aussagen, und die liberale Affinität des protofaschistischen Denkens wird in Sternhells Darstellung unverkennbar – in einem objektiven, faktischen Sinne, der der These des Historikers widerspricht. Die Darstellung ist deshalb oft extrem aufschlussreich. Die Ausführungen verweisen nicht auf einen »neuen Sozialismus«, sondern auf einen neuen Liberalismus, der genau aus der liberalen Spaltung von Politik und Ökonomie herrührt. Nehmen wir den im Buch zitierten Ausruf von Arturo Labriola, einem bedeutenden syndikalistischen Theoretiker, aus dem Jahre 1905: »Ein Klassenliberalismus! Das ist der Syndikalismus!«[93] Oder das Urteil eines anderen wichtigen syndikalistischen Denkers, Enrico Leone, das ebenfalls im Buch erwähnt wird und dem zufolge der Sozialismus der Arbeiterklasse zu einem »integralen Liberalismus« werden müsse, in dem der Marktmechanismus ohne jeden politischen Eingriff dafür sorgt, dass endlich politische Gleichheit hergestellt wird![94]

Und doch schwankt die Erzählung weiterhin; der Historiker hält es nicht für notwendig, den argumentativen Rahmen auf der Grundlage der zahlreichen Belege für die prokapitalistischen und wirtschaftlichen Überzeugungen der Protofaschisten und Faschisten zu revidieren. Für Sternhell bleiben sie selbst dann glühende Feinde der bürgerlichen Ordnung, erbitterte Antiliberale und sogar Antikapitalisten, wenn am Ende des ersten Kapitels über Sorel folgendes gewundenes Fazit gezogen wird:

> »Dem Geschick der Kultur und nicht jenem des Proletariats oder der Nation galt Sorels Einsatz. [...] Sein Antikapitalismus beschränkte sich ausschließlich auf die politischen, geistigen und moralischen Aspekte des bürgerlich-liberalen Systems, niemals kritisierte er die Grundlagen, die Prinzipien, den Wettbewerbscharakter der kapitalistischen Ökonomie. [...] Die sorelsche Revolution rührte niemals an das Privateigentum.«[95]

Doch wie kann jemand als Antikapitalist gelten, der »die Grundlagen der kapitalistischen Ökonomie niemals kritisiert« hat?[96] Man kann nicht, wie ein indisches Sprichwort sagt, einen Teil eines Huhns zum Kochen und den anderen Teil zum Eierlegen nehmen. Zudem sagt das Eingeständnis, dass Sorel und seine Schüler nicht an der Abschaffung des Kapitalismus interessiert waren, nichts über die Auswirkungen dieser Erkenntnis aus. Es ist nämlich unzutreffend, dass Sorel die Grundlagen der kapitalistischen Ökonomie niemals berührt hat; er *hat* sie zweifelsohne berührt, er hat seine intellektuelle Muskelkraft auf sie verwendet, aber um *den Kapitalismus zu stützen*. Das ist eine subtile, aber bedeutsame Nuance: Sorel war kein blauäugiger Kulturkritiker, der die Ökonomie ignorierte, zu sehr in Fragen von Moral und kultureller Dynamik vertieft war, um eine Bestandsaufnahme des materialistischen, ökonomischen Bereichs vorzunehmen, und deshalb seine Kritik »auf die politischen, geistigen und moralischen Aspekte des bürgerlich-liberalen Systems« beschränkte. Weit gefehlt: Zivilisation und Moral beruhen bei Sorel auf dem Kapitalismus. Er unterstützt die Marktgesellschaft aktiv, will sie verjüngen, ihre anhaltende Krise lösen und den unternehmerischen Mittelstand wiederbeleben. Es gibt sowohl bei Sorel als auch bei seinen Anhängern ein ökonomisches Grundmotiv, das *mindestens ebenso wichtig* ist wie die moralischen und kulturellen Betrachtungen. Wenn Sorel seinen Angriff auf »die politischen, geistigen und moralischen Aspekte des bürgerlich-liberalen Systems« beschränkt, dann deshalb, weil diese Aspekte seiner Meinung nach »den Grundlagen der kapitalistischen Ökonomie« *entgegenwirken*.

Seine Sorge um die ökonomische Basis – Sorel schien in dieser Hinsicht tatsächlich die Lehren von Marx verinnerlicht zu haben, allerdings um sie gegen das marxistische Projekt zu wenden – widerspricht der idealistischen (im philosophisch-theoretischen Sinne des Wortes) Anstrengung Sternhells, einen strikt kulturphilosophischen Kern des Faschismus zu isolieren, von dem angeblich alles weitere hergeleitet werden kann. Das Beharren auf dem Primat der Ideologie ist für Sternhell von überragender Bedeutung, da es den Versuch untermauert, die traditionelle, die Zentralität sozialer und ökonomischer Konflikte postulierende Klassenanalyse zu widerlegen. »Es kann keinen Zweifel daran geben«, so Sternhell, »dass die Herausbildung der Ideologie dem Aufbau der politischen Macht vorausging und die Grundlagen für das politische Handeln legte.«[97] Im Mittelpunkt dieser Ideologie, so wird weiter argumentiert, habe kein greifbares sozioökonomisches Interesse, sondern ein weit illusorischeres Anliegen gestanden: der Antimaterialismus: »Ihrem innersten Wesen nach stellt die faschistische Ideologie eine Revolte gegen den Materialismus dar.«[98] Doch Sternhell selbst räumt faktisch die Zentralität ökonomischer Belange ein. An einer Stelle des Buchs – in einem gemeinsam mit dem Koautor Mario Sznajder verfassten Kapitel – kann man sogar vom »Primat der Wirtschaft« im Weltbild der italienischen Sorelianer lesen.[99] Wie konnte ein derartiges Primat mit dem antimaterialistischen Kern des Faschismus versöhnt werden und seinen Platz darin finden? Die »Ideologie« ging dem »politischen Handeln« voraus, aber ihr selbst ging die »Ökonomie« voraus. Wenn es eine kausale Abfolge gab, dann scheint diese folgendermaßen gewesen zu sein: 1) die *ökonomische* Sorge um das Wohlergehen des Kapitalismus brachte 2) eine protofaschistische *Ideologie* hervor, die sich mit Tropen wie Zivilisationskrise, Mythos, Gewalt und so weiter beschäftigte, was dann zu 3) politischem Handeln, nämlich dem Faschismus führte.

Allmählich erklärt sich, warum Pareto, der italienische Anhänger des Freihandels, und Sorel, ein eingefleischter französischer Revolutionär und Antikapitalist, sich gegenseitig bewunderten. Ungeachtet ihrer gegensätzlichen politischen Positionen gab es hinsichtlich ihrer sozioökonomischen Ziele überraschende Übereinstimmungen. Beide wünschten sich einen starken, revitalisierten, von sozialistischen Forderungen und Kompromissen unbelasteten Kapitalismus, eine männlich entschlossene, den Sozialismus mit allen Kräften bekämpfende Mittelschicht und auf der anderen Seite eine Arbeiterklasse, die keine Forderungen an den kapitalistischen Staat stellen und mit allem zufrieden sein sollte, was die »ökonomische Logik« des Kapitalismus ihr freundlicherweise zugestand. Dass Pareto dies von einem antisozialistischen Standpunkt aus tat, während Sorel diese Verhältnisse von einer linken – nein, linksradikalen – Position aus anstrebte, um damit den Marxismus zu retten, ist im Grunde genommen nur eine semantische Differenz. Wenn wir Pareto als Linksradikalen und Sorel als Rechtsliberalen bezeichneten, würde dies nicht den geringsten Unterschied machen. Wenn uns zwei Kellner das gleiche Dessert mit Sahne und Kirschen anpreisen, welche Rolle spielt es dann schon, wenn der eine es wegen der köstlichen Sahne, der andere wegen der herrlichen Kirschen empfiehlt? Und ist dies schließlich die enttäuschende Auflösung von »weder rechts noch links«? Oder liegt der Unterschied vielleicht darin, dass Sorel anders als Pareto sehen möchte, wie das siegreiche Proletariat am Ende eine neue Weltordnung einführt?

Doch Sorels Utopie war, wie ich gleich ausführen werde, keineswegs jene klassenlose Gesellschaft und freie Assoziation der Produzenten, wie sie von Antikapitalisten gewöhnlich erträumt wird, sondern eine hierarchische Gesellschaft, in der die Industrieproduktion noch effizienter organisiert ist und die Arbeiter den Produktionsanforderungen viel schärfer unterworfen sind als im gegenwärtigen, laxen System des Staatssozialismus. Da sich der Mythos des politischen Streiks, so wie er gewöhnlich begriffen wird, der rationalen und praktischen Kritik entzieht und eine bloße Handlungsbegründung darstellt – nämlich Reformen und Verbesserungen abzulehnen und vom Kapitalismus nichts zu erwarten –, gibt es zudem wenig Anlass für die Annahme, das Proletariat könnte den Kapitalismus tatsächlich mit einer derartig ideologischen Waffe besiegen; zumal es einem wiedererstarkten, militanten Kapitalismus gegenüberstehen wird, der entschlossen ist, mit aller Macht zu kämpfen. Tatsächlich wird eine dürftige praktische Perspektive, wie Engels meinte, die Arbeiter eher daran erinnern, dass sie durch einen gewaltsamen Aufstand, der keine Aussichten hat, die militärische Macht der Bourgeoisie zu bezwingen, sämtliche materiellen Errungenschaften und ihre politische Macht verlieren können. Bereits 1901 durchschaute Jean Jaurès, der eine beliebte Zielscheibe von Sorels hitzigen Angriffen war, weil er den von ihm so verachteten »antimarxistischen« Sozialismus verkörperte, die Aussichten der sorelianischen Alles-oder-nichts-Strategie sehr klar:

> »Die Anhänger des Generalstreiks [...] müssen, das sollte allen bewusst sein, *beim ersten Versuch* erfolgreich sein. Wenn ein Generalstreik scheitert, nachdem er einmal in revolutionäre Gewalt umgeschlagen ist, wird er das kapitalistische System bestehen lassen, jedoch mit einer unerbittlichen Wut ausstatten. Die Angst der Machthaber und auch eines großen Teils der Massen wird lange Jahre der Reaktion nach sich ziehen. Und das Proletariat wird für lange Zeit unbewaffnet, zerschlagen, gefesselt sein.«[100]

Der reale »sorelianische« Faschismus sollte schon bald ebendieses von Engels und Jaurès vorhergesehene Kräftegleichgewicht herstellen (wobei die meisten Sorelianer bezeichnenderweise auf der Seite der bürgerlichen Streikbrecher standen). Die von Sorel empfohlene Strategie lief von Anfang an darauf hinaus, alle materiellen und sozialen Errungenschaften der Arbeiter aufs Spiel zu setzen und die Arbeiterklasse an ihren Ausgangspunkt zurückzuführen: den unbarmherzigen und unbefleckten

Kapitalismus des 19. Jahrhunderts. Aber was ist es schon für ein Verlust, wenn das Märtyrertum des Proletariats die Zivilisation davor rettet, in einer Barbarei wirtschaftlicher Dekadenz und allgemeiner Glückseligkeit zu versinken? Sicherlich kann man dies als Beleg für den prinzipientreuen »Antimaterialismus« der Sorelianer und ihre Verachtung weltlicher Errungenschaften interpretieren; das Problem ist allerdings, dass die Aufforderung, sich von den materiellen Werten abzuwenden, auf das Proletariat beschränkt blieb, während die kapitalistische Produktion ihr irdisches Dasein keineswegs abstreifen sollte.

Es versteht sich, dass Sorels Behauptung, den wahren Geist des Marxismus gegen die Berufssozialisten zu verteidigen, völlig aus der Luft gegriffen war. 1880 lehnte Marx die doktrinäre Opposition von Guesde und Lafargue gegen jeden Reformismus und ihre These, dass die proletarische Revolution die einzig mögliche Strategie sei, kategorisch ab und warf den beiden revolutionäre Phrasendrescherei vor. In diesem Zusammenhang äußerte er gegenüber Lafargue den berühmten Satz, wenn dies der Marxismus sei, dann: *»ce qu'il y a de certain c'est que moi, je ne suis pas Marxiste«* [»sicher ist, dass ich selbst kein Marxist bin«].[101] Dies würde erst recht auf Sorel zutreffen, der nicht nur jede Verbesserung im Leben der Arbeiter als konterrevolutionär ablehnte, sondern obendrein darauf bestand, der Sozialismus solle aktiv zum Erstarken seines Widersachers beitragen und dafür sorgen, dass dieser wieder auf die Beine komme und mit Kraft in den Ring zurückkehre, bevor er endgültig niedergeschlagen werden könne. Wenn Sorel Lenin als einen Mann bewunderte, der die Richtigkeit seiner Theorien über die Vorzüge der revolutionären Gewalt bewiesen habe, so war dies eine rein einseitige Beziehung, wie Lenins Einschätzung von Sorel als »Wirrkopf« zeigt. Lenins folgende Sätze lesen sich, als seien sie als Antwort auf Sorel geschrieben worden, und treffen mit Sicherheit auf ihn zu: »Die ›linken‹ Kommunisten sagen über uns Bolschewiki sehr viel Gutes. Manchmal möchte man sagen: Wenn sie uns doch weniger loben, wenn sie doch in die Taktik der Bolschewiki besser eindringen, sich besser mit ihr vertraut machen wollten!«[102]

Eine aufschlussreiche Bestätigung erfährt der Umstand, dass die Taktik Sorels aus staatskapitalistischer Sicht keine Bedrohung darstellte, erstaunlicherweise durch einen Zeitgenossen, der den *Syndikalismus ausgesprochen fürchtete*, nämlich durch Gaetano Mosca, Paretos großen Gegenspieler bei der Entwicklung der Elitetheorien. Für Mosca, der in der Zeit nach dem Ersten Weltkrieg und an der Schwelle zum Faschismus schrieb, bot »die syndikalistische Gefahr« Anlass zu großer Sorge; tatsächlich hält er sie für das schlimmstmögliche Szenario im Italien der Nachkriegszeit.[103] Entscheidend ist jedoch, dass Syndikalismus bei ihm nicht wie bei Sorel als strikte Arbeiteraskese und verstockter Antiparlamentarismus verstanden wird (auch nicht in Gestalt einer potenziell faschistischen Machtübernahme daherkommt). Die ganze Gefahr des Syndikalismus ist in der Möglichkeit begründet, dass er kraftvoll in das parlamentarische System eingreifen, ja es auf legale Weise in Besitz nehmen und monopolisieren könnte, um eine klassische Form von Staatssozialismus zu etablieren:

> »Schließlich braucht es nicht vieler Worte, um die Gefahren der dritten Lösung der Krise des Parlamentarismus zu beschreiben […] Eine als gesetzliche Vertretung der Klassengewerkschaften aufgebaute Kammer mit souveräner Gewalt wäre die bestmögliche Grundlage für die Schaffung einer unabhängigen Zwischenmacht zwischen den Individuen und dem Staat; und dies ist gerade die schwerste Gefahr im gegenwärtigen politischen Augenblick […]. *Denn durch ihre Vertreter* könnten die Gewerkschaften […] jeden Versuch des Staates vereiteln, sich ihrer Aufsicht zu entziehen […]. Heute [würden] die großen Verbände durch die *geschlossene Stimmabgabe* ihre Mitglieder auch die allgemeine Volkswahl zur ›zweiten Kammer‹ entscheidend beeinflussen können.«[104]

Ein kenntnisreicher politischer Beobachter wie Mosca setzte das *rechtliche, parlamentarische, politische und demokratische Potenzial* mit der syndikalistischen Gefahr gleich. Kein Wort wird über die Aussicht eines vagen Generalstreiks oder die utopische – von Mosca gewiss herzlich begrüßte – Möglichkeit verloren, dass die Gewerkschaften ihre greifbare politische Macht gegen einen verschwommenen, ultralinken Mythos eintauschen. Mosca sieht wie Pareto und Sorel einen mächtigen demokratischen Sozialismus und einen bürgerlichen Kapitalismus, der sich in ernster Bedrängnis befindet.[105]

Sorels Kampagne gegen die Bourgeoisie – und die »polynesischen Wilden«

Trotz der objektiven und grundsätzlichen Meinungsverschiedenheiten mit dem Marxismus konvertierte Sorel Anfang der 1890er-Jahre bemerkenswerterweise zum Marxismus und fühlte sich Marx sogar so stark verbunden, dass er sich als Vertreter dessen Erbes sah. Auch ist zu berücksichtigen, dass Sorel zwar im Grunde ein Wirtschaftsliberaler war, aber sich von der liberalen Hauptlinie löste und kein konventioneller, eingefleischter Apologet der Marktwirtschaft wurde, wie es für einen Mann seiner Überzeugungen vielleicht am naheliegendsten gewesen wäre. Diese eher irritierende ideologische Entscheidung sollte auf keinen Fall mit einem Zynismus à la Spengler erklärt werden, der die sozialistische Identität mehr oder weniger bewusst annahm, um den Sozialismus von innen zu zerstören. Sorel war kein Zyniker, der die sozialistischen

Reihen zu unterwandern suchte. Sein Marxismus war – soweit sich das beurteilen oder erahnen lässt – aufrichtig, was sich auch in Sorels spätem Lob für Lenin widerspiegelt, das in einer leidenschaftlichen, von Herzen kommenden Kritik der liberalen Demokratien mündet. Ein vergleichbar offenes Plädoyer Sorels für den Faschismus und Mussolini lässt sich trotz einiger Einlassungen aus zweiter Hand nicht nachweisen; im Gegenteil, es gibt Hinweise darauf, dass Sorel die Macht der Faschisten beklagte – obwohl sie ihm Anerkennung abnötigten und er sich beeindruckt von ihnen zeigte – und dass er ihre soziale Demagogie für eine Kraft hielt, die man einsetzen könne, um den Sozialismus mit Zustimmung der bürgerlichen Eliten zu brechen.[106]

Es scheint, als habe Sorel im ultralinken Sozialismus und später im Bolschewismus, so paradox dies auch erscheinen mag, eine Möglichkeit gesehen, um den Kern und die Ideale des Wirtschaftsliberalismus (wenn auch nicht unbedingt unter bürgerlicher Führung) *vor dem Untergang zu retten*. Shlomo Sand bezeichnete Sorel treffend als einen »liberalen Konservativen, der sich seltsamerweise zum Marxismus hingezogen fühlte«.[107] Ergänzen sollte man, dass Sorels Marxismus in Liberalismus und Konservatismus eingebettet blieb. Tatsächlich musste Sorel nie auf seinen Wirtschaftsliberalismus verzichten, um für den Marxismus einzutreten. Im Gegenteil: Angesichts der Tatsache, dass der klassische Liberalismus des 19. Jahrhunderts zum Niedergang verurteilt schien und sich auf infame Weise mit dem von Sorel so verabscheuten Staatssozialismus (alias »offizieller«, »parlamentarischer«, »demokratischer« oder Berufssozialismus) verbündete, schien es wenig Hoffnung zu geben, der Kapitalismus könnte von einer entmannten Bourgeoisie gerettet werden. Genau dies war die gefürchtete Zivilisationskrise, der chronische Zustand ökonomischer Dekadenz. Doch im Marxismus, der hier auf naive Weise als eine Form des Laissez-faire interpretiert wurde, meinte Sorel eine unwahrscheinliche Lösung dieser Notlage zu erkennen, einen Ausweg, mit dem sich der Zerfall der liberalen Wirtschaft stoppen ließ, indem man zunächst die Bourgeoisie dazu zwang, ihre heroischen Qualitäten zurückzuerlangen, und dann, falls der Syndikalismus siegen sollte, in eine von Idealismus und fanatischem Einsatz für die unbegrenzte Steigerung der Produktion getragene Epoche der heroischen Industrie eintrat. Die Rolle des wahren Marxismus als Ersatzkapitalismus wird beispielsweise in seiner »Introduction à l'économie moderne« deutlich zum Ausdruck gebracht:

> »Die Marxisten sehen die Dinge anders [als die Verfechter des Staatssozialismus], da sie davon überzeugt sind, dass der Sozialismus nicht zur Voraussetzung hat, die revolutionäre Bewegung der modernen Wirtschaft anzuhalten oder zu verlangsamen, sondern dass er den

> Kapitalismus verdrängen muss, sobald dieser der Bewegung nicht mehr genug Geschwindigkeit geben kann.«[108]

Der Marxismus wurde also nicht als Antithese zum Kapitalismus, sondern als dessen Vervollkommnung verstanden. Ebenso bezeichnend ist, dass Sorel Lenin zwar als Helden des Sozialismus lobte, ihn aber drängte, das Erbe des Kapitalismus nicht preiszugeben:

> »Um dem russischen Sozialismus eine Grundlage zu geben, die ein Marxist (wie Lenin) als solide betrachten kann, bedarf es einer gewaltigen Geistesleistung: Man muss den Produktionsdirektoren den Wert bestimmter Regeln vor Augen führen können, wie sie sich aus den Erfahrungen des *hoch entwickelten Kapitalismus* ableiten lassen. [...] Damit der russische Sozialismus zu einer stabilen Wirtschaft werden kann, ist es also notwendig, dass der Geist der Revolutionäre sehr flink, sehr gut informiert und sehr frei von Vorurteilen ist.«[109]

Wir können einmal mehr sehen, dass Sorel nicht deshalb ganz weit nach links ging, weil er davon überzeugt war, der Sozialismus werde die Erwartungen erfüllen; Sorel glaubte nie an den Sozialismus oder richtiger, er wollte ihn nie verwirklicht sehen. Wie Nietzsche, der ihn stark beeinflusste, betrachtete er den Sozialismus als allgemeine Stagnation, als dystopische Herrschaft des Mittelmaßes, als Auslöschung von Heldentum, Kriegertugenden und großer Kunst in einer »barbarischen« Welt des konsumistischen Hedonismus. Dass der Sozialismus den Massen, wie man heute sagen würde, einen höheren Lebensstandard, ein sicheres und bequemes Leben mit weniger Arbeit und mehr Freizeit und Teilhabe bescheren könnte, war für ihn ein Argument *gegen* diese Ordnung. Sein Ausgangspunkt war vielmehr die Verärgerung über die Sackgasse, in die sich der (Wirtschafts-)Liberalismus hineinmanövriert hatte und aus der er mithilfe eines Marxismus-Manchesterismus wieder herauszukommen hoffte. Oder in den Worten Michel Charzats: Sorel zieht »die Herrschaft der liberalen Bourgeoisie der des Staatssozialismus vor«, weil er »ein klassischer Liberaler und politischer Revolutionär war«.[110]

Etwas abgewandelt stützt diese Beobachtung unsere Argumentation hinsichtlich der Spaltung von ökonomischem und politischem Liberalismus. Denn während die Mehrheit seiner liberalen Zeitgenossen sowohl die demokratische als auch die revolutionäre Variante der radikalen Politik wegen ihrer Auswirkungen auf die kapitalistische Wirtschaft fürchtete, galt Sorels Sorge nur der ersteren, sprich dem parlamentarischen Sozialismus. Im Unterschied dazu begrüßte er die Unnachgiebigkeit der Arbeiterklasse als eine Kraft, die den Wirtschaftsliberalismus *stärkt*. Hier offenbart sich die schwer zu begreifende Substanz seiner ideologischen

Haltung. Sorels »antimaterialistische Revision des Marxismus« war in diesem Sinne letztlich nicht als theoretische Konstruktion zur Unterstützung des Sozialismus, sondern des Liberalismus gedacht; es ist seltsam, aber dennoch wahr, dass Sorel im Linksradikalismus eine Möglichkeit sah, um einer Ära der »Industriekapitäne« gegen das von Nietzsche vorhergesagte Zeitalter des passiv-nihilistischen »letzten Menschen« zur Renaissance zu verhelfen. Dies erklärt Sorels ständige kulturelle Attacken auf die Bourgeoisie, deren Bedeutung Sternhell stark hervorhebt. Bei aufmerksamer Lektüre zeigt sich jedoch, dass diese Angriffe eher gegen die Massengesellschaft und -kultur gerichtet sind. Es ist nicht übertrieben zu behaupten, dass »die Bourgeoisie« bei Sorel als Synonym für die Massen verwendet wird. Was er verunglimpft, hat nicht mit den kapitalistischen Anteilen der bürgerlichen Ordnung zu tun, sondern zielt vielmehr auf das Gegenteil ab – auf den Verzicht auf die kapitalistische Produktion und das vermeintliche Zurückgleiten in den Primitivismus. Dieser eigenwillige Gebrauch von Begriffen, bei dem die kapitalistische Produktion als »Arbeiterklasse« gepriesen wird, während der Massenkonsum als »bürgerlich« verunglimpft wird, zeigt sich in der folgenden Passage. Sorel zieht eine Parallele zwischen der Entwicklung der benediktinischen Orden und der modernen Wirtschaftswelt und beschreibt, wie die Mitglieder dieser Orden »nicht länger Arbeiter sind, die in quasikapitalistischen Werkstätten organisiert sind«, sondern sich in »von weltlichen Dingen zurückgezogene Bourgeois« verwandeln und einer »allen zuträglichen Konsumkooperation« widmen. Eine Analogie, die er weiter ausführt:

> »Diese *Perversion des Kapitalismus*, der vom Industriellen zu seinen wucherischen Ursprüngen zurückkehrt, ist geschichtlich von großer Bedeutung, denn sie markiert den Moment, in dem der Mensch die *schmerzlich erworbene Vorstellung* aufgibt, ein Produzent zu sein, um zur Idee der polynesischen Wilden zurückzukehren, die den Menschen vor allem als Verbraucher sehen, der nur zufällig arbeitet.
>
> Es wird das Verdienst des Marxismus sein, alle seine soziologischen Untersuchungen auf die Betrachtung der Produktion gestützt und damit den Abgrund aufgezeigt zu haben, der einen ernsthaften Sozialismus von all den bürgerlichen Karikaturen trennt, die ihre Theorien auf der Verteilung des Reichtums und des Konsums begründen.«[111]

Man mag indigene Polynesier in Europa Anfang des 20. Jahrhunderts als Wilde bezeichnet haben, doch es ist sehr gewagt, sie mit der modernen Bourgeoisie in eine Kategorie zu stecken. Tatsächlich waren Sorels Vorstellungen von Wildheit und Barbarei Projektionen seiner Ablehnung der modernen, selbstgefälligen und vergnügungssüchtigen Massen, die ganz im Einklang mit der zeitgenössischen Kritik der Massenkultur stand, wie sie von zahllosen bürgerlichen Theoretikern vertreten wurde. In seinen »Les illusions du progrès« beispielsweise nimmt Sorel eine klassische »kulturpessimistische« Sichtweise vorweg, wenn er beschreibt, wie die moderne Massenkultur den schlechtesten Geschmack bedient, die »Unterhaltung« einer »erziehenden«, die »Macht bejahenden« Kunst vorzieht (die Nähe zu Nietzsche ist offenkundig) und damit in die Barbarei zurückfällt:

> »Es ist also nicht ausgeschlossen, dass die Zukunft der edlen, der Dekadenz verfallenen Gesellschaften wie eine ferne Vergangenheit der Wilden aussehen könnte. [...] Die Unterhaltungskunst ist die einzige, die Wilde wirklich kennen; diese stellen manchmal bei ihren Tänzen, Gesängen und ihrem Schmuck bemerkenswerten Geschmack unter Beweis, aber ihre magischen Schätze erscheinen uns erstaunlich grotesk. Im Verlauf der Zivilisation haben die Menschen nie aufgehört, neue Formen der Vergnügung zu erfinden, und oft ist es sogar vorgekommen, dass die erzieherischen Künste und jene, die die Macht bejahen sollen, unter dem Einfluss der von den Unterhaltungskünsten geschaffenen Ideen korrumpiert wurden.«[112]

Diese Kritik der Massengesellschaft kennzeichnet auch die Schriften von Sorels engstem Schüler Édouard Berth, der dem offiziellen Sozialismus vorwarf, »in der Seele der Arbeiter ungute Gefühle zu erwecken, Zerstörungslust, Gier nach Vergnügen und Wohlstand, Streben nach der romantischen und negativen Freiheit, die sich all dessen entledigen will, was die Leidenschaften, die Instinkte und die Laster behindert«.[113] Es ist bemerkenswert, wie die angeblich ultrarevolutionären Sorelianer und Prediger der Gewalt die »Zerstörungslust« der Arbeiter rügen. Angesichts der Tatsache, dass sich ein Großteil seiner Attacken auf die bürgerliche Kultur in Wirklichkeit gegen die arbeitenden (und verspielten) Massen richtet, ist verständlich, warum Berth die französische Bourgeoisie – die angeblich dabei war, ihre geistigen und kriegerischen Werte wiederzuentdecken, für bewundernswert halten und eher ein Bündnis mit ihr als mit den hedonistischen Arbeitern anstreben sollte. »Die bürgerliche Erneuerung«, schreibt Sternhell über die Ansichten Berths, »erfolgte nicht nur unabhängig von einer Erneuerung der Arbeiterklasse, zu der es nie kam, sondern trotz des langsamen, aber kontinuierlichen Abgleitens der Proletarier in die Degeneration. [...] Die Rollen waren also vertauscht: Die Bourgeoisie entriss dem versagenden Proletariat die Fackel der Revolution. Sie sollte künftig als neue Kraft des Fortschritts die revolutionäre Bewegung anführen.«[114] Das ist sehr aufschlussreich: Der wirkliche Träger der antibürgerlichen Revolte ist *die Bourgeoisie*, und es ist das Proletariat, das sich ihrem ultraradikalen Marsch widersetzt und ihn behindert. Dennoch erkennt Sternhell keinen Widerspruch zwischen den von ihm gesammelten Fakten und seinem allgemeinen Interpretationsansatz, der die Sorelianer konsequent als antibürgerlich einstuft. Dies knüpft an eine andere Frage an: Wenn der Ursprung der faschistischen Ideologie bei Sorel zu suchen ist, wo waren dann *Sorels* Wurzeln? Nur bei Marx? War er nicht zutiefst beeinflusst vom Denken antisozialistischer, antidemokratischer und bürgerlicher Figuren – unter ihnen nicht wenige wichtige Liberale und Liberalkonservative – wie Proudhon (der neben Marx Sorels stärkster »sozialistischer« Einfluss war), Tocqueville, Taine, Renan, Bergson, Le Bon, Nietzsche, William James, Hartmann, Pareto und Croce? Diese unvollständige Aufzählung von Sorels intellektuellen Quellen und Gesprächspartnern sollte genügen, um den angeblich antibürgerlichen Charakter seines Denkens grundsätzlich infrage zu stellen.[115] Wenn man sich Sorels intellektuellen Hintergrund vergegenwärtigt, erkennt man, dass er in Wahrheit der bürgerlich-liberalen Rechten intellektuell, philosophisch und ökonomisch wesentlich enger verbunden war als der proletarischen Linken. »Am Beginn dieses langen Marsches [von Sorel]«, so die charakteristische Aussage Sternhells, »stand der Marxismus«; gleich auf der nächsten Seite weist Sternhell jedoch selbst darauf hin, dass Sorel Anfang der 1890er-Jahre, damals über 40 Jahre alt, »ein neuer Adept« gewesen sei.[116] Der Marxismus war also keineswegs Sorels erste Station. Vielmehr war Sorel vor seiner späten Konversion zum Marxismus ein Liberaler gewesen, worauf nicht hingewiesen wird. Sorel war nicht der Urknall des Faschismus, das große konstitutive Moment seiner Genesis, sondern nur die Fortsetzung einer langen und komplexen Kette von Ereignissen.

Die Tatsache, dass die Sorelianer den »bürgerlichen« (sprich: Massen-) Konsum verunglimpften und die »proletarische« (sprich: kapitalistische) Produktion nicht als Mittel zur Befriedigung konkreter menschlicher Bedürfnisse, sondern als Selbstzweck fetischisierten, der auf Kosten des menschlichen Wohlbefindens oder, richtiger, des Wohlbefindens der Arbeiter zu verfolgen war, ist eine kulturelle Erscheinung, die mit dem ökonomischen, kapitalistischen Streben nach einer Profitakkumulation um ihrer selbst willen zutiefst übereinstimmt. Wie so oft im (proto-) faschistischen Denken war die Folge hiervon, die Arbeit zu einer heiligen Tätigkeit zu erheben, sie sentimental zu lobpreisen und deshalb Bewunderung für die Arbeiter zu hegen, als sich nur mit ihnen das Ideal der Arbeit in eine greifbare und profitable Realität verwandeln ließ – diese Bewunderung stand aber unter dem Vorbehalt, dass die Arbeiter sich nicht »degeneriert« vor ihrer heiligen Mission und Pflicht drückten. Mit einem rhetorischen Taschenspielertrick und möglicherweise einem gewissen Maß an Selbsttäuschung lässt sich diese Wertschätzung der

Arbeit – der »harten, langen, ermüdenden« Arbeit, wie es bei Spengler heißt – als sozialistisch propagieren. Aber Spengler war sich zumindest dessen bewusst, dass dieser Sozialismus das genaue Gegenteil von Marx' Sozialismus war und eine edle, preußische, auf »der Würde der strengen Arbeit« beruhende Alternative sein sollte, während Sorel die Romantisierung der Plackerei einem wahrhaft marxistischen, »ernsten Sozialismus« zuschrieb, dessen großes Verdienst angeblich darin bestand, sich auf die Produktion konzentriert zu haben – als postulierte die sozialistische Utopie, wie sie von Marx skizziert wurde, nicht genau umgekehrt das Ziel, das Joch der Zwangsarbeit zu überwinden: »Das Reich der Freiheit beginnt in der Tat erst da, wo das Arbeiten, das durch Not und äußere Zweckmäßigkeit bestimmt ist, aufhört.«[117]

Hinter der linksradikalen und antibürgerlichen Oberfläche von Sorels Konzepten verbarg sich in Wirklichkeit eine verdichtete bürgerliche Arbeitsethik. Doch die Begriffe wurden zu diesem Zweck umgekehrt, sodass es nun möglich war, sich über die bürgerliche Tendenz der Massen zur Arbeitsverweigerung zu entrüsten. Daher ist Sorels Mythos des Generalstreiks, der im Inneren seines revisionistischen Konzepts steht, eher ein Mythos allgemeiner Arbeit. Er verfolgt keineswegs eine Ethik des Müßiggangs, sondern eine stringente Arbeitsethik, die um die selbstlosen Opfer der Arbeiter kreist und von einer leidenschaftlichen Begeisterung für den industriellen Fortschritt getragen wird.

> »Man muss die Frage anders stellen als Renan; man muss wissen, ob es in der Welt der Produzenten Kräfte des Enthusiasmus gibt, die in der Lage sind, sich mit der Arbeitsmoral zu verbünden, damit diese in unseren Tagen der Krise die nötige Autorität erlangen kann, um die Gesellschaft auf den Weg des ökonomischen Fortschritts zu führen. [...] Die Idee des Generalstreiks [...] lenkt alle Kräfte der Seele hin zu Verhältnissen, die die Verwirklichung einer frei funktionierenden und wunderbar fortschrittlichen Werkstatt erlauben; wir haben also erkannt, dass es große Ähnlichkeiten zwischen den Gefühlen des Generalstreiks und jenen gibt, die notwendig sind, um einen kontinuierlichen Produktionsfortschritt herbeizuführen.«[118]

Diese Leidenschaft für die Arbeit bringt für die Arbeiter keinen materiellen Vorteil; Sorel behauptet beispielsweise, dass »Männer, die sich der revolutionären Sache widmen, wissen, dass sie immer unter unendlich bescheidenen Verhältnissen leben werden«. Er zitiert zustimmend Renan, demzufolge sich der Soldat Napoleons sehr bewusst war, »dass er immer ein armer Mann bleiben werde; doch er fühlte, dass das Epos, an dem er teilnahm, ewig sein, dass er im Ruhm Frankreichs leben werde«.[119] Und daran anschließend fragt Sorel, ob es »ein ökonomisches Epos gibt, das die Begeisterung der Arbeiter wecken kann«.[120] Sorel überträgt sehr gern Bilder aus der Welt des Krieges auf die Sphäre der Produktion und verweist insbesondere auf die Soldaten der Revolutionszeit,[121] die deshalb so gut gegen die Europäische Koalition kämpften, weil sie die Sache der Revolution als ihre eigene, individuelle Angelegenheit und nicht als oberflächliches, von einer entfremdenden Autorität von außen aufgezwungenes Motiv erachteten. Die Arbeitersoldaten der Zukunft würden sich folglich auf ihrem Arbeitsplatz für den Ruhm der Industrie opfern: »Der ökonomische Fortschritt ist unendlich viel mehr als wir Menschen und bringt künftigen Generationen mehr Gewinn als denen, die ihn schaffen.«[122] Die Attraktivität einer solchen Arbeitermiliz für jeden Kapitalisten ist nicht schwer zu erkennen, ein Umstand, dessen sich Sorel nur allzu bewusst schien. »Arbeit und Gehorsam«, schreibt er, »sind die Säulen sowohl des benediktinischen als auch des kapitalistischen Bauwerks. Der heilige Benedikt hat die Weitsicht eines großen Patrons,[123] der sich darum sorgt, die Prosperität eines großen und beständigen Unternehmens zu sichern.«[124] Diese objektive Affinität stellt unabhängig davon, ob Sorel diese Lektüre seines Textes gefallen würde oder nicht, die Verbindung zur faschistischen Interpretation her. Kein Wunder, dass Sorels Ideen auch die Aufmerksamkeit der sogenannten konservativen Revolutionäre in Deutschland erregten, also von Autoren wie Schmitt, Jünger, Spengler, Hans Zehrer, Michael Freund und so weiter, die ein starkes Interesse daran hatten, einen ästhetischen, asketischen und quasireligiösen Arbeitsbegriff zu beschwören.[125] Dieser Arbeitsbegriff, der nicht auf Sorel zurückgeht, sondern von unzähligen bürgerlichen Intellektuellen vertreten wurde, fand in dem berüchtigten Motto »Arbeit macht frei« seine denkwürdige Zuspitzung. Ein derartiges Credo passt gut zum Kapitalismus, nicht aber zum Sozialismus, dessen Ziel gerade darin besteht, sich weitestmöglich *von* der Arbeit *zu befreien*.[126]

Es ist wichtig zu erkennen, dass Sorels Vision eines von kriegerischen Tugenden inspirierten ökonomischen Fortschritts, zu dem die Arbeiter ergeben, stolz und anspruchslos beitragen, ausdrücklich auf einer *individualistischen* und somit *liberalen* Konzeption beruht:

> »Während der Freiheitskriege betrachtete sich jeder Soldat als eine *Persönlichkeit*, die in der Schlacht etwas sehr Wichtiges leistete, und dies nicht nur als Teil eines militärischen Mechanismus, der der souveränen Führung eines Herren unterstellt war. [...] Die Schlachten konnten nicht mehr als Schachspiele begriffen werden, in denen der Mensch mit einem Bauern vergleichbar ist. Sie wurden zu einer Akkumulation von Heldentaten; von Individuen vollbracht, die aus ihrem Enthusiasmus die Motive ihres Handelns schöpften.«[127]

Sorel betont, dass »die Arbeitergruppen, die sich für den Generalstreik begeistern, [...] die Revolution für eine große Erhebung halten, die man immer noch als individualistisch bezeichnen kann: jeder marschiert mit so viel Eifer wie möglich und arbeitet auf eigene Rechnung, ohne sich darum zu sorgen, sein Verhalten einem großen und geschickt kombinierten Gesamtplan unterzuordnen [...]. Die revolutionären Syndikalisten wollen die Individualität des Produzentenlebens ehren.«[128] Auch an dieser Stelle ist die Differenz zwischen Sorels Originaltext und Sternhells Paraphrasierung bemerkenswert. Letzterer betont, den Vorgaben des Antiliberalismus-Schemas folgend, die Rebellion der Protofaschisten sei grundsätzlich und uneingeschränkt antiindividualistisch gewesen: »Das Individuum an sich besaß keinen Wert.«[129] Sorel wird nicht als Ausnahme betrachtet:

> »Sorel betrachtete den Individualismus als die Wurzel des Übels, und änderte seine Meinung in dieser Hinsicht nie. Tatsächlich blieb er selbst dann gewalttätig antiindividualistisch, als er längst aufgehört hatte, Marxist im orthodoxen Sinne zu sein. Der revolutionäre Syndikalismus war eine Form des Antiindividualismus [...].«[130]

Bei aufmerksamer Lektüre bietet Sorel jedoch (ähnlich wie sein Landsmann Proudhon, »der gallische Sozialist«, dem er sehr viel verdankt) reichlich Anlass, um über die Verbindung von bestimmten Strömungen des Anarchismus nicht nur oder gar in erster Linie zur Linken, sondern auch zur liberalen Tradition nachzudenken. Auch in diesem Punkt erweist sich Sternhells Darstellung, wenn man der Erzählung und nicht dem Erzähler folgt, als höchst aufschlussreich, denn was sichtbar wird, ist nicht der sozialistische Charakter des Anarchosyndikalismus, sondern vielmehr der *Liberismo* bei vielen seiner Befürworter. Dieses *liberistische* Fundament des Syndikalismus, vor allem in seinen theoretischen Ausdrucksformen, wurde von Antonio Gramsci in den »Gefängnisheften« sehr erhellend untersucht. Gramsci schlägt darin vor zu überlegen, »in welchem Maße der theoretische Syndikalismus [...] von den ökonomischen Freihandelslehren ausgegangen ist, also *in letzter Instanz vom Liberalismus*. Und deshalb ist zu prüfen, ob der Ökonomismus in seiner vollendetsten Form nicht ein direkter Sprössling des Liberalismus ist.«[131] Diese Verwandtschaft machte Gramsci sowohl in ideologischer als auch in persönlicher Hinsicht aus: »Der Zusammenhang zwischen Freihandelsideologie und theoretischem Syndikalismus ist besonders offensichtlich in Italien, wo die Bewunderung der Syndikalisten wie Lanzillo und Co. für Pareto bekannt ist.« Zugleich stellte Gramsci den objektiven Nutzen des sorelianischen Syndikalismus für den Kapitalismus heraus. Diese Anpassungsfähigkeit bestehe genau in dem Element, das der Syndikalismus subjektiv als sein radikalstes Merkmal empfand, nämlich in seiner Ablehnung des politischen Handelns. In dieser entscheidenden Hinsicht sei, wie Gramsci anmerkt, der liberale Meister unendlich viel scharfsinniger und praktischer als der syndikalistische Schüler. Die liberale Ökonomie, so bekräftigt er, sei stets mehr als ein Ensemble feststehender, doktrinärer Annahmen darüber, wie die Wirtschaft fernab der Politik am besten funktionieren könne. Vielmehr sei sie immer auch ein politisches Projekt, das danach strebe, hegemonial zu werden und den Staat zur Umsetzung seines Programms zu benutzen:

> »[L]iberalismus [ist] eine ›Regulierung‹ staatlicher Natur [...]. Er ist eine Tatsache des sich der eigenen Ziele bewussten Willens und nicht der spontane, automatische Ausdruck der ökonomischen Tatsachen. Darum ist der Liberalismus ein politisches Programm, dazu bestimmt, bei seinem Triumph das Führungspersonal eines Staates zu verändern und das Wirtschaftsprogramm des Staates selbst auszuwechseln, das heißt, die Verteilung des Nationaleinkommens zu verändern.«[132]

Diese luziden, in den 1930er-Jahren gemachten Beobachtungen bestätigten sich einige Jahrzehnte später, als die neoliberale Rückkehr zum Laissez-faire in Europa und den USA als ein entschieden politisches Projekt verfolgt wurde, bei dem das staatliche »Führungspersonal« und das »Wirtschaftsprogramm« mit der Absicht ausgetauscht wurden, die »Verteilung des Nationaleinkommens« zu verändern.[133] Der theoretische Syndikalismus hingegen nimmt die vom Liberalismus vorgenommene theoretische Trennung zwischen der wirtschaftlichen und der politischen Sphäre eher unbedarft für bare Münze und verzichtet daher auf den politischen Kampf. Die ökonomische »Autonomie«, die für die Liberalen ein konkretes Ziel ist, das durch konzertierte politische Aktionen durchgesetzt werden muss, stellte für die Syndikalisten einen heiligen Grundsatz dar, der nicht durch politisches Handeln kontaminiert werden sollte. Man könnte sagen, dass der *Idealzustand* der pragmatischen Liberalen zum *uneingeschränkten Ideal* kompromissloser Syndikalisten wurde. In diesem Sinne war der »Ökonomismus« in den Händen der politischen Bourgeoisie zwar ein äußerst effizientes politisches Werkzeug, verwandelte sich für die Arbeiter jedoch in lähmende und kontraproduktive Ideologie. »Anders liegt der Fall beim theoretischen Syndikalismus«, argumentierte Gramsci, »insofern dieser sich auf eine subalterne Gruppe bezieht, die man mit dieser Theorie daran hindert, jemals herrschend zu werden [...]. Es lässt sich nicht leugnen, dass bei ihm die Unabhängigkeit und Autonomie der subalternen Gruppe, die er angeblich ausdrückt, stattdessen der intellektuellen Hegemonie der herrschenden Gruppe geopfert werden, da der theoretische Syndikalismus eben nur ein Aspekt des Liberalismus ist.«[134]

Streikende oder Streikbrecher?

Selbst wenn wir uns der These anschließen, dass Sorel eine alles entscheidende Rolle bei der Herausbildung der faschistischen Ideologie spielte, bedeutet dies also nicht automatisch, die damit einhergehende Annahme zu akzeptieren, der Faschismus sei mit und durch den Autor der »Réflexions sur la violence« von einer Ideologie durchdrungen wurden, die weder rechts noch links gewesen sei. Anders ausgedrückt: Auch wenn Sorel selbst ein Mann der Paradoxien war und versuchte, eine abwegige Verbindung antagonistischer Denkschulen zu fabrizieren, beweist dies nicht, dass der *Faschismus* eine solche Synthese war. Wenn Sorel tatsächlich ein Denker sowohl der Linken als auch der Rechten war, was übernahm dann der Faschismus von ihm? Die »linken« Elemente bei Sorel sind vor allem seine Anrufung des Arbeiterradikalismus und sein Plädoyer für den Generalstreik als ultimative Waffe des Klassenkampfes. Doch lässt sich dieser ideologische oder praktische Grundsatz auch im Faschismus finden, der dem Arbeiterradikalismus feindlicher gegenüber stand als jede andere politische Bewegung und Streiks aller Art, vom Generalstreik ganz zu schweigen, entschlossen bekämpfte? Dementsprechend kann das Erbe Sorels – zumindest ein »linkes« – im Faschismus nur eine flüchtige Rolle gespielt haben. Wenn es eine sorelianische Prägung des Faschismus gibt, dann doch wohl eher durch jene Aspekte seines Denkens, die rechts und nicht links waren. Zu diesen rechten Merkmalen gehören der Kult der Gewalt, seine Verehrung für Mythen und das Irrationale, das Schwadronieren über Heldentaten, seine Verachtung materieller Errungenschaften (insbesondere wenn sie Arbeitern zugutekamen) als »bürgerliche« Schwäche, sein Hass auf die Demokratie, sein Wunsch, die Produktion von ihrer Last zu emanzipieren, und seine Ablehnung fast aller Spielarten des Sozialismus – mit der bemerkenswerten Ausnahme jenes »Sozialismus«, der sich ganz und gar dem Kapitalismus verpflichtet. Dies waren zweifelsohne die Gründe, warum Sorels Lehren auch von Menschen, für die die Idee des Generalstreiks abstoßend und alarmierend war, so begeistert begrüßt wurden.

Ein gutes Beispiel für dieses Paradoxon ist Pareto, der sich die Mythen Sorels zu eigen machten, obwohl er über die wachsende Macht der Arbeiterklasse und die Hilflosigkeit der herrschenden Eliten besorgt war. Der Grund hierfür war einfach: In Paretos Italien nahmen die Aktivitäten der Arbeiterklasse rasant zu, worüber sich Pareto absolut bewusst war.[135] Die Arbeiter benötigten also offensichtlich keinen irrationalen Theoretiker, der ihnen ihre Interessen erklärte oder ihnen das Instrument des Streiks nahelegte. Auch wenn Sorel in dieser Hinsicht nichts Gutes tat, so richtete er doch gewiss wenig Schaden an. Umgekehrt erwiesen sich seine Mystifikationen und seine Anrufung des Irrationalen deshalb als so aufregend neu, weil Pareto die Möglichkeit erkannte, die Grundlagen des Arbeiterhandelns zu ändern und die Arbeiter von der Verteidigung ihrer Interessen auf das Terrain der »Gefühle« und »Residuen« zu führen. Damit schien sich ein unverhoffter Ausweg aus der Sackgasse der Demokratie zu eröffnen: Es wirkte, als könnte man an die Gefühle der Massen appellieren, um sie gegen ihre Interessen zu lenken. Tatsächlich wurde die bemerkenswerte Eigenschaft des Staatsmannes, den Massen eine Sozialpolitik zu verkaufen, die den ureigensten Interessen der Herrschenden entsprach, mit diesen Begriffen beschrieben. Sorel insistierte darauf, dass die »heutigen Mythen« revolutionär seien, weil sie »die Menschen dazu führen, sich auf einen Kampf zur Zerstörung des Bestehenden vorzubereiten«.[136] Diese Überzeugung war jedoch unbegründet, da Mythen, wie Pareto und andere Vertreter seiner Klasse erkannten, ebenso gut oder vielleicht sogar noch besser dazu dienen können, die bestehende Ordnung *aufrechtzuerhalten*. Sorel hätte es selbst besser wissen müssen, denn nur wenige Seiten zuvor hatte er sich auf Renans Auffassung bezogen, wonach das Irrationale im Verlauf der Geschichte immer wieder das Fundament erzkonservativer Anliegen gewesen sei. In diesem Sinne sprach er von »den außerordentlichen Tugenden der Römer, die sich mit schrecklicher Ungleichheit abfanden und so viel Mühen auf sich nahmen, um die Welt zu erobern«, oder vom griechischen »Glauben an den Ruhm«, der »eine Auslese [...] aus den wimmelnden Menschenmassen« ermöglichte.[137] Warum sollte ein *moderner* Mythos nicht gleichermaßen dazu geeignet sein, die Massen mit »furchtbarer Ungleichheit« zu versöhnen und sie zur Eroberung der Welt zu bewegen?

Ganz unabhängig von Sorel suchten die herrschenden Klassen im späten 19. und frühen 20. Jahrhundert, als der Einfluss der Religion abnahm, verzweifelt nach neuen populären Mythen und Erzählungen, um ihre Hegemonie zu stützen. Als die französische Ultralinke ihnen den Mythos des Generalstreiks an die Hand gab, lehnten sie den Inhalt des Geschenks deshalb dankend ab, nahmen die Verpackung jedoch bereitwillig an. Salvemini ist in dieser Hinsicht nach wie vor sehr hilfreich:

> »Der faschistische revolutionäre Syndikalismus ist bloßer Humbug [...]. Was die faschistische Doktrin mit Sorel gemein hat, ist nicht der Syndikalismus, sondern die Abneigung gegen parlamentarische Institutionen, das Eintreten für gewaltsame direkte Aktionen [...] und die Methode, die Emotionen des Pöbels durch Mythen zu erregen, um diese Emotionen dann für keineswegs mythische Zwecke ausbeuten zu können. Diese Doktrinen wurden jedoch nicht von Sorel erfunden, und sie haben auch keine wesentliche Verbindung zur realen syndikalistischen Doktrin.«[138]

Dasselbe traf zu, als Sorel von den deutschen (Proto-)Faschisten vereinnahmt wurde; auch sie schlossen sich den formalen Aspekten seiner Doktrin an, während sie den Inhalt, zumindest was seine sozialradikalen Aspekte anging, verwarfen. Carl Schmitt, der als einer der ersten die Ideen des französischen Syndikalisten in Deutschland bekannt machte, war sich über die gesellschaftliche Bedeutung des sorelianischen Mythos im Klaren, die für ihn aber gewiss nicht in der Fähigkeit begründet war, Streiks zu entfachen:

> »Die Theorie vom Mythos ist der stärkste Ausdruck dafür, dass der relative Rationalismus des parlamentarischen Denkens seine Evidenz verloren hat. Wenn anarchistische Autoren aus Feindschaft gegen Autorität und Einheit die Bedeutung des Mythischen entdeckten, so haben sie doch, ohne es zu wollen, an der Grundlage einer neuen Autorität, eines neuen Gefühls für Ordnung, Disziplin und Hierarchie mitgearbeitet.«[139]

Prominente Bestätigung aus dem faschistischen Lager erfährt diese Einschätzung durch Giovanni Gentile, der vielleicht *die* philosophische Stimme des italienischen Faschismus war. Als er dem Faschismus im Jahr 1928 rückwirkend zu »einer Doktrin« verhalf und über den Aufstieg der Bewegung nachsann, äußerte sich Gentile positiv über die Wirkung von Sorels syndikalistischen Ideen zu Beginn des 20. Jahrhunderts. Er betrachtete sie als eine idealistische Kraft, die dazu beigetragen habe, die Italiener aus ihrem materialistischen und hedonistischen Dämmerzustand zu wecken. Vor allem in zwei Hinsichten sei der Sorelianismus bei der Transformation des italienischen Sozialismus von Nutzen gewesen. Der erste ist in der Tat die pulsierende Kompromisslosigkeit seiner proletarischen Aktion, die im Widerspruch zum gemäßigten, reformistischen Sozialismus gesehen wird. Der früher liberale, exemplarische *Bildungsbürger** geht die Anliegen des Arbeiterradikalismus durch:

> »(1) das Ende der dummen und verlogenen Zusammenarbeit (der die italienischen Sozialisten sich anpassten und damit gleichzeitig Staat und Proletariat verrieten) von Sozialismus und liberalem Staat durch das demokratisch-parlamentarische Regime.«[140]

Sorels zweiter Beitrag habe darin bestanden, die bis dahin materialistische Konzeption des Sozialismus durch ein mythisch motiviertes Handeln zu ersetzen:

> »(2) [Im Gegensatz zum gewöhnlichen Sozialismus fand das Proletariat im Syndikalismus] einen Glauben an eine moralische, rein ideale

> (oder mythische, wie man sagte) Wirklichkeit, für die man leben, sterben, sich opfern sollte, ohne die Anwendung von Gewalt zu scheuen, die nötig war, wenn es galt, eine juristische Ordnung zu durchbrechen oder eine andere zu schaffen.«[141]

Denjenigen, die gewillt sind, ihn beim Wort zu nehmen, muss Gentile in der Tat als radikaler sorelianischer Revolutionär erscheinen, der die erniedrigenden Kompromisse mit dem Liberalismus ablehnt und bereit ist, Gewalt zur Überwindung der kapitalistischen Ordnung einzusetzen. Doch schon wenige Seiten weiter, als Gentile das immer rebellischere Verhalten der Arbeiter im Nachkriegsitalien schildert, erweist sich der Tribut an die radikalen Elemente in Sorels Erbe als bloßes Lippenbekenntnis. Auf einmal beklagt sich Gentile darüber, die Arbeiter hätten tatsächlich *aufgehört*, Kompromisse mit dem liberalen Staat einzugehen und mit der parlamentarischen Demokratie zu kooperieren, und den Staat stattdessen mit einer Revolution bedroht; in diesem Prozess seien sie so weit gegangen, sich sogar – Gott bewahre – in das Wirtschaftsleben einzumischen.

> »Die Ganglien des wirtschaftlichen Lebens schienen tödlich getroffen. Streik folgte auf Streik. [...] Ein Gefühl von Revolution lag in der Luft, von dem die herrschende Klasse glaubte, es sei nur dadurch zu umgehen, dass man langsam zurückwich und mit den Führern der sozialistischen Bewegung sich ins Einvernehmen setzte [...]. [Unter Giolitti] erhoben sich [...] alle Staatsbeamten, besetzten die Arbeiter die Fabriken, wurde der wirtschaftlich administrative Organismus des Staates ins Herz getroffen.«[142]

Sorel, der Anarchist, wird flink in den Wirtschaftsliberalen Pareto verwandelt, der die Unfähigkeit des politischen Liberalismus beklagt, »die Ganglien des wirtschaftlichen Lebens« vor dem Unheil der Arbeiterklasse zu schützen. Für Sorel mag die militante, autonome, kompromisslose, gewaltsame proletarische Aktion das Patentrezept gewesen sein, doch für Gentile sind sie der Albtraum. Streiks, die einen Sorelianer hätten begeistern sollen, waren ihm ein Gräuel. Von Sorel bleibt nur der zweite Beitrag nützlich: sein Lob für die Bereitschaft des Arbeiters, zu leben, zu sterben und sich zu opfern, »ohne die Anwendung von Gewalt zu scheuen, die nötig war, wenn es galt, eine juristische Ordnung zu durchbrechen oder eine andere zu schaffen«. Doch die Ordnung, die im Namen des sorelianischen Mythos zerstört wird, ist nicht die des Wirtschaftsliberalismus. Im Gegenteil, Mussolini, der Löwe, wird die aufrührerischen Staatsbeamten unterwerfen und die »besetzten Fabriken« befreien, während Giolitti, der Fuchs, Kompromisse geschlossen hatte. Das war das Kondensat der sorelianischen Gewalt unter dem Faschismus (wenn sie jemals zu etwas anderem gedacht gewesen war).

Wir sollten uns schließlich noch einmal vergegenwärtigen, dass diese Diskussion keine rein theoretische, nur die Vergangenheit betreffende Angelegenheit ist. Sie beinhaltet vielmehr einen Kommentar zu aktuellen politischen Fragen, der sehr praktische Konsequenzen haben kann. Sternhells Theorien (wie die zahlreicher anderer Historiker von Talmon zu Mosse und Furet) können gewendet und in einer Weise benützt werden, die Sternhell zweifelsohne missfallen würde. Beispielsweise als Jean-Marie Le Pen, der vielleicht wichtigste (verdeckt) neofaschistische Politiker im Europa der Nachkriegszeit, den Vorwurf des Faschismus mit dem Hinweis zurückwies: »Ich habe Kommunismus, Nationalsozialismus und Faschismus immer verurteilt. Im Übrigen definiere ich sie alle als linke Bewegungen, die aus der Französischen Revolution hervorgingen« (in einem Interview mit Primor 2002). Der Führer des Front National scheint die Essenz von Sternhells Revisionismus begriffen zu haben, der zum Zeitpunkt der Veröffentlichung in Frankreich viel Aufmerksamkeit erregte, und klingt fast wie ein Amateurhistoriker, der sich bei den Wortführern des »neuen Konsenses« einschmeicheln möchte. An diesem kleinen, aber prägnanten Beispiel lässt sich erkennen, wie revisionistische Thesen, ob nun beabsichtigt oder nicht, Rechten ein Alibi liefern, die sich vom Vorwurf des Faschismus freigesprochen glauben, gerade *weil* sie rechts sind! Linke Anhänger Rousseaus sind hingegen gut beraten, ihren Anwalt zu konsultieren. Die Lektüre Sorels jedoch entkräftet diese bequeme Ausrede: Entgegen der revisionistischen These zeigt sich, dass der von Sorelianern, Faschisten, Nazis und letztlich den Le Pens der Gegenwart beschrittene Weg eindeutig auf der rechten Flanke der modernen Geschichte verläuft.

5 Liberalismus und Faschismus zwischen Mythen und Wirklichkeit I

Liberaler Mythos Nr. 1: Faschismus als Tyrannei der Mehrheit

Eine der am häufigsten eingesetzten Waffen im Arsenal des liberalen Antifaschismus ist der Hinweis auf den Faschismus als Paradebeispiel für der Demokratie innewohnende Gefahren. Demokratie, so die Argumentation, verwandele sich deshalb leicht in Demagogie und Diktatur, weil ihre Akteure die öffentliche Meinung umwerben und auf eine große Zahl Menschen eingehen müssen. Der Faschismus sei in dieser Hinsicht nur ein besonders übler Ausdruck jenes Populismus, der dem demokratischen Herrschaftssystem innewohnt. Hannah Arendt ruft in diesem Sinne bei der Erörterung des Totalitarismus eine lange Tradition antidemokratischer Literatur in Erinnerung:

> »Seit dem Beginn des 19. Jahrhunderts haben viele bedeutende Historiker und Staatsmänner das Herannahen eines Massenzeitalters prophezeit. Seit der Mitte des vorigen Jahrhunderts entstand eine ganze Literatur über Massenpsychologie, welche die alte, der Antike so wohlbekannte Weisheit von der Affinität zwischen Demokratie und Diktatur, zwischen Pöbelherrschaft und Tyrannis in unzähligen Varianten neu formulierte. Kein Zweifel, die politisch Gebildeten Europas waren zum Mindesten seit [...] Nietzsche auf das Emporkommen von Demagogen und Militärdiktatur, auf die Verbreitung von Aberglauben, Leichtgläubigkeit, Dummheit und Brutalität vorbereitet.«[1]

Der gefeierte Kulturhistoriker George Mosse vertrat die These von der »Affinität von Demokratie und Diktatur« sogar noch entschiedener. »Die Französische Revolution«, behauptete er, »stand am Anfang einer Demokratisierung der Politik, die im Faschismus des 20. Jahrhunderts gipfelte.«[2] Die Französische Revolution habe nämlich »den Ton und das Beispiel für eine neue Massenpolitik [vorgegeben], deren wirklicher Triumph sich erst nach dem Ersten Weltkrieg einstellte«.[3] Mosse spricht von der »von Hitler und Mussolini übernommenen Theorie demokratischer Führung«[4] und behauptet, dass »der Faschismus und die Französische

Revolution sich, jeweils auf spezifische Weise, als eine gegen das Establishment gerichtete demokratische Bewegung verstanden«.[5] Es lassen sich unzählige weitere Beispiele für diese Argumentationslinie finden. Diese theoretischen Konstruktionen, die die Ursprünge des Faschismus in der Demokratie zu erkennen glauben, sind für letztere nicht besonders schmeichelhaft, aber richten sich vor allem gegen die *Massendemokratie*. Zumindest zwischen den Zeilen wird bei diesen Interpretationen der Geschichte immer eine Lehre angedeutet: Wenn wir schon eine Demokratie haben müssen, dann sollten wir dafür sorgen, dass sie so wenig wie möglich von den Massen beeinflusst und so weit wie möglich von weisen und verantwortungsbewussten Menschen gelenkt wird – ähnlich der von Arendt erwähnten »bedeutenden Historiker und Staatsmänner«. Das beste Mittel gegen die demokratischen Gefahren sei die Eindämmung ihrer populistischen Anteile, die Sicherstellung einer demokratischen Qualität, wie sie durch ein solides liberales Fundament, nicht aber durch einen schwankenden Populismus gewährleistet werde.

Tocquevilles Vorhersagen: Eine sich selbst erfüllende Prophezeiung?

Gewöhnlich wird in diesem Zusammenhang auf die scharfsinnige Kritik an der »Tyrannei der Mehrheit« durch J. S. Mill, Tocqueville oder gar Nietzsche verwiesen, der von einem Kommentator als »hellsichtiger Kritiker des drohenden Totalitarismus« gepriesen wird, weil er »sowohl vor dem Faschismus als auch vor dem Kommunismus« gewarnt habe.[6] Ein gutes Beispiel für diese Argumentation liefert auch Robert O. Paxton in seiner Untersuchung des Faschismus. Sehr weit vorn im Buch behauptet der Autor, dass die historische Neuerung des Faschismus gerade in seiner Fähigkeit bestanden habe, die Massen für rechte Politik zu begeistern. Diese unwahrscheinliche soziopolitische Konstellation habe die Vorhersagen traditioneller Klassentheoretiker wie Engels widerlegt. Paxton zitiert Engels aus seiner 1895 erschienenen Einführung zu Marx' »Die Klassenkämpfe in Frankreich«, dem Text, auf den auch im ersten Kapitel schon Bezug genommen worden ist. Engels spricht darin über die konservativen Kräfte, die gezwungen sein werden, das Gesetz zu brechen, um den parlamentarischen Aufstieg der Sozialdemokratie zu stoppen. Doch für Paxton enthüllt dieser Text nicht etwa erstaunliche Weitsicht, sondern den *blinden Fleck* in Engels' Perspektive. Paxton schreibt:

> »Während Engels also erwartete, dass die Gegner der Linken einen Präventivschlag vorbereiteten, konnte er sich 1895 noch nicht vorstellen, dass ein solcher die Zustimmung der Massen finden könnte. Eine Diktatur gegen die Linke unter der begeisterten Zustimmung der

> Bevölkerung – das war genau die unerwartete Kombination, die dem Faschismus nur eine kurze Generation später gelingen sollte.«[7]

Während er Engels für widerlegt hält, spricht Paxton vorhersehbarerweise einer anderen Person quasi hellseherische Fähigkeiten zu:

> »Es gab nur wenige Anzeichen der Vorwarnung. Eines kam von einem wissbegierigen, jungen französischen Aristokraten, Alexis de Tocqueville (1805–1859). Obwohl Tocqueville bei seiner Reise durch die Vereinigten Staaten von Amerika 1831 so vieles zu bewundern fand, war er doch irritiert über die Macht der Mehrheit in einer Demokratie, die über sozialen Druck Konformität erzwingen konnte, und das auch noch in Abwesenheit einer unabhängigen sozialen Elite.«[8]

Tatsächlich wird Tocqueville gewöhnlich als prototypischer Vertreter einer aufgeklärten, gemäßigten und liberal-konservativen Kritik am demokratischen Exzess gefeiert, der die Hauptmerkmale der Tyrannei der Mehrheit in seiner bahnbrechenden Studie »Über die Demokratie in Amerika« prophezeit habe.[9] Tocquevilles großes Ansehen beruht darauf, vor der totalitären Degeneration der Demokratie gewarnt zu haben. Hayeks berühmte, in »Wege zur Knechtschaft« entwickelte Diagnose, der Nationalsozialismus habe seine Wurzeln in der demokratisch-sozialistischen Demagogie, orientiert sich bewusst an Tocqueville und borgt sich von ihm sogar den Titel.[10] Bei genauer Betrachtung seiner Position erweist sich Tocqueville jedoch als unglückliche Wahl für solch emphatisches Lob. In der Tat wird nicht nur die Leistung von Tocquevilles Prognosen, sondern auch seine Weisheit und sein persönlicher Einsatz im Kampf gegen die »Tyranneien« völlig übertrieben dargestellt.

Wenn man Tocquevilles spezifische Warnungen vor einer Tyrannei der Mehrheit in »Über die Demokratie in Amerika« liest, findet man darin nur wenig, was auf den Faschismus zutrifft. Einige von Tocquevilles Ermahnungen erscheinen völlig fehl am Platz, wenn man sie auf die Erfahrung des Faschismus bezieht. Zum Beispiel sieht er eine große Gefahr in der Tatsache, dass amerikanische Beamte im Vergleich zu europäischen *übermäßig unabhängig* seien:

> »In der Regel gesteht das Gesetz den amerikanischen Beamten im Rahmen ihrer gesetzlich bestimmten Zuständigkeit eine sehr viel größere Freiheit zu als wir. Zuweilen erlaubt ihnen die Mehrheit sogar, ihre Zuständigkeit zu überschreiten. Durch die Meinung der größeren Zahl geschützt und durch ihre Unterstützung stark, nehmen die Beamten sich dann Dinge heraus, die noch einen Europäer, der ja an manche Willkür gewöhnt ist, in Erstaunen setzen. So bilden sich im Schoße

der Freiheit Gewohnheiten, die für sie eines Tages verderblich werden können.«[11]

Es ist schwer ersichtlich, inwiefern dieser Hinweis den gewissenhaften Lesern geholfen haben könnte, die faschistische Bewegung – die sich nicht gerade dadurch auszeichnete, die Handlungsfreiheiten der Beamten erweitert zu haben – zu verstehen oder ihr entgegenzuwirken. Wenn überhaupt, dann empfiehlt sich diese Unabhängigkeit als ein Faktor, der den faschistischen Totalitarismus abgeschwächt haben könnte. Und auch Tocquevilles Argument, dass unter dem Joch der Mehrheit die physische Unterdrückung obsolet werde, erlaubt keine prophylaktische Erkenntnis:

> »Ketten und Henker sind die groben Werkzeuge, mit denen die Tyrannei vorzeiten arbeitete; heutzutage aber hat die Zivilisation sogar den Despotismus noch vervollkommnet [...]. Unter der absoluten Herrschaft eines Einzelnen schlug der Despotismus, um den Geist zu treffen, den Körper – eine grobe Methode; denn der Geist erhob sich unter den Schlägen und triumphierte über den Despotismus; in den demokratischen Republiken geht die Tyrannei ganz anders zu Werk; sie kümmert sich nicht um den Körper und geht unmittelbar auf den Geist los.«[12]

Unabhängig davon, ob dies nun auf die Demokratien in Amerika oder anderswo zutrifft oder nicht, so trägt es gewiss wenig zum Verständnis der Gefahren des Faschismus bei, dem es ganz bestimmt nicht darum ging, »sich nicht um den Körper zu kümmern«, um den Geist umso effizienter dem Mühlstein der öffentlichen Meinung zu unterwerfen. Aus Gründen wie diesen bin ich ganz der Ansicht Robert A. Dahls, der behauptete, Tocqueville habe »komplett falsch« gelegen, als er von einer der Demokratie innewohnenden Tendenz sprach, sich in ein autoritäres oder totalitäres System zu verwandeln, und der deshalb konstatierte, die Machtübernahme der Nazis habe »in keiner Beziehung zu Tocquevilles Szenario« gestanden.[13] Allerdings schlage ich vor, dass unsere Auseinandersetzung mit Tocqueville tiefschürfender sein sollte. Denn in anderer Hinsicht scheinen seine Bedenken nicht einfach nur ihr Ziel zu verfehlen – wenn es ihm denn um das Demokratien innewohnende faschistische Potenzial geht –, sondern nehmen die bekannten Klagen *der Faschisten* vorweg, die sich über das Verschwinden von Exzellenz und Individualität in Gesellschaften beschweren, die der Herrschaft der mediokren Masse ausgeliefert worden sind: »Die moralische Herrschaft der Mehrheit gründet sich zum Teil auf die Vorstellung, dass bei einer Vereinigung vieler Menschen mehr Bildung und Weisheit zu finden sei als bei einer kleinen Auswahl. Das ist die Theorie der Gleichheit in ihrer Anwendung auf den

Verstand.«[14] Kein Geringerer als Hitler äußerte angesichts der Folgen, die die Verdrängung der Qualität durch Quantität nach sich zögen: »Der Marxismus aber stellt sich als den in Reinkultur gebrachten Versuch des Juden dar, auf allen Gebieten des menschlichen Lebens die überragende Bedeutung der Persönlichkeit auszuschalten und durch die Zahl der Masse zu ersetzen.«[15] Und sowohl Hitler als auch Mussolini hätten gewiss eifrig genickt, wenn sie die Zeilen Tocquevilles gelesen hätten, in denen er schreibt, eine »Wirkung der Tyrannei der Mehrheit« bestehe darin, dass sie die Entwicklung der politischen Führer nachteilig beeinflusst.[16]

Ohne jeden Zweifel geht es bei Tocqueville um mehr als bloße Gesellschaftstheorie. Man sollte, vor allem wenn man seinen Beitrag zum Verständnis des Faschismus beurteilen möchte, nicht vergessen, dass er keineswegs nur ein distanzierter Beobachter gesellschaftlicher Fragen, sondern auch ein politischer Akteur war, und zwar einer, der persönlich an einem politischen und sozialen Drama beteiligt war, das in einem engen Verhältnis zum Phänomen des Faschismus stand, nämlich der Gründung und Verwaltung der kurzlebigen Zweiten Französischen Republik. Diese Republik wurde ihrerseits durch einen Staatsstreich und ein despotisches Regime abgelöst, das von vielen als protofaschistisch erachtet wird: das »Zweite Kaiserreich« Napoleons III. Liest man Tocquevilles gefeierte »Erinnerungen« über die Revolution von 1848 vor dem Hintergrund des Faschismus im 20. Jahrhundert und der kurzlebigen Weimarer Republik, dann entsteht der Eindruck eines in die Zukunft projizierten Déjà-vu. Falls Tocqueville die Tücken der Demokratie tatsächlich mit unvergleichlichem Scharfsinn durchschaute, so half ihm dies nicht, sich für ein politisches Handeln zu entscheiden, das einen Beitrag zum Überleben der Republik und zur Verhinderung des (Proto-)Faschismus geleistet hätte. Im Gegenteil scheint Tocqueville die grundlegenden Schwächen und strategischen Fehleinschätzungen derjenigen vorweggenommen zu haben, die sich ein knappes Jahrhundert später dem Nationalsozialismus beugten. Anachronistisch betrachtet, entpuppt sich Tocqueville eher als ein Sisyphos denn als sibyllinische Figur. Er war so sehr damit beschäftigt, die »Ordnung« aufrechtzuerhalten, die Radikalen zu bekämpfen und ihre demagogischen Vertreter, die Montagnards[17] und Sozialisten, zu bändigen, dass er die Republik objektiv schwächte, als diese von rechts angegriffen wurde. Gewiss wollte er nicht, dass Louis-Napoléon an die Macht kam, und war abgestoßen von der Aussicht einer »Bastardmonarchie, verachtet von den Gebildeten, der Freiheit feindlich und geführt von Intriganten, Abenteurern und Lakaien«.[18] Doch diese Einsicht war in Anbetracht seiner Furcht vor dem größeren, drängenderen Übel – dem sozialen Radikalismus – nur zweitrangig. In Tocquevilles eigenen Worten:

> »Ich muss auch gestehen, dass es mir mehr auf ein machtvolles Staatsoberhaupt in der Republik ankam als auf eine vollkommen republikanische Verfassung. Wir hatten damals die gespaltene und unsichere Regierung der Exekutivkommission, der Sozialismus stand vor der Tür, und die Junitage drohten, das darf man nicht vergessen.«[19]

Tocqueville war zu einem Zeitpunkt, als es den Begriff noch gar nicht gab, *Vernunftrepublikaner**; jemand, der die Republik nicht aus republikanischen – oder gar demokratischen – Überzeugungen akzeptierte und verteidigte, sondern eher aufgrund taktischer Überlegungen und fehlender Alternativen (»Ich wollte für die Republik eintreten, weil es nach meiner Ansicht kein anderes System gab, das weit genug entwickelt oder geeignet gewesen wäre, an ihre Stelle zu treten.«)[20] In dieser Hinsicht nahm er die Ansichten jener deutschen Konservativen vorweg, die Hitler zwar nicht unbedingt schätzten, ihm aber dennoch den Weg bereiteten, indem sie Macht und Ansehen der Weimarer Republik immer weiter beschnitten. Mit Tocqueville verbindet sie das Anliegen, die Linke zu isolieren, unter Druck zu setzen und auszuschalten, während der politischen Rechten eine immer größere Rolle zugewiesen wird. Hätte ein gemäßigter deutscher Konservativer über seine Rolle in der Weimarer Republik nicht ähnliche Sätze wie die folgenden gewählt, um seine Position zu beschreiben und zu rechtfertigen?

> »Die Konservativen wünschten sich nicht nur eine starke Verwaltung, sie forderten auch von uns, dass wir den Sieg dazu ausnutzen sollten, vorbeugende Strafgesetze zu erlassen. Auch wir hielten die Beschreitung dieses Wegs für notwendig, wollten aber nicht so weit gehen wie sie.
> Ich selbst war der Ansicht, dass es zweckmäßig und erforderlich sei, dem Schrecken, den die Nation erlitten hatte, und ihrem berechtigten Groll große Zugeständnisse nach dieser Richtung zu machen, und dass nach einer so gewalttätigen Revolution das einzige Mittel, die Freiheit zu retten, darin bestand, sie einzuschränken.[21] Meine Kollegen waren der gleichen Meinung; wir schlugen daher nacheinander eine Reihe von Gesetzen vor: eines zur Aufhebung der Klubs, ein anderes, das die Auswüchse der Presse sogar nachdrücklicher, als dies unter der Monarchie der Fall gewesen war, unterdrücken sollte, und schließlich ein drittes zur Regelung des Belagerungszustandes. ›Ihr macht ein Gesetz der militärischen Diktatur‹, rief man uns zu. ›Jawohl‹, entgegnete Dufaure, ›wir schaffen eine Diktatur, aber eine parlamentarische. Über das unverjährbare Recht einer Gesellschaft, sich selbst zu schützen, können die Rechte des Einzelnen nicht obsiegen [...]. Wir haben uns vorgenommen, die Republik mithilfe der Parteien zu retten, die sie nicht lieben.‹«[22]

Selbst wenn wir Tocquevilles Selbstdarstellung als, wenn auch zögerlichen, Verteidiger der Republik akzeptieren, so liegt doch auf der Hand, dass sich seine Taktik, die ihr strategisches Ziel nicht im Entferntesten erreichte, als nutzlos oder sogar kontraproduktiv erwies. Jedenfalls scheint seine Weitsicht nicht zu einer entsprechenden Wahl von Waffen und Verbündeten geführt zu haben. Dabei waren die Konsequenzen dieser Politik nicht besonders schwer vorherzusehen. Kurz nach der Verabschiedung der repressiven Maßnahmen durch die Tocqueville-Regierung schrieb der sozialistische Fourier-Schüler Victor Prosper Considérant, ein politisches Opfer ebendieser Regierung, aus seinem Exil in Belgien in ironischem Tonfall an Tocqueville:

> »Mein lieber Tocqueville,
> [...] Sie haben noch zwei oder vielleicht drei Monate vor sich, und die reinen Weißen, die nach Ihnen kommen werden, höchstens sechs Monate. Sie alle haben zwar das, was Ihnen ein wenig früher oder später widerfahren wird, ohne allen Zweifel durchaus verdient. Aber sprechen wir lieber nicht von der Politik und respektieren wir den sehr legalen, sehr pflichtmäßigen und sehr nach Odilon Barrot gearteten Belagerungszustand.«[23]

Dieser Montagnard scheint eine klarere Vorstellung davon besessen zu haben, was die unmittelbare Zukunft Tocqueville und seiner Fraktion noch bescheren würde, die sich mit ihrer Taktik, die Linke zu unterdrücken und die Rechte zu beschwichtigen, über Wasser halten zu können glaubten. Considérant erkannte, dass die Anhänger Tocquevilles schon bald einer entschlosseneren konterrevolutionären Kraft würden weichen müssen (obgleich er sich in der Annahme täuschte, dass diese reaktionäre Macht wiederum von der Linken beiseite gefegt werden würde; durch ein Comeback, zu dem es bekanntermaßen nie kam).

Bei alldem gab es bemerkenswerterweise nie eine Kluft zwischen Theorie und Praxis; das heißt, Tocqueville hat weder seine liberalen Überzeugungen verraten noch seine Prinzipien missachtet. Das Problem bestand eher darin, dass er ihrer Logik entsprechend handelte und dafür kämpfte, die Tyrannei der Mehrheit zu verhindern. Doch diese Konsequenz bot ihm keineswegs eine nützliche Grundlage für seinen Kampf gegen den embryonalen Faschismus, sondern trieb ihn unaufhaltsam weiter – in eine Politik immer restriktiverer Sicherheitsmaßnahmen, die von der Regularisierung des Belagerungszustands über eine verschärfte Zensur und zur Verfolgung politischer Dissidenten bis hin zur Abschaffung des allgemeinen Wahlrechts führte (die letzte dieser Maßnahmen wurde im Mai 1850 ergriffen, nachdem eine noch konservativere Regierung gebildet worden war). Durch die aktive Beteiligung an diesem Prozess wurde Tocqueville, wenn auch unfreiwillig, zu einem Komplizen bei der schleichenden Zerstörung der demokratischen Republik. Wie die eingeschworenen Feinde des Sozialismus während der Weimarer Republik oder in der Zeit, als sich der italienische Faschismus mit der Bekämpfung des Anarchismus den Zugang zur Macht erkaufte, klammerte sich Tocqueville, der ein überaus intelligenter Beobachter war und mit wunderbarer Klarheit schrieb, dogmatisch an Begriffe wie »Ordnung« und »Wohl der Nation«, die er automatisch mit den Interessen der oberen Klassen identifizierte und als Gegenpol zur »demagogischen« und »lächerlichen« »Agitation« von unten betrachtete. Letzten Endes waren diese Maßnahmen auch keineswegs wirkungslos. Sie sorgten insofern für Sicherheit, als der Sozialismus in Frankreich vollständig zerschlagen und die Ordnung mit Nachdruck wiederhergestellt wurde. Der Tyrannei der Mehrheit wurde etwas entgegengesetzt und als Ergebnis – der Weg für eine rudimentäre Form des Faschismus geebnet. Dies zeigt, dass es durchaus eine »Affinität zwischen Demokratie und Diktatur« (Arendt) gibt und dass die Demokratie im Faschismus »gipfeln« kann (Mosse), aber dabei handelt es sich um eine Affinität ähnlich wie sie zwischen der Emanzipation der amerikanischen Sklaven und der Gründung des Ku-Klux-Klans besteht.

Trotz der offensichtlichen Gefahren verfolgte Tocqueville diese Vorgehensweise bewusst. Er zweifelte nie daran: Der radikale Republikanismus stellte in seinen Augen eine viel größere Bedrohung dar als die Konterrevolution. Die folgende Passage, die sich mit der Zeit zwischen Juni 1848 und Juni 1849 beschäftigt, bestätigt dies eindeutig:

> »Die durch die Junitage [1848] ausgelöste reaktionäre Bewegung gewinnt in der Nation weiter an Schwung; alle Wahlen zeigen dies, und es gibt tausend andere Anzeichen. Selbst die Regierung, die diese Entwicklung mit Besorgnis beobachtet, wird in gewisser Weise von ihr mitgerissen. Die monarchistischen Parteien schöpfen Hoffnung und schließen sich zusammen. Auf der anderen Seite beginnen viele Republikaner, die bis dahin auf unserer Seite standen, sich in Richtung der Bergpartei zurückzuziehen. [...] Ohne mich von den monarchistischen Parteien mitreißen zu lassen, zögere ich nicht, mit ihnen für alle Maßnahmen stimmen, die zur Wiederherstellung von Recht und Ordnung in der Gesellschaft sowie zur Niederschlagung der revolutionären und sozialistischen Partei dienen.[24]

Das Zitat enthält einen wichtigen Hinweis auf Tocquevilles Haltung zur »Tyrannei der Mehrheit« und der »Demokratie« im Allgemeinen. Tocqueville war keineswegs ein eingeschworener Gegner der Mehrheitsherrschaft. Auch hier erweist sich der Idealismus als schlechter Kompass bei der Analyse der historischen Wirklichkeit. An sich war Tocqueville weder pro- noch antidemokratisch, weder für noch gegen die Mehrheit. *Sein eigentliches Anliegen* war es, die Vormachtstellung der besitzenden Klassen in Zeiten sozialer Unruhen aufrechtzuerhalten; aus *diesem* übergeordneten Anliegen, und nicht aus irgendeiner idealistischen Überzeugung, leiteten sich seine politischen Entscheidungen ab. Die »Demokratie« ist akzeptabel, solange sie mit den Interessen des Eigentums vereinbar ist; ja sie kann sogar ein unverzichtbares Mittel sein, um radikalere Forderungen in Schach zu halten und eine Revolution zu verhindern. In dem Maße jedoch, wie die Mehrheit dem Sozialismus zuneigt, wird die Demokratie tyrannisch. Daher warnt Tocqueville in einem im Oktober 1847 verfassten politischen Text die selbstgefällige bürgerliche Elite der Juli-Monarchie, ihre ausschließende Herrschaft sei prekär, da sie das Eigentum den Angriffen der entrechteten Klassen aussetzt. Er befürwortet eine schrittweise Ausweitung des Wahlrechts und politische Maßnahmen, die das Leiden der unteren Klassen lindern, tut dies jedoch in der Hoffnung, dass derartige Maßnahmen die revolutionäre Gefahr abwenden können, und unter dem Vorbehalt, dass das Eigentum und die damit verknüpfte gesellschaftliche Hierarchie nicht angetastet werden. Tocqueville empfiehlt abschließend:

> »1. Den Umfang der politischen Rechte Schritt für Schritt über die Grenzen der Mittelklasse hinaus erweitern [...]. 2. Den Armen die volle Rechtsgleichheit und Wohlfahrt gewährleisten, solange diese mit der *Existenz des individuellen Rechts auf Eigentum und der Ungleichheit der damit verbundenen Bedingungen vereinbar* sind. Denn das, was in dieser Frage Redlichkeit und Gerechtigkeit gewesen war, wird nun zu *Notwendigkeit und Vorsicht.*«[25]

Dies ist der materielle Kern von Tocquevilles Position und eines beträchtlichen Teils der besitzenden Klassen seiner Zeit. Und es erklärt, warum sich viele Beobachter bei der Entscheidung so schwertun, ob Tocqueville nun als konservativ-aristokratisch oder liberaldemokratisch einzuordnen ist. Offensichtlich war er nämlich beides: In dem Maße, wie die Demokratie die Eigentumsverhältnisse bewahrt, war Tocqueville Demokrat; in dem Maße, wie sie das Eigentum hingegen gefährdet, war er konservativ. Und dieses eher pragmatische als idealistische Koordinatensystem erklärt die schwankende Position der herrschenden Klassen gegenüber Demokratie und allgemeinem Wahlrecht in den Tagen der Zweiten Republik. Solange das allgemeine Wahlrecht dem Eigentum diente und den Sozialismus in die Schranken wies, wie dies seit den Wahlen vom April 1848 der Fall war, waren die herrschenden Klassen mit ihm einverstanden. Aber in dem Moment, in dem sich das Blatt wendete und das Wahlrecht den linksrepublikanischen Kräften neues Leben einhauchte, büßte es seinen Nutzen ein. So sollten die Wahlen von März und April 1850 die letzten vor der Beschränkung des Wahlrechts im Mai jenes Jahres sein. Eine ähnliche Logik liegt auch Tocquevilles Position gegenüber der Mehrheit zugrunde. Wenn diese das Eigentum antastet und den fundamentalen Algorithmus zu manipulieren versucht, wird sie auf schreckliche Weise tyrannisch; sie verdrängt Individuen und entmachtet die verantwortlich handelnden Klassen: »Ich fühlte, dass wir alle uns inmitten einer jener großen Massenüberschwemmungen befanden, bei denen die Deiche, die der Einzelne oder selbst die Parteien gegen sie errichten wollen, nur dazu taugen, ihre Erbauer den Fluten preiszugeben.«[26] In einer Rede vor einem ihm wohlgesonnenen Publikum im ländlichen Frankreich stellt er fest: »Es gibt Leute, die unter Republik eine Diktatur im Namen der Freiheit verstehen, die glauben, die Republik müsse nicht nur die politischen Einrichtungen ändern, sondern auch die Gesellschaftsordnung selbst von Grund auf wandeln [...]. Ein solcher Republikaner bin ich nicht«.[27] Doch solange die Mehrheit die Sache des Eigentums unterstützt (auch bekannt als die Sache der »Ordnung«, der »Gesellschaft«, des »Gesetzes«, der »Tradition« usw.), zeigt sich Tocqueville zufrieden mit ihr:

> »Trotz des Ernstes der Zeit empfand ich eine Art Wohlbefinden, das mir neu war. Zum ersten Male seit meinem Eintritt in das öffentliche Leben gehörte ich einer Mehrheit an und folgte mit ihr der einzigen Richtung, die mein Geschmack, mein Verstand und mein Gewissen mir vorschrieben; das war mir ein neuer und sehr angenehmer Eindruck [...]. Meine einzige Absicht war [...] dem offenkundigen Willen des französischen Volkes zum Sieg über die Leidenschaften und Begierden der Pariser Arbeiter zu verhelfen und so die Demagogie durch die Demokratie zu überwinden.«[28]

Hier haben wir es mit der berühmten moralischen Mehrheit *(moral majority)* zu tun. Und wir gelangen zum Kern des Problems, was Tocquevilles Vorstellungen zur Tyrannei der Mehrheit und ihre Implikationen für den Faschismus angeht. Der Punkt ist nicht allein, dass der Faschismus keineswegs von der Mehrheit unterstützt, geschweige denn an die Macht gebracht wurde: In Italien entstand er vor allem als paramilitärische Kraft der *Squadristi*, die außerhalb und gegen die Demokratie operierten, und in Deutschland erhielt die NSDAP bei ihrem größten Wahlerfolg 37,4 Prozent der Stimmen, was von »der Mehrheit« denn doch noch ein beträchtliches Stück entfernt war. Doch abgesehen von solchen mathematischen Einwänden stammten diejenigen, die den Nationalsozialismus aktiv unterstützten und die das Gros seiner Wählerstimmen stellten, überwiegend aus der Ober- und Mittelschicht sowie der Bauernschaft.[29] Und bei dieser Koalition gesellschaftlicher Kräfte handelte es sich um eine Mehrheit, die Tocqueville nicht kritisierte, sondern der er eng *verbunden* war:

> »Ich machte sogleich eine Beobachtung, die mich erstaunte und erfreute. Unter den Arbeitern in den Städten herrschte zwar eine gewisse Verhetzung, aber alle Besitzer auf dem Lande hatten sich ohne Rücksicht auf ihre Abstammung, ihr Vorleben, ihre Erziehung und ihr Vermögen einander genähert und schienen nur noch eine Klasse zu bilden [...]. Der Bauer und der Reiche, der Edelmann und der Bürger hatten ihre Missgunst oder ihren Hochmut abgelegt. Gegenseitiges Vertrauen und wohlwollende Rücksichtnahme aufeinander waren an die Stelle getreten. Der Besitz hatte bei allen, die daran teilhatten, eine Art von Brüderlichkeit hervorgerufen. Die Älteren waren die Wohlhabendsten, den Jüngeren ging es am schlechtesten; aber alle fühlten sich als Brüder, die das gleiche Interesse hatten, das gemeinsame Erbe zu verteidigen.«[30]

Wenn man den Faschismus vor Augen hat, so scheinen diese Zeilen in der Tat auf unheimliche Weise prophetisch zu sein, allerdings nicht ganz in dem Sinne, wie Tocquevilles Bewunderer gern bekräftigen. Wenn *diese* antisozialistische Front tatsächlich das ist, was wir unter »der Tyrannei der Mehrheit« zu verstehen haben, dann müssten wir Tocqueville als einen ihrer Mitstreiter identifizieren, als ein glückliches Atom in der organischen Einheit des wiederauferstandenen *Volkes** und nicht als dessen hochtrabender Kritiker, als ein stolzes Mitglied jener treuen Landbevölkerung, die gegen den Radikalismus der urbanen, industriellen Welt zu Felde zieht: im Falle Tocquevilles gegen Paris, im Falle des deutschen Faschismus gegen Berlin.[31] Dass der Mitläufer Tocqueville nicht den ganzen Weg mit ihnen marschiert ist, steht außer Frage; aber er war weit davon entfernt, Alarm gegen diese gesellschaftlichen Kräfte zu schlagen. Als Gegenbeispiel gegen den Versuch, Tocqueville rückwirkend antifaschistischen Weitblick nachzusagen, könnte man die Frage stellen, die J. S. Schapiro unmittelbar nach dem Zweiten Weltkrieg formulierte:

> »Warum war de Tocqueville so besorgt über die Tyrannei der Mehrheit? Es handelte sich, ähnlich wie bei John Stuart Mill, um ein wiederkehrendes Motiv in seinen Schriften [...]. [D]ie Geschichte demokratischer Herrschaft hat bewiesen, dass ihre Ängste unbegründet waren. [...] Beim Aufstieg des Totalitarismus in den letzten Jahren bestand die große Gefahr in der Tyrannei einer organisierten Minderheit, eine sehr reale Gefahr, die vom Vorreiter des demokratischen Liberalismus nicht vorhergesehen wurde.«[32]

Dies ist eine solide und dringend notwendige Einschränkung von Tocquevilles angeblicher Weitsicht. Aber sie bleibt unvollständig, solange wir nicht erkennen, dass Tocqueville es nicht nur versäumt hat, die Gefahr der Minderheitenherrschaft in Betracht zu ziehen, sondern dass er *Teil* dieser Gefahr war, weil er sie durch seine Politik und seine Bündnisse vertiefte. Einer der wenigen Kritiker Tocquevilles schreibt, der französische Politiker habe »einen legalen Ausnahmezustand [unterstützt], mit dem jede Meinungsabweichung der Arbeiterklasse unterbunden« und alle Maßnahmen ergriffen werden sollten, »um die enormen Gefahren abzuwehren, deren Ursache diese Klasse ist«.[33] Tocqueville, so scheint es, war weniger ein kritischer Prophet, der den *Schrecken* des Faschismus vorhersah, als ein Vordenker von dessen *Methoden*. Noch zynischer wirkt die Zuordnung Tocquevilles in das Lager des Antifaschismus mit Blick auf eine Haltung, die ein ansonsten wohlwollender Autor als Tocquevilles »Plädoyer für Krieg und Imperium«[34] bezeichnet hat, nämlich Tocquevilles Eintreten für die Kolonisierung Algeriens als ein notwendiges Mittel zur Verteidigung der nationalen Ehre und der internationalen Bedeutung Frankreichs. In seinem kolonialistischen Eifer drängte Tocqueville auf so drastische Maßnahmen wie die systematische Zerstörung der einheimischen Wirtschaft, die er als Voraussetzung für die militärische Unterwerfung der Algerier betrachtete, und entwarf die Grundlagen der Rassentrennung zwischen französischen Siedlern und Arabern.[35] Das sind selbstverständlich nicht die biografischen Stationen, die man im Lebenslauf eines vorausschauenden Antifaschisten vermuten würde.

Tocquevilles aggressiver und expansionistischer außenpolitischer Standpunkt ist nicht zu trennen von seinem Verständnis einer angeblich freundlichen und gemäßigten Sozialpolitik im Inneren. Tatsächlich lässt sich eine – übrigens dann auch später für die faschistische Praxis charakteristische – Symbiose zwischen Imperialismus nach außen und sozialer Repression im eigenen Land ausmachen, wie sie vom französischen General Cavaignac repräsentiert wird, den Tocqueville fast vorbehaltlos unterstützte. Im Kampf gegen die Aufständischen der Juni-Revolution von 1848 führte Cavaignac in Frankreich jene rücksichtslosen Repressionsmethoden ein, die er und andere französische Militärs im Krieg gegen die arabischen »Rebellen« in Nordafrika erprobt hatten und die in der Geschichte der europäischen Bürgerkriege ohne Beispiel waren. Auf diese Weise wurden Ziele und Methoden des Kampfs gegen die algerischen Beduinen nach Paris übertragen und dort gegen die »Beduinen der Metropole« angewandt.[36] Jennifer Pitt argumentiert in einer lesenswerten Arbeit über den Liberalismus des 19. Jahrhunderts, Tocquevilles Unterstützung für die Kolonisierung Algeriens habe viel mit dem Unbehagen zu tun gehabt, das er angesichts der Demokratisierung im eigenen Land und einer Entwicklung gespürt habe, die er als schwindenden Zusammenhalt der französischen Nation und als fortschreitende Individualisierung empfunden habe. Imperialistische und militärische Unternehmungen hielt Tocqueville für wirkungsvolle Mittel, um diesem Prozess entgegenzuwirken:

> »Neben den Bemühungen, sich aus praktischen Gründen wieder mit der wahren Geschichte Frankreichs zu beschäftigen, schlug Tocqueville zwei Ansätze vor, um sich der Frankreich heimsuchenden Individualisierung und Anomie zu widersetzen [...]. Der erste bestand in Unternehmungen, die das Handeln und die Opferbereitschaft der gesamten Nation erforderlich machten, in politischen Projekten, die die Einzelnen aus ihren Privaträumen herausholten und zur konzertierten Aktion zwangen [...]. Der zweite Lösungsansatz Tocquevilles bestand darin, Maßnahmen durchzusetzen, die im Volk für ein Gefühl der nationalen Größe sorgten. [...] Beide Strategien luden zu imperialen Taten (und deren Idealisierung) ein, und Tocqueville deutete oft an, dass das Streben nach Ruhm durch militärische Eroberungen eine politische Dynamik auslöst, durch die die Bürger zur Beteiligung bewegt und die Nation gestärkt werden.«[37]

Die Analogien zwischen solchen und faschistischen Projekten der Nationenbildung liegen meiner Ansicht nach auf der Hand. Zu unterstreichen ist nur das scheinbare Paradox, dass dieses Projekt nicht von einem eingeschworenen, den modernen Individualismus verachtenden Antiliberalen befürwortet wurde, sondern von einem der führenden europäischen Liberalen des 19. Jahrhunderts. Dies ist eine Ironie der Geschichte, auf die wir im zweiten Abschnitt des vorliegenden Kapitels und im zweiten Abschnitt des folgenden Kapitels näher eingehen werden.

Außerdem war Tocquevilles Denken, trotz seiner Kritik an den richtungsweisenden Rassetheorien seines Schützlings Joseph Arthur Gobineau, von rassistischen Motiven durchsetzt, die sich allerdings mehr auf Sozialisation als auf die biologische Natur bezogen. Wie Domenico Losurdo überzeugend darlegte, glaubte Tocqueville fest an die Überlegenheit der europäischen Rassen und behauptete zum Beispiel, dass »der Mensch, der bei uns seiner Laster und seiner Unwissenheit wegen auf der letzten Stufe der gesellschaftlichen Leiter steht, unter den Wilden immer noch der Erste ist«.[38] Diese Überzeugung veranlasste ihn, in der Korrespondenz mit amerikanischen Bekannten seine ernste Sorge über die Folgen der Rassenmischung in den Vereinigten Staaten zum Ausdruck zu bringen.[39] Zudem theoretisierte er – was sicher nicht minder unheilvoll ist, wenn man an den Faschismus denkt – über »die revolutionäre Krankheit«, die durch eine ausgeprägte »neue Rasse« benachteiligter Menschen verursacht werde, die alle »dieselbe Physiognomie, dieselben

Leidenschaften und denselben Charakter« teilen. Dieser »Virus« sei während der Französischen Revolution ausgebrochen und breite sich seither in allen »zivilisierten Teilen der Erde« aus.[40] Angesichts dieser Begrifflichkeiten darf nicht überraschen, dass Ernst Nolte die Ansicht vertrat, Gobineau sei in »seiner geschichtsphilosophischen Grundkonzeption [...] weniger weit von seinem zeitweiligen Mentor und Vorgesetzten Alexis de Tocqueville entfernt, als man annehmen könnte«[41] – eine Einschätzung, die Losurdos These zwar etwas abschwächt, aber nicht verwirft.

Von Malthus zu Mises: Die Diktatur als notwendiges Übel

Vom »Schimmer der Vorahnung« durch einen »neugierigen jungen Aristokraten aus Frankreich« kann also keine Rede sein. Viel spricht hingegen dafür, dass Tocqueville die liberale Abstammungslinie des Faschismus auf illustre Weise verkörpert. Wurde Tocqueville also zu Unrecht als vorausschauender liberaler Kritiker beschrieben, der in der Demokratie die Brutstätte der faschistischen Tyrannei erkannte? Das Problem besteht meiner Ansicht nach nicht im Schauspieler, sondern in der Rolle selbst, nicht in der Besetzung, sondern im Text. Tocqueville ist kein Einzelfall in der liberalen Tradition, keine unglückliche Ausnahme, die eine Regel bestätigt. Stattdessen sollten wir Tocqueville in seinen Ansichten, Prognosen und Handlungen als einen Repräsentanten der liberalen Norm betrachten. Aus eben diesem Grund würden andere mögliche Kandidaten in der Rolle des vorausschauenden Liberalen nicht wesentlich besser abschneiden. Lassen wir eine Person vorsprechen, die innerhalb der liberalen Tradition fast ebenso anerkannt und einflussreich ist wie Tocqueville, nämlich Thomas Malthus. Malthus setzte Massenpolitik und Despotie viel früher als sein französisches Pendant in Verbindung, und zwar in ganz ähnlichen Begriffen wie Arendt. Er schreibt über »die Tendenz des Pöbels [...], Tyrannei zu erzeugen« und bekräftigt: »Der Pöbel [...] ist von allen Ungeheuern, welche die Freiheit bedrohen, das gefährlichste. Er nährt eine schon bestehende Tyrannei und erzeugt eine solche, wo sie noch nicht vorhanden war.«[42] Das ist ein vielversprechender Anfang. Und doch stellt sich bei genauerer Betrachtung heraus, dass die Tyrannei, die angeblich durch den Mob genährt wird, in Wirklichkeit nicht die Tyrannei *des* Mobs ist, sondern eine Tyrannei *gegen* den Mob:

> »Der Druck der Not auf die unteren Volksklassen scheint mir zusammen mit der Gewohnheit, diese Not ihren Oberen zuzuschreiben, der Verteidigungswall, die Burg, der Schutzgeist des Despotismus zu sein. Er liefert dem Tyrannen den gefährlichen und unwiderlegbaren Vorwand der Notwendigkeit. [...] Solange jeder unzufriedene Mann von Talent imstande ist, die unteren Volksklassen zu überreden, dass all ihre Armut und Not einzig und allein von der Unbilligkeit der Regie-

> rung herrühren, obwohl vielleicht der größte Teil dessen, was sie leiden, mit dieser Ursache in keinem Zusammenhange steht, wird offenbar stets aufs Neue der Same der Unzufriedenheit und der Revolution ausgestreut werden. [...] Können wir erstaunt sein, dass unter solchen Umständen *die Mehrheit der Wohlgesinnten*, wenn sie findet, dass eine in geeigneter Weise beschränkte Regierung unfähig ist, sich gegen den Geist des Aufruhrs zu behaupten, müde und erschöpft von dem fortwährenden Hin und Her, dessen Ende sie nicht absehen kann, verzweifelnd den Kampf aufgibt und sich der *ersten besten Gewalt in die Arme wirft, die sie gegen die Schrecken der Anarchie schützen kann*?«[43]

Der Pöbel wird also auf ungefähr dieselbe Weise für die Tyrannei verantwortlich gemacht, wie eine widerspenstige Ehefrau für die Prügel verantwortlich ist, die sie bekommt, nachdem sie ihren von Natur aus friedfertigen und gesitteten Ehemann zu einem Wutausbruch getrieben und ihm keine andere Wahl gelassen hat, als nach dem Gürtel zu greifen. Die Tyrannei wird also gegen den Pöbel ausgeübt und von derselben moralischen Mehrheit *(moral majority)* unterstützt, die Tocqueville als »die Mehrheit der Wohlgesinnten« bezeichnete, die vertrauenswürdigen Freunde von Ordnung und Eigentum. Und obwohl Malthus, genau wie Tocqueville, diese despotischen Maßnahmen lieber vermeiden würde, zweifelt er nicht im Geringsten an deren Notwendigkeit, Zweckmäßigkeit und Sittlichkeit angesichts eines hungrigen Mobs.

> »Vielleicht ließen sich die Herren vom Lande zu leicht davon überzeugen, dass die bestehenden Umstände von ihnen das Aufgeben einiger der wertvollsten Vorrechte der Engländer forderten, aber soweit sie wirklich von dieser Verpflichtung überzeugt waren, handelten sie in Übereinstimmung mit der klarsten Sittenregel. [...] Der Patriot, der sich aus Liebe zu seinem Vaterlande berufen fühlen könnte, [...] würde [...] lieber harte Bedrückungen erleiden, als einem Volksaufstande die geringste Unterstützung zu gewähren, bei dem alle oder doch die meisten sich einredeten, dass, wenn das Parlament, der Lord Mayor und die Monopolisten gestürzt wären, das Brot billiger werden, und dass eine Revolution sie alle in den Stand setzen würde, ihre Familien zu ernähren. In diesem Falle wird die Unterdrückung mehr durch die Unwissenheit und Verblendung der unteren Volksklassen veranlasst, als durch die tatsächlich tyrannische Disposition der Regierung.«[44]

Malthus' Liberalismus ist also eine Theorie der Konterrevolution inhärent: »Als ein Freund der Freiheit und selbstverständlicher Feind großer stehender Heere, kann ich nur mit Widerwillen eingestehen, dass ohne die große organisierte Heeresmacht des Landes das Elend des Volks während der letzten Notjahre [... das Volk] zu den schrecklichsten Gewalttätigkeiten getrieben [...] haben dürfte.«[45] Die Militärdiktatur ist unter diesen Umständen zwar bedauerlich, aber eben auch gerechtfertigt: »Wenn sich politischer Unzufriedenheit der Ruf nach Brot zugesellte, und vermittelst eines vor Not jammernden Pöbels eine Revolution ausbräche, so würde die Folge endloser Wechsel und endloses Gemetzel sein, dessen blutigen Siegeslauf nur die Errichtung einer absoluten Gewaltherrschaft aufhalten könnte.«[46] Nachdem er zu seiner eigenen Genugtuung – und zu der von Generationen von Liberalen – wissenschaftlich nachgewiesen hat, dass die Gesetze des Handels ebenso wenig Einmischung erlauben wie »die Naturgesetze« und dass die Regierung nichts unternehmen kann, um Armut und Hunger zu lindern, weil »das Übel hundertmal ärger werden würde«, wenn man »nach dem von [Thomas] Paine vorgelegten Plane die Steuererträge unter die ärmeren Klassen« verteilte,[47] beschränkt Malthus die Sphäre der Politik auf einen Bereich, der durch die Interessen der Begüterten begrenzt ist. Im Idealfall soll die Regierung absolut *nichts* anderes tun, als die Armen über die Funktionsweise des »gewöhnlichen Marktes« aufzuklären, ihnen aufrührerische Ideen auszutreiben und allen »trügerischen Argumenten über die Gleichheit« zu widersprechen.[48] Das Volk muss lernen zu hungern – genau darum geht es nämlich – und die Rechtsordnung respektieren. Andernfalls muss die Regierung mit der Vollmacht ausgestattet sein, *alles* zu unternehmen, um »die Mehrheit der Wohlgesinnten« gegen den Pöbel zu verteidigen. Wie Tocqueville warnt Malthus also nicht vor einer faschistischen Diktatur, sondern kündigt sie an. Aus diesem Blickwinkel stellt der Faschismus ein Übel dar, das unter den Bedingungen der Massengesellschaft aber bisweilen *unvermeidbar* ist. In Malthus' prophetischen Worten:

> »Wie groß der Einfluss der Korruption auch gewesen ist, so kann ich von den Grundherren Englands doch nicht so gering denken, um zu glauben, dass sie einen Teil ihres angeborenen Rechtes auf Freiheit aufgegeben haben würden, wären sie nicht von einer wirklichen und echten Furcht angetrieben worden, dass ihr damals mehr Gefahren vom Volke als von der Krone drohten. Sie lieferten sich anscheinend der Regierung aus, unter der Bedingung, vor dem Pöbel beschützt zu werden; aber diese traurige und entmutigende Übergabe würde nie vor sich gegangen sein, wenn ein solcher Pöbel nicht in Wirklichkeit oder in der Einbildung existiert hätte.«[49]

Aber leider existiert der Pöbel.

Ganz ähnlich verhält es sich bei Ludwig von Mises, einem herausragenden Liberalen des 20. Jahrhunderts. Mises präferiert die friedliche Herrschaft des Kapitals, bei der sich die Massen dem Diktat des Marktes unterwerfen, aber wenn der Pöbel das Gleichgewicht stört, billigt Mises, wie vor ihm Malthus und Tocqueville, die Despotie, die in diesem Fall nicht mehr *potenziell,* sondern offen faschistisch ist. Mises schreibt 1927:

> »Es kann nicht geleugnet werden, dass der Faschismus und alle ähnlichen Diktaturbestrebungen voll von den besten Absichten sind und dass ihr Eingreifen für den Augenblick die europäische Gesittung gerettet hat. Das Verdienst, das sich der Faschismus damit erworben hat, wird in der Geschichte ewig fortleben. Doch [...] der Faschismus war ein Notbehelf des Augenblicks; ihn als mehr anzusehen, wäre ein verhängnisvoller Irrtum.«[50]

Spricht Malthus von der »Mehrheit der Wohlgesinnten«, so macht Mises gelten, die Faschisten verfolgten, zumindest subjektiv, »die besten Absichten«. Ihre Diktatur mag fehlgeleitet sein, aber dient zur Verteidigung der liberalen Zivilisation. Diese Grundhaltung und ein positiver, wenn auch subterraner liberaler Einfluss bürgen laut Mises dafür, dass die faschistische Krisenlösung relativ zivilisiert und moderat verlaufen wird. Er lässt sich zu der optimistischen Voraussage hinreißen:

> »Dass sie [die faschistischen Bewegungen; Anm. d. Übers.] sich dabei nicht so ganz von der Rücksichtnahme auf gewisse liberale Vorstellungen und Ideen und gewisse altüberlieferte Moralvorschriften freizumachen verstehen wie etwa die russischen Bolschewiken, ist nur darauf zurückzuführen, dass sie doch unter Völkern wirken, bei denen man die Erinnerung an einige Jahrtausende Kulturentwicklung nicht mit einem Schlage ausrotten kann, und nicht unter den Barbarenvölkern zu beiden Seiten des Ural, deren Verhältnis zur menschlichen Zivilisation nie ein anderes gewesen ist als das von Wald- und Wüstenräubern, die von Zeit zu Zeit Raubzüge in das Land der Zivilisierten unternehmen, um dort etwas zu ergattern. Dieser Unterschied bewirkt es, dass *der Faschismus sich niemals in einer solchen Weise von der Macht der Ideen des Liberalismus zu befreien vermögen wird, wie es die Bolschewiken in Russland vermocht haben.* Nur unter dem frischen Eindruck der von den Anhängern der Sowjets verübten Morde und Untaten konnten Deutsche und Italiener die Erinnerung an die überkommenen Schranken des Rechtes und der Moral ausschalten und den Elan zu blutiger Gegenaktion finden. Die Taten der Faschisten und der ihnen entsprechenden anderen Parteien waren Reflex- und Affekthandlungen, hervorgerufen durch die Empörung über die Taten der Bolschewiken und Kommunisten. Sowie der erste Zorn verraucht war, lenkte ihre Politik in gemäßigtere Bahnen ein und wird voraussichtlich immer mehr Mäßigung an den Tag legen.«[51]

Obwohl Mises teilweise jüdischer Abstammung ist, setzt sich bei ihm bemerkenswerterweise die Klassenzugehörigkeit durch, und er lässt sich dazu hinreißen, die Taten nicht nur der italienischen, sondern auch der deutschen Faschisten zu entschuldigen. Zur Rechtfertigung der Tyrannei verweist Mises – wie Malthus und Tocqueville – auf den Schrecken der gewaltsamen Revolution: »die Taten der Bolschewiki«. Doch wie seine liberalen Vordenker ärgert er sich nicht nur über die Revolution, sondern auch über eine vollkommen demokratische und legale Marktintervention, die die Regierung illegitimerweise dazu bewegt, den Reichtum im Widerspruch zum »naturgesetzlichen« Wirtschaftsleben umzuverteilen. Auch Hayek zog den liberalen Diktator Pinochet seinem demokratischen, aber gemäßigt antikapitalistischen Vorgänger Salvador Allende vor, wie Hayek einem chilenischen Interviewer 1981, also zum Höhepunkt des liberalen Regimes von General Pinochet, unverblümt erläuterte:

> »Manchmal ist es für ein Land notwendig, für eine gewisse Zeit auf eine Form der diktatorischen Macht zurückzugreifen. Wie Sie verstehen werden, ist es für einen Diktator möglich, liberal zu regieren. Und ebenso ist es für eine Demokratie möglich, ohne jeden Liberalismus zu regieren. Ich persönlich ziehe einen liberalen Diktator einer demokratischen Regierung ohne Liberalismus vor. Mein persönlicher Eindruck – das gilt für Südamerika – ist, dass wir beispielsweise in Chile den Übergang von einer Diktatur zu einer liberalen Regierung erleben werden. Während dieses Übergangs werden bestimmte Instrumente der Diktatur aufrechterhalten bleiben müssen; nicht als etwas Dauerhaftes, sondern als vorübergehende Regelung.«[52]

Hierbei handelt es sich in Wirklichkeit kaum um eine persönliche Präferenz von Hayek oder Mises. Beide waren in dieser Hinsicht Erben der klassisch liberalen Tradition, die die kapitalistische Diktatur ziemlich konsequent nicht nur einer antikapitalistischen Diktatur, sondern auch einer antikapitalistischen *Demokratie* vorzog. Diese Haltung hat dementsprechend sehr wenig mit der liberalen Verteidigung der »Rechtsordnung« gegenüber revolutionären Gesetzesbrechern zu tun. Das Gegenteil ist der Fall: Die Rechtsordnung wird strikt als *Verteidigung des Liberalismus* definiert, und sobald sie diese Funktion aufgibt, wird sie automatisch null und nichtig. »Vorübergehend«, fügen Hayek und Mises vorsichtig hinzu, für eine Zeit des »Übergangs«: bis man der Rechtsordnung etwas Verstand eingeprügelt hat und sie sich wieder auf den Kapitalismus ausrichtet (was übrigens einige Zeit dauern kann: Pinochet beispielsweise war länger an der Macht als Hitler). Es kommt diesen Liberalen nicht in den Sinn – oder vielmehr tut es das, und genau das ist der Kern ihrer Argumentation –, dass die Diktatur unter diesen Bedingungen niemals temporär oder »vorübergehend« sein kann: Sie ist eine *permanente* Option, die mal offen, mal verdeckt präsent ist. Sie ist dauerhaft, weil man kaum davon ausgehen kann, die Demokratie lasse sich einfach wiederherstellen, nachdem man – wie Pinochet – Tausende seiner demokratischen Gegner entrechtet, verhaftet, gefoltert und getötet hat. Wenn man jemandem in die Beine geschossen hat, kann man der Person schließlich auch nicht einfach sagen, es habe sich nur um eine provisorische Maßnahme gehandelt, jetzt sei die Person wieder frei und könne laufen wie vorher! Doch selbst wenn man davon ausgeht, die Demokratie könne irgendwie wieder laufen oder zumindest gehen, ist gewiss, dass sie nicht sehr weit kommen wird. Der Diktator hat seine Waffe nur versteckt, sie nur aus dem Blickfeld verschwinden lassen. Aber jeder weiß, dass sie weiterhin dort ist und jederzeit wieder herausgeholt werden kann; und dies geschieht aus Hayeks Sicht auch mit allem Recht, sobald der Demokrat erneut den Fehler begeht, »illiberal« gegen den Kapitalismus zu handeln. Sie sind völlig *frei*, sagt der »liberale Diktator« zum Demokraten, das zu tun, was ich Ihnen vorschreibe.

Dieser grundlegend autoritäre Instinkt, den Kapitalismus über das Gesetz zu stellen oder mit ihm in eins zu setzen, gehört zur liberalen DNA und geht nicht nur der bolschewistischen, sondern auch der Französischen Revolution voraus. Er lässt sich bis zu John Locke zurückverfolgen, für den – wie wir im ersten Kapitel gesehen haben – jeder politische Eingriff in das Eigentum ipso facto eine Verletzung des Naturrechts darstellt, und zwar unabhängig davon, ob sich dieser Eingriff an rechtsstaatliche Verfahren hält und auf einem politischen Konsens beruht oder nicht. Der Bolschewismus kann im vorfaschistischen Italien, im Deutschland vor 1933 und noch viel weniger im präfaschistischen Österreich, dem Heimatland Mises', kaum als das Hauptproblem bezeichnet werden; worum es in all diesen Ländern ging, war die neu erworbene politische und wirtschaftliche Macht der organisierten Arbeiter, die es ihnen erlaubte, sich eines Teils des Eigentums der besitzenden Klassen ohne deren Zustimmung zu bemächtigen. Das könnte erklären, warum Mises wenig Probleme damit hatte, während des sogenannten Austrofaschismus Wirtschaftsberater des Dollfuss-Regimes zu werden, das die Demokratie in Österreich nicht deshalb abschaffte, weil sie revolutionär gewesen wäre, sondern weil diese die Sozialdemokratie begünstigte, eine Fülle von neuen Sozialgesetzen ermöglichte und teilweise auf Kosten der reichen Steuerzahler finanzierte Ausgabenprogramme einleitete.

Croce: Die Paradoxien der faschistischen Diät

Unser letzter Kandidat für die Rolle des Liberalen, der den Zusammenhang von Demokratie und Tyrannei kritisch hervorhebt, ist einer der bekanntesten und am häufigsten zitierten Vertreter des italienischen

Antifaschismus, nämlich der liberale Philosoph Benedetto Croce. In seinem Fall kann jedoch kaum von »Weitsicht« und »Vorwarnung« die Rede sein, da er seine Kritik erst formulierte, nachdem der Faschismus die Macht ergriffen hatte. Die Begriffe seiner Argumentation müssen uns jedoch erstaunlich vertraut erscheinen. Croce rekapituliert den liberalen Vorwurf: »Die Demokratie macht eine bedrohliche und eigensinnige Entwicklung durch, die durch das Zutun eines Demagogen und eines mystischen Glaubens an ›das Volk‹ oder ›die Massen‹ zu Tyrannei und Gewaltherrschaft führt.«[53] Bei Croce treten die Widersprüche seiner Interpretation jedoch scharf hervor, wenn man seine Theorie der Haltung gegenüberstellt, die er bei der Einführung der Gewaltherrschaft durch den Faschismus einnahm. Denn als der Faschismus die Arbeiterorganisationen überall in Italien zerstörte und sich den Weg an die Macht freikämpfte, nahm Croce die Rolle des wohlwollenden Beobachters ein, der sein großes intellektuelles Renommee in die Waagschale warf, um die Sache des Faschismus zu rechtfertigen. In einem Artikel, der im Mai 1924 in *La Stampa* erschien, sprach er zustimmend über die »futuristische« Entschlossenheit der Schwarzhemden,

> »auf die Straße zu gehen und ihre Ideen durchzusetzen, andere Meinungen zum Schweigen zu bringen und Aufständen die Stirn zu bieten. Dieser Durst nach Neuem, dieser Eifer, mit jeder Tradition zu brechen, diese für den Futurismus so typische Glorifizierung der Jugend, die an heimkehrende Soldaten erinnert, die von den Streitigkeiten der alten Parteien und von deren Tatenlosigkeit angesichts der gegen Nation und Staat wütenden Gewalt und Sabotage angewidert sind.«[54]

Zwischen 1922 und der Ermordung Matteottis[55] im Juni 1924 war Croce nämlich gegen die Demokratie – und zwar nicht, weil diese zum *Faschismus*, sondern weil sie zur *Anarchie* führte. Den Faschismus hingegen betrachtete er als unverzichtbare Zwischenetappe, die Italien vor dem Untergang retten sollte: »Das Herz des Faschismus«, bekräftigte Croce im Februar 1924, »ist die Liebe zu Italien; es ist das Gefühl seiner Rettung, die Rettung des Staates; es ist die gerechte Überzeugung, dass der Staat ohne Autorität überhaupt kein Staat ist.«[56] Der Faschismus war eine bittere, aber notwendige Medizin, ein Mittel, das als Antidot gegen die demokratisch-anarchistischen Exzesse eingesetzt werden sollte, nachdem die schwachen, dekadenten Liberalen die Ordnung nicht hatten aufrechterhalten können. Das Problem tauchte später auf, als der Faschismus sich weigerte, seine Rolle als Notlösung zu akzeptieren, und dauerhafte Geltung für sich beanspruchte. Die Faschisten leisteten die unschätzbare, allerdings »negative« Arbeit, den Angriff einer organisierten und kämpferischen Arbeiterschaft abzuwehren, weigerten sich dann jedoch, den Liberalen die »positive« Aufgabe der nationalen »Regeneration« zu überlassen. Der Faschismus hätte dem Liberalismus entgegenkommen müssen, hätte als »Brücke bei der Wiederherstellung eines strengeren liberalen Regimes im Kontext eines stärkeren Staates« fungieren sollen.[57] In letztlich dem gleichen Sinne wie Mises' war Croce dankbar für das historische Verdienst des Faschismus bei der Rettung der Zivilisation, warnte jedoch davor, dass dies mehr sein könnte als eine Notlösung. Selbstverständlich gab es noch zahlreiche andere Liberale und Konservative, die den Faschismus anfangs mehr oder weniger enthusiastisch als ein *Mittel* unterstützten, ohne ihn als *Zweck* zu betrachten, und die sich von den Faschisten verabschiedeten, als klar wurde, dass diese nicht bereit waren, die Bühne auf Zuruf wieder zu verlassen oder sich bei ihrer Rolle streng an das liberal-konservative Drehbuch zu halten. Einige dieser Mitreisenden verwandelten sich schließlich in unentbehrliche und einsichtige Kritiker des Faschismus, die bereit waren, ihre eigene Rolle beim Aufstieg des Faschismus zu reflektieren und dafür die Verantwortung zu übernehmen. Doch bei Croce ist von einer solchen Selbstkritik wenig zu spüren. Tatsächlich rühmte er sich auch nach seiner kritischen Abkehr vom Faschismus, die Notwendigkeit einer faschistischen Antwort auf die Fragilität und Dekadenz des Liberalismus erkannt zu haben, und behauptete damit, zumindest implizit, die richtige Wahl getroffen zu haben, als er den Faschismus zunächst unterstützte. In einem Text aus dem Jahr 1933 brachte Croce eine wenig verschleierte Entschuldigung für seine politischen Richtungsentscheidungen der Vergangenheit vor und unterstrich seinen Scharfsinn, als er im Unterschied zu jenen, die aus kurzsichtigen Motiven passiv blieben, eine faschistische »Reaktion« befürwortete.

> »Wenn diese Gefahr droht, die Gefahr eines ›Rückfalls in die Anarchie‹, wie sie genannt wird, reagiert das primäre und grundlegende menschliche Bedürfnis nach sozialer Ordnung und reagiert auf einseitige Weise in Gestalt von Eigennutz und Gewalt.
>
> Jeder Reaktion geht eine absolute oder relative Schwäche der moralischen Natur des Menschen voraus. Diese besteht manchmal [...] in einer Dekadenz und Korruption der ›regierenden‹ oder ›politischen‹ Klassen [...]. Diejenigen, die unter der Reaktion leiden, lassen sich im Allgemeinen von ihrem Leiden dazu verleiten, die Härte des Staates, der nicht länger repräsentativ ist, als Vertrauensbruch und Feindseligkeit zu interpretieren, und ihre Gefühle und die daraus folgenden Illusionen sind auch unnatürlich. Doch diejenigen unter ihnen [darunter selbstverständlich auch Croce], deren moralisches Bewusstsein nicht geschwächt wurde oder schnell wieder erstarkt ist, sind eher bereit, sich selbst die Schuld zu geben oder, was auf das Gleiche hinausläuft, ihre Partei verantwortlich zu machen. In der

> resultierenden Reaktion sehen sie keine Härte und keine finsteren Motive, oder zumindest nicht nur, sondern vor allem eine objektive Notwendigkeit.«[58]

Der Faschismus war also ebenso unvermeidbar wie nötig, eine »objektive Notwendigkeit«, die sich aus den unangemessenen Zugeständnissen des italienischen Liberalismus an die Anarchie ableitete, und Croce dementsprechend völlig im Recht, als er diesen Zustand erkannte und sich für die Wiederherstellung der gesellschaftlichen Ordnung einsetzte. Das Problem bestand darin, dass sich der Faschismus nicht damit begnügte, Erste Hilfe zu leisten, sondern nach mehr strebte, seine legitimen Grenzen überschritt und seinen Nutzen einbüßte:

> »Da die Reaktion die zusammengebrochene Gesellschaftsordnung wiederherstellt und die grundlegende, dauerhafte Funktion des Staates bestätigt, sind ihr Charakter und ihre Bedeutung rein politisch. Ihr unmittelbarer Zweck besteht in der Unterdrückung von Gewalt und Anarchie und in der Wiederherstellung der staatlichen Autorität. Einen anderen Zweck kann sie nicht direkt verfolgen, sondern nur negativ ermöglichen, indem sie Entbehrungen oder das, was die Ärzte eine ›Diät‹ nennen, erzwingt. [...] Denn die Regeneration ist eine Aufgabe, die dem Wesen der Reaktion fremd ist, weil entgegengesetzt und komplementär zu dem, was sie leistet.«[59]

Die politischen und ethischen Grenzen von Croces Antifaschismus offenbaren sich eindringlich, wenn man sie mit der Position eines anderen Antifaschisten vergleicht, der als Anhänger der Reaktion begann, des evangelischen Pfarrers Martin Niemöller. Ursprünglich ein typischer konservativer Antidemokrat, der sich Hitler anschloss, verwandelte sich Niemöller in einen berühmten Regimegegner. Doch dieser Prozess beruhte auf einer ernsten und tiefgehenden Selbstkritik, die in dem berühmten Gedicht »Als die Nazis die Kommunisten holten« wunderbar zusammengefasst ist:

> *Als die Nazis die Kommunisten holten,*
> *habe ich geschwiegen,*
> *ich war ja kein Kommunist.*
> *Als sie die Sozialdemokraten einsperrten,*
> *habe ich geschwiegen,*
> *ich war ja kein Sozialdemokrat.*
> *Als sie die Gewerkschafter holten,*
> *habe ich geschwiegen,*
> *ich war ja kein Gewerkschafter.*

Als sie mich holten,
gab es keinen mehr,
der protestieren konnte.

Für Niemöller war der Faschismus also von Anfang an falsch, man hätte ihn gleich an der Wurzel bekämpfen müssen. Für Croce hingegen war der Faschismus *kein* Problem, solange er sich gegen Kommunisten und Gewerkschafter richtete. Ihnen verordnete der Faschismus eine dringend benötigte »Diät«. Den falschen Weg schlug der Faschismus erst ein, als er sich gegen Croce und seine liberalen Gefährten richtete und von ihnen kulturell und politisch zu »spuren« verlangte. Solange die faschistische Bulldogge die Sozialisten attackierte, war sie ein imposantes Tier, das vom liberalen Beobachter angefeuert wurde; aber als dasselbe Tier den Liberalen die Zähne zeigte, verwandelte es sich in eine üble, hässliche Bestie.

Statt Selbstkritik zu üben, schloss sich Croce mit unschuldiger Miene der liberalen Tradition an, die die Demokratie für den Aufstieg der Tyrannei verantwortlich macht. Aber war die Demokratie nicht die anarchistische Krankheit, die der Faschismus austreiben sollte? Nun wurde die Demokratie als die Kraft porträtiert, die die faschistische Despotie *hervorbringt*, sprich: Croce konnte das Gefühl haben, seine Bedenken gegenüber der Demokratie seien weitgehend gerechtfertigt gewesen. Auf mysteriöse, lautlose Weise, ohne jede Erklärung, verwandelte sich der Faschismus, das einstige Heilmittel gegen den demokratischen Exzess, in die Krankheit, die diesen Exzess angeblich verursacht. Dieses Manöver entband Croce von der schmerzlichen Aufgabe der Selbstreflexion und der Neubewertung seiner Rolle als führender Intellektueller, der während des Aufstiegs der faschistischen Tyrannei eine Position eingenommen hatte, die selbst ein mit Croce sympathisierender politischer Biograf wie Fabio Rizi nur als »kritisch wohlwollend« bezeichnen konnte.[60] Dank der liberalen Theorie, der zufolge die Demokratie zum Faschismus führt, konnte Croce argumentieren, dass die intellektuelle Elite, zu der selbstverständlich auch er selbst zählte, Beschützerin der Freiheit bleiben könne und müsse, weil sie diese vor der Irrationalität und Leichtgläubigkeit der Massen bewahre:

> »Die Volksbildung, die das liberale 19. Jahrhundert begeistert einführte, hat die Erwartung, den Massen politische Klugheit zu verleihen, nicht erfüllt. Sie wurde eher zum Opfer emotionaler Propaganda, die ihre Kraft aus Leidenschaft und Fantasie bezieht; und wehe ihnen, wenn die propagandistische Parole wahr gewesen wäre, wonach ›das Schicksal des Volkes in seinen eigenen Händen liegt‹. Was das Volk will, ist nicht die Wahrheit, sondern ein Mythos, der seine Gefühle umschmeichelt, und die erste und unwillkommene Wahrheit, die die Menschen

> erlernen müssen, ist das Misstrauen gegenüber den Demagogen, die sie erregen und berauschen. Mit welchen Mitteln und in welchem Ausmaße der letzte Demagoge das italienische Volk erniedrigt hat, ist uns allen bekannt.«[61]

Dass Croce selbst der faschistischen Demagogie zum Opfer fiel, und zwar zu einer Zeit, als ihre Massenunterstützung noch ziemlich begrenzt war, fand in dieser späten Abrechnung keine Erwähnung (der Text wurde nach Mussolinis Sturz geschrieben). Selbst nach der Ermordung Matteottis löste sich Croce nur langsam von Mussolini. Obwohl er bemüht ist, Croces etwas beschädigten Ruf wieder herzustellen, gibt der Biograf Rizi zu, dass es Croce »nicht darum ging, gegen die Regierung zu stimmen«, er »Mussolini glaubte« und dessen Versprechen »vertraute«, sich von nun an für die »Wiederherstellung der Freiheit« einzusetzen.[62] Doch diese persönliche Verantwortung wurde später unterschlagen; nun bestand das Problem nur noch in »den Massen«, denen man »das Misstrauen gegenüber Demagogen« lehren muss, »die es erregen und berauschen«. Croce hegte überhaupt keinen Zweifel daran, dass die Massen diese politische Erziehung benötigen und dass er die geeignete Person hierfür war. In dieser Hinsicht präsentierte er ein höchst fragwürdiges Bild von der Volksbildung während des Liberalismus im 19. Jahrhundert. Zunächst einmal wurde diese Bildung in Italien und anderswo von den Liberalen keineswegs »begeistert eingeführt«. Wie ein weniger selbstgefälliger Historiker festgestellt hat, gab es in »den italienischen Mittelschichten eine tiefe Ambivalenz gegenüber der Volksbildung«.[63] Der zweite Teil von Croces Behauptung, wonach das Ziel der liberalen Erziehung darin bestand, »den Massen politische Klugheit« zu vermitteln, kann wohl nur mit der Einschränkung akzeptiert werden, dass diese »Klugheit« aus bürgerlich-liberaler Sicht bedeutete, die Massen für den Autoritarismus *empfänglich* (und nicht *resilient* gegen ihn) zu machen: »Nationale Loyalität und Arbeitsethik waren die Hauptinhalte der Volksbildung. Ein Schullied handelte davon, dass sich die Kinder später als Erwachsene wie ›Kriegerkohorten erheben‹ würden, um für den König zu kämpfen, und zu ›sterben, gerechtes Italien, für dich‹.«[64] Wenn eine liberale Erziehung *dieser Art* zu irgendetwas einen Beitrag geleistet hat, dann wohl zum Faschismus. Doch anstatt das bevormundende Auftreten der liberalen Eliten neu zu bewerten und ihre Führung zu hinterfragen, verschrieb Croce lediglich eine größere und stärkere Dosis ihrer politischen Intelligenz. Da die Massendemokratie die eigentliche Gefahr darstellt, ist es nur logisch, dass in erster Linie vermieden werden sollte, »das Schicksal des Volkes in dessen eigene Hände zu legen«. Als Mittel gegen die Verführbarkeit der Massen schlug er eine höherentwickelte Demokratie vor, die von klugen und verantwortlichen Intellektuellen gelenkt werden sollte.

»Der einzige Weg besteht dann darin, auf jenen wissenschaftlich gebildeten Teil der herrschenden Elite zu vertrauen, der den Tatsachen kühn ins Gesicht sehen und sich in seinen Beziehungen zu anderen Parteien von diesen Fakten leiten lassen kann. Wir müssen der Klasse vertrauen, die als die Intellektuellen bezeichnet werden und in der Hegel den klassenlosen ›allgemeinen Stand‹ erkennt. [...] Gewiss wird diese Klasse die eigennützigen Interessen der Elite nicht zunichtemachen, aber das Beste aus jenen anderen Interessen machen, die dem Allgemeinwohl entsprechen und die der Diktatur und Tyrannei vorbeugen; als Adelsdemokratie wird sie es schaffen, sich durch die Öffnung ihrer Reihen ständig zu erneuern und zu verjüngen.«[65]

Der Fall Croce ist insofern bedeutsam, als er einerseits den liberalen *Theoretiker* des Faschismus repräsentiert und alle zentralen Argumente dieser Tradition vorbringt, während er in seiner Person und seiner Tätigkeit als liberaler *Politiker* diese theoretische Verbindung anschaulich widerlegt. Dies führt zu aufschlussreichen und fast schon amüsanten Widersprüchen. So legt Croce beispielsweise in seiner Eigenschaft als liberaler Theoretiker und Kritiker des Faschismus, den er esoterisch mit dem kodierten Oberbegriff »Aktivismus« bezeichnet, in seinem wichtigen Werk »Geschichte Europas im 19. Jahrhundert« als einer der ersten eine knappe Zusammenfassung der liberalen Faschismusanalyse vor. Da ist zunächst der Hinweis auf die Irrationalität der Massen, auf die »Aktivisten«, die »demagogisch um die Gunst der ›Massen‹ buhlten«, das heißt, sie »interessierten sich nicht für das Volk, sondern für den blinden, triebhaften großen Haufen, für die Beifall rasende und pfeifende Bestie, die jeder, der den Mut dazu hat, in seinem Sinne missbrauchen« kann.[66] Zweitens antizipiert Croce die liberale Gleichsetzung von Faschismus und Kommunismus, die als gemeinsame Feinde des Liberalismus wie zwei Seiten ein und derselben Medaillen sind, sich gegenseitig imitieren und sogar ineinander übergehen. Der Kommunismus, schreibt Croce, ist »ein heftiger Feind des Liberalismus« und »ganz ähnlich dem Aktivismus, mit dem er häufig verschmilzt«.[67] Und da ist selbstverständlich auch der Versuch einer mythischen Dichotomisierung von Faschismus und Liberalismus, die Behauptung, dass ihr antagonistisches Verhältnis die Quintessenz des politischen Schismas darstellt. Croce fragt: »Woran bestand nun dieses Ideal des ›Aktivismus‹, das sich in der europäischen Seele herausbildete, seiner eigentlichen Natur nach?«, und antwortet wie so viele liberale Denker in den folgenden Jahren und Jahrzehnten: »Der Aktivismus verabscheute und bekämpfte vor allem den Liberalismus.«[68] Um diese Behauptung zu untermauern, argumentiert Croce weiter, dass der Liberalismus »das einzige Element« gewesen sei, mit dem der Aktivismus, »niemals eine Verbindung eingegangen ist, obwohl er an sich stets bereit war, jedes fremde Element in sich aufzunehmen und jedes Bündnis einzugehen, sogar mit dem Katholizismus und der Kirche«.[69]

Croce hätte es jedoch besser wissen sollen, da seine Liberale Partei und er selbst als *liberaler Politiker* ganz konkret und unwiderlegbar politische Bündnisse mit dem Faschismus eingingen. Wie Rizi mit Blick auf die Wahlen von 1921 anmerkt: »Mit dem Ziel, sowohl die Sozialisten als auch die katholische Volkspartei zu schwächen, förderte der alte Führer [Giolitti] die Bildung nationaler Blöcke, eines Wahlbündnisses, das aus Liberalen, Demokraten und einem neuen Akteur der italienischen Politik, nämlich den Faschisten, bestand.« 1924 überzeugte »die unbestreitbare Popularität Mussolinis [...] die liberalen und gemäßigten politischen Gruppen, die Einladung Mussolinis zu einer gemeinsamen Kandidatur bei den nächsten Wahlen anzunehmen und mit Kandidaten auf der Regierungsliste anzutreten«.[70] Croce, der der Liberalen Partei angehörte, Minister unter Giolitti war und diese Bündnisse persönlich unterstützte, hätte es deshalb besser unterlassen, so kategorisch von einer Gegnerschaft zwischen Liberalismus und Aktivismus zu sprechen. Croce unterschlug zudem auch die Tatsache, dass sich die katholischen Popolari dem Faschismus gegenüber viel unversöhnlicher zeigten als die Liberalen und dass sie die »einzige Verfassungspartei waren, die gegen das Acerbo-Gesetz stimmten«, eine wichtige und umstrittene Wahlrechtsänderung im Jahre 1923, die dem Faschismus die Kontrolle des Parlaments ermöglichte.[71] Als Konsequenz hiervon warf Mussolini die katholische Volkspartei aus seinem Kabinett, während er gleichzeitig zu einer Vereinbarung mit Croce und dessen Partei uneingeschränkt bereit war. Auch der später geschlossene Vertrag der Faschisten mit dem Vatikan stand nicht im Widerspruch zu den alten Bestrebungen des Liberalismus. Wie Christopher Duggan feststellt: »Die Lösung der römischen Frage [...] erlaubte es dem Faschismus, einen lange vom liberalen Staat gehegten Traum zu verwirklichen und die Kirche als Instrument zur Sicherung des politischen Massenkonsenses zu benutzen.«[72] Doch die ideologischen Bedürfnisse sorgten auch in diesem Fall dafür, dass die realen historischen Fakten in Croces Darstellung in den Hintergrund rückten. Abgesehen von konkreten Bündnissen war Croce vertraut mit der möglichen und realen Verschmelzung des Liberalismus mit dem Faschismus, wie sie durch die Entwicklung seines engen Freundes und Kollegen Giovanni Gentile verkörpert wurde. Gentile unterstützte Mussolini, trat schließlich der faschistischen Partei bei und sah im Duce den wahren Interpreten des »Liberalismus, wie ich ihn verstehe und wie ihn die Männer der ruhmreichen Rechten, die Italien zum Risorgimento führten, verstanden«.[73] Auch wenn sich Croce und Gentile aufgrund dieser Entscheidung politisch und persönlich bald überwarfen, gibt es keinerlei Rechtfertigung für Croces Versuch, solche Entwicklungen zu ignorieren und von einer hermetischen Trennung und einer tödlichen Feindschaft zwischen Faschismus und Liberalismus zu sprechen. Es gibt zahlreiche Indizien, die dieser legendären Dichotomie widersprechen. Erneut hilft Rizi weiter: »1923 geriet die offizielle liberale Sektion von Turin unter Kontrolle von Geschäftsleuten, die den Faschismus vorbehaltlos unterstützten.«[74]

In der liberalen Theorie Croces gibt es jedoch einen Aspekt, der in späteren liberalen Faschismusanalysen auffällig fehlen wird. Unabhängig von der Frage, ob dies auf Croces unbestreitbares intellektuelles Format, auf seine persönliche Erfahrung oder auf die Tatsache zurückzuführen ist, dass die liberalen Ideologeme zu diesem Zeitpunkt noch nicht zu Klischees geronnen waren – fest steht, dass er Liberalismus und Faschismus nicht einfach als Gegensätze betrachtete. Denn selbst als er ihre radikale Feindschaft konstatierte, erkannte Croce implizit die Affinitäten zwischen Liberalismus und Faschismus an und ging meiner Ansicht nach sogar so weit, auf ihre *gemeinsamen Ursprünge* oder zumindest auf die liberalen Wurzeln des Faschismus hinzuweisen. Er tat dies, indem er den Faschismus als dämonische, übertriebene Emanation der »Freiheit« porträtierte. Der »ursprüngliche Impuls zum Aktivismus«, behauptet Croce, sei »im Prinzip der Freiheit zu suchen, das mit der modernen Welt so eins geworden war, dass man an ihm nicht vorübergehen konnte«.[75] Interessanterweise versucht Croce, den Aktivismus als ein Streben nach Freiheit zu definieren, der man ihre »moralische Seite« genommen hat: »Der Aktivismus übersetzt ein ethisches Ideal in materialistische Begriffe, er macht aus ihm eine traurige Parodie, er ist seinem Wesen nach eine Perversion der Freiheitsliebe, [...] ein Kultus, in dem der Teufel selbst den Rang Gottes eingenommen hat [...]; die Zelebrierung einer schwarzen Messe, die allerdings immer auch eine Messe ist. Wenn der Aktivismus den Liberalismus hasst, so geschieht dies, weil der Teufel *simia Dei* ist, und wenn er eine gewisse Anziehungskraft behält, so ist es die des gefallenen Engels.«[76] Trotz der offenkundig apologetischen Absicht und der vagen, idealistischen Sprache scheinen sich mir hinter diesen Formulierungen außerordentliche und tiefe Einsichten zu verbergen, die für unsere Diskussion von einiger Bedeutung sind und über die wir besonders deshalb nachdenken sollten, weil sie von einem großen liberalen Philosophen stammen. Wir werden darauf im nächsten Abschnitt zurückkommen, in dem es um das Verhältnis von Faschismus zum Individualismus geht.

Liberaler Mythos Nr. 2: Kollektivistischer Liberalismus, individualistischer Faschismus?[77]

Wir sind daran gewöhnt, den Individualismus in Begriffen des Liberalismus und der kapitalistischen Marktgesellschaft zu denken: die sprichwörtliche Sorge der Liberalen um individuelle Selbstverwirklichung und Wohlstand, der »hemmungslose Individualismus« der Marktgesellschaft.

Dieser Individualismus wiederum wird von den Feinden der liberal-kapitalistischen Ordnung angegriffen, von Konservativen, Faschisten und Sozialisten, die eine kollektivistische Alternative befürworten; die ersten beiden in Gestalt der organischen Gemeinschaft der Vergangenheit, letztere in Gestalt einer zukünftigen freien Assoziation. Faschistische Ideologen haben oft zu dieser begrifflichen Dichotomie beigetragen, indem sie den Antiindividualismus als entscheidendes Merkmal ihres Antiliberalismus anpriesen. Für Alfredo Rocco bedeutet der Umstand, dass der Faschismus das Individuum als Mittel zu einem höheren, nationalstaatlichen Zweck betrachtet, die kategorische Widerlegung/Überwindung des von Kant exemplarisch repräsentierten liberalen Erbes, das im Individuum den Zweck selbst sieht. Rocco schreibt:

> »In dieser Hinsicht erscheint – und ist – die Antithese zwischen der faschistischen und der liberaldemokratisch-sozialistischen Konzeption absolut und total. [...] Für den Liberalismus (wie für die Demokratie und den Sozialismus) besitzt die Gesellschaft keine Ziele, die nicht die der Einzelnen *(singoli)* sind, aus denen sich die Gesellschaft in einem bestimmten Moment zusammensetzt. Für den Faschismus besitzt die Gesellschaft ihre eigenen historischen und immanenten Ziele der Erhaltung, Erweiterung und Perfektionierung, die sich von den Zielen der einzelnen Individuen, die sie vorübergehend bilden, unterscheiden und die mit den Zielen der Individuen in Konflikt stehen können.«[78]

Jene Mainstream-Historiker, die den Faschismus beim Wort nehmen und diese Naivität sogar zum methodologischen Prinzip erheben, kaufen solche Aussagen gewöhnlich als Teil des Gesamtpakets und unterstreichen den »innovativen« Aspekt des Faschismus auf eine Weise, die Rocco gefallen hätte. »Die faschistische Ideologie«, schreibt Zeev Sternhell, »drückt einen revolutionären Willen aus, der sich auf die Ablehnung des Individualismus liberaler wie marxistischer Prägung gründet, und sie verkündet die Prinzipien einer neuen, eigenständigen politischen Kultur. Kollektivistisch, antiindividualistisch und antirationalistisch [...] wollte [der Faschismus ...] die Atomisierung der Gesellschaft verhindern, die Entfremdung des Einzelnen, der zur Handelsware auf dem Markt herabgesunken war«.[79]

Eine historische Untersuchung widerspricht diesem vorherrschenden und vereinfachenden Klassifikationsschema jedoch. In Wahrheit war der Individualismus von Anfang an, das heißt seit seiner gewaltsamen Eruption in den politischen und ideologischen Debatten der Französischen Revolution, ein höchst ambivalentes Konzept, das keineswegs identisch mit dem Liberalismus und noch weniger mit dem Kapitalismus war. Auch in dieser Hinsicht hat der erkenntnistheoretische Idealismus viel Verwirrung gestiftet und sollte durch einen dialektischen und historischen Ansatz ersetzt werden. Wir müssen begreifen, dass Begriffe wie »Individualismus« und »Kollektivismus« als solche frei von politischer Bedeutung sind, und zwar egal ob radikal oder konservativ, links oder rechts, sozialistisch oder kapitalistisch. Erst der historische Inhalt, mit dem diese Signifikanten gefüllt werden, verleiht ihnen ihre konkrete ideologische Bedeutung. Nehmen wir beispielsweise das Bild der Gesellschaft als einer Familie, einer intimen Vereinigung von Menschen, das der Entfremdung und dem Egoismus der »Individuen« entgegengesetzt wird. Die Interpretation der Gesellschaft als Familie wird gewöhnlich mit einer »antimodernen«, konservativ-faschistischen Reaktion auf die Zerrissenheit der modernen Gesellschaft assoziiert und als Versuch verstanden, den Modus gemeinschaftlicher, harmonischer Existenz aufrechtzuerhalten. Der Faschismus sei daher von antiliberalen und antikapitalistischen Vorstellungen durchtränkt, die den Schoß der quasi familiären Hierarchie als Zufluchtsort vor kapitalistischer Bedrängnis anbieten und gegenseitige, allerdings unterschiedliche Rechte, Pflichten und Verantwortlichkeiten zusichern. Doch das Bild einer Gesellschaft als Familie kann, anders als das des isolierten Individuums, auch dazu beitragen, den *Kapitalismus* aufrechtzuerhalten. Das ist tatsächlich der historische Ursprung der Metapher gewesen, zumindest was den konservativen Diskurs betrifft. Ein Blick in die Schriften Edmund Burkes, eines Stammvaters des Konservativismus, bestätigt das. In dem Text »Betrachtungen über die französische Revolution«, der für den Konservativismus konstituierend war, schreibt Burke über die Gesellschaft als Familie. Seine Beschreibungen sind gespickt mit Bildern der »Wärme« und »Zuneigung«:

> »Der Geist der Neuerungen ist gewöhnlich das Attribut kleiner Charaktere und eingeschränkter Köpfe. Leute, die nie hinter sich auf ihre Vorfahren blickten, werden auch nie vor sich auf ihre Nachkommen sehen. Die englische Nation weiß sehr gut, dass die Idee der Erblichkeit die Erhaltung sowie die Fortpflanzung sichert [...]. Alle Vorteile, die ein Staat, der nach solchen Maximen verfährt, einmal erlangt hat, sind *gleichsam in ein großes Familien-Etablissement fest eingeschlossen* und ein eisernes Besitzstück auf ewige Zeiten geworden. [...] Unsere ganze Staatsorganisation hat das Ansehen einer *Blutsverbindung* erhalten, dadurch, dass wir die Konstitution unseres Landes mit unseren *teuersten häuslichen Banden* verflochten, dadurch, dass wir unsere Fundamentalgesetze in den *Schoss unsrer Familien* aufnahmen, dadurch, dass wir in einer reinen Flamme, einer *unzertrennbaren und wechselseitig erhöhten Liebe* unseren Staat und unseren Herd, unsere Grabmäler und unsere Altäre umfassen.«[80]

An anderer Stelle betont Burke, eine konservative Gesellschaft wie die englische beruhe auf gemeinschaftlichen Beziehungen und überindividuellen Bindungen und stünde im Widerspruch zum egoistischen Chaos des Individualismus, wie er von den Radikalen auf der anderen Seite des Ärmelkanals propagiert werde:

> »[Der Staat] ist eine Gemeinschaft in allem, was wissenswürdig, in allem, was schön, in allem, was schätzbar und gut, und göttlich im Menschen ist. Da die Zwecke einer solchen Verbindung nicht in einer Generation zu erreichen sind, so wird daraus eine Gemeinschaft zwischen denen, welche leben, denen, welche gelebt haben, und denen, welche noch leben wollen. Jeder Grundvertrag einer abgesonderten Staatsgesellschaft ist nur eine Klausel in dem großen Urkontrakt, der von Ewigkeit her alle Weltwesen zusammenhält, die niedrigeren Naturen mit den höheren verbindet [...], alles unter der Sanktion eines unverletzlichen und unwandelbaren Gesetzes [...], vor dem nichts im [...] moralischen Weltall seine angewiesene Stelle verlassen darf. [...] Die einzelnen Korporationen dieses unermesslichen Weltreichs sind in ihrer moralischen Qualität keineswegs befugt, die Bande ihrer untergeordneten Gesellschaft, wenn eitle Veränderungssucht oder die Hoffnung auf chimärische Verbesserungen sie treibt, mutwillig auseinanderzureißen und den Staat in ein regelloses Chaos roher, ungeselliger, streitender Elemente aufzulösen.«[81]

Wir sind also alle durch familiäre Verpflichtungen, Wärme, Zuneigung, Gemeinschaft, organische Zugehörigkeit und so weiter miteinander verbunden. Aber der ganze Sinn hinter dieser »häuslichen« Einbettung der Gesellschaft besteht darin, sie zu einem sicheren Ort *für das Eigentum* und nicht für das kränkelnde, von kapitalistischer Kälte gepeinigte Individuum zu machen. Unsere Zugehörigkeit zur Familie ist bei Burke auf jenen Teil beschränkt, der es dem Einzelnen verbietet, sich vom Ganzen zu lösen, das Kindern zum Gehorsam gegenüber dem Patriarchen ermahnt, die unteren Klassen davon abhält, sich gegen die höheren zu erheben. Der Individualismus steht hier ganz auf der Seite des radikalen sozialen Egalitarismus, der die Familienhierarchie zugunsten der Armen aus dem Gleichgewicht bringt. Dass dieses Konzept im Widerspruch zu den revolutionären Ereignissen in Frankreich und zu Rousseaus Vorstellungen des Gesellschaftsvertrags steht, ist allgemein bekannt. Aber es wäre völlig falsch zu glauben, dass Burke – wenn er von »wechselseitig erhöhter Liebe« schreibt – lediglich wie ein guter Familienvater vor revolutionärer Zerstörung und Brudermord warnt und sich stattdessen für gütige Wohlfahrtsmaßnahmen durch die wirtschaftlich erfolgreichen Familienmitglieder ausspricht. In Wirklichkeit sollte die Haushaltsgemeinschaft, wie Burke sie verstand, die Reichen aller Verantwortung für die Armen entledigen und ihr Eigentum nicht nur vor der Revolution, sondern auch vor allen Forderungen nach sozialen Verbesserungen beschützen. Familiäre Nähe bedeutet in diesem Diskurs nicht mehr, als dass die Armen emotional an die Interessen der Reichen gebunden werden sollen. Die Reichen ihrerseits sollten sich an andere, deutlich lauere Regeln halten. Der von Burke 1795, also fünf Jahre nach den »Betrachtungen«, verfasste Text »Gedanken und Details zur Knappheit« zeigt, dass die familiäre Gesellschaft nicht den Wohlfahrts-, sondern den neoliberalen Staat vorwegnimmt:

> »Meiner Meinung nach gibt es keine Möglichkeit, dieses Übel zu verhindern [...], aber man muss sich mannhaft dem allerersten, spekulativen oder praktischen, Gedanken widersetzen, dass es in der Zuständigkeit der Regierung als Regierung oder gar der Reichen als Reiche liegt, die Armen mit jenem Nötigsten zu versorgen, das ihnen die göttliche Vorsehung für eine Weile vorzuenthalten beliebt. Man sollte uns, dem Volk, zu verstehen geben, dass unsere Hoffnung auf Linderung der göttlichen Missgunst durch eine Beseitigung jenes Unheils, unter dem wir leiden oder das drohend über uns schwebt, nicht in der Verletzung von Handelsgesetzen besteht, die Natur- und dementsprechend göttliche Gesetze sind.«[82]

Die Familienbeziehungen sollen also nur von unten nach oben Wärme ausstrahlen, sich von oben nach unten hingegen durch kalte »Mannhaftigkeit« und nüchternen Widerstand gegen alle »Linderung« auszeichnen. Gegenüber dem Besitz und den Privilegien ihrer Herren sollen die Armen »Zuneigung« zeigen, die Reichen hingegen in Anbetracht des »Unheils« ihrer Diener den unabänderlichen »Handelsgesetzen« folgen. Der Patriarch ist in Burkes Metapher in auffälliger Weise von der Pflicht entbunden, für seine Untergebenen zu sorgen. Das Familiennarrativ ist also alles andere als antikapitalistisch.[83] Hinter dem Deckmantel von »Liebe« und »Zuneigung« verbirgt sich unerbittliche Kälte; die Sprache selbst ist bei genauerer Betrachtung ziemlich repressiv: »in ein großes Familien-Etablissement *fest eingeschlossen«*, »ein *eisernes Besitzstück* auf ewige Zeiten geworden«, »*untergeordnete* Gemeinschaft« und so weiter.

Interessanterweise hat der selbsternannte »antiliberale« Faschist Rocco diese beiden Aspekte von Burkes Theorie, den positiven wie den negativen, unwissentlich neu formuliert. In positiver Hinsicht maß er dem faschistischen Begriff der »organischen« Einheit große Bedeutung bei, den er als Überschreitung des liberalen Horizonts präsentierte. Seine Theorie beansprucht Originalität, könnte in Wirklichkeit jedoch von Burke stammen: »Den alten, atomistischen und mechanistischen Begriff von Gesellschaft und Staat, der die Grundlage der liberalen, demokratischen und sozialistischen Doktrin darstellt, ersetzt der Faschismus durch ein organisches und historisches Konzept.«[84] Ganz wie Burke betont er die Verbindung zwischen Lebenden und Toten, wobei die Gesellschaft »nicht eine Summe von Individuen, sondern eine Abfolge von Generationen« sei.[85] Doch diese »positive« Betonung des über das Individuum hinausgehenden sozialen Gefüges hielt Rocco ebenso wenig wie seinen objektiven Wegbereiter Burke davon ab, sich für einen »negativen« ökonomisch-liberalen Bereich auszusprechen, in dem das individuelle Unternehmertum und die Regeln der Wirtschaft geschützt werden müssen und in dem Vorstellungen von »Gerechtigkeit« fehl am Platz sind: »Die individuellen Interessen aus dem wirtschaftlichen Bereich zu eliminieren«, betont der Antiliberale Rocco, »heißt, diesen zu lähmen. [...] Der grundlegende Fehler des Sozialismus besteht darin, das Privateigentum zu einer Frage der Gerechtigkeit zu machen, während es in Wirklichkeit eine Frage des Nutzens und der gesellschaftlichen Notwendigkeiten ist.«[86]

Folgt man Burkes Sozialtheorien, dann ist der Kapitalismus eine große, zutiefst kollektivistische Familie, während der »hemmungslose Individualismus« streng revolutionär ist. Umgekehrt sollten wir nicht glauben, dass die Metapher von den familiären Pflichten nur auf der konservativen Seite vertreten wurden, während sich die Revolutionäre mit ihrer »mechanischen« Vorstellung der Menschheit allein auf der Grundlage von Vertrag und Interessen zusammenschlossen. Weit gefehlt – die Französische Revolution verwendete essenziell familiäre Bilder, was sich am deutlichsten im Begriff der Brüderlichkeit, der berühmten Fraternité, widerspiegelte. Aber *dies* war ein »häusliches« Konzept, das Gleichheit und eben nicht kapitalistische Privilegien und Eigentum implizierte. Die Frage sollte, historisch verstanden, also nicht sein, ob die Gesellschaft mit Familienmetaphern beschrieben wurde, sondern was damit jeweils gemeint war: Gleichheit oder Hierarchie? Exklusives Eigentum oder gegenseitige Rechenschaftspflicht? Patriarchat oder Brüderlichkeit?

Die Unentschlossenheit, die in Bezug auf die Familie herrscht, durchzieht auch das damit verbundene Konzept des Individualismus. Als eines der verbreitetsten und scheinbar eindeutigsten Merkmale des faschistischen Antiliberalismus gilt seine kategorische Ablehnung des Individualismus. Bei näherer Betrachtung sowohl der faschistischen als auch der liberalen Ideologie und Praxis erweist sich diese Annahme jedoch als höchst fragwürdig. Wir sollten uns davor hüten, Faschismus und Liberalismus zu vereinfachen: Anstatt von einem liberalen Individualismus und seiner faschistischen Verunglimpfung würde ich davon ausgehen, dass sowohl Faschismus als auch Liberalismus in ihrer Herangehensweise von unlösbaren Ambivalenzen durchzogen sind. Mehr noch war die faschistische Ambivalenz im Wesentlichen eine Verschärfung der Widersprüche, in die der Liberalismus bei seiner Auseinandersetzung mit dem Individualismus geriet.

In einem sehr frühen Stadium der Debatte bedeutet Individualismus für Burke eine revolutionäre, chaotische Flutwelle, die die bestehende Ordnung hinwegzuspülen droht. Individualismus ist radikal und stellt einen Angriff auf den Kapitalismus dar, der wiederum als organisch und kollektivistisch verstanden wird. Doch im Laufe des 19. Jahrhunderts setzte sich ein anderes Ideologem als liberaler Grundkonsens durch und wurde fast intuitiv mit dem Liberalismus verbunden: Ihm zufolge handelt es sich beim Individualismus um ein schützenswertes, kostbares Phänomen, eine zarte und seltene Pflanze, die von der groben und anonymen Mittelmäßigkeit kollektivistischer »Massen« attackiert wird. Für Constant, Guizot, Tocqueville oder J. S. Mill, die als zentrale Vertreter des liberalen Kanons gelten können, ist das Individuelle weitgehend identisch mit der vom Kapitalismus ermöglichten Freiheit und Kreativität; sie sehen eine Individualität, die aus der Vielfalt und damit der *Ungleichheit* herrührt, während der Sozialismus die trostlose Uniformität einer nach unten nivellierten Gesellschaft anstrebt und die – letztlich individuellen – Unterschiede zwischen Begabten und Gleichgültigen, Fleißigen und Müßiggängern, Reichen und Armen gewaltsam auslöschen will. Individuelle Exzellenz im Kampf gegen Massenhomogenität: Das Ideologem ist zu vertraut, als dass es weiterer Beschreibung bedarf.[87] Und doch enthalten die Wertschätzung des Individuellen und die Sorge um das Individuelle als etwas Seltenes bereits die schwer fassbare Tatsache, dass der Liberalismus nicht für jedes Individuum, sondern selbst in seinen eigenen Begriffen nur für die Minderheit der starken, erfolgreichen Individuen eintritt. Die anderen sind – bestenfalls – die mittelmäßige Menge. Diese zahlreichen Individuen, die per Definition die große Mehrheit repräsentieren, sind nur als Bausteine wertvoll, als die menschlichen Werkzeuge, die für große Taten unverzichtbar, ansonsten aber völlig nutzlos oder sogar kontraproduktiv sind. Sie stellen bloße Hindernisse dar, die der individuellen Größe im Wege stehen, schwache Parasiten, die wirtschaftliche und moralische Forderungen an die Starken stellen und damit den Fortschritt blockieren. An diesem Punkt geht der liberale Individualismus mit seinem angeblichen Widersacher, dem Kollektivismus, eine paradoxe Verbindung ein. Individuelles Glück und Prosperität können nicht das wahre Ideal des Liberalismus sein, da sie logischerweise zu einer gleichmäßigen Verbreitung individuellen Glücks unter den Massen oder sogar zu einer Priorisierung der Wohlfahrt der Mehrheit gegenüber dem Triumph einer begabten Minderheit führen würden. Das bedeutet, dass individuelle Erfüllung und Befriedigung nur oberflächlich und vorübergehend zum Ziel erhoben werden: in Wirklichkeit muss sie ständig durch den Appell an ein anderes, »höheres«, überindividuelles, kollektives Ziel wie Kultur, Zivilisation, Gesellschaft oder einen anderen vergleichbaren Begriff legitimiert werden. Nehmen wir William Graham Sumner, einen amerikanischen Liberalen des 19. Jahrhunderts:

> »Es muss klar sein, dass wir diese Alternative nicht verlassen können: Freiheit, Ungleichheit, *survival of the fittest*; Unfreiheit, Gleichheit, Überleben des Schwächsten. Die erste Option bringt die Gesellschaft weiter und begünstigt ihre besten Mitglieder; letztere wirft die Gesellschaft zurück und begünstigt ihre schlechtesten Mitglieder.«[88]

Man beachte, wie die »Gesellschaft« heimlich das Individuum zur Seite schiebt und den zentralen Platz für sich selbst beansprucht, während die Individuen ihre Interessen, ja sogar ihre Existenzberechtigung, denen der übergeordneten Einheit unterordnen müssen. Die »Gesellschaft« wird zum entscheidenden Maßstab, und sie verlangt individuelle Opfer; sie erwartet, dass einige, in Wahrheit viele, vielleicht sogar die meisten Individuen *nicht* überleben werden, da sie nicht fit genug dafür sind. Das ist das Paradoxon des *liberalen Kollektivismus*, das einen liberalen Denker nach dem anderen zu schaffen machte. Rocco machte möglicherweise sich selbst, gewiss aber seinen Lesern etwas vor, als er konstatierte, die Bereitschaft, das Individuum zu opfern, sei eine innovative Eigenschaft der faschistischen Doktrin, ein historischer Durchbruch in der politischen und sozialen Theorie: »Daher die bei den vorherrschenden Doktrinen nicht vorgesehene Möglichkeit eines – sogar vollständigen – Opfers des Individuums zugunsten der Gesellschaft«.[89] In Wahrheit hob er eine Überzeugung hervor, die unter Liberalen, wenn man bei dem Begriff nicht gleich an Kant denkt, recht weit verbreitet ist. Bei Pareto, zum Beispiel, heißt es:

> »Alle Arten von Lebewesen würden ohne die Operation der Selektion degenerieren. Die menschliche Rasse kann sich diesem Gesetz nicht entziehen. Humanisten können vielleicht ihre Augen vor dieser Wahrheit verschließen, indem sie sie bewusst ignorieren, aber dies ändert nichts an den Tatsachen. In jeder Rasse werden Ausschussexemplare produziert, die durch Selektion eliminiert werden müssen. Der dadurch verursachte Kummer ist der Preis, der für die Verbesserung der Rasse bezahlt werden muss. *Dies ist einer der zahlreichen Fälle, in denen das Wohl des Einzelnen im Widerspruch zum Wohl der Art steht.*«[90]

»Die Spezies«, ja »die Rasse« geht also eindeutig dem Individuum voraus, und im Falle eines Interessenkonflikts muss das Individuum weichen. Ein wahrer Individualist hätte gesagt: Lass »die Rasse« verrotten, wenn ein einziges ihrer Mitglieder dafür sterben muss. Der Talmud-Satz »Wer eine einzige Seele zerstört, zerstört die ganze Welt. Und wer eine einzige

Seele rettet, rettet die ganze Welt«[91] bringt wahren Individualismus zum Ausdruck. Aber Pareto ist kein Individualist, sondern ein Liberaler. Und auch Nietzsche ist liberal, wenn auch auf seine eigene, elegische Weise:

> »Der Einzelne wurde durch das Christentum so wichtig genommen, so absolut gesetzt, dass man ihn nicht mehr opfern konnte: aber die Gattung besteht nur durch Menschenopfer [...]. Vor Gott wurden alle ›Seelen‹ *gleich*: aber das ist gerade die gefährlichste aller möglichen Wertschätzungen! Setzt man die Einzelnen gleich, so stellt man die Gattung infrage, so begünstigt man eine Praxis, welche auf den Ruin der Gattung hinausläuft: *das Christentum ist das Gegenprinzip gegen die Selektion*. [...] Die Gattung braucht den Untergang der Missratenen, Schwachen, Degenerierten: aber gerade an sie wendete sich das Christentum, als konservierende Gewalt.«[92]

Oder schließlich Herbert Spencer:

> »Die Armut der Unfähigen, das Elend der Unbesonnenen, der Hunger der Müßiggänger und das Hinwegrempeln der Schwachen durch die Starken [...] sind Dekrete einer großen, weitsichtigen Güte. [...] Es scheint schwer, dass ein Arbeiter, der aufgrund einer Krankheit nicht in der Lage ist, mit seinen stärkeren Gefährten zu konkurrieren, die daraus resultierenden Entbehrungen ertragen muss. Es scheint hart, dass Witwen und Waisen dem Kampf um Leben und Tod überlassen werden. Doch wenn man diese Schicksalsschläge nicht einzeln, sondern in Verbindung mit den Interessen der universellen Menschheit betrachtet, erweisen sie sich als von höchster Wohltätigkeit – dieselbe Wohltätigkeit, die die Kinder erkrankter Eltern früh ins Grab bringt und die Niedergeschlagenen, Maßlosen und Schwachen als Opfer einer Epidemie aussondert.«[93]

Der ultraliberale Liberale Spencer bemüht sich also, Menschen »nicht einzeln«, sprich als Individuen, sondern aus einer kollektiven Perspektive zu betrachten, aus der Sicht der »universellen Menschheit«, die derartige Opfer zu ihrem Gedeihen benötigt. Das Individuum ist im Liberalismus also *nicht* heilig, sondern im Gegenteil entbehrlich und untergeordnet: gegenüber »der Wirtschaft«, »der Spezies«, »der Gesellschaft«, »der Menschheit«, »dem Leben« (bei Nietzsche und vergleichbaren Denkern, die man als vitalistische Liberale bezeichnen könnte) oder, was bei der Diskussion über Affinität und Kontinuitäten zwischen Liberalismus und Faschismus nicht das Unwichtigste ist, gegenüber »der Rasse«. Das Verhältnis des Liberalismus zum Individualismus ist, kurz gesagt, januskÖpfig: »Das Individuum« steht an erster Stelle, wenn es mit der Massengesellschaft konfrontiert wird; doch »die Gesellschaft« steht an erster Stelle, wenn es um die Forderungen der Massenindividuen geht. Während der 1980er-Jahre verschwand die Gesellschaft durch Margaret Thatchers magische Berührung, als es um individuelle Forderungen der Massen ging – der Armen, Obdach- und Arbeitslosen: »So etwas wie Gesellschaft gibt es nicht. Es gibt nur einzelne Männer und Frauen.« Aber ihren liberalen Mitstreitern, die die Vormachtstellung des Kollektivs unterstrichen, widersprach Thatcher damit nicht im Geringsten. Sie nahm nur den üblichen liberalen Standpunkt gegenüber dem Wohlfahrtsstaat ein, gegenüber einer Definition von »Gesellschaft« als massenhaftem Wohlstand:

> »Ich glaube, wir haben eine Zeit hinter uns, in der zu vielen Menschen vermittelt wurde, dass es, wenn sie ein Problem haben, die Aufgabe der Regierung ist, es zu lösen. ›Ich habe ein Problem, ich bekomme einen Zuschuss.‹ ›Ich bin obdachlos, die Regierung muss mich unterbringen.‹ Sie bürden ihr Problem der Gesellschaft auf. Und, wissen Sie, so etwas wie Gesellschaft gibt es nicht. Es gibt einzelne Männer und Frauen und es gibt Familien.«[94]

Aber die liberale »Gesellschaft« beansprucht ihre Existenz dann und oft vehement, wenn die Massenindividuen zu Opfern aufgefordert werden. Das wurde anschaulich demonstriert, als niemand Geringeres als Thatcher Tausende »Individuen« von ihren »Familien« weg und auf die abgelegenen Falkland-/Malvinas-Inseln schickte, um für England zu kämpfen und zu sterben. War Thatcher eine glühende Individualistin oder eine hemmungslose Kollektivistin? Bei der Frage handelt es sich um eine theoretische Nuss, an der man sich die Zähne ausbeißen kann; historisch und materiell betrachtet ist die Antwort so einfach wie dialektisch: Sie war weder das eine noch das andere und beides zugleich.

Der Faschismus übernimmt diese Pendelbewegung vom Liberalismus. Er schwankt beständig zwischen Individualismus und Kollektivismus, und zwar aus ganz ähnlichen Gründen wie der Liberalismus. Doch so wie die gängige Geschichtsschreibung den individualistischen Aspekt des Liberalismus hervorhebt und seine Widerstände gegen den Individualismus unterschlägt, so übertreibt sie auch einseitig die antiindividualistische Haltung des Faschismus und ignoriert sein Eintreten für den Individualismus. Das Ergebnis ist eine verzerrte Darstellung des Liberalismus als individualistisch und eine ebenso unvollständige Darstellung des Faschismus als antiindividualistisch, was zusammengenommen den Effekt eines dramatischen Antagonismus zwischen beiden politischen Ideologien erzeugt. Will man diese doppelte Fehlinterpretation korrigieren, muss man sich einen differenzierten Begriff von den Analogien beider Ideologien erarbeiten.

Der faschistische Widerstand gegen den Individualismus ist so ausführlich dokumentiert worden, dass die Argumente hier nicht wiederholt werden müssen. Natürlich könnten unzählige Seiten mit verunglimpfenden Zitaten von Faschisten über den Individualismus gefüllt werden. Zeigen müssen wir hingegen, wenn auch nur knapp, dass dieser Antiindividualismus nicht selten ein Echo des liberalen Dilemmas war. Wir haben oben bereits beobachtet, wie Hitler bei seinen Angriffen auf den Individualismus mit dem überlegenen Kollektiv, der »Rasse«, der Nation oder ganz explizit den Bedürfnissen der Industrie argumentierte: »Was würde wohl aus einer *Fabrik* werden, wenn sie keine straffe *Organisation* habe, wenn jeder *Arbeiter* käme, wann es ihm passe, und sich mit der *Arbeit* beschäftige, die ihm Spaß mache. Ohne Organisation, das heißt ohne Zwang, und ohne Verzicht für den Einzelnen gehe es nicht. Das ganze *Leben* sei ja ein fortgesetzter Verzicht auf *individuelle Freiheit.*« Hitler, der Antiindividualist, fordert Opfer – von einem in seinem Kern *liberalen Standpunkt aus*. Dass er diese Maßnahmen mit dem Nutzen für überindividuelle Einheiten wie das deutsche *Volk**, die »arische Rasse« oder die Spezies rechtfertigt, widerspricht nicht im Geringsten der liberalen Logik, wie sie von Spencer, Pareto oder Sumner zum Ausdruck gebracht wurde, die alle an die Vormachtstellung des Kollektivs glaubten, solange es sich nicht um eine egalitäre Masse handelte. Hitlers Sprache mag unverblümter, seine Formulierungen mögen schärfer sein, doch die Ideen enthalten keine Häresie: »Ich strebe einen Zustand an, in dem jeder Einzelne weiß: Er lebt und stirbt für die Erhaltung seiner Art. Die Aufgabe ist, den Menschen zu erziehen, dass er der größten Verehrung würdig ist, wenn er Besonderes tut zur Erhaltung des Lebens der Art.«[95] In diesem und anderen Zusammenhängen scheint Hitler die liberale Logik weiterzuentwickeln, indem er aus ihr ein Zuchtsystem und ein verallgemeinertes normatives Muster zu destillieren versucht. Auf ähnliche Weise wollte Giovanni Gentile das Individuelle dem »gesunden Organismus eines Staates« unterordnen, und zwar mit der ausdrücklichen Begründung, der Individualismus in Italien sei historisch mit *der Linken* verbunden gewesen. Die Auffassung der Linken

> »ging immer vom Individuum zum Staat, und jene [der Rechten; Anm. d. Übers.] vom Staat zum Individuum. Denn die Männer der Linken waren sich [...] darin einig, das Volk als die Gesamtheit der Bürger, aus denen es sich zusammensetzt, aufzufassen; und deshalb machten sie aus dem Einzelnen Mittelpunkt und Quelle für Recht und Initiative, die ein Regime der Freiheit zu respektieren und zu garantieren hatte. Die Männer der Rechten dagegen trafen sich [...] in der Auffassung, dass von Freiheit nur innerhalb des Staates die Rede sein könne.«[96]

Die Logik des liberalen Kollektivismus ist erneut manifest: Der Individualismus muss dem Kollektiv untergeordnet werden, weil er egalitär ist und den Imperativ des individuellen Opfers dadurch unmöglich macht, dass er jedes Individuum in einen Selbstzweck verwandelt und ihm unveräußerliche Rechte verleiht. Dagegen formuliert Gentile die Überzeugung, dass »das Leben kein Spiel, sondern eine Mission ist und dass das Individuum deshalb ein Gesetz, einen Zweck hat, in dessen Erfüllung es seinen Wert erlangt; und diesen Zweck soll es daher zu erreichen suchen, auch wenn es private Vorteile und Tagesinteressen und sogar das Leben dabei opfern muss«.[97] Gentile bezeugt die liberal-faschistische Verwandtschaft nicht nur inhaltlich, sondern auch persönlich, da er sich als Liberaler von Mussolini rekrutieren ließ und den Faschismus als eine perfektionierte Form des Liberalismus betrachtete.

Angesichts dieser komplexen Situation kann eine ideologische Auseinandersetzung mit dem Liberalismus nicht zum Kern des Problems vordringen, wenn man von einem simplen Gegensatz liberaler Individualismus versus »Kollektivismus« ausgeht. Erforderlich ist vielmehr der Schutz des Individuums *vor dem* Liberalismus; es muss deutlich gemacht werden, dass der Liberalismus den Begriff des Individuums fälschlicherweise für sich verwendet. Ein hervorragender Ansatzpunkt hierfür ist die Rückbesinnung auf einen – zumindest aus antifaschistischer Sicht – etwas vernachlässigten Autor, nämlich den österreichisch-ungarischen Schriftsteller und Dramatiker Ödön von Horváth. Ich halte Horváth für einen der scharfsinnigsten Kritiker des Nationalsozialismus seiner Zeit; Horváth erkannte die von den Nazis ausgehende Bedrohung früh und setzte sich mit ihr während seiner gesamten literarischen Schaffenszeit auseinander: von »Sladek, der schwarze Reichswehrmann« (1929) und »Italienische Nacht« (1930) bis hin zu den späten Meisterwerken »Jugend ohne Gott« und »Ein Kind unserer Zeit« von 1938, dem Jahr seines vorzeitigen Todes. Die Vielzahl psychologischer, moralischer, sozialer und politischer Erkenntnisse, die Horváth über das Wesen des Nationalsozialismus bereit hält, verdient eine eigene, detaillierte Erörterung. An dieser Stelle möchte ich nur auf eine Passage aus »Ein Kind unserer Zeit« verweisen. Der Roman tritt für eine kompromisslose Verteidigung des Individuums ein und fordert, es mit allen Mitteln, notfalls rücksichtslos und mit dem Tod zu verteidigen. Der Protagonist des Romans ist ein junger Mann, der sich im Verlauf der Geschichte von einem faschistischen Soldaten in einen engagierten Antifaschisten verwandelt. Nachdem er ideologisch bekehrt worden ist, erklärt er:

> »Es kümmert mich nicht, was werden soll, es kümmert mich nur, was nicht sein darf.
> Es darf nicht sein, dass der Einzelne keine Rolle spielt, und wärs auch nur ein letztes Fräulein.

Und jeder, der das Gegenteil behauptet, der gehört ausradiert – mit Haut und Haar!«[98]

Dieser Held eliminiert den antiindividualistischen Repräsentanten des Faschismus tatsächlich. Das Individuum ist der höchste Wert; es zu opfern das größte Übel. Das Entscheidende ist jedoch, dass dieser extremistische Individualismus nicht, wie zu erwarten wäre, an der Seite des Liberalismus steht. Im Gegenteil, als Feind des Individuums wird der Liberalismus ausgemacht, in Gestalt eines hoch angesehenen Geschäftsmannes, der eine Arbeiterin entlässt:

> »›Bitte – bitte!‹ [sagt der Geschäftsmann.] ›Da das Fräulein Anna ihren Dienst nicht mehr korrekt bewältigen konnte, mussten wir sie natürlich abbauen. Vergessen Sie doch nicht, wir sind eine große Firma und tragen also auch eine große Verantwortung‹ –
> ›Für wen?‹ [fragt der Held.]
> ›Wir haben für rund 240 Personen zu sorgen, Angestellte, Artisten und dergleichen – in einem solchen Zusammenhang kann es niemand von uns verlangen, dass wir uns um jeden Einzelnen kümmern‹ –
> ›Warum nicht?‹
> ›Weil der Einzelne keine Rolle mehr spielt.‹
> Ich starre ihn an.
> Keine Rolle?
> Das hab' ich doch auch mal einst gesagt –
> Wie dumm, wie dumm!
> ›Wir müssen rentabel bleiben‹, redet er weiter, ›auch der geschäftliche Konkurrenzkampf ist nur ein Krieg, mein Herr, und ein Krieg lässt sich bekanntlich mit Glacéhandschuhen nicht gewinnen, das sollten Sie eigentlich schon wissen.«[99]

Am Ende dieses Dialogs schnappt sich der Held diesen Repräsentanten des militärisch-industriellen Komplexes und wirft ihn in den Graben:

> »Seine Brille, die hob ich auf und warf sie ihm nach. Damit er den Schlamm besser sieht.
> Jetzt wird ers ja schon gesehen haben, ob ein Einzelner keine Rolle spielt.
> Es geht mir ganz gut.
> Denn jeder, der da sagt, auf den Einzelnen kommt es nicht an, der gehört weg.«[100]

Auf diese Weise durchtrennt Horváth, elegant, knapp und ohne sich mit politisch-theoretischen Fragen aufzuhalten, den gordischen Knoten: Im Namen des Individualismus wird die liberal-faschistische Ordnung symbolisch ausgelöscht. Als wollte er Nietzsches oben zitierte Ansicht widerlegen, wonach die Gleichheit der Seelen vor Gott die »gefährlichste aller möglichen Wertschätzungen« sei, weil sie »das Gegenprinzip gegen die Selektion« darstelle, appelliert Horváth an das christliche Gebot, an einen Gott, der sich um alle und jeden sorgt, und schafft dadurch ein Gegengewicht gegen die unheilige Allianz von Nationalsozialismus und Liberalismus. Der weiter vorn im Buch geführte Dialog zwischen dem zu diesem Zeitpunkt noch faschistischen Protagonisten und einer Krankenschwester zeugt von dieser Allianz:

> »›Gott weiß alles, hört alles und lässt keinen Einzigen aus den Augen, Tag und Nacht, denn Er hat mit jedem etwas vor.‹
> ›Mit jedem Einzelnen?‹
> Sie sieht mich groß an.
> ›Natürlich‹, sagt sie.«[101]

Liberaler Individualismus gegen Massendemokratie
Faschismus als Antiindividualismus: eine vertraute Trope, die hier aus einem etwas anderen Blickwinkel beleuchtet wird. Doch wie der Liberalismus zelebriert auch der Faschismus die Bedeutung des Individuums; ein Aspekt, den die normale Geschichtsschreibung fast völlig verdrängt. Auf den ersten Blick geschieht das auch zu Recht, denn wie lässt sich beispielsweise das nationalsozialistische Projekt der *Volksgemeinschaft** mit dem liberalen Wert des Individualismus verbinden? Die Vorstellung jedoch, die *Volksgemeinschaft** sei Ausdruck eines anonymen Kollektivs, mag aus abstrakter und philosophischer Sicht berechtigt erscheinen, unterstellt jedoch ein zeitloses Vakuum und ignoriert die konkrete und historische Bedeutung des Projekts. *Historisch verstanden* lief die *Volksgemeinschaft** auf das Bemühen hinaus, den *Individualismus* gegenüber der wahrgenommenen Anonymität und Gleichmacherei der Massengesellschaft *zu verteidigen;* bei ihr handelte es sich um eine gesellschaftliche Figur, die geschaffen wurde, um die bedrohte Genialität vor den Massen zu bewahren.

In diesem Sinne sollten wir sehr kritisch sein, wenn wir uns mit den »antiliberalen« Ergüssen der faschistischen Rhetorik beschäftigen: Der Liberalismus – verstanden in erster Linie als *politische Demokratie* – wurde nicht deshalb so hart attackiert, weil er das Individuum zulasten des Kollektivs privilegiert hätte, sondern weil er die kollektivistische Eliminierung des Individuums zu bedeuten schien. Die individualistische Kritik der Demokratie war eines der wichtigsten Merkmale und ein Gemeinplatz der nationalsozialistischen Ideologie. Die Demokratie als mittelmäßig zu kritisieren war kein Ausdruck teutonischer Rückständigkeit, sondern integraler Bestandteil des liberalen Denkens, das sich bereits zu Zeiten John Stuart Mills über die Gefahr, die der politische Liberalismus für den Wirtschaftsliberalismus darstellte, den Kopf zerbrochen hatte. Mehrheitsentscheidungen, die den Massen zugutekamen, wurden als Angriff auf die Rechte des unternehmerischen Subjekts und als Beschränkung seiner Kreativität betrachtet. Zumindest in diesem Punkt, *bei der Analyse des Grundproblems*, sollten wir uns nicht darüber wundern (oder vielleicht doch?), dass Mill und Hitler recht ähnliche Ansichten äußerten. Innovative Individuen, so schreibt Mill, sind »das Salz der Erde; ohne sie würde das menschliche Leben zu einem faulen Sumpf. Ihnen dankt man nicht nur die Einführung zweckmäßiger Neuerungen; auch die Erhaltung der bereits bestehenden ist ihr Werk.«[102] Der zukünftige Führer äußert sich in »Mein Kampf« ganz ähnlich: »Alle Erfindungen sind also das Ergebnis des Schaffens einer Person. Alle diese Personen selbst sind, ob gewollt oder ungewollt, mehr oder minder große Wohltäter aller Menschen. Ihr Wirken gibt Millionen, ja Milliarden menschlichen Lebewesen später Hilfsmittel zur Erleichterung der Durchführung ihres Lebenskampfes in die Hand.«[103] Das Problem für Mill besteht jedoch darin, dass die undankbaren Vielen sich zusammenschließen, um den Handlungsspielraum ihrer Handvoll Wohltäter einzuschränken: »Die ungewöhnlich begabten Menschen bilden zwar allerdings, und werden auch wohl immer nur eine kleine Minderheit bilden; um ihrer jedoch habhaft zu werden, gilt es den Boden zu pflegen, worin sie wachsen [...]. Allgemein strebt doch alles dahin, der Mittelmäßigkeit zur Herrschaft über die Menschheit zu verhelfen [...]. Die einzige Gewalt, die hier noch den Namen verdient, ist die der Massen und der Regierungen, solange sie sich zum Werkzeug der Bestrebungen und Neigungen der Massen machen.«[104] Auch in dieser Hinsicht pflichtet Hitler bei und empfiehlt mit dem *völkischen Staat** ein Gegenmittel:

> »Der völkische Staat hat für die Wohlfahrt seiner Bürger zu sorgen, indem er in allem und jedem die Bedeutung des Wertes der Person anerkennt und so auf allen Gebieten jenes Höchstmaß produktiver Leistungsfähigkeit einleitet, die dem Einzelnen auch ein Höchstmaß an Anteil gewährt. Und der völkische Staat hat demgemäß die gesamte, besonders aber die oberste, also die politische Leitung restlos zu befreien vom parlamentarischen Prinzip der Majoritäts-, also Massenbestimmung, um anstelle dessen das Recht der Person einwandfrei sicherzustellen.«[105]

Die faschistische Auslöschung des politischen Liberalismus wird also als Maßnahme zur programmatischen Verteidigung des Individuums verstanden. Es steht außer Frage, dass Mill eine solche »Lösung« vehement abgelehnt hätte, doch das gemeinsame Problem, mit dem erhabene Liberale ebenso konfrontiert waren wie schreckliche Faschisten, liegt ebenfalls auf der Hand (ich habe oben argumentiert, dass Mill schließlich einen Ausweg aus der liberalen Sackgasse aufzeigte, indem er darüber nachdachte, den Kapitalismus ganz zu beseitigen, was für Hitler völlig undenkbar war). Auch ist Hitlers paradoxes Konzept nicht, wie so oft, als Sophisterei abzutun, die aus der vermeintlichen *Halbbildung** und anderen Eigenschaften eines rückständigen, vulgären und provinziellen Geistes herrühren. Vielmehr stellt es, und hierin liegt seine wahre historische Bedeutung, den Grundbaustein eines »ehrwürdigen« antidemokratischen Denkens dar, das von einigen der gelehrtesten und kultiviertesten europäischen Intellektuellen entwickelt wurde. Die Abschaffung der Mehrheitsentscheidung wurde gewöhnlich als eine Maßnahme propagiert, die die individuelle Initiative in der Politik und die Entscheidungsgewalt des Einzelnen fördern und nicht untergraben sollte. Demokratie, so hieß es, sei eine Form der Politik, die sich der individuellen Verantwortung entziehe, indem sie diese auf andere übertrage oder, wie es in Heideggers Jargon heißt, auf *»das Man*«* abwälze, wie er in »Sein und Zeit« erläutert:

> »Das Man ist überall dabei, doch so, dass es sich auch schon immer davongeschlichen hat, wo das Dasein auf Entscheidung drängt. Weil das Man jedoch alles Urteilen und Entscheiden vorgibt, nimmt es dem jeweiligen Dasein die Verantwortlichkeit ab. Das Man kann es sich gleichsam leisten, dass ›man‹ sich ständig auf es beruft. Es kann am leichtesten alles verantworten, weil keiner es ist, der für etwas einzustehen braucht. Das Man ›war‹ es immer und doch kann gesagt werden, ›keiner‹ ist es gewesen.«[106]

Oder wie Karl Jaspers, ein anderer existenzialistischer Anhänger des Individuums und Feind der Massen, behauptet: Demokratie bedeutet die Beseitigung wahrer Führung und Rechenschaftspflicht. Sie bringt viele zufällig »Zufallsführer« im Plural hervor, die sozusagen Teilzeitjobs ausüben, aber keinen singulären Befehlshaber: »Selten findet sich der Mensch, der wahrhaft *Verantwortung* übernimmt. Die Menge der Zufallsführer hat die Haltung, nicht allein entscheiden zu können. Instanzen, Kontrollen, Kommissionsbeschlüsse – einer schiebt es auf den anderen. Im Hintergrund steht zuletzt die Autorität des Volkes als der Masse, welche durch Wahlen zu entscheiden scheint.«[107] Und wer ist ein Führer, der diesen Namen verdient, wenn nicht ein *einzelner* Mensch? Wie Luigi Pirandello – ein Anhänger des italienischen Faschismus – es über eine seiner Figuren ausdrückt:

> »Kennst du aber die wahre Ursache all unseres Elends, unserer Bedrücktheit, kennst du sie? Die *Demokratie, mein Lieber, die Demokratie*, das heißt die Herrschaft der Mehrheit ist nämlich die Macht in

> der Hand eines Einzigen, dann weiß dieser eine, dass er ein Einzelner ist und viele zufriedenstellen muss; wenn aber die Vielen regieren, dann denken sie nur daran, sich selbst zufriedenzustellen, und die Folge davon ist die dümmste und hassenswerteste Tyrannei, die es gibt: die als Freiheit maskierte Tyrannei.«[108]

Alles Varianten, um dasselbe zu sagen. Hitler und andere faschistische Diktatoren intervenierten also lediglich, um das umzusetzen, was weite Teile der Eliten ihrer Länder für notwendig hielten, und steuerten dabei eigene Formulierungen der Leitidee bei, die weder wirklich kruder noch unlogischer waren:

> »Was mir zuallererst und am Allermeisten zu denken gab, war das ersichtliche Fehlen jeder Verantwortlichkeit einer einzelnen Person. Das Parlament fasst irgendeinen Beschluss, dessen Folgen noch so verheerend sein mögen – niemand trägt dafür eine Verantwortung, niemand kann je zur Rechenschaft gezogen werden. [...] Kann denn überhaupt eine schwankende Mehrheit von Menschen jemals verantwortlich gemacht werden? Ist denn nicht der Gedanke jeder Verantwortlichkeit an die Person gebunden?«[109]

Hitler zieht daraus praktische Konsequenzen:

> »Der Staat muss in seiner Organisation [...] das Persönlichkeitsprinzip verankert haben. Es gibt keine Majoritätsentscheidungen, sondern nur verantwortliche Personen, und das Wort ›Rat‹ wird wieder zurückgeführt auf seine ursprüngliche Bedeutung. Jedem Manne stehen wohl Berater zur Seite, allein die *Entscheidung trifft ein Mann*. [...] Auch dann wird man nicht jener Korporationen entbehren können, die wir heute als Parlamente bezeichnen. Allein ihre Räte werden dann wirklich beraten, aber die Verantwortung kann und darf immer nur ein Träger besitzen und mithin auch nur dieser allein die Autorität und das Recht des Befehls.«[110]

Persönlichkeit war für die meisten Faschisten ein heiliger Grundsatz, auch wenn sie sie nicht im Sinne eines isolierten, abstrakten Individuums verstanden, einer bloßen Menge, die wie eine Schafsherde zu den Wahlurnen eilt. Der Liberalismus wurde im Namen eines *wahren Individualismus* immer wieder angegriffen; Demokratie bedeutet gerade den Verlust der Individualität und verwandelt den Einzelnen in »Stimmvieh«, wie Nietzsche es verächtlich formulierte.[111] Diejenigen, die unter dem Banner des Individuums gegen die Massen marschierten, fanden sich so fast automatisch im antidemokratischen, autoritären und nicht selten auch im faschistischen Lager wieder. So etwa Alfred Baeumler, einer der führenden Philosophen des NS-Staates. Baeumler beruft sich 1927 auf Kierkegaard und Nietzsche, um die Demokratie als Ausdruck eines *Pseudo*individualismus zu kritisieren, bei dem die Persönlichkeit in Wahrheit vom Kollektiv absorbiert wird und jede Durchsetzungskraft und Entschlossenheit verloren gehen. Interessanterweise geschieht dies mit einer expliziten Distanzierung von der Idee der *Gemeinschaft**:

> »Daran schließt sich Kierkegaards Kritik des Liberalismus: Der moderne Mensch räsoniert, das heißt, er denkt und redet anonym, wenn auch mit seinem Namen darunter. Das ganze Zeitalter wird zum Komitee. Man setzt das Prinzip der ›Gemeinschaft‹ auf den Thron und erwartet von ihm die Rettung. [...] Der Gemeinschaftsgedanke wird in unserer Zeit negativ, es ist eine Ausflucht, eine Zerstreuung: er stärkt den Einzelnen scheinbar durch den Zusammenschluss, aber er schwächt den Menschen ethisch [...]. Hier steht das Wort [Nietzsches], das von Kierkegaard sein könnte: öffentliche Meinungen, das heißt private Faulheiten [...]. [Die Abhandlung][112] beginnt mit dem Satz, dass jeder Mensch ein einmaliges Wunder ist, sie ist ein einziger Protest gegen die Nivellierung des modernen Menschen.«[113]

Baeumler klärt im Weiteren vor allem, was eine wahre, positive *Gemeinschaft** von einer unechten unterscheidet: dass sich nämlich erstere auf Individualismus stützt. Die *Gemeinschaft** als ein numerisches Konglomerat, als *Masse*, sollte daher auf keinen Fall mit ihrem vermeintlichen Gegenteil, der *Volksgemeinschaft** verwechselt werden, die eine bedeutungsvolle, wahre Verbindung der Individuen ist: »›Erst wenn das einzelne Individuum ethische Haltung trotz der ganzen Welt gewonnen hat, erst dann kann die Rede davon sein, sich in Wahrheit zu vereinigen [...]‹. Kierkegaard hat seine historische Sendung darin erblickt, dass er die Kategorie ›der Einzelne‹ wieder entdeckt und der Zeit eingeprägt hat.«[114] Diese grundlegende nationalsozialistische Unterscheidung zwischen der unwahren Zählgemeinschaft und dem wahren, auf Qualität beruhenden Gegenstück wurde von Heidegger in seinen nationalsozialistischsten Texten immer wieder hervorgehoben. Anders als häufig behauptet wird, verzichtete Heidegger in seiner »Nazi-Phase« nie einfach auf die Bedeutung der Individualität, die er in seiner frühen, vorpolitischen Phase hochgehalten hatte. Im Gegenteil, er bemühte sich, die bleibende Bedeutung des Individuums als Voraussetzung der *Volksgemeinschaft** hervorzuheben:

> »›Wir!‹ – so spricht auch irgendeine namenlose Menge. ›Wir!‹ – so schreit auch eine aufbegehrende Menge, prahlt auch der Kegelclub. ›Wir!« – so verabredet sich auch eine Räuberbande [...]. [D]as Wir,

auch im Sinne der echten Gemeinschaft, hat nicht schlechthin und unbedingt den Vorrang [...]. Es gibt Dinge, die für eine Gemeinschaft wesentlich und entscheidend sind, und gerade diese Dinge erwachsen nicht in der Gemeinschaft, sondern in der beherrschten Kraft und Einsamkeit eines Einzelnen.«[115]

Der Nationalsozialismus ist für Heidegger also, ebenso wie für Baeumler, nicht die Aufhebung individueller Unabhängigkeit und Authentizität, sondern deren höchster Ausdruck:

> »Wir sind eigentlich wir nur in der Entscheidung, und zwar jeder vereinzelt. Es hat den Anschein, als müssten jetzt erst hinterher die Einzelnen zusammengeschoben werden in die Mehrzahl. So ist es aber nicht. [...] In der Entscheidung ist jeder von jedem *so* getrennt, wie nur ein Mensch getrennt sein kann. [...] Freundschaft erwächst nur aus der größtmöglichen inneren Selbstständigkeit jedes Einzelnen, die freilich etwas ganz anderes als Ichsucht ist.«[116]

Wenn ein Autor also in apologetischer Absicht versucht, Heideggers Philosophie vom faschistischen Denken zu trennen, und argumentiert, dass sich seine »Beschreibungen des *Daseins** – insbesondere die Beschreibungen der Beziehung zwischen *Dasein** und Gemeinschaft – eher mit liberalen Auffassungen des Selbst decken als mit kommunitären Interpretationen«,[117] dann skizziert er unbeabsichtigt nicht irgendeinen einzigartig heideggerianischen Heilsgedanken, sondern einen Gemeinplatz des Nationalsozialismus. Dass der nationalsozialistische »Kollektivismus« durchaus mit einer leidenschaftlichen, zumindest rhetorischen Verteidigung des Individuums vereinbar ist, gilt nicht nur für die – wohl weniger repräsentativen – Philosophien Heideggers oder Baeumlers, sondern auch für die biologischen Rassentheorien eines Hans F. K. Günther, eines der populärsten und einflussreichsten Rassen-»Experten« des »Dritten Reichs«. Günther hob in diesem Sinne die Persönlichkeit hervor, die überlegenen, von der Massengesellschaft bedrohten Rassen innewohnt: »Das großgewerbliche Zeitalter bot nun sogar Menschen mit ausgesprochen minderwertigen Erbanlagen ein Fortkommen. Das Großgewerbe konnte vor allem Menschen brauchen, welchen das abständige Einzeltum des *nordischen Menschen* fremd war, *Menschen*, denen das Leben in der Masse seelisch nicht widerstrebte oder sogar entsprach.«[118] Abschließend zwei typische Beispiele aus der *Freikorps**-Literatur: »Einmal noch konnte jeder von euch hier Individuum sein, zwängte seinen Geist nichts ein. Aber schon meldet sich die Masse an, will sich von Ost und West auf uns wälzen [...]. Zu Ende ist das ritterliche Soldatentum, zu Ende die Weite des irdischen Raumes, zu Ende die Grenzenlosigkeit des Einzelgeistes.«[119] Und Hans Zöberlein, der SA-Kämpfer und spätere Anführer einer Werwolf-Einheit, verspottet die Volksdemokratie im Namen des herausragenden, belagerten Individuums: »Von jetzt ab regiert sich das Volk selbst! So sagt jeder politische Hanswurst [...]. Es gibt keinen Unterschied mehr, alle Menschen sind gleich, alle sind jetzt Brüder. Keiner darf sich ausschließen, sonst wird er erschlagen.«[120]

Schutz der Individualität der Nation

In diesem Licht sollten wir auch die heftigen Angriffe der Nazis gegen Descartes sehen. Emmanuel Faye behauptet zu Recht, dass Heidegger nie wirklich die systematische philosophische Widerlegung des *cogito* geliefert hat, wie er es in »Sein und Zeit« versprochen hatte, aber er irrt sich, wenn er meint, dies bedeute eine Negation der Individualität.[121] Philosophen wie Baeumler oder Heidegger spielten vielmehr das Individuum von Proto-Existenzialisten wie Kierkegaard und Nietzsche – ein leidenschaftliches, einzigartiges, konkretes Wesen – gegen das universalistische, kalte, körperlose und abstrakte Vernunftswesen aus, das sie Descartes zuschrieben.[122] Nationalsozialismus bedeutete für sie eine höhere Form des Individualismus: *lebendig und authentisch* anstelle von *tot und falsch*. In diesem Sinne wurde der Nationalismus, und zwar ein militanter und aggressiver, als der richtige politische *Ausdruck des Individualismus* und als Widersacher einer pazifistischen Demokratie betrachtet. Das einzigartige, irreduzible, leidenschaftliche Individuum kann im mechanistischen Rahmen einer universalistischen, zeitlosen Doktrin, die das Individuum in ein abstraktes Phantom verwandelt, nur verstümmelt werden. Der *Nationalismus* war der Zusammenschluss von *Individuen*, die ihr Recht auf sich selbst geltend machen und gegen das Diktat universeller Uniformität aufbegehren. In Übereinstimmung mit den Lehren Stirners und Nietzsches ist ein sich selbst achtendes Individuum alles andere als eine friedliche, gesetzestreue und die Norm achtende Person. Demokratie und universelle Moral sind der Keuschheitsgürtel, den das echte Individuum mit Abscheu ablegt.

Nicht zuletzt aufgrund der von Walter Kaufmann nach 1945 publizierten Arbeiten wird Nietzsche oft als das positive, individualistische Gegenbeispiel zum faschistischen/nationalsozialistischen Nationalismus angeführt, der seinerseits durch den eigensinnigen Zauberlehrling Heidegger verkörpert werde: »Nietzsche eignete sich griechische Werte im Sinne individueller Autonomie und Selbstüberwindung an, Heidegger hingegen tat dies im Namen der Gemeinschaft und des *Volkes**.«[123] Aber wollte Nietzsche damit nahelegen, dass das Recht auf Selbstverwirklichung *nur individuell* sei und nicht länger gelte, wenn es um die Nation geht? Keineswegs, denn auch er berief sich auf das unveräußerliche Recht der *nationalen* Selbstbehauptung. Zum Beispiel in »Der Wille zur Macht«:

»Wenigstens dürfte ein Volk mit ebenso viel gutem Sinn sein Eroberungsbedürfnis, sein Machtgelüst, sei es mit Waffen, sei es durch Handel, Verkehr und Kolonisation, als Recht bezeichnen – Wachstumsrecht etwa. Eine Gesellschaft, die endgültig und ihrem Instinkt nach, den Krieg und die Eroberung abweist, ist im Niedergang. Sie ist reif für Demokratie und Krämerregiment.«[124]

Stefan Zweig konzeptualisiert die Verknüpfung zwischen den vermeintlichen Gegensätzen Individualismus und Nationalismus. In einem Text aus dem Jahr 1925 zeigt er, wie der Nationalismus in einem Zeitalter der Massenherrschaft – oder des *Man**, wie Heidegger es ausdrückt – als Ausdruck des Individualismus verstanden werden kann (einschließlich eines quasi heideggerianischen Verweises auf Europa als das moderne Griechenland, das die gleichmachende, aus Amerika und der UdSSR hereinbrechende Flut abwehren muss):

»Die *individuellen* Gebräuche *der Völker* schleifen sich ab, die Trachten werden uniform, die Sitten internationaler. [...] Schon wird es schwieriger, die Besonderheiten bei Nationen und Kulturen aufzuzählen als ihre Gemeinsamkeiten. *Konsequenzen*: Aufhören aller Individualität bis ins Äußerliche [...]. Unbewusst entsteht eine Gleichartigkeit der Seelen, eine Massenseele [...]. Noch ist Europa das *letzte Bollwerk des Individualismus*, und vielleicht ist der überspannte Krampf der Völker, jener *aufgetriebene Nationalismus*, bei all seiner Gewalttätigkeit doch eine gewissermaßen fieberhafte unbewusste Auflehnung, ein letzter verzweifelter Versuch, sich gegen die Gleichmacherei zu wehren. [...] Schon ist der Genius der Nüchternheit am Werke, um Europa, das letzte Griechenland der Geschichte, von der Tafel der Zeit auszulöschen.«[125]

Zweigs Gegenmittel sah ganz ähnlich aus wie jenes, das Heidegger zwei Jahre später in »Sein und Zeit« verschreiben würde: »Flucht, Flucht in uns selbst. Man kann nicht das Individuelle in der Welt retten, man kann nur das Individuum verteidigen in sich selbst.«[126] Anders als die Heideggers und die Bauemlers sollte Zweig sich allerdings niemals für die *individuelle Volksgemeinschaft** entscheiden, was ihm, wie man hinzufügen sollte, allerdings auch ohnehin verwehrt worden wäre, stattdessen gehörte er zu jenen unzähligen Opfern dieses Projekts, das auf eine von Zweig nie für möglich gehaltene Weise eine *Massenseele* herstellte. In dieser Hinsicht offenbaren die letzten Seiten von »Die Welt von gestern«, auf denen Zweig, der einsame Exilant, über seine Niederlage gegen ein paar Weltpolitiker reflektiert, einen verblüffenden und tief bewegenden Perspektivwechsel gegenüber der distanzierten Verachtung, die er in

»Die Monotonisierung der Welt« für die unkultivierten Massen übrighatte. Der einst stolze Angehörige der Elite, der sich als Opfer der Massen fühlte, gehört nun zu den von der Elite terrorisierten Massen: »In ihren Händen und nicht in meinen eigenen lag jetzt mein Geschick. Sie zerstörten oder schonten uns Machtlose, sie ließen Freiheit oder zwangen in Knechtschaft, sie bestimmten für Millionen Krieg oder Frieden. Und da saß ich wie alle die andern in meinem Zimmer, wehrlos wie eine Fliege, machtlos wie eine Schnecke, indes es auf Tod und Leben ging, um mein innerstes Ich und meine Zukunft.«[127]

*Führerprinzip** oder Selbstverherrlichung?

Doch was ist mit dem Führerkult? Bedeutete dieser nicht die unüberwindbare Negation des liberalen Individuums, die sklavische Selbstverleugnung vor der Autorität? Nicht ganz, auch hier sind Faschismus und Liberalismus weit weniger antagonistisch als gemeinhin angenommen. Die Verehrung des faschistischen Führers sollte in einem grundlegenden Sinne als gezielte Rehabilitierung des Individuums gegen die Anonymität der Moderne, als heroischer Triumph des großen Mannes und »Genies« verstanden werden, wie er dem klassischen Liberalismus lieb und teuer war. Indem man dem Führer absolute Macht übertrug, wollte man nicht die Individualität abschaffen, mit dem Kollektiv verschmelzen oder »der Freiheit entfliehen«. Der Führer war vielmehr die fetischisierte Form des Individualismus, der Wiedereintritt des großen Mannes in die Geschichte. Wie Heidegger behauptet: »Und doch ist die Geburtsstunde Albrecht Dürers und die Todesstunde Friedrichs des Großen Geschichte. Wenn ein Hund verendet oder eine Katze wirft, ist das keine Geschichte, höchstens, dass eine alte Tante eine Geschichte daraus macht.«[128] Oder in einer sehr unmissverständlichen Formulierung: »Wie ist es mit den Umdrehungen des Propellers? Dieser mag sich tagelang drehen — es geschieht dabei doch eigentlich nichts. Wenn das Flugzeug freilich den Führer von München zu Mussolini nach Venedig bringt, dann geschieht Geschichte.«[129] Diese Fetischisierung des Individuums erklärt viel über die verbreitete Vorstellung, den *Führer** als Stellvertreter zu benutzen, um die eigene Individualität auszudrücken. Der Führer/Duce wurde als Mittel der Selbstdarstellung begriffen. Daher die tragikomischen Missverständnisse, die auftraten, nachdem der Führer die Erwartungen nicht erfüllt hatte. Die *Herde* sollte in der Tat geführt werden, doch natürlich sahen diese Menschen *sich selbst* keineswegs als gefügig mitlaufende Schafe. So beschwerte sich Heidegger, der sich für den Philosophenkönig des neuen Reichs hielt und »den Führer führen« wollte, später bei Ernst Jünger, dass Hitler ihn im Stich gelassen habe und ihm daher eine Entschuldigung schuldig sei.[130] Und D'Annunzio machte, als er vom Mussolini-Regime zur Ordnung gerufen wurde, großmütig geltend: »Seit dem

Tag meiner Geburt bin ich allein mein Führer gewesen [...]. Du bist es, der sich von Anhängern befreien muss, die dich in die Irre führen.«[131] Und Spengler klagte, kurz bevor er sich vom Nationalsozialismus distanzierte, über die kleinliche Aufsässigkeit seiner Schriftstellerkollegen: »Der politische Dilettantismus führte das große Wort. Jeder schrieb seinem künftigen Diktator vor, was er zu wollen hatte. Jeder forderte Disziplin von den andern, weil er selbst der Disziplin nicht fähig war.«[132] Diese Autoren dachten nie ernsthaft an ein Ende der Individualität. Vielmehr stellten sie sich den Führer als einen Verbündeten vor, als einen Schutzpatron von Kultur, Philosophie und Künsten, der sie vor den barbarischen Massen abschirmen sollte. In Pirandellos prägnanter Formulierung: »Es muss einen Cäsar und einen Oktavian geben, damit es einen Virgil geben kann.«[133]

Der faschistische Führerkult ist historisch nicht als Antithese zum liberalen Individualismus bedeutsam, sondern weil er dessen latente Wahrheit offenbart, nämlich den paradoxen Umstand, dass der liberale Individualismus *exklusiv* ist; er tendiert auf geheimnisvolle Weise dazu, sich in angeblich einzigartigen Menschen zu manifestieren, während die große Mehrheit davon völlig unberührt bleibt. »Individualität«, »Kreativität«, »Freiheit«, »Genie« und so weiter sind nicht für jeden etwas. Oder wie es Mill ausdrückte: »Personen von Genie sind, *ex vi termini, individueller* als alle anderen Leute.«[134] Und John Carey trifft, als er über die Vorurteile der britischen Intellektuellen um 1800 reflektiert, den Nagel des liberalen Individualismus auf den Kopf: »Es bildet sich eine unangenehme Situation heraus, in der einige Menschen Individuen sind, die meisten aber nicht.«[135] Der liberale Individualismus war kein allgemeines Phänomen, sondern seiner Definition nach ein nur wenigen vorbehaltener Luxusartikel.[136] Daher sollte der faschistische Führer nicht als Auslöschung des liberalen Individuums durch ein rachsüchtiges Kollektiv, sondern als »das Individuelle« gesehen werden, das auf angemessene Weise in ein alles überschattendes Individuum übertragen wird. Wie ein anderer illustrer Sympathisant des Faschismus, William B. Yeats, einem Vertrauten gegenüber äußerte, repräsentierte Mussolini »den Aufstieg des individuellen Menschen gegen [...] die unmenschliche Parteimaschinerie«.[137] Ein Standpunkt, den Yeats' Biograf, von der liberalen Mainstream-Geschichtsschreibung interpelliert, durch den entschuldigenden Einwand ergänzte, Yeats habe den Faschismus »in Begriffen bewundert, die heutzutage nicht mehr sofort nachvollziehbar wären«, da die Interpretation Mussolinis als Verteidiger des Individuums und nicht der Partei »die Bewegung im Rückblick genau falsch herum verstanden zu haben scheint«.[138] Dass Yeats' Standpunkt heute nicht mehr nachvollziehbar scheint, hat viel mit der liberalen Hegemonie in den Geschichtswissenschaften zu tun und zeugt vom Erfolg des konsequent eingesetzten Verfremdungseffekts. Yeats lag jedoch keineswegs »falsch«; wir heute sind es, die die wahre Natur des Faschismus nicht mehr richtig erkennen. Um wieder einen dialektischen Einblick in das Wesen des Faschismus zu erlangen, können wir Hilfe von unerwarteter Seite in Anspruch nehmen: den Theorien Benedetto Croces. Wie erwähnt hob Croce zwar nachdrücklich die Feindschaft und Unvereinbarkeit zwischen Liberalismus und »Aktivismus« hervor (ein Sammelbegriff, den Croce für moderne und hypermoderne reaktionäre Phänomene – oder wie es später heißen würde: für die »reaktionäre Moderne« – verwendet und der sich im Besonderen auf den Faschismus bezieht), gestand aber dennoch deren gemeinsame Wurzel ein und suggerierte damit, dass der Aktivismus faktisch dem Liberalismus entspringt:

> »Worin bestand nun dieses Ideal des ›Aktivismus‹, das sich in der europäischen Seele herausbildete, seiner eigentlichen Natur nach? Der Aktivismus verabscheute und bekämpfte vor allem den Liberalismus [...]. Trotz alledem und vielleicht gerade deswegen ist aber der ursprüngliche Impuls zum Aktivismus im Prinzip der Freiheit zu suchen, das mit der modernen Welt so eins geworden war, dass man an ihm nicht vorüber gehen konnte.«[139]

Nachdem er diesen historischen Kontext hergestellt und die objektive Affinität zwischen Liberalismus und Faschismus, ja die Vaterschaftsbeziehung nachdrücklich unterstrichen hat, beharrt Croce entschieden auf der Perversion des Liberalismus in den Händen seiner dämonischen Nachkommen. Dem Liberalismus wird ein moralischer Kern zugeschrieben, während seine Emanation als amoralisch gilt, da sie »der Freiheit ihre moralische Seite nimmt«. Wenn man die Freiheit von »ihrer verehrungswürdigen Tradition loslöst [...], dann bleibt nichts weiter übrig als die Tat um der Tat willen [...], das Erneuern, um zu erneuern, der Kampf für den Kampf. [...] Dann kommt der Aktivismus zum Vorschein.«[140] Croce verweist auf die unüberbrückbare Distanz zwischen Liberalismus und Aktivismus und bemüht sich, einen unerbittlichen Antagonismus geltend zu machen. Doch es ist zweifelhaft, ob er ausreichend belegt, dass das Herz des Liberalismus, das heißt der Kapitalismus, wirklich eine moralische Seele besitzt und dass der Akkumulationsimperativ, das alles beherrschende Profitstreben, auf irgendeine Weise weniger blind, selbstgenügsam und »aktivistisch« ist als die kriegerischen Eruptionen des Faschismus. Wie dem auch sei – nichts, was wir ergänzen könnten, ist für den Liberalismus vernichtender als Croces eigene Worte. Faschismus, so räumt er letztlich ein, ist ein wild gewordener Liberalismus, ein faschistischer Individualismus, der die liberalen Prinzipien an ihre äußersten Grenzen treibt:

> »*Es liegt in der Logik dieses Vorgangs beschlossen,* dass diese Perversion eines ursprünglichen Freiheitsdrangs sodann ins Gegenteil der Freiheit, in alle Arten von Reaktion umschlägt. Der Aktivismus führt zur *Herrschaft eines Einzelnen über die Einzelnen,* zum Servilismus der anderen und schließlich zur eigenen Knechtsgesinnung, *zur Unterdrückung der Persönlichkeit,* die er *in einem ersten Moment zu heben wähnte,* während er sie in Wirklichkeit des moralischen Gewissens raubte und der Vernichtung preisgab.«[141]

Croces Sichtweise ist ebenso scharfsinnig wie pessimistisch: Der Aktivismus pervertiert den Liberalismus, aber gleichzeitig führt der Liberalismus offenbar unausweichlich zum Aktivismus. Im Grunde gelingt es Croce nicht, einen Ausweg aus dieser modernen Aporie aufzuzeigen: Er schlägt vor, zur Grundannahme zurückzukehren, zum Freiheitsstreben, als dieses noch eine moralische Seele besaß. Und doch ist dies, Croces eigener Darstellung zufolge, genau der Ausgangspunkt, an dem der Aktivismus/Faschismus seinen verhängnisvollen Marsch begann.

6 Liberalismus und Faschismus zwischen Mythen und Wirklichkeit II

Liberaler Mythos Nr. 3: Die Ursprünge der faschistischen »Großen Lüge« – totalitär oder liberal?[1]

Eines der auffälligsten und abstoßendsten Merkmale des Faschismus war das, was Hitler in »Mein Kampf« bekanntermaßen als »die große Lüge« bezeichnete. Nämlich die faschistische, radikale »Instrumentalisierung der Wahrheit«,[2] der hemmungslose Einsatz von Propaganda und Massenmanipulation, wie sie von Dr. Joseph Goebbels, dem wohl bösartigsten Spindoktor aller Zeiten, verkörpert wurde. Doch dabei handelt es sich keineswegs um eine faschistische Erfindung. Auch in dieser Hinsicht trieben die Faschisten bereits existierende Entwicklungen auf die Spitze. Während des von Erschütterungen geplagten 20. Jahrhunderts wurde es im Westen zur Gewohnheit, zwischen – rechten oder linken – totalitären Gesellschaften auf der einen Seite und liberaldemokratischen auf der anderen zu unterscheiden. Erstere waren laut Hannah Arendt dadurch charakterisiert, dass in ihnen die *Wahrheit* durch den systematischen Einsatz der Propaganda konsequent *der Politik* untergeordnet wurde,[3] während Letztere in Karl Poppers bekannter Definition vor allem in zweierlei Hinsicht als »offene Gesellschaften« beschrieben wurden. Erstens in einer diskursiven, wissenschaftlichen Hinsicht: Liberale Gesellschaften beruhen auf der freien, pluralistischen Zirkulation von Wissen, verzichten auf jedes Wahrheitsmonopol und gelangen durch logische Argumentation und Debatte zu Annäherungen an die Wahrheit, was den Fortschritt von Wissenschaft und Wissen ermöglicht. Diese diskursive »Offenheit« besitzt zweitens eine politische Dimension: Liberale Gesellschaften setzen die demokratische Kontrolle der Wähler über die Politik voraus, was wiederum Transparenz impliziert. Während diese nahtlose Verknüpfung von Liberalismus und liberaler Gesinnung mit Offenheit, Transparenz und ungehinderter Wahrheitsfindung im politischen Kontext zweifelsohne sehr funktional ist, ignoriert sie die Tatsache, dass die liberale Gesellschaft ihrerseits selbst ein ernsthaftes Hindernis für eine wirklich freie und transparente Diskussion darstellt, und zwar nicht nur deshalb, weil liberale Prinzipien und Verfahren nicht immer wie vorgesehen befolgt werden. Abgesehen von solchen Abweichungen müssen wir uns auch der strukturellen Grenzen des liberalen Diskurses selbst bewusst sein, der, gerade *weil* er liberal ist, einer wirklich offenen Gesellschaft im Weg steht.

König Demos und seine Feinde

Aus historischer Perspektive war die strukturelle Grenze gleichbedeutend mit dem Eindringen der Massen in das politische Leben und mit dem Entstehen einer modernen Massengesellschaft. Diejenigen, die ihre Hoffnungen auf den Triumph der Massen setzten, hielten es für unvermeidlich und sogar wünschenswert, die Karten auf den Tisch zu legen. Der Kommunismus beispielsweise feierte, solange er eine oppositionelle Kraft war, die Offenheit seiner Debatten; eine Botschaft, die in den folgenden Zeilen aus dem »Kommunistischen Manifest« prägnant und aufrührerisch vertreten wird: »Die Kommunisten verschmähen es, ihre Ansichten und Absichten zu verheimlichen. Sie erklären es offen, dass ihre Zwecke nur erreicht werden können durch den gewaltsamen Umsturz aller bisherigen Gesellschaftsordnung.«[4] Doch aus Sicht der sozialen und politischen Elite, die durch die Fortschritte der Massenmacht unter Druck geriet und die zu diesem Zeitpunkt – der Ära nach 1848 – in den meisten westeuropäischen Ländern stark, wenn nicht sogar überwiegend liberal war, gab es viel zu »verheimlichen«. Die Notwendigkeit, die Massen zu täuschen und ihnen im besten Fall Halbwahrheiten zu verkaufen, stellte ein gewaltiges Hindernis für jede wirklich offene Diskussion und für die ungehinderte Verbreitung von Wissen dar. Dies ist ein enormes Problem, das allen großen liberalen Denkern zu schaffen machte. So führten einige der berühmtesten Liberalen des 19. Jahrhunderts, unter ihnen auch John Stuart Mill und Alexis de Tocqueville, den Begriff der »Tyrannei der Mehrheit« ein, um die von den demokratischen Gesellschaften ausgehenden Gefahren für Freiheit und Individualität zu beschreiben. Heute werden diese Vorbehalte, wie oben dargestellt, in der Regel als prophetische Warnungen vor dem Faschismus interpretiert: als Hinweis auf die Möglichkeit, dass die Demokratie aufgrund der Sentimentalität, Wankelmütigkeit und Verantwortungslosigkeit der Wählerschaft degeneriert und in die Hände von Demagogen fällt. Doch für Menschen wie Mill oder Tocqueville stellte die Mehrheit nicht eine zukünftige Gefahr dar, die die Demokratie eines Tages einholen würde, sondern ein Problem *der Gegenwart*, das untrennbar mit der Funktionsweise der Demokratie verbunden war. In ihren Analysen ist die Demokratie nicht einfach der Auftakt einer potenziellen Tyrannei, sondern selbst *bereits* tyrannisch. Dies gilt insbesondere in einer Demokratie, in der die Massen aufgrund ihrer schieren Zahl dominieren. Es geht also nicht einfach darum, dass diese Massen die Demokratie aufgeben und sich stattdessen für einen Tyrannen entscheiden könnten.

Vielmehr sind die Masse *selbst ein Tyrann*, wenn auch ein kollektiver. In den Worten Mills:

> »Allgemein strebt doch alles dahin, der Mittelmäßigkeit zur Herrschaft über die Menschheit zu verhelfen. In der alten Geschichte, im Mittelalter und in geringerem Grade während des langen Übergangs von der Feudalität zur neueren Zeit war die Persönlichkeit noch eine Macht durch sich selbst und, wenn sie sich auf eine hohe Begabung oder gesellschaftliche Stellung stützen konnte, eine bedeutende Macht. Gegenwärtig verlieren sich die Einzelnen in der Menge. Im Staatsleben klingt es wie ein Gemeinplatz, dass die öffentliche Meinung die Welt regiert. Die einzige Gewalt, die hier noch den Namen verdient, ist die der Massen und der Regierungen, solange sie sich zum Werkzeuge der Bestrebungen und Neigungen der Massen machen. [...] Nie hat sich eine Herrschaft durch eine Demokratie oder zahlreiche Aristokratie, sei es in ihren politischen Handlungen oder in den Meinungen, Eigenschaften und der geistigen Stimmung, die dadurch genährt wird, über die Mittelmäßigkeit erhoben und in der Tat zu erheben vermocht, wenn sie nicht die herrschenden Vielen (wie es in ihren besten Zeiten stets der Fall war) durch den Rat und Einfluss des einen oder der wenigen höher Begabten und Unterrichteten leiten ließen.«[5]

Man beachte den Umstand, dass die Moderne für Mill nicht etwa einen Fortschritt hinsichtlich Freiheit und Individualität darstellt, der zugleich Gefahren birgt. Nein, die demokratische Moderne bedeutet, gerade weil sie die Massen stärkt, einen *Rückschritt*. Sie ist – was die Verengung des intellektuellen Horizonts und die chronische Mittelmäßigkeit des von ihr erzwungenen »Geisteszustandes« angeht – entschieden *weniger* individualistisch und, wie wir hinzufügen könnten, weniger offen als frühere politische Systeme.[6] Diese Meinung reflektiert die historische Tatsache, dass klassischer Liberalismus und Demokratie alles andere als eine harmonische Einheit bildeten, die Liberalen gegen die Ausweitung der Demokratie auf die Massen in den meisten Fällen erbitterten Widerstand leisteten und sie gewissermaßen eine begrenzte Demokratie *der Vermögensbesitzer* anstrebten. Der wachsende Druck der Massen, gerade durch die Demokratie, wurde als Gefahr für die Freiheit gesehen – und zwar sowohl in kultureller Hinsicht, da diese Massen weniger gebildet waren (deshalb wollte Mill beispielsweise eine Demokratie erschaffen, in der die Gebildeten mehrere Stimmen abgeben konnten), als auch in wirtschaftlicher Hinsicht, da die Massen nun die unternehmerische Freiheit ihrer Chefs durch die Regulation der Arbeitsbedingungen stark einschränken und den Reichtum durch progressive Besteuerung umverteilen konnten. Den klassisch liberalen

Vorstellungen zufolge ist die Demokratie also keineswegs eine offene Gesellschaft im umfassenden Sinne.

Da die Demokratie eine Art Tyrannei ist, muss ihr folglich Widerstand geleistet werden. König Demos muss sich, wie jeder andere repressive Herrscher, der Herausforderung durch seine Untertanen, oder genauer gesagt seine Vorgesetzten, stellen, da die Demokratie, anders als die meisten ihrer despotischen Vorgänger, als eine Tyrannei *von unten* betrachtet wird. Die höchste Form dieser Herausforderung wird schließlich der gewaltsame Staatsstreich der unterdrückten Minderheit sein. Die faschistischen Diktaturen des 20. Jahrhunderts und die ihnen ähnlichen Militärputsche stellten für ihre Anhänger in nicht geringem Maße eine Rückkehr zum klassischen Liberalismus dar, eine gewaltsame Vertreibung des eingedrungenen Demos aus den von ihm usurpierten politischen, wirtschaftlichen und kulturellen Stellungen. In den Worten Antonio Salandras, des früheren liberalen Ministerpräsidenten Italiens, der später Mussolini unterstützen sollte und sich selbst als »alter Liberaler der politischen Rechten« bezeichnete: »Ich glaube, dass der Liberalismus in Italien durch die Demokratie beseitigt werden würde, da Liberalismus und Demokratie unterschiedliche, wenn nicht gar gegensätzliche Dinge sind, solange die Demokratie vom Sozialismus beherrscht wird.«[7] Aber auch subtilere und nicht offen gewaltsame Mittel zur Bekämpfung der Mehrheitstyrannei kamen zum Einsatz (und selbstverständlich verließ sich nicht einmal der Faschismus einfach nur auf rohe Gewalt). Mill lehnte trotz erheblicher Vorbehalte gegenüber der Demokratie die Legitimität einer Elite oder eines »Genies«[8] ab, die oder der »die Herrschaft der Welt an sich reißt, und diese zwingt, ihrem Gebot auch gegen den eigenen Willen zu gehorsamen«.[9] Mills Ideal war eine Situation, in der »die herrschenden Vielen« die überlegene Weisheit der Wenigen oder des Einen erkennen und sich ihr daher freiwillig unterwerfen:

> »Die Anregung zu allen klugen oder edlen Dingen geht und muss von Einzelnen ausgehen; in der Regel zuerst von einem bestimmten Einzelnen. Für den Mittelschlag der Menschen bleibt die Ehre und der Ruhm, dass sie dieser Anregung zu folgen vermögen, dass sich für alle klugen und edlen Dinge in ihrem Innern ein Widerhall findet, und dass sie mit offenen Augen zu folgen vermögen.«[10]

Aber was passiert, wenn der »Mittelschlag der Menschen« *(average man)* nicht so gut beraten ist? Wie schon in früheren Fällen des antidespotischen Kampfs waren die Gegner der Massendemokratie gezwungen, Methoden zu entwickeln, um hinter dem Rücken des Herrschers Protest zu entfachen und sie gleichzeitig dazu zu bewegen, den Anweisungen der Eliten *gegen ihren eigenen Willen* zu folgen. Wenn schon nicht mit

»offenen Augen«, so sollten die Massen doch zumindest mit geschlossenen Augen folgen. Oder, was wahrscheinlich die beste Kombination war, mit *eyes wide shut,* mit weit geschlossenen Augen. Dies ist die historische Voraussetzung für den modernen Einsatz von Techniken der Massensuggestion sowie für die nicht minder ausgeprägte moderne Renaissance der Esoterik.

Alte und neue Esoterik

Die Schriften des deutsch-amerikanischen Politikwissenschaftlers Leo Strauss sind in dieser Hinsicht sehr aufschlussreich. In einer Reihe einflussreicher Werke, angefangen mit »Persecution and the Art of Writing«, setzte sich Strauss mit großen Denkern wie Platon, Al Farabi, Maimonides und Machiavelli auseinander, die sich alle auf Strategien der Täuschung beriefen, um Zensur und Verfolgung zu entgehen: So entwickelten sie einen Diskursmodus, der einerseits eine exoterische Botschaft beinhaltete, die den Mächtigen schmeichelte, daneben aber eine verschlüsselte, esoterische Botschaft enthielt, die kritisch und subversiv war. Auf diese Weise konnten sie das kritische Denken in Zeiten politischer Unterdrückung am Leben erhalten. Und zumindest auf den ersten Blick will Strauss dieses glimmende Feuer der Kritik vor dem Verlöschen bewahren. So spricht er zu Beginn des Kapitels, das den gleichen Titel wie das Buch trägt, davon, wie es in bestimmten Ländern, in denen »die Freiheit heute unterdrückt wird«, den Regierungen gelingt, die Bevölkerung durch unermüdliche Wiederholung eines Glaubensbekenntnisses und durch das Verstummen anderer Sichtweisen allmählich auf ihre Seite zu ziehen: »Ein großer Teil des Volkes und wahrscheinlich die große Mehrheit der jüngeren Generation hält die von der Regierung propagierten Ansichten für wahr.«[11] Dies erweckt den Eindruck, als ziele Strauss' Intervention darauf ab, die Aufmerksamkeit auf diskursive Mittel zu lenken, mit denen sich der von manipulativen Regierungen verbreiteten konventionellen Weisheit entgegentreten lässt. Strauss zieht das imaginäre Beispiel eines Historikers heran, »der in einem totalitären Land lebt« und als »allgemein respektiertes und unverdächtiges Mitglied der Einheitspartei« gilt, in Wirklichkeit aber insgeheim »die Grundlagen der Regierungsdoktrin« infrage stellt.[12] Dieser Historiker müsste wahrscheinlich »einen speziellen Schreibstil verwenden«,[13] um seinen Dissens zum Ausdruck zu bringen; er würde seine Kritik »zwischen den Zeilen« formulieren und die subversive Botschaft, die den »Heiligen Krieg der Menschheit« betrifft, unter einer scheinbar harmlosen und ermüdenden, die Zensoren und potenziellen Verfolger auf eine falsche Fährte lockenden Prosa begraben, während nur die aufmerksamen und intelligenten Leser von der Wahrheit profitieren könnten.[14]

Wo Demokratie und Liberalismus unter Druck stehen, ist die Aufgabe des straussschen Historikers völlig plausibel, während sie gleichzeitig dort, wo es keine »totalitäre« Unterdrückung gibt, überflüssig wäre. An und für sich scheint eine solche Theorie der »vergessenen Art des Schreibens« lediglich antiquarisches Interesse zu besitzen und ist zudem auch nicht besonders innovativ. Es ist allgemein bekannt, dass Autoren, die wie etwa Molière zu Zeiten Ludwigs XIV. unter despotischen Regimen lebten, gezwungen waren, ihre Kritik zu verschlüsseln, wenn sie Repressalien vermeiden wollten. Eine solche Theorie mag uns helfen, *alte* Texte mit der gebührenden Vorsicht zu lesen, scheint aber beim Lesen oder gar Schreiben zeitgenössischer Texte irrelevant zu sein (zumindest dort, wo die Meinungsfreiheit vorherrscht, und Strauss stellt nicht infrage, dass dies im modernen Westen der Fall ist). Trotz der scheinbar harmlosen Natur seines Themas wurde Strauss zu einem der führenden politischen Denker seiner Generation und gilt auch heute noch als philosophische Schlüsselfigur zum Verständnis der amerikanischen Politik. Dabei frönte Strauss keineswegs altertümlichen Texten, sondern plädierte für eine moderne Renaissance des esoterischen Schreibens. Die Autoren, die er analysierte, waren für ihn keine historischen Figuren, sondern hochaktuelle Mentoren.[15] Dies war jedoch nur möglich, weil Strauss der Esoterik, trotz eines gegenteiligen Erscheinungsbildes, eine entschieden *anti*demokratische Wendung verlieh. Was ihn an den esoterischen Texten reizte, war nicht ihr Widerstand gegen eine repressive Elite, sondern die Aussicht auf eine machtvolle Methode zur Umgehung und Untergrabung der *Mehrheitsherrschaft*. Für Strauss stellt sich die Frage, wie ein Mann »das Wunder vollbringen kann, in einem Text zu einer Minderheit zu sprechen und gleichzeitig gegenüber der Mehrheit seiner Leser zu schweigen«.[16] In der Vergangenheit stellten verschlüsselte Schriften oder Geheimorganisationen wie das Freimaurertum eine Möglichkeit dar, um emanzipatorische Politik mit einer Schutzschicht zu überziehen. Sie erlaubten, eine aufklärende Botschaft in der Öffentlichkeit zu verbreiten und den Herrschenden dabei zugleich auszuweichen. Ein berühmtes Beispiel hierfür wäre Machiavellis »Der Fürst«: Wurde diese Abhandlung geschrieben, um die politische Elite zu belehren oder um ihre Praktiken öffentlich zu machen? Erzog der Autor die Herrschenden oder die Untertanen? Antonio Gramsci beispielsweise war überzeugt, dass Letzteres der Fall war. Aber in einer Gesellschaft, in der es kaum Zensur gibt, übernimmt das esoterische Schreiben eine entschieden konservative Funktion. Ihre Aufgabe besteht darin, die *Herrschenden unter Umgehung der Öffentlichkeit aufzuklären und zu stärken*. Wo die Massen herrschen, besteht für ihre Widersacher die Notwendigkeit, die Massen zu überlisten und den Elitismus voranzubringen. Der Trick ist, die Demokratie – exoterisch – zu erhalten, während man gleichzeitig – auf esoterische Weise

– den Elitismus pflegt und die Demokratie eindämmt. Die Massen sollen selbst bei hellstem Tageslicht im Dunkeln bleiben. Während frühe esoterische Schriftsteller oft versuchten, die Katze aus dem Sack zu lassen, wenden ihre modernen Schüler diese Methoden an, um die Katze im Verborgenen zu halten. Das esoterische Schreiben hat bei Strauss in Wahrheit nichts mit »Verfolgung« zu tun. Er stellt klar, dass diese Vorgehensweise unverzichtbar ist, weil eine unüberwindbare und notwendige Kluft zwischen Eliten und Massen existiert. Er macht sich das Konzept der antiken Schriftsteller zu eigen, das er wie folgt paraphrasiert:

> »Sie glaubten, dass die zwischen ›dem Weisen‹ und ›dem gemeinen Volk‹ bestehende Kluft ein grundlegendes Merkmal der menschlichen Natur sei und von keinem Fortschritt der Volksbildung aufgehoben werden könne: Philosophie oder Wissenschaft waren im Wesentlichen ein Privileg ›der Wenigen‹. Sie waren davon überzeugt, dass die Philosophie als solche der Mehrheit der Menschen verdächtig erscheine und von ihr gehasst werde. Selbst wenn sie von keiner politischen Seite etwas zu befürchten gehabt hätten, wären jene, die von dieser Annahme ausgingen, zu der Schlussfolgerung gelangt, dass die öffentliche Darstellung der philosophischen oder wissenschaftlichen Wahrheit unmöglich oder unerwünscht war, und zwar nicht nur in diesem Augenblick, sondern für alle Zeiten.«[17]

Da sie keine Reaktion auf politische Verfolgung darstellt, ist Strauss' Esoterik ihrem Wesen nach elitär. Das erklärt, warum die Esoterik im »Schrecken der Massenkultur«,[18] die ihr einen völlig neuen Zweck und neue Dringlichkeit verleiht, ihre Relevanz bewahrt: »Texte«, so Strauss, »sind natürlich für alle zugänglich, die lesen können. Deshalb konnte ein Philosoph [...] nur solche Meinungen vertreten, die für eine nichtphilosophische Mehrheit akzeptabel waren.«[19] Die universelle Bildung und die Überwindung des Analphabetentums in der Moderne stellen eine ernsthafte Gefahr für die Philosophie dar. Strauss ist nicht darauf aus, etwas an der »fehlerhaften Konstruktion des Staatswesens« zu ändern, wie es sich »moderne Philosophen« naiv wünschen, die eitel darauf vertrauen, den Weg in »die Republik des universellen Lichts« weisen zu dürfen. Sein Ziel besteht vielmehr darin, dieses »Staatswesen« zu bewahren und radikale Veränderungen zu verhindern.[20] Die subversive Qualität des esoterischen Schreibens, also der Kampf gegen ein Unterdrückungsregime, ist in Strauss' Theorie nur ein scheinbarer und oberflächlicher Aspekt, während der Elitismus den Kern der Sache ausmacht. Ich würde ihn aus dem einfachen Grund nicht als den verborgenen, esoterischen Kern seiner Lehre bezeichnen, weil das antidemokratische Bekenntnis den Text durchzieht; während der Hinweis auf die esoterische Botschaft nur sehr selten, eigentlich nur ein einziges Mal im Text zum Ausdruck kommt, wird die exoterische Lehre viele Male wiederholt. Angesichts der Tatsache, dass sich Strauss explizit und immer wieder zum Elitismus bekennt, muss der Leser zu der Schlussfolgerung gelangen, dass diese Botschaft entweder gar nicht oder nur sehr ungenügend entschlüsselt wurde (es gibt natürlich noch eine dritte Möglichkeit, die von einem streng logischen Standpunkt aus nicht ausgeschlossen werden kann: Strauss ist in Wirklichkeit ein radikaler Demokrat, der lediglich *vorgibt*, den Elitismus zu propagieren). Was Strauss nicht sehr eindeutig erläutert, ist die Motivation hinter seinen elitären Überzeugungen und Praktiken. Hier lässt sich möglicherweise eine Art esoterische Absicht erkennen, die allerdings nicht besonders subtil verfolgt wird: Strauss insistiert darauf, dass esoterische Philosophen (die im Grunde die einzig wahren Denker sind) kein persönliches Interesse an irgendeiner gesellschaftlichen Vereinbarung haben. So protestiert er zum Beispiel gegen die Tendenz, »wonach verschiedene Philosophien verschiedene Gesellschaften oder Klassen repräsentieren«, weil sie »die Möglichkeit, dass alle Philosophen eine Klasse für sich bilden«, unsichtbar mache.[21] Da sie über dem Sektierertum oder materiellen Interessen stünden, verteidigten die Philosophen »einzig und allein die Interessen der Philosophie«.[22] Ebenso behauptet er gelegentlich, die Wahrheit müsse vor dem gemeinen Volk *zu dessen eigenem Gunsten* verborgen werden, weil es von Natur aus unphilosophisch sei und für seinen Seelenfrieden von den »noblen Lügen« der Elite abhänge. Zufälligerweise sind in Strauss' Theorie die Interessen der »Philosophie« jedoch weitgehend mit den Interessen der bestehenden »Gesellschaft« identisch, weshalb die Philosophie größte Vorsicht walten lassen müsse, um die Gesellschaftsordnung nicht zu gefährden: »Die Philosophie oder Wissenschaft«, argumentiert Strauss, »die höchste Tätigkeit des Menschen, ist die Bemühung, die Meinung über ›alle Dinge‹ durch das Wissen über ›alle Dinge‹ zu ersetzen; doch Meinung ist Bestandteil der Gesellschaft; Philosophie oder Wissenschaft ist daher der Versuch, der Gesellschaft die Luft zum Atmen zu nehmen und sie so zu gefährden.«[23] »Na und«, würde jemand argumentieren, der die Gesellschaft verändern möchte, um beispielsweise jene »Repression« zu überwinden oder »Meinungen« zu beseitigen, die sozial ungerechte und ausbeuterische Praktiken untermauern. Seine Argumentation würde darauf hinauslaufen, dass die Volksbildung genau deshalb notwendig ist und das Wissen deshalb so weit wie möglich verbreitet werden muss, um den Massen die Verbesserung ihrer Lage zu ermöglichen. Strauss jedoch zieht genau die entgegengesetzte Schlussfolgerung. Er bekräftigt in direktem Anschluss daran:

> »Daher müssen Philosophie oder Wissenschaft einer kleinen Minderheit vorbehalten bleiben, und Philosophen und Wissenschaftler müs-

> sen die Meinungen respektieren, auf denen die Gesellschaft beruht. [...] Philosophen oder Wissenschaftler, die diese Auffassung über das Verhältnis von Philosophie oder Wissenschaft und Gesellschaft teilen, tendieren dazu, auf eine Weise zu schreiben, die es ihnen ermöglicht, das, was sie für die Wahrheit halten, den Wenigen zu offenbaren, ohne das uneingeschränkte Bekenntnis der Vielen zu jenen Meinungen zu gefährden, auf denen die Gesellschaft beruht.«[24]

Hier wird, wie auch an vielen anderen Stellen seines Werks, der unausgesprochene Klassenstandpunkt von Strauss deutlich. Es ist nämlich weniger die »Philosophie«, die Strauss beschützen will, als die »Gesellschaft«. Doch die »Gesellschaft« wird weiter existieren, auch wenn ihre derzeitige und weitgehend mythische Grundlage entlarvt und modifiziert wird; die »Gesellschaft« wird ebenso weiter existieren, wenn die »Meinungen«, die sie gegenwärtig stützen, durch andere »Meinungen« ersetzt würden (die in der Tat dem »Wissen« stärker entsprechen würden). Was jedoch *aufhören* könnte zu existieren, ist die *Klassengesellschaft*, eine Gesellschaft, die »durch die Kluft zwischen ›dem Weisen‹ und ›dem gemeinen Volk‹« bestimmt ist. Und genau dieser Wandel ist es, den Strauss' Schriften, zumindest zwischen den Zeilen, zu verhindern suchen. Letztlich sollen »staatlich geförderte Ansichten« unter den Massen nicht untergraben, sondern ad infinitum verlängert werden. Die philosophierende Elite muss sich der Wahrheit nähern, um besser dafür sorgen zu können, dass die »Meinungen« der Regierung nicht durch das »Wissen« infrage gestellt werden.

Moderne esoterische Theoretiker und Politiker propagieren also die Demokratie, während sich im Verborgenen, hinter dem Rücken der Massen, kritische Prozesse entfalten und die getroffenen Entscheidungen sehr wenig mit einer demokratischen Agenda zu tun haben. Darüber hinaus ist klar, dass die angeblich von der Demokratie unterdrückte Minderheit alles andere als machtlos ist. Es handelt sich um eine Minderheit, die über enorme finanzielle Ressourcen verfügt und in den höchsten Ebenen der politischen Hierarchie gewöhnlich sehr gut repräsentiert ist. Wichtige Entscheidungsträger im Kabinett von George W. Bush junior – wie der ehemalige stellvertretende US-Verteidigungsminister und Präsident der Weltbankgruppe Paul Wolfowitz – haben direkt bei Strauss oder dessen Schülern studiert.[25] Man könnte argumentieren, dass Leo Strauss und sein Vermächtnis für eine ganz spezifische Deformation der Beziehungen zwischen Demokratie und Liberalismus stehen. Das mag stimmen, was Vorsatz und Zynismus der »Neokonservativen« angeht. Aber es ist ebenso richtig, dass die Straussianer nichts substanziell Neues erfunden haben und dass sie auf den Fundamenten einer bestehenden Tradition aufbauten. Hier denke ich nicht an Platon oder Machiavelli. Vielmehr ist die Nische, die Leo Strauss und seiner Anhänger besetzten, keine andere als jener strukturelle Widerspruch zwischen Demokratie und Liberalismus, Massen und Eliten, der die Moderne kennzeichnet und bis heute ungelöst ist. In dem Maße, in dem die Massen den Eliten als tyrannisch erscheinen, kann die liberale Demokratie nicht als offene Gesellschaft gelten. Sie bleiben im Schatten der Klandestinität. Auf diese Weise müssen wir letztlich Strauss' höchst suggestive Aussage verstehen: »Wir dürfen nicht davon ausgehen, dass *liberale* Bildung jemals zu universeller Bildung werden kann. Sie wird immer die Aufgabe und das Privileg einer Minderheit bleiben.«[26] Es kann kaum als Zufall gelten, dass gerade in den beiden Ländern, die die liberaldemokratische Tradition am deutlichsten repräsentieren – nämlich England und die USA –, politische und wirtschaftliche Macht auf der einen Seite und verdecktes Taktieren auf der anderen stark miteinander verflochten sind. In diesen beiden Ländern wurde der esoterische Modus Operandi perfektioniert. Als Beispiel könnten wir auf die Cecil Rhodes Secret Society verweisen, eine britische Geheimgesellschaft, die im späten 19. Jahrhundert gegründet wurde, um sich um die Angelegenheiten des Empire zu kümmern, und die von einem sachkundigen Historiker als »eine der wichtigsten historischen Fakten des 20. Jahrhunderts« bezeichnet wurde.[27] Ein weiteres Exempel ist The Order of Skull and Bones, eine geheime Bruderschaft mit Sitz in Yale, die ganze Generationen der politischen Klasse den USA geprägt hat.

In der Auseinandersetzung mit John Locke habe ich darauf hingewiesen, dass der Liberalismus bereits in seinem Frühstadium mit einer systematischen Unterscheidung zwischen den unbeschäftigten, *wissenden und reflektierenden* »Wenigen« und einer *glaubenden und gehorchenden*, arbeitenden »Mehrheit« einherging. Hier lässt sich dies nicht nur anhand von Strauss' Überlegungen zu Massen-Exoterik und Elite-Esoterik konkretisieren, sondern man kann auch konstatieren, dass sich Leo Strauss der von Locke angewandten Strategie absolut bewusst war. Hinsichtlich der zentralen Rolle der Religion bei der Disziplinierung der Massen merkt Strauss an, dass Locke, obwohl eigentlich Atheist, diese Wahrheit vor den Massen geheim zu halten versuchte, weil er ihre praktischen und umstürzlerischen Konsequenzen fürchtete: »Wir für unseren Teil würden vertreten, dass Locke die beiden [religiösen] Argumente für ausgesprochen schwach hielt, dass er aber ›nicht gewillt war, die Schwäche‹ eines die Existenz Gottes angeblich beweisenden Arguments aufzuzeigen, ›da es möglicherweise einige Menschen in ihrem Gottesglauben bekräftigt, was ausreicht, um in ihnen echte Gefühle von Religion und Moral zu bewahren‹.«[28] Aus denselben Gründen, so Strauss, behielt Locke das spezifische gesellschaftliche Interesse, dem seine Theorie diente, für sich und zog es vor, öffentlich den Begriff des Gemeinwohls, ja des Wohls des einfachen Volkes, zu verwenden: »Für alle *praktischen Zwecke* ist es daher vielleicht *besser zu sagen*, dass die Grundlage oder das Ziel der Gesellschaft nicht in den Privatinteressen eines jeden, sondern im öffentlichen Interesse, das heißt im Interesse der großen Mehrheit besteht. Oder wie es im Motto der Abhandlungen heißt: *Salus populi suprema lex esto.*«[29] Locke ist also ein gläubiger Demokrat (zwinker, zwinker). Im direkten Anschluss daran zieht Strauss einen Vergleich, der eindeutig nicht als Kritik, sondern als Kompliment für den englischen Liberalen gedacht ist: »Locke steht Machiavelli näher, als man gemeinhin sagt oder glaubt.« Der klassische Liberalismus war also machiavellistisch; eine Aussage, die bei Strauss dazu dient, den meisterhaften Einsatz der Esoterik hervorzuheben und von der modernen, naiven Vorstellung abzugrenzen, wonach die Massen auf einer Stufe mit den herrschenden Eliten stehen.[30] Angesichts dieser historischen Unterscheidung zwischen einem alten, elitären und einem modernen, vermassten Liberalismus kann Strauss nahelegen, dass seine eigene konservative Position dem Liberalismus keineswegs widerspricht, wie Kritiker argumentieren, sondern in Wahrheit den Geist des klassischen Liberalismus bewahrt und ihn vor modernem Missbrauch schützt: »Der Liberalismus wird hier und jetzt als Gegensatz zum Konservatismus verstanden«,[31] doch der »Konservatismus unserer Zeit ist identisch mit dem, was ursprünglich Liberalismus war«.[32] Strauss zieht aus diesen Thesen die logische Schlussfolgerung: »Im ursprünglichen Sinne liberal sein ist so nah am konservativ sein, dass es im Allgemeinen mit einer konservativen Haltung einhergeht.«[33]

Strauss' Behauptung, den Geist des klassischen Liberalismus zu vertreten, ist »im Allgemeinen« absolut richtig. Der Blick auf eine führende Figur des Liberalismus des 19. Jahrhunderts bestätigt dies. In seinem Werk »The English Constitution« führt Walter Bagehot aus, wie die englische Politik von einer vorteilhaften Aufgabenteilung bestimmt wird zwischen der symbolischen Galionsfigur der Königin, die im Rampenlicht steht und die Aufmerksamkeit der Bürger auf ihre ebenso extravaganten wie unbedeutenden majestätischen Gesten lenkt, und einer kleinen Gruppe von Fachleuten, die unbemerkt und hinter den Kulissen den wirklich wichtigen Job machen:

> »Den Nutzen, den die Königin als ›Würden-Inhaberin‹ bringt, ist unberechenbar. Ohne sie würde in England die jetzige Regierung schwere Einbuße erleiden und verschwinden. [...] Wir sind ein mehr gemischtes Volk als die Athener waren, wahrscheinlich auch mehr als irgendein griechischer Staat es war. [...] In alten Zeiten bildeten die Sklaven eine besondere Klasse, die nicht nach denselben Gesetzen oder nach denselben Erwägungen regiert wurde wie andere Menschen. Auf sie brauchten die Urheber einer Staatsverfassung keine Rücksicht zu nehmen [...]. Der griechische Gesetzgeber hatte in seiner Verfassung nicht

> Männer wie die Arbeiter von Somersetshire [...]. Aber wir haben damit zu tun. Wir [...] haben ganze Klassen, die unfähig sind, die Ideen einer Konstitution zu fassen oder geringste Anhänglichkeit für unpersönliche Gesetze zu hegen. Viele haben in der Tat ein entferntes Bewusstsein davon, dass es neben der Königin noch einige andere Staatseinrichtungen gibt und einige Gesetze, durch welche die Königin regiert. Aber viele werden in ihren Gemütern viel mehr durch ihre Person als durch irgendetwas anderes gefesselt, und deshalb ist sie unschätzbar. Die Regierungsform einer Republik fasst nur schwierige Begriffe in sich, aber eine konstitutionelle Monarchie fasst auch etwas leicht Begreifliches in sich; sie hat sowohl ein verständliches Element für die gedankenlose Menge als auch verwickelte Gesetze und Begriffe für die wenigen Forscher.«[34]

Bagehot rechtfertigt sein Konzept der unvermeidbaren Intransparenz der Politik allerdings nicht mit der Notwendigkeit, den Blick der Massen zu verschleiern; zumindest nicht ausdrücklich. Stattdessen macht er die Massen selbst – mit ihrer chronischen Leichtgläubigkeit, ihrem mangelnden politischen Verständnis und Interesse und so weiter – für die Unrealisierbarkeit echter Demokratie verantwortlich. Und doch scheint er eher dankbar für diesen Umstand zu sein. Die Massen, räumt Bagehot ein, seien sich der Existenz einer verborgenen politischen Sphäre bewusst, aber »in ihren Gemütern viel mehr durch ihre Person (der Königin; Anm. d. Übers.) als durch irgendetwas Anderes gefesselt, und *deshalb* ist sie *unschätzbar*«. Ein echter Demokrat hätte genau umgekehrt argumentiert: Gerade weil die Queen – in Bagehots Begriffen – die Massen davon abhält, sich mit den konkreten Fragen der Politik zu beschäftigen, ist sie eine Belastung für die Demokratie, ein Hindernis für die politische Transparenz. Und deshalb sollte die Monarchie abgeschafft werden. Für Bagehot hingegen stellt genau dies ihren unschätzbaren Wert dar. Für den Liberalen Bagehot sind die Massen zu beschränkt, um die komplizierten Details wahrer Politik zu begreifen, und zu stumpf, um sich wirklich für sie zu interessieren. Daher empfiehlt er gewissermaßen eine Aufteilung der Politik in zwei Sphären, eine exoterische für die Massen – »die gedankenlose Menge« *(vacant many)* – und eine esoterische für die Eliten – »die wenigen Forscher« *(inquiring few)*. Doch andere Liberale sahen das Problem ausdrücklich im politischen *Interesse* der Massen, in ihrem ständigen Bemühen, politisch einzugreifen und die Mittel der Demokratie zur Durchsetzung sozialer und wirtschaftlicher Vorteile einzusetzen. Wie Pareto mürrisch anmerkte: »Zum Wählen ins Wahllokal zu gehen ist ein sehr einfaches Unterfangen, und wenn man sich auf diese Weise Nahrung und Unterkunft verschaffen kann, dann werden sich alle – besonders die Untauglichen, Inkompetenten und Faulen – beeilen, dies zu tun.«[35] In ähnlichen Begriffen wie Mill oder Tocqueville klagt Pareto über die Tyrannei der demokratischen Armen, die die reiche Minderheit versklaven:

> »Die alte, dem parlamentarischen System am Herzen liegende Maxime, dass Steuern der Zustimmung derjenigen unterliegen müssen, die sie zu zahlen haben, ist nun, implizit oder ausdrücklich, einer anderen Maxime gewichen: Steuern müssen von denjenigen beschlossen und erhoben werden, die sie nicht zahlen. Früher waren es die Leibeigenen, die erbarmungslos unterdrückt wurden, heute sind es die Wohlhabenden.«[36]

Auch der französische Liberale Gustave Le Bon – man achte darauf, wie universell der Konflikt zwischen Demokratie und Liberalismus ist und wie wenig er sich um nationale Grenzen schert – protestiert gegen die wachsende Organisation und das politische Bewusstsein der Massen:

> »Der Eintritt der Volksklassen in das politische Leben, ihre fortschreitende Umwandlung zu führenden Klassen, ist eines der hervorstechendsten Kennzeichen unsrer Übergangszeit. [...] Die Vereinigung ermöglichte es den Massen, sich, wenn auch nicht sehr richtige, so doch wenigstens ganz bestimmte Ideen von ihren Interessen zu bilden und das Bewusstsein ihrer Kraft zu erlangen. Sie gründen Syndikate, denen sich alle Machthaber unterwerfen, Arbeitsbörsen, die allen Wirtschaftsgesetzen zum Trotz die Bedingungen der Arbeit und des Lohnes zu regeln suchen. [...] Heute werden die Forderungen der Massen nach und nach immer deutlicher [...]. Begrenzung der Arbeitszeit, Enteignung von Bergwerken, Eisenbahnen, Fabriken und Boden, gleiche Verteilung aller Produkte, Abschaffung aller oberen Klassen zugunsten der Volksklassen und so weiter – das sind ihre Forderungen.«[37]

Bagehot, Pareto und Le Bon gehören ideologisch und analytisch demselben Lager an. Alle drei sind der Überzeugung, dass es den Massen nicht zusteht, sich in die Wirtschaft einzumischen, und dass politisches Handeln und Demokratie strikt getrennt bleiben müssen. Wenn Bagehot optimistischer ist als seine italienischen und französischen Kollegen, dann weil er der Ansicht ist, dass die konstitutionelle Monarchie in England auf zufriedenstellende Weise für eine derartige Trennung sorgt und die »unschätzbare« Queen die Massen von der Politik ablenkt. Paretos und Le Bons wesentlich pessimistischere Einschätzung erklärt sich aus dem Umstand, dass sie nicht auf dem Papier, sondern ganz real mit der Macht der Massen konfrontiert sind. Diese entsenden, so Le Bon, »Abgeordnete, denen aller Unternehmungsgeist, alle Selbstständigkeit fehlt und die oft nur zu Wortführern der Ausschüsse, die sie gewählt hatten, herabgewürdigt wurden«.[38] Die Kluft zwischen den beiden Sphären, zwischen Elite und Massen, wird überbrückt, die Politik wird direkt und transparent, keine Geheimnisse und kein abgeschotteter Raum stehen dem liberalen Politiker mehr zur Verfügung. Und dass dieser verpflichtet ist, den Wünschen des Demos nachzukommen, versteht Le Bon als »Reduktion«. Dies beweist einmal mehr, dass die Bedrohung der Demokratie aus liberaler Sicht nicht in erster Linie darin besteht, dass die Massen ihre politische Initiative einbüßen und diese in die Hände eines Diktators legen. Ganz im Gegenteil, die Demokratie wird in dem Maße gefährlich, wie die Massen darauf bestehen, aus ihrem demokratischen Privileg Kapital zu schlagen. Ein Diktator wäre aus dieser Perspektive recht nützlich, weil er die Demokratie wieder unter Kontrolle bringen könnte:

> »Alle Herren der Erde [...] waren stets unbewusste Psychologen mit einer instinktiven und oft sehr sicheren Kenntnis der Massenseele [...]. Napoleon erfasste wunderbar das Seelenleben der französischen Massen [...]. Die Kenntnis der Psychologie der Massen ist heute das letzte Hilfsmittel für den Staatsmann, der diese nicht etwa beherrschen – das ist zu schwierig geworden –, aber wenigstens nicht allzu sehr von ihnen beherrscht werden will.«[39]

Pareto, Le Bon und Bagehot sind sich im Grundsatz einig, wie mit dem beunruhigenden Verschwimmen der Grenzen zwischen öffentlichem und politischem Bereich umzugehen ist: Durch a) die Abschaffung der Demokratie (Pareto beispielsweise begrüßt den »Marsch auf Rom«), b) die Entfaltung einer Gefühlspolitik (bzw. einer »Ästhetisierung der Politik«, wie es bei Walter Benjamin heißt), die Symbole, Rituale, Techniken der Suggestion und so weiter einsetzt, um die Massen von der eigentlichen Politik abzulenken, oder c) eine Kombination aus beidem muss die Trennung zwischen den beiden Bereichen wieder hergestellt werden. Es ist sehr aussagekräftig, dass diese aus verschiedenen Ländern kommenden politischen Denker unabhängig voneinander zu sehr ähnlichen praktischen Schlussfolgerungen gelangt sind. Alle berufen sich auf das Irrationale und befürworten den Einsatz von Propaganda. Sie rechtfertigen dies, wie bereits erwähnt, mit dem Vorwurf, die Massen seien nicht in der Lage zu einer rationalen Diskussion. Pareto ist berühmt für seine Theorien des irrationalen politischen Handelns, die besagen, dass Menschen, vor allem in der Masse, eher von »Gefühlen« und tief sitzenden Neigungen jenseits oder unterhalb des Verstandes – sogenannten Residuen – als von Interessen geleitet werden. Doch genau genommen konnte der Liberalismus gar nicht die Wahrheit sagen. Die strukturelle

Notwendigkeit der *Täuschung* bestand aufseiten der Liberalen, und sie waren es daher auch, die einen wesentlichen Beitrag zu jener für die Politik des 20. Jahrhunderts so charakteristischen Welle der Irrationalität und Mythen leisteten. Das Irrationale wurde von den Eliten gezielt ins Spiel gebracht und den Menschen eingeimpft. Wir haben es weniger mit einer aus den Tiefen des gesellschaftlichen Es aufsteigenden Woge des Bösen als mit einer vom sozialen Über-Ich hinuntersickernden Irrationalität zu tun. Esoterik gehörte ganz zentral zu diesen politischen Vorstellungen, ebenso wie die Forderung nach einem Monopol auf das politische Wissen. Folgen wir noch einmal Pareto:

> »Allein der Glaube bewegt Menschen zum Handeln. Es ist zum Wohle der Gesellschaft auch nicht wünschenswert, dass die große Mehrheit der Menschen oder auch nur viele von ihnen soziale Fragen wissenschaftlich betrachten. Es besteht ein Antagonismus zwischen den Bedingungen des *Handelns* und denen des *Wissens*. Dies ist ein weiteres Argument, das belegt, wie wenig Weisheit in jenen Menschen steckt, die alle ohne Unterschied oder Diskriminierung am Wissen teilhaben lassen wollen.«[40]

Mit Pareto und Le Bon stehen wir an der Schwelle einer beunruhigenden Komplizenschaft, an der wir innehalten und den allgemein akzeptierten Gegensatz zwischen einem offenen Liberalismus und einem abgeschotteten Totalitarismus überdenken sollten. Denn wir müssen zur Kenntnis nehmen, dass der antidemokratische, esoterische Kern des Liberalismus für den Faschismus einen entscheidenden Anfangsimpuls und eine Begründung bereitstellte. »Ich kenne alle Werke Gustave Le Bons und ich weiß nicht, wie oft ich ›Die Psychologie der Massen‹ gelesen habe. Dies ist ein Meisterwerk, auf das ich auch heute noch zurückgreife«, erklärte Mussolini.[41] Goebbels war ein großer Bewunderer des französischen Soziologen, befolgte dessen Rat und setzte moderne PR-Techniken ein, wie die endlose Wiederholung von Lob oder Verleumdung, mit der man einen politischen Führer genauso vermarktete, wie man eine Schokoladenmarke bewirbt.[42] Hitler seinerseits begrüßte – bezeichnenderweise allerdings nur in Privatgesprächen – die Kunst der Lüge ausdrücklich. Seiner Meinung nach waren die Engländer Meister und Vorbilder in der Kunst, Unterdrückung auszuüben, während sie gleichzeitig Freiheit propagierten:

> »Aber wie sollten die Engländer auch ihr Weltreich mit 50 Millionen Menschen beherrschen können, ohne Meister im Lügen zu sein. Wenn sie den Indern wirklich – wie sie immer erklären – die Freiheit und eine indische Kultur bringen wollten, müssten sie ja aus Indien herausgehen. Wie Goethes ›Reineke Fuchs‹ heuchelten sie bis zur

> letzten Minute. Den Mut dazu nehmen sie nicht zuletzt aus ihrem unvorstellbaren Selbstbewusstsein, in dem sie ihr englisches Volk als den Steuermann des Weltschiffs betrachteten. Auch das deutsche Volk müsse man, wenn es eine Weltstellung einnehmen wolle und solle, erst dazu erziehen, nur sich selbst gegenüber ehrlich zu sein, anderen Völkern gegenüber, zum Beispiel den Tschechen, aber ebenso treuherzig zu heucheln wie die Engländer, statt sich durch seine Ehrlichkeit überall unbeliebt zu machen.«[43]

Man sollte auch nicht glauben, dass diese Esoterik nur bei jenen »schlechten« Liberalen zu finden ist, die direkt zum Aufstieg des Faschismus beitrugen und sich mit diesem verbündeten; das Problem geht sehr viel tiefer. Bezeichnenderweise handelten selbst jene Liberalen, die sich dem Faschismus entgegenstellten, oft nicht aus Hingabe zur Demokratie, sondern aus der Überzeugung heraus, dass echte Demokratie nicht existieren könne und hinter einer mehr oder weniger demokratischen Fassade immer Eliten herrschen würden. Max Weber beispielsweise unterstützte die Weimarer Republik gerade deshalb, weil er die reale Macht der Massen für sehr begrenzt hielt. Wie Walter Struve anmerkte, war Weber davon überzeugt, dass die Demokratie »dazu dienen werde, die Massen in Schach zu halten und ihre Unterstützung für den Aufstieg starker Führer zu sichern. [...] Weber verließ sich auf die politische Organisation der Massen, um den direkten Druck des Volkes auf ein Minimum zu reduzieren.«[44] Es ist daher kaum verwunderlich, dass die Esoterik eine Säule von Webers Demokratiebegriff war:

> »Die effektive Ausübung der politischen Kontrolle liege, argumentierte [Weber], immer in den Händen einiger weniger Männer. Diese trafen alle wichtigen politischen Entscheidungen. [...] ›Der Demos im Sinn einer ungegliederten Masse ›verwaltet‹ in größeren Verbänden nie selbst, sondern wird verwaltet.‹ Entscheidungen könnten am besten und einfachsten von einigen wenigen Personen getroffen werden. [...] Die Verantwortung für Entscheidungen sei dann klar, und Geheimnisse könnten gut gehütet werden. Weber betrachtete die Geheimhaltung als grundlegenden Bestandteil jeder politischen Herrschaft.«[45]

Das Gebot des demokratischen Scheins

Da derartige Strategien der Esoterik und Suggestion im Zentrum der liberalen Demokratie stehen, mögen sie während des Faschismus zwar ihren zerstörerischen Höhepunkt erreicht haben, aber sie begannen und endeten nicht dort. Bedrohlich für den Liberalismus ist nicht unbedingt die formale Existenz einer Demokratie, sondern vielmehr die Existenz einer Demokratie, die sich der Kontrolle der Eliten entzieht. Wie Le Bon klarstellt: »Dieser Eintritt [der Volksklassen in das politische Leben; Anm. d. Übers.] wird nicht durch das allgemeine Stimmrecht gekennzeichnet, das lange Zeit so wenig einflussreich und anfangs so leicht zu lenken war.«[46] Bei Gaetano Mosca – einem Liberalen, der Ideen zum Faschismus beisteuerte, ihm aber schließlich seine Unterstützung versagte – lag der Fall ganz ähnlich:

> »Vielleicht könnte sich die demokratische Ordnung behaupten, wenn es ihr gelingt, ein gewisses Gleichgewicht zwischen den verschiedenen Gruppen der herrschenden Klasse herzustellen und wenn die Demokratie den Versuch vermeidet, durch Verbindung der politischen Gleichheit mit der wirtschaftlichen und kulturellen zur Wirklichkeit zu werden. Denn die schlimmsten Feinde der Demokratie sind die Logik und die Begierden der Unterschicht und der Führer, die sich ihrer bedienen.«[47]

Obgleich Mosca ein entschiedener Gegner *echter* Demokratie war, konnte er sich mit der *Schein*demokratie durchaus anfreunden. Auch hier rückt die Esoterik der Politik in den Blick. Mosca skizziert das doppelte Spiel der Eliten ohne Umschweife, ihre den wahren Charakter verheimlichende Antidemokratie:

> »Heute besitzt das demokratische Regime eine größere Kraft der Selbsterhaltung als jedes andere; denn seine natürlichen Gegner müssen es offiziell anerkennen, wenn sie seine Wirkungen mehr oder weniger umgehen wollen. [...] Diese offizielle Huldigung, die die natürlichen Gegner der Demokratie ihr leisten müssen, macht es ihnen unmöglich, sich öffentlich als Anhänger einer Lehre zu bekennen, die ausdrücklich die Möglichkeit eines demokratischen Regimes im gewöhnlichen Sinn dieses Ausdrucks leugnet.«[48]

Auch Pareto steht einer Demokratie positiv gegenüber, solange sie im Verborgenen von einer Elite regiert wird:

> »Die regierende Klasse gibt es überall, selbst wenn ein Despot herrscht, doch die Formen, in der sie auftritt, variieren. [...] In sogenannten demokratischen Ländern ist es das Parlament. Aber hinter den Kulissen gibt es immer Menschen, die eine große Rolle bei der wahren Regierung spielen. Zwar müssen sie sich den Marotten ignoranter und herrschsüchtiger Souveräne oder Parlamente gelegentlich beugen, aber danach widmen sie sich schon bald wieder ihrer zähen, geduldigen, nicht enden wollenden Arbeit, die von viel größerer Bedeutung ist. [...] Das heißt, der Souverän überließ alles seinen Rechtsberatern,

> ahnt bisweilen nicht einmal, wie diese sein Handeln bestimmen, und für Parlamente stimmt dies sogar noch mehr als für manchen umsichtigen Führer oder König. Von König Demos ganz zu schweigen, dessen Blindheit bisweilen dazu beigetragen hat, Verbesserungen der Lebensbedingungen zu erwirken, ganz zu schweigen von dringend benötigten Maßnahmen zur nationalen Verteidigung. Der gute Demos glaubt, er folge seinem eigenen Willen, doch in Wirklichkeit folgt er dem seiner Regierenden.«[49]

So betrachtet ist eine nominelle Demokratie mit faktischer Elitenherrschaft absolut vereinbar. Es geht nur darum, ob König Demos wirklich regiert oder bloß die Illusion hegt, dies zu tun, während er in Wirklichkeit geschickt gelenkt wird. Aus diesem Grund verschwinden mit dem Zusammenbruch der faschistischen, totalitären Diktaturen weder die Esoterik noch die Massensuggestion. In mancher Hinsicht werden das Taktieren und Verschleiern sogar noch effizienter. Wie der scharfsinnige italienische Kritiker Domenico Losurdo andeutet, finden Politiker heute den Umgang mit den Massenmedien weniger kompliziert als ihre totalitären Vorläufer, wie sich gerade im Italien der Jahrtausendwende leicht nachvollziehen lässt: »Verglichen mit den – faschistischen und nationalsozialistischen – Vorläufern genießt [Silvio Berlusconi] den Vorteil, dass er sein Medienimperium nicht gewaltsam erobern muss, da er es bereits besitzt. Dieses erlaubt ihm, mit Unterstützung unzähliger Kommunikationsexperten PR-Kampagnen zu starten und deren Effizienz kontinuierlich durch Meinungsumfragen zu überwachen.«[50] Medien und Politik verschmelzen. Auch die Rolle von Schauspielern in der amerikanischen Politik – von Reagan bis Schwarzenegger – scheint dies zu bestätigen. Damit will ich nicht behaupten, dass Schauspieler von Natur aus weniger geeignet wären, gute Politiker zu sein, als Menschen anderer Berufe. Theoretisch lässt sich ihre Bedeutung sogar als Beleg für den wachsenden Einfluss der Massen in der Politik und im Sinne einer »Demokratisierung« oder »Popularisierung« interpretieren. In der Praxis jedoch scheint sich alles in die entgegengesetzte Richtung zu bewegen: Die Schauspieler sind nicht deshalb erfolgreich, weil sie die Massen am politischen Spiel teilhaben lassen, sondern weil sie diese von ihm fernhalten und zu Zuschauern machen. Sie funktionieren nicht anders als die Königin von England in Bagehots Beschreibung, nämlich als Repräsentationsfigur. Ihr schauspielerisches Talent ist nicht erwünscht, weil sie die Emotionen der Massen auszudrücken verstehen, sondern weil sie die Wünsche der Elite verschleiern. Je mehr Aufmerksamkeit ihre Darbietung auf der Bühne erregt, desto privater und verschwiegener wird das Geschehen hinter den Kulissen. Die Diskrepanz zwischen dem Schauspieler und dem Politiker Arnold Schwarzenegger illustriert diesen

Zusammenhang: Als Schauspieler war Schwarzenegger oft in Filmen zu sehen, die die Kluft zwischen demokratischem Schein und unterdrückerischer Wirklichkeit aus demokratischer Perspektive hervorhoben und damit die Esoterik der modernen Politik anprangerten. Filme wie »The Running Man« (1987) oder »Total Recall« (1990) sind klugen Satiren über die amerikanischen Medien und Politik. Nicht zufällig kulminieren beide Filme in einer demokratischen Revolution. Letztgenannter Film basierte auf einer Geschichte Philip K. Dicks, der als großer Verschwörungstheoretiker der amerikanischen Populärliteratur gelten kann und mehr als alle anderen Autoren die trügerische Natur der politischen Realität problematisiert hat. Doch selbst Schwarzeneggers treueste Fans werden ihm als Gouverneur von Kalifornien keine subversiven oder aufklärerischen Fähigkeiten zusprechen.

Liberaler Mythos Nr. 4: Faschismus als nationalistischer Angriff auf den liberalen Kosmopolitismus

In den letzten Jahrzehnten ist es in Mode gekommen, den Faschismus vor allem auf seinen alles überschattenden Nationalismus zurückzuführen; am paradigmatischsten in Roger Griffins einflussreichem Versuch, das »faschistische Minimum« über den »palingenetischen populistischen Ultranationalismus« zu definieren.[51] Eine zentrale Folge dieser Definition besteht einmal mehr darin, einen Keil zwischen Faschismus und Liberalismus zu treiben. Der Faschismus wird als eine Strömung des primitiven Tribalismus verstanden, als aggressiver, kollektivistischer Angriff auf die gemäßigte, individualistische, tolerante und pazifistische liberale Geisteshaltung. Dies ist die gängige Trope in jenem Backlash, der im 20. Jahrhundert auf den progressiven Optimismus des liberalen 19. Jahrhunderts reagierte. Meiner Ansicht nach muss diese allgemein akzeptierte Dichotomie neu debattiert werden. Ich würde erstens argumentieren, dass der Liberalismus dem Nationalismus – selbst in seiner expansionistischen und aggressiven Variante – weitaus weniger feindlich gegenüberstand, als gemeinhin angenommen wird, und zweitens die These vertreten, dass der faschistische Nationalismus in erheblichem Maße eine Verlängerung und eine Folge jener Widersprüche war, die sich aus der liberalen Position ergeben.

Liberalismus, Nationalismus, Imperialismus

Obwohl der Nationalismus in der zweiten Hälfte des 19. Jahrhunderts und zu Beginn des 20. Jahrhunderts zweifelsohne an Dynamik gewann, war er doch auch tief in der immanenten Logik des Liberalismus verwurzelt. Wir haben im zweiten Abschnitt des fünften Kapitels gesehen, dass der Liberalismus den Individualismus nicht einfach pauschal als höchstes Gut anpries und dass er ein problematisches Verhältnis zu ihm hatte, wenn es sich um die Individualität von Angehörigen der Arbeiterklasse handelte. Dieses ambivalente Verhältnis gegenüber dem Individualismus bereitete wiederum verschiedenen Varianten liberaler *Kollektivismen* das Feld. Denn gegenüber den Forderungen und Erwartungen des Massensubjekts appellierte der Liberalismus regelmäßig an höhere, überindividuelle und kollektive Einheiten wie »die Spezies«, »die Wirtschaft«, »die Rasse« und so weiter. Aufgrund des Klassencharakters des liberalen Individualismus, der dem »Kollektivismus« keineswegs pauschal ablehnend gegenüber steht, benötigte der liberale Individualismus von Anfang an den Schutz des Staates. Wie C. B. Macpherson in seiner meisterhaften Analyse des frühen Liberalismus im 17. Jahrhundert hervorgehoben hat:

> »Ein solcher Individualismus ist notwendig ein Kollektivismus [...]. Denn er behauptet eine Individualität, die nur durch Akkumulation von Eigentum voll verwirklicht werden kann und deshalb nur von einigen verwirklicht werden kann und immer nur auf Kosten der Individualität der anderen. Soll eine solche Gesellschaft funktionieren, so muss die politische Autorität den Individuen übergeordnet sein; ist dies nicht der Fall, so kann es keine Garantie dafür geben, dass die Institution des Eigentums, die für diese Art von Individualismus wesentlich ist, genügend geschützt wird. [...] Die En-bloc-Übertragung individueller Rechte war notwendig, um eine ausreichende Kollektivmacht zum Schutze des Eigentums zu schaffen. [...] Lockes Individualismus [...] schließt die staatliche Oberherrschaft über das Individuum nicht aus, sondern postuliert sie geradezu. Es geht hier nicht um die Gleichstellung: je mehr Individualismus, desto weniger Kollektivismus; vielmehr um diese: je entschiedener der Individualismus, desto vollständiger der Kollektivismus.«[52]

Angesichts der liberalen Diskurshegemonie klingen diese Sätze auch heute noch, fast 50 Jahre nach ihrer Erstveröffentlichung, nach Bilderstürmerei. Andrew Ure, ein englischer Verfechter des Kapitalismus im 19. Jahrhundert, zeigt uns, wie der Individualismus der Arbeiter der Industrialisierung im Weg stand und deshalb zugunsten eines höheren Ziels gezähmt werden musste. In der modernen Produktion, so beobachtete er, »wird qualifizierte Arbeit nach und nach verdrängt und schließlich durch die bloße Überwachung von Maschinen ersetzt«.[53] Diese Entwicklung war für Ure nicht nur unvermeidlich, sondern auch heilsam: »Durch die Schwäche der menschlichen Natur kommt es dazu, dass der Arbeiter, je geschickter er ist, *eigensinniger* und widerspenstiger wird und deshalb natürlich auch schlechter in ein mechanisches System passt, in dem er durch gelegentliche Unregelmäßigkeiten *dem Ganzen* großen

Schaden zufügen kann.«[54] Einige Jahrzehnte später sah sich ein anderer erratischer Verbündeter des Individuums, nämlich Friedrich Nietzsche, mit einer ganz ähnlichen Aufgabe konfrontiert. Es galt, die »Widerspenstigkeit« und den »Eigensinn« des Massenindividuums zu beseitigen, und er bot dem Kapitalismus seine pädagogischen Dienste an:

> »Ich versuche eine *ökonomische* Rechtfertigung der Tugend. – Die Aufgabe ist, den Menschen möglichst nutzbar zu machen und ihn, soweit es irgendwie angeht, der unfehlbaren Maschine zu nähern: zu diesem Zwecke muss er mit *Maschinen-Tugenden* ausgestattet werden (– er muss die Zustände, in welchen er machinal-nutzbar arbeitet, als die höchstwertigen empfinden lernen: dazu tut not, dass ihm die *anderen* möglichst verleidet, möglichst gefährlich und verrufen gemacht werden). Hier ist der erste Stein des Anstoßes die *Langeweile,* die *Einförmigkeit,* welche alle machinale Tätigkeit mit sich bringt. Diese ertragen zu lernen [...] ist bisher die Aufgabe alles höheren Schulwesens. [...] Eine solche Existenz bedarf vielleicht einer philosophischen Rechtfertigung und Verklärung mehr noch als jede andere.«[55]

Ob wir nun Nietzsche oder Ure heranziehen – der Individualismus des Arbeiters scheint aus *ökonomischer* Sicht weniger ein Ziel als das Problem zu sein. »Die Nation« hingegen erscheint als eines unter verschiedenen Kollektiven, auf das sich der Wirtschaftsliberalismus als Alternative bezieht, um das (arbeitende) Individuum zu unterwerfen. Tatsächlich war das Grundgerüst des Liberalismus von Anfang an die Nation. Die klassische politische Ökonomie warf nicht einfach die Frage auf, wie das Individuum Reichtümer erwirbt, sondern machte sich daran, den »Wohlstand der Nationen« zu erforschen. Bei Locke, Mandeville oder Smith mag die Verfolgung des individuellen Eigennutzes als Motor der wirtschaftlichen Entwicklung gegolten haben, doch schon bei ihnen ging es keineswegs darum, die *Individuen selbst* zum Zweck zu erheben. Das *private* Laster wurde in der Annahme gerechtfertigt, dass es *öffentliche* Tugend produziert.[56] Und selbstverständlich müssen in dem Prozess, bei dem entfesselte, auf sich selbst konzentrierte »Bienen« mit ihrer Geschäftigkeit den Reichtum »des Staates«, »der Gemeinschaft« oder »der Nation« produzieren, viele Individuen große Not auf sich nehmen und sogar untergehen. Die Nation stellte dem Kapitalismus das notwendige Spielfeld zur Verfügung und die Individuen wurden zu seinen Spielbällen. John Bowring, ein prominenter englischer Liberaler des 19. Jahrhunderts, der ein enger Schüler und literarischer Erbe von Jeremy Bentham war und sich als früher Verfechter des Freihandels einen Namen machte, behauptete 1835 in einer Rede vor dem Unterhaus:

> »Die Handweber befinden sich gewissermaßen an die äußerste Grenze der menschlichen Existenz gesetzt. […] Die geringste Erschütterung genügt, um sie in die Bahn des Verkommens zu schleudern. Der Fortschritt der Technik, der die Handarbeit immer mehr aufhebt, führt unfehlbar während der Epoche des Übergangs viel zeitweiliges Leiden mit sich. Der nationale Wohlstand kann nur um den Preis einiger individueller Übel erkauft werden. Man schreitet in der Industrie nur auf Kosten der Nachzügler vorwärts.«[57]

Solche Aussagen widerlegen die leichtfertige Gleichsetzung des Liberalismus – selbst in seiner besten Variante – mit dem Individualismus, wie sie selbst bei kritischen Denkern wie Norberto Bobbio vorausgesetzt wird: »Vom Standpunkt des Individuums, wie er dem Liberalismus zugrunde liegt, ist der Staat ein notwendiges Übel: und da er ein, wenn auch notwendiges Übel ist […], sollte er so wenig wie möglich in den Tätigkeitsbereich der Individuen eingreifen.«[58] Nicht wirklich: Wenn es sich bei dem Individuum um einen hungernden Weber handelt, so muss sein »Standpunkt«, wie uns Bowring erläutert, dem nationalen untergeordnet werden. Zudem sollte der Staat, so Bowring weiter, der Not des Webers gegenüber eine Laissez-faire-Politik verfolgen, aber dies ganz gewiss *nicht* aufgrund eines übermäßigen Respekts vor dem individuellen »Tätigkeitsbereich« des Webers. Im Gegenteil, der liberale Staat hält gerade aus Hochachtung vor dem »Wohl der Nation« an seiner unerschütterlichen Zurückhaltung fest. Daraus lässt sich allerdings nicht folgern, dass der Liberalismus in Wirklichkeit vom nationalen Standpunkt ausgeht. Vielmehr bestimmt der konkrete soziale Inhalt zu jedem Zeitpunkt die liberale Haltung gegenüber Begriffen wie »Individualismus« oder »Nationalismus«: Wenn das »Wohl der Nation« ein Handeln zugunsten der arbeitenden Massen impliziert, verteidigt der liberale Staat den »Individualismus«; wenn jedoch der »Individualismus« eine staatliche Intervention zugunsten der Arbeiter nahelegt, plädiert der liberale Staat für das »Wohl der Nation«. Bobbios Schilderung reproduzierte einfach die idealistischen Schemata der traditionellen Politikwissenschaft und eliminierte die konkreten, klassenbezogenen Inhalte, was zu Verallgemeinerungen wie dieser führte: »Ohne Individualismus kann es keinen Liberalismus geben.«[59] Das stimmt keineswegs. In Wirklichkeit kann der Liberalismus sehr gut *ohne* Massenindividualismus existieren und gerät *durch ihn* in eine sehr unbequeme Lage.

Bezeichnenderweise beteiligte sich John Bowring selbst an jenem *ballo in maschera*[60], bei dem der Liberalismus als Gastgeber auftrat und sich »Individualismus« und »Nationalismus« unter den Gästen befanden: Zwischen 1854 und 1859 war Bowring Gouverneur von Hongkong und spielte eine entscheidende Rolle bei dem Konflikt, der zum Ausbruch des Zweiten Opiumkriegs führte.[61] Doch Bowrings Komplizenschaft mit dem Kolonialismus stellt keineswegs einen Einzelfall in der Geschichte des Liberalismus im 19. Jahrhundert dar. Unabhängig von seinen persönlichen Schwächen, von denen es offenbar nicht wenige gab,[62] ist Bowrings Mischung aus Liberalismus und Kolonialismus symptomatisch für eine sehr viel größere Tendenz. Liberalismus und Imperialismus – wobei es sich bei Letzterem um eine aufgeblähte, radikalisierte Form des Nationalismus handelt (oder in Roger Griffins Worten um »Ultranationalismus«) – waren untrennbar miteinander verknüpft. Mit dieser lang übersehenen Verbindung haben sich in jüngster Zeit eine Reihe von Büchern und Essays befasst.[63] Zu der unvollständigen Liste relevanter Personen würden einige der prominentesten Denker und Politiker gehören, die die liberale Tradition je hervorgebracht hat: Locke, Bentham, die Mills, Tocqueville, Macaulay (gewiss haben andere eine kritische Haltung gegenüber dem Imperialismus eingenommen; in unserem Zusammenhang müssten die Namen von Gladstone und Cobden genannt werden, die die zum Opiumkrieg führende Politik scharf kritisierten). Es ist versucht worden, dieses scheinbare Paradoxon mit dem im Liberalismus des 19. Jahrhunderts schlummernden »totalitären« Potenzial zu erklären; mit dem – von Foucault beschriebenen – Unterdrückungsmechanismus des benthamschen Panoptikums; mit der utilitaristischen Unterwerfung der Minderheit unter das »größte Glück der größten Zahl«; mit der unwiderstehlichen und repressiven Entwicklung von »Vernunft« und »Fortschritt«; mit dem obsessiven Glauben an die Teleologie und so weiter. Insbesondere in Uday Singh Mehtas Buch erscheint der Imperialismus wie die Entfaltung eines großen philosophischen Projekts, dem sich die Liberalen aufgrund ihrer erkenntnistheoretischen Anliegen und moralischen Normen verschrieben. Folgende Aussage ist typisch: »In der liberalen Konzeption des Politischen latent angelegt ist der Drang, die Welt zu reformieren.«[64] Unabhängig vom Wahrheitsgehalt solcher Thesen – gänzlich überzeugen können sie nicht. Es bleibt zum Beispiel schwer verständlich, warum ein fanatischer Anhänger Benthams, der die utilitaristische Logik buchstabengetreu befolgt, am Ende das Glück bevölkerungsreicher Nationen wie der Chinesen oder der Inder dem Wohlergehen der unvergleichlich kleineren englischen Nation unterordnet (ganz zu schweigen von der *persönlichen* Rolle der Liberalen bei dieser Politik – als direkte Nutznießer des Imperialismus wie im Fall Lockes, J. S. Mills oder Bowrings, oder als indirekte Nutznießer durch die Zugehörigkeit zu einer wohlhabenden Elite –, die sie in beiden Fällen zu einer *Minderheit innerhalb der Minderheit* macht). Wenn man Berichte über koloniale Militäroperationen aus erster Hand liest, findet man darin unverhohlenen Stolz und Genugtuung darüber, wie eine kleine Armee unter Einsatz moderner Artillerie in der Lage war, große und bevölkerungsreiche Städte zu unterwerfen. Zu erwähnen ist in diesem Zusammenhang etwa die Bombardierung von Kanton, deren Konsequenzen von Sir Laurence Oliphant, dem persönliche Sekretär Lord Elgins (des nach dem Opiumkrieg ernannten britischen Sonderkommissars in China), folgendermaßen beschrieben wurden:

> »Am auffallendsten war die eindrucksvolle Stille, die Abwesenheit jeglicher Bewegung von anderthalb Millionen Bewohnern, die wie beerdigt zwischen den Stadtmauern lagen, deren Herz nach dem Schrecken der Nacht stillzustehen schien und deren einziger Wunsch, wenn sie überhaupt noch zu denken vermochten, darin bestand, dass ihre Existenz von den Eroberern vergessen werden sollte.«[65]

In diesem Bericht, von einem exemplarischen Repräsentanten des liberalen Europas verfasst, findet sich nichts vom »größten Glück der größten Zahl«. Natürlich könnte ein Utilitarist, so wie es auch oft geschah, den Imperialismus mit dem Argument rechtfertigen, dieser komme letztlich den indischen oder chinesischen Massen zugute. Aber in diesem Fall geht es eindeutig darum, die utilitaristische Logik zur Befriedigung der unmittelbaren materialistischen Interessen einiger weniger zu instrumentalisieren, und eben nicht um die Umsetzung utilitaristischer Glaubensgrundsätze. Hieraus ergibt sich eine substanziellere Erklärung für die liberale Komplizenschaft mit dem Imperialismus: Diese hat weniger mit der liberalen Doktrin und ihren Abwegen als mit der Tatsache zu tun, dass es dem Liberalismus im Kern um den Kapitalismus mit seinem Akkumulations- und Expansionszwang geht. Es handelt sich eben nicht um eine Besonderheit utilitaristischer Logik – die durchaus über ein demokratisches Potenzial verfügt und aus der frühe Formen des Sozialismus hervorgingen wie beispielsweise jener Robert Owens' –, sondern um eine Folge des Wirtschaftsliberalismus. Bowring soll folgenden Satz gesagt haben: »Jesus Christus ist Freihandel, und Freihandel ist Jesus Christus.«[66] Und hinter der Ideologie des Freihandels, ob nun mit oder ohne Jesus Christus, verbirgt sich Profitstreben. Das ist die Grundlogik, die das Handeln des Imperiums lenkt. Wir haben es hier mit der vertrauten Trope zu tun, wonach man »sichere Bedingungen für die Wirtschaft herstellen« und dem Weltmarkt »die Türen öffnen« müsse. Utopische Vorstellungen, »ein Drang zur Reform«, teleologische Überzeugungen und epistemologische Ängste mögen existieren oder auch nicht. Wie Frantz Fanon einst Hegel entgegnete, will der Herr vom Sklaven »nicht seine Anerkennung, sondern seine Arbeit«. J. S. Mill rechtfertigte die englische Rolle im Zweiten Opiumkrieg als Maßnahme zum Schutz des Freihandels, und Bowring selbst öffnete 1855 »die Märkte von Siam erfolgreich, wenn auch durch eine kalkulierte Kriegsandrohung«.[67] Dies scheint zu erklären, warum der liberale Staat heute noch, da der Utilitarismus schon lange und gemeinsam mit anderen klassischen Grundsätzen des 19. Jahrhunderts wie etwa Fortschritt und Vernunft von seinem philosophischen Thron gestürzt ist, nicht auf imperialistische und neoimperialistische Politik verzichten kann, die von Interventionen oder »kalkulierten Kriegsandrohungen« begleitet wird.

So wie die Liberalen das individuelle Glück und die individuelle Freiheit vieler einheimischer Arbeiter opfern konnten, während sie gleichzeitig »Über die Freiheit« schrieben und die Bedeutung des Individualismus priesen, so konnten sie gegenüber der ausländischen Bevölkerung die moralischen Grundlagen der »Bürde des weißen Mannes« beschwören oder sich auf utilitaristische Prinzipien berufen. Oder den Schein von Prinzipien und Gebote gleich ganz über den Haufen werfen und sich die argumentative Hintertür zunutze machen, wonach die Normen und Standards zivilisierter Weißer im Umgang mit Eingeborenen ihre Gültigkeit verlieren. So konnte Bowring, obgleich ein gläubiger Anhänger Benthams, die Preisgabe des Glücks zahlreicher Chinesen und Inder dadurch rationalisieren, dass er diese »Barbaren« einfach aus der menschlichen Gemeinschaft ausschloss: »Bei barbarischen [...] Nationen werden die Worte des Friedens vergeblich ausgesprochen.«[68] Die Affinität zwischen diesen Vorstellungen und der faschistischen Weltanschauung, zwischen einem derartigen Modus Operandi und der Vorgehensweise des Faschismus, sind kaum zu übersehen. Q. S. Tong bezeichnet »die Brandschatzung und Plünderung von Yuan Ming Yuan«, einem der Weltwunder am Rande Pekings, als ein Verbrechen, das »von einem prominenten Anhänger des Utilitarismus« (nämlich Bowring) angezettelt wurde: »Ist es nicht ein Holocaust im ursprünglichen und eigentlichen Sinne des Wortes, der auf Befehl eines imperialen Staates durchgeführt wurde, ein Holocaust, der von fast allen großen Denkern des Liberalismus seiner Zeit ignoriert wurde?«[69] Oder betrachten wir folgende, kaum weniger überzeugende Aufzählung der Analogien zwischen Liberalismus und Faschismus (auch wenn letzterer nicht genannt wird):

> »Im Allgemeinen sind es liberale und fortschrittliche Denker wie Bentham, die Mills und Macaulay, die [...] *das Imperium als eine legitime Form der politischen und ökonomischen Regierung* befürworten; die seine weitgehend *undemokratischen* und nicht repräsentativen Strukturen rechtfertigen und akzeptieren; die sich auf politisch relevante Kategorien wie *Geschichte, Ethnizität, zivilisatorische Überlegenheit* und gelegentlich auch *Rassen- und Blutsbande* berufen; und die Argumente für die zumindest vorübergehende Notwendigkeit und Aufrechterhaltung des Imperiums entwickeln.«[70]

»Ein Bauernhof ist ein Vaterland in Klein«

Wenn wir uns mit einer weiteren Facette der Wahlverwandtschaft des liberalen Nationalismus und Faschismus beschäftigen, ist das folgende Bekenntnis aufschlussreich:

> »Ein Bauernhof ist ein Vaterland in Klein. Dort wird man geboren und erzogen, dort wächst man mit den einen umgebenden Bäumen auf. Im industriellen Besitz werden die Vorstellungskraft, die Erinnerungen, der moralische Teil des Menschen durch nichts angesprochen. Man spricht vom Land der Vorfahren, von der Hütte der Vorväter. Noch nie hat man vom Geschäft oder der Fabrik der Vorfahren gesprochen. [...] Was die intellektuellen Fähigkeiten angeht, ist der Bauer dem Handwerker weit überlegen. [...] Der Grundbesitz kettet den Menschen an das von ihm bewohnte Land, erschwert Reisen, sorgt für Patriotismus aus Eigennutz. [...] Unabhängig von der moralischen Vorrangstellung des Grundbesitzes ist dieser aufgrund der Situation, in die er die Eigentümer versetzt, der öffentlichen Ordnung zuträglich. Die Handwerker, die sich in den Städten drängen, sind den Aufrührern ausgeliefert: für die auf dem Land verstreuten Bauern ist es fast unmöglich, sich zu versammeln und dementsprechend auch sich zu erheben.«

Stammt dieses Zitat von einem antiliberalen Romantiker, der sich in Anbetracht des urbanen Kapitalismus die Sicherheit des mittelalterlichen Dorfs zurücksehnte? Oder von einem rückwärtsgewandten, antimodernen Faschisten, der die Segnungen der Industriegesellschaft ablehnte? Nein, sein Autor ist Benjamin Constant,[71] einer der führenden französischen Liberalen und Befürworter des Freihandels im 19. Jahrhunderts. Er zog das Land der Stadt vor: Ersteres war für ihn verwurzelt, konservativ, vernünftig und ordentlich, letzteres entwurzelt, weniger patriotisch, übervölkert und »den Aufrührern ausgeliefert«. Kurz gesagt, er vertrat Standpunkte, die später zum festen Repertoire der faschistischen Ideologie gehören sollten. Selbstverständlich belegt solche eine Passage noch keine Übereinstimmung von faschistischem Denken und klassischem Liberalismus, und ebenso wenig will ich suggerieren, Constant sei ein Vordenker des Faschismus gewesen. Aber das Zitat weist doch darauf hin, dass die Demarkationslinie zwischen den beiden Weltanschauungen wesentlich verschwommener verlief als gewöhnlich angenommen; und es zeigt, dass es sich bei Motiven wie der Anrufung der ländlichen Regionen als Bollwerke von Ordnung und Tradition oder der Dämonisierung der Stadt und ihres Radikalismus nicht einfach, wie Liberale später gern interpretierten, um konservativ-reaktionäre Mythen handelte, die aus irrationalen Phobien entstanden und von im Konkurrenzkampf der Moderne Abgehängten vertreten wurden.[72] In Wirklichkeit wurzelten sie vielmehr in der modernen, kapitalistischen Klassengesellschaft und wurden auf die eine oder andere Weise von allen geteilt, die auf der Seite der Besitzenden standen – der »Mehrheit der Wohlgesinnten« (Malthus), der »Bruderschaft, die alle verbindet, die etwas besitzen« (Tocqueville). Der urbane Radikalismus der Arbeiterklasse war für den erfolgreichen »liberalen« Industriellen mindestens ebenso bedrohlich wie für den sich abstrampelnden und vermeintlich »konservativen« Handwerker.

Constant mag das Ende der bewaffneten Feindseligkeiten zwischen den Nationen und die Vermeidung von Kriegen gefeiert haben – eine Entwicklung, die er der Ausbreitung des Handels zuschrieb. Aber er konnte nicht auf den Nationalismus verzichten, der genau deshalb eine Voraussetzung des kapitalistischen Unternehmertums blieb, weil er die Klassengegensätze zusammenhielt:

> »Ein Individuum kann durch herausragende Verdienste die Menge in seinen Bann ziehen; aber die politischen Organe müssen, um das Vertrauen in sich zu erhalten, Interessen verfolgen, die eindeutig mit ihren Pflichten in Einklang stehen. *Eine Nation erwartet immer, dass Männer, die sich zusammenschließen, von ihren Interessen geleitet werden.* Sie glaubt sicher, dass die Liebe zu Ordnung, Recht und Erhalt der Verhältnisse unter den Eigentümern eine Mehrheit finden wird.«[73]

Darüber hinaus assoziiert Constant das nationale Interesse mit dem der vermögenden Klassen:

> »Diejenigen, die die Armut in ewiger Abhängigkeit hält und zu täglicher Arbeit verdammt, haben von öffentlichen Angelegenheiten nicht mehr Ahnung als Kinder und interessieren sich für den Wohlstand der Nation nicht mehr als Ausländer [...]. Ich möchte der arbeitenden Klasse in keiner Weise Unrecht tun. Diese Klasse ist nicht weniger patriotisch als andere Klassen. [...] Doch der Patriotismus, der einem den Mut gibt, für sein Land zu sterben, unterscheidet sich, so glaube ich, sehr von dem Patriotismus, der einen befähigt, die Interessen des Landes wirklich zu verstehen.«[74]

Hier tritt eine bemerkenswerte Zweideutigkeit an den Tag: Auf der einen Seite heißt es, die arbeitenden Massen seien zu unreif und kindisch, um die Interessen ihres Landes »wirklich zu verstehen«. Daher solle ihnen die Mitsprache bei politischen Entscheidungen entzogen werden. Aber dieser Paternalismus beruht in Wahrheit auf dem eiligen Hinweis, dass sich die Arbeiter und Armen einfach nicht für die Belange ihres Landes interessieren: sie »interessieren sich für den Wohlstand der Nation nicht mehr als Ausländer«. Nationale Interessen sind also mit Klasseninteressen identisch. Und deshalb bleibt der Begriff des »Patriotismus« sogar im Zeitalter des Handels unverzichtbar. Bedeutsam ist natürlich auch die damit einhergehende Erkenntnis, dass dieses neue, strahlende Zeitalter – »eine Epoche, in der der Handel den Krieg ersetzt; diese Epoche haben wir erreicht«[75] – Konflikte und Konkurrenz zwischen den Nationen nicht ausschließt: Das heißt, »Ausländer« haben ebenso wenig Anteil am nationalen Profit wie die Arbeiter. Die neue Epoche führt, zumindest in der Vorstellung Constants, einfach von einer physischen zu einer kommerziellen Kriegführung: »Krieg ist ganz Drang, Handel Berechnung.«[76] Aber aus historischer Perspektive wissen wir, dass es sich hierbei nicht um eine Alternative handelt, sondern dass Drang und Berechnung zusammenfallen, sich abwechseln und gegenseitig verstärken können.

Aufschlussreich ist die Lektüre Constants auch dort, wo er unbeabsichtigt hervorhebt, der Individualismus sei im Liberalismus nach Klassen strukturiert. Die individuelle Freiheit ist dem Bürgertum und den Besitzenden vorbehalten: »Der Handel«, argumentiert Constant, »erweckt in den Menschen eine tiefe Liebe zur individuellen Unabhängigkeit. Der Handel sorgt für ihre Bedürfnisse, befriedigt ihre Wünsche und das ohne das Eingreifen der Autoritäten. [...] Jedes Mal, wenn die kollektive Macht sich in private Spekulationen einmischt, demütigt sie die Spekulanten, jedes Mal, wenn die Regierungen vorgeben, sich um unsere Geschäfte zu kümmern, tun sie dies schlechter und kostspieliger als wir.«[77] Offensichtlich geht es hier um die individuelle Unabhängigkeit von Geschäftsleuten, Spekulanten und denjenigen, die ihre »Bedürfnisse« und »Wünsche« »ohne das Eingreifen der Autoritäten« befriedigen können. Sie gilt kaum für jene, die »zu täglicher Arbeit verdammt« sind und ihre »Bedürfnisse« – ganz zu schweigen von den »Wünschen« – ohne das Eingreifen von Behörden gerade so befriedigen können. Und um sicherzustellen, dass diese Struktur klassenspezifischer Zuteilung von Individualismus an Bourgeoisie und Arbeiterschaft stabil bleibt und dass letztere keinen Druck auf die Behörden ausübt, damit diese ihr zu Hilfe eilen, unterscheidet Constant ausdrücklich zwischen wirtschaftlicher Freiheit und politischer Unfreiheit: »[W]ir können nicht mehr die Freiheit der Alten genießen, die in einer aktiven und konstanten Teilhabe an der kollektiven Macht bestand. Unsere Freiheit muss aus dem friedlichen Genuss privater Unabhängigkeit bestehen.«[78] Wobei diese »Freiheit« und dieser »Genuss« offenkundig nur unter der Voraussetzung erlangt werden können, dass man tatsächlich »privat unabhängig« ist. Daraus ergibt sich der unverkennbare Klassencharakter von Constants Begriff der modernen Freiheit, der auf der liberalen Spaltung zwischen dem Ökonomischen und dem Politischen beruht:

> »Das Ziel der Alten war die Teilung der sozialen Macht unter allen Bürgern desselben Vaterlandes: Das war es, was sie Freiheit nannten. Das Ziel der Modernen ist die Sicherheit beim privaten Genuss; und sie bezeichnen als Freiheit die Garantien, die diesem Genuss von den Institutionen gewährt werden.«[79]

Das Problem dieser Sichtweise besteht in der Annahme, dass die »alte« Demokratie nicht in die Verlegenheit kommt, ihren Schatten auf den »privaten Genuss« der modernen vermögenden Klassen zu werfen. Doch sobald die liberale Sphären- und Gewaltenteilung zwischen Politik und Ökonomie unter dem Druck des Volkes kollabiert, gerät der Liberalismus unter Druck: In der Phase vor dem Faschismus wird dieses Dilemma immer gravierender. Und in dieser entscheidenden historischen Situation greift der Liberalismus auf den Nationalismus zurück, um die Demokratie auszuschalten und die moderne Freiheit wiederherzustellen. Christopher Duggan schrieb über den italienischen Präzedenzfall:

> »Doch wofür sollte der italienische Liberalismus ohne seine materiellen Ansprüche stehen? ›Wir können‹, erklärte 1913 Antonio Salandra, ein führender Liberaler, ›weder wie unseren katholischen Kollegen ein Paradies im Jenseits noch wie unsere sozialistischen Kollegen ein Paradies auf Erden anbieten.‹ Stattdessen behauptete er, *›das eigentliche Wesen des italienischen Liberalismus ist der Patriotismus‹*; und es war in Übereinstimmung mit dieser Überzeugung, dass Salandra Italien im Mai 1915 in den Krieg führte.«[80]

Der Krieg drang nicht nur gewaltsam in das Zeitalter des Handels ein, sondern untergrub auch eine weitere klassisch-liberale Grundannahme Constants, nämlich die These, dass die staatlichen Eingriffe mit wirtschaftlicher Prosperität unvereinbar seien: »Die Art und Weise, wie [Italien] die Produktionsanforderungen bewältigt hatte, die aus drei Jahren Kriegshandlungen folgten, grenzte an ein Wunder. [...] Diese erstaunliche Leistung war das Ergebnis staatlicher Planung und Regulierung in nie da gewesenem Ausmaß.«[81] Oder anders ausgedrückt: Wenn die klassisch liberale Ökonomie mit dem Faschismus zunächst die Sorge um die politische Einflussnahme des Volkes teilte, dann sorgte der Erste Weltkrieg dafür, einige der theoretischen Laissez-faire-Einwände auszuräumen, die möglicherweise noch geblieben waren. Das Terrain für ein noch größeres und kühneres Experiment war bereitet. Doch gehen wir nun näher auf diese Erfahrung ein.

Faschismus: Patriotismus als letzte liberale Zuflucht

Es ist eine ziemlich sichere Angelegenheit, den Faschismus in erster Linie als »Ultranationalismus« zu definieren. Wer den offenkundig nationalistischen Kern des Faschismus betont, kann nicht viel falsch machen. Aber sagt uns das wirklich etwas über »das Wesen des Faschismus«? In Wahrheit wirft die Definition eher eine andere und ebenso beunruhigende Frage auf, nämlich die nach »dem Wesen des Nationalismus«. Denn Nationalismus ist ein weiterer berüchtigt diffuser Signifikant. Thomas Mann schrieb über den rabiaten Nationalismus der deutschen Rechten: »Dabei vergisst man, dass es sich bei dem Wort national um einen vollkommen neutralen Begriff handelt, den man mit den verschiedensten Inhalten erfüllen kann.«[82] Uns mitzuteilen, der Faschismus sei »nationalistisch«, ist also nicht besonders erhellend. Wir müssen vielmehr fragen, was den Nationalismus in seiner *faschistischen Variante* auszeichnet. Was *tat* er, wie *funktionierte* er, worin bestand sein *Inhalt*? Eine alte These, die mittlerweile stark unter Druck geraten ist, lautete, die Nation müsse als Gegengift zur Klasse, als kapitalistische und bürgerliche Erwiderung auf die Klassenerzählung und das Klassenprojekt des Sozialismus begriffen werden. Thomas Mann beispielsweise äußerte in seiner Analyse der Fehlentwicklungen in der Weimarer Republik die Überzeugung, dass dies und nichts anderes die Funktion des faschistischen Nationalismus gewesen sei:

> »Die soziale Republik hat nicht an sich geglaubt, sie hat nach einer Revolution, die keine wirkliche war, in den Schulen, Universitäten, Gerichten, Ämtern den Geist des Alten fortwirken lassen, statt den der Zukunft an seine Stelle zu setzen; sie stand unter Druck von Mächten der Vergangenheit, denen sie beständig Zugeständnisse glaubte machen zu müssen, zu denen sie in ihrem Tun und namentlich in ihrem Unterlassen beständig hinabstieg, und mit diesen Mächten meine ich all das, *was dem großen Prinzip des Sozialismus in aller Welt* entgegensteht und was man *unter dem Namen des Nationalismus* zusammenfassen kann.«[83]

Man könnte argumentieren, dass Thomas Mann den Faschismus hier »von außen« beurteilt, also von einem Standpunkt aus, der, wie sein Namensvetter, der Historiker und Soziologe Michael Mann, bekräftigt, »für Faschisten, die Klassentheorien ebenso wie jede Form des ›Materialismus‹ ablehnten, nicht sehr sinnvoll ist. Den Faschisten ging es um etwas anderes.«[84] Doch kann man sich auf diese These verlassen? Verwarfen die Faschisten wirklich die Bedeutung der Klasse und lenkten ihre Aufmerksamkeit auf »etwas anderes«? Es stellt sich heraus, dass es eine ganze Reihe von »Materialisten« und »Klassentheoretiker« gab, die im Umfeld oder in den Reihen des Faschismus aktiv waren. Betrachten wir einen renommierten Politikwissenschaftler wie Gaetano Mosca, der dem italienischen Faschismus eine Weile relativ nahe stand. Er skizzierte zunächst den schleichenden Aufstieg des Sozialismus und beklagte die Komplizenschaft der Eliten:

> »Das typischste Beispiel dieser Art von Zugeständnissen war der Achtstundentag [...]. Die Dummheit und Feigheit der herrschenden Klassen sorgte in verschiedenen europäischen Ländern dafür, dass sie diese Begrenzung nach dem Weltkrieg akzeptierten, als die stark verarmten Völker eine Steigerung von Arbeit und Produktion dringend benötigt hätten.[85] [...] Bei solchen psychologischen und materiellen Bedingungen ist es nicht schwer verständlich, dass sich innerhalb der europäischen Bourgeoisie selbst eine überaus starke politische Partei von Idealisten und Ehrgeizigen gebildet hat, die danach strebt, die Gleichheit und die Teilnahme der Massen an der Staatsleitung zur Wahrheit zu machen [...]. Natürlich gelangte diese Partei schnell zu der Schlussfolgerung, dass es ohne Abschaffung des Privateigentums auf der Welt keine absolute Gerechtigkeit und keine wirkliche Gleichheit geben kann. [...] Gefangene ihrer eigenen Vorurteile, kämpfte [die Bourgeoisie] bis 1914 mit ihrer rechten Hand in Fesseln und mit der linken schwer behindert.«[86]

Der Sozialismus gefährdet das Klassensystem, den Kapitalismus und nicht zuletzt das Privateigentum auf offensichtlichste Weise. Auch wenn Mosca und Mann die Verdienste des Sozialismus völlig unterschiedlich bewerten, sind sie sich in der Einschätzung dessen, was auf dem Spiel steht, doch vollkommen einig. Und sie stimmen darin überein, was die Antithese des Sozialismus repräsentiert, nämlich der Nationalismus. Mosca analysiert:

> »Heute könnte eine mächtige Gewerkschaft und noch viel mehr ein Bund von Gewerkschaften dem Staat ihren Willen aufzwingen. Um diese Gefahr zu beschwören, müsste man um jeden Preis die Entstehung unabhängiger Zwischengebilde zwischen dem Individuum und dem Staat verhindern. [...] Mit anderen Worten, die Gewerkschaftsführer müssten den Gehorsam gegenüber der Staatsgewalt und *das nationale Interesse stets den Klasseninteressen voranstellen.«*[87]

Es ist kaum möglich, den Nationalismus mit größerem Nachdruck als antisozialistisch zu definieren. Und Mosca geht sogar noch weiter und buchstabiert aus, wie der Nationalismus als Mythos, als moderner Ersatz für die Religion funktioniert, um dem Klassenethos des Sozialismus entgegenzuwirken. Ich zitiere die anschließende Definition des Nationalismus, die ihn nicht als abstrakte Kategorie an und für sich, sondern als konkretes, historisches Phänomen des späten 19. und frühen 20. Jahrhunderts fasst, etwas ausführlicher:

> »Aber bekanntlich stellt gerade das Nachlassen des moralischen Zusammenhaltes, der die Einzelnen zu einer Einheit des Fühlens und Denkens zusammenschließt, eine der Hauptschwächen und einen der Zersetzungskeime der gegenwärtigen europäischen Gesellschaft [...] dar. Die alte Religion [...] hat in den letzten zwei Jahrhunderten viel von ihrem Ansehen und ihrer praktischen Wirksamkeit verloren. [...] Als wichtigster Faktor des moralischen und geistigen Zusammenhalts blieb daher den Völkern Europas nur der Patriotismus. Auch diesen haben die Sozialisten als eine Erfindung der herrschenden Klassen bekämpft, die angeblich nur der Verhinderung der von Marx vorausgesagten Vereinigung des Weltproletariats im Kampf gegen die Weltbourgeoisie diente. Aber der Patriotismus hat festere Wurzeln in der Seele der modernen Völker und vermochte den Angriffen seiner Gegner besser Widerstand zu leisten. Er hat seine Wurzel in der Interessengemeinschaft der Einwohner desselben Landes, in der Gemeinsamkeit der Gefühle und Ideen, die sich von selbst aus der Gleichheit der Sprache, von Ruhm, Glück und Unglück in der gemeinsamen Geschichte ergibt, und in dem menschlichen Bedürfnis, die eigene Gemeinschaft mehr als alle anderen zu lieben.
>
> Es wäre gewagt und vielleicht falsch, zu behaupten, dass die europäische Bourgeoisie ein klares Bewusstsein des Widerstandes gehabt hätte, den der Patriotismus dem Umsichgreifen des Sozialismus entgegensetzen konnte. Aber ohne Zweifel vollzog sich seit den ersten Jahren des 20. Jahrhunderts in fast allen europäischen Ländern ein machtvolles Erwachen patriotischer Gefühle bei der gebildeten Jugend.«[88]

Auch Mosca ist unverkennbar ein »Klassentheoretiker«. Und er offenbart die dahinterstehende soziale Logik; es geht nicht um den Nationalismus als solchen, sondern um eine *besondere Form* von Nationalismus, der im Dienst der Mittelklasse steht und die Grundlagen des proletarischen Klassenbewusstseins infrage stellen soll. Dieser Nationalismus, so könnte man sagen, stellt die *Mittelklasse-Variante* des *Klassenbewusstseins* dar. Für Mosca war der Nationalismus eine der von der Bourgeoisie beschworenen »politischen Formeln«, um die Massen von der Klasse wegzutreiben. Tatsächlich wurde er mit dem Niedergang der Religion zum wichtigsten Mythos, zum politischen Rezept der Moderne schlechthin. Hieraus entwickelt sich objektiv der »palingenetische Ultranationalismus«

der faschistischen Bewegungen, und zwar unabhängig davon, ob ihre gesellschaftlichen Träger sich dessen bewusst waren, was sie taten, oder nicht.

Nationalismus ist maßgeblich durch die Natur des Internationalismus definiert, den er zurückweist oder der ihm zumindest als Abgrenzungsfolie dient. Man kann in dem Sinne nationalistisch sein, dass man die Globalisierung und die Forderungen supranationaler Institutionen wie des *Internationalen* Währungsfonds ablehnt, oder aber, wie Mosca erklärt, den Nationalismus als Mittel begreifen, »um den Zusammenschluss der Proletarier aller Länder zu verhindern«. Diese Klassenlogik des Nationalismus sagt einiges über den Umstand, dass die gesellschaftlichen Eliten heute, da der Sozialismus die kapitalistische Hegemonie kaum noch herauszufordern vermag, den palingenetischen Nationalismus zugunsten eines Kosmopolitismus aufgegeben haben (auch in diesem Fall unabhängig davon, ob dies bewusst oder mit Vorsatz geschah) und nun das globale, kapitalistische Dorf propagieren, während sich die Massen der Armen in vielen Ländern vermehrt nationalistischen Programmen verschreiben, um sich der universellen Hegemonie des Kapitals zu widersetzen.

Mit anderen Worten: Die Definition des Faschismus als Nationalismus oder als Versuch der nationalen Wiedergeburt ist zwar nicht falsch, aber wirft doch die Frage auf, warum sich die Faschisten für die »Nation« interessieren oder ihre »Wiedergeburt« wünschen sollten? Für Michael Mann speiste sich das faschistische Begehren aus den genuin egalitären Zielen der Menschen, seien es nun Anführer oder einfache Leute, die auf die eine oder andere Weise außerhalb des Konflikts zwischen Kapital und Arbeit standen, vom chronischen Zank der liberalen Demokratie angewidert waren und einen nationalstaatlichen Zusammenhang jenseits der Klassen schaffen wollten. In dieser Hinsicht bekräftigt er die populäre Vorstellung vom Faschismus als einer dritten Kraft – »weder rechts noch links« – zwischen Kapitalismus und Sozialismus. Dieses Konzept führt jedoch zu einer Vernachlässigung des antiegalitären, elitären, antisozialistischen und prokapitalistischen Charakters des Faschismus und zu einer Überbewertung des revolutionären Impetus faschistischer Bewegungen:

> »Während sich [...] andere Formen autoritärer Regime aus Konservativen zusammensetzten, die versuchten, Massenbewegungen zu mobilisieren und zu kontrollieren, war der Faschismus eine populistische und ›radikale‹ Bewegung, mit einem starken Druck von ›unten nach oben‹ [...]. Nicht dass die Klasse für die faschistische Unterstützung irrelevant gewesen wäre. Der Faschismus erhielt unverhältnismäßig viel Unterstützung von Wirtschaftssektoren, denen die Botschaft von der Überwindung der Klassengegensätze gefiel, Menschen aus allen

> Schichten, die jenseits der Hauptschauplätze der Klassenkonflikte moderner Gesellschaften arbeiteten und lebten.«[89]

Ideologisch betrachtet besteht der Beitrag von Manns Arbeiten darin, den Faschismus aus der Dynamik des Kapitalismus und der damit einhergehenden Klassenkämpfe herauszulösen und ihn als eigenständigen ideologisch-kulturellen Strang zu präsentieren. Mann bekräftigt an zahlreichen Stellen, dass der Versuch, sich über die Klasse zu erheben, eines der wesentlichen Merkmale der faschistischen Ideologie und Politik, ja möglicherweise sogar ihren eigentlichen Kern darstellt: »Die ›Kernanhängerschaft‹ des Faschismus kann nur verstanden werden, wenn man ihr Streben nach Transzendenz ernst nimmt, da sie völlig aufrichtig damit waren [...] Transzendenz war tatsächlich der zentrale Punkt im faschistischen Wahlprogramm.«[90] Paradoxerweise gipfelt Manns Bemühen, einer Klassenanalyse des Faschismus zu widersprechen, faktisch in einer *Klassentheorie* des Faschismus, bei der der Klassenkampf im Mittelpunkt steht. Wollten die Faschisten die Klassenkonflikte überwinden? Selbstverständlich wollten sie das, aber das taten auch die Sozialisten, die ausdrücklich eine *klassenlose Gesellschaft* anstrebten. Die Faschisten hingegen wünschten sich weder diese Auflösung des sozialen Konflikts noch *diese Art* von Einheit. Eine derartige Lösung stellte vielmehr ihr Schreckensszenario dar. Wonach sie sich – von ganzem Herzen – sehnten, war eine harmonische Gesellschaftsordnung *mit* Klassen, in der die für den Kapitalismus typischen Arbeitsteilungen und Statushierarchien mit allen damit verbundenen Vorteilen erhalten blieben. Und deshalb befürworteten sie die nationale Lösung. Die These, Faschisten seien letzten Endes Linke, denen im Unterschied zu den Sozialisten »eine allgemeine Kapitalismuskritik fehlte, da sie sich letztlich nicht für Kapitalismus und Klasse interessierten«,[91] ist daher völlig falsch. Die Faschisten interessierten sich nicht für den Klassen*aufstand*, sondern für das Klassen*system*.[92] Merkwürdigerweise meint Mann, den Faschismus vom Kapitalismus lösen zu können, indem er das faschistische Streben nach einer Transzendenz der Klassen hervorhebt. Doch stellt dieser Wunsch nicht genau das *Verbindungsglied* zwischen Faschismus und Kapitalismus dar? Gibt es irgendeinen Kapitalisten, der den Klassenkrieg predigt? Wo ist der Kapitalist, der nicht von seinem eigenen Unternehmen behauptet, es diene lediglich dem Wohl der Gemeinschaft, mehre deren Reichtum und stärke die Nation? Und gibt es einen Liberalen, der nicht daran interessiert wäre, den Klassenkampf zu überwinden? Unterschieden sich die deutschen Liberalen von ihren faschistischen Zeitgenossen etwa darin, dass sie soziale Konflikte anheizen wollten? Gustav Stresemann, der herausragende liberale Politiker der Weimarer Republik, äußerte auf dem Parteitag der liberalen Deutschen Volkspartei von 1921 folgenden Wunsch:

> »Reiner stand nie ein Volk vor Gott und der Weltgeschichte da als das deutsche Volk im Jahre 1914. [...] Zu dieser Einheit des nationalen Empfindens haben wir nicht mehr zurückgefunden. [...] Unser Ziel wird die Versöhnung aller Schichten des deutschen Volkes sein. Müssen. Dass die Masse national denkt, hat sie 1914 bewiesen.«[93]

Wenn wir dem Faschismus vertrauen und an seine Aufrichtigkeit glauben sollen, warum sollten wir dann zynisch werden, wenn es um Kapitalisten oder Liberale geht? Die Transzendenz der Klassen ist, wie der Nationalismus, ein neutraler Begriff. Die Frage lautet immer: Auf welche Weise und zu wessen Vorteil überwinden wir die Klasse? Und hier muss selbst Mann zugeben, dass die Faschisten, so aufrichtig sie auch waren, »in der kurzen ihnen zur Verfügung stehenden Zeit dazu tendierten, von ihrem ursprünglichen Projekt der Überwindung des Klassenkonflikts abzuweichen. Dieser ›Verrat‹ wird von Klassenanalysen des Faschismus und von anderen Ansätzen betont, die an der Aufrichtigkeit oder Konsistenz faschistischer Werte zweifeln.«[94] Meine Herangehensweise jedoch nimmt die Faschisten ernster als die Manns und beschuldigt sie nicht des »Abweichens« oder des »Verrats«. Denn in Wirklichkeit überwanden die Faschisten den Klassenkonflikt erfolgreich, und zwar auf die von ihnen gewünschte Weise. Zu der Spekulation, die Faschisten hätten die Klassenverhältnisse energisch eliminiert, wenn ihnen mehr Zeit zur Verfügung gestanden hätte, kann ich nur sagen, dass die Beschreibung »kurze Zeit« relativ ist und mir ausgesprochen ungeeignet erscheint, um die faschistische Periode objektiv und subjektiv zu beschreiben. Objektiv besaßen die Faschisten mehr als genug Zeit, um – wenn sie es gewünscht hätten – ein egalitäres Projekt zu verfolgen; subjektiv war aus der Sicht der unzähligen Opfer des Faschismus eindeutig jede Sekunde seiner Herrschaft eine zu viel.

Michael Mann beharrt darauf, dass Hitler im Unterschied zu Mussolini, der sich der herrschenden Klasse in Italien stärker verpflichtet fühlte, tatsächlich den Kapitalismus zu eliminieren versucht habe: »Ich bezweifle, dass die Ökonomie des Reichs noch als ›kapitalistisch‹ hätte gelten können, wenn [Hitlers] Regime viel länger gedauert hätte.«[95] Gegen diese eher ausgefallene Spekulation lässt sich die Einschätzung der deutschen Wirtschaftshistoriker Buchheim und Scherner anführen, die sowohl die NS-Ideologie *als auch* ihre wirtschaftliche Praxis untersuchten und zu ganz anderen Schlussfolgerungen gelangten. Für sie war die zunehmende staatliche Orchestrierung der deutschen Wirtschaft von den Notwendigkeiten der Kriegswirtschaft diktiert und keineswegs als Dauerlösung gedacht. Ich zitiere ihren Standpunkt etwas ausführlicher, da er hilfreiche Gegenargumente gegen Ansichten wie die Manns liefert:

> »Die vorangehende Analyse beweist erneut, dass die Unternehmen in der NS-Zeit ihr Handeln weiterhin auf Grundlage ihrer Erwartungen gestalteten und dass die staatlichen Behörden dieses Verhalten nicht nur tolerierten, sondern *sich diesem beugten, indem sie ihre Vertragsangebote den Wünschen der Industrie anpassten.* [...] Das Verhalten der Unternehmen in all diesen Fällen zeigte auch, dass sie *einen möglichen Rückgang der staatlichen Eingriffe und Nachfrage voraussahen*, was zur *Wiederbelebung der Marktwirtschaft* und zu mehr internationalem Wettbewerb führen würde. [...] So betrachtete *die Industrie selbst die Entwicklung des NS-Wirtschaftssystems nicht als Schritt in Richtung einer Planwirtschaft und des Sozialismus.* Vielmehr wurde die zentrale Rolle des Staates in der Vorkriegs- und Kriegsökonomie als Folge der Kriegsführung – und damit als zeitlich begrenzt – betrachtet. Obwohl es keine Garantie dafür gab, dass eine deutsche Nachkriegswirtschaft zu mehr Markt zurückkehren würde – tatsächlich konnte in einer Diktatur wie der nationalsozialistischen eine solche Garantie nicht bestehen –, *sorgte die tägliche Erfahrung der Unternehmer und Manager im Umgang mit der Bürokratie des NS-Staates offensichtlich für genau diese Einschätzung.* Aus diesem Grund handelten die Unternehmer dementsprechend und sahen diese Überzeugung immer wieder im praktischen Umgang bestätigt. Denn das Regime tolerierte im Allgemeinen ihr Verhalten, das von der Erwartung langfristiger Rentabilität ihrer Geschäfte motiviert war.«[96]

Diese Einschätzung ist umso wichtiger, als sie nichts mit jener traditionellen »Klassenanalyse« zu tun hat, die Michael Mann missbilligt. Sie basiert vielmehr auf einer Analyse der nationalsozialistischen Wirtschaftspolitik und untersucht die Annahmen und Erwartungen aufseiten sowohl der deutschen Industriellen als auch der NS-Eliten. Ebenso wenig lässt sie den für Mann so wichtigen ideologischen Aspekt außer Acht, der diesen Praktiken zugrunde liegt. Wenn die Nationalsozialisten das Verhalten der Industriellen akzeptierten und von Verstaatlichungen oder Zwangsverträgen absahen, so geschah dies keineswegs aufgrund eines opportunistischen oder unvermeidlichen Kompromisses mit bestehenden Machtgruppen, sondern *aufgrund ihrer eigenen ideologischen Verpflichtung gegenüber dem Privateigentum*: »Die Nazi-Ideologie schätzte das Unternehmertum sehr. Das Privateigentum galt als Voraussetzung für die Entfaltung der Kreativität der Angehörigen der deutschen Rasse zum Wohle des Volkes«,[97] und Hitler selbst bekundete »häufig seine grundsätzliche Ablehnung jeder bürokratischen Wirtschaftsführung«.[98] Anders ausgedrückt: Die von Mann betonte »Aufrichtigkeit oder Konsistenz faschistischer Werte« muss nicht bezweifelt werden; es war ganz einfach so, dass die Werte selbst auf der Unverzichtbarkeit des Privateigentums, des Unternehmertums und damit des Kapitalismus beruhten. Tatsächlich ist es Mann, der die nationalsozialistische Ideologie dekonstruieren und einen verborgenen Plan zur Beseitigung des Kapitalismus in sie hineinlesen muss. Damit stellt er ihre Konsistenz infrage, während Buchheim und Scherner sie ganz einfach für *bare Münze* nehmen.

Angemerkt werden sollte auch, dass Mann aufgrund seiner Glaubwürdigkeit in der Linken implizit – und vermutlich unbeabsichtigt – so etwas wie eine Rechtfertigung der Klassengesellschaft liefert. Wie bei der Interpretation des Faschismus und des Kommunismus als verfeindete Brüder (Eugen Weber) oder beim klassischen Begriff des linken und rechten »Totalitarismus« werden zwei Fliegen mit einer Klappe geschlagen: Wenn der Faschismus tatsächlich die Überwindung der Klassen zum Ziel hatte, dann kann das Problem nicht im System der Klassenspaltung selbst liegen; vielmehr sind es die Feinde der Klassengesellschaft, die die Bedrohung darstellen – diejenigen, die versuchen, ein Alternativmodell zu schaffen und die soziale Konfiguration des Kapitalismus zu ersetzen. Klasse erscheint daher als der ultimative Horizont der »offenen Gesellschaft«, solange sie nicht mit chiliastischen Visionen kokettiert, die sich am Ende als Albträume erweisen. Umgekehrt wird das Hinnehmen der Klassengesellschaft als antifaschistische Haltung interpretiert. Dieser impliziten Rechtfertigung der Klassenverhältnisse wird jedoch die Grundlage entzogen, wenn wir erkennen, dass der Faschismus nur die Klassen*politik*, nicht aber die Klassen*gesellschaft* beseitigen wollte.

Eine Rückkehr zur »Großen Politik«

Subtiler als Moscas Ersetzung der Sozialpolitik durch nationale Politik war Carls Schmitts berühmter, bereits der faschistischen Bewegung zuzurechnender »Begriff des Politischen«, der sich auf den Freund-Feind-Gegensatz stützt. Schmitts Theorien wurden in den letzten Jahren überraschenderweise auch von linken Theoretikern aufgegriffen, so etwa von Chantal Mouffe, die meinte, in ihnen eine aufschlussreiche Kritik an jener liberalen Praxis finden zu können, bei der die politischen Gegensätze entschärft und zu einem faden Hegemoniebrei verflüssigt werden. Ob sich Schmitts Theorien tatsächlich produktiv für eine Neubelebung der Politik in einem Zeitalter des lauwarmen Liberalismus nutzen lassen, ist eine Frage, die uns hier nicht weiter beschäftigen muss. Wichtig für uns ist nur die Erkenntnis, dass Schmitts Schriften in ihrem ursprünglichen Kontext genau darauf abzielten, die Klassen*politik* als eine minderwertige, zweitrangige Version »des Politischen« zu diskreditieren, während dessen reine Form als Konflikt zwischen Völkern oder Nationen beschrieben wurde. Mit anderen Worten: Der Liberalismus war Schmitt nicht deshalb verhasst, weil er soziale Konflikte und Differenzen beschönigte, sondern weil er sie thematisierte.

Schmitts ganzes Bemühen um eine Definition des Politischen beruhte auf seiner Unzufriedenheit mit der modernen Politik, die auf einen andauernden Kampf zwischen den durch Parteien repräsentierten sozialen Klassen hinauslief und damit die Autorität »des Staates« und die Einheit »der Nation« unterminierte. Diese Feindschaft gegenüber dem politischen, *demokratischen* Liberalismus stellte selbstverständlich ein Grundpfeiler des konservativen Denkens in Deutschland und anderswo dar. Relativ innovativ an Schmitts Position war, dass er, anstatt die Politik als solche als unehrenhaftes und schädliches Geschäft anzuprangern, sie durch eine *Neudefinition* ihres Charakters zu zelebrieren versuchte. Aber dies war lediglich die Variation eines bekannten Themas. Wenn jemand in der Weimarer Republik einen anti- oder unpolitischen Standpunkt einnahm, dann gab er oder sie bereits ein zutiefst politisches Statement ab, stellte sich fast automatisch in Opposition zu einer bestimmten, modernen Form der Politik, nämlich der Demokratie, und bekannte sich umgekehrt zu den traditionellen, autoritären Regimes, die genau in diesem Sinne als *vor*politisch interpretiert wurden. Es ist kein Zufall, dass die Mehrheit der Sympathisanten des deutschen Faschismus große Bewunderer Friedrich Nietzsches waren, jenes berühmten und selbsternannten »letzten antipolitischen Deutschen« (eine kurze Liste seiner profaschistischen Bewunderer würde Benn, Jünger, Spengler, Baeumler, Rosenberg und Heidegger umfassen, was darauf verweist, dass er mit Sicherheit nicht »der Letzte« in der antipolitischen Tradition war). Der frühe und konservative Thomas Mann (der zunächst ebenfalls ein Nietzsche-Verehrer war, später allerdings auf kritische Distanz zu dem Philosophen und antidemokratischen Haltungen als solchen ging) fasst in einem Text, der vielleicht als das große apolitische Manifest jener Zeit gelten kann, die Gleichsetzung von *Politik* und *Demokratie* treffend zusammen und legt nahe, dass autoritäre Regime ganz einfach *unpolitisch* seien:

> »Ich bekenne mich tief überzeugt, dass das deutsche Volk die politische Demokratie niemals wird lieben können, aus dem einfachen Grunde, weil es *die Politik selbst* nicht lieben kann, und dass der viel verschriene ›Obrigkeitsstaat‹ die dem deutschen Volke angemessene, zukömmliche und von ihm im Grunde gewollte Staatsform ist und bleibt.«[99]

Aus Sicht vieler Konservativer (und natürlich auch »konservativer Revolutionäre«) verdankte der Faschismus einen Großteil seiner Anziehungskraft *der Beseitigung der (demokratischen) Politik*, und in diesem Sinne könnte der *Faschismus selbst* als unpolitisch und antipolitisch bezeichnet werden. Dieses Ideologem entsprach dem faschistischen Ideal, wonach man über der Politik, den Parteien und den Klassen stehen sollte und lediglich der Nation zu dienen habe. So konnte Luigi Pirandello, 1924 zu seinen faschistischen Überzeugungen befragt, bekräftigen: »Ich bin von der Welt isoliert und habe nur meine Arbeit und meine Kunst. Politik? Ich habe nichts mit ihr zu schaffen und hatte auch nie etwas mit ihr zu tun« – nur um dann nahtlos und, ohne den Widerspruch zu bemerken, fortzufahren: »Wenn Sie nach meinem Eintritt in die Faschistische Partei fragen, kann ich Ihnen mitteilen, dass ich dies tat, um den Faschismus bei seinem Vorhaben der Erneuerung und des Wiederaufbaus zu unterstützen.«[100]

Verglichen mit diesen traditionellen Positionen bestand Schmitts Innovation darin, die Bedeutung des Politischen zu *rühmen*. Dies tat er aber erst, nachdem er klargestellt hatte, dass er unter »dem Politischen« in seiner genuinen und erhabenen Form ganz sicher nicht die Demokratie verstand: Die demokratische Parteipolitik galt ihm als kleinliche und perfide Entstellung des Politischen in dessen platonischem Sinne, nämlich der *Ur*opposition von nationalem Freund und Feind. Schmitts Absicht war es, eine axiologische Hierarchie zu konstruieren, an deren Spitze die Politik in ihrer ursprünglichen und erhabenen Form steht – die Politik aufeinanderprallender nationaler Entitäten – und die dann zu weniger noblen und bedeutungsvollen politischen Manifestationen hinabsteigt, bei denen *soziale* Gruppen und Parteien die Protagonisten sind:

> »Der politische Gegensatz ist der intensivste und äußerste Gegensatz und jede konkrete Gegensätzlichkeit ist umso politischer, je mehr sie sich dem äußersten Punkte, der Freund-Feind-Gruppierung, nähert. *Innerhalb* des Staates als einer organisierten politischen Einheit, die als Ganzes für sich die Freund-Feind-Entscheidung trifft, außerdem *neben* den primär politischen Entscheidungen [...] ergeben sich zahlreiche *sekundäre* Begriffe von ›politisch‹. [... Man kann] von Religionspolitik, Schulpolitik, Kommunalpolitik, Sozialpolitik und so weiter des Staates selbst sprechen. [...] Schließlich entwickeln sich noch weiter abgeschwächte, bis zum *Parasitären* und Karikaturhaften entstellte Arten von ›Politik‹, in denen von der ursprünglichen Freund-Feind-Gruppierung nur noch irgendein antagonistisches Moment übrig geblieben ist, das sich in Taktiken und Praktiken aller Art, Konkurrenzen und Intrigen äußert und die sonderbarsten Geschäfte und Manipulationen als ›Politik‹ bezeichnet. Dass aber in der Bezugnahme auf eine konkrete Gegensätzlichkeit das Wesen politischer Beziehungen enthalten ist, bringt der landläufige Sprachgebrauch selbst dort noch zum Ausdruck, wo das Bewusstsein des ›Ernstfalles‹ ganz verloren ging.«[101]

Schmitts Bemühungen zielte in erster Linie darauf ab, die Aufmerksamkeit seiner Leser von den konkreten sozialen Unterschieden, die sie trennten und die im realen Leben den Inhalt ihrer politischen Kämpfe bestimmten, hin zum »Begriff« zu lenken, also zum *Ideal* des Politischen, das in der metaphysischen Opposition zwischen ihnen als Nation und anderen Nationen bestand. Dies war im Grunde genommen die theoretische »Rechtfertigung« dessen, was auch andere konservativ-faschistische Denker und Politiker von Spengler bis Hitler regelmäßig betonten, sprich: das Primat der Außenpolitik über die inneren Angelegenheiten und die Notwendigkeit, »das Volk« in seinem Kampf um nationale Größe zu vereinen. Das ist der Grund, warum ich die These vertreten habe, Schmitts Beitrag stelle nur in einem sehr begrenzten Sinne eine Innovation dar und sei in Wirklichkeit fest im Denken und den Zielen der deutschen Eliten verankert. Und wies nicht auch in dieser Hinsicht Nietzsche den Weg? Konfrontiert mit dem Politischen in seiner sozialen, demokratischen und letztlich auch *Klassen*-Dimension ist Nietzsche der letzte *»antipolitische Deutsche«*:

> *»Die Arbeiter-Frage.* Die Dummheit, im Grunde die Instinkt-Entartung, welche heute die Ursache *aller* Dummheiten ist, liegt darin, dass es eine Arbeiter-Frage gibt. Über gewisse Dinge *fragt man nicht:* erster Imperativ des Instinkts. – Ich sehe durchaus nicht ab, was man mit dem europäischen Arbeiter machen will, nachdem man erst eine Frage aus ihm gemacht hat. [...] Aber was *will* man? nochmals gefragt. Will man einen Zweck, muss man auch die Mittel wollen: will man Sklaven, so ist man ein Narr, wenn man sie zu Herrn erzieht.«[102]

Derselbe Nietzsche prognostizierte aber auch kühn, dass es »erst von mir an auf Erden *große Politik*« gibt.[103] In diesem Sinne rekapitulierte Schmitt die Unterscheidung zwischen kleiner und großer Politik, zwischen Innen- und Außenpolitik, Klassen- und nationalen Kämpfen lediglich, wobei er selbstverständlich stets letztere rechtfertigte. Genau wie Nietzsche, allerdings gewundener als dieser und mit den für einen gewieften Juristen typischen Techniken der Verstellung, beklagte sich Schmitt über den Umstand, dass die »Arbeiterfrage« historisch überhaupt existieren durfte. Hinter dem sachlichen Ton der folgenden Bemerkung verbirgt sich eine nostalgische Sehnsucht: »So gibt es eine ›Sozialpolitik‹ erst, seitdem eine politisch beachtliche Klasse ihre ›sozialen‹ Forderungen erhob; die Wohlfahrtspflege, die man in früheren Zeiten den Armen und Elenden angedeihen ließ, wurde nicht als sozialpolitisches Problem empfunden und hieß auch nicht so.«[104] Und genau wie bei Mosca sollte die Arbeiterfrage zugunsten der nationalen in den Hintergrund treten. In diesem Zusammenhang erkannte Schmitt schon früh den Wert des sorelianischen Mythos, der den Nationalismus mit einer Schutzschicht überzieht und dem Sozialismus seine Kraft entzog: »Im Munde eines internationalen Marxisten ist das ein merkwürdiges Lob, denn es zeigt, dass die Energie des Nationalen größer ist als die des Klassenkampfs. Auch die anderen Beispiele von Mythen, die Sorel erwähnt, beweisen, soweit sie in die neuere Zeit fallen, die Überlegenheit des Nationalen.«[105] Und genau aus diesem Umstand, nämlich dass der Faschismus ein dringend benötigtes Antidot zum Sozialismus darstellt, leitet Schmitt einige Sätze weiter die Bedeutung des noch jungen faschistischen Experiments ab (der Text stammt aus dem Jahr 1923):

> »Aber wo es zu einem offenen Gegensatz der beiden Mythen gekommen ist, hat bis heute der nationale Mythos gesiegt. Von seinem kommunistischen Feind hat der italienische Faschismus ein grausiges Bild entworfen: das mongolische Gesicht des Bolschewismus; es hat sich als wirkungsvoller erwiesen als das sozialistische Bild vom Bourgeois. [...] In seiner berühmten Rede vom Oktober 1922 in Neapel, vor dem Marsch auf Rom, sagte Mussolini: ›Wir haben einen Mythos geschaffen [...]. Unser Mythos ist die Nation, die große Nation, die wir zu einer konkreten Realität machen wollen.‹ In derselben Rede nennt er den Sozialismus eine inferiore Mythologie.«[106]

Der sorelianische Faschismus zeigt dem eifrigen Schmitt, und bald auch schon vielen seiner Landsleute, den Weg zur Überwindung des Sozialismus: den Mythos der Nation. Auch die antikommunistischen Motive – wie »das grausige [...], mongolische Gesicht des Bolschewismus« – werden von diesen Beobachtern aufgegriffen und dazu eingesetzt, den sozialistischen Angriffen auf »die Bourgeoisie« Aufmerksamkeit zu entziehen. In diesem Sinne bemühte sich Schmitt aufzuzeigen, dass sich ein kompromissloser Kampf nur zwischen Nationen »legitim« entfalten könne, die durch wahre Feindschaft verbunden sind, während das christliche Gebot des »liebe deine Feinde« nur *innerhalb* der eigenen Nation Gültigkeit besitze, gegenüber dem persönlichen Konkurrenten:

> »Feind ist also [...] nicht der private Gegner, den man unter Antipathiegefühlen hasst. [...] Feind ist nur der *öffentliche* Feind, weil alles, was auf eine solche Gesamtheit von Menschen, insbesondere auf ein ganzes Volk Bezug hat, dadurch *öffentlich* wird. [...] Die viel zitierte Stelle ›Liebet eure Feinde‹ [...] heißt ›*diligite* inimicos *vestros*‹, [...] und *nicht*: *diligite* hostes *vestros*; vom politischen Feind ist nicht die Rede. Auch ist in dem tausendjährigen Kampf zwischen Christentum und Islam niemals ein Christ auf den Gedanken gekommen, man müsse aus Liebe zu den Sarazenen oder den Türken Europa, statt es zu verteidigen, dem Islam ausliefern. Den Feind im politischen Sinne braucht man nicht persönlich zu hassen, und erst in der Sphäre des Privaten hat es einen Sinn, seinen ›Feind‹, das heißt seinen Gegner, zu lieben.«[107]

Auch wenn sich Schmitts Polemik gegen den Liberalismus richtet, zielt sein ganzes theoretisches Konstrukt in Wahrheit darauf ab, eine Gegenkraft zum Sozialismus schaffen. Er ist kein neutraler Politikwissenschaftler, der verstehen will, wie die Politik *in Wirklichkeit* funktioniert, sondern ein Pädagoge, der seine Leser mithilfe einer Definition »des Politischen« an sich darüber aufklären will, wie Politik funktionieren *sollte*. Wo der Sozialismus im politischen Leben die internationale Solidarität zwischen Nationen und Völkern hochhält, die einander kein Unrecht angetan haben, insistiert Schmitt darauf, dass dieses Konzept das Politische verfälsche und daher unangebracht sei. Und wo der Sozialismus auf die Notwendigkeit des Klassenkampfes innerhalb der Nation verweist, um der Ausbeutung der Arbeiter durch die Bourgeoisie ein Ende zu setzen, betont Schmitt, dass man es hier nicht mit »einem Feind« im eigentlichen Sinne, sondern mit einem »privaten Gegner« zu tun habe und deshalb Nächstenliebe angebracht sei. Dem Leser, der bis dahin den Kapitalisten, mit dem er einen echten Konflikt austrug, hasste und sich nicht um den Sarazenen (den Juden, die Franzosen oder die Bolschewiken) scherte, wird vom juristischen Ratgeber nahegelegt, sich mit dem Kapitalisten zu versöhnen und gegen den Sarazenen zu bewaffnen, gegen den er bislang nicht das Geringste hatte. Mit Verweis auf Platon argumentiert Schmitt, dass die Freund-Feind-Unterscheidung nur im Kampf gegen einen äußeren Feind wirklich gilt, während man innerhalb der Nation nur einen pseudopolitischen, sinnlosen und destruktiven Bürgerkrieg entfesseln kann:

> »Bei Platon [...] ist der Gegensatz von öffentlichem Feind und privatem Gegner sehr stark betont, aber mit dem anderen Gegensatz von Krieg und Aufruhr (Erhebung, Rebellion, Bürgerkrieg) verbunden. Für Platon ist nur ein Krieg zwischen Hellenen und Barbaren (die ›von Natur Feinde‹ sind) wirklich Krieg, dagegen sind für ihn die Kämpfe zwischen Hellenen Zwietracht. Hier ist der Gedanke wirksam, dass ein Volk nicht gegen sich selbst Krieg führen könne und ein ›Bürgerkrieg‹ nur Selbstzerfleischung, nicht aber vielleicht Bildung eines neuen Staates oder gar Volkes bedeute.«[108]

Als er kein konservativer Weggefährte Schmitts mehr war, unterschied Thomas Mann ebenfalls zwischen einem *äußeren* und einem *inneren*, einem *nationalen* und einem *sozialen* Krieg, wobei er *letzterem* den Vorrang einräumte. Oder wie es der Erzähler in »Doktor Faustus« ausdrückt: »Moralisch betrachtet sollte das Mittel eines Volkes, zu einer höheren Form seines Gemeinschaftslebens durchzubrechen – wenn es denn blutig dabei zugehen soll –, nicht der Krieg nach außen, sondern der Bürgerkrieg sein.«[109]

Nationalismus und seine Veränderlichkeit

An dieser Stelle ist ein Einwand angebracht: Mein Ziel ist es, den wichtigen Beitrag des Liberalismus zum Nationalismus und sogar zur faschistischen Variante des Nationalismus hervorzuheben, nicht aber den Nationalismus (und zwar auch nicht in der hier diskutierten historischen Phase) auf den Liberalismus zu reduzieren. Das Nationale ist in der Tat »ein vollkommen neutraler Begriff, den man mit den verschiedensten Inhalten erfüllen kann« (Thomas Mann). Und es kann zweifellos einen Inhalt annehmen, der sich dem Kapitalismus in hohem Maße widersetzt. Um sich dies zu vergegenwärtigen, genügt es, sich den bekannten Widerspruch zwischen »Nationalisierung« und »Privatisierung« in Erinnerung zu rufen. Die Widerständigkeit des Nationalismus, die insbesondere in der Epoche der antikolonialen Befreiungsbewegungen zur Geltung kam, aber auch heute angesichts der »Globalisierung« deutlich wird, ist keineswegs nur ein Phänomen der jüngeren Vergangenheit. Auch der Nationalismus des 19. Jahrhunderts war nie ganz dem Kapitalismus untergeordnet oder deckungsgleich mit der liberalen Ökonomie: Vor allem in Deutschland, aber auch anderswo, diente er oft als Sammelbecken jener Kräfte, die die Industrialisierung ablehnten, aber auch dem Sozialismus gegenüber Aversionen hegten. In den Schriften von Ideologen wie Paul de Lagarde oder Julius Langbehn, die soziologisch wohl nur als »kleinbürgerlich« definiert werden können, manifestiert sich ein Widerstand gegen die Industrialisierung und ihre angeblich schädlichen sozialen, moralischen und kulturellen Effekte. Für sie – als Repräsentanten von Handwerkern, Kleinproduzenten, aber auch Teilen der Intelligenz und des sogenannten *Bildungsbürgertums** (Lagarde war beispielsweise einer der führenden deutschen Bibelwissenschaftler und Orientalisten, bevor er eine Laufbahn als politischer Agitator einschlug) – war der Nationalismus gleichbedeutend mit der vermeintlichen Verteidigung der gefährdeten Privilegien dieser Gruppen gegen den Vormarsch des Großkapitals.

Für den Liberalismus bedeutete eine solche Konstellation, dass der Nationalismus eine schwierig zu handhabende Waffe darstellte: Auf der einen Seite war der Nationalismus gerade wegen der ihm innewohnenden Ambiguität und seiner Ausstrahlung auf ganz unterschiedliche politische Kreise bestens geeignet, Unterstützung für eine – de facto – kapitalistisch-imperialistische Agenda zu mobilisieren und den Sozialismus zu schwächen. Auf der anderen Seite implizierte dies, Hoffnungen und Erwartungen zu hegen, die nicht einfach mit dem Kapitalismus in Einklang zu bringen waren und sich selbst in ein Problem verwandeln konnten. Dies gilt auch für andere von uns erörterte Aspekte. Denn man kann in der Tat Mythen und Irrationalität schüren, um eigene politische Ziele zu verfolgen, aber das entfesselte Irrationale ist wie eine geöffnete Büchse der Pandora: Der Ausgangspunkt mag bekannt sein, aber wo einen diese Politik hinführt oder hintreibt, lässt sich kaum abschätzen. Einige der vorsichtigeren bürgerlich-liberalen Denker haben, auch wenn sie selbst zur Verbreitung von Nationalismus und Irrationalität beitrugen, die Gefahren dieser Praktiken durchaus erkannt. Mosca zum Beispiel, der eine wichtige Rolle beim Aufstieg einer zutiefst mythischen und propagandistischen Politik spielte und die herrschenden Klassen dazu aufforderte, sich vom politischen Liberalismus zu lösen, da dieser zu demokratisch geworden sei (»die Bourgeoisie [ist ...] nicht nur Gefangene ihrer demokratischen, sondern auch ihrer liberalen Prinzipien«[110]), wies auf die Vorteile des Patriotismus im Kampf gegen den Sozialismus hin. Zugleich war er sich jedoch der damit verbundenen Gefahren bewusst (die angesichts der nur wenige Jahre zurückliegenden Erfahrung des Ersten Weltkriegs auch nicht besonders schwer zu erkennen waren):

> »Leider verband sich hierbei die Liebe zum eigenen Volk und der natürliche Wunsch nach seiner Größe oft mit Misstrauen und manchmal mit Hass gegen die anderen Völker. Und so half dieser übersteigerte Patriotismus jene moralische und geistige Atmosphäre zu schaffen, aus der der Erste Weltkrieg entstand.«[111]

Angesichts dieser unerwünschten Folgen des nationalistischen Gefühls, die als natürlich (und – so ließe sich hinzufügen – durchaus als nützlich) erachtet werden, empfahl Mosca, insbesondere nach dem Krieg eine gewisse Vorsicht walten zu lassen: erregen, ja, aber *in Maßen*. Dies galt auch in anderen Bereichen: Das repräsentative System sollte nicht völlig abgeschafft, aber doch drastisch beschnitten werden; es galt nicht eine »bürokratische und militärische Diktatur«[112] zu unterstützen, sondern Elitismus zu praktizieren und die Herrschaft »einer kleinen moralischen und geistigen Aristokratie«[113] anzustreben; die Meinungsfreiheit sollte nicht beseitigt, sondern nur sichergestellt werden, dass sie ihre Grenzen nicht überschritt: »Es müsste möglich sein, die Freiheit der wissenschaftlichen Forschung und einer ehrlichen Kritik der Regierung zu sichern und dennoch jene absichtliche Korruption der ewig Unreifen zu erschweren, die bisher in manchen europäischen Ländern ungehemmt vor sich ging.«[114] Auch wenn Moscas Thesen in vielerlei Hinsicht protofaschistisch waren, plädierte er letzten Endes doch für relative Mäßigung und warnte vor den Gefahren eines neuen »Cäsarismus« (bestand allerdings weiter darauf, dass die *größte* Gefahr für Italien nicht von den Faschisten, sondern von Syndikalisten und ihrem Vorhaben ausgehe, das Parlament sozialistisch zu dominieren[115]).

Auch in Deutschland brachte der faschistische Nationalismus nicht nur einen prokapitalistischen Konsens, sondern auch eine dissidente Nebenströmung mit sich: Diese Dualität kulminierte in der berühmten

Säuberung der SA-Führung Mitte 1934 und in der Auslöschung der von ihr und ihren Kadern vorgebrachten ominösen Forderung nach einer »zweiten Revolution«. Denn in der linken Fraktion des Nationalsozialismus – unabhängig davon, ob man links in Anführungszeichen setzt oder nicht – und insbesondere in der von den Strasser-Brüdern geführten Strömung überlebte eine Variante des Nationalismus, die sich den vorherrschenden Zielen des militärisch-industriellen Komplexes gegenüber deutlich weniger unterwürfig zeigte. Vor allem bei Otto Strasser implizierte der Nationalismus den Wunsch, die Vergesellschaftung der deutschen Wirtschaft voranzutreiben, sowie eine ausdrückliche Absage an den Imperialismus. Die folgenden Sätze, die aus der Erklärung der Otto-Strasser-Gruppe vom Juli 1930 stammen und in denen diese ihre Gründe für den Bruch mit der NSDAP darlegt, verdeutlichen das sehr unterschiedliche Verständnis von Nationalismus zwischen der vorherrschenden Strömung um Hitler und den randständigen Stimmen derjenigen auf der Partei-»Linken«, die sich selbst als »Sozialisten« betrachteten:

> »Wir fassten und fassen den Nationalsozialismus als eine bewusst antiimperialistische Bewegung, deren Nationalismus sich beschränkt auf die Erhaltung und Sicherstellung des Lebens und des Wachstums der deutschen Nation ohne irgendwelche Herrschaftstendenzen über andere Völker und Länder. [...] Für uns war und ist die Zustimmung zum Kampf des indischen Volkes um seine Freiheit von englischer Herrschaft und kapitalistischer Ausbeutung eine Notwendigkeit, [...] da es eine zwingende Folge unserer Idee des Nationalismus ist, dass das Recht der Erfüllung völkischer Eigenart, das wir für uns in Anspruch nehmen, auch allen anderen Völkern und Nationen zusteht, wobei uns der liberalistische Begriff der ›Segnungen der Kultur‹ unbekannt ist.«[116]

Für Hitler hingegen stand der Nationalismus für das Recht der *Herren*rassen und Nationen, ihre imperialistischen Pläne zu verwirklichen, ein Recht, das er auch Großbritannien nicht zuletzt in Indien uneingeschränkt zugestand, wie wir uns anhand einiger Zitate erinnern werden: »Überlegen ist der Engländer dem Deutschen durch sein Selbstbewusstsein. Selbstbewusstsein hat nur, wer befehlen kann.«[117] Oder: »Die Geburtsstätte des englischen Selbstbewusstseins ist Indien. Vor 400 Jahren hatten die Engländer nichts davon. Die Riesenräume Indiens haben sie gezwungen, mit wenigen Menschen Millionen zu regieren. [...] Was für England Indien war, wird für uns der Ostraum sein.«[118] Bei dem Vergleich mit der Strömung um Otto Strasser ist es hilfreich, sich zu erinnern, dass Hitler »der liberalistische Begriff der Segnungen der Kultur«, also die sprichwörtliche »Bürde des weißen Mannes«, keineswegs »fremd« war. Er teilte diese Vorstellungen mit dem britischen Imperialismus (wie auch mit zahlreichen Liberalen, die weiter oben zitierten Thesen Ernest Renans über den Nutzen, den das britische Empire für die Bewohner Indiens bereithält, sind nur ein Beispiel):

> »Wer Blut vergossen hat, hat auch das Recht, die Herrschaft auszuüben. Die indische Freiheit würde keine 20 Jahre dauern. Die Engländer machen sich heute Vorwürfe, sie hätten das Land falsch regiert, weil das Land keine Begeisterung zeigt. Gemacht haben sie es richtig. Aber es ist ungescheit, Begeisterung zu erwarten. Wenn die Engländer nicht die Herren wären, gäbe es dort keine 380 Millionen Inder. England hat Indien ausgebeutet. Aber die englische Herrschaft hat Indien auch schon genützt.«[119]

Interessant ist auch, dass es in den relativ linken Kreisen des Nationalsozialismus eine ausgeprägte Abneigung gab, die Bewegung überhaupt als faschistisch zu definieren. In diesem Sinne distanzierten sich die Anhänger Strassers in derselben Proklamation von der »übersteigerten Verehrung für den faschistischen Obrigkeitsstaat«.[120] Die Strassers und vor allem das organisatorische Geschick Gregor Strassers haben bei der Verbreitung der nationalsozialistischen Botschaft und beim Aufbau der Parteimaschinerie eine wichtige Rolle gespielt, aber sie trugen auch viel dazu bei, Unklarheit über die endgültigen Ziele und Inhalte zu verbreiten. Und diese Ambiguität bezog sich tatsächlich auf die konkrete Definition sowohl des »Nationalismus« als auch des »Sozialismus« im »Nationalsozialismus«. Für Otto Strasser ging es darum, den Nationalismus einem sozialistischen Imperativ unterzuordnen, während für Hitler der »Sozialismus« ein Mittel war, um Unterstützung für einen kapitalistischen und imperialistischen Nationalismus zu mobilisieren.[121] Zusammengefasst läuft meine Argumentation also nicht darauf hinaus, dass der Liberalismus den Nationalismus aufgesaugt hätte. Vielmehr versuche ich dadurch, dass ich die lang unterschlagenen Affinitäten und Wechselwirkungen zwischen Liberalismus und Nationalismus in den Vordergrund stelle, ein Gegengewicht zu jenen Mainstream-Interpretationen zu schaffen, die sich damit begnügt haben, den Nationalismus lediglich als kleinbürgerlichen Antikapitalismus zu beschreiben.

Deutschland über alles?

Zum Abschluss dieser Diskussion möchte ich die Aufmerksamkeit auf ein weiteres Paradoxon lenken, das dem faschistischen »Ultranationalismus« zugrunde liegt. War der Nationalismus tatsächlich *der Hauptfaktor*, das entscheidende Motiv hinter allem, was die Faschisten taten oder dachten? Diese Annahme schreibt denjenigen, die Millionen ihrer Landsleute rücksichtslos in den Tod geschickt haben, implizit eine Liebe zu Volk und Nation zu, die sie kaum verdient haben. Nehmen wir Hitlers Konzept der Nation. War die deutsche Nation Hitlers Conditio sine qua non? Exoterisch wurde Hitler in seinen öffentlichen Äußerungen, die für gesellschaftlichen Konsens sorgen und zu größten Opfern motivieren sollten, nicht müde zu betonen, dass Deutschland die größte, ja die einzige Priorität darstelle – in seinem politischen »Testament« brachte er »selbstverständlich« seinen Dank für die Anstrengungen des deutschen Volkes zum Ausdruck und wünschte den Deutschen Erfolg bei der »Verwirklichung einer wahren Volksgemeinschaft« nach seinem Tod, die der von ihm in Gang gesetzten nationalsozialistischen Linie folgen sollte. Esoterisch, in den Privatgesprächen mit Eingeweihten, äußerte Hitler hingegen oft ganz andere Prioritäten. Im März 1945 sagte er zu Albert Speer laut dessen Aussage in den Nürnberger Prozessen, dass es nicht notwendig sei, Maßnahmen zu ergreifen, um das, was von der deutschen Wirtschaft übrig geblieben war für die Nachkriegszeit zu erhalten:

> »Wenn der Krieg verloren ist, wird auch das Volk verloren sein. Dieses Schicksal ist unabwendbar. Es ist nicht notwendig, auf die Grundlagen, die das Volk zu seinem primitivsten Weiterleben braucht, Rücksicht zu nehmen. Im Gegenteil sei es besser, selbst diese Dinge zu zerstören. Denn das Volk hätte sich als das schwächere erwiesen, und dem stärkeren Ostvolk gehöre dann ausschließlich die Zukunft. Was nach diesem Kampf übrig bleibe, seien ohnehin nur die Minderwertigen, denn die Guten seien gefallen.«[122]

Die Authentizität dieser Aussage wurde unter anderem von Max Domarus infrage gestellt, der auf Speers offenkundiges Interesse verwies, Hitler im Nachhinein zu diskreditieren und sich damit in einem besseren Licht als den wahren, sich um das Wohl Deutschlands sorgenden Patrioten zu präsentieren.[123] Die Aussage könnte auch auf Hitlers pessimistisch-resignative Stimmung zurückzuführen sein, die der völlig hoffnungslosen Situation der letzten Kriegswochen geschuldet war. Und doch wird die Darstellung von Hitlers wahrer, wenn auch verborgener Haltung gegenüber dem deutschen Volk im Kern von mehreren Quellen bestätigt. Domarus selbst fügt im direkten Anschluss hinzu, dass Hitler »bei anderen Gelegenheiten mehrfach abfällige Bemerkungen über das deutsche Volk gemacht hat, besonders für den Fall des ›Versagens‹. Außerdem besteht kein Zweifel, dass ihm das Schicksal des deutschen Volkes im Grunde gleichgültig war.«[124] So stellte Hitler im Privaten und umgeben von Vertrauten oder Offizieren stets klar, dass seine »Liebe« zur deutschen Nation alles andere als bedingungslos war. Im Dezember 1940, als der Krieg noch zu gewinnen war, rief Hitler aus:

> »Ich war entschlossen, keine halben Sachen zu machen, sondern ich war entschlossen, diesmal alles auf eine Karte zu setzen. Nicht um ein System handelt es sich, sondern es handelt sich darum, ob diese 85 Millionen Menschen in ihrer nationalen Geschlossenheit ihren Lebensanspruch durchsetzen können oder nicht. Wenn ja, dann gehört diesem Volk die Zukunft Europas. Wenn nein, dann wird dieses Volk vergehen, dann wird es zurücksinken, und es wird nicht mehr lohnend sein, in diesem Volk dann zu leben!«[125]

Der Ultranationalismus war also eingebettet in einen Ultrasozialdarwinismus und diesem sogar *untergeordnet*. Letztlich ging es nicht um *Deutschland über alles!**, sondern um das *Leistungsprinzip**. Es kam Hitler nicht in den Sinn, dass der Nationalismus, einmal abgesehen von der Matrix des *Survival-of-the-Fittest*, eine eigenständige, vom Ultrakapitalismus *unabhängige* Bedeutung haben könnte. Seine Maxime war »handele oder sterbe«, und wer nicht entsprechend »handelte«, *verdiente* den individuellen oder nationalen Tod. Ein Leben jenseits des *Handelns*, außerhalb des ewigen Kreislaufs von Wettbewerb und Krieg war undenkbar:

> »Die Natur selber pflegt ja in Zeiten großer Not [...] zu einer Einschränkung der Vermehrung der Bevölkerung von bestimmten Ländern oder Rassen zu schreiten; allerdings in ebenso weiser wie rücksichtsloser Methode. Sie behindert nicht die Zeugungsfähigkeit an sich, wohl aber die Forterhaltung des Gezeugten, indem sie diese so schweren Prüfungen und Entbehrungen aussetzt, dass alles minder Starke, weniger Gesunde, wieder in den Schoß des ewig Unbekannten zurückzukehren gezwungen wird.«[126]

Oder:

> »Die Natur kennt keine politischen Grenzen. Sie setzt die Lebewesen zunächst auf diesen Erdball und sieht dem freien Spiel der Kräfte zu. Der Stärkste an Mut und Fleiß erhält dann als ihr liebstes Kind das Herrenrecht des Daseins zugesprochen. [...] Im ewigen Kampfe ist die Menschheit groß geworden und nur im ewigen Frieden geht sie zugrunde.«[127]

Negiert werde der Sozialdarwinismus »in erster Linie immer [vom] Jude[n]«, der »der Natur ein Schnippchen zu schlagen, den harten, unerbittlichen Kampf ums Dasein überflüssig zu machen« versuche.[128] Der Ultranationalismus war für Hitler also nicht das Ziel, dem der Kapitalismus als ein Mittel dienen sollte, sondern umgekehrt setzte der eschatologische Kapitalismus den Nationalismus zu seinem Zwecke ein und trieb ihn auf die Spitze. Die Nation stellte die notwendige Plattform bereit, von der aus eine kapitalistische Expansionskampagne gestartet werden konnte. Deutschland war den Kampf wert, aber nur unter der Annahme, dass es tatsächlich »das liebste Kind« der Natur war. Wenn man Hitler als Kronzeugen akzeptiert, dann steht die Nation in der axiologischen Hierarchie des Faschismus unterhalb einer fetischisierten Natur, deren Wohltaten denjenigen zuteilwird, die im Geschäft des Imperialismus und Kapitalismus erfolgreich sind, also »den Stärksten an Mut und Fleiß«. Unzählige Individuen wurden exoterisch zum Wohle »Deutschlands« geopfert. Aber auch »Deutschland« wurde – esoterisch – geopfert und als Spieleinsatz verwendet, als Hitler alles »auf eine Karte« setzte. Daher die Lässigkeit, mit der Hitler das deutsche Volk aufgab, als es die Prüfung der Natur nicht bestanden und sich als unwürdiges Kind erwiesen hatte. Wie Hitler im Kreis der Vertrauten bekräftigte: »Ich bin auch hier eiskalt: Wenn das deutsche Volk nicht bereit ist, für seine Selbsterhaltung sich (bis zum letzten Blutstropfen) einzusetzen, gut, dann soll es verschwinden!«[129] Die Definition, wonach »Nationalismus« oder »Ultranationalismus« als »faschistisches Minimum« zu betrachten seien, ist also eher sinnentleert, wenn man nicht auch den konkreten Klassencharakter dieses »Nationalismus« sowie die Art und Weise betrachtet, wie die nationale »Palingenese« mit einem imperialistisch-kapitalistischen Siegeszug begründet wurde. Eine prosaische Komplizenschaft, die sich in folgender prägnanter Formulierung Oswald Spenglers offenbart. Als einer der führenden Theoretiker und Propagandisten der nationalen deutschen Wiedergeburt kann Spengler als Insider gelten, dessen Aussage einen gebührenden Abschluss des Kapitels ermöglicht: »Wenn man statt Nationalismus gesunder Wirtschaftsegoismus sagen wollte, dann würde der Unterschied nicht sehr groß sein.«[130]

Nachwort
Untermenschen: Der Faschismus als internationale Koproduktion

Das Ausmaß der von ihm entfesselten Zerstörung, das unermessliche Grauen, in das er die Welt stürzte, und die von ihm erreichte Brutalität haben den Faschismus zu einem Tabu gemacht, zu einem Phänomen, das verurteilt, angeprangert und abgelehnt werden muss. Doch das war nicht immer so. Es gab eine Zeit, als der Faschismus enorme Anziehungskraft auf viele Menschen ausübte, darunter renommierte Intellektuelle und mächtige Politiker aus Ländern, die nicht faschistisch wurden; eine Zeit, in der Winston Churchill, an den man sich heute vor allem als entschlossenen Kämpfer gegen den Faschismus erinnert, sagen konnte, dass der Faschismus »der ganzen Welt einen Dienst erwiesen hat. [...] In Zukunft wird keine große Nation mehr ohne ein ultimatives Mittel gegen das rasante Wachstum des bolschewistischen Krebsgeschwürs dastehen.«[1] Eine Zeit, in der Churchill von Mussolini als »dem größten Gesetzgeber unter den Lebenden« sprach[2] und in der Außenminister Lord Halifax und Premierminister Neville Chamberlain – die heute vor allem als pazifistische Demokraten erinnert werden, die zu schwach gewesen seien, um den Fehdehandschuh Hitlers aufzunehmen, und zu blind, um den heraufziehenden Konflikt auch nur zu erkennen – Hitler persönlich und seinen Nationalsozialismus politisch bewunderten: Lord Halifax bezeichnete Nazi-Deutschland im November 1937 als »ein Bollwerk des Westens gegen den Bolschewismus«,[3] während Chamberlain in einem Bericht an den König von September 1938 von Deutschland und England als »den beiden Pfeilern des europäischen Friedens und Stützen gegen den Kommunismus« sprach.[4]

Diese umfassende Wertschätzung, die bisweilen bis zu einem allgemeinen Einverständnis in politischer, wirtschaftlicher und kultureller Hinsicht reichte, sorgt heute gewöhnlich nicht in erster Linie für Scham, sondern wird ganz einfach negiert. Man versucht, den Faschismus zu verleugnen, ihn zum Problem eines anderen, vorzugsweise des politischen und ideologischen Gegners zu machen. Konservative und Liberale haben sich oft damit begnügt, den Faschismus als dialektischen Zwilling des Sozialismus oder gar als dessen unmittelbaren Ausdruck zu präsentieren. Dabei wird unterschlagen, dass der Faschismus in der konkreten historischen Situation als das Universalmittel gegen Sozialismus und Kommunismus betrachtet wurde, als »notwendiges Antidot gegen das russische Gift«, wie es Churchill ausdrückte, und dass konservative und liberale Parteien im selben Maßstab schrumpften, wie die Faschisten auf die Linke eindroschen,[5] dass konservative und liberale Politiker alle möglichen Bündnisse mit den Faschisten schlossen, mit ihnen zu Parlamentswahlen antraten, in Koalitionsregierungen saßen und sie zur Machtübernahme aufforderten, während die linken Parteien, deren Anhängerschaft relativ stabil blieb,[6] verboten und ihre Führer und Mitglieder verfolgt, eingesperrt, ins Exil getrieben und sogar ermordet wurden.

Der liberale Nordwesten: Immun gegen Faschismus?

Natürlich sind nicht alle Interpretationen so weit gegangen. Aber selbst viele der gemäßigteren Analysen stellen den Faschismus als etwas Fremdes dar und setzen, wie ich argumentiert habe, einen brechtschen *Verfremdungseffekt** ein, der das Vertraute nicht problematisieren, sondern sicher, rational und unproblematisch erscheinen lassen soll. Das gemeinsame Anliegen besteht darin, die Katastrophe einzugrenzen und ihr Umfeld in ein ruhiges, zivilisiertes Licht zu tauchen. Es gibt zahlreiche Beispiele für dieses Vorgehen. Da ist etwa das Buch Michael Manns über den Faschismus, das ein differenzierteres und gelehrteres Beispiel dieser historischen Methode repräsentiert und dessen theoretischer Rahmen die Beiträge von Sternhell, Griffin und den späteren Arbeiten Mosses und so weiter aufgreift. Doch Mann möchte seiner Arbeit eine empirischere und soziologischere Fundierung verschaffen. Er reinterpretiert und schematisiert die alte Erklärung, wonach sich die Länder, die faschistisch wurden oder aber sich dieser Entwicklung widersetzten, in der Hinsicht unterschieden, dass den einen die solide liberale Tradition und die dazugehörigen Institutionen fehlten, während die anderen genau darüber verfügten. Mann zieht eine geopolitische Demarkationslinie zwischen dem Nordwesten Europas, in dessen Herzen sich, wenig überraschend, England (und in geringerem Maße Frankreich) befindet und der gegen den Faschismus immun blieb, und dem Zentrum und Südosten Europas mit Deutschland und Italien, die sich dem Faschismus verschrieben.[7] Mann schreibt: »In welche Krisen der Nordwesten aufgrund von Weltkrieg und Kapitalismus auch stürzte, seine liberalen Staaten überlebten.«[8] Und weiter bekräftigt er: »Der Nordwesten überstand die Krisen, bis Hitlers Armeen gegen ihn marschierten. Obwohl ihm die Weltwirtschaftskrise, Streikwellen und schwankende Parteienbündnisse zu schaffen machten, stellte die eigene autoritäre Rechte keine ernsthafte Gefahr für ihn dar.«[9] Diese Theorie erlaubt es Mann, einige ermutigende Schlussfolgerungen über die Stabilität und Funktionsfähigkeit der »nordwestlichen« liberaldemokratischen Institutionen sowie über ihre moralischen und praktischen Vorteile zu ziehen:

> »Liberale und Sozialdemokraten kennen kein Monopol der Tugendhaftigkeit, keine absolute Wahrheit. Sie sind antiheroisch. Beim Verfassen dieser beiden Bücher habe ich gelernt, von unseren demokratischen Politikern keine übertriebene Prinzipientreue zu erwarten. Wir brauchen ihre Instrumentalisierung, ihre schmutzigen Geschäfte. Doch die Faschisten waren anders. Sie sahen Politik als unbegrenzten Aktivismus zur Erreichung moralischer Absolutheit.«[10]

Aus einer nordwestlichen Perspektive sorgt die Untersuchung des historischen Faschismus ungeachtet von dessen Schrecken letztlich also für Selbstvergewisserung. Das Unbekannte rechtfertigt das Vertraute, und der Historiker und seine Leser können, wenn sie sich ebenfalls dem Westen zurechnen, sich damit trösten, dass »wir« mit den liberalen und sozialen Demokratien gut bedient sind. Der Faschismus lässt die wenig attraktiven Eigenschaften der westlichen Demokratien in einem neuen, positiven Licht erscheinen und ermöglicht es einem, sich der notwendigen Selbstkritik zu entziehen. Opportunismus, das Fehlen von Prinzipien und dubiose Manöver von Politikern verwandeln sich in etwas Gutes, in nützliche Gegenmittel gegen die Gefahren totalitärer Politik; die Politik des Westens ist ihrem Wesen nach pedantisch, unerschütterlich und unbestechlich. Mussolini und Hitler, so könnte man fast meinen, haben in ihrem fanatischen Bemühen, die Klassen mit ihrer Politik »zu transzendieren«, niemals schmutzige Geschäfte gemacht. Die heute für viele so offenkundige Tatsache, dass die westliche Demokratie soziale Unterschiede kaschiert, politisch neutralisiert und gleichzeitig ökonomisch *verschärft*, dass sie politische Alternativen zunehmend ihrer Substanz beraubt und dass sie all dies nicht in erster Linie aufgrund eines »Kompromisses« tut, sondern um die Interessen der gesellschaftlichen Eliten zu begünstigen, wird als besonderer Vorteil des westlichen Ansatzes interpretiert. Im Nordwesten, so berichtet uns Mann, »widersetzten sich die Konservativen den autoritären Rechten, aber auch die Sozialdemokraten verweigerten sich den Revolutionären. So waren beide in der Lage, ihre *Konflikte durch demokratische Institutionen* zu bearbeiten und Kompromisse zu schließen, was die Institutionen in der Folge weiter *festigte*. Hingegen erstarkten die autoritären Parteien im Zentrum, Osten und Süden des Kontinents. Bei freien Wahlen in Österreich, Deutschland und Spanien erreichten sie fast 40 Prozent der Stimmen.«[11] Mann belässt es nicht bei der historischen Darstellung, sondern baut das Ganze zu einer Laudatio auf die westliche Demokratie der Gegenwart aus: »Am Ende des Jahrtausends waren alle Staaten Europas formal der Mehrparteiendemokratie verpflichtet [...]. Obwohl sich die Demokratie nur schwer in andere Teile der Welt exportieren lässt, dominiert sie den Westen.«[12] Für einen Historiker vom Kaliber

Manns ist dieser letzte Satz atemberaubend naiv, unterstellt er doch, dass der Westen in den letzten 50 Jahren versucht habe, die Demokratie in Länder zu »exportieren«, die noch nicht reif dafür waren (offenbar noch nicht liberal genug; oder vielleicht auch noch »zu prinzipientreu«). Legt ein Rückblick auf das Engagement des Westens (und vor allem seiner Führungsnationen England und den USA) in der Dritten Welt diese Schlussfolgerung auch nur im Entferntesten nahe? Man könnte an dieser Stelle eine lange Liste von Ländern erstellen, in die der Westen Diktaturen exportierte, und eine etwa ebenso lange Liste von Ländern, in denen die im eigenen Land entstandenen und von den Massen getragenen Demokratien mit der Duldung des Westens gestürzt wurden. Aber ich belasse es dabei. Wenn wir bereit sind, die Faschisten eher beim Wort als bei der Tat zu nehmen, wie es die Historikerschule tut, zu der Mann gehört, dann wäre es gewiss auch unhöflich, westlichen Politikern und ihren Diskursen zu misstrauen.

Aber kehren wir zur Vergangenheit zurück: Wie gerechtfertigt ist diese Selbstvergewisserung, wie berechtigt ist das Vertrauen in die liberale Tradition des Westens und seine Fähigkeit, dem Faschismus zu widerstehen? Mann hat natürlich recht, wenn er darauf hinweist, dass England – Prototyp des Nordwestens – im Unterschied zu Deutschland und Italien – mutmaßlich die Prototypen des Zentrums beziehungsweise Südens – nicht faschistisch wurde. Doch hat er Argumente dafür, dass Tradition und Institutionen des Liberalismus in Ersterem den Unterschied machten? Eine Antwort auf die Frage, warum der Faschismus in England nicht an die Macht gekommen ist, würde eine separate Studie erforderlich machen. Hier können wir nur einige Hinweise skizzieren, einige sachdienliche Fragen stellen und vor übereilten Antworten warnen.

Mann bekräftigt, wie wir uns möglicherweise erinnern: »In welche Krisen der Nordwesten aufgrund von Weltkrieg und Kapitalismus auch stürzte, seine liberalen Staaten überlebten.« Das offensichtliche Problem bei dieser Darstellung ist, dass die Krise in England nicht annähernd so dramatisch war wie Deutschland. Mann verwechselt in Wirklichkeit eine Spekulation mit einer Tatsachenbehauptung. Lassen Sie uns also ebenfalls spekulieren: 1) Hätten die englischen herrschenden Klassen den Krieg verloren, 2) ihr Imperium zerbröckeln und Teile des eigenen Landes unter Besatzung geraten sehen, 3) wäre ihre Monarchie durch eine Welle bolschewistischer Revolutionen in eine Republik verwandelt worden, 4) hätten sie sich einer weitaus organisierteren und kämpferischeren Arbeiterklasse gegenüber gesehen, als sie es in der Realität taten, und 5) wären sie schließlich in eine wirtschaftliche Krise mit extremer Inflation und Arbeitslosigkeit gestürzt, hätten sie dann angesichts der Lage der Versuchung widerstehen können, einen autoritären oder sogar faschistischen Diktator zu installieren? Wären ihre starken liberalen Institutionen und Traditionen in der Lage gewesen, einen *derartigen* Sturm zu überstehen? Vielleicht, und es wäre gewiss auch unklug, die Bedeutung nationaler Traditionen zu ignorieren; doch dies bleibt eine Vermutung. Wir könnten ebenso spekulieren, ob *Deutschland* einem Hitler erlegen wäre, wenn nicht alle genannten Faktoren zusammengespielt hätten. Und wir sollten zur Kenntnis nehmen, dass ein so englischer Politiker wie Churchill nicht nur die universelle Anwendbarkeit des Faschismus als Notlösung betonte, sondern noch im September 1937 argumentierte: »Man mag Hitlers System ablehnen, aber doch seine patriotische Leistung bewundern. Wenn unser Land besiegt würde, hoffe ich, dass wir einen ebenso unbeugsamen Anführer finden, der uns unseren Mut zurückgibt und uns zu unserem Platz unter den Nationen zurückführt.«[13] Wie dem auch sei – es wäre auf jeden Fall falsch zu behaupten, dass England und Deutschland mit vergleichbaren Krisen konfrontiert waren, aber aufgrund ihrer geopolitischen Traditionen unterschiedlich darauf reagierten. An dieser Stelle sollten wir innehalten und uns nicht mit einem Glaubensbekenntnis zur Gesundheit liberaler Institutionen behelfen. Es ist unmöglich abzuschätzen, welche Rolle diese Institutionen tatsächlich spielten, und unverantwortlich, ihnen entscheidende Bedeutung zuzuschreiben.

Es gibt noch weitere Probleme mit Manns adrettem geopolitischen Modell; zum Beispiel die Behauptung, dass »die parlamentarische Souveränität im gesamten Nordwesten eingespielt und resilient war [...] Der Nordwesten hielt den Krisen stand, bis Hitlers Armeen gegen ihn marschierten.« Doch was ist mit süd- und mitteleuropäischen wie Spanien oder der Tschechoslowakei? Wie im Nordwesten kam es dort nicht zu einer Implosion der Demokratie, sondern zu militärischen Niederlagen gegenüber den Armeen Hitlers (im ersten Fall indirekter, in letzterem direkter Natur). Dies macht den geografischen Teil der Theorie widersprüchlicher; es gibt jedoch noch eine zweite, tiefere Komplikation, die ihre politische Grundlage selbst betrifft. Denn die Niederlagen Spaniens und der Tschechoslowakei wären undenkbar gewesen ohne die Passivität des liberalen Nordwestens und insbesondere Englands, das die Macht hatte, die faschistische Aggression zu stoppen, sich aber entschied, dies nicht zu tun, und zwar nicht aus Schwäche oder Zögerlichkeit. Wie die Historiker Clement Leibovitz und Alvin Finkel in einer Untersuchung überzeugend dargelegt haben, *wünschten sich* die politischen Führer Englands das Zurückweichen der Tschechoslowakei, um Deutschland seinen Korridor nach Osten zu öffnen und den Angriff auf die verhasste UdSSR zu ermöglichen. Nevile Henderson, der britische Botschafter im nationalsozialistischen Berlin von 1937 bis 1939, drückte diesen Standpunkt unmissverständlich aus:

> »Um es ganz unverblümt zu sagen, [...] der Deutsche ist zweifelsohne zivilisierter als der Slawe und bei richtiger Handhabung potenziell auch weniger gefährlich für die britische Interessen. – Man könnte sogar behaupten, dass es nicht darum geht, Deutschland an der Vollendung seiner Einheit oder an der Vorbereitung eines Krieges gegen die Slawen zu hindern, solange seine Vorbereitungen so beschaffen sind, dass das britische Imperium sicher sein kann, dass diese nicht gleichzeitig auch gegen es selbst gerichtet sind.«[14]

Dementsprechend zog die englische Regierung in Spanien den Triumph der Diktatur einem Sieg der demokratischen Republikaner vor, da letztere sozialistisch waren. »Der Triumph des Faschismus in Spanien«, schreiben Leibovitz und Finkel, »beunruhigte Chamberlain nicht – was nicht überrascht, da er, wie die meisten Angehörigen der britischen Elite, Franco gegenüber den demokratischen Kräften Spaniens unterstützte«.[15] Bei der Lektüre Manns bekommt man den wohligen Eindruck, die Führer der liberalen Demokratien wären trotz ihrer kleinen Fehler aufrechte Verteidiger der Demokratie gewesen. Er untersucht die Haltung der politischen Führer Englands oder Frankreichs nie und begnügt sich damit, ihre demokratischen Prinzipien *vorauszusetzen*. Leibovitz und Finkel, die sich im Gegensatz dazu mit allen relevanten außenpolitischen Dokumenten detailliert auseinandersetzen, widerlegen diese verbreiteten und selbstgefälligen Annahmen. Sie zeigen, dass die politische Elite Großbritanniens die Demokratie im Allgemeinen verachtete. So wird etwa Neville Chamberlain mit dem Satz zitiert, die britische Wählerschaft bestehe aus einer »großen Masse sehr ignoranter Wähler beiderlei Geschlechts, deren Verstand gering ist und die unfähig sind, Argumente abzuwägen«.[16]

Von solchen Vorstellungen geleitet, entschloss die britische Elite mit Chamberlain an der Spitze, sich hinter dem Rücken des ignoranten Pöbels mit Hitler zu arrangieren, und traf eine Reihe von informellen und später formellen Vereinbarungen, deren Hauptziel nicht wie offiziell verkündet darin bestand, den Krieg zu vermeiden – die verhängnisvolle Remilitarisierung Deutschlands vor und nach dem Machtantritt der Nazis wurde von England gebilligt, wenn nicht gar gefördert –, sondern Nazi-Deutschland zur Züchtigung der weniger zivilisierten Slawen zu bewegen, wie es Henderson »unverblümt« formulierte. Dies stellt Manns optimistische Aussage infrage, wonach im Nordwesten »der Aufstieg des Faschismus nicht [...] als der Anbruch eines großen neuen Zeitalters, sondern als eine weit entfernte, geschmacklose Bedrohung der Zivilisation betrachtet« wurde.[17] Worauf gründet sich seine Annahme? Dies mag auf große Teile der britischen und französischen Massen zutreffen, die, ob nun unfähig zur Abwägung von Argumenten oder nicht, Mussolini und Hitler mit großer Abneigung betrachteten. Doch gibt es irgendeinen Hinweis darauf, dass die herrschende Elite in beiden Ländern und insbesondere in England diese Aversion grundsätzlich teilte? Wir haben gesehen, dass sowohl Außenminister Halifax als auch Premierminister Chamberlain den Faschismus, und zwar auch in seiner nationalsozialistischen Variante, als einen unverzichtbaren Verbündeten und Hüter des Westens betrachteten. Man sollte sich auch nicht einbilden, dass diese Politiker nur eine kleine Gruppe repräsentierten, die in einem historisch ungünstigen Moment im britischen Empire zufällig ans Ruder kamen. Vielmehr müssen sie eher als Spitze des Eisbergs gelten. Der Faschismus wurde von der Mehrheit der herrschenden Klasse Großbritanniens geschätzt, und diese Wertschätzung bezog sich bei vielen auch auf sein extremstes Beispiel: den Nationalsozialismus.[18] Die europäische Demarkationslinie, die den liberaldemokratischen Nordwesten und die autoritär-faschistischen Länder im Zentrum, Süden und Osten voneinander trennte, war viel unschärfer, als Mann uns glauben machen will.

Vielleicht sind die prinzipienlose »Instrumentalisierung« unserer Politiker und die »schmutzigen Geschäfte«, die sie hinter unserem Rücken betreiben, doch nicht so hilfreich. Möglicherweise wäre die Geschichte anders verlaufen, wenn diese Politiker sich mehr zu Prinzipien, zum Beispiel zur »Demokratie«, bekannt hätten. Im Kampf gegen den Faschismus wurde die englische Demokratie am Ende nicht durch die Manöver und den zynischen Opportunismus der Politiker, sondern durch den Druck der öffentlichen Meinung verteidigt, durch diejenigen, die von Chamberlain und Co. verachtet wurden und die nicht bereit waren, weitere Kompromisse ihrer politischen Führer mit der faschistischen Aggression zu tolerieren. Wenn es eine Lehre gibt, die sich aus der Geschichte ziehen lässt, dann die, dass der Faschismus nicht durch elitäre Intrigen, sondern durch die Initiative und den Druck der Bevölkerung bekämpft wird.[19]

Der britische Faschismus der Zwischenkriegszeit jenseits von Mosley

Das Scheitern von Oswald Mosleys British Union of Fascists (BUF) scheint Historikern den Beweis dafür zu liefern, dass der Faschismus in Großbritannien als Fremdkörper wahrgenommen wurde und zum Scheitern verurteilt war. Aber das bedeutet, nur den expliziten Faschismus zur Kenntnis zu nehmen. Für Stanley G. Payne beispielsweise war die Britische Union der Faschisten »ein Widerspruch in sich, eine Art politisches Oxymoron«, da sie nur »eine Reihe völlig unbedeutender Grüppchen vereinte, die den Begriff faschistisch verwendeten [...] und von denen jede unbedeutender und irrelevanter als die andere war«.[20] Das stimmt, aber was ist mit den politischen Gruppen in Großbritannien, die nicht »den Begriff faschistisch verwendeten«? Einmal mehr haben wir es mit der Frage zu tun, die im Mittelpunkt dieses Buches steht und uns von Anfang begleitet hat, nämlich die Frage nach der Differenz zwischen politischer Rhetorik und Realität, Ideologie und Praxis, zwischen *Namen* und *Inhalt*. Das Problem des Faschismus in England lässt sich, so meine These, nicht auf die BUF und ihr nahestehende »Grüppchen« reduzieren. Während die überwältigende Mehrheit der Historiker dazu neigt, den britischen Faschismus durch das Prisma ausdrücklich faschistischer Gruppen zu betrachten, näherten sich Zeitgenossen, darunter einige der scharfsinnigsten Beobachter, dem Phänomen mit einem subtileren und tiefgründigeren Blick, der sich weniger mit Bezeichnungen als mit grundlegenden sozialen und wirtschaftlichen Interessen beschäftigte. Churchills Idee, dass Mussolinis politisches Experiment »das ultimative Mittel« zum Schutz jeder »große Nation« sei, stellte eher einen Gemeinplatz als eine Kuriosität dar. Man könnte beispielsweise auf den Schriftsteller Evelyn Waugh verweisen, der mit dem künftigen Premierminister wenig gemein hatte, aber 1936 die vermeintlich zivilisatorische Wirkung der italienischen Besetzung Abessiniens lobte. Ganz ähnlich konstatierte Waugh 1938 ohne jeden Bezug auf Mosley, dass der Faschismus in Großbritannien keineswegs ausgeschlossen sei und wenn er zu diesem Zeitpunkt unwahrscheinlich sei, dann nicht wegen irgendeiner Unvereinbarkeit mit dem englischen Charakter. Ganz im Gegenteil, das englische Wesen oder genauer gesagt das Wesen der *englischen Mittelschicht* war laut Waugh ausgesprochen offen für den Faschismus. Die Mittelschichten seien nur nicht gezwungen gewesen, so weit zu gehen, weil die marxistische Herausforderung nicht groß genug gewesen sei:

> »[Faschismus] ist ein Gewächs, das auf ganz bestimmten Böden gedeiht; er benötigt vor allem zwei Dinge – eine verängstigte Mittelschicht, die fürchtet, in einem proletarischen Staat zu verschwinden, und einige empörte Patrioten, die glauben, dass ihr Land aufgrund der inneren Zerstrittenheit vom Rest der Welt tyrannisiert wird. In England hatten wir 1926 etwas Ähnliches wie eine faschistische Bewegung, als die Mittelschicht sich dem Generalstreik widersetzte. Wir haben eine Mittelschicht, die einzigartig geeignet ist für anstrengende körperliche Abenteuer, sich gut disziplinieren lässt, vor Korpsgeist strotzt und über ein großes Maß an Patriotismus verfügt. [...] Es ist ziemlich sicher, dass England eher faschistisch als kommunistisch würde; es ist ausgesprochen unwahrscheinlich, dass es das eine oder andere wird [...].«[21]

An anderer Stelle stellte Waugh klar, dass auf ihn persönlich zutrifft, was für die englische Mittelschicht im Allgemeinen gilt: »Wenn ich Spanier wäre, würde ich für General Franco kämpfen. Als Engländer befinde ich mich nicht in dem Dilemma, zwischen zwei Übeln wählen zu müssen. Ich bin kein Faschist und werde auch keiner werden, es sei denn, dies wäre die einzige Alternative zum Marxismus. Es ist böswillig zu behaupten, dass eine solche Wahl unmittelbar bevorsteht.«[22] Für Douglas Lane Patey, den Biografen Waughs, zeigen Aussagen wie diese, dass Waughs Konservatismus nie »in Faschismus umschlug«.[23] Meiner Ansicht nach müssen sie ganz anders interpretiert werden. Ich denke, sie zeigen, dass Waugh, wie er selbst zugibt, und im weiteren Sinne auch die englische Bourgeoisie *potenzielle* Faschisten waren; was Waugh als Engländer von den *richtigen* Faschisten anderswo unterschied, war keine ideologische Meinungsverschiedenheit, sondern die Bewertung der Zweckmäßigkeit: In anderen Ländern war man gezwungen, sich zu entscheiden, weil man vom Proletariat in einer Weise an die Wand gedrängt wurde, wie es auf Waugh und seine bürgerlichen Landsleute nicht zutraf. Oder anders ausgedrückt: Die englische Mittelschicht war 1926 auf ganz ähnliche Weise bedroht worden, damals aber in der Lage gewesen, den Generalstreik und die Kräfte des »Kommunismus« mit einer Art provisorischem Faschismus niederzuringen. Faschismus ist selbstverständlich ein »Übel«, auf das man lieber verzichten sollte. Aber er ist dem Generalstreik eindeutig vorzuziehen. Er ist in dem Sinne unattraktiv, als er eine bittere Medizin darstellt: Diese nimmt man nur, wenn man keine andere Wahl mehr hat, wenn die Arbeiter anfangen, wirklich aufsässig zu werden. Es gibt also keine grundsätzliche, spezifisch englische Eigenschaft, die den Ausbruch dieses Übels verhindert, wie etwa eine liberale Treue zu Rechtsstaat und Demokratie (im Gegenteil: Waugh gibt offen zu, dass »die ›Legitimität‹ der Regierung in Valencia[24] auf ihn nicht mehr Eindruck macht als die Legitimität von Krone, Lords und Unterhaus auf die englischen Kommunisten«). Es ist einfach eine Tatsache, dass dieses Übel unter den in England vorherrschenden politischen und sozialen Umständen noch *nicht notwendig* ist. Man fragt sich: Wie viele Spanier, Italiener und Deutsche wären »Faschisten« geworden und hätten sich Franco, Mussolini und Hitler angeschlossen, wenn sie nicht davon überzeugt gewesen wären, dass dies die einzige Rettung vor dem Marxismus in seiner revolutionären oder reformistischen Gestalt darstellte?

Der britische Faschismus der Zwischenkriegszeit lässt sich deshalb nicht auf die BUF reduzieren. Mosleys Scheitern belegt nicht notwendigerweise, dass ein aus dem Ausland implantierter Faschismus auf britischem Boden nicht gediehen wäre. Es wäre interessant, Parallelen zwischen der Schwäche des offiziellen Faschismus in Großbritannien und der Schwäche des Parteiliberalismus in Italien und Deutschland zu untersuchen und dabei die üblichen Begriffe der Debatte umzudrehen: Die europäischen Faschisten klagten oft darüber, wie sich der Leser erinnern wird, dass der Begriff des »Liberalismus« in ihren Ländern zu wörtlich genommen und tatsächlich als uneingeschränkte Herrschaft der Massen verstanden werde, während der demokratische Liberalismus in Ländern wie England in Wirklichkeit eine verschleierte Form von Elitenherrschaft sei. In diesem Sinne könnte man vertreten, dass Moseleys Bewegung deshalb in Großbritannien nicht Fuß fassen konnte, weil sie den *europäischen Faschismus* allzu wörtlich nahm und ihn tatsächlich als Dritten Weg zwischen den Klassen verstand, als ernsthaften Versuch zur Überwindung des Klassenwiderspruchs. Etwas Ähnliches vertrat eine bedeutende Zeitgenossin, die fabianische Sozialistin[25] Beatrice Webb, die vorhersagte, dass Mosleys »*New Party* niemals zum Leben erwachen wird; sie ist eine politische Totgeburt«. Doch ihre völlig richtige Prognose beruhte nicht darauf, dass der Faschismus aus immanenten Gründen nicht zu England passe, sondern hob stattdessen die Tatsache hervor, dass sich Mosleys Projekt nicht eindeutig auf eine der beiden großen gesellschaftlichen Seiten – die Arbeiterbewegung oder das Kapital – schlug und sich deshalb »im Niemandsland« bewegte »zwischen denen, die die bestehende Ordnung aufrechterhalten, und jenen, die diese ändern wollen«. Als Folge dieser sozialen Unbestimmtheit, so fügte sie hinzu, gebe es in Mosleys Programm nichts, »was irgendeinen Teil der Bevölkerung *packen* würde – die kuriose Auswahl von Reformvorschlägen [...] besitzt keine emotionale Ausstrahlung, sie erregt weder Liebe noch Hass«.[26] Wenn man dieser Argumentation folgt, dann blieb die offiziell als Faschismus antretende Bewegung in England nicht deshalb erfolglos, weil sie zu aggressiv und ungeschliffen auftrat, um in die politische Landschaft integriert werden zu können, sondern weil sie zu blass blieb, um Ausstrahlung entfalten zu können, gesellschaftlich zu wenig Partei ergriff, um für eine bestimmte Anhängerschaft Bedeutung zu erlangen. Anders als die Mainstream-Geschichtswissenschaften vertreten, begründete sich die Attraktivität des Faschismus offenbar keineswegs auf dem Versprechen sozialer Transzendenz, keineswegs auf dem Bemühen, Sozialismus oder Kapitalismus zu verwässern. Was dem Faschismus seine Kraft verlieh, war vielmehr die Perspektive einer klaren, sich nur äußerlich als »neutral« und »unvoreingenommen« tarnenden Lösung. Denn es scheint, als wäre die Gruppe der wirklich Neutralen in einer modernen Klassengesellschaft nicht groß genug, um daraus die Basis einer erfolgreichen Partei zu formen.

Kryptofaschismus

Angesichts dieser lang unterschlagenen historischen Fakten ist es tatsächlich verlockend zu argumentieren, dass England, das Zentrum des liberaldemokratischen Westens, dem Faschismus erlag, ohne faschistisch zu werden – nur dass wir nie darüber in Kenntnis gesetzt wurden. Dies knüpft an das Problem an, das Gaetano Salvemini mit seiner bemerkenswerten Fähigkeit, unzählige Details des politischen und gesellschaftlichen Lebens zu sichten und das Wichtige vom Trivialen zu trennen, als »Kryptofaschismus« bezeichnete. Bereits 1927 klassifizierte Salvemini drei unterschiedliche Kräfte, die der Demokratie entgegenstehen:

> »Demokratische Institutionen werden nicht nur von links von den Kommunisten angegriffen, sondern auch von rechts: von den Kryptofaschisten, die verzweifelt versuchen, sie zu zerstören und sich die wichtigsten Organe anzueignen, um sie zu korrumpieren, und von den Faschisten, die sie in der Hoffnung, eine Diktatur der Kapitalistenklasse errichten zu können, offen attackieren.«[27]

Obwohl er kein konkretes Beispiel dafür nannte, was er im Sinn hatte, ist klar, dass Salvemini jene Politiker zum »Kryptofaschismus« gezählt hätte, die Großbritanniens Politik gegenüber dem offenen Faschismus Italiens und Deutschlands bestimmten. In »Prelude to World War II« schrieb Salvemini, dass seine Ansichten »nicht nur über die Intelligenz, sondern auch über die moralische Integrität jener Männer, die England in diesen Jahren regierten, während seines Studiums der internationalen Politik erschüttert wurden«.[28] Und er präzisierte:

> »Unter parlamentarischen Regierungen werden Entscheidungen, insbesondere in außenpolitischen Fragen, wie in Diktaturen nicht von den Völkern selbst, sondern von kleinen Cliquen von ›Experten‹ getroffen, die ihre Völker oft täuschen: Man sehe sich nur an, was 1935 in England geschah. [...] Von Ende 1924 bis Herbst 1935 arbeiteten alle britischen Außenminister mehr oder weniger Hand in Hand mit Mussolini. [...] Mussolini ist nicht der einzige Übeltäter in diesem Buch. Der Autor [... empfindet] keinerlei Respekt, keine Bewunderung, keine Begeisterung für Sir Austen Chamberlain, Sir John Simon, Sir Samuel Hoare, Stanley Baldwin oder Neville Chamberlain.«[29]

In einem anderen Buch zitierte Salvemini zustimmend die Einschätzung jener, die sich 1938 »darüber beklagten, dass Englands Außenpolitik von einem kleinen Kreis prodeutscher Magnaten bestimmt wird«, und verwies auf das »überzeugende Indiz«, dem zufolge »die konservativen Abgeordneten der Tory-Partei zu einem Netzwerk kapitalistischer Interessen gehören, die nichts mit den britischen Volksmassen zu tun haben«.[30] Für Salvemini vertrat die britische Elite offenkundig eine Art »Kryptofaschismus« und übernahm die Kontrolle über »die wichtigsten Organe der demokratischen Institutionen, um sie zu korrumpieren«.

Der Exilitaliener war nicht der Einzige, der wichtige, wenn auch verborgene Parallelen zwischen der Praxis der britischen Demokratie und des italienischen Faschismus erkannte. G. K. Chesterton gelangte 1930 zu einer bemerkenswert ähnlichen Schlussfolgerung, die Mussolini gegenüber allerdings weitaus weniger feindlich eingestellt war:

> »Mussolini tut offen, was aufgeklärte, liberale und demokratische Regierungen im Geheimen tun. Das ist nicht dasselbe, wie zu vertreten, dass Mussolini notwendigerweise richtig handelt. Weit gefehlt, ganz im Gegenteil, Gott bewahre. Was aufgeklärte, liberale und demokratische Regierungen tun, ist im Allgemeinen falsch. Was Mussolini tut, ist meiner Meinung nach gelegentlich falsch [...]. Aber der Punkt, den es zu begreifen gilt, ist, dass er tut und verteidigt, was sie tun und nicht verteidigen. Sie verheimlichen es; sie bewirken dasselbe, weil sie es für angemessen halten; aber sie verteidigen es nicht, weil sie es für unentschuldbar halten. Er handelt mit seinen eigenen, den faschistischen Prinzipien; sie handeln gegen ihre Prinzipien der Freiheit.«[31]

Auch wenn der Begriff nicht fällt, handelt es sich hier um eine Beschreibung des »Kryptofaschismus«, eines Konzepts, das produktiv mit der liberalen Tradition esoterischer Politik von Bagehot bis zu den Anhängern Leo Strauss in der Gegenwart verknüpft werden könnte und bei dem es darum geht, König Demos an der Nase herumzuführen, während man so tut, als wolle man seine Wünsche erfüllen. Sorgsame Geheimhaltung und verdeckte Abkommen spielten in der Politik der britischen Eliten gegenüber den faschistischen Regimen eine Schlüsselrolle, was von jenen seltenen, wirklich kritischen Historikern, die es wagen, hinter der Fassade des rechtschaffenen Auftritts zu forschen, ausführlich dokumentiert worden ist.[32] Dabei geht es nicht darum, dass Verhandlungen vertraulich geführt wurden, was selbstverständlich gerechtfertigt ist, um diplomatische Vereinbarungen zu erzielen. Doch was geheim gehalten wurde, waren nicht einzelne Details oder Initiativen, sondern der Inhalt der Abkommen selbst und die von den Politikern verfolgten Ziele – und dies aus gutem Grund, denn oft genug widersprachen sie diametral dem, was zur Besänftigung der Öffentlichkeit verkündet wurde. So rügte Chamberlain exoterisch Deutschland in dem Wissen, dass die britische Öffentlichkeit von Hitlers Expansionsdrang die Nase voll hatte, während er dem *Führer** esoterisch versicherte, diese öffentlichen Äußerungen seien nicht ernst zu nehmen.[33] Das ultimative Beispiel dieser Doppelzüngigkeit war der Begriff des Appeasement selbst, die erhabene Geste, den Frieden in Europa bewahren zu wollen, während die britischen Politiker im Hintergrund die Hindernisse für den nächsten Krieg zwischen Deutschland und der UdSSR aus dem Weg räumten (ein Krieg, den schließlich auch Großbritannien, allerdings gegen ihre eigenen Absichten, sollte führen müssen). »Krieg ist Frieden«, wie es in dem Roman »1984« heißt. Doch Orwells kritischer Blick musste sich offenbar gar nicht in die Ferne richten, um den Missbrauch des »Totalitarismus« zu erkennen. Und es gab andere Zeitgenossen, die wegen der auf der Hand liegenden Parallelen zwischen der Vorgehensweise der britischen Regierung und jener der europäischen Diktaturen alarmiert waren. Zu denjenigen, die über Chamberlains zynische Strategie der Verbreitung von Massenpanik bestürzt waren, gehörte der berühmte Historiker R. G. Collingwood, der 1938 schrieb:

> »Für mich war der Verrat an der Tschechoslowakei deshalb nur ein drittes Beispiel für jene Politik, mit der die ›nationale‹ Regierung zuvor Abessinien und Spanien verraten hatte; und mich interessierte weniger die Tatsache an sich als vielmehr die Methoden ihrer Umsetzung; die sorgfältig inszenierte Kriegsangst im ganzen Land, die von Regierungsseite durch die Ausgabe von Gasmasken und die emotionale Radioansprache des Premierministers zwei Tage vor seinem Flug nach München geschürt wurde, und die ebenso sorgsam inszenierten, hysterischen Szenen im Parlament am folgenden Abend. Diese Ereignisse standen in der Tradition faschistischer Methoden; nur dass die italienischen und deutschen Alleinherrscher die Massen mobilisieren, indem sie an Ruhm und nationale Größe appellieren, während der englische Premierminister einfach nur Angst und Schrecken verbreitete.«[34]

Allerdings kann man in dem Maße, wie die kollektive Täuschung von Erfolg gekrönt ist, auf einige der drastischeren und gewalttätigeren Maßnahmen verzichten, auf die der offene Faschismus gewöhnlich zurückgreift. Der Kryptofaschismus ist seinem Wesen nach ein maßvoller, milderer Faschismus, was ihn als attraktive Alternative erscheinen lassen könnte. Hier haben wir es mit einer pragmatischen Lösung des »Problems« der Massendemokratie zu tun, die angesichts ihrer historischen Vorgeschichte als »das englische Modell« bezeichnet werden könnte. Es besteht im Wesentlichen darin, die demokratische Herrschaft nur in dem Maße zu akzeptieren, wie diese *nicht demokratisch* ist.

Michael Oakeshott, der geniale englische Konservative – der insofern ein früher Neoliberaler war, als er sich dem Wohlfahrtsstaat widersetzte und für einen schlanken Staat, individuelle Initiative und ungehemmte Marktkräfte eintrat –, liefert ein gutes Beispiel hierfür. 1955 widersprach er Walter Lippmanns pessimistischer Analyse von der Krise der liberalen Demokratie, die der damals berühmte amerikanische Journalist an der irrationalen, »jakobinischen« Neigung der modernen Massen festmachte, die demokratischen Forderungen über die unerlässlichen liberalen Grenzen, insbesondere den Schutz des Eigentums, weiterzutreiben. Nach Lippmanns Ansicht war dies der entscheidende Grund für den Zusammenbruch der liberaldemokratischen Regime und für den Aufstieg des Autoritarismus. Oakeshott jedoch hielt dies für »unangebrachten Trübsinn«. Sein Vertrauen in die Zukunft der liberalen Demokratie war weitaus größer, obwohl er die wenig schmeichelhafte Analyse Lippmanns über die Massen voll und ganz teilte. Er *fürchtete* sie nur viel weniger als sein amerikanischer Kollege. Mit Blick auf die von ihm des Öfteren gelobte politische Tradition Englands war Oakeshott zuversichtlich, die Eliten der liberalen Länder würden weiterhin intelligent und verantwortungsbewusst genug sein, um die Massen nicht aufzuwiegeln. Denn ganz ähnlich wie Mosca und Pareto lehnte er die Vorstellung ab, dass politische Initiativen jemals von unten kommen, das heißt zumindest nicht *wirklich*. Was die Massen letzten Endes fordern, ist nichts anderes als das, was ihre Führer ihnen zu wollen gelehrt haben:

> »Man kann mit Sicherheit sagen, dass wir, ›das Volk‹, niemals etwas verlangen, was man uns nicht zu wünschen aufgetragen hat; wir korrumpieren die Politik nicht durch unsere eigenen, kurzsichtigen Forderungen, sondern durch unsere Empfänglichkeit für das, was uns nahegelegt und versprochen wird. Unsere Stimme ist laut, aber unsere Äußerung ist die Wiederholung einfacher, gut erlernter Lektionen.«[35]

Da die Massen als unabhängiger Akteur, sprich das Volk, *von der Herrschaft ausgeschlossen* und als Klumpen Lehm in den Händen eines Töpfers betrachtet werden, geht es allein darum, was *die Führer* im Guten wie im Schlechten tun. Oakeshott unterstützte die Volksherrschaft in der Annahme, dass diese Herrschaft unmöglich ist; das, was wir im politischen Liberalismus tatsächlich erleben, sei keine Demokratie, sondern – um den von Robert Dahl vorgeschlagenen Neologismus zu verwenden – eine *Polyarchie*, ein Wechselspiel herrschender Eliten. Eine scharfe Analyse der Vorteile des polyarchischen und behäbigen »englischen« Modells untermauert, so scheint es, die Position von Michael Mann. Der äußert daher auch seine Verwunderung über das Versagen der Faschisten, die erprobten, liberal-»demokratischen« Methoden des Nordwestens zu durchschauen, zu kopieren und anzuwenden:

> »Aber es stellt sich noch eine Frage. Warum sollten Ober- und Mittelschicht das Repressionsniveau erhöhen, Parlamente und bürgerliche Freiheiten abschaffen und Massenparteien mobilisieren – oder sogar gefährliche Faschisten heranziehen –, wenn *bewährte und erprobte mildere Formen mit geringeren Kosten und Risiken zur Verfügung stehen*? Tatsächlich zeigte sich die beste Lösung für den Klassenkampf im Nordwesten. Seine Gewerkschaften, sozialistischen Parteien und Streiks waren größer als in den meisten Ländern im Zentrum, Osten und Süden, doch sie waren der Sozialpartnerschaft verpflichtet und

stellten kaum eine Bedrohung für die kapitalistischen Eigentumsverhältnisse dar. […] *Die Vernachlässigung dieser Erfahrungen im Zentrum, Osten und Süden erscheint rätselhaft.*«[36]

Mann bietet eine optimistische Definition des liberalen Modells und hebt die mit ihm einhergehende »Sozialpartnerschaft« hervor; aber man kann dasselbe Phänomen auch in einem weniger vorteilhaften Licht sehen: nämlich als raffinierte Methode, um das demokratische Potenzial zu *entschärfen*, die Volksherrschaft zu *verwässern* und sich im Extremfall des Kryptofaschismus mit all seinen Risiken zu bedienen. Zudem ist es nicht wirklich gerecht, dem Zentrum, Osten und Süden vorzuwerfen, man habe die Vorteile dieses Modells »vernachlässigt«. Wie wir gesehen haben, beneideten viele Faschisten sowohl in Deutschland als auch in Italien den liberalen Westen um seine Fähigkeit, eine »Schein«-Demokratie zu erschaffen, wie Mosca es ausdrückte, in der die sprichwörtliche, Furcht einflößende und vielköpfige Hydra des Volkes in einen – um Oakeshott zu paraphrasieren – gut dressierten, gewaltigen Papagei verwandelt wird. Wir haben gesehen, dass kontinentale, »offene« Faschisten und ihre Mitläufer – wie Moeller, Jung oder Rocco – ihre Politik häufig ausdrücklich mit der Unfähigkeit begründeten, ein demokratisches Modell nach englischem oder französischem Vorbild zu entwickeln. In Italien war es vor allem das krachende Scheitern dieser nach Mann »besten Lösung«, wie sie durch Giolitti repräsentiert wurde. Die Faschisten sahen sich im Allgemeinen mit einer Demokratie konfrontiert, die ihren rein formalen Status aufgab und real und substanziell zu werden drohte. Und was passiert, wenn die Massen nicht so vernünftig (oder unvernünftig) sind, ihre Ansprüche zurückzuschrauben? Was, wenn sie sich – gegen Oakeshott – weigern, ihre »einfachen, gut erlernten Lektionen« zu wiederholen? Und was ist, wenn sie – gegen Mann – entschlossen sind, die Demokratie nicht zur Verteidigung, sondern zur Aufhebung »kapitalistischer Eigentumsverhältnisse« zu verwenden? Ist der Faschismus dann eine verständliche, plausible, legitime Option?[37] So sehr Mann eine Klassenanalyse des Faschismus ablehnt, führt er uns doch zurück in die liberale Sackgasse, in der die Bourgeoisie mit den Massen, die Wirtschaft mit der Politik, der Kapitalismus mit der Demokratie konfrontiert ist. Wir stehen also wieder an der Schwelle zu Locke, Burke, Donoso, Mill, Pareto und Spengler, die die Unantastbarkeit des Privateigentums gegen das Eindringen »des Pöbels« verteidigen wollten.

Trotz gewisser Nuancen und neuer Akzente wiederholt Manns Argumentation letztlich nur die alte Vorstellung, wonach die Länder, die faschistisch wurden, an der Schwäche ihres Liberalismus scheiterten und dies Folge ihrer nationalen Eigenheiten und im deutschen Fall des sogenannten *Sonderwegs** war. Wenn wir uns der Einfachheit halber weiterhin auf die Fälle Englands – für den liberalen Westen – und Deutschlands – für das illiberale Zentrum – beschränken, schleichen sich bei genauerer Betrachtung jedoch Zweifel an der Überzeugungskraft dieser Erklärung ein. War das Schicksal des Zwischenkriegsliberalismus in beiden Ländern wirklich so verschieden? Wenn wir mit »Liberalismus« die liberalen Parteien meinen, dann drängen sich die Parallelen von selbst auf. Der politische Liberalismus war in Deutschland zugegebenermaßen wenig ausgeprägt und spielte neben konservativen und rechten Kräften im Allgemeinen nur die zweite Geige. Aber wie stark war der *englische Liberalismus*? Befand er sich nicht auch in der Defensive? In der Zwischenkriegszeit erzielten die Liberalen beider Länder bei Wahlen nur bescheidene Ergebnisse und spielten nicht länger eine zentrale politische Rolle. Die deutsche DNVP – Nachfolgerin der Nationalliberalen der Vorkriegszeit – war in der deutschen Politik wohl ebenso wichtig wie die liberale Partei in England, wenn nicht gar wichtiger. Der Prozess der relativen politischen Marginalisierung war nicht einfach eine Folge davon, dass der Liberalismus von rabiaten Kritikern von links und rechts angegriffen wurde und die berühmten »Werte« und »Ideale« des Liberalismus an Boden verloren. Tatsächlich fiel der Liberalismus seinen eigenen, immanenten und seit Langem existierenden Widersprüchen zum Opfer: der intrinsischen Spannung zwischen wirtschaftlichem und politischem Liberalismus, zwischen bürgerlichem Kapitalismus und Massendemokratie. Mit anderen Worten: Seine Werte waren von vornherein widersprüchlich und *überlebten* in destillierter Form. Der politische Liberalismus rückte nach links, die ökonomischen, bürgerlichen Werte nach rechts. So wurde der politische Liberalismus von der Sozialdemokratie in einem Ausmaß absorbiert, dass diese liberaler auftrat als die politischen Liberalen. Der Historiker Albert Lindemann, selbst kein Sozialist, bekräftigt: »Zu Beginn des frühen 20. Jahrhunderts erwiesen sich die Sozialisten als konsequentere und unerschütterlichere Verfechter vieler als liberal geltender Werte (freier und rationaler Diskurs, Toleranz, Verteidigung der bürgerlichen Freiheiten, internationale Kooperation) als die Liberalen selbst.«[38] Auf der anderen Seite eigneten sich die Konservativen große Teile des ökonomischen Erbes des klassischen Liberalismus an – nicht unbedingt hinsichtlich der Laissez-faire-Doktrin, die unter den modernen, vom sogenannten Monopolkapitalismus diktierten Bedingungen als unrealistisch betrachtet wurde, sondern hinsichtlich der Verteidigung der Interessen der Ober- und Mittelklasse gegenüber den arbeitenden Massen – und nahmen dabei liberalere Positionen ein als die Liberalen selbst, wie Paul Adelman mit Blick auf den englischen Liberalismus unmittelbar nach 1918 hervorhob: »Zu oft hat die ›alte Bande‹ der Liberalen die harsche *wirtschaftspolitische Orthodoxie der Konservativen Partei* nur in etwas zurückhaltenderen Worten wiederholt.«[39] Vielleicht war der symbolische Moment, in dem die wirtschaftsliberale Fackel von den Liberalen in die Hände der Tories überging, die sogenannte Geddes Axe von 1921, als die Konservativen drastische Kürzungen der öffentlichen Ausgaben *gegen* die Liberalen durchsetzen konnten.[40] Und in einer höchst symptomatischen historischen Wende sorgten die Tories bekanntlich auch nach dem Zweiten Weltkrieg für die Wiederbelebung des klassischen Wirtschaftsliberalismus.

In England wie in Deutschland überlebte der Liberalismus in der Zwischenkriegszeit, obwohl sich die liberalen Parteien im Niedergang befanden. Er überlebte in einer gespaltenen, schizophrenen Form, die dem inneren Konflikt des Liberalismus entsprach: Die englische Bourgeoisie schloss sich den Torys an, während die Massen zur Labour Party gingen. Sie wurden zu den beiden großen Parteien, während die Liberalen weit zurückfielen. In Deutschland hingegen wurde der bürgerlich-liberale Block (DDP, DVP, DNVP), der sich einer zusammengezählt recht konstant bleibenden politischen Linken (aus SPD und KPD) gegenübersah, von einer größeren Partei, nämlich der NSDAP, weitgehend geschluckt, nachdem diese sich als Führer der »nationalen« Kräfte etabliert hatte. In der reifen Massengesellschaft verlor der Liberalismus als unabhängige politische Kraft seine soziale Basis, büßte an Bedeutung ein und schwankte zwischen den beiden großen gesellschaftlichen Lagern. Dies schlug sich in der Parteimitgliedschaft vieler britischer Liberaler nieder, die sich irgendwann von ihrer früheren Partei trennten, um sich entweder Labour anzuschließen – hier könnte man Charles Roden Buxton, Arthur Ponsonby, Charles Trevelyan und William Wedgwood Benn nennen – oder zu den Konservativen zu wechseln: In der »Appeasement«-Regierung von Neville Chamberlain waren viele prominente Liberale vertreten, so etwa Walter Runciman und John Simon. Und es sollte auch nicht vergessen werden, dass Chamberlain gewissermaßen selbst liberale Wurzeln hatte. Sein Vater Joseph Chamberlain war maßgeblich für jene ursprüngliche Spaltung der liberalen Partei verantwortlich, die zur Gründung der eng mit den Konservativen kooperierenden Liberal Unionist Party führte. Kurzum, anders als die vertraute Geschichte vom bedauerlichen Niedergang des Liberalismus in Zeiten des politischen Extremismus uns glauben macht, bestand das Problem des Liberalismus in Wirklichkeit vor allem darin, dass er *weniger liberal* war als seine Gegner: Er war politisch weniger liberal als die Linke und wirtschaftlich weniger liberal als die Rechte. Die von Donoso Cortés ein Jahrhundert zuvor formulierte Vorhersage hatte sich *fast* bestätigt. Erinnern wir uns:

> »Die liberale Schule, gleichermaßen Feind der Finsternis und des Lichts, hat sich für eine, ich weiß nicht, welche, ungewisse Dämmerung zwischen den Regionen des Lichts und der Dunkelheit, zwischen ewigem Schatten und göttlicher Morgenröte entschieden [...]. In die-

> sen namenlosen Gefilden hat sie sich dem Unterfangen verpflichtet, ohne Volk und ohne Gott zu regieren; ein extravagantes und unmögliches Unterfangen: Ihre Tage sind gezählt, denn auf der einen Seite des Horizonts zeigt sich Gott, auf der anderen das Volk. Niemand kann sagen, wo sie am furchtbaren Tag der Schlacht stehen wird, wenn das Feld voll mit katholischen und sozialistischen Phalangen ist.«[41]

Was Donoso nicht vorhersah oder, genauer gesagt, nicht begrifflich erfasste, war die Tatsache, dass der Liberalismus in der Entscheidungsschlacht in Wahrheit nicht verschwinden oder zögern, sondern vielmehr *auf beiden Seiten* kämpfen würde, mit dem Sozialismus und mit den faschistischen Phalangen, mit der demokratischen Mehrheit und mit dem kapitalistischen Gott (oder ist es der Antichrist?). Wie der Fall Donoso selbst beweist, konnte sich ein ehemaliger Liberaler in einen eifrigen Kämpfer für die konservative Sache verwandeln.

Eine internationale Koproduktion

Angesichts der objektiven Spaltung des Liberalismus ist es nicht überraschend, dass der Faschismus – ob nun mit der Vorsilbe Quasi-, Embryo- oder Krypto- versehen – in England insofern durchaus auf fruchtbaren Boden fiel, als die englische Politik zwar auf untergründige Weise, aber in beträchtlichem Ausmaß einen Prozess der Anpassung an den Faschismus durchlief. Ich habe skizziert, wie der esoterische Faschismus die politischen Kreise in England durchdrang und in seinem Innersten infizierte.[42] Ein politischer Prozess, der sich wiederum aus kulturellen und ideologischen Entwicklungen speiste. Im Widerspruch zu dem Klischee, wonach das englische Temperament – das als zurückhaltend, praktisch, gemäßigt und untertrieben beschrieben wird – gegenüber kontinentalen Auswüchsen wie dem Faschismus immun gewesen sei, standen die britischen Intellektuellen zu Beginn des 20. Jahrhunderts massiv unter Einflüssen des kontinentalen Denkens und vor allem Nietzsches, der das ideologische und kulturelle Klima prägte. Diese Einflüsse, deren politische und soziale Wirkung darin bestand, den Elitismus anzufachen und den Widerstand gegen Demokratie und »Massengesellschaft« zu befördern,[43] wurden von dem Literaturkritiker John Carey in seinem bahnbrechenden Buch »The Intellectuals and the Masses« dokumentiert. Die im Denken und Fühlen der britischen Ober- und Mittelschicht stark verbreiteten, militant elitären Strömungen veranlassten Carey sogar dazu, auf den letzten Seiten des Buches die verwandtschaftliche Nähe zwischen dieser Ideologie und der Weltanschauung Hitlers hervorzuheben:

> »In der Einleitung zu seiner Ausgabe von ›Hitlers Tischgesprächen‹ bekräftigte Hugh Trevor-Roper, Hitlers Ideen zur Kultur seien ›trivial,

> unausgegoren und abstoßend‹. Darüber ließe sich streiten. Zumindest bestehen ausgeprägte Parallelen zwischen den kulturellen Idealen, die der Führer in seinen Schriften und Gesprächen verteidigt, und jenen der von uns untersuchten Intellektuellen.«[44]

Diese »Parallelen« sind so weitreichend, dass sie nach Careys Ansicht folgende Schlussfolgerung rechtfertigen: »Die Tragödie von ›Mein Kampf‹ besteht darin, dass es in vielerlei Hinsicht kein abartiges Buch, sondern ein fest in der europäischen intellektuellen Tradition verwurzeltes Buch war.«[45] In jüngerer Zeit hat Dan Stone die allgemein akzeptierte Vorstellung infrage gestellt, wonach die englische Kultur und der Faschismus als Dichotomie zu betrachten seien. Stone hinterfragt »die Sichtweise [...], die den britischen Faschismus als blasse Imitation seiner kontinentalen Pendants abtut«, und argumentiert:

> »Es gab es eine entwickelte einheimische Tradition des Denkens, die zwar nicht als ›faschistisch‹ – zumindest nicht vor 1918 –, aber durchaus als ›proto-faschistisch‹ betrachtet werden kann. [...] Ich schlage vor, [...] dass wir die intellektuelle Herkunft protofaschistischer Ideen in Großbritannien neu bewerten, und würde die These vertreten, dass sie in beträchtlichem Ausmaß auf Bewegungen um Nietzsche und die Eugenik zurückzuführen sind, auf Bewegungen, die ›Extreme des Englischseins‹ repräsentierten.«[46]

Carey und Stone, die sich vor allem mit kulturellen Fragen beschäftigen, gehen davon aus, dass der britische Protofaschismus politisch keine Früchte trug. Carey meint, dass die von ihm diskutierten elitären Tendenzen lediglich die Verunsicherung unter den Intellektuellen manifestierten, und zeigt wenig Interesse daran, ihre konkreten sozialen und politischen Formen zu verfolgen. Stone seinerseits akzeptiert die konventionelle Auffassung, dass der politische Faschismus in Großbritannien ein absoluter Misserfolg war. Dementsprechend äußert er die Ansicht, dass »der britische Faschismus nicht scheiterte, weil er eine Imitation war, sondern weil der Mainstream-Konservatismus seine Ideen nicht kooptieren musste, um an der Macht zu bleiben«.[47] Dies ist ein richtiges Argument hinsichtlich der marginalen Bedeutung des offenen Faschismus in Großbritannien. Aber wie wir mit der Hilfe politischer Historiker gesehen haben, wurde der britische »Mainstream-Konservatismus« zu einem gewissen Grad *selbst* vom Faschismus *kooptiert*. Dies war möglich, weil faschistische Strömungen dem britischen Mainstream in Wirklichkeit näher standen, als man gemeinhin glaubt.

In der internationalen – oder, vielleicht besser gesagt, *westlichen* – Koproduktion, die den Faschismus ermöglichte, bestanden die wichtigsten Beiträge Großbritanniens zum einen im imperialistischen Modell selbst, das die Faschisten stark inspirierte, und zum anderen im Sozialdarwinismus und in der Eugenik. Diese Zutaten sollten sich als so wichtig für das faschistische Projekt im Allgemeinen und das nationalsozialistische im Besonderen erweisen, dass jeder Versuch eines umgedrehten *Verfremdungseffekts** eigentlich zum Scheitern verurteilt sein müsste. Michael Mann lässt sich jedoch nicht beirren. Er beharrt auf dem nichtfaschistischen Charakter des Nordwestens und bekräftigt die weitverbreitete Ansicht, dass die britische Eugenik sich von der deutschen Version insofern grundlegend unterscheide, als die britische Eugenik in erster Linie die Klasse und nicht die »Rasse« betreffe: »Obwohl der Sozialdarwinismus die Eugenik überall förderte, sah der Nordwesten das Hauptproblem eher in der Reproduktion der unteren Klassen als in der der ›unteren Rassen‹.«[48] Stone stellt jedoch in einer Studie, die sich vor allem mit Eugenik und Rassismus in Großbritannien beschäftigt, genau diese apodiktische These infrage. Er argumentiert, dass »obwohl Klassenfragen ein entscheidendes Motiv hinter den Ideen und Untersuchungen der britischen Eugeniker waren, die Rasse ein nicht minder wichtiges Thema repräsentierte. Die britische Eugenik kann nicht einfach von einer angeblich ›härteren‹ kontinentalen Schule getrennt werden, da der von den Historikern so oft ignorierte Rassebegriff integraler Bestandteil in der Weltanschauung britischer Eugeniker war.«[49] Stone bekräftigt, dass die seiner Ansicht nach mythische Unterscheidung zwischen britischer und deutscher Eugenik auf den Versuch britischer Eugeniker zurückzuführen ist, rückwirkend einen grundsätzlichen Widerspruch zwischen sich selbst und ihren deutschen Kollegen zu etablieren.[50] Und doch kann er in der Vorkriegszeit, als das Ansehen der Eugenik noch nicht durch die Enthüllung der nationalsozialistischen Gräueltaten erschüttert war, keinen Beleg für diese eigennützige Unterscheidung finden. Er insistiert stattdessen darauf, dass sich damals »selbst bei den moderatesten Vertretern der britischen Eugenik Rassen- und Klassenaspekte vermischten«.[51] Die These von der relativen Integrität der »nordwestlichen« Eugenik (einmal unterstellt, dass Klasseneugenik etwas weniger empörend sei als Rasseneugenik) wird auch durch Stefan Kühls ausgezeichnetes Buch »The Nazi-Connection« infrage gestellt, in dem die vielen ideologischen Berührungspunkte und die konkrete Zusammenarbeit zwischen Eugenikern in Nazi-Deutschland und den USA ausführlich dokumentiert werden. Auch Kühl musste ausdrücklich der Theorie der Nachkriegszeit widersprechen, wonach die amerikanische Eugenik »anders« und weniger heimtückisch gewesen sei als die NS-Variante.[52]

Tatsächlich muss man den Versuch selbst infrage stellen, eine Geschichte der rassistischen Vorurteile zu schreiben, die von Vorurteilen hinsichtlich der Klasse getrennt ist. War nicht Gobineau selbst, der

Begründer des modernen Rassismus, felsenfest von den *Rassen*unterschieden überzeugt, die angeblich zwischen den französischen *Klassen* existierten, wobei die arbeitenden Massen Nachkommen der gallischen Kelten, das Bürgertum und insbesondere der Adel die Erben der Franken waren?[53] Auf ganz ähnliche Weise wies Chesterton in seinem unvergleichlichen Generalangriff auf die Eugenik – und zwar auf die ihm vertraute britische Variante hiervon – auf »die seltsame neue Bereitschaft hin, die Armen als eine Rasse zu betrachten«.[54] Rassen- und Klassenvorurteile waren zwar nicht identisch, doch von Anfang an miteinander verwoben und verstärkten sich gegenseitig auf vielfältige und komplexe Weise, was mit einem geoideologischen Erklärungsansatz, der den Norden und Westen vom Zentrum, Osten und Süden trennt, kaum zu erklären ist. Und ist es nicht ziemlich vermessen zu glauben, das westliche Erbe sei, nach dem Ausschluss Deutschlands, relativ frei von rassistischen Vorurteilen gewesen? Der Rassismus hat Ideologie und Praxis des westlichen Imperialismus stark geprägt und sogar Völkermorde legitimiert. Ich habe bereits Karl Pearson, einen führenden britischen Eugeniker und Schüler Galtons zitiert; man kann aber auch auf einen Mann verweisen, der in der politischen Landschaft Großbritanniens weder als ausgesprochen schrill noch als besonders anfällig für die Idee des kontinentalen Faschismus galt, nämlich auf Winston Churchill:

> »Ich bin nicht der Ansicht, dass der Hund in einer Krippe das letzte Recht auf die Krippe hat, auch wenn er dort schon sehr lange gelegen haben mag. Dieses Recht kann ich nicht erkennen. Ich gestehe beispielsweise nicht ein, dass den Indianern Amerikas oder den Schwarzen in Australien irgendein großes Unrecht angetan wurde. Ich gestehe nicht ein, dass diesen Menschen ein Unrecht dadurch zugefügt wurde, dass eine stärkere Rasse, eine höhere, welterfahrenere Rasse, um es so auszudrücken, in ihr Land eingedrungen ist und ihren Platz eingenommen hat.«[55]

Es ist wahr, dass diese Sätze zur Unterstützung des Zionismus gesagt wurden und das Recht der als »stärker empfundenen Rasse«, nämlich der jüdischen, gegenüber den hündischen Arabern betonen sollten. Diese Position kann also kaum mit dem Holocaust in Verbindung gebracht werden. Aber lässt sich, wenn man Churchills Aussagen aus dem Jahr 1937 akzeptiert, noch argumentieren, dass den Slawen einige Jahre später, als die Nazis in Osteuropa einmarschierten, »irgendein großes Unrecht« angetan wurde? Aus streng moralischer Sicht und einmal abgesehen von der Frage, ob die Interessen des Britischen Empires durch einen solchen Angriff beeinträchtigt wurden oder nicht, hatten die Slawen genauso wenig Grund zur Klage wie die Indianer, die Schwarzen in Australien oder die palästinensischen Araber. Muss das ihnen angetane Unrecht nicht vielleicht insofern noch geringer bewertet werden, als sie im Gegensatz zu den Indianern oder den Aborigines das Menschenmaterial für die barbarische Gefahr des Bolschewismus stellten, die Churchill so deutlich wahrnahm und scharf anprangerte? Sollte ihre Vertreibung aus der lange belegten Krippe nicht vielleicht sogar als tugendhafte Tat, als Dienst an der Zivilisation betrachtet werden? Und wenn Churchill selbst in dieser Frage nicht der eigenen rassistischen Logik folgte oder sich von Sonderinteressen leiten ließ, so waren andere Mitglieder der britischen Führungselite wie Nevile Henderson, Lord Halifax oder Neville Chamberlain offenbar konsequenter.

Letztlich wurde der Rassismus in jenen eugenischen Lehren, die aus der großen anderen Bastion des Westens stammten, nämlich von jenseits des Atlantiks, sogar noch stärker betont. Wenn man die Eugenik in den USA berücksichtigt, wäre es völlig unmöglich, den Rassismus von den Vorurteilen gegenüber den unteren Klasse zu trennen. In einem Bestseller, in dem er gegen die »demokratischen Regierungstheorien« polemisiert, erwiderte der amerikanische Eugeniker Madison Grant:

> »Diejenigen, die sich für sozialen Aufstieg und revolutionäre Bewegungen einsetzen, sind daher in der Regel sehr intolerant gegenüber den durch Vererbung auferlegten Beschränkungen. Die Diskussion über diese Beschränkungen wird von jenen, die sich unter dem Deckmantel des Internationalismus für die Unkenntlichmachung aller bestehenden Differenzen von Nationalität, Sprache, Rasse, Religion und Klasse aussprechen, als anstößig empfunden. Jene Individuen, die weder Land noch Flagge, Sprache oder Klasse haben, [...] verunglimpfen und verhöhnen ganz natürlich den Wert dieser Attribute der höheren Arten.«[56]

Höhere »Rasse« *und* Klasse sind ganz selbstverständlich »Attribute« der »höheren Arten«. Hier handelt es sich keineswegs um zwei getrennte Probleme, sondern um einen Diskurs, in dem »Rasse« und Klasse austauschbar sind, was es erlaubt, nahtlos vom einen zum anderen zu wechseln, wie Grants Phrasen veranschaulichen:

> »Die unveränderliche Ausdifferenzierung der Rasse in ihrer modernen wissenschaftlichen Bedeutung zuzulassen bedeutet unweigerlich, die Existenz überlegener und unterlegener Rassen anzuerkennen. Ein solches Eingeständnis können wir von den Angehörigen minderwertiger Rassen kaum erwarten. Diese minderwertigen Rassen und Klassen erkennen in diesem Eingeständnis sofort die für sie sehr reale Gefahr, wieder in ihren früheren Zustand der Finsternis und gesellschaftlichen Unterordnung zurückversetzt zu werden. Die bevorzugte Ver-

teidigungsstrategie dieser minderwertigen Klassen besteht darin, die Existenz fest vererbter Eigenschaften körperlicher oder geistiger Natur, die durch Veränderung der Umwelt nicht eliminiert oder in größerem Ausmaß modifiziert werden können, grundsätzlich zu leugnen.«[57]

Innerhalb weniger Zeilen geht Grant von »minderwertigen Rassen« zu »minderwertigen Rassen und Klassen« über, um schließlich bei »minderwertigen Klassen« zu landen. Weder hält er es für notwendig, den flexiblen Gebrauch der Begriffe zu erklären, noch scheint er zu erwarten, dass sein Leser an diesem Punkt Nachfragen stellen könnte. Für Grant stellt die soziale Frage ebenso wie für den angesprochenen Leser eindeutig eine Rassenfrage dar, und dieser Kampf zwischen den Rassen ist ein sozialer Kampf:

> »Das Wiedererstarken *minderwertiger Rassen und Klassen* überall nicht nur in Europa, sondern in der ganzen Welt, zeigt sich bei jeder Nachricht aus Ägypten, Irland, Polen, Rumänien, Indien oder Mexiko. Man bezeichnet es als Nationalismus, Patriotismus, Freiheitsstreben oder gibt ihm andere hochtrabende Namen, doch es verbirgt sich überall das Phänomen einer lange unterdrückten, besiegten *Sklavenklasse*, die sich gegen *die Herrenrasse* erhebt.«[58]

Auch S. K. Humphrey, ein anderer amerikanischer Eugeniker, hielt es für »unvermeidlich, dass sich die *Klassenlinien* wie in allen früheren Kulturen zum Schutz gegen die wachsende Zahl der Nichtreinrassigen verhärten. Wie weit die Katastrophe auch entfernt sein mag, unser *rassischer Trend* geht in Richtung von sozialem Chaos oder Diktatur.«[59] Und Grants Schützling, Lothrop Stoddard, der »die Neger« für eine der »existierenden, wilden und barbarischen Rassen mit nachweislich niedriger durchschnittlicher Intelligenz« hielt,[60] war ebenso überzeugt, dass »der *soziale Stand* mit fortschreitender Zivilisation immer eindeutiger mit dem *rassischen Wert* zusammenfällt; [...] wobei zu den oberen sozialen Klassen ein immer größerer Anteil Menschen mit höheren natürlichen Begabungen gehört, während sich in den unteren sozialen Klassen ein wachsender Anteil von Minderwertigen versammelt«.[61] Mit solchen Begriffen lässt sich das »Problem« der unteren Rassen nicht getrennt von dem der unteren Klassen betrachten. Doch Grant, Humphrey und Stoddard waren alle drei Vertreter des Nordwestens.

Die mitteleuropäischen Nazis ihrerseits schätzten solche Theorien sehr. Hitler selbst dankte Grant in einem persönlichen Schreiben dafür, das Buch »The Passing of the Great Race« verfasst zu haben, und teilte mit, dass »dieses Buch seine Bibel« gewesen sei.[62] Die Deutschen waren nicht irritiert über die »Verschmelzung von Rasse und Klasse«, sondern hielten sie für eine westliche Abweichung vom eigentlichen Hauptproblem der Eugenik, nämlich dem der minderwertigen »Rassen«. Auch wenn sie sich gezwungenermaßen für eine Form des »horizontalem Rassismus« einsetzten, mit dem das deutsche Volk in seiner Gesamtheit in eine Position rassischer Überlegenheit erhoben werden sollte,[63] zweifelten die nationalsozialistischen »Rassenexperten« die »Untrennbarkeit von Rasse und Klasse« doch kaum an. Der höchst repräsentative Hans F. K. Günther zum Beispiel bewunderte Grant und Stoddard, betrachtete sie als Experten der modernen »Rassenforschung« und bezog sich in seinen eigenen Werken oft auf sie. Er war mit ihnen auch völlig einer Meinung, was die Klasse als rassisches Attribut betraf. Stoddard beklagte sich über die »erdrückende Steuerlast in ganz Europa, die insbesondere den Zuwachs der Ober- und Mittelschicht beeinträchtigt«,[64] und forderte, dass »Gewohnheitsbettler daran gehindert werden sollten, Kinder zu bekommen«, da sie sich ansonsten in ein »schädliches und ungerechtes« Joch für die »sparsamen und begabten Mitglieder der Gesellschaft« verwandeln, »die die Steuern bezahlen«.[65] Sein deutsches Pendant war völlig einverstanden; Grant zitierend offenbarte Günther dieselbe sozialrassistische Empfänglichkeit der Mittelschichten:

> »Der tief eingreifenden Entnordung des Weltkrieges folgte in allen abendländischen Völkern, auch den nicht am Krieg beteiligten, die Entnordung durch den immer höheren Steuerdruck, der gerade die an nordischem Blut reichsten Volksschichten zu weiterer Einschränkung der Kinderzahl zwingt. Das nordische Blut wird – nach einem Ausdruck Grants – im ganzen Abendland nun sehr wirksam weggesteuert. Die wirtschaftliche Zerreibung des Mittelstands trifft gerade den durch diesen Stand aufsteigenden nordischen Bevölkerungsstrom und drückt dessen Geburtenrate.«[66]

Gegen diese buchstäblich blutsaugende Besteuerung des nordischen Bürgertums und die immer heftigeren Angriffe der Wohlfahrtsinstitutionen gibt es nur eine adäquate Antwort, und diese wurde nur in einem einzigen Land, nämlich den Vereinigten Staaten, formuliert: »Der starken Mehrung minderwertiger Erbanlagen, welche das 19. Jahrhundert gebracht hat, hätte eine entsprechend rege Aufmerksamkeit der Völker auf die Fragen der Erbgesundheit entgegentreten müssen, eine Aufmerksamkeit, die zu den gesetzlichen Maßnahmen hätte führen müssen, die heute in den Vereinigten Staaten ergriffen worden sind.«[67] Für einen prominenten deutschen Eugeniker wie Günther, der schon bald eine wichtige Rolle im »Dritten Reich« spielen sollte, ist es ausgerechnet der Nordwesten, der in »Rassen-« und Klassenfragen den Weg weist, und Deutschland sollte seinem Beispiel folgen, wenn es weiß, was gut für es ist.

Stoddard verdankten die Nationalsozialisten auch den Begriff des *under-man*, der als »Untermensch« eingedeutscht wurde: »Ich habe einen Begriff geprägt, der all jene Personengruppen zusammenzufassen scheint, von denen ich gerade gesprochen habe. Dieser Begriff ist der *under-man* – der Mensch, der hinsichtlich Leistung und Anpassungsfähigkeit *unter* der Norm liegt, die ihm von der gesellschaftlichen Ordnung, in der er lebt, auferlegt wird. Diesen Begriff werde ich fortan verwenden.«[68] Wie Domenico Losurdo zeigte, räumte der führende Nazi-Ideologe Alfred Rosenberg seine Schuld gegenüber dem bewunderten Stoddard ein, während der Amerikaner seinerseits eindeutig vom nietzscheanischen Jargon und dem Begriff des Übermenschen inspiriert war, der natürlich aus Deutschland stammte, wo Stoddard ebenfalls anderthalb Jahre studiert hatte.[69] In diesem Zusammenhang sollte man die interessante Tatsache erwähnen, dass 1921, also ein Jahr bevor Stoddard den Begriff *under-man* prägte, der britische Autor Austin Freeman in seinem Buch »Social Decay and Regeneration« in fast denselben Worten über die »Bedrohung« durch jene schrieb, die er als »Untermenschen« bezeichnete:

> »Nun wird die Bedeutung des Untermenschen *(sub-man)* für die Wirtschaft der Gesellschaft im Allgemeinen nicht erkannt. [...] Und den Grund dafür sehe ich darin, dass man seine zahlenmäßige Stärke nicht realisiert. Die abnorm Untauglichen [...] machen zahlenmäßig wahrscheinlich nicht mehr als ein Fünfzigstel der Bevölkerung aus, und ihr Anstieg als Klasse ist nicht besonders schnell; die Zahl der normal Untauglichen – jene Klasse von Männern, die auffallend unter dem Durchschnitt der Rasse liegen – dürfte wahrscheinlich näher bei einem Fünftel der Bevölkerung liegen, wenn nicht sogar darüber, und diese Klasse vermehrt sich in der ganzen Gemeinschaft am schnellsten.«[70]

Auch Freeman folgte dem in der britischen Intelligenz so weit verbreiteten Nietzscheanismus.[71] *Under-man, sub-man, Untermensch**. Dies ist nur ein konkretes Beispiel dafür, wie ihrem Wesen nach faschistische Ideen und Projekte selbst in ihrer perfidesten Form mithilfe eines gewundenen, direkten und indirekten, internationalen beziehungsweise eigentlich innerwestlichen Dialogs aufgegriffen wurden. Der Faschismus griff im Nordwesten nicht offen nach der Macht, aber ohne die aktive – ideologische, ökonomische, politische – Mitwirkung der Politiker, Industriellen, Wissenschaftler, Denker und Künstler des Nordwestens wäre er anderswo undenkbar gewesen. Wir sollten uns daher davor hüten, den Faschismus zu stark zu »verfremden« oder ihn einem bestimmten geografischen Raum zuzuordnen. Der *wahre Sonderweg**, so scheint es, ist nicht deutsch, italienisch, spanisch oder österreichisch, sondern ein Weg des Westens. ■

Anmerkungen

Einleitung

1 Sternhells wichtigste Schriften über die faschistische Ideologie sind Zeev Sternhell: Neither Right nor Left. Fascist Ideology in France, Princeton/New Jersey 1986 und ders./Mario Sznajder/Maia Asheri: Die Entstehung der faschistischen Ideologie. Von Sorel zu Mussolini, Hamburg 1999. Schon vor Sternhell stellte Eugen Weber ganz ähnliche Forderungen: »Meine Objektivität besteht darin, Faschisten und Nationalsozialisten, wann immer möglich, beim Wort zu nehmen.« (Eugen Weber: Varieties of Fascism, Princeton/New Jersey 1964, S. 3)

2 Roger Griffin (Hrsg.): International Fascism: Theories, Causes, and the New Consensus, London 1998, S. 15.

3 Roger Eatwell: On Defining the »Fascist Minimum«. The Centrality of Ideology, in: Journal of Political Ideologies 3/1996, S. 303–319.

4 Michael Mann: Fascists, Cambridge 2004, S. 21. – Ein anderes typisches Beispiel ist Boaz Neumanns Hinweis, dass wir uns, um den Nationalsozialismus verstehen zu können, auf die Denkweise der Nazis einlassen, ihren Standpunkt einnehmen und jenes überkommene gesellschaftskritische Muster aufgeben müssen, das darauf insistiert, den Faschismus als Epiphänomen, also als Nebenprodukt von etwas anderem zu betrachten; vgl. Boaz Neumann: The Nazi Weltanschauung: Space, Body, Language [Hebräisch], Haifa 2002. Schließlich möchte ich George Mosse zitieren, der 1996 bekräftigte, die Faschismusforschung verlasse allmählich eine Phase, in der die faschistische Bewegung fast ausschließlich aus der Perspektive von sozialistischer Theorie, Antifaschismus und parlamentarischer Regierung diskutiert und folglich mit dem Maßstab anderer Ideologien gemessen wurde. Der neue Ansatz zeichne sich dadurch aus, »den Faschismus an seinen eigenen Konzepten zu messen, seine Selbstdarstellung zu untersuchen und ihn von innen heraus zu begreifen« (George L. Mosse: Fascist Aesthetics and Society. Some Considerations, in: Journal of Contemporary History 31/1996, S. 245–252, hier S. 245).

5 Der von dieser Denkschule erhobene Anspruch eines allgemeinen Konsenses ist jedoch übertrieben (und trägt Züge eines intellektuellen Mobbings). Obwohl derartige Analysen sehr verbreitet sind, gibt es eine beträchtliche Zahl gut begründeter und innovativer Untersuchungen, die dem »neuen Konsens« in zentralen Punkten widersprechen. Dazu zählen die scharfsinnigen Einwände Donny Glucksteins, der die Bedeutung des Klassenkonzepts für die Erklärung des Nationalsozialismus betont (vgl. Donny Gluckstein: The Nazis, Capitalism and the Working Class, London 1999), Dave Renton, der das Primat der Ideologie infrage stellt und die Aufmerksamkeit auf die objektive soziale Funktion faschistischer Bewegungen lenkt (vgl. Dave Renton: Fascism. Theory and Practice, London 1999) und Mark Neocleous, der eine alternative Sicht auf den Charakter der faschistischen Ideologie einfordert und deren konterrevolutionäre Dimension betont; vgl. Mark Neocleou: Fascism. Concepts in Social Thought, Minneapolis 1997.

6 Peter Sloterdijk: Die Verachtung der Massen – Versuch über Kulturkämpfe in der modernen Gesellschaft, Frankfurt a. M. 2000, S. 21.

7 Kursiv gesetzte und mit * gekennzeichnete Wörter sind im englischen Originaltext ebenfalls deutsch.

8 »Verfeindete Brüder« (Anm. d. Übers.).

9 Zit. n. Kelly Boyd (Hrsg.): Encyclopedia of Historians and Historical Writing, London 1999, S. 1284.

10 Vgl. Hannah Arendt: Elemente und Ursprünge totalitärer Herrschaft, Frankfurt a. M. 1962; Jacob L. Talmon: The Origins of Totalitarian Democracy, London 1952; Raymond Aron: Démocratie et totalitarisme, Paris 1965; Carl Friedrich/Zbigniew Brzezinski: Totalitarian Dictatorship and Autocracy, Cambridge 1956.

11 François Furet/Ernst Nolte: Fascism & Communism, Lincoln/London 2004, S. 31.

12 Ludwig Mises: Socialism. An Economic and Sociological Analysis, New Haven 1951, S. 580.

13 Ebd., S. 578.

14 George L. Mosse: Fascism and the French Revolution, in: Journal of Contemporary History 24/1989, S. 5–26, hier S. 20.

15 Sternhells Buch erschien 1983 unter dem Titel »Ni droite, ni gauche. L'idéologie fasciste en France« im Verlag EA Paris und wurde drei Jahre später auf Englisch veröffentlicht (Anm. d. Übers.).

16 Sternhell: Neither, S. 14.

17 Ebd., S. 19f.

18 Für eine kurze und repräsentative Darstellung dieser These vgl. Furet/Nolte: Fascism, S. 32–34.

19 Fritz Stern: Kulturpessimismus als politische Gefahr. Eine Analyse nationaler Ideologie in Deutschland [1960], München 1986, S. 348.

20 Oswald Spengler: Jahre der Entscheidung [1933], München 1980, S. 123.

21 Otto Strasser: Hitler und ich, Buenos Aires 1940, S. 112.

22 Massimo Rocca: Un neo-liberalismo?, in: Renzo De Felice (Hrsg.): Autobiografia del fascismo. Antologia di testi fascisti 1919–1945, Turin 2004, S. 86–91, hier S. 90.

23 Ebd., S. 91. – Hervorhebung I. L.

24 Leo Strauss: Liberalism Ancient and Modern, Chicago/London 1968, S. 222.

25 Ebd., S. 21.

26 Michael Oakeshott: Religion, Politics and the Moral Life, New Haven/London 1993, S. 102. – Hervorhebung I. L.

27 Strauss: Liberalism, S. ix.

28 Oakeshott: Religion, S. 113.

29 Diese Vorstellung ist zweifelsohne weitverbreitet. Geoff Eley, der selbst eine hochdifferenzierte Form von »Klassenanalyse« erarbeitete, kritisierte 1986 die damals in den westdeutschen Geschichtswissenschaften vorherrschende Strömung – und man könnte wohl hinzufügen, dass seitdem zwar Westdeutschland verschwunden ist, sich in der Frage allerdings nicht allzu viel geändert hat: »Es sollte angemerkt werden, dass diese Art der Faschismusanalyse explizit als Alternative zu marxistischen Ansätzen propagiert wird, die Autoren sie zu diesem Zweck polemisch und grob vereinfachend auf orthodoxe Varianten der Komintern-Tradition reduzieren, ohne die Beiträge von (unter anderem) Poulantzas, der Gramsci-Rezeption und Tim Mason zu berücksichtigen.« (Geoff Eley: From Unification to Nazism. Reinterpreting the German Past, Boston 1986, S. 258)

30 Rocca: Un neo-liberalismo?, S. 89.

31 Vorläufer der Liberalen Partei in Großbritannien (Anm. d. Übers.).

32 Burke und Adam Smith bewunderten sich gegenseitig, und der paradigmatische Vertreter des Marktliberalismus Hayek verwies oft auf Burke, den er als Musterbeispiel eines »alten Whig« betrachtete.

33 Arendt: Elemente, S. 472.

34 Den der Österreicher Mises hasste.

35 In »Wege zur Knechtschaft« bekräftigt Friedrich August von Hayek, dass sich Hitlers angeblich grenzenloser Hass auf den Liberalismus »in der Praxis nur wenig betätigen konnte, und zwar aus dem einfachen Grunde, weil der Liberalismus in Deutschland zur Zeit der Machtergreifung durch Hitler bereits so gut wie tot war« (Friedrich August Hayek: Der Weg zur Knechtschaft, Reinbek/München 2014, S. 17). Bei der Suche nach den Verantwortlichen hierfür, also den Mördern des Liberalismus, verschwendet der Autor keine Mühe, sich mit den üblichen Verdächtigen auseinanderzusetzen: dem preußischen Obrigkeitsstaat, dem Konservativismus oder der Politik Bismarcks. Die Schuldigen machte er kurzerhand dingfest: »Es war der Sozialismus, der ihm den Garaus gemacht hatte.«

36 Der von Marktliberalen regelmäßig als unheimliche, aber natürliche Verbindung sozialistischer und faschistischer Politik verunglimpft wird. Für ein neueres Beispiel dieser Interpretation vgl. Wolfgang Schivelbusch: Three New Deals. Reflections on Roosevelt's America, Mussolini's Italy, and Hitler's Germany, 1933–1939, New York 2006.

37 Auch hier mit der Einschränkung, dass die Tradition der marxistischen Geschichtswissenschaften nicht polemisch simplifiziert wird.

38 Renton: Fascism, S. 18.

39 Zeev Sternhell: Introduction, in: ders. (Hrsg.): The Fascist Thought and Its Variations. Collection of Texts in Political and Social Thought [Hebräisch], Tel Aviv 1988, S. 9–45, hier S. 11.

40 Mann: Fascists, S. 1.

41 Das passt zur allgemeinen »sternhellianischen« Interpretation bei Mann. Er zitiert Sternhells Hinweis auf die Kohärenz und Geschlossenheit der faschistischen Ideologie zustimmend und baut ihn damit in die methodologische Begründung seiner eigenen Analyse ein.

42 Ebd., S. 61.

1 Die liberale Spaltung: Die Wirtschaft von der Politik trennen

1 Mit »Bedingung« sind hier jene strukturellen Langzeitfaktoren gemeint, die, wie Lawrence Stone schreibt, »eine potenziell explosive Situation schaffen« und die er von mittelfristigen Dynamiken und kurzfristigen »Auslösern« unterscheidet (Lawrence Stone: The Causes of the English Revolution 1529–1642 [1972], London/New York 2002, S. 8). Stone orientierte sich an dem dreigliedrigen Modell der Annales-Schule für Sozialgeschichte, das zwischen »Struktur«, »Konjunktur« und »Ereignis« differenziert. Im Falle des Faschismus würden die beiden letztgenannten Kategorien schnelle Entwicklungen wie den Ersten Weltkrieg und die Weltwirtschaftskrise, aber auch spezifischere, lokale Prozesse und den kontingenten Beitrag von Persönlichkeiten umfassen.

2 Wie allseits bekannt, fand dieser Prozess in England wesentlich früher statt, nämlich im Verlauf des stürmischen 17. Jahrhunderts, und kulminierte in der »Glorreichen Revolution« (Glorious Revolution) von 1688/89.

3 Wie Norberto Bobbio formuliert hat, hegte der moderne Liberalismus »von Anfang an großes Misstrauen gegenüber allen Formen der Volksregierung (über das ganze 19. Jahrhundert hinweg und in das 20. hinein hielten sie am eingeschränkten Wahlrecht fest und verteidigten es)« (Norberto Bobbio: Liberalism and Democracy, London/New York 2005, S. 31). Auch Geoff Eley hat »angesichts der standhaften Verteidigung von beschränkten und ausschließenden Systemen der politischen Repräsentation durch den Liberalismus des 19. Jahrhunderts« die häufig gezogene Verbindung von Liberalismus und Demokratie infrage gestellt (David Blackbourn/Geoff Eley: The Peculiarities of German History. Bourgeois Society and Politics in Nineteenth-Century Germany, Oxford 1984, S. 80).

4 Für zwei hervorragende Untersuchungen, die den Anliegen dieser Bewegungen mit Sympathien gegenüberstehen, vgl. den Klassiker von Christopher Hill: The World Turned Upside Down. Radical Ideas During the English Revolution, London 1972

und die neuere Arbeit von James Holstun: Ehud's Dagger. Class Struggle in the English Revolution, London/New York 2000.

5 Christopher Hill: The Century of Revolution. 1603–1714 [1961], London/New York 2006, S. 295f.

6 Meine Auseinandersetzung mit Lockes Eigentumsverständnis orientiert sich vor allem an der bahnbrechenden Arbeit von C. B. Macpherson: Die politische Theorie des Besitzindividualismus, Frankfurt a. M. 1967. Einen guten Überblick über die Kritik an Macphersons Thesen und eine im Allgemeinen überzeugende Verteidigung seiner Positionen bietet Jules Townshend: C. B. Macpherson and the Problem of Liberal Democracy, Edinburgh 2000.

7 Vgl. Macpherson: Besitzindividualismus, S. 284.

8 Peter Laslett: Introduction, in: John Locke: Two Treatises of Government, hrsg. von Peter Laslett, Cambridge 1988, S. 107.

9 Vgl. Macpherson: Besitzindividualismus, S. 243. – Bemerkenswert ist Leo Strauss' Interpretation von Lockes Standpunkt: »Doch auch wenn die Zivilgesellschaft das bürgerliche Eigentum erschafft, ist sie nicht seine Herrin; die Zivilgesellschaft [...] hat *keine andere Funktion,* als seiner eigenen Schöpfung zu dienen.« (Leo Strauss: Natural Right and History, Chicago/London 1953, S. 235 – Hervorhebung I. L.)

10 John Locke: Zweite Abhandlung über die Regierung [1689], unter: http://www.welcker-online.de/Texte/Locke/Locke_2.pdf, S. 180.

11 Domenico Losurdo: Controstoria del liberalismo, Rom/Bari 2005, S. 249.

12 Macpherson: Besitzindividualismus, S. 293.

13 Wir sollten nicht vergessen, dass Lockes berühmter Vorgänger Thomas Hobbes eine Theorie absoluter Souveränität entwickelte, die auf radikalem Individualismus und dem Postulat des Krieges aller gegen alle beruht. Das widerlegt die Vorstellung, wonach der Kapitalismus von Natur aus ein »pluralistisches« oder gar demokratisches politisches Modell impliziert.

14 James Tully: Locke, in: J. H. Burns (Hrsg.): The Cambridge History of Political Thought 1450–1700, Cambridge 1991, S. 616–652, hier S. 621f.

15 Radikaldemokratische »Gleichmacher«-Bewegungen des 17. Jahrhunderts (Anm. d. Übers.).

16 István Mészáros: A Key Problem of Method. Dualism and Dichotomies in Philosophy and Social Theory in Capital's Epoch, in: Critique. Journal of Socialist Theory 34/2006, S. 27–77, hier S. 41.

17 Ebd. – Das Zitat Lockes zit. n. H. R. Fox Bourne: The Life of John Locke, Bd. 2, London 1876, S. 378.

18 Diese Rechtfertigung wurde ohnehin erst nach dem bereits erfolgreichen Aufstand veröffentlicht. Peter Linebaugh erinnert daran, dass Locke »mit der Veröffentlichung von ›Versuch über den menschlichen Verstand‹ und ›Zwei Abhandlungen über die Regierung‹ mit Bedacht bis 1690 wartete, als James II. vom Parlament abgesetzt und der Protestant Wilhelm von Oranien König wurde«. (Peter Linebaugh: The London Hanged. Crime and Civil Society in the Eighteenth Century, London/New York 2006, S. 48) Korrekter wäre es in diesem Sinne, Locke als revolutionäres post festum zu bezeichnen.

19 Tully: Locke, S. 629.

20 Für eine prägnante Kritik von Tullys Interpretation, die Locke als einen Vorläufer der Wohlfahrtspolitik betrachtet, vgl. G. A. Cohen: Self-Ownership, Freedom and Equality, Cambridge 1995, S. 188–194.

21 John Locke: The Reasonableness of Christianity. As Delivered in the Scriptures, London 1824, S. 146.

22 Stanley G. Payne: A History of Fascism. 1914–45, London/New York 1996, S. 215.

23 Locke selbst betonte, wie Leo Strauss anmerkte, »emphatischer als Hobbes die Pflicht des Individuums zum Militärdienst« (Strauss: Natural Right, S. 232).

24 Hill: The Century, S. 308.

25 Dieser Widerstand ging allerdings eher von »einem Mob« oder von unberechenbaren Volksmengen aus, die wie ein Feuersturm über das Land zogen. Die permanente, organisierte und globale politische Herausforderung, wie sie die modernen »Massen« darstellen, ersetzten den Mob in der Rhetorik der Oberschicht erst später. Zu der diskursiven Verschiebung von »Mob« zu »Massen« und ihren sozialen Hintergründen vgl. Raymond Williams: Keywords. A Vocabulary of Culture and Society, Oxford 1983, S. 193.

26 Douglas Hay/Nicholas Rogers: Shuttles and Swords. Eighteenth-Century English Society, Oxford 1997, S. 152. – Das Buch vermittelt einen exzellenten und umfassenden Überblick über die englische Gesellschaft und Politik des 18. Jahrhunderts.

27 Ebd., S. 113.

28 Henry S. Maine: Popular Government [1885], London 1909, S. 49f.

29 Ebd., S. 50.

30 Ebd., S. 67f.

31 Ebd., S. 39.

32 Ebd., S. 51. – Hervorhebung I. L.

33 Die für den Liberalismus charakteristische Neigung, umgekehrt das Eigentum zu verabsolutieren, blieb Zeitgenossen nicht verborgen. Der aufmerksame Thomas Hobbes brachte seine traditionalistisch-aristokratischer geprägte Abneigung gegen die Knauserei der Parlamentsanhänger oft zum Ausdruck: »Sie glaubten, König sei nur ein Titel für die höchste Ehre, zu der Adel, Ritter (Knights), Barone (Baron), Earls, Dukes nur die Sprossen zum Aufstieg auf dem Wege des Reichtums wären. Sie hatten keine Regel der Billigkeit außer Präzedenzfällen und Gewohnheitsrecht. Als der Klügste und Geeignetste für das Parlament wurde der angesehen, der sich am meisten abgeneigt zeigte, Subsidien oder andere öffentliche Geld zu gewähren.« (Thomas Hobbes: Behemoth oder Das Lange Parlament, eingeleitet und übers. von Peter Schröder, Hamburg 2015, S. 6) Das sozioökonomische Denken der frühen Liberalen war dem ihrer modernen, neoliberalen Nachkommen sehr ähnlich. An anderer Stelle macht sich Hobbes darüber lustig, wie die Abgeordneten selbst die leichteste und unvermeidbare Besteuerung als königliche »Unterdrückung« brandmarkten: »ein Parlamentsmitglied, das nur mit zwanzig Schilling besteuert worden war (man beachte die Unterdrückung; ein Abgeordneter mit 500 Pfund im Jahr wird mit zwanzig Schilling besteuert!), verweigerte die Zahlung, um die Sache vor Gericht zu bringen« (ebd., S. 42).

34 Hay und Rogers betonen die Verschiebung von der für das 18. Jahrhundert typischen »Politik des Mobs« hin zu einer Massenpolitik im 19. Jahrhundert: »Die Versammlungen selbst verliefen auffallend geordnet, was nicht nur zeigt, wie sehr sich die aufstrebende Arbeiterklasse von einer Politik des Mobs entfernt hatte, sondern auch das Ausmaß der Selbstorganisation deutlich macht. [...] Die Massenforderungen repräsentierten das vereinte Volk; sie verwiesen auf den Fortschritt der politischen Organisation der unteren Klassen.« (Hay/Rogers: Shuttles, S. 186f.) Die liberale Ordnung sei nach den Kriegen gegen das napoleonische Frankreich einem sozialen und politischen Härtetest unterworfen worden: »Zwei Nationen standen sich gegenüber [...] und die Kluft zwischen ihnen war enorm. Wenn die Nachkriegskrise etwas deutlich machte, dann war es die Tatsache, dass die herrschende Klasse dabei war, ihre Regierungsfähigkeit zu verlieren.« (Ebd., S. 208)

35 John Stuart Mill: Betrachtungen über Repräsentivverfassung, übers. von F. Wille, Zürich 1862, S. 79.

36 Benjamin Constant: Principes de politique. Chapitre 6 [1806], unter: www.librairal.org/wiki/Benjamin_Constant:Principes_de_politique. Übersetzung auf Grundlage des französischen Originals; Anm. d. Übers.

37 Ebd.

38 Benjamin Constant: De la liberté des Anciens comparée à celle des Modernes, unter: www.catallaxia.org/wiki/Benjamin_Constant:De_la_libert%C3%A9_des_Anciens_compar%C3%A9e_%C3%A0_celle_des_Modernes.

39 Alfredo Rocco: La dottrina politica del Fascismo, in: Renzo De Felice (Hrsg.): Autobiografia del fascismo. Antologia di testi fascisti 1919–1945, Turin 2004, S. 230–247, hier S. 239.

40 Ebd., S. 239f.

41 In den Worten des deutschen Sozialhistorikers Jürgen Kocka, zit. n. Geoff Eley: From Unification to Nazism. Reinterpreting the German Past, Boston 1986, S. 258.

42 Zit. n. Helmut Rumpler: Eine Chance für Mitteleuropa, Bürgerliche Emanzipation und Staatsverfall in der Habsburgermonarchie. Österreichische Geschichte 1804–1914, Wien 2005, S. 424.

43 Zit. n. ebd., S. 433f. – Vgl. Wilhelm Wadl: Liberalismus und soziale Frage in Österreich. Deutschliberale Reaktionen und Einflüsse auf die frühe österreichische Arbeiterbewegung (1867–1879), Wien 1987, S. 53–56 u. 152f. Über die starken Bedenken zeitgenössischer deutscher Liberaler hinsichtlich der Volksdemokratie vgl. James J. Sheehan: German Liberalism in the Nineteenth Century, Chicago 1978, S. 154–157 u. 222 und Dieter Langewiesche: Liberalismus in Deutschland, Frankfurt a. M. 1995, S. 14f. u. 201f. Was den britischen Liberalismus betrifft, könnten wir auf John Vincents Beschreibung der Liberalen um William Ewart Gladstone verweisen: »Die Liberalen waren schlichtweg keine Demokraten, ihr Reformvorhaben von 1866 war eine Ausnahmegesetzgebung, und als sie sich nach 1867 aus politischen Gründen zur Demokratie bekannten, waren ihnen demokratische Empfindungen und Begründungen fremd.« (John Vincent: The Formation of the British Liberal Party, New York 1966; S. XXXV u. S. 251–253)

44 Ludwig Mises: Die Gemeinschaft, Wien 1922, S. 53.

45 Wilhelm Röpke: Civitas Humana, Zürich 1946, S. 188.

46 Friedrich August von Hayek: Grundsätze einer liberalen Gesellschaftsordnung, Tübingen 2002, S. 124.

47 Karl Vocelka: Geschichte Österreichs. Kultur – Gesellschaft – Politik, München 2004, S. 202.

48 Benjamin Constant: Die liberale Demokratie. Ein Benjamin-Constant-Brevier, hrsg. von Karen Horn, Bern 2004, S. 59.

49 Ebd., S. 33f.

50 Karl Marx: Der achtzehnte Brumaire des Louis Bonaparte, in: Karl Marx/Friedrich Engels: Werke [MEW], Berlin 1956ff., Bd. 8, S. 111–207, hier S. 153f.

51 Eric Voegelin: Liberalism and Its History, in: The Review of Politics 4/1974, S. 504–520, hier S. 512–514.

52 Alexis de Tocqueville: Erinnerungen, übers. von Dirk Forster, Stuttgart 1954, S. 49f. – Tocqueville zitiert hier aus seiner im Oktober 1847 vor dem französischen Parlament gehaltenen Rede »De la classe moyenne et du peuple«.

53 Es ist erhellend, wie Marx, einer der scharfsinnigsten Kritiker von Tocquevilles bürgerlicher Partei der Ordnung, die historische Verwundbarkeit des Eigentums in letztlich austauschbaren Begriffen bewertet: »Solange die Herrschaft der Bourgeoisklasse sich nicht vollständig organisiert, nicht ihren reinen politischen Ausdruck gewonnen hatte, konnte auch der Gegensatz der andern Klassen nicht rein hervortreten, und wo er hervortrat, nicht die gefährliche Wendung nehmen, die jeden Kampf gegen die Staatsgewalt in einen Kampf gegen das Kapital verwandelt.« (Marx: Brumaire, MEW, Bd. 8, S. 153)

54 Walter Bagehot: Letters on the French Coup d'Etat, in: Forrest Morgan (Hrsg.): The Works of Walter Bagehot. Bd. II, Hartford 1891, S. 371–447, hier S. 429.

55 Ebd., S. 387.

56 Ebd., S. 388.

57 Ebd., S. 382.

58 Ebd., S. 422.

59 Ebd., S. 376.

60 Ebd., S. 412.

61 Bei den »Nationalwerkstätten« handelte es sich um eine Arbeitsbeschaffungsmaßnahme, die von Februar bis Juni 1848 Bestand hatte (Anm. d. Übers.).

62 Tocqueville: Erinnerungen, S. 224f. – Hervorhebung I. L.

63 Bagehot: Letters, S. 438f. – In einer Zeitungsbeilage von 1865 urteilt Bagehot – indirekt – über seine frühe Begeisterung für Napoleon III. Er erkannte die »Genialität« von Bonaparte und seine unschätzbaren Dienste für den »freien Handel« weiterhin an, kritisierte jedoch die Zentralisierung, das übertriebene Vertrauen in den Herrscher und die unangemessene Pressezensur. Bemerkenswerterweise warf er sich für die liberale Demokratie sehr viel weniger ins Zeug. Den Lesern des *Economist* versicherte er, dass das »Französische Kaiserreich die *vollendetste* Demokratie ist, die die Welt je gesehen hat« (ebd., S. 441). Das war definitiv nicht als Kompliment gemeint.

64 Juan Donoso Cortés: Ensayo sobre el catolicismo, el liberalismo y el socialismo, considerados en sus principios fundamentales, Barcelona 1851, S. 225f. – Hervorhebung I. L.

65 Ebd., S. 202f.

66 Ebd., S. 207.

67 Bereits 1935 bezeichnet Herman Finer folgende Personen als Mussolinis »Lehrer«: »Schopenhauer, Nietzsche, Blanqui, Georges Sorel, William James, Bergson, Vilfredo Pareto und Machiavelli« (Herman Finer: Mussolini's Italy, New York 1935, S. 21).

68 Charles H. Powers etwa beschrieb ihn als »verdrossenen [disaffected] Liberalen« (Charles H. Powers: Introduction: The Life and Times of Vilfredo Pareto, in: Vilfredo Pareto: The Transformation of Democracy, New Jersey 1984, S. 1–24, hier S. 22).

69 Vilfredo Pareto: Sociological writings, New York 1966, S. 117.

70 Ebd.

71 Ebd., S. 119.

72 Ebd., S. 122.

73 Vilfredo Pareto: Manuale di Economia Politica [1906], Pordenone 1994, S. 405f.

74 Vgl. den knappen Überblick über Paretos intellektuellen und politischen Werdegang bei Richard Bellamy: Social and Political Thought, 1890–1945, in: Adrian Lyttelton (Hrsg.): Liberal and Fascist Italy, Oxford 2002, S. 233–248.

75 Pareto: Sociological writings, S. 157.

76 Ebd.

77 Ebd., S. 151f.

78 Giovanni Giolitti (1842–1928) war ein prägender italienischer Politiker der Jahrhundertwende. Unter ihm wurden u. a. das allgemeine Wahlrecht und die Sozialversicherungen eingeführt (Anm. d. Übers.).

79 Zit. n. Arthur Livingston: Biographical Note, in: Vilfredo Pareto: The Mind and Society. A Treatise on General Sociology, Bd. I, New York 1935, S. XV–XVIII, hier XVII. – Livingston war vorsichtig genug, die – ungestützte – Anmerkung hinterherzuschieben, wonach dies »der bittere Jubel eines Propheten und keine affirmative Aussage oder gar ein Wunsch« gewesen sei.

80 Paretos theoretischer Elitismus war indes tief in einer Tradition des antidemokratischen Denkens verwurzelt, die überwiegend liberal war. Dies lässt sich an folgendem Zitat aus Henry Maines polemischem Buch über die Demokratie aus dem Jahr 1885 belegen: »Die Geschichte ist durchaus ein Aristokrat. [...] Der menschliche Fortschritt ist bisher durch die Erhebung und den Fall von Aristokratien hervorgebracht worden, durch die Bildung einer Aristokratie in der anderen oder durch die Aufeinanderfolge von Aristokratien. Es hat sogenannte Demokratien gegeben, die der Zivilisation unschätzbare Dienste geleistet, doch waren das nur besondere Arten der Aristokratie.« (Henry Maine: Die volksthümliche Regierung, übers. von Paul Friedmann, Berlin/Heidelberg 1887, S. 27)

81 Pareto: Sociological writings, S. 139.

82 Ein Vergleich mit Maines früherer Position ist insofern aufschlussreich, als er auf eine ähnliche Ambivalenz in der Demokratiekritik des Engländers verweist: Einerseits beruhigt Maine sich und seine besorgten elitären Leser aus den oberen Klassen, indem er die Demokratie zurechtstutzt. Seiner Ansicht nach sei diese nicht als wirkliche Herrschaft des Volkes, sondern als die professioneller »Drahtzieher« (Wirepuller) zu verstehen. In diesem Sinne zitiert Maine zustimmend James Stephen: »In einer reinen Demokratie werden die ›Wirepuller‹ und ihre Freunde die leitenden Personen sein; sie werden aber dem Volke näher stehen als die Generale oder Minister einer Monarchie. [...] In allen Fällen aber wird der gemeine Mann von irgendeinem Führer geleitet, der die Herrschaft über die vereinten Kräfte erhält.« (Maine: Volksthümliche Regierung, S. 19) Andererseits macht sich Maine jedoch Sorgen über den sehr realen Einfluss, den die Massen von unten ausüben. Wie aus der folgenden Beobachtung hervorgeht, ist die Machtausübung der Eliten über das Fußvolk spürbar weniger gefestigt als zunächst behauptet: »Es scheint mir, dass sich in dem Verhältnis zwischen den politischen Führern und ihrem Anhang eine zweifache Wandlung vollzieht. Die Führer mögen so beredt und weise als je sein [...], aber es ist dennoch klar, dass sie ängstlich an einem Sprachrohr horchen, dessen anderes Ende die Vorschläge einer niederen Intelligenz empfängt. Und die Parteimitglieder, die in Wirklichkeit die Herren sind, fangen ihrerseits an, über die Unentschlossenheit ihrer nominellen Führer und den Zank unter ihren Vertretern ungeduldig zu werden.« (Ebd., S 24f.)

83 Bemerkenswerterweise glorifizierte Pareto die antidemokratischen Eigenschaften Mussolinis bereits 1914, als dieser noch Herausgeber der sozialistischen Zeitung *Avanti* war: »Der Kampf zwischen Fuchs und Löwe. Die eine Seite vertraut allein auf die List, um zu siegen; kein Wort, das den männlichen, mutigen Geist derer offenbart, die an etwas glauben; auf der anderen Seite entgegengesetzte Eigenschaften. Der Regierung, die von ihren Gegnern nicht als Feind bezeichnet werden möchte, antworten sie, dass sie ihre Feinde und die jeder vergleichbaren Regierung sind und bleiben werden; um sie nicht zu verstehen, muss man blind und taub sein. Auf diese Weise zeigen die Männer der *Avanti,* dass sie jene Qualitäten der Männlichkeit und Loyalität besitzen, die früher oder später den Sieg sichern und am Ende der ganzen Nation von Nutzen sind. Der Fuchs kann durch seine List sehr lange entkommen, aber möglicherweise kommt der Tag, an dem der Löwe dem Fuchs einen gezielten Schlag versetzt und der Wettstreit vorüber ist.« (Vilfredo Pareto: Trattato di Sociologia Generale, 2 Bd., Florenz 1916, Bd. II: S. 776)

84 Pareto: Sociological writings, S. 302.

85 Ebd., S. 303.

86 Ebd., S. 312.

87 Ebd., S. 315.

88 Ebd., S. 323.

89 Ebd., S. 312.

90 Bellamy: Social and Political Thought, S. 238. – »Instinkt der Kombination« ist ein Begriff aus Paretos Soziologie. Er behauptet, dass Menschen gewisse Zeichen und Erscheinungen instinktiv mit gewissen Handlungen verknüpfen, z. B. bestimmte Empfindungen mit dem Datum einer Weihnachtsfeier (Anm. d. Übers.).

91 Pareto: Sociological writings, S. 320–322.

92 Ebd., S. 323.

93 Ebd.

94 Vilfredo Pareto: Scritti politici, Bd. II: Reazione, libertá, fascismo (1896–1923), Turin 1974.

95 Friedrich Engels: Einleitung zu Marx' »Klassenkämpfe in Frankreich«, in: MEW, Bd. 22, S. 509–527, hier S. 525f. – Bei Engels sind die französischen und lateinischen Zitate sowie das »wir« kursiv gesetzt, alle anderen Hervorhebung durch I. L.

96 Vgl. seine Analyse der europäischen Situation (ebd.).

97 Ludwig Gumplowicz: Grundriss der Soziologie, Wien 1905, S. 251f.
98 Ebd., S. 252f.
99 Pareto warnt die siegreichen Massen in seinem »Handbuch der politischen Ökonomie« von 1906, die »demokratische Evolution« des 19. Jahrhunderts sei früher oder später zu einem Rückschlag verurteilt. Als Antwort auf die Demokratie werde es unvermeidlich zur Reaktion kommen: »Aber die Geschichte wird nicht in diesem Zustand der gegenwärtigen Entwicklung enden; und wenn sich die Zukunft nicht völlig von der Vergangenheit unterscheidet, wird auf die Gegenwart eine Evolution in entgegengesetzter Richtung folgen.« (Pareto: Manuale di Economia Politica, S. 141)
100 Blackbourn/Eley: Peculiarities of German History, S. 222f.
101 Ebd., S. 223.

2 Liberale Wirtschaft, faschistische Politik: Eine »wunderbare Vermählung«

1 Alastair Hamilton: The Appeal of Fascism. A Study of Intellectuals and Fascism, 1919–1945, New York 1971, S. XV.
2 Oswald Spengler: Jahre der Entscheidung [1933], München 1980, S. 112.
3 Heinrich August Winkler: Der lange Weg nach Westen, Bd. 1, München 2002, S. 464f.
4 Ebd., S. 464.
5 Spengler: Jahre der Entscheidung, S. 145f.
6 Oswald Spengler: Preußentum und Sozialismus, München 1920, S. 77.
7 Spengler: Jahre der Entscheidung, S. 147f.
8 Oswald Spengler: Das Verhältnis von Wirtschaft und Steuerpolitik seit 1750, in: ders.: Politische Schriften. Volksausgabe, München 1933, S. 297–310, hier S. 299.
9 Ebd., S. 309.
10 Ebd., S. 310.
11 Spengler: Jahre der Entscheidung, S. 151.
12 Spengler: Preußentum und Sozialismus, S. 73f.
13 Friedrich Nietzsche: Werke in drei Bänden, München 1954, Bd. 1, S. 1154.
14 Spengler: Politische Schriften, S. VII–VIII. – Der Satz steht in der Einleitung zu seinen »Politischen Schriften« und stammt aus dem Oktober 1932.
15 Spengler: Jahre der Entscheidung, S. 167f. u. 176.
16 Ebd., S. 109.
17 Ebd., S. 162f.
18 Stefan Aust/Claus Richter/Gabor Steingart: Der Fall Deutschland. Abstieg eines Superstars, München 2005.
19 Spengler: Jahre der Entscheidung, S. 112f.
20 Ebd., S. 199.
21 Ebd., S. 115.
22 Ebd., S. 120.
23 Ebd., S. 84f.
24 Ebd., S. 125.
25 Michael Mann: Fascists, Cambridge 2004, S. 77.
26 Leo Strauss: Liberalism Ancient and Modern, Chicago/London 1968, S. IX.
27 Ebd., S. X. – Im letzten Kapitel werde ich Strauss' Position noch einmal genauer untersuchen.
28 Spengler: Jahre der Entscheidung, S. 170f.
29 Ebd., S. 210.
30 John Stuart Mill: Über die Freiheit, übers. von Eduard Pickford, Frankfurt 1860, S. 136. – Zu Mills Parteinahme für den Imperialismus vgl. Eileen P. Sullivan:

Liberalism and Imperialism. J. S. Mill's Defense of the British Empire, in: Journal of the History of Ideas 4/1983, S. 599–617.

31 Eisenhower verwendete diesen Begriff bemerkenswerterweise, um vor dieser Symbiose zu warnen. Aber kann infrage gestellt werden, dass diese Warnung ungehört geblieben ist?

32 Tatsächlich repräsentiert der Faschismus für Mises den Sozialismus in seiner reinsten Form. Hayek seinerseits sprach in seinem Buch »Der Weg zur Knechtschaft« von der »sozialistischen Wurzel des Nationalsozialismus«.

33 John Weiss: The Fascist Tradition. Radical Right-Wing Extremism in Modern Europe, New York 1967, S. 105. – Man muss anmerken, dass der Begriff »liberal« bei Weiss nicht für eine liberale Wirtschaftspolitik steht, sondern als Synonym für radikale, linke und soziale Maßnahmen verwendet wird.

34 Gaetano Salvemini: Under the Axe of Fascism, New York 1969, S. 379.

35 Ebd., S. 379f. – Hervorhebung I. L.

36 Alexander De Grand: Italian Fascism. Its Origins and Development, Lincoln/London 1982, S. 47.

37 Franklin Hugh Adler in seinem Beitrag zu De Stefani in Victoria De Grazzia/Sergio Luzzatto (Hrsg.): Dizionario del fascismo, 2 Bde., Turin 2005, Bd. 1, S. 425. Für eine tiefergehende Analyse des »Liberal-Faschismus« vgl. Franklin Hugh Adler: Italian Industrialists from Liberalism to Fascism. The Political Development of the Industrial Bourgeoisie, 1906–1934, Cambridge 1995, S. 284–343.

38 De Grand: Italian Fascism, S. 47.

39 Ebd., S. 32.

40 Gaetano Salvemini: The Origins of Fascism in Italy, New York 1973, S. 89.

41 Marcello De Cecco: The Economy from Liberalism to Fascism, in: Adrian Lyttelton (Hrsg.): Liberal and Fascist Italy, Oxford 2002, S. 62–82, hier S. 74.

42 Vgl. ebd., S. 64–67.

43 Henry Ashby Turner: Die Großunternehmer und der Aufstieg Hitlers, Berlin 1985, S. 92.

44 Ebd., S. 92f.

45 Ebd., S. 92.

46 Ebd., S. 93.

47 Ebd., S. 104.

48 Ebd., S. 93f.

49 Ebd., S. 97.

50 Ebd., S. 98.

51 Hitler zit. n. Max Domarus: Hitler: Reden und Proklamationen, 1932–1945, 4 Bde., Wiesbaden 1973, Bd. 1, S. 71.

52 Ebd., S. 72.

53 Ebd., S. 72f.

54 Ebd., S. 73. – Hervorhebung I. L.

55 Man beachte den folgenden Dialog zwischen Hitler und Otto Strasser, der die Nationalisierung der Industrie befürwortete. Hitler soll darauf geantwortet haben: »Die Demokratie, die für den Trümmerhaufen verantwortlich ist, auf dem wir leben, wollen Sie auch noch auf den Bereich der Wirtschaft ausdehnen. Das wäre das Ende der deutschen Wirtschaft. Sie wollen dem Fortschritt der Menschheit Einhalt gebieten, diesem Fortschritt, den wir nur den Anstrengungen großer Individuen, der großen Gelehrten und Erfinder verdanken.« (Otto Strasser: Hitler und ich, Buenos Aires 1940, S. 142)

56 Adolf Hitler: Mein Kampf. Eine kritische Edition, hrsg. von Christian Hartmann, Thomas Vordermayer, Othmar Plöckinger, Roman Töppel, 2 Bde., München/Berlin 2016, Bd. 2, S. 979 u. 981.

57 Zit. n. Strasser: Hitler und ich, S. 107.

58 Zit. n. Reinhard Kühnl: Der deutsche Faschismus in Quellen und Dokumenten, Köln 2000, S. 183.
59 Zit. n. ebd., S. 182.
60 Zit. n ebd., S. 183. – Hervorhebung I. L.
61 Turner: Großunternehmer, S. 98.
62 Hitler: Mein Kampf, Bd. 2, S. 1133 u. 1135. – Hervorhebung I. L.
63 Hitler zit. n. Henry Picker: Hitlers Tischgespräche im Führerhauptquartier, München 2003, S. 233.
64 Ebd., S. 301.
65 Ein Beispiel aus einer umfangreichen Literatur ist Nicholas Goodrick-Clarke: Black Sun. Aryan Cults, Esoteric Nazism and the Politics of Identity, New York 2001.
66 Scharfsinnig analysiert ist dies bei Walter Struve: Elites against Democracy. Leadership Ideals in Bourgeois Political Thought in Germany 1890–1933, New Jersey 1973.
67 Picker: Hitlers Tischgespräche, S. 237.
68 Z. B. David Schoenbaum: Hitler's Social Revolution. Class and Status in Nazi Germany, 1933–1939, New York 1966.
69 Picker: Hitlers Tischgespräche, S. 261. – Pareto stellte der (durch natürliche Selektion beförderten) Vitalität der niederen Klassen die Dekadenz der Oberschicht gegenüber: »Die vermögenden Klassen haben wenige Kinder, und fast alle von ihnen überleben; die unteren Klassen haben viele Kinder und verlieren eine große Anzahl derjenigen, die nicht besonders widerstandsfähig und gut für das Leben ausgestattet sind. [...] Die wohlmeinenden Menschen, die die reichen Klassen in unseren Gesellschaften davon überzeugen wollen, viele Kinder zu haben, [...] setzen sich, ohne es zu merken, für die Schwächung der Rasse, für ihren Verfall ein. Wenn die reichen Klassen in unseren Gesellschaften viele Kinder hätten, würden sie wahrscheinlich fast alle retten, auch die kränklichsten und unbegabtesten. Dies würde die degenerierten Elemente der oberen Klassen weiter vermehren und den Aufstieg der aus den unteren Klassen kommenden Elite verzögern.« (Vilfredo Pareto: Sociological writings, New York 1966, S. 132f.)
70 Picker: Hitlers Tischgespräche, S. 134f.
71 Ebd., S. 258.
72 Ebd., S. 258f.
73 Zit. n. Domarus: Hitler, Bd. 1, S. 89. – Im englischen Original von 2010 wird an dieser Stelle aus den Interviews zitiert, die der konservative Journalist Richard Breiting 1931 mit Hitler geführt haben soll. Mittlerweile gelten diese Interviews vielen Historikern als Fälschung oder zumindest als verfälscht. In Absprache mit dem Autor wurden die entsprechenden Passagen in der deutschen Ausgabe nicht berücksichtigt (Anm. d. Übers.)
74 Benjamin Constant: Political Writings, Cambridge 1988, S. 313.
75 Auch Constant scheint daran wenig Zweifel gehegt zu haben: »Krieg und Handel sind nur zwei unterschiedliche Arten, um dasselbe Ziel zu erreichen, nämlich zu besitzen, was man begehrt.« (Ebd.) Und was man auf Biegen (Handel) oder Brechen (Krieg) »begehrt« ist Reichtum, Profit; Handel allein wäre nicht ausreichend.
76 Kühnl: Der deutsche Faschismus, S. 183f.
77 Zit. n. Domarus: Hitler, Bd. 1, S. 80.
78 Ebd., S. 74.
79 Zu Spenglers persönlichen und ideologischen Verbindungen zu führenden Industriellen vgl. Struve: Elites, S. 235–239 und Joachim Petzold: Konservative Theoretiker des deutschen Faschismus, Berlin 1978, S. 181–185.
80 Zit. n. Domarus: Hitler, Bd. 1, S. 75.
81 Hitler: Mein Kampf, Bd. 1, S. 411.
82 Der Bankier Baron Kurt von Schröder, der Hitler ab 1932 unterstützte, obwohl er zuvor Mitglied der liberalen DVP gewesen war, bestätigte diese allgemeine

Übereinstimmung in der unter Eid gemachten Zeugenaussage während der Nürnberger Kriegsverbrecherprozesse, wo er unter anderem zu Protokoll gab: »Es war allgemein bekannt, dass einer der wichtigsten Programmpunkte Hitlers die Abschaffung des Vertrages von Versailles darstellte und die Wiederherstellung eines sowohl in militärischer als auch in wirtschaftlicher Hinsicht starken Deutschland [...]. Das wirtschaftliche Programm Hitlers war der Wirtschaft allgemein bekannt und wurde von ihr begrüßt.« (zit. n. Kühnl: Der deutsche Faschismus, S. 160)

83 Christoph Buchheim/Jonas Scherner: The Role of Private Property in the Nazi Economy. The Case of Industry, in: The Journal of Economic History 2/2006, S. 390–416, hier S. 409.

84 Ebd., S. 407. – Hervorhebung I. L.

85 Ebd., S. 408.

86 Ebd., S. 409.

87 Ernest Renan: La réforme intellectuelle et morale, Paris 1875, S. 92.

88 Ebd., S. 94.

89 Anspielung auf das Zitat Vergils: »Römer, denke daran, mit deiner Herrschaft die Völker zu regieren, den Frieden mit römischer Lebensart zu verbreiten, die Besiegten zu schonen und die Hochmütigen zu vernichten.« (Anm. d. Übers.)

90 Ebd., S. 93f.

91 Zit. n. Domarus: Hitler, Bd. 1, S. 76.

92 Ebd., S. 75. – Hier wird im englischen Original wieder aus den umstrittenen Breiting-Interviews mit Hitler zitiert (Anm. d. Übers.).

93 Carroll Quigley: The Anglo-American Establishment. From Rhodes to Cliveden, San Pedro, CA 1981, S. 275f.

94 Die beste Darstellung dieser Gruppe und ihres verborgenen und hartnäckigen Einflusses auf das britische und internationale Geschehen findet sich bei Quigley.

95 Unser Bild von Chamberlain ist das eines wohlmeinenden, aber kraftlosen, hoffnungslos naiven und kurzsichtigen Politikers, der die akute Gefahr der Situation nicht erkannte. Es gibt jedoch deutliche Hinweise darauf, dass diese Sichtweise revidiert werden muss. In Wahrheit ging es bei seiner Politik nicht darum, den Nationalsozialismus in Schach zu halten oder ihn so weit wie möglich zu befrieden, sondern darum, den *Expansionismus* der Nazis in der Hoffnung zu unterstützen, die Bolschewiki zu schwächen und den Fortschritten der europäischen Massendemokratie Einhalt zu gebieten. Neben Quigleys erwähntem Bericht gibt es zwei weitere Standardwerke, die in diesem Zusammenhang ausgesprochen aufschlussreich sind: Gaetano Salvemini: Prelude to World War II, New York 1954 und Frederick L. Schuman: Europe on the Eve. The Crises of Diplomacy 1933–1939, New York 1942. Die beste Erweiterung dieser Debatte neueren Datums findet sich bei Clement Leibovitz: The Chamberlain-Hitler Deal, Edmonton 1993 sowie in einer leichter zugänglichen Neufassung von ders./Alvin Finkel: In Our Time. The Chamberlain-Hitler Collusion, New York 1998. Die alternative Interpretation bei Preparata ist informativ und anregend, aber letztlich weit weniger überzeugend, vgl. Guido G. Preparata: Conjuring Hitler. How Britain and America made the Third Reich, London 2005.

96 Quigley: Anglo-American Establishment, S. 134.

97 Giovanni Gentile: Origins and Doctrine of Fascism. With Selections from Other Works, New Brunswick 2007, S. 54f.

98 Anonymous: The Ethics of Empire, in: The Round Table. A Quarterly Review of the Politics of the British Empire 3/1912–1913, S. 484–501, hier S. 497f.

99 Zitat aus der englischen Bibelübersetzung. In der Luther-Bibel heißt es etwas abgewandelt: »Wo keine Weissagung ist, wird das Volk wild und wüst.« (Anm. d. Übers.)

100 Ebd., S. 498f.

101 Ebd., S. 495f.

102 Quigley: Anglo-American Establishment, S. 123.

103 Ebd.
104 Preparata: Conjuring Hitler, S. 194.
105 Buchheim/Scherner: The Role of Private Property, S. 412. – Hervorhebung I. L.
106 Britischer Naturforscher, gilt als Mitbegründer der Eugenik (Anm. d. Übers.).
107 Karl Pearson: National Life from the Standpoint of Science, 2. Aufl., London 1905, S. 21f.
108 Ebd., S. 25.
109 Spengler: Jahre der Entscheidung, S. 15.
110 Ebd., S. 18.
111 Ebd., S. 14.
112 Ebd., S. 34f.
113 Ebd., S. 90.
114 Ebd., S. 175f.
115 Ebd., S. 176
116 Ebd., S. 178.
117 Vgl. Hamilton: The Appeal of Fascism, S. 158.
118 Petzold: Konservative Theoretiker, S. 212.
119 Der launische Charakter von Spenglers kritischem Standpunkt blieb den Nazis nicht verborgen, die ziemlich irritiert darüber waren. Um den Nationalsozialismus gegen Spenglers Anwürfe zu verteidigen, veröffentlichte ein gewisser Arthur Zweiniger ein kurzes Buch mit dem Titel »Spengler im Dritten Reich. Eine Antwort auf Oswald Spenglers ›Jahre der Entscheidung‹«, Oldenburg 1933. Dieser Text dokumentiert die Verwunderung der Nazis darüber, dass Spengler die Umsetzung seiner Doktrin durch den Nationalsozialismus nicht würdigte. Zweiniger behauptete, Spenglers Schlussfolgerungen stünden »im Widerspruch zu seinen eigenen, von ihm selbst ermittelten Gegebenheiten. Spengler erkennt sichtlich seine eigenen Ideen, da die Wirklichkeit der Geschichte sie ihm darbietet, nicht« (ebd., S. 9f.). Ebenso beklagte sich der Autor, dass Spengler »seine eigenen Kinder nicht erkennt« (ebd.: S. 12). Angesichts dieser rätselhaften Kurzsichtigkeit erklärte Zweiniger, dass er den berühmten Philosophen widerlegen werde, indem er dessen eigenen Lehren treu bleibe, da es Spengler sei, »der überall in Gegensatz zu sich selbst tritt oder seine eigenen Voraussetzungen nicht bis zum Ende des Gedankenprozesses durchhält«, denn wenn er dies getan hätte, hätte er zwangsläufig das »Dritte Reich Adolf Hitlers und das ganze Ideengut des Nationalsozialismus« bestätigt (ebd., S. 13).
120 Oswald Spengler: The Decline of the West. Perspectives of World history. Bd. II, London 1928, S. 17f.
121 Spengler: Jahre der Entscheidung, S. 14.
122 Ebd., S. 186.
123 Ebd., S. 203.
124 Ebd., S. 190.
125 Ebd., S. 191.
126 Ebd., S. 208.
127 Ebd., S. 208–210.
128 Tatsächlich ist Spenglers Forderung nach einem »Rassenkrieg« der Weißen gegen die »Farbigen« für einen Nazi wie Zweiniger unangebracht – und zwar nicht etwa deshalb, weil es ihr an Biologismus mangelte oder sie nur halbherzig rassistisch wäre, sondern weil sie *übereifrig* ist. Bemerkenswerterweise hielt es Zweiniger für angebracht, Spenglers Rassismus als unnötig konfrontativ zu kritisieren, solange es keinen richtigen Casus Belli für »Rassenkonflikte« gebe. Zweiniger zeigte sich von der vermeintlichen Gefahr, die von den »Farbigen« ausgeht, wenig beeindruckt und wollte Deutschland vor dem Hintergrund, dass die Weißen ohnehin uneins sind, nicht an der Spitze einer »weißen« Koalition sehen: »Es ist nicht an der Zeit und reichlich utopisch, uns Deutschen die Berücksichtigung dieses später möglichen

Kampfes der farbigen Rassen gegen die Weißen [...] als praktische Politik nahezulegen [...]. Alle diese Völker sind tief verwoben in die Interessengebiete aller Rassen. Ist das praktische Politik, gerade als Deutscher diese Diskussion zu eröffnen?« (Zweiniger: Spengler, S. 66f.)

129 Spengler: Jahre der Entscheidung, S. 206f.

130 Ebd., S. 204.

131 Vgl. die grundlegende Unterscheidung zwischen »razzizzazione orizzontale« und »razzizzazione trasversale« bei Domenico Losurdo: Nietzsche, il ribelle aristocratico. Biografia intelletuale e bilancio critico, Turin 2004, S. 823–826 u. 847–854.

132 Struve: Elites, S. 273.

133 Spengler: Jahre der Entscheidung, S. 177.

134 Zweiniger paraphrasierte Spenglers paradoxe Position mit dem Satz: »Wasch mich, aber mach mich nicht nass.« (Zweiniger: Spengler, S. 37)

135 Petzold: Konservative Theoretiker, S. 211.

136 Kurt Schumacher: Rede in Hamburg im Mai 1946, unter: https://youtu.be/1oySkE_xntQ

137 J. Salwyn Schapiro: Liberalism and the Challenge of Fascism. Social Forces in England and France (1815–1870), New York u. a. 1949, S. 8f.

138 Ebd., S. 9.

139 Ebd., S. 67.

140 Ebd., S. 72f.

141 Ebd., S. 398.

142 Ebd., S. 398f.

143 Ebd., S. 403.

144 Ebd., S. 84f.

145 Eine in ideologischer Hinsicht mit Schapiro vergleichbare Arbeit ist die von John Weiss. Die dort ausgebreitete Erzählung kam der klassenanalytischen Erklärung des Faschismus als einem extremen Ausdruck des Ressentiments der Oberschicht gegen die wachsende Macht der sozialistischen und demokratischen Massen sehr nahe. In diesem Sinne enthält sie zahlreiche Beschreibungen, die sowohl korrekt als auch aufschlussreich bleiben – so widerlegt sie die Vorstellung eines revolutionären Charakters des Faschismus und führt zahlreiche Beispiele für die Unterstützung bürgerlicher, das heißt kapitalistischer Gruppen für den Faschismus an. Weiss fühlte sich auffallend unwohl in Anbetracht der beunruhigenden Implikationen seiner Darstellung, nämlich der Tatsache, dass der Faschismus Teil der liberalen Tradition war, beharrte daher auf dem »antiliberalen« Charakter des Faschismus und interpretierte diesen als einen »letzten Atemzug des Konservatismus« (Weiss: Fascist Tradition, S. 5), also als einen verhängnisvollen Versuch der sterbenden Kräfte der europäischen Vormoderne, die vereinten Kräfte von »Liberalismus« und »Radikalismus« zurückzuschlagen. Dieses Zusammenwerfen von weitgehend antagonistischen Kräften erlaubte es Weiss, die Auswirkungen des dezidiert *liberalen* Anteils der »konservativen« Reaktion zu ignorieren. An einigen Stellen war er gezwungen, dieses Zusammenwirken einzugestehen, schrieb es jedoch ähnlich wie Schapiro den destruktiven, historischen Rückständen des Laisser-faire zu, die als solche nicht zu jenem modernen, progressiven Liberalismus gehörten, der den Wohlfahrtsstaat zum Ziel hatte: »Es sollte jedoch daran erinnert werden, dass diese Anhänger des Faschismus, soweit es sich um Liberale handelte, im Allgemeinen nur in dem Sinne liberal waren, wie es beispielsweise auch die Mitglieder der John Birch Society waren; d. h. sie standen für die Werte des Liberalismus des frühen 19. Jahrhunderts. Dieser verknöcherte Liberalismus stellt sich in unserer Zeit absolut konservativ dar. Er richtet sich gegen die repräsentative Demokratie, die Gewerkschaftsbewegung und die Sozialgesetzgebung des modernen neoliberalen Wohlfahrtsstaates und plädiert für eine entschlossene Verteidigung der Eigentumsrechte unabhängig von den sozialen Kosten.« (Ebd.) Wenn man heute sieht, wie sehr

der »verknöcherte Liberalismus« der Vergangenheit dem modernen, hegemonialen Liberalismus der Gegenwart ähnelt, kann der unbegründete Optimismus dieser Passage nur erstaunen. Diese Wirkung wird durch die Verwendung des Attributs »neoliberal« für den als Endpunkt der liberalen Moderne betrachteten Wohlfahrtsstaat noch verstärkt. Uns ist heute bewusst, dass Neoliberalismus etwas ganz anderes bedeuten kann, nämlich etwas, das sich von den Werten des frühen 19. Jahrhunderts weit weniger unterscheidet.

146 Zumindest kein Staat, der für soziale Gleichheit zu sorgen versucht. Bei staatlichen Eingriffen oder Projekten, die den Kapitalismus stärken, Industrien ankurbeln oder aus Notlagen retten sollten, plagten die neoliberale Politik, unabhängig von den Kosten, nie vergleichbare Schuldgefühle.

3 Antiliberale Liberale I (Moeller van den Bruck, Proudhon, Carlyle)

1 Fritz Stern: Kulturpessimismus als politische Gefahr. Eine Analyse nationaler Ideologie in Deutschland [1960], München 1986, S. 9f.

2 Ebd., S. 15.

3 Ebd., S. 384.

4 Anspielung auf Max Webers »Die protestantische Ethik und der ›Geist‹ des Kapitalismus« (Anm. d. Übers.).

5 Ebd., S. VIII.

6 Kurt Rudolf Fischer stellt fest, dass sowohl die italienischen als auch die deutschen Faschisten »besorgt über den Zustand der westlichen Kultur waren, die sie beschützen wollten« (Kurt Rudolf Fischer: A Godfather too. Nazism as a Nietzschean »experiment«, in: Jacob Golomb/Robert S. Wistrich (Hrsg.): Nietzsche, Godfather of Fascism? On the Uses and Abuses of a Philosophy, Princeton/New Jersey 2002, S. 291–300, hier S. 292).

7 Stern: Kulturpessimismus, S. 11.

8 Ebd., S. 12. – An dieser Stelle wird auf das englische Original zurückgegriffen, da die deutsche Übersetzung deutlich vom Ursprungstext abweicht (Anm. d. Übers.).

9 Ebd., S. 22.

10 Vgl. Paul de Lagarde: Deutsche Schriften, Berlin 1994, S. 21.

11 Ebd., S. 111.

12 Karl Marx/Friedrich Engels: Manifest der Kommunistischen Partei, in: dies.: Werke [MEW], Berlin, 1956ff., S. 459–493, hier S. 484–487.

13 Stern: Kulturpessimismus, S. 388.

14 Upton Sinclair: Letter to Norman Thomas, unter: https://spartacus-educational.com/Jupton.htm.

15 Vilfredo Pareto: Sociological writings, New York 1966, S. 319.

16 Arthur Moeller van den Bruck: Das dritte Reich, Berlin 1933, unter: https://archive.org/details/Bruck-Arthur-Moeller-van-den-Das-dritte-Reich.

17 Ebd., S. 79.

18 Friedrich August von Hayek: Der Weg zur Knechtschaft, Reinbek/München 2014, S. 167f.

19 Moeller: Das dritte Reich, S. 49

20 Ebd., S. 51.

21 Ebd., S. 50.

22 Ebd., S. 43f.

23 Ebd., S. 44.

24 George L. Mosse: Masses and Man. Nationalist and Fascist Perceptions of Reality, Detroit 1987, S. 166.

25 Moeller: Das dritte Reich, S. 113.

26 Ebd., S. 134.

27 Ich möchte nicht den Eindruck erwecken, dass sich Stern und Mosse hier vom Gros der Historiker, Ökonomen und Politologen unterscheiden. In Wahrheit repräsentieren sie einen sehr weit verbreiteten Ansatz. Zahlreiche Akademiker, darunter sehr renommierte, haben ein ähnliches Bild der völkischen Ideologie gezeichnet, selbst wenn sie diesen Begriff nicht benutzten. Als weiteres Beispiel könnte man den deutschen Historiker Hans Mommsen nennen, der Moeller und Co. dahingehend paraphrasierte, dass ihre Ideologie nur vorübergehend und sekundär antisozialistisch, aber konsequent und primär antikapitalistisch, antiwestlich und antiliberal gewesen sei: »Der Hauptstrom dieser Ideen richtete sich gegen Bolschewismus und Sozialdemokratie, obwohl es Übergänge gab, während die Frontstellung gegen Liberalismus und Aufklärung allen Positionen gemeinsam war und in der Regel der Tendenz zur Idealisierung Russlands entsprach [...]. Der gemeinsame Nenner dieser Einstellungen bestand in der Ablehnung der westlichen Industriekultur.« Einige Zeilen zuvor verknüpft Mommsen Moellers Begriff des »Dritten Reiches« mit einer weitverbreiteten »Vorstellung vom korrupten und degenerierten kapitalistischen Westen«. Aber auch wenn der kapitalistische Westen nach Moeller korrupt und degeneriert war, hielt er den »freien Handel« und »das Leben der Märkte« doch für gesund und unverzichtbar (Hans Mommsen: Aufstieg und Untergang der Republik von Weimar, Ulm 2004, S. 371).

28 Es ist bemerkenswert, wie deutlich einige Beobachter der damaligen Zeit die Implikationen von Moellers »planmäßiger Wirtschaftsgrundlage« von den Aussagen Lenins zu unterscheiden wussten. In der Einleitung zur 1934 veröffentlichen englischen Übersetzung von »Das dritte Reich« schreibt Mary Agnes Hamilton: »Heute liest sich sein Buch, [...] mit seiner – im Namen eines nichtmarxistischen Sozialismus erhobenen – Forderung nach dem totalitären Staat, der die *endgültige Verwirklichung des Kapitalismus* darstellt, wie eine Beschreibung [der Wirklichkeit; Anm. d. Übers.].« (Arthur Moeller van den Bruck: Germany's Third Empire, London 1934, S. 11. – Hervorhebung I. L.)

29 Friedrich August von Hayek: Die verhängnisvolle Anmaßung, übers. von Monika Streissler, Tübingen 1988, S. 142f.

30 Moeller: Das dritte Reich, S. 111. – An anderer Stelle bezeichnet Moeller es, wie Petzold zitiert, »als Undankbarkeit gegenüber den Unternehmern [...], wenn sich das Proletariat zum Klassenkampf formierte, verdanke es ihnen doch als an sich ›überschüssige‹ Menschengruppe seine Existenz« (Joachim Petzold: Konservative Theoretiker des deutschen Faschismus, Berlin 1978, S. 112).

31 Hayek: Verhängnisvolle Anmaßung, S. 27.

32 Moeller: Das dritte Reich, S. 169.

33 Bemerkenswert ist auch Alfredo Roccos Kritik des Sozialismus als falsch verstandene, moralische Utopie: »In Wirklichkeit ist der stärkste Antrieb menschlichen Handelns das individuelle Interesse, und dieses Interesse aus dem ökonomischen Feld zu eliminieren führt zu einer Lähmung des ganzen Bereichs. [...] Was nützt es, einen Mechanismus zu schaffen, der eine bessere Verteilung des Reichtums ermöglicht, wenn dieser Mechanismus gleichzeitig die Quelle des Reichtums erschöpft? Der grundlegende Fehler des Sozialismus besteht darin, das Privateigentum zu einer Gerechtigkeitsfrage zu machen, während es doch in Wirklichkeit eine Frage des Nutzens und der sozialen Notwendigkeit ist.« (Alfredo Rocco: La dottrina politica del Fascismo, in: Renzo De Felice [Hrsg.]: Autobiografia del fascismo. Antologia di testi fascisti 1919–1945, Turin 2004, S. 230–247, hier S. 240) Ein entschiedeneres Bekenntnis zu Hayeks Überzeugungen scheint mir kaum vorstellbar.

34 Moeller: Das dritte Reich, S. 112.

35 Ebd., S. 102f.

36 Stern: Kulturpessimismus, S. 25.

37 Moeller: Das dritte Reich, S. 114.

38 Ebd., S. 115.

39 Adam Smith: Der Wohlstand der Nationen. Eine Untersuchung seiner Natur und seiner Ursachen [1776], übers. von Horst Claus Recktenwald, München 1978, S. 18.

40 Heinrich von Treitschke: Politik. Vorlesungen, Bd. 1, Leipzig 1897, S. 50f.

41 Ebd., S. 228f.

42 Lothrop Stoddard: The Revolt against Civilization. The Menace of the Under Man, New York 1924, S. 10f.

43 Moeller: Das dritte Reich, S. 99.

44 Ebd., S. 107–127.

45 Ebd., S. 113.

46 Ebd., S. 61.

47 Ebd., S. 52.

48 Ebd., S. 95. – Hervorhebung I. L.

49 Auch an dieser Stelle tritt eine seltsame Parallele zu Hayek zutage. Der österreichische Ökonom argumentierte, der Nationalsozialismus sei in erster Linie antiliberal, ja, der Liberalismus sei das einzige konsequente Anathema Hitlers gewesen, während es sich bei dem Kampf gegen Sozialismus und Kommunismus, obwohl oberflächlich betrachtet heftig und gewalttätig geführt, lediglich um einen internen Streit zwischen Häretikern gehandelt habe. Sowohl für den Kommunismus als auch für den Nationalsozialismus sei laut Hayek »der wahre Feind, der Mann, mit dem sie nichts gemeinsam hatten, [...] der Liberale alter Schule« (Hayek: Der Weg zur Knechtschaft, S. 45). Wenige Zeile weiter zitiert er zustimmend Eduard Heimann, der glaubte, dass »der Liberalismus die Auszeichnung genießt, die von Hitler bestgehasste Lehre zu sein« (ebd., S. 46). Aber Hayek erläutert dann, dass Hitler nach der Machtübernahme sehr wenig tun konnte, um diesem unstillbaren Hass nachzugehen, da der deutsche Liberalismus zu dieser Zeit bereits tot, vom Sozialismus umgebracht worden war! Wie Moeller scheint Hayek dem Motto »Wasch meinen Pelz, aber mach mich nicht nass« zu folgen. Er behauptet, die Daseinsberechtigung des Nationalsozialismus habe darin bestanden, den Liberalismus zu eliminieren, räumt aber gleichzeitig ein, dass dieses Projekt bereits vollendet war, als Hitler Reichskanzler wurde. Mit ein wenig Ironie könnte man aus dieser originellen These die beispiellose Gewalttätigkeit der Nazis herleiten: Mit dem festen Vorsatz, ihren Zorn auf die Liberalen zu entfesseln, wenden sie, an die Macht gekommen, ihre Wut darüber, dass es nichts mehr zu tun gibt, umso heftiger gegen Sozialisten und Kommunisten, die sie ihrer Lebensaufgabe beraubt haben.

Wir sollten zur Kenntnis nehmen, dass Hayek zur Aufrechterhaltung seiner These eine mythische Dichotomie von Nationalsozialismus und Liberalismus erschaffen musste, die den grundlegendsten Fakten der politischen Realität widersprach: »Während für die Nationalsozialisten der Kommunist, für die Kommunisten der Nationalsozialist, und für beide der Sozialist als Rekruten infrage kam als ein Mann, der aus dem rechen Holz geschnitzt war [...], wussten sie beide, dass es zwischen ihnen und denen, welchen es mit dem Glauben an die Freiheit wirklich ernst war, keinen Kompromiss geben konnte.« (Ebd., 46) Die Liberalen wurden so in eine Aura der Unbestechlichkeit getaucht, sie waren die Einzigen, die gegen die nationalsozialistische Verführung immun waren. Die Tatsache, dass die Wahlergebnisse von Sozialdemokraten und Kommunisten, den angeblich für den Nationalsozialismus anfälligen Parteien, während des kometenhaften Aufstiegs der Nazis ziemlich konstant blieben (SPD und KPD erhielten zusammen etwas mehr als ein Drittel der Gesamtstimmen), die prinzipientreuen und freiheitsliebenden Liberalen hingegen enorme Verluste erlitten (1928, vor den ersten Erfolgen der NSDAP, erreichte die liberale DVP 8,7 Prozent der Stimmen; bei den letzten freien Wahlen im November 1932 schrumpfte sie auf mickrige 1,9 Prozent), irritierte Hayek nicht weiter: Seiner Ansicht nach waren Sozialisten und Kommunisten aus krummem Holz geschnitzt, die Liberalen hingegen vor der Kumpanei mit dem Faschismus gefeit.

50 Moeller: Das dritte Reich, S. 74.

51 Ebd., S. 70.

52 Ebd., S. 88.
53 Ebd., S. 71.
54 Ebd., S. 91.
55 Ebd., S. 88.
56 Ebd., S. 79.
57 Edgar J. Jung: Sinndeutung der deutschen Revolution, Oldenburg 1933, S. 44.
58 Bemerkenswerterweise brachte Paul de Lagarde bereits 1878 seine Bewunderung für den britischen Parlamentarismus zum Ausdruck – und zwar genau, weil dieser immer eher ein Instrument in den Händen der unternehmerisch und politisch verantwortlichen Gentry als ein demokratisches Herrschaftssystem gewesen sei: »Wir müssen sie [die deutschen Adligen] wirtschaftlich unabhängig [von der Krone] machen, und sie werden – nicht sofort, aber doch ziemlich rasch – wieder werden, was ihre Vorfahren meistenteils waren, [...] sie werden aus Adel, der sie nicht sind, zur Gentry werden, zu dem Stande, der England groß gemacht, der uns völlig abgeht, und der allein der Träger politischen Lebens, weil politischer Pflichten ist. Das englische Parlament ist nur etwas wert als Vertreter der Gentry: nur als dieser drückt es etwas aus: Volksvertreter gibt es in England gar nicht. Die Staatsinstitution des Parlaments vertritt nur diejenigen, welche wirklich an dem Leben des Staates Teil haben, nur die Regierenden, nicht die Regierten.« (Lagarde: Deutsche Schriften, S. 22f.)
59 Alfredo Rocco: The Transformation of the State, in: Tomaso Sillani (Hrsg.): What is Fascism and Why?, New York 1931, S. 15–29, hier S. 17.
60 Ebd.
61 Ebd.
62 Ebd., S. 16. – Hervorhebung I. L.
63 Zeev Sternhell/Mario Sznajder/Maia Asheri: Die Entstehung der faschistischen Ideologie. Von Sorel zu Mussolini, Hamburg 1999, S. 26 u. 162 (»nationaler« oder »nationalistischer Sozialismus«), S. 157 (»authentischer Sozialismus«), S. 161 (»gallischer Sozialismus«/»bäuerlicher, kriegerischer Sozialismus«), S. 189 (»wahrer Sozialismus«), S. 312 (»Neosozialismus«/»prämarxistischer Sozialismus«).
64 Ebd., S. 160.
65 J. Salwyn Schapiro: Liberalism and the Challenge of Fascism. Social Forces in England and France (1815–1870), New York u. a. 1949, S. 365.
66 Zit. n. David H. DeGrood: Dialectics and Revolution, Amsterdam 1978, Bd. 1, S. 79. – Die Aussage stammt offenbar aus einem Brief Proudhons an Langlois (Anm. d. Übers.).
67 Pierre Joseph Proudhon: The Philosophy of Misery, New York 2007, S. 259.
68 Pierre Joseph Proudhon: Was ist das Eigentum? Untersuchungen über die Grundsätze des Rechts und der Regierung, übers. von Lena Völkening, Münster 2014, S. 323.
69 Pierre Joseph Proudhon: Qu'est-ce que la propriété?, Paris 1849, S. xvi. – Hervorhebung I. L. Die Passage stammt aus einem Vorwort, das in der deutschen Ausgabe von 2014 nicht berücksichtigt wurde. Sie ist daher direkt aus dem Französischen übertragen (Anm. d. Übers.).
70 Proudhon: Was ist das Eigentum?, S. 318. – Hervorhebung I. L.
71 Ebd., S. 312.
72 Pierre Joseph Proudhon: Idée générale de la Révolution au dix-neuvième siècle, Paris 1851; unter: https://fr.theanarchistlibrary.org/library/pierre-joseph-proudhon-idee-generale-de-la-revolution.pdf.
73 Alle Zitate ebd. – Hervorhebungen I. L.
74 Per Bylund beispielsweise schreibt: »So scheint es, dass die Anarchokapitalisten mit Proudhon in der Frage einig sind, wonach ›Eigentum Diebstahl ist‹, wenn es auf unrechtmäßige Weise erworben wurde. Doch sie sind ebenfalls einverstanden mit

Proudhon, dass Eigentum in dem Sinne ›Freiheit ist‹, als man ohne Eigentum, also wenn man der Früchte seiner Arbeit beraubt wird, Sklave ist. Anarchokapitalisten sprechen sich daher für die Freiheit einer staatenlosen Gesellschaft aus, in der jeder Einzelne souverän über seinen Körper und seine Arbeit verfügt und dank dieses Rechts nach ihrer oder seiner eigenen Definition von Glück streben kann.«

75 Hayek: Verhängnisvolle Anmaßung, S. 66.

76 Marx spottete etwa: »Man bewundere daher die Pfiffigkeit Proudhons, der das kapitalistische Eigentum abschaffen will, indem er ihm gegenüber – die ewigen Eigentumsgesetze der Warenproduktion geltend macht!« (Karl Marx: Das Kapital. Erster Band, in: MEW, Bd. 23, S. 613)

77 Schapiro: Liberalism, S. 365.

78 Vgl. Pierre Joseph Proudhon: Philosophie der Staatsökonomie. Oder: Notwendigkeit des Elends, übers. von Karl Grün, Darmstadt 1847, S. 208.

79 Ebd., S. 225. – Hervorhebung I. L.

80 Ebd., S. 176f.

81 Ebd.

82 Ebd., S. 204.

83 Ebd.

84 Ebd., S. 209.

85 Ebd., S. 217.

86 Ebd., S. 218.

87 Ebd.

88 Ebd., S. 219.

89 Ebd., S. 229.

90 »Krieg aller gegen alle« (Anm. d. Übers.)

91 Ebd., S. 181.

92 Ebd., S. 196.

93 Max Stirner: Der Einzige und das Eigentum [1844], Leipzig 1991, S. 389. – Hervorhebung i.O.

94 Proudhon: Philosophie der Staatsökonomie, S. 228.

95 Proudhon: Was ist das Eigentum?, S. 210.

96 Schapiro: Liberalism and the Challenge of Fascism, S. 363.

97 Es ist nicht so, dass Proudhon bei der Ablehnung der Mehrheitsinteressen besonders konsequent gewesen wäre. Wenn es ihm passte, also wenn er das, was er als Mehrheitsmeinung wahrnahm, zugunsten des Wettbewerbsprinzips heranziehen konnte, zögerte er nicht, die »wissenschaftliche« Argumentation zu verwerfen und sich auf die spontane Intuition der Menge zu berufen: »Die Französische Revolution ist eben so sehr um der industriellen Freiheit als um der politischen willen gemacht worden, und obgleich Frankreich im Jahre 1789 nicht alle Konsequenzen des Prinzips bemerkte, [...] so hat es sich doch weder in seinen Wünschen noch in seiner Erwartung getäuscht. Wer versuchen würde, es zu leugnen, verlöre in meinen Augen das Recht zur Kritik: Ich werde niemals mit einem Gegner streiten, der den freiwilligen Irrtum von 25 Millionen Menschen zum Prinzip erhebt.« (Proudhon: Philosophie der Staatsökonomie, S. 176).

98 Ebd., S. 269. – Das ähnelt der Argumentation Stirners, der die egalitäre Umverteilung des Reichtums mit dem Verweis auf das erfolgreiche, leistungsstarke Individuum ablehnte, dem die Gesellschaft zu Unrecht den wohlverdienten Lohn, den Gewinn des Wettbewerbs raubt: »Soll ich nun etwa, der Vielvermögende, vor den Unvermögenderen nichts voraus haben? [...] Gegen die Konkurrenz erhebt sich das Prinzip der Lumpengesellschaft, die – *Verteilung*. Für einen bloßen Teil, Teil der Gesellschaft, angesehen zu werden, erträgt der Einzelne nicht, weil er *mehr* ist; seine Einzigkeit wehrt diese beschränkte Auffassung ab.« (Stirner: Der Einzige und das Eigentum, S. 351)

99 Schottischer Essayist und Historiker (1795–1881), Anm. d. Übers.

100 Ich sage bewusst »vor allem«, da Carlyle die Kunst als von der »praktischen«, das heißt gesellschaftlichen Frage losgelöst gering schätzte und die Ästhetik für belanglos ertrachtete. »Hochkultur« lehnte er ausdrücklich ab und prophezeite 1867, dass sie innerhalb von 50 Jahren als ernst zu nehmender Faktor verschwunden sein und der kommerziellen Massenkultur als einzigem Akteur das Feld überlassen haben werde. Diese Aussicht beunruhigte ihn nicht im Geringsten, denn er erkannte, mit einer Art auf den Kopf gestellten Marxismus, keinen Sinn in der Existenz eines elitären kulturellen Überbaus, unabhängig davon, wie viele »Meisterwerke« dieser hervorbrachte – es sei denn, dieser Überbau wäre organisch mit einer elitären sozioökonomischen Basis verbunden: »Was zuerst Kunst, Poesie und dergleichen anbetrifft, welches jetzt für das höchste Ziel eines sprachbegabten Genius gehalten werden, so hoffe ich, dass mein literarisches Aristos innehalten und sich ernstlich befragen wird, ehe er sich darauf einlässt. Vielleicht wird er dann [...] zu dem Schluss kommen, dass er seine göttliche Fähigkeit etwas Höherem widmen könnte, einer Sache, die uns unentbehrlich ist. Poesie? Nicht hübschen Gesang brauchen wir, sondern weiße und ernste Rede. ›Kunst‹, ›schöne Kunst‹ etc. sind sehr hübsch uns schmücken das Leben, aber nur für Menschen, die in Ruhe und Frieden leben; einem Menschen, der noch mit tödlichem Chaos ringt und noch um eine zweifelhafte Existenz kämpft, klingen sie wie Hohn.« (Thomas Carlyle: Socialpolitische Schriften, Bd. 1, übers. von E. Pfannkuche, Göttingen 1895, S. 179.) Mit »tödlichem Chaos« war im Übrigen unmissverständlich soziales Leid gemeint, wie im gleichen Text deutlich gemacht wird: »Dieser praktische Held, Aristokrat von Natur, der sein ganzes Leben lang von Angesicht zu Angesicht, im Handgemenge und im Kampf auf Leben und Tod mit dem greifbaren Chaos steht (mit Schmutz, Unordnung, Nomadentum, Ungehorsam, Torheit und Verwirrung) und es langsam zwingt, aus einem Chaos ein Kosmos zu werden.« (Ebd., S. 204) Seine Haltung in Kulturfragen geht Nietzsches Kritik an einer gesellschaftlich nicht mehr funktionalen »Hochkultur« voraus (die ich an anderer Stelle zu analysieren versucht habe, vgl. Ishay Landa: The Overman in the Marketplace: Nietzschean Heroism in Popular Culture, Lanham 2007, insb. S. 97–107), aber auch dem Nietzsche- und damit auch Carlyle-Schüler Oswald Spengler, der das Ende der Kultur und den Anbruch einer cäsaristischen Epoche verkündete. Bei allen drei Autoren verliert die »Kultur« Sinn und Zweck, wenn sie nicht zur Untermauerung der sozioökonomischen Hierarchie geeignet ist.

101 Thomas Carlyle: Socialpolitische Schriften, übers. von Friedrich Bremer und Paul Seliger, Leipzig 1902, S. 115f.

102 Ebd., S. 157f.

103 Ebd., S. 188f.

104 Ebd., S. 49f.

105 Ebd., S. 51f.

106 Ebd., S. 56.

107 Man vergleiche etwa das letzte Kapitel von Carlyles »Chartism« (1839) mit dem Titel »Impossible«, in dem das Problem der Arbeiterklasse in Europa analysiert und die Massenemigration als Ausweg vorgeschlagen wird (vgl. Thomas Carlyle: Critical and Miscellaneous Essays, Bd. 4, Chicago 1969, S. 36–117), mit dem Abschnitt »Der unmögliche Stand« aus der »Morgenröte« (1881), in dem Nietzsche das Problem der Arbeiterklasse in Europa analysiert und die Massenmigration als Ausweg vorschlägt; vgl. Friedrich Nietzsche: Morgenröthe. Gedanken über die moralischen Vorurtheile, Leipzig 1887, S. 197–200) Diese »Parallele« ist alles andere als ein Einzelfall. Nietzsches wiederkehrende Gedanken über die Militarisierung der Beziehungen zu den Arbeitern (»man hat den Arbeiter militärtüchtig gemacht« oder an anderer Stelle: »alle militärisch begründete Kultur [steht] noch hoch über aller sogenannten industriellen Kultur«) lesen sich wie eine Paraphrasierung von Carlyles Überlegungen zu einer allgemein zu Gehorsam erzogener und militärisch gedrillter Nation. Was die vielen bemerkenswerten Berührungspunkte angeht, die nicht direkt mit soziopolitischen

Fragen zu tun haben, könnte man auf Nietzsches »Jasagen zum Leben«, das sich wie ein Echo von Carlyles Begriff des »Everlasting Yea« aus »Sartor Resartus« liest, oder auf Nietzsches »Die fröhliche Wissenschaft« verweisen, die wie eine Erwiderung auf Carlyles Kritik der »düsteren Wissenschaft« (dismal science) wirkt.

108 Friedrich Nietzsche: Sämtliche Werke: Kritische Studienausgabe in 15 Einzelbänden, Berlin 1988, Bd. 2, S. 681f.

109 Schapiro: Liberalism, S. 394.

110 Ebd., S. 372.

111 Carlyle: Socialpolitische Schriften [1902], S. 115.

112 Ebd., S. 204.

113 Schapiro: Liberalism, S. 365.

114 Carlyle: Socialpolitische Schriften [1902], S. 117.

115 Ebd., S. 176

116 Ebd., S. 188.

117 Ebd., S. 205.

118 Ebd., S. 206.

119 Schapiro: Liberalism, S. 316.

120 Ebd., S. 325.

121 Ebd., S. 265.

122 Carlyle: Socialpolitische Schriften, S. 187.

123 John Stuart Mill: Über die Freiheit, übers. von Eduard Pickford, Frankfurt 1860, S. 90.

124 Schapiro: Liberalism, S. 274f.

125 L. T. Hobhouse: Liberalism, London 1919, S. 114f.

126 Bei den Liberal Unionists handelt es sich um eine 1886 entstandene Fraktion der Liberalen Partei, die die Einführung eines begrenzten Selbstbestimmungsrechts für Irland ablehnte und in der Folge immer wieder mit der Konservativen Partei kooperierte (Anm. d. Übers.).

127 J. L. Hammond: Colonial and Foreign Policy, in: F. W. Hirst (Hrsg.): Liberalism and the Empire, London 1900, S. 158–210, hier S. 210.

128 Zit. n. Gaetano Salvemini/George Bernard Shaw: Polemica sul fascismo, Rom 1997, S. 136.

129 Erzählung des US-amerikanischen Schriftstellers Washington Irving aus dem frühen 19. Jahrhundert, die von einem Bauern handelt, der 20 Jahre geschlafen hat und nun in einer völlig neuen Welt erwacht (Anm. d. Übers.).

130 Ebd., S. 137.

131 Ebd., S. 144. – Hervorhebung I. L.

132 Hayek: Verhängnisvolle Anmaßung, S. 54f.

4 Antiliberale Liberale II (Schmitt, Sorel)

1 Gopal Balakrishnan: The Enemy. An Intellectual Portrait of Carl Schmitt. London, New York 2002.

2 Heiner Bielefeldt: Carl Schmitt's Critique of Liberalism. Systematic Reconstruction and Countercriticism, in: David Dyzenhaus (Hrsg.): Law as Politics. Carl Schmitt's Critique of Liberalism, Durham, NC 1998, S. 23–36, hier S. 23.

3 Shadia B. Drury: Leo Strauss and the American Right, New York 1999, S. 82.

4 Paul Piccone/G. L. Ulmen: Introduction to Carl Schmitt, in: Telos 72/1987, S. 3–14, hier S. 3.

5 Paul Hirst: Carl Schmitt's Decisionism, in: ebd., S. 15–26, hier S. 16. – Hervorhebung I. L.

6 Friedrich Engels: Einleitung zu Marx' »Klassenkämpfe in Frankreich«, in: Karl Marx/Friedrich Engels: Werke [MEW], Berlin, 1956ff., Bd. 22, S. 509–527, hier S. 525f.

7 Ludwig Gumplowicz: Grundriss der Soziologie, Wien 1905, S. 252f.

8 Carl Schmitt: Die geistesgeschichtliche Lage des heutigen Parlamentarismus [1926], Berlin 2017, S. 9–11. – Hervorhebung I. L.

9 Ebd., S. 8. – Hervorhebung I. L.

10 Ebd., S. 12. – Hervorhebungen I. L.

11 Ebd.

12 Ebd., S. 11. – Hervorhebung I. L.

13 Carl Schmitt: Positionen und Begriffe im Kampf mit Weimar – Genf – Versailles, 1923–1939, Berlin 1994, S. 60.

14 Alexis de Tocqueville: Erinnerungen, übers. von Dirk Forster, Stuttgart 1954, S. 46f.

15 Chantal Mouffe (Hrsg.): The Challenge of Carl Schmitt [editorial introduction], London/New York 1999, S. 2f.

16 Dies ist auch die Schlussfolgerung von Michael Hardt/Antonio Negri: Multitude. War and Democracy in the Age of Empire, New York 2004, S. 6 und Richard Wolin: The Disoriented Left. A Critique of Left Schmittianism, in: ders.: The Frankfurt School Revisited, New York/London 2006, S. 247.

17 Schmitt: Positionen und Begriffe, S. 215.

18 Ebd. – Hervorhebung I. L.

19 Ebd. – Hervorhebung I. L.

20 Vgl. die Anmerkungen von Leo Strauss zu Carl Schmitt: The Concept of the Political, Chicago 2007.

21 Carl Schmitt: Der Begriff des Politischen [1932], nach der 3. Aufl. von 1963, Berlin 1991, S. 87.

22 Diese Extrapolation unterschlägt im Übrigen auch, dass Schmitt die Kontextbezogenheit der politischen Begriffe immer betont hat. Beispielsweise sollte folgende Aussage jenen zu denken geben, die seine Ideen in völlig unterschiedlichen Konstellationen und Zeiten anwenden wollen: »*Erstens* haben alle politischen Begriffe, Vorstellungen und Worte einen *polemischen* Sinn; sie haben eine konkrete Gegensätzlichkeit im Auge, sind an eine konkrete Situation gebunden, deren letzte Konsequenz eine (in Krieg oder Revolution sich äußernde) Freund-Feind-Gruppierung ist, und werden zu leeren und gespenstischen Abstraktionen, wenn diese Situation entfällt.« (Schmitt: Begriff des Politischen, S. 31) Analog hierzu verstand Schmitt auch die Geschichtsschreibung als untrennbar in den Kontext *der Gegenwart* eingebettet: »Alle geschichtliche Erkenntnis [ist] Gegenwartserkenntnis [...], sie [erhält] von der Gegenwart ihr Licht und ihre Intensität [...] und [dient] im tiefsten Sinne nur der Gegenwart.« (Ebd., S. 79)

23 Carl Schmitt: Donoso Cortés in gesamteuropäischer Interpretation. Vier Aufsätze, Köln 1950, S. 36.

24 Juan Donoso Cortés: Ensayo sobre el catolicismo, el liberalismo y el socialismo, considerados en sus principios fundamentales, Barcelona 1851, S. 203.

25 Friedrich Nietzsche: Götzen-Dämmerung oder Wie man mit dem Hammer philosophirt, in: ders.: Werke in drei Bänden, München 1954, Bd. 2, S. 1017.

26 Donoso Cortés: Ensayo, S. 206.

27 Ebd., S. 201.

28 Schmitt: Donoso, S. 56. – Schmitts Urteil über Donosos politischen Realismus widerspricht dem Versuch vieler Liberaler, diesen als eingefleischten »Konservativen« zu porträtieren, der sich jedem Dialog, von Bündnissen ganz zu schweigen, mit dem Liberalismus fanatisch widersetzte: »Schmitts deutsche Variante des Konservativismus, die so viel mit dem Nationalsozialismus teilte, hat keine direkten Verbindungen zum amerikanischen Denken. Dennoch lassen sich Rückstände seiner Ideen in der Art und Weise finden, wie Konservative heute für ihre Ziele kämpfen. Liberale betrachten Politik als Mittel, Konservative als Ziel. [...] Liberale halten Konservative für potenzielle Verbündete in der Zukunft; Konservative denken, Liberale seien ihrer Anerkennung nicht würdig.« (Alan Wolfe: A Fascist Philosopher Helps Us Understand Contemporary Politics, in: The Chronicle Review 30/2004, unter:

http://chronicle.com/free/v50/i30/30b01601.html) Unabhängig davon, ob die Position der US-amerikanischen Konservativen hier richtig dargestellt ist, gilt dies ganz sicher *nicht* für Schmitt selbst, der der bürgerlichen Ordnung sehr viel pragmatischer verpflichtet war, als die meisten Liberalen anzuerkennen bereit sind.

29 Schmitt: Donoso, S. 59f.

30 Zit. n. Heinrich Meier: Carl Schmitt, Leo Strauss und Der Begriff des Politischen [1988], Stuttgart/Weimar 2013, S. 81. – Vgl. auch John McCormicks sachkundigen Hinweis, »Schmitts intellektuell-politischer Hauptfeind« sei nicht der Liberalismus, sondern der Sozialismus gewesen. Der Liberalismus sei vor allem deshalb zu einer Zielscheibe seiner Angriffe geworden, weil er »Deutschlands Position gegenüber dem Sozialismus im Inneren und international schwächte« (John McCormick: Carl Schmitt's Critique of Liberalism. Against Politics as Technology, Cambridge 1997, S. 5).

31 Zit. n. Meier: Carl Schmitt, S. 158.

32 Schmitt: Positionen und Begriffe, S. 14. – Vgl. auch die folgende und die vorhergehende Seite, auf denen zwischen zwei Hauptformen der politischen Esoterik unterschieden wird: der *Arcana imperii* (die für »normale Zeiten« charakteristisch ist) und der *Arcana dominationis* (die unter dem diktatorischen Ausnahmezustand vorherrscht).

33 Shadia B. Drury: Leo Strauss and the American Right, New York 1999, S. 83.

34 Auch hier mag der Umstand, dass sich Drury dem Liberalismus verpflichtet fühlte, die Abneigung erklären, mit Schmitt in dieser Frage härter umzugehen.

35 Schmitt: Positionen und Begriffe, S. 126.

36 Ebd., S. 25. – Hervorhebung mit Ausnahme von »Masse« I. L.

37 Arthur Moeller van den Bruck: Das dritte Reich, Berlin 1933, unter: https://archive.org/details/Bruck-Arthur-Moeller-van-den-Das-dritte-Reich, S. 82.

38 Karl Marx/Friedrich Engels: Manifest der Kommunistische Partei, in: MEW, Bd. 4, S. 459–493, hier S. 486f.

39 Schmitt: Positionen und Begriffe, S. 129.

40 Ebd., S. 127.

41 Ebd., S. 97. – Hervorhebung I. L.

42 Ebd., S. 97f.

43 Ebd., S. 98.

44 Chantal Mouffe: Carl Schmitt and the Paradox of Liberal Democracy, in: dies. (Hrsg.): Challenge, S. 38–53, hier S. 43.

45 Bei seinen Bemühungen, den Faschismus als eine gegenüber dem Kapitalismus eigenständige Kraft darzustellen, spielt Michael Mann das Eintreten Carl Schmitts für den Kapitalismus herunter. Laut Mann lag Schmitts Hauptaugenmerk auf »Staat« und »Ordnung«; vgl. Michael Mann: Fascists, Cambridge 2004, S. 75–77. Aber dies war eindeutig nicht Schmitts Anliegen, denn beides hätte er in einem bolschewistischen Deutschland, das die Sowjetunion zum Vorbild nahm, im Überfluss haben können. *Diese* Ordnung und *dieser* Staat waren jedoch sein Albtraum. Die abstrakten Staats- und Ordnungsideale besaßen nur dann einen Sinn, wenn sie den konkreten Zielen von Kapitalismus und imperialistischer Expansion untergeordnet wurden. Gegen die Versuche, die Bedeutung des Ökonomischen bei Schmitt und damit auch für den Faschismus herunterzuspielen, sollten wir uns an seine kategorische Aussage erinnern, wonach »das Gebiet, auf welchem der folgenschwere Zwiespalt zwischen Liberalismus und Demokratie sich am stärksten manifestiert, das der Finanz« ist.

46 Oder zumindest die faschistische Ideologie, wobei Ideologie und politische Praxis des Faschismus bei Sternhell weitgehend austauschbar sind und letztere so etwas wie die unvollendete Umsetzung der fest etablierten ideologischen Grundsätze darstellt. Tatsächlich wird kühn behauptet, dass die faschistische Praxis entscheidend *weniger* opportunistisch gewesen sei als die anderer großer Ideologien wie etwa des Liberalismus und des Sozialismus: »Wie jede andere Bewegung ging auch die

faschistische Kompromisse ein; und doch ist die Übereinstimmung von Ideologie und Praxis im faschistischen Fall am größten.« (Zeev Sternhell: Introduction, in: ders. [Hrsg.]: The Fascist Thought and Its Variations. Collection of Texts in Political and Social Thought [Hebräisch], Tel Aviv 1988, S. 9–45, hier S. 42)

47 Zeev Sternhell: Neither Right nor Left. Fascist Ideology in France, Princeton/New Jersey 1986, S. 85.

48 Sternhell: Introduction, S. 10; vgl. auch ders./Mario Sznajder/Maia Asheri: Die Entstehung der faschistischen Ideologie. Von Sorel zu Mussolini, Hamburg 1999, S. 31ff.

49 Sternhell: Introduction, S. 10, S. 23.

50 Ebd., S. 23f.

51 Ebd., S. 26.

52 Ebd., S. 19f.

53 Ebd., S. 24f.

54 Eugen Weber: Varieties of Fascism, Princeton/New Jersey 1964, S. 32.

55 In der Tat hat Eugen Weber – den Sternhell in »Neither right nor left« bei den Danksagungen erwähnt – bereits Anfang der 1960er-Jahre alle zentralen Aspekte von Sternhells Faschismusanalyse dargelegt: von der These, dass der Faschismus revolutionär sei und eine Variante von Sozialismus umsetze, über die Darstellung des Faschismus als antiliberal bis hin zu dem Argument, dass der Faschismus als Ideologie ernst genommen werden müsse und die materialistische Dekonstruktion seiner Rhetorik zu verwerfen sei. Bemerkenswert sind auch Parallelen bei den Formulierungen: »Meine Objektivität«, so Eugen Weber, »besteht darin, Faschisten und Nationalsozialisten *beim Wort* zu nehmen.« (Ebd., S. 3 – Hervorhebung I. L.) Weber nahm sogar Sternhells Fokus auf Frankreich als wichtiges Laboratorium der faschistischen Ideologie vorweg und schenkte Sorel als entscheidendem Denker besonderes Augenmerk.

56 Engels: Einleitung, in: MEW, Bd. 22, S. 525.

57 Marx/Engels: Kommunistisches Manifest, in: MEW, Bd. 4., S. 492.

58 Ebd., S. 481. – Hervorhebung I. L.

59 Nicht einmal Lenin, dem Sternhell unterstellt, am mangelnden revolutionären Potenzial des Proletariats verzweifelt zu sein, hätte eine ausschließlich auf direkten und gewaltsamen revolutionären Methoden beruhende Strategie befürwortet. Im Gegenteil, er griff – vor allem in seinem Text »Der ›Linke Radikalismus‹, die Kinderkrankheit im Kommunismus« – jene Ultralinke an, die auf die parlamentarische Arbeit verzichten wollte, während er ebendiese Arbeit für absolut unverzichtbar zur Vorbereitung der Massen auf die Revolution hielt. In diesem Sinne sagte er zum Beispiel, dass »die Bolschewiki nicht imstande gewesen wären, in den Jahren 1908 bis 1914 den festen Kern der revolutionären Partei des Proletariats zusammenzuhalten (geschweige denn ihn zu kräftigen, zu entwickeln, zu verstärken), wenn sie nicht in härtestem Kampf die Auffassung durchgesetzt hätten, dass man unbedingt die legalen mit den illegalen Kampfformen kombinieren muss und dass man sich unbedingt an dem erzreaktionären Parlament [...] beteiligen muss«. (Wladimir Iljitsch Lenin: Der »Linke Radikalismus«, die Kinderkrankheit im Kommunismus, in: ders.: Werke, Bd. 31, Berlin 1959, S. 1–106, hier S. 20f.) An einer anderen Stelle des Textes behauptet Lenin, dass die Ablehnung des Parteiprinzips, wie sie von der linkskommunistischen Opposition gewünscht wird, »gleichbedeutend [ist] mit einer völligen Entwaffnung des Proletariats zugunsten der Bourgeoisie« (ebd., S. 28). Diese Aussagen widerlegen die Vorstellung, wonach der Leninismus die einsame Arbeit politischer Desperados propagiert, die auf die Massen verzichten und unabhängig von den existierenden politischen Rahmenbedingungen arbeiten können. Lenin machte sich, was die Notwendigkeit einer geduldigen und taktischen Politik angeht, ausdrücklich die Position Engels' zu eigen und führte ihn gegen jene Ultralinken ins Feld, die »sich einbilden, sobald sie nur den guten Willen haben, die Zwischenstationen und Kompromisse zu überspringen, [...] so sei übermorgen der Kommunismus eingeführt. Wenn das nicht sofort möglich ist, sind sie also auch keine Kommunisten«. (ebd., S. 52)

60 Sternhells Darstellung des Verhältnisses von Liberalismus und Demokratie weist beträchtliche Widersprüche auf. An einigen Stellen bestand er darauf, dass beide Phänomene zu Beginn des 20. Jahrhunderts erfolgreich miteinander verschmolzen seien und die Fehden der Vergangenheit hinter sich gelassen hätten: »Gegen Ende des 19. Jahrhunderts war der Anpassungsprozess des Liberalismus an die politische Demokratisierung [...] fortgeschritten. In der neuen Massengesellschaft war die liberale Demokratie zur Tatsache geworden.« (Sternhell: Introduction, S. 10) An anderer Stelle bekräftigt er jedoch, dass diese Verbindung tatsächlich alles andere als reibungslos verlief: »Der Übergang zur parlamentarischen Regierungsform mit allgemeinem Wahlrecht, die Anpassung des Liberalismus an die Demokratie und an die Massengesellschaft gingen nicht ohne tiefgreifende Erschütterungen ab, sie waren sogar wesentliche Faktoren der Krisen um die Jahrhundertwende wie in der Zwischenkriegszeit.« (Sternhell u. a.: Entstehung, S. 29) Die zweite Beobachtung wird jedoch nur pro forma als Einwand vorgebracht und besitzt in Sternhells Gesamterzählung nur wenig oder gar kein Gewicht. Das bedeutet, dass der Faschismus, trotz der erwähnten »enormen Schwierigkeiten« des Liberalismus, Sternhell zufolge aus dem Sozialismus und nicht aus dem Liberalismus heraus entstanden ist.

61 Gaetano Mosca: The Ruling Class, New York 1939, S. 392.

62 Ebd., S. 479.

63 Sternhell: Neither, S. 34.

64 Ebd.

65 Vgl. Michel Charzat: Georges Sorel et le fascisme. Éléments d'explication d'une légende tenace, in: Cahiers Georges Sorel 1/1983, S. 37–51.

66 Jacques Julliard: Sur un fascisme imaginaire. À propos d'un livre de Zeev Sternhell, in: Annales 4/1984, S. 849–861, hier S. 858f.

67 Sternhell: Neither, S. 119.

68 Ebd., S. 18f.

69 Georges Sorel: Réflexions sur la Violence, Paris 1912, S. 116. – Für die deutsche Fassung wurden die Sorel-Zitate aus dem französischen Original übersetzt (Anm. d. Übers.).

70 Sternhell: Neither, S. 85.

71 Sternhell u. a.: Entstehung, S. 43.

72 Sorel: Réflexions sur la Violence, S. 107. – Sorel spricht im französischen Original eigentlich von den zwei Strategien des parlamentarischen Sozialismus (und nicht allein Jaurès'). Neben den »possibilistischen« Methoden Jean Jaurès' gebe es die »kämpferischere« (batailleuse) von Édouard Vaillant. Sorel zufolge wisse Jaurès jedoch, dass sich beide Vorgehensweisen ergänzten. Genau darin beweise sich, so Sorel, die intellektuelle Überlegenheit Jaurès' gegenüber der Parteilinken (Anm. d. Übers.).

73 Ebd., S. 110.

74 Sternhell u. a.: Entstehung, S. 40–42. – Oder mit der gleichen Absicht: »Dieser Punkt ist wichtig. In der Mitte des 19. Jahrhunderts setzte in Europa – und vor allem in Deutschland und Frankreich – eine Periode schnellen ökonomischen Wachstums ein, und diese Situation trug zur Stagnation des orthodoxen Marxismus und, in Frankreich und Italien, zum Aufstieg zwei charakteristischer Formen von Revisionismus bei [...]. Reformismus und sorelianischer Syndikalismus waren deshalb Folge der ideologischen Defizite des Marxismus und dessen Unfähigkeit, eine der Realität entsprechende theoretische Antwort auf die Fragen zu liefern, die sich aufgrund der neuen ökonomischen Situation stellten. Der Radikalismus, wie er vom revolutionären Syndikalismus repräsentiert wird, war also nicht Ausdruck einer ökonomischen Krise, sondern einer Situation relativer Prosperität.« (Sternhell: Neither, S. 267)

75 Sorel: Réflexions sur la Violence, S. 122.

76 Ebd., S. 107.

77 Auch die für den Liberalismus charakteristische Klage des »Steuerzahlers«, der die von den »Staatssozialisten« veranlassten und vom Finanzkapital unterstützten Sozialreformen bezahlen muss, fehlt nicht. Sorel zitiert Clemenceau, der »Millerand vorwarf, bei der Erarbeitung eines Gesetzesprojekts zur Einführung von Arbeiterrenten, bei dem man sich nicht weiter damit beschäftigte, woher die Mittel dafür stammen sollten, nicht wie ein Staatsmann, ja nicht einmal wie ein *ernsthafter Mann* gehandelt zu haben« (ebd., S. 341).

78 Ebd., S. 114.

79 Weber: Varieties of Fascism, S. 13.

80 Sorel: Réflexions sur la Violence, S. 117.

81 Ebd., S. 120. – An dieser Stelle weicht die von Landa gekürzte englische Version leicht vom französischen Original ab. Zur Vermeidung von Missverständnissen orientiert sich das Zitat in der deutschen Übersetzung am Original (Anm. d. Übers.).

82 Ebd., S. 118.

83 Ebd., S. 130.

84 Jeremy Jennings: Introduction, in: Georges Sorel: Reflections on Violence, Cambridge 1999, S. vii–xxi, hier S. x.

85 Zeev Sternhell: Ni droite ni gauche: L'Idéologie fasciste en France [Hebräisch], Tel Aviv 1988, S. 25. – Hervorhebung I. L.

86 Ebd., S. 261.

87 Ebd., S. 263. – Vgl. die englische Ausgabe des Buchs, S. 199–201.

88 Sternhell u. a.: Entstehung, S. 38f.

89 Ebd., S. 39.

90 Ebd., S. 43.

91 Ebd., S. 64.

92 Ebd., S. 65f.

93 Ebd., S. 22.

94 Ebd., S. 189f.

95 Ebd., S. 118.

96 Bemerkenswerterweise fehlt in der deutschen Ausgabe von Sternhells »The Birth of Fascist Ideology« der kurze Satz, den Ishay Landa hier problematisiert: »For that reason this revolution never touched the foundations of capitalist economy.« (Zeev Sternhell: The Birth of Fascist Ideology, New Jersey 1994, S. 90; Anm. d. Übers.)

97 Sternhell: The Birth, S. 13. – Die Einleitung der englischen Ausgabe unterscheidet sich von der deutschsprachigen. An dieser Stelle wird aus Sternhells englischer Version zitiert (Anm. d. Übers.).

98 Sternhell: Introduction, S. 183. – Oder wie es in »Die Entstehung der faschistischen Ideologie« heißt: »Denn wirklich wesentlich am faschistischen Denken ist die Ablehnung des Materialismus.« (Sternhell u. a.: Entstehung, S. 21f.)

99 Sternhell/Sznajder/Asheri: Entstehung, S. 183.

100 Jean Jaurès: Grève générale & révolution [1901], in: Miguel Chueca (Hrsg.): Déposséder les possédants. La grève générale aux 'temps heroïqués' du syndiclisme révolutionnaire (1895–1906), Marseille 2008, S. 111–128, hier S. 116.

101 Zit. n. Michael Evans: Karl Marx, Bloomington 1975, S. 48.

102 Lenin: Der »Linke Radikalismus«, S. 44.

103 Gaetano Mosca: Die herrschende Klasse, übers. von Franz Borkenau, München 1950, S. 285.

104 Ebd., S. 391. – Hervorhebung I. L.

105 Am Rande angemerkt sei, dass Mosca (ebenso wie Pareto) seine eigene Behauptung, wonach immer Eliten herrschten und Demokratie unmöglich sei, als hohle Phrase entlarvt und faktisch eingesteht, die Demokratie stelle sehr wohl eine mögliche Option, ja sogar eine sich abzeichnende Gefahr dar.

106 Vgl. Charzat: Georges Sorel, S. 41f.

107 Shlomo Sand: Georges Sorel entre utopie et politique, in: Mil neuf cent 1/1993, S. 87–93, hier S. 89.

108 Georges Sorel: Introduction à l'économie moderne, Paris 1903, S. 112.

109 Sorel: Réflexions, S. 281f. – Hervorhebung I. L.

110 Charzat: Georges Sorel, S. 47.

111 Sorel: Introduction, S. 125.

112 Georges Sorel: Les illusions du progress, Paris 1911, S. 318f.

113 Sternhell u. a.: Entstehung, S. 157.

114 Ebd., S. 158.

115 Vgl. Gaetano Salvemini: Under the Axe of Fascism, New York 1969, S. 375.

116 Sternhell u. a.: Entstehung, S. 56f.

117 Karl Marx: Das Kapital. Dritter Band, in: MEW, Bd. 25, S. 828.

118 Sorel: Réflexions, S. 364.

119 Ebd., S. 227.

120 Ebd., S. 362.

121 Sehr viel weniger hingegen auf die napoleonischen Soldaten, weil seit Napoleons Zeiten die Ethik des persönlichen Opfers durch eine Logik persönlicher Vorteile und Auszeichnungen verfälscht wurde.

122 Ebd.

123 Französisches Wortspiel: le patron ist sowohl »der Schutzpatron« als auch »der Arbeitgeber« (Anm. d. Übers.).

124 Sorel: Introduction, S. 119.

125 Eine sehr nützliche Erörterung von Sorels Einfluss auf die deutsche Rechte in den Jahren vor der Machtübernahme der Nazis findet sich bei Michael Buckmiller: Sorel et le »conservatisme révolutionnaire« en Allemagne, in: Cahiers Georges Sorel 3/1985, S. 51–75.

126 Richard Wolin leistet eine hervorragende Analyse eines anderen faschistischen Denkers, der die »Arbeitsfreude« hervorheben möchte: Martin Heidegger; vgl. Richard Wolin: Arbeit Macht Frei. Heidegger as Philosopher of the German Way, in: ders.: Heidegger's Children, Princeton/New Jersey 2003. Ich habe Heideggers Bemühungen, die Arbeit zu spiritualisieren, an anderer Stelle diskutiert; vgl. Ishay Landa: Heideggers entwendeter Brief: Die liberale Volksgemeinschaft, in: Bernhard H. F. Taureck (Hrsg.): Politische Unschuld? In Sachen Martin Heidegger, München 2008, S. 97–127, insb. S. 120–124.

127 Sorel: Réflexions, S. 372. – Hervorhebung i. O.

128 Ebd., S. 375. – Zur besseren Verständlichkeit der Übersetzung ist das französische Original Sorels hier etwas ausführlicher zitiert als in der englischen Fassung Landas (Anm. d. Übers.).

129 Sternhell: Neither, S. 33.

130 Ebd., S. 68f. – Jacques Julliard stellte diesen angeblichen Antiindividualismus, der nicht nur Sorel, sondern auch Maurice Barrès, einer weiteren wichtigen Figur in Sternhells Erzählung, zugeschrieben wird, in einer frühen Kritik infrage. Julliard weist auf den Widerspruch hin, den Autor des überaus narzisstischen Buchs »Le culte du moi« (Der Kult des Ichs) als Antiindividualisten zu bezeichnen; vgl. Julliard: Sur un fascisme imaginaire, S. 855.

131 Antonio Gramsci: Gefängnishefte, Bd. 7, Hamburg 1996, S. 1565. – Hervorhebung I. L. Die Passage stammt aus dem zwischen 1932 und 1934 verfassten 13. Notizbuch, das sich mit der Politik Machiavellis beschäftigt. Für das italienische Original vgl. Antonio Gramsci: Quaderni del carcere, 4 Bde., Turin 2007, Bd. 3, S. 1589–1590.

132 Gramsci: Gefängnishefte, S. 1566.

133 Eine aufschlussreiche Darstellung dieses politischen Projekts aus globaler Perspektive bietet David Harvey: Kleine Geschichte des Neoliberalismus, Zürich 2007.

134 Gramsci: Gefängnishefte, S. 1566.

135 Diese Tatsache wird übrigens, in eindeutigem Widerspruch zu seiner These vom »Triumph des Liberalismus« und einem friedlichen Abklingen des Klassenkampfs, auch von Sternhell bekräftigt. In diesem Sinne schreibt er, die 1910er-Jahre seien sowohl in Frankreich als auch in Deutschland von nie dagewesenen Arbeiterprotesten und Streikwellen geprägt gewesen, wodurch es zu »furchtbaren Hungersnöten« gekommen sei und die »sozialen Spannungen« ihren »Höhepunkt« erreicht hätten (Sternhell u. a.: Entstehung, S. 74).

136 Sorel: Réflexions, S. 46.

137 Ebd., S. 35f.

138 Salvemini: Under the Axe of Fascism, S. 373–375.

139 Schmitt: Die geistesgeschichtliche Lage, S. 89. – Buckmiller weist mehrfach darauf hin, dass die deutsche Rechte Sorels Ideen rein formalistisch adaptiert habe; vgl. hinsichtlich Schmitt Buckmiller: Sorel, S. 56, 59 u. 61. Im Text wird betont, dass Sorels Wirkung auf jene, die sich tatsächlich für den Klassenkampf interessierten und bereit waren, die Waffe des Streiks einzusetzen, nämlich die deutsche Linke, zu vernachlässigen sei. Sorel wurde entweder wie im Fall Rosa Luxemburgs ignoriert oder als »konfus« und »bürgerlich« verworfen, wie es Anton Pannekoek and Gustav Eckstein taten; vgl. ebd., S. 52f.

140 Giovanni Gentile: Grundlagen des Faschismus, übers. von Eugen Haas, Stuttgart 1936, S. 19.

141 Ebd.

142 Ebd., S. 23.

5 Liberalismus und Faschismus zwischen Mythen und Wirklichkeit I

1 Hannah Arendt: Elemente und Ursprünge totalitärer Herrschaft, Frankfurt a. M. 1962, S. 472. – Das von Arendt zuerst 1951 auf Englisch veröffentlichte »Origins of Totalitarism« unterscheidet sich von der 1955 erschienenen deutschen Fassung nicht unerheblich. Bei der Übersetzung wurde auf die deutsche Ausgabe zurückgegriffen, die an der von Landa zitierten Stelle etwas ausführlicher ist als das englische Original (Anm. d. Übers.).

2 George L. Mosse: Fascism and the French Revolution, in: Journal of Contemporary History 24/1989, S. 5–26, hier S. 20.

3 Ebd., S. 7.

4 Ebd., S. 14.

5 Ebd., S. 16. – Mosse, der sich offenbar der Ungeheuerlichkeit seiner Thesen bewusst ist, versucht sich allerdings eine Art Alibi zu schaffen und sich einen Fluchtweg offenzuhalten. So sorgt er formal dafür, »die Verbindung« zwischen Faschismus und Französischer Revolution zu relativieren, indem er gelegentlich darauf hinweist, dass er sich nicht auf den politischen *Inhalt* der beiden Bewegungen, sondern nur auf ihre Außendarstellung bezieht – auf die ihnen gemeine Betonung von Liturgie und politischer Symbolik usw. Eine nähere Erörterung seiner Argumentation, die ich hier aus Platzgründen nicht vornehmen kann, würde jedoch zeigen, dass sich Mosse keineswegs auf rein formale Ähnlichkeiten konzentriert hat (was ohnehin ein eher fruchtloses Unterfangen gewesen wäre, vergleichbar vielleicht mit der Untersuchung äußerer Ähnlichkeiten zwischen Adolf Hitler und Charlie Chaplin). Der immer wieder vorgebrachte Verweis auf den *demokratischen Impuls* beider Bewegungen, auf den Wunsch sowohl der Faschisten als auch der französischen Radikalen, die Massen auf die politische Bühne zu bringen, ist vielmehr ein entscheidendes Argument für gemeinsame *politische Inhalte* und nicht nur für choreografische Ähnlichkeiten. In diesem Sinne unterrichtet Mosse den Leser, dass beide Bewegungen demokratisch, revolutionär, antibürgerlich und von den Massen getragen waren. Hinsichtlich der *Unterschiede* hingegen müssen wir unserer eigenen Vorstellungskraft vertrauen.

6 Roderick Stackelberg: Critique as Apologetics: Nolte's Interpretation of Nietzsche, in: Jacob Golomb/Robert Wistrich (Hrsg.): Nietzsche, Godfather of Fascism? On the Uses and Abuses of a Philosophy, Princeton/New Jersey 2002, S. 301–320, hier S. 312f.

7 Robert O. Paxton: Anatomie des Faschismus, München 2006, S. 11.

8 Ebd., S. 12.

9 Tocquevilles Weitsicht gilt heute als fast schon legendär. Das Kapitel eines aktuellen Buchs über den französischen Liberalen trägt den aufschlussreichen Titel: »Warum konnte Tocqueville Entwicklungen so gut vorhersagen?«; vgl. Roger Boesche: Tocqueville's Road Map. Methodology, Liberalism, Revolution, and Despotism, Lanham 2006.

10 Vgl. Friedrich August von Hayek: The Road to Serfdom: Text and Documents – The Definitive Edition, Chicago 2007, S. 256. – Ähnlich bezieht sich auch der konservative Historiker John Lukacs auf Tocqueville, wenn er die Demagogie Hitlers hervorhebt und den Standpunkt vertritt, letzterer sei kein »Diktator«, sondern ein »Populist« gewesen; vgl. John Lukacs: The Hitler of History, New York 1998 – eine These, die er später zu einer allgemeinen Demokratiekritik erweitert; vgl. ders.: Democracy and Populism: Fear and Hatred, New Haven 2005.

11 Alexis de Tocqueville: Über die Demokratie in Amerika, hrsg. und übers. von J. P. Mayer, Stuttgart 1985, S. 149f.

12 Ebd., S 151f. – Landa zitiert einen weiteren Satz aus der englischen Tocqueville-Ausgabe (»Demokratische Republiken haben den Despotismus seiner physischen Werkzeuge beraubt.«), der jedoch in der deutschen Ausgabe von J. P. Mayer fehlt (Anm. d. Übers.).

13 Robert A. Dahl: How Democratic is the American Constitution?, New Haven/London 2003, S. 134f.

14 Tocqueville: Über die Demokratie, S. 140.

15 Adolf Hitler: Mein Kampf. Eine kritische Edition, hrsg. von Christian Hartmann, Thomas Vordermayer, Othmar Plöckinger, Roman Töppel, 2 Bde., München/Berlin 2016, Bd. 2, S. 1135.

16 Tocqueville: Über die Demokratie, S. 270.

17 Der Begriff bezieht sich auf die französische Bergpartei, den radikaleren Flügel der Französischen Revolution (Anm. d. Übers.).

18 Alexis de Tocqueville: Erinnerungen, übers. von Dirk Forster, Stuttgart 1954, S. 284.

19 Ebd., S. 256.

20 Ebd., S. 283.

21 Das bezieht sich offenkundig nicht auf den Juni 1848 und die gewaltsamen Zusammenstöße der Arbeiter mit der Bourgeoisie, sondern auf den Juni 1849, als es zu friedlichen Demonstrationen der überwiegend kleinbürgerlichen Kritiker der Regierung kam.

22 Ebd., S. 309f.

23 Ebd., S. 298.

24 Alexis de Tocqueville: Recollections. The French Revolution of 1848, New Brunswick/London 1997, S. 278. – In der deutschen Ausgabe von Tocquevilles »Erinnerungen« fehlt der Anhang, aus dem Landa hier zitiert. Die Übersetzung dieser Passage erfolgte daher auf Grundlage der von Landa verwendeten englischen Fassung (Anm. d. Übers.).

25 Alexis de Tocqueville: De la classe moyenne et du peuple, in: ders.: Oeuvres complètes, Bd. 9, Paris 1866, S. 514–519, hier S. 518f. – Hervorhebung I. L.

26 Tocqueville: Über die Demokratie, S. 127.

27 Ebd., S. 143.

28 Ebd., S. 165f.

29 Das hat unter anderem Richard Hamilton in seiner überzeugenden Untersuchung »Who Voted for Hitler?« nachgewiesen, die die traditionelle Vorstellung einer

überwiegend »kleinbürgerlichen« Wählerschaft der Nazis widerlegte. Hamiltons Erkenntnissen zufolge glich die urbane Wählerschaft der Nazis einer umgedrehten Pyramide, bei der die Unterstützung in den oberen Schichten unverhältnismäßig hoch war und kontinuierlich abnahm, umso weiter man auf der sozialen Leiter »herabstieg«: von einer durchschnittlichen Zustimmung der unteren Mittelschicht bis hinunter zu den geringsten Zustimmungswerten in der Arbeiterklasse (wohlgemerkt nicht in absoluten Wählerstimmen, sondern im relativen Verhältnis zur jeweiligen Wählergruppe). »Die Unterstützung für die Nationalsozialisten«, argumentiert Hamilton, »stand in den meisten Städten in einem direkten Verhältnis zum Klassencharakter des Viertels. Die ›besten Bezirke‹ unterstützen Hitler und seine Partei am stärksten.« (Richard Hamilton: Who Voted for Hitler?, Princeton/New Jersey 1982, S. 421) Diese pyramidale Struktur galt jedoch nicht auf dem Land, wo die Spaltung überwiegend entlang religiöser Überzeugungen verlief: Bei den Katholiken erzielten die Nazis kaum Erfolge, während die Protestanten, unabhängig von Einkommen und sozialem Stand, sie mit großer Mehrheit unterstützten.

30 Tocqueville: Über die Demokratie, S. 140.

31 Auch das ist ein Muster, das Hamilton hinsichtlich des Nationalsozialismus bestätigt: Wie er zeigt, war der Wähleranteil der Nazis umso kleiner, je größer die Stadt war – Berlin, Hamburg –, während er in der Regel zunahm, je kleiner – weniger industrialisiert, radikal und »modern« – die Stadt war.

32 J. Salwyn Schapiro: Liberalism and the Challenge of Fascism. Social Forces in England and France (1815–1870), New York u. a. 1949, S. 301.

33 Olivier Le Cour Grandmaison: Haine(s). Philosophie et politique, Paris 2002, S. 290.

34 Boesche: Tocqueville's Road Map, S. 109.

35 Das Buch Le Cour Grandmaisons enthält überaus nützliche Informationen und Analysen; vgl. insb. S. 98–114 u. 318f. Vgl. außerdem Losurdos Dekonstruktion von Tocquevilles Ruf als gemäßigtem Vertreter der Aufklärung; Domenico Losurdo: Controstoria del liberalismo, Rom/Bari 2005, S. 224–237, 284–290 u. 321f. sowie Boesche: Tocqueville's Road Map, S. 109–125.

36 Le Cour Grandmaison: Haine(s), S. 308.

37 Jennifer Pitts: A Turn to Empire. The Rise of Imperial Liberalism in Britain and France, Princeton/New Jersey 2005, S. 194.

38 Zit. n. Losurdo: Controstoria, S. 225.

39 Vgl. ebd., S. 224–228.

40 Zit. n. ebd., S. 269

41 Ernst Nolte: Der Faschismus in seiner Epoche [1963], München 1984, S. 593.

42 T. R. Malthus: Abhandlung über das Bevölkerungsgesetz, Bd. 2, übers. von Valentin Dorn, Jena 1925, S. 276.

43 Ebd., S. 274f.

44 Ebd., S. 278.

45 Ebd., S. 276.

46 Ebd.

47 Ebd., S. 281.

48 Ebd., S. 277.

49 Ebd., S. 276f.

50 Ludwig von Mises: Liberalismus, Jena 1927, S. 45.

51 Ebd., S. 43. – Da die von Landa verwendete englische Übersetzung in der Satzkonstruktion von der deutschen Fassung abweicht, wird Mises' Originaltext zum besseren Verständnis etwas ausführlicher zitiert (Anm. d. Übers.).

52 Friedrich August von Hayek: Interview, El Mercurio, 12.4.1981, unter: www.economicthought.net/blog/wp-content/uploads/2011/12/LibertyCleanOfImpuritiesInterviewWithFVonHayekChile1981.pdf.

53 Benedetto Croce: Liberalism and Democracy [1943], in: ders.: My Philosophy. And Other Essays on the Moral and Political Problems of Our Time, London 1951, S. 93–96, hier S. 94.

54 Zit. n. Alastair Hamilton: The Appeal of Fascism. A Study of Intellectuals and Fascism, 1919–1945, New York 1971, S. 43.

55 Giacomo Matteotti war ein führender Politiker der sozialistischen Opposition. Er wurde 1924 umgebracht, nachdem er den Faschisten öffentlich Wahlbetrug vorgeworfen hatte. Seine Ermordung gilt als Auftakt der Mussolini-Diktatur (Anm. d. Übers.).

56 Ebd., S. 40.

57 Croce zit. n. Fabio Fernando Rizi: Benedetto Croce and Italian Fascism, Toronto 2003, S. 70.

58 Benedetto Croce: The State as Friend and as Enemy [1933], in: ders.: My Philosophy, S. 55–63, hier S. 59.

59 Ebd., S. 60f.

60 Rizi: Benedetto Croce, S. 50.

61 Benedetto Croce: Political Truth and Popular Myths [1951], in: ders.: My Philosophy, S. 88–92, hier S. 90.

62 Rizi: Benedetto Croce, S. 67.

63 Christopher Duggan: A Concise History of Italy, Cambridge 1994, S. 154.

64 Ebd., S. 155.

65 Croce: Political Truth, S. 90.

66 Benedetto Croce: Geschichte Europas im 19. Jahrhundert, Frankfurt a. M. 1968, S. 304.

67 Ebd., S. 314f.

68 Ebd., S. 305.

69 Ebd.

70 Rizi: Benedetto Croce, S. 40.

71 Duggan: A Concise History, S. 208.

72 Ebd., S. 226f.

73 Gentile in einem Brief an Mussolini, zit. n. Hamilton: The Appeal of Fascism, S. 42.

74 Rizi: Benedetto Croce, S. 52.

75 Croce: Geschichte Europas, S. 305.

76 Ebd., S. 306.

77 Dieser Abschnitt enthält Material, das ich an anderer Stelle bereits publiziert habe; vgl. Ishay Landa: Eyes Wide Shut: Liberalismus, Faschismus und die diskursiven Grenzen der »Open Society«, Marburger Forum, in: Beiträge zur geistigen Situation der Gegenwart 2/2008.

78 Alfredo Rocco: La dottrina politica del Fascismo, in: Renzo De Felice (Hrsg.): Autobiografia del fascismo. Antologia di testi fascisti 1919–1945, Turin 2004, S. 230–247, hier S. 237.

79 Zeev Sternhell/Mario Sznajder/Maia Asheri: Die Entstehung der faschistischen Ideologie. Von Sorel zu Mussolini, Hamburg 1999, S. 17f.

80 Edmund Burke: Betrachtungen über die französische Revolution, übers. von Friedrich von Gentz, Braunschweig 1838, S. 73f. – Hervorhebung I. L.

81 Ebd., S. 172.

82 Edmund Burke: The Works of the Right Honourable Edmund Burke, Bd. 7, London 1826, S. 404.

83 Diese Zweideutigkeit charakterisiert auch Burkes Bekenntnis zur »Tradition« als solcher: Er war nämlich nur dann Traditionalist, wenn er mit Forderungen egalitärer Natur konfrontiert war. Sobald die Tradition dem Wirtschaftsliberalismus im Weg stand, war er hingegen weniger geneigt, diejenigen zu konsultieren, »die

bereits gelebt haben«, oder am »großen Urkontrakt« festzuhalten, »der von Ewigkeit her alle Weltwesen zusammenhält«. In seiner Eigenschaft als Abgeordneter der Whigs im Parlament verabschiedete Burke die liberalen Gesetze, mit denen 1772 uralte Gesetze und Bräuche aufgehoben wurden, die die Lebensmittelmärkte vor Zwischenhändlern und Profitmachern schützten. In den Worten der Historiker Hay und Rogers: »Burkes Ansichten waren zu denen des Parlaments geworden [...]. Die Legitimität vieler populärer Sitten und Gebräuche, von denen die meisten in uraltem Recht und Praxis verankert waren, wurde durch den Elitediskurs als Usurpation, archaische Unwissenheit, Unmoral, ja sogar Kriminalität infrage gestellt.« (Douglas Hay/Nicholas Rogers: Shuttles and Swords. Eighteenth-Century English Society, Oxford 1997, S. 97; vgl auch S. 98, S. 110f.).

84 Rocco: La dottrina politica, S. 237.

85 Ebd., S. 236.

86 Ebd., S. 240.

87 Bei Losurdo wird die Entwicklung von den antiindividualistischen Attacken Burkes zur liberalen Idealisierung der individuellen Differenz sehr aufschlussreich nachgezeichnet; vgl. Losurdo: Controstoria, S. 195–204.

88 Zit. n. Richard Hofstadter: Social Darwinism in American Thought, Boston 1960, S. 51.

89 Rocco: La dottrina politica, S. 237.

90 Vilfredo Pareto: Manuale di Economia Politica [1906], Pordenone 1994, S. 405f. – Hervorhebung I. L.

91 Jerusalem Talmud, Sanhedrin 4:8 (37a). – Es gibt zwei Formulierungen dieses Gedankens in der Talmud-Literatur. Die eine ist die hier zitierte, die andere bezieht sich allein auf das Volk Israel (Babylonischer Talmud, Sanhedrin 37a). Ich bevorzuge die mit der universellen Bedeutung (an dieser Stelle kann diese nur universell sein, da der Satz im Zusammenhang mit der Geschichte von der Ermordung Abels fällt).

92 Friedrich Nietzsche: Der Wille zur Macht, hrsg. von Max Brahn, Stuttgart 1921, S. 189.

93 Herbert Spencer: Social Statics, London 1851, S. 323.

94 Premierministerin Margaret Thatcher im Gespräch mit dem Woman's Own Magazine vom 31.10.1987.

95 Zit. n. Henry Picker: Hitlers Tischgespräche im Führerhauptquartier, München 2003, S. 111.

96 Giovanni Gentile: Grundlagen des Faschismus, übers. von Eugen Haas, Stuttgart 1936, S. 11f.

97 Ebd., S. 8.

98 Ödön von Horváth: Ein Kind unserer Zeit, Frankfurt a. M. 2001, S. 123.

99 Ebd., S. 118.

100 Ebd., S. 121.

101 Ebd., S. 36. – Horváths Verteidigung des Individuums vor dem Liberalismus ist keine Erfindung des 20. Jahrhunderts. Wie C. B. Macpherson angemerkt hat, wurden die Persönlichkeitsrechte bereits im 17. Jahrhundert nicht vom liberalen Vordenker John Locke, sondern von der Gleichmacherbewegung eingefordert, die in verschiedener Hinsicht als Protosozialisten gelten können: »Lockes Konstitutionalismus [war ...] eher eine Verteidigung des sich ausdehnenden Eigentums als eine Verteidigung der Rechte des Individuums gegen den Staat. Dass dies die wahre Bedeutung des lockeschen Konstitutionalismus sei, wird von der bezeichnenden Tatsache nahegelegt, dass er nicht für wünschenswert hielt, was die Levellers in dem ›Agreement of the People‹ für entscheidend gehalten hatten, nämlich dem Individuum gegenüber jedem Parlament und jeder Regierungsgewalt gewisse Rechte zu sichern.« (C. B. Macpherson: Die politische Theorie des Besitzindividualismus, Frankfurt a.M. 1967, S. 289)

102 John Stuart Mill: Über die Freiheit, übers. von Eduard Pickford, Frankfurt 1860, S. 90.

103 Hitler: Mein Kampf, Bd. 2, S. 1131.

104 Mill: Über die Freiheit, S. 90 u. 92.

105 Hitler: Mein Kampf, Bd. 2, S. 1137.

106 Martin Heidegger: Sein und Zeit, Tübingen 1967, S. 127.

107 Karl Jaspers: Die geistige Situation der Zeit, Berlin 1999, S. 51.

108 Luigi Pirandello: Mattia Pascal, übers. von Piero Rismondo und Michael Rössner, Berlin 2000, S. 147.

109 Hitler: Mein Kampf, Bd. 1, S. 269.

110 Ebd., S. 501.

111 Auf der anderen Seite des Atlantiks waren fast identische Formulierungen zu hören: »In den demokratischen Regierungssystemen«, so behauptete der amerikanische Sozialdarwinist Madison Grant zu Beginn des 20. Jahrhunderts, »führt die Operation des allgemeinen Wahlrechts eher dazu, den Durchschnittsmenschen für ein öffentliches Amt auszuwählen als einen Mann, der durch Geburt, Erziehung und Integrität qualifiziert ist. [...] Die Tendenz der Demokratie geht zur Vereinheitlichung und verringert den Einfluss des Genies.« (Madison Grant: The Passing of the Great Race. Or the Racial Basis of European History, New York 1936, S. 5)

112 Baeumler meint Nietzsches »Schopenhauer als Erzieher«.

113 Alfred Baeumler: Studien zur deutschen Geistesgeschichte, Berlin 1937, S. 93f.

114 Ebd., S. 93.

115 Martin Heidegger: Gesamtausgabe: Bd. 38: Logik als die Frage nach dem Wesen der Sprache, Frankfurt a. M. 1998, S. 51f.

116 Ebd., S. 58f.

117 Vgl. Jonathan Salem-Wiseman: Heidegger's Dasein and the Liberal Conception of the Self, in: Political Theory 4/2003, S. 533–557.

118 Hans F. K. Günther: Rassenkunde Europas. Mit besonderer Berücksichtigung der Rassengeschichte der Hauptvölker indogermanischer Sprache, München 1929, S. 302. – Günthers Begrifflichkeiten stehen auch keineswegs im Widerspruch zur Tradition des »angelsächsischen« Rassismus. Allerdings ging diese Tradition im Allgemeinen, anders als man möglicherweise zunächst vermuten würde, mit einer entschiedenen Verteidigung des Individualismus einher. Die Arier wurden bereits bei Gobineau als liberale und individualistische Menschen gefeiert; vgl. Losurdo: Controstoria, S. 268. Und für Madison Grant unterscheidet sich die aristokratische »nordische Rasse« von der »demokratischen«, »östlichen und asiatischen«, »alpinen Rasse« darin, dass sie »dominant, individualistisch und selbstständig ist und eifersüchtig auf ihre persönliche Freiheit achtet« (Grant: The Passing, S. 228). Grant nahm auch den faschistischen Versuch vorweg, den Individualismus vor der egalitären Demokratie zu bewahren: »Verbunden mit diesem Fortschritt der Demokratie und dem Machttransfer von der höheren zu den niedrigeren Rassen, von der intellektuellen zur plebejischen Klasse, ist die Ausbreitung des Sozialismus und das Wiederaufleben veralteter religiöser Formen. Obwohl diese Phänomene widersprüchlich zu sein scheinen, sind sie in Wirklichkeit eng miteinander verwoben, da beide Reaktionen auf den ausgeprägten Individualismus darstellen, der vor einem Jahrhundert eminent charakteristisch für die Amerikaner war.« (Ebd., S. 12) Bemerkenswert ist auch die Ansicht in der britischen Zeitschrift *Jewry ueber Alles,* die von 1919 bis 1925 von der rechtsextremen Gruppe The Britons herausgegeben wurde: »Beim Judentum ist der Stamm die Einheit, beim weißen Volk ist jeder Erwachsene ein verantwortungsbewusstes Individuum; ein Jude ist kein Individuum – er ist nur ein Teil seines Stammes.« (Estelle Pearlman: The Representation of Jews on Edwardian Postcards, in: Brian Cheyette/Nadia Valman [Hrsg.]: The Image of the Jew in European Liberal Culture, 1789–1914, London/Portland 2004, S. 217–242, hier S. 241)

119 Edwin Erich Dwinger: Die letzten Reiter, Jena 1935, S. 436.

120 Hans Zöberlein: Der Befehl des Gewissens, München 1940, S. 20f.

121 Vgl. Emmanuel Faye: Heidegger. L'introduction du nazisme dans la philosophie. Autour des séminaires inédits de 1933–1935, Paris 2005, S. 27–33.

122 Fayes Interpretation trifft eher auf einen anderen Nazi-Kritiker Descartes' zu, nämlich auf Franz Böhm, der sich weniger für den Wert des Individuums begeisterte und stattdessen auf »konservativere« Weise die deutsche Renaissance des mittelalterlichen Gemeinschaftslebens als Gegenprojekt zum französischen Ideal einer individualistischen Moderne propagierte; vgl. u. a. Franz Böhm: Ewiger Cartesianismus?, in: Volk im Werden 11/1937, S. 555–562.

123 Charles Bambach: Heidegger's Roots. Nietzsche, National Socialism, and the Greeks, Ithaca/London 2003, S. 74.

124 Nietzsche: Wille zur Macht, S. 230f. – Der angebliche Unterschied zwischen dem »guten Europäer« und Liberalen Nietzsche und dem mythischen Deutschen und Faschisten Heidegger ist sehr oberflächlich. »Nietzsche«, so Bambach, »lehnt den deutschen Nationalismus und Rassismus ab und bejaht stattdessen die einsame Existenz des Einzelnen, der wie Zarathustra auf Bergen, fernab der Massen lebt.« (Bambach: Heidegger's Roots, S. 80) Doch war nicht auch Nietzsche sehr daran interessiert, die Massen zu erreichen? Zarathustra mag auf den luftigen Höhen eines stolzen Individualismus seinen Anfang nehmen, aber *bleibt* nicht dort: Er steigt sofort hinab und mischt sich unter die Menschen, und es ist sicher kein Zufall, dass er als Erstes auf den Marktplatz geht, um dort den *Übermenschen** zu verkünden! »Ein Buch für alle und keinen« ist ein Widerspruch, der viel über die seltsame Zwangslage Nietzsches und anderer selbsternannter »Aristokraten« wie Jünger oder Spengler verrät, die zwischen der Notwendigkeit, die Massen auszuschließen/zu verbannen, und dem Bedürfnis, sie zu inkludieren/einzubinden, gefangen waren. Hervorragend erörtert wird Nietzsches Haltung gegenüber Deutschland, die weit weniger ablehnend war als gemeinhin angenommen, bei Domenico Losurdo: Nietzsche, il ribelle aristocratico. Biografia intelletuale e bilancio critico, Turin 2004, S. 818 u. 843.

125 Stefan Zweig: Die Monotonisierung der Welt [1925], in: ders.: Zeiten und Schicksale, Frankfurt a. M. 1990, S. 30–39. – Hervorhebungen I. L. mit Ausnahme von »Konsequenzen«.

126 Ebd., S. 38.

127 Stefan Zweig: Die Welt von gestern, Stockholm 1944, S. 487.

128 Heidegger: Logik, S. 85.

129 Ebd., S. 83.

130 Vgl. Richard Wolin: Arbeit Macht Frei: Heidegger as Philosopher of the German Way, in: ders.: Heidegger's Children, Princeton/New Jersey 2003, S. 173–202, hier S. 181.

131 Zit. n. Hamilton: The Appeal of Fascism, S. 48.

132 Oswald Spengler: Jahre der Entscheidung [1933], München 1980, S. 186.

133 Zit. n. Hamilton: The Appeal of Fascism, S. 45.

134 Mill: Über die Freiheit, S. 121.

135 John Carey: The Intellectuals and the Masses, London 1992, S. 201.

136 Dieses Paradoxon lässt sich bis zu den Ursprüngen des Liberalismus im England des 17. Jahrhunderts zurückverfolgen. Man denke nur an Lockes widersprüchliche Haltung, die C. B. Macpherson folgendermaßen zusammengefasst hat: »Die volle Individualität für einige [wurde] durch die Aufzehrung der Individualität von anderen erzeugt. Locke konnte sich nicht bewusst werden, dass die von ihm verfochtene Individualität zugleich eine Negierung der Individualität war. [...] Die Größe des Liberalismus des siebzehnten Jahrhunderts lag in seinem Eintreten für das freie vernünftige Individuum als Kriterium einer guten Gesellschaft; seine Tragik war es, dass gerade diese Haltung notwendig darauf hinauslief, der halben Nation die Individualität zu versagen.« (Macpherson: Besitzindividualismus, S. 294)

137 Zit. n. R. F. Foster: Yeats – A Life, Bd. II.: The Arch-Poet, Oxford 2005, S. 468.

138 Ebd.

139 Croce: Geschichte Europas, S. 305.

140 Ebd., S. 305f.

141 Ebd., S. 306. – Hervorhebungen I. L.

6 Liberalismus und Faschismus zwischen Mythen und Wirklichkeit II

1 Dieser Abschnitt enthält Material, das ich zuvor in Ishay Landa: Heideggers entwendeter Brief. Die liberale Volksgemeinschaft, in: Bernhard H. F. Taureck (Hrsg.): Politische Unschuld? In Sachen Martin Heidegger, München 2008, veröffentlicht habe.

2 Robert O. Paxton: Anatomie des Faschismus, München 2006, S. 18.

3 Das war Arendts Argumentation in ihrem Essay »Wahrheit und Politik« (1972).

4 Karl Marx/Friedrich Engels: Manifest der Kommunistischen Partei, in: dies.: Werke [MEW], Berlin, 1956ff., Bd. 4, S. 459–493, hier S. 493.

5 John Stuart Mill: Über die Freiheit, übers. von Eduard Pickford, Frankfurt 1860, S. 92.

6 Vgl. Domenico Losurdo: Controstoria del liberalismo, Rom/Bari 2005, S. 201.

7 Zit n. Domenico Losurdo: La Seconda Repubblica. Liberismo, federalismo, postfascismo, Turin 1994, S. 39.

8 In Mills englischem Originaltext ist von »strong man of genius« die Rede. Sein Übersetzer Pickford macht daraus »die ungewöhnlich begabte Stärke« und spricht eine Zeile weiter vom »Helden« (Anm. d. Übers.).

9 Mill: Über die Freiheit, S. 93.

10 Ebd.

11 Leo Strauss: Persecution and the Art of Writing, Chicago/London 1952, S. 22.

12 Ebd., S. 24.

13 Leo Strauss: What is Political Philosophy?, Chicago/London 1988, S. 222.

14 Strauss: Persecution, S. 24.

15 Wie in der Einleitung zu »The City and Man« klargestellt wird: »Es ist weder selbstvergessene, leicht masochistische Liebhaberei noch eine selbstvergessene, begeisterte Romantik, die uns dazu veranlasst, uns mit Leidenschaft und grenzenlosem Lernwillen dem politischen Gedankengut der klassischen Antike zuzuwenden. Vielmehr ist es die Krise unserer Zeit, die Krise des Westens, die uns dazu zwingt.« (Leo Strauss: The City and Man, Chicago/London 1978, S. 1)

16 Strauss: Persecution, S. 25.

17 Ebd., S. 34. – Strauss bekräftigt an anderer Stelle: »Die Esoterik leitet sich notwendigerweise aus der ursprünglichen Bedeutung von Philosophie ab.« (Strauss: Political Philosophy?, S. 227)

18 Leo Strauss: Liberalism Ancient and Modern, Chicago/London 1968, S. 6.

19 Strauss: Persecution, S. 35.

20 Ebd., S. 33.

21 Ebd., S. 8f.

22 Ebd., S. 18.

23 Strauss: Political Philosophy, S. 221.

24 Ebd., S. 221f.

25 Für eine informative Studie über Strauss' Einfluss vgl. Shadia B. Drury: Leo Strauss and the American Right, New York 1999.

26 Strauss: Liberalism Ancient, S. 24. – Hervorhebung I. L.

27 Carroll Quigley: The Anglo-American Establishment. From Rhodes to Cliveden, San Pedro, CA 1981, S. ix.

28 Strauss: Political Philosophy?, S. 205f.

29 Ebd., S. 218. – Hervorhebungen mit Ausnahme des lateinischen Mottos I. L.

30 Mehr über Locke als Meister der Esoterik, der »den Geist des Kapitalismus« auf revolutionäre Weise förderte, dabei aber Vorsicht walten ließ, um »die Leidenschaft des Volkes nicht zu entfachen«, und »in seinen öffentlichen Bekenntnissen bei der Herde blieb«, vgl. Leo Strauss: Natural Right and History, Chicago/London 1953, S. 205–209 u. 246.

31 Strauss: Political Philosophy?, S. VII.

32 Ebd., S. IX.
33 Ebd., S. X.
34 Walter Bagehot: Englische Verfassungszustände, übers. von Franz von Holtzendorff, Berlin 1868, S. 60–65.
35 Vilfredo Pareto: Sociological writings, New York 1966, S. 139.
36 Ebd., S. 312.
37 Gustave Le Bon: Psychologie der Massen, übers. von Rudolf Eisler, Stuttgart 1982, S. 2f.
38 Ebd., S. 3.
39 Ebd., S. 5f.
40 Pareto: Sociological writings, S. 150.
41 Zit. n. Losurdo: La Seconda Repubblica, S. 55.
42 Vgl. ebd., S. 55–57.
43 Zit. n. Joachim Petzold: Konservative Theoretiker des deutschen Faschismus, Berlin 1978, S. 317.
44 Walter Struve: Elites against Democracy. Leadership Ideals in Bourgeois Political Thought in Germany 1890–1933, New Jersey 1973, S. 142.
45 Ebd., S. 122.
46 Le Bon: Psychologie der Massen, S. 2.
47 Gaetano Mosca: Die herrschende Klasse, übers. von Franz Borkenau, München 1950, S. 275f.
48 Ebd., S. 274.
49 Vilfredo Pareto: Trattato di Sociologia Generale, 2 Bde., Florenz 1916, Bd. 2., S. 602f.
50 Losurdo: La Seconda Repubblica, S. 56f.
51 Vgl. Roger Griffin: The Nature of Fascism, London/New York 1993, S. 32–39. Das Wort »Palingenese« ist dem Griechischen entlehnt und bedeutet »Neugeburt«. Griffin zufolge macht die »nationale Wiedergeburt« so etwas wie die mythische Grundlage des Faschismus aus (Anm. d. Übers.).
52 C. B. Macpherson: Die politische Theorie des Besitzindividualismus, Frankfurt a. M 1967, S. 287f.
53 Andrew Ure: The Philosophy of Manufactures: or, An Exposition of the Scientific, Moral, and Commercial Economy of the Factory System, of Great Britain, London 1835, S. 20.
54 Ebd. – Hervorhebung I. L.
55 Friedrich Nietzsche: Der Wille zur Macht, in: ders.: Werke in drei Bänden, München 1954, Bd. 3, S. 629.
56 »Als Merkantilist, der er war«, bekräftigt Macpherson, »hatte Locke, wenn er den Zweck wirtschaftlicher Tätigkeit erörterte, gewöhnlich weniger den Reichtum des Individuums als den der Nation vor Augen« (Macpherson: Besitzindividualismus, S. 233).
57 Zit. n. Karl Marx: Rede über die Frage des Freihandels, in: MEW, Bd. 4, S. 444–458, hier S. 452.
58 Norberto Bobbio: Liberalism and Democracy, London/New York 2005, S. 16.
59 Ebd., S. 9.
60 Maskenball (Anm. d. Übers.).
61 Vgl. den lehrreichen und gut geschriebenen Aufsatz von Q. S. Tong: The Aesthetic of Imperial Ruins. The Elgins and John Bowring, in: boundary 2/2006, S. 123–150.
62 Von Zeitgenossen wurde Bowring als ein Mann mit »übersteigertem Selbstwertgefühl« und als »Kriegstreiber«, zugleich aber auch als brillante Person beschrieben (ebd., S. 134; vgl. auch S. 136f.).
63 Z. B. Uday Singh Mehta: Liberalism and Empire. A Study in Nineteenth-Century British Liberal Thought, Chicago/London 1999 und Jennifer Pitts: A Turn to

Empire. The Rise of Imperial Liberalism in Britain and France, Princeton/New Jersey 2005.

64 Mehta: Liberalism, S. 79.

65 Laurence Oliphant: Narrative of the Earl of Elgin's Missions to China and Japan in the Years 1857, '58, '59, New York 1860, S. 97.

66 John Newsinger: Elgin in China, in: New Left Review 15/2002, S. 119–140, hier S. 127.

67 Tong: Aesthetic, S. 144.

68 Zit. n. ebd., S. 125.

69 Ebd., S. 145.

70 Mehta: Liberalism, S. 2. – Hervorhebungen I. L.

71 Benjamin Constant: Political Writings, Cambridge 1988. – Übersetzung auf Grundlage des französischen Originals: Principes de politique [1806], unter: www.librairal.org/wiki/Benjamin_Constant:Principes_de_politique (Anm. d. Übers.).

72 Ein klassisches Beispiel für diese Interpretation findet sich bei Fritz Stern, der die These vertritt, der antiliberale, antikapitalistische und antimoderne Charakter der »völkischen Ideologie« des 19. Jahrhunderts habe später zum Nationalsozialismus geführt; vgl. Fritz Stern: Kulturpessimismus als politische Gefahr. Eine Analyse nationaler Ideologie in Deutschland, München 1986. Ganz ähnlich ist Wolfgang Sauer der Meinung, beim Faschismus habe es sich um »eine Revolte der Deklassierten [...] gegen die Industrialisierung« gehandelt, wobei die Faschisten »Verlierer« gewesen seien, die »aus einer Position der Schwäche heraus« handelten (Wolfgang Sauer: National Socialism: Totalitarianism or Fascism?, in: The American Historical Review 2/1967, S. 404–424, hier S. 417f.).

73 Constant: Political Writings, S. 215f. – Hervorhebung I. L. Übersetzung auf Grundlage des französischen Originals: Principes de politique [1806].

74 Ebd., S. 214.

75 Ebd., S. 313, vgl. S. 325.

76 Ebd., S. 313.

77 Ebd., S. 315. – Übersetzung auf Grundlage des französischen Originals: De la liberté des Anciens comparée à celle des Modernes [1819], unter: www.catallaxia.org/wiki/Benjamin_Constant:De_la_libert%C3%A9_des_Anciens_compar%C3%A9e_%C3%A0_celle_des_Modernes (Anm. d. Übers.).

78 Ebd., S. 316.

79 Ebd., S. 317.

80 Christopher Duggan: A Concise History of Italy, Cambridge 1994, S. 188. – Hervorhebung I. L.

81 Ebd., S. 193.

82 Thomas Mann: Von Deutscher Republik, Frankfurt a. M. 1981, S. 363.

83 Ebd., S. 356. – Hervorhebung I. L.

84 Michael Mann: Fascists, Cambridge 2004, S. 21.

85 In der deutschsprachigen Ausgabe von 1950 fehlt dieser Satz. Die Übersetzung erfolgte auf Grundlage des italienischen Originals (Gaetano Mosca: Elementi di scienza politica, Turin 1923, S. 764; Anm. d. Übers.).

86 Mosca: Herrschende Klasse, S. 383. – In der deutschsprachigen Ausgabe von 1950 fehlt der zweite Satz des Zitats. Die Übersetzung erfolgte auf Grundlage des italienischen Originals (Mosca: Elementi, S. 764; Anm. d. Übers.).

87 Ebd., S. 385. – Hervorhebung I. L. Bemerkenswert ist – gerade aus liberaler Sicht –, wie Mosca die »Individuen« nicht verteidigt, sondern bemüht ist, sie der Herrschaft des Staates auszuliefern, ohne dass »intermediäre« Organisationen ihre Sache gegen die Freiheiten des Kapitals verteidigen können! Dies ist ein weiteres Beispiel für unsere These zum widersprüchlichen Verhältnis von Liberalismus und Individualismus.

88 Ebd., S. 385f.

89 Mann: Fascists, S. 53.

90 Ebd., S. 15.
91 Ebd.
92 Dylan Riley, der Manns Buch rezensierte, wies scharfsinnig auf die Widersprüchlichkeit in dessen Argumentation hin: »Tatsache ist, dass sich ihre Trupps (squads) hauptsächlich darum bemühten, die Klassenorganisationen der Arbeiterbewegung zu schlagen. Es ist daher seltsam zu behaupten, Faschisten würden den Klassenkampf mit Abscheu betrachten; vielmehr beteiligten sie sich mit gewalttätiger Begeisterung an ihm.« (Dylan Riley: Enigmas of Fascism, in: New Left Review 30/2004, S. 134–147, hier S. 141).
93 Zit. n. Jeffrey Verhey: Der »Geist von 1914« und die Erfindung der Volksgemeinschaft, Hamburg 2000, S. 13f.
94 Mann: Fascists, S. 15.
95 Ebd.
96 Christoph Buchheim/Jonas Scherner: The Role of Private Property in the Nazi Economy. The Case of Industry, in: The Journal of Economic History 2/2006, S. 390–416, hier S. 405. – Hervorhebungen I. L.
97 Ebd., S. 408.
98 Ebd., S. 409.
99 Thomas Mann: Betrachtungen eines Unpolitischen, Frankfurt a. M. 1974, S. 30. – Hervorhebung I. L. Vgl. Georg Lukács' Beobachtung über »die These Thomas Manns, dass Politik mit Demokratie gleichbedeutend ist« (Georg Lukács: Thomas Mann, Berlin 1950, S. 64).
100 Zit. n. Alastair Hamilton: The Appeal of Fascism: A Study of Intellectuals and Fascism. 1919–1945, New York 1971, S. 51.
101 Carl Schmitt: Der Begriff des Politischen [1932], nach der 3. Aufl. von 1963, Berlin 1991, S. 30.
102 Friedrich Nietzsche: Götzen-Dämmerung oder Wie man mit dem Hammer philosophirt, in: ders.: Werke in drei Bänden, München 1954, Bd. 2, S. 1017.
103 Ebd., S. 1152
104 Schmitt: Der Begriff des Politischen, S. 30.
105 Carl Schmitt: Die geistesgeschichtliche Lage des heutigen Parlamentarismus [1926], Berlin 2017, S. 88.
106 Ebd., S. 89f.
107 Schmitt: Der Begriff des Politischen, S. 29f.
108 Ebd., S. 29. – Auf die von Schmitt zitierten griechischen Begriffe habe ich an dieser Stelle verzichtet, weil sie für unsere Debatte unwesentlich sind und den Lesefluss unterbrechen würden.
109 Thomas Mann: Doktor Faustus, Frankfurt a. M. 1967, S. 402.
110 Mosca: Herrschende Klasse, S. 319.
111 Ebd., S. 386f.
112 Ebd., S. 390.
113 Ebd., S. 394.
114 Ebd., S. 393.
115 Ebd., S. 390.
116 Zit. n. Reinhard Kühnl: Der deutsche Faschismus in Quellen und Dokumenten, Köln 2000, S. 113.
117 Zit. n. Henry Picker: Hitlers Tischgespräche im Führerhauptquartier, München 2003, S. 79.
118 Ebd., S. 93.
119 Ebd., S. 164.
120 Zit. n Kühnl: Der deutsche Faschismus, S. 114. – Vgl. die Darstellung Strassers von einem hitzigen Streit mit Hitler, bei dem dieser das faschistische Italien und

dessen Lösung des sozialen Problems verteidigte, während Strasser den italienischen Faschismus kritisierte, weil dieser »den Kapitalismus [...] intakt« gelassen habe, »so wie auch Sie ihn intakt lassen wollen« (Otto Strasser: Hitler und ich, Buenos Aires 1940, S. 112f.). Für eine sehr nützliche und sorgfältige Darstellung der verschiedenen Facetten des »Antifaschismus« in der NS-Linken vgl. Klaus-Peter Hoepke: Die deutsche Rechte und der italienische Faschismus, Düsseldorf 1968, S. 197–240.

121 Vgl. Otto Strasser: Hitler and I, Boston 1940, S. 9–12, 106f. u. 110–114.

122 Zit. n. Max Domarus: Hitler. Reden und Proklamationen, 1932–1945, 4 Bde., Wiesbaden 1973, Bd. 4, S. 2213f.

123 Domarus verwies auf den Umstand, dass Hitler auf eine für ihn völlig untypische Weise die Völker des Ostens gerühmt haben soll, während er sonst doch immer nur abfällig von der russischen Primitivität gesprochen habee; vgl. ebd., S. 2214.

124 Ebd.

125 Domarus: Hitler, Bd. 3, S. 1639.

126 Adolf Hitler: Mein Kampf. Eine kritische Edition, hrsg. von Christian Hartmann, Thomas Vordermayer, Othmar Plöckinger, Roman Töppel, 2 Bd., München/Berlin 2016, Bd. 1, S. 383.

127 Ebd., S. 391 u. 393.

128 Ebd., S. 393.

129 Picker: Hitlers Tischgespräche, S. 135. – Die selbstgefällige Aufgabe Deutschlands durch seinen Führer ist in Joachim Fests »Der Untergang« dokumentiert. Der Autor führt dies jedoch ausschließlich auf die Persönlichkeit Hitlers zurück, den er als rücksichtslosen »Spieler« beschreibt, den es »in die Politik verschlagen« (Joachim Fest: Der Untergang. Hitler und das Ende des Dritten Reiches, Berlin 2002, S. 46) habe usw. Ungeachtet der Charakterzüge Hitlers würde ich hingegen argumentieren, dass diese Haltung symptomatisch für das zynische Verhältnis des Faschismus zur Nation war. Tatsächlich verstrickt sich Fest bei seinem Versuch, den Nationalsozialismus mit Hitlers extravaganter Persönlichkeit zu erklären, unablässig in Widersprüche. Er behauptet beispielsweise, dass die »unbändige Kraft, die ihn ein Leben lang vorwärtstrieb, [...] allein die vorkulturelle Maxime vom Recht des Stärkeren [war]. Nur sie beschreibt Anfang und Ende dessen, was er als seine Weltanschauung ausgab.« Alle weiteren »Vorstellungen« Hitlers, die »auf Niederwerfung, Versklavung sowie ›rassische Flurbereinigung‹ zielten«, seien Ausdruck Hitlers »darwinistischer Generalparole« gewesen (ebd.: S. 165). Meiner Ansicht nach ist dies eine solide These, und Fest weist damit auf eine Säule des Faschismus hin. Gleichzeitig widerspricht sie jedoch seinem eigenen Hauptargument von der Einzigartigkeit Hitlers, die den Nationalsozialismus sowohl von der deutschen als auch von der westlichen Tradition abhebt. Hitler, schreibt Fest, sei »eine Erscheinung [...], wie es sie in der Geschichte tatsächlich ›nie gegeben hat‹«, da er im Unterschied zum alten Rom, dem Heiligen Römischen Reich, Napoleons Frankreich, dem britischen Empire und sogar »Stalins blutiger Despotie [...] ohne jede zivilisatorische Idee« gewesen sei (ebd.: S. 164). Das offenkundige Problem bei dieser Darstellung ist jedoch, dass man Hitler zwar vieles zuschreiben kann, aber gewiss nicht die Erfindung des Sozialdarwinismus. Und wenn all der Schrecken tatsächlich, wie Fest behauptet, aus der »Maxime vom Recht des Stärkeren« resultierte, dann widerlegt sich die Bemühung, Hitler aus der westlichen Tradition herauszulösen, von selbst.

130 Oswald Spengler: Das heutige Verhältnis zwischen Weltwirtschaft und Weltpolitik, in: ders.: Politische Schriften. Volksausgabe, München 1933, S. 311–338, hier S. 335.

Nachwort – Untermenschen: Faschismus als internationale Koproduktion

1 Zit. n. Douglas Goldring: The Nineteen Twenties. A General Survey and Some Personal Memories, London 1945, S. 223.

2 Zit. n. Richard Hamilton: Who Voted for Hitler?, Princeton/New Jersey 1982, S. 2. – Churchills »Bewunderung« für Mussolini hielt, wie der Autor schreibt, »bis zum Vorabend des Zweiten Weltkriegs« an.

3 Zit. n. Clement Leibovitz/Alvin Finkel: In Our Time. The Chamberlain-Hitler Collusion, New York 1998, S. 103.

4 Zit. n. ebd., S. 25f.

5 Man betrachte beispielsweise den Fall großer deutscher Parteien wie der liberalen DVP oder der rechten DNVP, die bei den Wahlen 1928, kurz vor dem großen Durchbruch der Nazis 1930, auf 22,9 Prozent der Stimmen gekommen waren, im Juli 1932 hingegen zusammen nur noch auf 7,3 Prozent kamen und sich im November desselben Jahres mit 9,8 Prozent nur leicht erholten; vgl. Donny Gluckstein: The Nazis, Capitalism and the Working Class, London 1999, S. 79. Ganz ähnlich war die Lage in Italien in den Jahren vor der faschistischen Machtübernahme; vgl. Alexander De Grand: Italian Fascism. Its Origins and Development, Lincoln/London 1982, S. 34f. u. 45.

6 In der letzten Phase der Weimarer Republik und während des kometenhaften Aufstiegs der NSDAP erlitten die Linksparteien KPD und SPD nur leichte Verluste: Sie fielen von 40,4 Prozent im Jahre 1928 auf 36,1 Prozent im Juli 1932 und 37,3 Prozent im November 1932. Tatsächlich war der Anteil der Linksparteien im letzten Jahr der Republik höher als bei den beiden Wahlen im Jahre 1924, als er bei 33,9 Prozent und 35,1 Prozent gelegen hatte; vgl. Gluckstein: The Nazis, S. 79. Auch in Italien ging im Mai 1921 unter dem Druck der gewaltsamen Angriffe der Squadristi »der Wähleranteil von Sozialisten und Kommunisten [...] gegenüber dem Ergebnis von 1919 nur leicht zurück«, während die faschistische Partei die Liberalen Giolittos, ihre Verbündeten im nationalen Block, deutlich hinter sich zurückließ (De Grand: Italian Fascism, S. 34).

7 Das liest sich wie eine späte Neuauflage der Sonderweg-Theorie hinsichtlich des Faschismus, die nun nicht mehr nur auf Deutschland, das sprichwörtliche schwarze Schaf unter den europäischen Nationen, sondern auf alle Länder angewandt werden soll, die den Weg des Nordwestens verließen und faschistisch wurden. Für eine heute fast schon klassische Kritik der ursprünglichen Sonderweg-These, bei der der vermeintliche Ausnahmecharakter Deutschlands im 19. Jahrhundert anhand eines sehr nützlichen Vergleichs mit England hinterfragt wird, vgl. David Blackbourn/Geoff Eley: The Peculiarities of German History. Bourgeois Society and Politics in Nineteenth-Century Germany, Oxford 1984.

8 Michael Mann: Fascists, Cambridge 2004, S. 77.

9 Ebd., S. 90.

10 Ebd., S. 8.

11 Ebd., S. 41. – Hervorhebungen I. L.

12 Ebd., S. 38.

13 Zit. n. Robert Rhodes James: The British Revolution: British Politics. 1880–1939, London 1978, S. 526.

14 Zit. n. Leibovitz/Finkel: In Our Time, S. 103.

15 Ebd., S. 188.

16 Ebd., S. 155.

17 Mann: Fascists, S. 90.

18 Vgl. Leibovitz/Finkel: In Our Time, S. 224.

19 Carroll Quigley hat sehr überzeugend dargelegt, dass es vor allem die antifaschistische Öffentlichkeit war, die die »demokratischen« Politiker gegen deren Neigungen und Pläne zum Krieg gegen Hitler bewegten. So schreibt Quigley beispielsweise: »Die Angst vor Hitlers Kriegseinsätzen beruhte weniger auf einer Abneigung gegen die Gewalt (weder Lothian noch Halifax waren Pazifisten) als auf der Erkenntnis, dass, wenn Hitler Krieg gegen Österreich, die Tschechoslowakei oder Polen führen würde, die öffentliche Meinung in Frankreich und England ihre Regierungen

zur Kriegserklärung zwingen könnte, obwohl jene gewillt waren, Deutschland die Gebiete zu überlassen. Genau das geschah schließlich auch.« (Carroll Quigley: The Anglo-American Establishment. From Rhodes to Cliveden, San Pedro CA 1981, S. 261)

20 Stanley G. Payne: A History of Fascism. 1914–45, London/New York 1996, S. 304.

21 Waugh zit. n. Douglas Lane Patey: The Life of Evelyn Waugh, Oxford/Cambridge 2001, S. 147.

22 Zit. n. ebd., S. 146.

23 Ebd., S. 142.

24 Gemeint ist die republikanische Regierung Spaniens, die ihren Sitz 1936/37 während des Bürgerkriegs wegen der Kämpfe um Madrid in die Mittelmeerstadt Valencia verlegte (Anm. d. Übers.).

25 Bei der sogenannten Fabian Society handelt es sich um eine 1881 gegründete, sozialreformerische Gesellschaft, die nicht unwesentlich zur Sozialdemokratisierung der britischen Labour Party beitrug (Anm. d. Übers.).

26 Zit. n. Margaret Cole (Hrsg.): Beatrice Webb's Diaries. 1924–1932, London u. a. 1956, S. 267f.

27 Gaetano Salvemini/George Bernard Shaw: Polemica sul fascismo, Rom 1997, S. 145.

28 Gaetano Salvemini: Prelude to World War II, New York 1954, S. 9.

29 Ebd., S. 8.

30 Gaetano Salvemini: The Origins of Fascism in Italy, New York 1973, S. 57.

31 G. K. Chesterton: The Resurrection of Rome, in: ders.: Collected Works, Bd. XXI, San Francisco 1990, S. 265–466, hier S. 429. – Chesterton ist der Nähe zum Faschismus bezichtigt worden, insbesondere nach seinem Buch »The Resurrection of Rome«. Zweifelsohne charakterisieren Naivität und Wunschdenken seinen Blick auf das faschistische Regime; eine Kurzsichtigkeit, die in Chestertons ausgeprägt kleinbürgerlicher Ideologie begründet war. Diese Illusionen machen ihn jedoch nicht zu einem ausländischen Anhänger des Faschismus: Im Gegensatz zu Churchill, der Mussolini versicherte, dass er, wäre er Italiener gewesen, im »Kampf gegen die bestialischen Gelüste und Leidenschaften des Leninismus« uneingeschränkt an seiner Seite gestanden hätte (Goldring: The Nineteen Twenties, S. 223), oder zu seinem Schriftstellerkollegen Waugh, der öffentlich bekundete, dass er als Spanier für General Franco kämpfen würde, stellte Chesterton klar, dass er, wäre er Italiener gewesen, die Volkspartei von Don Sturzo unterstützt hätte. Chesterton war unbeeindruckt, ja sogar ermutigt von der Kritik, diese Partei sei »zu demokratisch« und laufe auf einen »Bolschewismus in weißem statt rotem Kostüm hinaus; [...] auf einen Kommunismus, der als Katholizismus daherkommt«. Diese Vorwürfe, betonte Chesterton, hätten ihn »mit einem tiefen Gefühl des Stolzes« erfüllt (Chesterton: Resurrection of Rome, S. 410).

Tatsächlich zielte Chestertons Argument weniger darauf ab, den Faschismus zu legitimieren, als vielmehr das Bild der englischen Demokratie zu hinterfragen und zu kritisieren, dass sie einer verborgenen und betrügerischen Vermögenselite ausgeliefert worden war. Das Problem, das er mit der liberalen Demokratie verband, waren nicht »Freiheit oder gar Liberalismus«, sondern vielmehr die Art und Weise, wie »Liberale dem Liberalismus, von der Freiheit ganz zu schweigen, untreu sind. [...] Unser Zeitalter ist nicht von der Selbstregierung des Volks, sondern von einer vom Volk weit entfernten Geheimregierung geprägt.« (Ebd., S. 426f.) Ungeachtet ihrer Schwächen ist Chestertons Polemik weder profaschistisch noch antidemokratisch, im Gegenteil: Ihre eigentliche Zielscheibe ist die englische Kryptotyrannei, die die Volksherrschaft untergräbt. »Jeder Instinkt meines Wesens sagt mir«, so bekräftigte er, »ich solle die englische Freiheit der römischen Disziplin vorziehen. Aber die römische Disziplin existiert; und wo ist die englische Freiheit? Nirgends, so bedaure ich erklären zu müssen, in England.« (Ebd., S. 433).

32 Vgl. Autoren wie Leibovitz/Finkel (In Our Time), die dem Vorbild Gleichgesinnter wie Salvemini (Prelude to World War II), Quigley (The Amglo-American

Establishment) und Frederick L. Schuman (Europe on the Eve. The Crises of Diplomacy 1933–1939, New York 1942) folgten.

33 Vgl. Leibovitz/Finkel: In Our Time, S. 150f.

34 Zit. n. ebd., S. 157.

35 Michael Oakeshott: Religion, Politics and the Moral Life, New Haven/London 1993, S. 114f.

36 Mann: Fascists, S. 61. – Hervorhebung I. L.

37 Bei der Lektüre Manns ist es manchmal schwer, sich des Eindrucks zu erwehren, dass dies tatsächlich seine Meinung war. So bekräftigt er beispielsweise: »Wenn wir uns in die Lage der spanischen Großgrundbesitzer versetzen, die durch anarchosyndikalistische und sozialistische Landbesetzungen, Bombenanschläge und ›revolutionäre‹ Aufstände bedroht sind, würden wir möglicherweise auch nach den Waffen greifen.« (Ebd., S. 57)

38 Albert S. Lindemann: Esau's Tears – Modern Anti-Semitism and the Rise of the Jews, Cambridge 1997, S. 162, vgl. S. 169.

39 Paul Adelman: The Decline of the Liberal Party 1910–1931, Harlow 1995, S. 32. – Hervorhebung I. L.

40 Vgl. Andrew McDonald: The Geddes Committee and the Formulation of Public Expenditure Policy, 1921–1922, in: The Historical Journal 3/1989, S. 643–674.

41 Juan Donoso Cortés: Ensayo sobre el catolicismo, el liberalismo y el socialismo, considerados en sus principios fundamentales, Barcelona 1851, S. 206.

42 Anders als Mann ignoriert der gefeierte Hitler-Biograf Ian Kershaw (2004) die Anziehungskraft des Nationalsozialismus auf zahlreiche britische Führungspersonen seiner Zeit nicht einfach. Im Gegenteil, er publizierte sogar ein ganzes Buch mit dem bezeichnenden Titel »Hitlers Freunde in England«, um diese Attraktivität zu erforschen. Dabei beschäftigt er sich vor allem mit dem Fall von Lord Londonderry, einem der lautstärksten und beharrlichsten unter jenen Politikern, die versuchten, Hitler zu »besänftigen«. Kershaws Buch ist sehr informativ, insbesondere das erste Kapitel, das einen Überblick über die weitverbreiteten »Illusionen und Wahnvorstellungen über Hitler« in Großbritannien jener Zeit bietet. Und doch zieht auch er es vor, auf quasidramaturgische Strategien der Entfremdung zurückzugreifen, um das wirklich kritische Potenzial seiner Untersuchungen sanft zu entschärfen. Dies tut er erstens, indem er diese Unterstützung so darstellt, als sei sie durch *Illusionen*, Verwirrung, »Unsicherheit und Fehleinschätzungen« (Ian Kershaw: Making Friends with Hitler. Lord Londonderry, the Nazis, and the Road to World War II, Harmondsworth 2004, S. 27) und nicht durch ein beträchtliches Ausmaß an politischer und ideologischer *Übereinstimmung* mit Hitler motiviert gewesen. Er schreibt beispielsweise, dass Hitler »ein Rätsel war« (ebd., S. 25) und dass diejenigen, die wie die Mitglieder des Kabinetts von Ramsay Macdonald dazu neigten, ihn freundlich zu behandeln, »nur wohlgesonnen und in mancher Hinsicht sogar idealistisch waren. Doch alle waren auf irgendeine Weise auch von Hitler irritiert.« (Ebd., S. 27) Auf dieser Ebene apologetischer Suggestion werden Entscheidungen als *Unentschiedenheit*, Handlungen als *Zögern* dargestellt, was natürlich allgemein charakteristisch für die Geschichtserzählung des »Appeasement« ist, die uns davon überzeugen will, dass das Problem der politischen Elite Großbritanniens nicht darin bestand, was sie tat, sondern was sie *nicht* tat; nicht darin, woran sie glaubte und als richtig und moralisch erachtete, sondern darin, was sie nicht glauben *wollte* und nicht sehen *konnte*.

Begleitet wird diese Strategie der *Attenuation* [Abschwächung; Anm. d. Übers.] gewöhnlich von einer Strategie der *Entfremdung*, indem nämlich die Handlungen und Entscheidungen der Appeasement-Politiker als bizarr, unwahrscheinlich und untypisch dargestellt werden. Ich zitiere das folgende Beispiel nicht, weil der Autor hier Merkwürdiges tut – tatsächlich möchte ich noch einmal bekunden, dass Kershaws Versuch, die Aufmerksamkeit auf das Handeln von Personen wie Lord Londonderry zu lenken, an und für sich lobenswert ist –, sondern im Gegenteil, weil es symptomatisch ist und die vom Mainstream eingesetzten Mittel der rhetorischen Entschärfung offenbart. So argumentiert Kershaw: »Die Briefe Londonderrys [...] geben Einblick in die *uns heute* – da wir wissen, was Hitler der Welt später antun sollte – *so fremden* Gründe, warum sich in Großbritannien so viele Menschen, und zwar auch aus den gut informierten und vernetzten Teilen der Gesellschaft, von Nazi-Deutschland angezogen fühlten.« (Ebd., S. XX. – Hervorhebung I. L.). Selbst wenn der Historiker etwas *aufdeckt, verhüllt* er es; selbst wenn die Mittäterschaft der britischen Eliten erwähnt wird, sollen wir die Unterstützung für einen skrupellosen antidemokratischen und antisozialistischen Diktator nicht als das ansehen, was sie in Wirklichkeit ist: nämlich ein normales und normatives Merkmal der britischen Außenpolitik. Stattdessen wird sie als eine Verirrung, als seltsames Echo einer nicht vergangenen, sondern verdrängten Zeit interpretiert: »In gewisser Weise sind auch die gesellschaftliche Welt der Londonderrys und die ihr zugrunde liegenden Werte untergegangen. Sein politischer Aufstieg und die Art und Weise, wie er danach in Verruf geriet, wirken wie eine Elegie über Niedergang und Fall der britischen Aristokratie.« (Ebd., S. XXI). Aber sind diese gesellschaftliche Welt und die ihr zugrunde liegenden Werte wirklich »untergegangen«? Großbritannien hat auf jeden Fall auch in der Nachkriegszeit in Ländern wie dem Iran, Chile und Indonesien, um nur einige Beispiele zu nennen, eng mit notorisch korrupten und autoritären Regimen zusammengearbeitet, sie unterstützt, ausgerüstet und sogar dazu beigetragen, sie an die Macht zu bringen. Aber diese *Kontinuität* von Vergangenheit und Gegenwart ist genau das, was die meisten historischen Studien vertuschen sollen oder zumindest zu enthüllen vermeiden. Für radikale, wenn auch weniger elegische Erzählungen müsste man sich an so außergewöhnlich mutige Historiker wie Mark Curtis wenden, der am Rand der Mainstream-Geschichtsschreibung arbeitet und sehr systematisch »Großbritanniens wahre Rolle in der Welt« sowie die ihr zugrunde liegenden – und nicht ganz neuen – Werte offen gelegt hat; vgl. Mark Curtis: Web of Deceit. Britain's Real Role in the World, London 2003; ders.: Unpeople. Britain's Secret Human Rights Abuses, London 2004.

43 Man könnte dieser Formulierung sicherlich eine materialistische Wendung geben, den Bezug von Ursache und Wirkung umdrehen und feststellen, dass der strukturelle Elitismus und der Widerstand gegen die Demokratie Theorien wie denen Nietzsches zu Popularität verhalfen.

44 John Carey: The Intellectuals and the Masses, London 1992, S. 198. – Unter den vielen Intellektuellen, auf die hier angespielt wird, befinden sich George Gissing, W. B. Yeats, D. H. Lawrence, H. G. Wells, Wyndham Lewis und Rayner Heppenstall.

45 Ebd., S. 208.

46 Dan Stone: Breeding Superman. Nietzsche, Race and Eugenics in Edwardian and Interwar Britain, Liverpool 2002, S. 2.

47 Ebd., S. 4.

48 Mann: Fascists, S. 82.

49 Stone: Breeding Superman, S. 95.

50 »Diese Thesen verfolgten zwei Hauptziele, wenn die Eugenik nach dem Krieg noch eine Rolle spielen sollte: Sie sollten eine Kluft zwischen dem nationalsozialistischen Rassismus [...] und der britischen Eugenik etablieren [...] und die Klassenvorurteile der britischen Vorkriegs-Eugeniker anerkennen und damit auch überwinden.« (Ebd., S. 99)

51 Ebd.

52 Vgl. Stefan Kühl: The Nazi Connection. Eugenics, American Racism, and German National-Socialism, Oxford 1994.

53 Georg Lukács' Darstellung der Klassengrundlage des modernen Rassismus und der zentralen Rolle Gobineaus ist bis heute ausgesprochen lehrreich, vgl. Georg Lukács: Die Zerstörung der Vernunft, Berlin 1962, S. 579–591.

54 G. K. Chesterton: Eugenics and Other Evils, London/New York 1922, S. 142.

55 Zit. n. Perry Anderson: Scurrying Towards Bethlehem, in: New Left Review 10/2001, S. 5–30, hier S. 9.

56 Madison Grant: The Passing of the Great Race. Or the Racial Basis of European History, New York 1936, S. XX.

57 Ebd., S. XXVII–XXIX.

58 Ebd., S. XXXI. – Hervorhebung I. L.

59 Seth King Humphrey: Mankind: Racial Values and the Racial Prospect, New York 1917, S. 79. – Hervorhebung I. L.

60 Lothrop Stoddard: The Revolt against Civilization. The Menace of the Under Man, New York 1924, S. 89.

61 Ebd., S. 77. – Hervorhebung I. L.

62 Zit. n. Kühl: The Nazi Connection, S. 85.

63 Hier sei auf die im zweiten Kapitel erwähnte Unterscheidung Domenico Losurdos zwischen »vertikalem« und »horizontalem Rassismus« verwiesen.

64 Stoddard: Revolt against Civilization, S. 120.

65 Ebd., S. 243f.

66 Hans F. K. Günther: Rassenkunde Europas. Mit besonderer Berücksichtigung der Rassengeschichte der Hauptvölker indogermanischer Sprache, München 1929, S. 314.

67 Ebd., S. 305.

68 Stoddard: Revolt against Civilization, S. 23.

69 Domenico Losurdo: Nietzsche, il ribelle aristocratico. Biografia intelletuale e bilancio critico, Turin 2004, S. 886f. – Diejenigen, die an diesem Punkt reflexartig einwenden, dass es sich hierbei um eine Deformation von Nietzsches Absichten handele, die »selbstverständlich« unendlich edler seien und nichts mit den niederen Zielen eines Stoddard zu tun hätten – ganz zu schweigen von einem Rosenberg (der übrigens ein leidenschaftlicher Bewunderer Nietzsches war) –, mögen darüber nachdenken, dass sich Stoddard vom Vorhaben Nietzsches distanzierte, weil dieses seiner Meinung nach zu extrem war und ein geschlossenes Kastensystem statt einer offenen, meritokratischen Gesellschaft befürwortete: »Das eugenische Ideal wird somit als eine sich *immer weiter vervollkommnende Superrasse* angesehen. Nicht der ›Übermensch‹ Nietzsches – diese brillante und doch unheilvolle Vision einer Herrenkaste, die wie eine wunderbare, aber parasitäre Orchidee auf einem verrottenden Stamm sklavischer Erniedrigung blüht; sondern eine Superrasse, die sich durch die Beseitigung ihrer Mängel und die Pflege ihrer Eigenschaften veredelt.« (Stoddard: Revolt against Civilization, S. 262) »Wir müssen die Idee verbannen, dass die Neoaristokratie den Kardinalfehler einer traditionellen aristokratischen Kaste fortsetzen wird. Wahrscheinlich wird es Klassen geben; aber diese Klassen [...] werden extrem flüssig sein, was die Zusammensetzung ihrer Individuen betrifft. Keinem wahrhaft Überlegenen wird, unabhängig vom Stand seiner Geburt, die Aufnahme in die höchste Klasse verwehrt werden; kein Mensch, wann auch immer er geboren ist, kann in einer Klasse bleiben, wenn er den Vorgaben nicht entspricht.« (Ebd., S. 267).

70 R. Austin Freeman: Social Decay and Regeneration, London 1921, S. 248.

71 Vgl. Stone: Breeding Superman, S. 85 u. 113f.

Literaturverzeichnis

Adelman, Paul: The Decline of the Liberal Party 1910–1931, Harlow 1995.

Adler, Franklin Hugh: Italian Industrialists from Liberalism to Fascism. The Political Development of the Industrial Bourgeoisie, 1906–1934, Cambridge 1995.

Anderson, Perry: Scurrying Towards Bethlehem, in: New Left Review 10/2001, S. 5–30.

Anonymous: The Ethics of Empire, in: The Round Table. A Quarterly Review of the Politics of the British Empire 3/1912–1913, S. 484–501.

Arendt, Hannah: Elemente und Ursprünge totalitärer Herrschaft, Frankfurt a. M. 1962.

Arendt, Hannah: Wahrheit und Politik, in: dies.: Wahrheit und Lüge in der Politik. Zwei Essays, München 1972, S. 44–92.

Aron, Raymond: Démocratie et totalitarisme, Paris 1965.

Aust, Stefan/Claus Richter/Gabor Steingart: Der Fall Deutschland. Abstieg eines Superstars, München 2005.

Baeumler, Alfred: Studien zur deutschen Geistesgeschichte, Berlin 1937.

Bagehot, Walter: Englische Verfassungszustände, übers. von Franz von Holtzendorff, Berlin 1868.

Bagehot, Walter: Letters on the French Coup d'Etat, in: Forrest Morgan (Hrsg.): The Works of Walter Bagehot. Bd. II, Hartford 1891.

Balakrishnan, Gopal: The Enemy. An Intellectual Portrait of Carl Schmitt. London/New York 2002.

Bambach, Charles: Heidegger's Roots. Nietzsche, National Socialism, and the Greeks, Ithaca/London 2003.

Bellamy, Richard: Social and Political Thought, 1890–1945, in: Adrian Lyttelton (Hrsg.): Liberal and Fascist Italy, Oxford 2002, S. 233–248.

Bielefeldt, Heiner: Carl Schmitt's Critique of Liberalism. Systematic Reconstruction and Countercriticism, in: David Dyzenhaus (Hrsg.): Law as Politics. Carl Schmitt's Critique of Liberalism, Durham, NC 1998, S. 23–36.

Blackbourn, David/Geoff Eley: The Peculiarities of German History. Bourgeois Society and Politics in Nineteenth-Century Germany, Oxford 1984.

Bobbio, Norberto: Liberalism and Democracy, London/New York 2005.

Boesche, Roger: Tocqueville's Road Map. Methodology, Liberalism, Revolution, and Despotism, Lanham 2006.

Böhm, Franz: Ewiger Cartesianismus?, in: Volk im Werden 11/1937, S. 555–562.

Boyd, Kelly (Hrsg.): Encyclopedia of Historians and Historical Writing, London 1999.

Buchheim, Christoph/Jonas Scherner: The Role of Private Property in the Nazi Economy. The Case of Industry, in: The Journal of Economic History 2/2006, S. 390–416.

Buckmiller, Michael: Sorel et le »conservatisme révolutionnaire« en Allemagne, in: Cahiers Georges Sorel 3/1985, S. 51–75.

Burke, Edmund: Betrachtungen über die französische Revolution, übers. von Friedrich von Gentz, Braunschweig 1838.

Carey, John: The Intellectuals and the Masses, London 1992.

Carlyle, Thomas: : Chartism [1839], in: ders.: Critical and Miscellaneous Essays, Bd. 4, Chicago 1869, S. 36–117.

Carlyle, Thomas: Socialpolitische Schriften, Bd. 1, übers. von E. Pfannkuche, Göttingen 1895.

Carlyle, Thomas: Socialpolitische Schriften, übers. von Friedrich Bremer und Paul Seliger, Leipzig 1902.

Charzat, Michel: Georges Sorel et le fascisme. Éléments d'explication d'une légende tenace, in: Cahiers Georges Sorel 1/1983, S. 37–51.

Chesterton, G. K.: Eugenics and Other Evils, London/New York 1922.

Chesterton, G. K.: The Resurrection of Rome, in: ders.: Collected Works, Bd. XXI, San Francisco 1990, S. 265–466.

Cohen, G. A.: Self-Ownership, Freedom and Equality, Cambridge 1995.

Cole, Margaret (Hrsg.): Beatrice Webb's Diaries. 1924–1932, London u. a. 1956.

Constant, Benjamin:: Principes de politique [1806], unter: www.librairal.org/wiki/Benjamin_Constant:Principes_de_politique.

Constant, Benjamin: De la liberté des Anciens comparée à celle des Modernes [1819], unter: www.catallaxia.org/wiki/Benjamin_Constant:De_la_libert%C3%A9_des_Anciens_compar%C3%A9e_%C3%A0_celle_des_Modernes.

Constant, Benjamin: Political Writings, Cambridge 1988.

Constant, Benjamin: Die liberale Demokratie. Ein Benjamin-Constant-Brevier, hrsg. von Karen Horn, Bern 2004.

Croce, Benedetto: The State as Friend and as Enemy [1933], in: ders.: My Philosophy. And Other Essays on the Moral and Political Problems of Our Time, London 1951, S. 55–63.

Croce, Benedetto: Liberalism and Democracy [1943], in: ders.: My Philosophy. And Other Essays on the Moral and Political Problems of Our Time, London 1951, S. 93–96.

Croce, Benedetto: Political Truth and Popular Myths [1951], in: ders.: My Philosophy. And Other Essays on the Moral and Political Problems of Our Time, London 1951, S. 88–92.

Croce, Benedetto: Geschichte Europas im 19. Jahrhundert, Frankfurt a. M. 1968.

Curtis, Mark: Web of Deceit. Britain's Real Role in the World, London 2003.

Curtis, Mark: Unpeople. Britain's Secret Human Rights Abuses, London 2004.

Dahl, Robert A.: How Democratic is the American Constitution?, New Haven/London 2003.

De Cecco, Marcello: The Economy from Liberalism to Fascism, in: Adrian Lyttelton (Hrsg.): Liberal and Fascist Italy, Oxford 2002, S. 62–82.

De Grand, Alexander: Italian Fascism. Its Origins and Development, Lincoln/London 1982.

De Grazzia, Victoria/Sergio Luzzatto (Hrsg.): Dizionario del fascismo, 2 Bde., Turin 2005.

DeGrood, David H.: Dialectics and Revolution, Bd. 1, Amsterdam 1978.

Domarus, Max: Hitler: Reden und Proklamationen, 1932–1945, 4 Bde., Wiesbaden 1973.

Donoso Cortés, Juan: Ensayo sobre el catolicismo, el liberalismo y el socialismo, considerados en sus principios fundamentales, Barcelona 1851.

Drury, Shadia B.: Leo Strauss and the American Right, New York 1999.

Duggan, Christopher: A Concise History of Italy, Cambridge 1994.

Dwinger, Edwin Erich: Die letzten Reiter, Jena 1935.

Eatwell, Roger: On Defining the »Fascist Minimum«. The Centrality of Ideology, in: Journal of Political Ideologies 3/1996, S. 303–319.

Eley, Geoff: From Unification to Nazism. Reinterpreting the German Past, Boston 1986.

Evans, Michael: Karl Marx, Bloomington 1975.

Faye, Emmanuel: Heidegger. L'introduction du nazisme dans la philosophie. Autour des séminaires inédits de 1933–1935, Paris 2005.

Fest, Joachim: Der Untergang. Hitler und das Ende des Dritten Reiches, Berlin 2002.

Finer, Herman: Mussolini's Italy, New York 1935.

Fischer, Kurt Rudolf: A Godfather too. Nazism as a Nietzschean »experiment«, in: Jacob Golomb/Robert S. Wistrich (Hrsg.): Nietzsche, Godfather of Fascism? On the Uses and Abuses of a Philosophy, Princeton/New Jersey 2002, S. 291–300.

Foster, R. F.: Yeats – A Life, Bd. II: The Arch-Poet, Oxford 2005.

Fox Bourne, H. R.: The Life of John Locke, Bd. 2, London 1876.

Freeman, R. Austin: Social Decay and Regeneration, London 1921.

Friedrich, Carl/Zbigniew Brzezinski: Totalitarian Dictatorship and Autocracy, Cambridge 1956.

Furet, François/Ernst Nolte: Fascism & Communism, Lincoln/London 2004.

Gentile, Giovanni: Grundlagen des Faschismus, übers. von Eugen Haas, Stuttgart 1936.

Gentile, Giovanni: Origins and Doctrine of Fascism. With Selections from other Works, New Brunswick 2007.

Gluckstein, Donny: The Nazis, Capitalism and the Working Class, London 1999.

Goldring, Douglas: The Nineteen Twenties. A General Survey and Some Personal Memories, London 1945.

Goodrick-Clarke, Nicholas: Black Sun. Aryan Cults, Esoteric Nazism and the Politics of Identity, New York 2001.

Gramsci, Antonio: Gefängnishefte, Bd. 7, Hamburg 1996.

Gramsci, Antonio: Quaderni del carcere, 4 Bde., Turin 2007.

Grant, Madison: The Passing of the Great Race. Or the Racial Basis of European History, New York 1936.

Griffin, Roger: The Nature of Fascism, London/New York 1993.

Griffin, Roger (Hrsg.): International Fascism: Theories, Causes, and the New Consensus, London 1998.

Gumplowicz, Ludwig: Grundriss der Soziologie, Wien 1905.

Günther, Hans F. K.: Rassenkunde Europas. Mit besonderer Berücksichtigung der Rassengeschichte der Hauptvölker indogermanischer Sprache, München 1929.

Hamilton, Alastair: The Appeal of Fascism: A Study of Intellectuals and Fascism. 1919–1945, New York 1971.

Hamilton, Richard: Who Voted for Hitler?, Princeton/New Jersey 1982.

Hammond, J. L.: Colonial and Foreign Policy, in: F. W. Hirst (Hrsg.): Liberalism and the Empire, London 1900.

Hardt, Michael/Antonio Negri: Multitude. War and Democracy in the Age of Empire, New York 2004.

Harvey, David: Kleine Geschichte des Neoliberalismus, Zürich 2007.

Hay, Douglas/Nicholas Rogers: Shuttles and Swords. Eighteenth-Century English Society, Oxford 1997.

Hayek, Friedrich August von: Interview, El Mercurio, 12.4.1981, unter: www.economicthought.net/blog/wp-content/uploads/2011/12/LibertyCleanOfImpuritiesInterviewWithFVonHayekChile1981.pdf.

Hayek, Friedrich August von: Die verhängnisvolle Anmaßung, übers. von Monika Streissler, Tübingen 1988.

Hayek, Friedrich August von: Grundsätze einer liberalen Gesellschaftsordnung, Tübingen 2002.

Hayek, Friedrich August von: The Road to Serfdom: Text and Documents – The Definitive Edition, Chicago 2007.

Hayek, Friedrich August von: Der Weg zur Knechtschaft, Reinbek/München 2014.

Heidegger, Martin: Sein und Zeit, Tübingen 1967.

Heidegger, Martin: Gesamtausgabe, Bd. 38: Logik als die Frage nach dem Wesen der Sprache, Frankfurt a. M. 1998.

Hill, Christopher: The Century of Revolution. 1603–1714 [1961], London/New York 2006.

Hill, Christopher: The World Turned Upside Down. Radical Ideas During the English Revolution, London 1972.

Hirst, Paul: Carl Schmitt's Decisionism, in: Telos 72/1987, S. 15–26.

Hitler, Adolf: Mein Kampf. Eine kritische Edition, hrsg. von Christian Hartmann, Thomas Vordermayer, Othmar Plöckinger, Roman Töppel, 2 Bde., München/Berlin 2016.

Hobbes, Thomas: Behemoth oder Das Lange Parlament, eingeleitet und übers. von Peter Schröder, Hamburg 2015.

Hobhouse, L. T.: Liberalism, London 1919.

Hoepke, Klaus-Peter: Die deutsche Rechte und der italienische Faschismus, Düsseldorf 1968.

Hofstadter, Richard: Social Darwinism in American Thought, Boston 1960.

Holstun, James: Ehud's Dagger. Class Struggle in the English Revolution, London/New York 2000.

Horváth, Ödön von: Ein Kind unserer Zeit, Frankfurt a. M. 2001.

Humphrey, Seth King: Mankind: Racial Values and the Racial Prospect, New York 1917.

James, Robert Rhodes: The British Revolution: British Politics. 1880–1939, London 1978.

Jaspers, Karl: Die geistige Situation der Zeit, Berlin 1999.

Jaurès, Jean: Grève générale & révolution [1901], in: Miguel Chueca (Hrsg.): Déposséder les possédants. La grève générale aux 'temps heroïqués' du syndiclisme révolutionnaire (1895–1906), Marseille 2008.

Jennings, Jeremy: Introduction, in: Georges Sorel: Reflections on Violence, Cambridge 1999, S. vii–xxi.

Julliard, Jacques: Sur un fascisme imaginaire. À propos d'un livre de Zeev Sternhell, in: Annales 4/1984, S. 849–861.

Jung, Edgar J.: Sinndeutung der deutschen Revolution, Oldenburg 1933.

Kershaw, Ian: Making Friends with Hitler. Lord Londonderry, the Nazis, and the Road to World War II, Harmondsworth 2004.

Kühl, Stefan: The Nazi Connection. Eugenics, American Racism, and German National-Socialism, Oxford 1994.

Kühnl, Reinhard: Der deutsche Faschismus in Quellen und Dokumenten, Köln 2000.

Lagarde, Paul de: Deutsche Schriften, Berlin 1994.

Landa, Ishay: The Overman in the Marketplace: Nietzschean Heroism in Popular Culture, Lanham 2007.

Landa, Ishay: Eyes Wide Shut: Liberalismus, Faschismus und die diskursiven Grenzen der »Open Society«, Marburger Forum, in: Beiträge zur geistigen Situation der Gegenwart 2/2008.

Landa, Ishay: Heideggers entwendeter Brief: Die liberale Volksgemeinschaft, in: Bernhard H. F. Taureck (Hrsg.): Politische Unschuld? In Sachen Martin Heidegger, München 2008, S. 97–127.

Langewiesche, Dieter: Liberalismus in Deutschland, Frankfurt a. M. 1995.

Laslett, Peter: Introduction, in: John Locke: Two Treatises of Government, hrsg. von Peter Laslett, Cambridge 1988.

Le Bon, Gustave: Psychologie der Massen, übers. von Rudolf Eisler, Stuttgart 1982.

Le Cour Grandmaison, Olivier: Haine(s). Philosophie et politique, Paris 2002.

Leibovitz, Clement: The Chamberlain-Hitler Deal, Edmonton 1993.

Leibovitz, Clement/Alvin Finkel: In Our Time. The Chamberlain-Hitler Collusion, New York 1998.

Lenin, Wladimir Iljitsch: Der »Linke Radikalismus«, die Kinderkrankheit im Kommunismus, in: ders.: Werke, Bd. 31, Berlin 1959, S. 1–106.

Lindemann, Albert S.: Esau's Tears – Modern Anti-Semitism and the Rise of the Jews, Cambridge 1997.

Linebaugh, Peter: The London Hanged. Crime and Civil Society in the Eighteenth Century, London/New York 2006.

Livingston, Arthur: Biographical Note, in: Vilfredo Pareto: The Mind and Society. A Treatise on General Sociology, Bd. I, New York 1935, S. XV–XVIII.

Locke, John: Zweite Abhandlung über die Regierung [1689], unter: www.welcker-online.de/Texte/Locke/Locke_2.pdf.

Locke, John: The Reasonableness of Christianity. As Delivered in the Scriptures, London 1824.

Losurdo, Domenico: La Seconda Repubblica. Liberismo, federalismo, postfascismo, Turin 1994.

Losurdo, Domenico: Nietzsche, il ribelle aristocratico. Biografia intelletuale e bilancio critico, Turin 2004.

Losurdo, Domenico: Controstoria del liberalismo, Rom/Bari 2005.

Lukács, Georg: Thomas Mann, Berlin 1950.

Lukács, Georg: Die Zerstörung der Vernunft, Berlin 1962.

Lukacs, John: The Hitler of History, New York 1998

Lukacs, John: Democracy and Populism: Fear and Hatred, New Haven 2005.

Macpherson, C. B.: Die politische Theorie des Besitzindividualismus, Frankfurt a. M. 1967.

Maine, Henry: Die volksthümliche Regierung, übers. von Paul Friedmann, Berlin/Heidelberg 1887.

Malthus, T. R.: Abhandlung über das Bevölkerungsgesetz, Bd. 2, übers. von Valentin Dorn, Jena 1925.

Mann, Michael: Fascists, Cambridge 2004.

Mann, Thomas: Doktor Faustus, Frankfurt a. M. 1967.

Mann, Thomas: Betrachtungen eines Unpolitischen, Frankfurt a. M. 1974.

Mann, Thomas: Von Deutscher Republik, Frankfurt a. M. 1981.

Marx, Karl/Friedrich Engels: Werke [MEW], Berlin 1956ff.

McCormick, John: Carl Schmitt's Critique of Liberalism. Against Politics as Technology, Cambridge 1997.

McDonald, Andrew: The Geddes Committee and the Formulation of Public Expenditure Policy, 1921–1922, in: The Historical Journal 3/1989, S. 643–674.

Mehta, Uday Singh: Liberalism and Empire. A Study in Nineteenth-Century British Liberal Thought, Chicago/London 1999.

Meier, Heinrich: Carl Schmitt, Leo Strauss und Der Begriff des Politischen [1988], Stuttgart/Weimar 2013.

Mészáros, István: A Key Problem of Method. Dualism and Dichotomies in Philosophy and Social Theory in Capital's Epoch, in: Critique, Journal of Socialist Theory 34/2006, S. 27–77.

Mill, John Stuart: Über die Freiheit, übers. von Eduard Pickford, Frankfurt 1860.

Mill, John Stuart: Betrachtungen über Repräsentivverfassung, übers. von F. Wille, Zürich 1862.

Mises, Ludwig von: Die Gemeinschaft, Wien 1922.

Mises, Ludwig von: Socialism. An Economic and Sociological Analysis, New Haven 1951.

Moeller van den Bruck, Arthur: Das dritte Reich, Berlin 1933, unter: https://archive.org/details/Bruck-Arthur-Moeller-van-den-Das-dritte-Reich.

Moeller van den Bruck, Arthur: Germany's Third Empire, London 1934.

Mommsen, Hans: Aufstieg und Untergang der Republik von Weimar, Ulm 2004.

Mosca, Gaetano: Elementi di scienza politica, Turin 1923.

Mosca, Gaetano: The Ruling Class, New York 1939.

Mosca, Gaetano: Die herrschende Klasse, übers. von Franz Borkenau, München 1950.

Mosse, George L.: Masses and Man. Nationalist and Fascist Perceptions of Reality, Detroit 1987.

Mosse, George L.: Fascism and the French Revolution, in: Journal of Contemporary History 24/1989, S. 5–26.

Mosse, George L.: Fascist Aesthetics and Society. Some Considerations, in: Journal of Contemporary History 31/1996, S. 245–252.

Mouffe, Chantal (Hrsg.): Carl Schmitt and the Paradox of Liberal Democracy, in: dies. (Hrsg.): The Challenge of Carl Schmitt, London/New York 1999, S. S. 38–53.

Neocleou, Mark: Fascism. Concepts in Social Thought, Minneapolis 1997.

Neumann, Boaz: The Nazi Weltanschauung: Space, Body, Language [Hebräisch], Haifa 2002.

Newsinger, John: Elgin in China, in: New Left Review 15/2002, S. 119–140.

Nietzsche, Friedrich: Morgenröthe. Gedanken über die moralischen Vorurtheile, Leipzig 1887.

Nietzsche, Friedrich: Der Wille zur Macht, hrsg. von Max Brahn, Stuttgart 1921.

Nietzsche, Friedrich: Werke in drei Bänden, München 1954.

Nietzsche, Friedrich: Sämtliche Werke: Kritische Studienausgabe in 15 Einzelbänden, Berlin 1988.

Nolte, Ernst: Der Faschismus in seiner Epoche [1963], München 1984.

Oakeshott, Michael: Religion, Politics and the Moral Life, New Haven/London 1993.

Oliphant, Laurence: Narrative of the Earl of Elgin's Missions to China and Japan in the Years 1857, '58, '59, New York 1860.

Pareto, Vilfredo: Trattato di Sociologia Generale, 2 Bde., Florenz 1916.

Pareto, Vilfredo: Scritti politici, Bd. II: Reazione, libertá, fascismo (1896–1923), Turin 1974.

Pareto, Vilfredo: Manuale di Economia Politica [1906], Pordenone 1994.

Pareto, Vilfredo: Sociological writings, New York 1966.

Patey, Douglas Lane: The Life of Evelyn Waugh, Oxford/Cambridge 2001.

Paxton, Robert O.: Anatomie des Faschismus, München 2006.

Payne, Stanley G.: A History of Fascism. 1914–45, London/New York 1996.

Pearlman, Estelle: The Representation of Jews on Edwardian Postcards, in: Brian Cheyette/Nadia Valman (Hrsg.): The Image of the Jew in European Liberal Culture, 1789–1914, London/Portland 2004, S. 217–242.

Pearson, Karl: National Life from the Standpoint of Science, 2. Aufl., London 1905.

Petzold, Joachim: Konservative Theoretiker des deutschen Faschismus, Berlin 1978.

Piccone, Paul/G. L. Ulmen: Introduction to Carl Schmitt, in: Telos 72/1987, S. 3–14.

Picker, Henry: Hitlers Tischgespräche im Führerhauptquartier, München 2003.

Pirandello, Luigi: Mattia Pascal, übers. von Piero Rismondo und Michael Rössner, Berlin 2000.

Pitts, Jennifer: A Turn to Empire. The Rise of Imperial Liberalism in Britain and France, Princeton/New Jersey 2005.

Powers, Charles H.: Introduction: The Life and Times of Vilfredo Pareto, in: Vilfredo Pareto: The Transformation of Democracy, New Jersey 1984.

Preparata, Guido G.: Conjuring Hitler. How Britain and America made the Third Reich, London 2005.

Proudhon, Pierre Joseph: Philosophie der Staatsökonomie. Oder: Notwendigkeit des Elends, übers. von Karl Grün, Darmstadt 1847.

Proudhon, Pierre Joseph: Qu'est-ce que la propriété?, Paris 1849.

Proudhon, Pierre Joseph: Idée générale de la Révolution au dix-neuvième siècle, Paris 1851, unter: https://fr.theanarchistlibrary.org/library/pierre-joseph-proudhon-idee-generale-de-la-revolution.pdf.

Proudhon, Pierre Joseph: The Philosophy of Misery, New York 2007.

Proudhon, Pierre Joseph: Was ist das Eigentum? Untersuchungen über die Grundsätze des Rechts und der Regierung, übers. von Lena Völkening, Münster 2014.

Quigley, Carroll: The Anglo-American Establishment. From Rhodes to Cliveden, San Pedro, CA 1981.

Renan, Ernest: La réforme intellectuelle et morale, Paris 1875.

Renton, Dave: Fascism. Theory and Practice, London 1999.

Riley, Dylan: Enigmas of Fascism, in: New Left Review 30/2004, S. 134–147.

Rizi, Fabio Fernando: Benedetto Croce and Italian Fascism, Toronto 2003.

Rocca, Massimo: Un neo-liberalismo?, in: Renzo De Felice (Hrsg.): Autobiografia del fascismo. Antologia di testi fascisti 1919–1945, Turin 2004, S. 86–90.

Rocco, Alfredo: The Transformation of the State, in: Tomaso Sillani (Hrsg.): What is Fascism and Why?, New York 1931, S. 15–29.

Rocco, Alfredo: La dottrina politica del Fascismo, in: Renzo De Felice (Hrsg.): Autobiografia del fascismo. Antologia di testi fascisti 1919–1945, Turin 2004, S. 230–247.

Röpke, Wilhelm: Civitas Humana, Zürich 1946.

Rumpler, Helmut: Eine Chance für Mitteleuropa, Bürgerliche Emanzipation und Staatsverfall in der Habsburgermonarchie. Österreichische Geschichte 1804–1914, Wien 2005.

Salem-Wiseman, Jonathan: Heidegger's Dasein and the Liberal Conception of the Self, in: Political Theory 4/2003, S. 533–557.

Salvemini, Gaetano: Prelude to World War II, New York 1954.

Salvemini, Gaetano: Under the Axe of Fascism, New York 1969.

Salvemini, Gaetano: The Origins of Fascism in Italy, New York 1973.

Salvemini, Gaetano/George Bernard Shaw: Polemica sul fascismo, Rom 1997.

Sand, Shlomo: Georges Sorel entre utopie et politique, in: Mil neuf cent 1/1993, S. 87–93.

Sauer, Wolfgang: National Socialism: Totalitarianism or Fascism?, in: The American Historical Review 2/1967, S. 404–424.

Schapiro, J. Salwyn: Liberalism and the Challenge of Fascism. Social Forces in England and France (1815–1870), New York u. a. 1949.

Schivelbusch, Wolfgang: Three New Deals. Reflections on Roosevelt's America, Mussolini's Italy, and Hitler's Germany, 1933–1939, New York 2006.

Schmitt, Carl: Die geistesgeschichtliche Lage des heutigen Parlamentarismus [1926], Berlin 2017.

Schmitt, Carl: Der Begriff des Politischen [1932], nach der 3. Aufl. von 1963, Berlin 1991.

Schmitt, Carl: Donoso Cortés in gesamteuropäischer Interpretation. Vier Aufsätze, Köln 1950.

Schmitt, Carl: Positionen und Begriffe im Kampf mit Weimar – Genf – Versailles, 1923–1939, Berlin 1994.

Schmitt, Carl: The Concept of the Political, Chicago 2007.

Schoenbaum, David: Hitler's Social Revolution. Class and Status in Nazi Germany, 1933–1939, New York 1966.

Schumacher, Kurt: Rede in Hamburg im Mai 1946, unter: https://youtu.be/10ySkE_xntQ

Schuman, Frederick L.: Europe on the Eve. The Crises of Diplomacy 1933–1939, New York 1942.

Sheehan, James J.: German Liberalism in the Nineteenth Century, Chicago 1978.

Sinclair, Upton: Letter to Norman Thomas, unter: https://spartacus-educational.com/Jupton.htm.

Sloterdijk, Peter: Die Verachtung der Massen – Versuch über Kulturkämpfe in der modernen Gesellschaft, Frankfurt a. M. 2000.

Smith, Adam: Der Wohlstand der Nationen. Eine Untersuchung seiner Natur und seiner Ursachen [1776], übers. von Horst Claus Recktenwald, München 1978.

Sorel, Georges: Introduction à l'économie moderne, Paris 1903.

Sorel, Georges: Les illusions du progress, Paris 1911.

Sorel, Georges: Réflexions sur la Violence, Paris 1912.

Spencer, Herbert: Social Statics, London 1851.

Spengler, Oswald: Preußentum und Sozialismus, München 1920.

Spengler, Oswald: The Decline of the West. Perspectives of World history. Bd. II, London 1928.

Spengler, Oswald: Politische Schriften. Volksausgabe, München 1933.

Spengler, Oswald: Das Verhältnis von Wirtschaft und Steuerpolitik seit 1750, in: ders.: Politische Schriften. Volksausgabe, München 1933, S. 297–310.

Spengler, Oswald: Das heutige Verhältnis zwischen Weltwirtschaft und Weltpolitik, in: ders.: Politische Schriften. Volksausgabe, München 1933, S. 311–338.

Spengler, Oswald: Jahre der Entscheidung [1933], München 1980.

Stackelberg, Roderick: Critique as Apologetics: Nolte's Interpretation of Nietzsche, in: Jacob Golomb/Robert Wistrich (Hrsg.): Nietzsche, Godfather of Fascism? On the Uses and Abuses of a Philosophy, Princeton/New Jersey 2002, S. 301–320.

Stern, Fritz: Kulturpessimismus als politische Gefahr. Eine Analyse nationaler Ideologie in Deutschland [1960], München 1986.

Sternhell, Zeev: Neither Right nor Left. Fascist Ideology in France, Princeton/New Jersey 1986.

Sternhell, Zeev: Ni droite ni gauche: L'Idéologie fasciste en France [Hebräisch], Tel Aviv 1988.

Sternhell, Zeev: The Fascist Thought and Its Variations. Collection of Texts in Political and Social Thought [Hebräisch], Tel Aviv 1988.

Sternhell, Zeev: Introduction, in: ders. (Hrsg.): The Birth of Fascist Ideology, New Jersey 1994.

Sternhell, Zeev/Mario Sznajder/Maia Asheri: Die Entstehung der faschistischen Ideologie. Von Sorel zu Mussolini, Hamburg 1999.

Stirner, Max: Der Einzige und das Eigentum [1844], Leipzig 1991.

Stoddard, Lothrop: The Revolt against Civilization. The Menace of the Under Man, New York 1924.

Stone, Dan: Breeding Superman. Nietzsche, Race and Eugenics in Edwardian and Interwar Britain, Liverpool 2002.

Stone, Lawrence: The Causes of the English Revolution 1529–1642 [1972], London/New York 2002.

Strasser, Otto: Hitler and I, Boston 1940.

Strasser, Otto: Hitler und ich, Buenos Aires 1940.

Strauss, Leo: Persecution and the Art of Writing, Chicago/London 1952.

Strauss, Leo: Natural Right and History, Chicago/London 1953.

Strauss, Leo: Liberalism Ancient and Modern, Chicago/London 1968.

Strauss, Leo: The City and Man, Chicago/London 1978.

Strauss, Leo: What is Political Philosophy?, Chicago/London 1988.

Struve, Walter: Elites against Democracy. Leadership Ideals in Bourgeois Political Thought in Germany 1890–1933, New Jersey 1973.

Sullivan, Eileen P.: Liberalism and Imperialism. J. S. Mill's Defense of the British Empire, in: Journal of the History of Ideas 4/1983, S. 599–617.

Talmon, Jacob L.: The Origins of Totalitarian Democracy, London 1952.

Tocqueville, Alexis de: De la classe moyenne et du peuple, in: ders.: Oeuvres complètes, Bd. 9, Paris 1866, S. 514–519.

Tocqueville, Alexis de: Erinnerungen, übers. von Dirk Forster, Stuttgart 1954.

Tocqueville, Alexis de: Über die Demokratie in Amerika, hrsg. und übers. von J. P. Mayer, Stuttgart 1985.

Tocqueville, Alexis de: Recollections. The French Revolution of 1848, New Brunswick/London 1997.

Tong, Q. S.: The Aesthetic of Imperial Ruins. The Elgins and John Bowring, in: boundary 2/2006, S. 123–150.

Townshend, Jules: C. B. Macpherson and the Problem of Liberal Democracy, Edinburgh 2000.

Treitschke, Heinrich von: Politik. Vorlesungen, Bd. 1, Leipzig 1897.

Tully, James: Locke, in: J. H. Burns (Hrsg.): The Cambridge History of Political Thought 1450–1700, Cambridge 1991.

Turner, Henry Ashby: Die Großunternehmer und der Aufstieg Hitlers, Berlin 1985.

Ure, Andrew: The Philosophy of Manufactures: or, An Exposition of the Scientific, Moral, and Commercial Economy of the Factory System, of Great Britain, London 1835.

Verhey, Jeffrey: Der »Geist von 1914« und die Erfindung der Volksgemeinschaft, Hamburg 2000.

Vincent, John: The Formation of the British Liberal Party, New York 1966.

Vocelka, Karl: Geschichte Österreichs. Kultur – Gesellschaft – Politik, München 2004.

Voegelin, Eric: Liberalism and Its History, in: The Review of Politics 4/1974, S. 504–520.

Wadl, Wilhelm: Liberalismus und soziale Frage in Österreich. Deutschliberale Reaktionen und Einflüsse auf die frühe österreichische Arbeiterbewegung (1867–1879), Wien 1987.

Weber, Eugen: Varieties of Fascism, Princeton/New Jersey 1964.

Weiss, John: The Fascist Tradition. Radical Right-Wing Extremism in Modern Europe, New York 1967.

Williams, Raymond: Keywords. A Vocabulary of Culture and Society, Oxford 1983.

Winkler, Heinrich August: Der lange Weg nach Westen. Bd. 1, München 2002.

Wolfe, Alan: A Fascist Philosopher Helps Us Understand Contemporary Politics, in: The Chronicle Review 30/2004, unter: http://chronicle.com/free/v50/i30/30b01601.html.

Wolin, Richard: Arbeit Macht Frei: Heidegger as Philosopher of the German Way, in: ders.: Heidegger's Children, Princeton/New Jersey 2003, S. 173–202.

Wolin, Richard: The Disoriented Left. A Critique of Left Schmittianism, in: ders.: The Frankfurt School Revisited, New York/London 2006, S. 243–252.

Zöberlein, Hans: Der Befehl des Gewissens, München 1940.

Zweig, Stefan: Die Monotonisierung der Welt [1925], in: ders.: Zeiten und Schicksale, Frankfurt a. M. 1990, S. 30–39.

Zweig, Stefan: Die Welt von gestern, Stockholm 1944.

Danksagung

Mein Dank gilt dem David-Herzog-Fonds der Karl-Franzens-Universität Graz für das gewährte Forschungsstipendium und der Minerva-Stiftung für das nach Gerhard Martin Julius Schmidt benannte Stipendium, ohne das dieses Buch nicht fertiggestellt worden wäre.

David Fasenfest möchte ich für sein Interesse an diesem Projekt und seine Unterstützung bei der Veröffentlichung danken, Lesley Kenny für ihre aufmerksame Lektüre des Manuskripts und zahlreiche hilfreiche Anregungen.

Ich stehe bei Bernhard H. F. Taureck, von dessen Rat und Freundschaft ich sehr profitiert habe, in der – persönlichen und intellektuellen – Schuld. Für ihre unerschütterliche Ermutigung, vielfältige und generöse Unterstützung und anregenden Gedanken möchte ich außerdem Bertell und Paule Ollman herzlich danken.

Meine Liebe und Dankbarkeit gelten Maria, meiner Frau, die mich beständig inspiriert und mir behutsam, entschlossen und wie ein Fels in der Brandung bei meinen Arbeiten zur Seite gestanden hat, sowie unserer Tochter Judith für die ansteckende Freude, mit der sie das Leben lebt und die sie so freizügig verschenkt – ganz anders als der Neoliberalismus.

Besonderer Dank gilt weiterhin Luis, meinem Vater, für die unschätzbare Hilfe und Orientierung. Wenn ich auch manchmal der eigensinnige Lehrling war, so blieb er stets der weise, niemals strenge Zauberer. Ihm ist dieses Buch gewidmet.

Ishay Landa
WIEN